U0574470

契约文书汇编

Compilation of Ancient Contract Documents in Jichang Area of Guizhou

孙兆霞 等◎编

SSAP
社会科学文献出版社
SOCIAL SCIENCES ACADEMIC PRESS (CHINA)

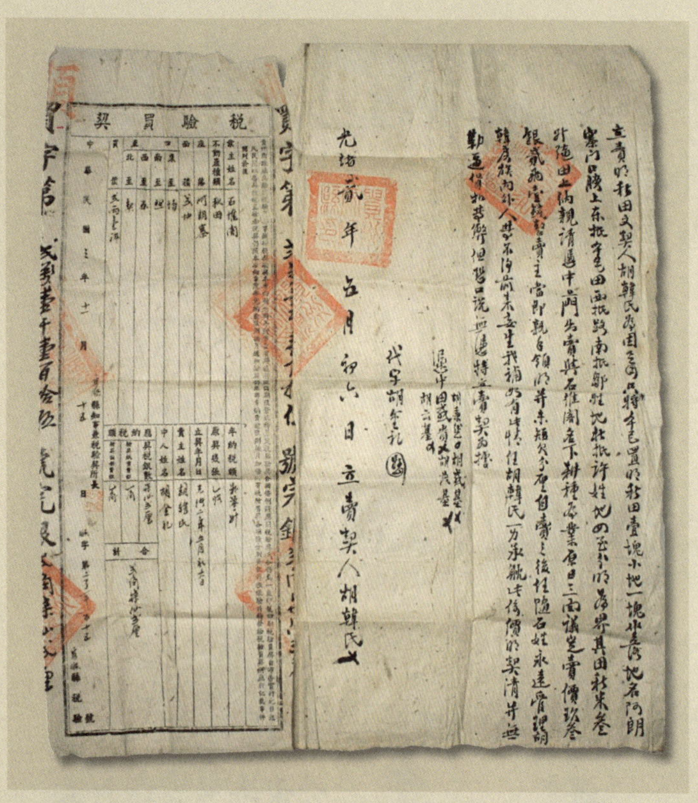

秋田买卖契约

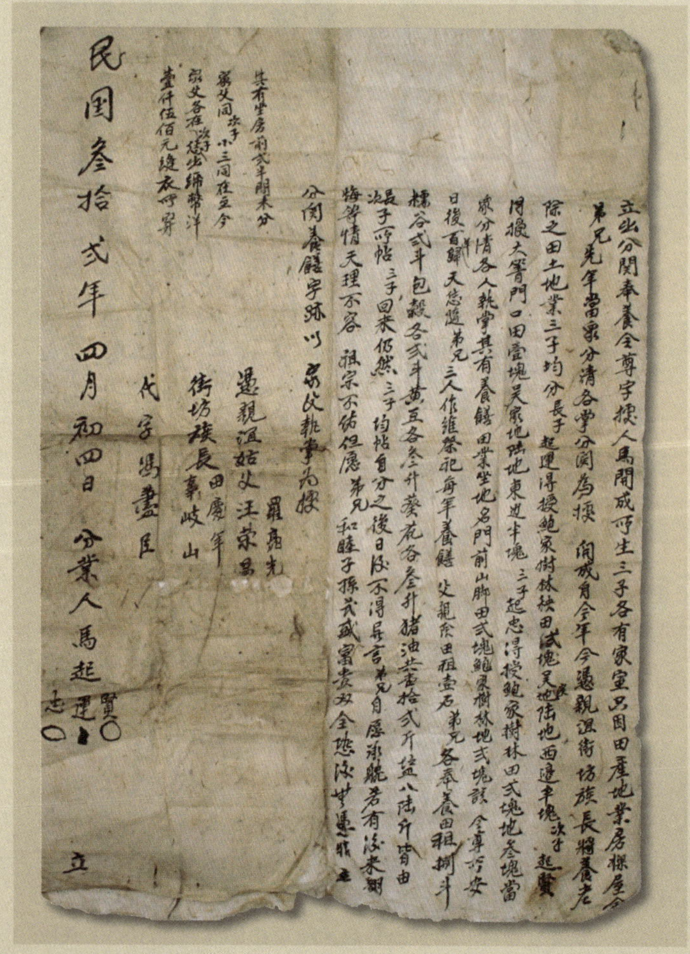

分关契约

吉昌村远眺

课题组成员与村民实地测量屯军山墙体间距

屯军山遗址（局部）

课题组成员与村民们在屯军山上工作、用餐完毕后下山途中小憩

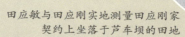

田应敏与田应刚实地测量田应刚家契约上坐落于芦车坝的田地

课题组成员与吉昌村屯堡旅游协会主要成员于屯军山山顶合影

2009年正月十八吉昌村抬汪公巡游仪式

2009年正月十七吉昌村抬汪公活动中的拜祭汪公仪式现场（摄影：张原）

课题组与吉昌老年协会、屯堡研究会、屯堡旅游协会及村支两委（村党支部、村委会）主要负责人座谈

课题组成员在吉昌村访谈及契约录入工作现场

在屯军山上确认地块坐落地

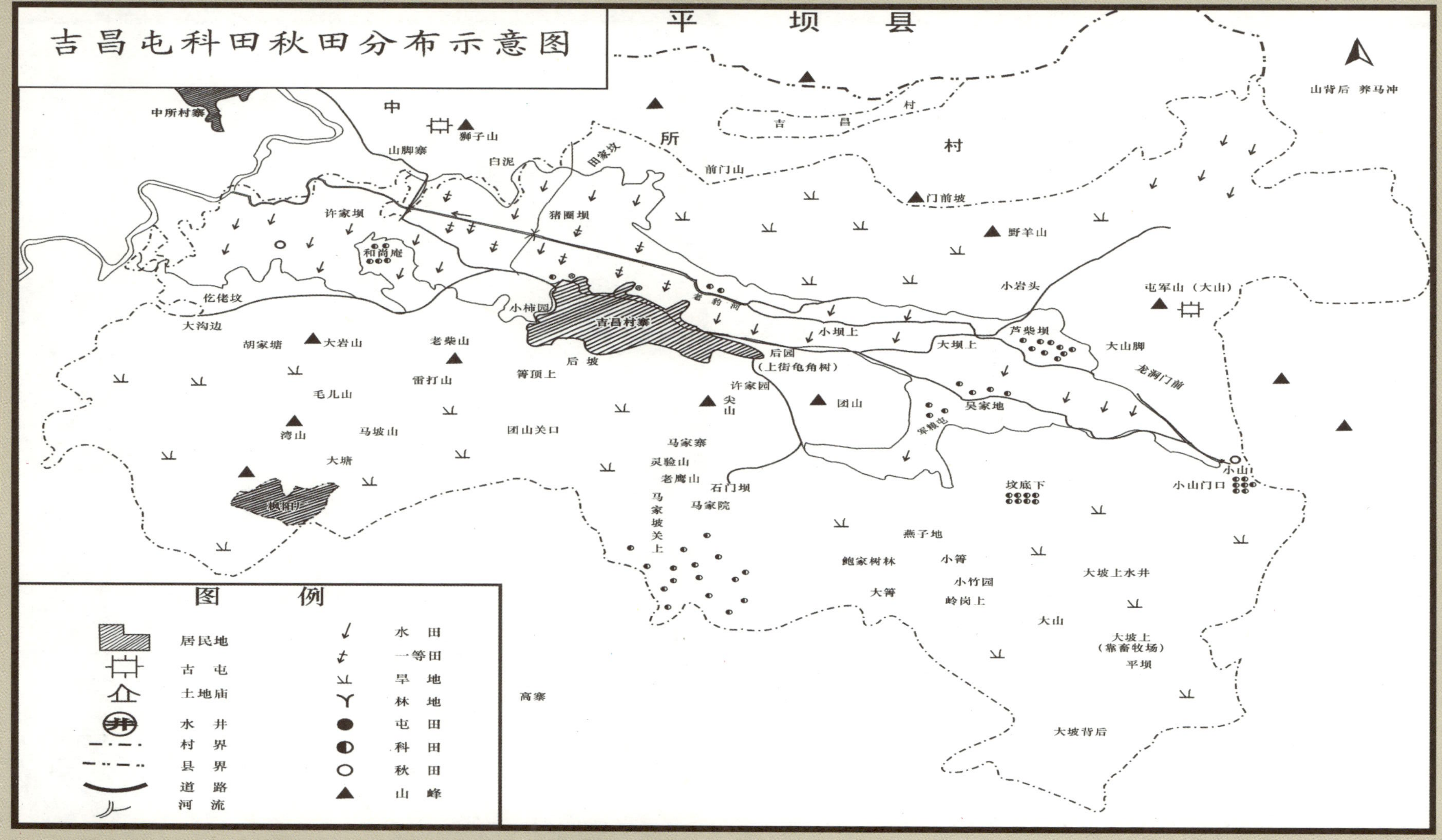

绘 制 人：吕燕平
绘制时间：2009 年 12 月
资料来源：课题组

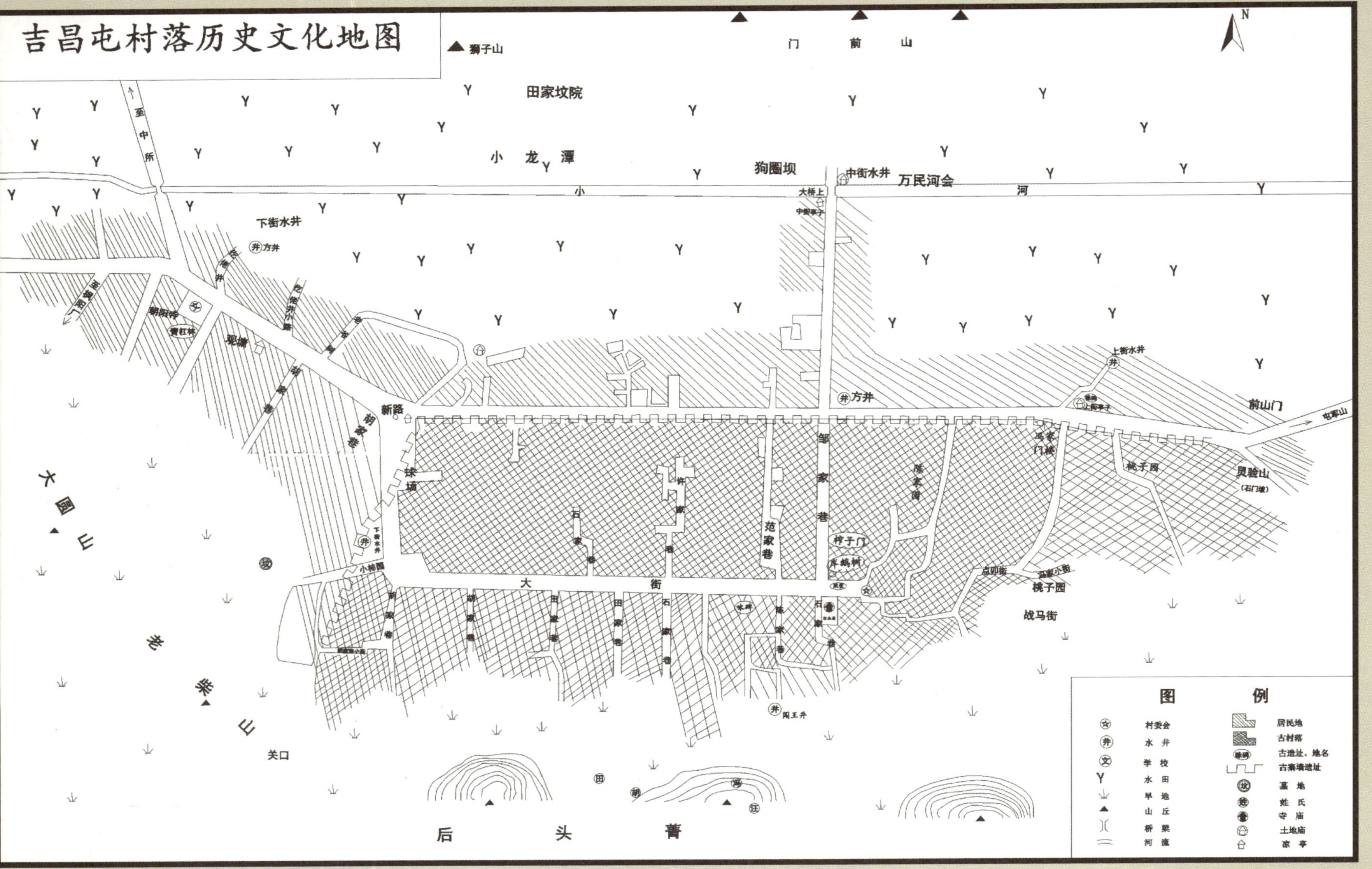

绘 制 人：吕燕平　简万飞
绘制时间：2009 年 12 月

屯堡的前世今生

从“抬汪公”民俗到吉昌契约文书的发现

万　明*

看着桌上摆放着厚厚一叠孙兆霞等编的《吉昌契约文书汇编》书稿，我不由得沉浸在深深的喜悦之中。这是贵州民族学院孙兆霞老师带领“屯堡社会稳定性的宗教视角考察”课题组不辞劳苦，多次到安顺屯堡调查“抬汪公”民俗所取得的意想不到的成绩。应该说，这是一个关于安顺屯堡研究的突破性的发现和进展。

按理说，我是没有资格来写此汇编的序言的，但孙老师殷殷嘱托，盛情难却。回想起来，我与孙老师相识至今也近10年，可谓是有“缘”，因此也就有了“分”。特别是在屯堡文化研究领域，多年来活跃着一批勤奋有为的地方学者群体，在屯堡文化研究方面做出了很多令人瞩目的成绩，孙老师就是代表之一。我理应撰写一篇小文，对孙老师他们多年来在屯堡乡土沃壤中不懈耕耘的地方学者群体表示敬意，也表达我衷心的祝贺。

屯堡的前世今生把我们联系在一起。我们在屯堡相遇，开始了相识、相知与相印的交往过程。当我第一次听说安顺屯堡聚居着三四十万自称明朝屯军后裔、人称屯堡人的汉族居民，及其延续600多年前明朝颇具特色的文化现象的时候，职业所系，我就想到必须去亲眼看一看这个地方。2002年，我们承担所里和国家社科基金项目“晚明社会变迁研究”的课题组首次走进历史现场，就是到贵州安顺屯堡进行社会调查。当时孙老师与我院社会学所合作，正为完成国家重大项目“中国百村调查”而奔忙于屯堡的村落，重点是在九溪村。因此我们一到九溪村，就结识了热情豪爽的孙老师及其课题组的吴羽老师等。虽然我们调研的主题并不一致，一是纵向的历史深处，一是横向的现实社会，但是，我们关注的对象却是一个，即20世纪80年代以后开始在中外闻名遐迩的屯堡。在为期一周的社会调查中，我们在相知默契中进行。按照我们原订计划，在大西桥镇九溪村、吉昌屯村，七眼桥镇雷屯、本寨，以及平坝天龙镇、旧州镇实地调查访谈，寻找历史遗迹，包括家谱、碑刻、祝文等文字资料。在这一过程中，得到了孙老师和她当时的安顺师专课题组全程陪同与大力帮助。并且经由她介绍，我们也得到了安顺市委宣传部副部长李晓先生的帮助。屯堡给我们留下了无法磨灭的印象，也使我们获得了仅从史籍上无法得到的知识。在那里，我本人对于吉昌屯的“抬汪公”产生了浓厚兴趣，并开始致力于探索这一民俗活动与屯堡移民社会建构乃至晚明社会变迁的关系，回京后撰写了《明代徽州汪公入黔考——兼论贵州屯堡

* 万明，中国社会科学院历史研究所明史研究室主任，中国社会科学院徽学研究中心主任，中国明史学会副会长。

移民社会的建构》一文。再后来，我得知孙老师到了贵州民族学院，于 2008 年承担了国家社科基金西部课题“屯堡社会稳定性的宗教视角考察”，在社会调查中选取的典型之一就是吉昌屯的“抬汪公”。2009 年上半年传来的消息是，吉昌屯的“抬汪公”获得了中国第七届民间艺术节“山花奖”金奖，而到了金秋季节，我更欣喜地得知：在吉昌屯“抬汪公”活动的调研访谈中，竟出乎意料地发现了 400 多件契约文书，产生了《吉昌契约文书汇编》。这是屯堡尘封百年的文书第一次在世人面前显露，也是首次对屯堡契约文书进行系统的搜集和整理。毫无疑问，这是近年屯堡文化研究最重要的发现。

“抬汪公”的调研引出了一批民间土地买卖等活动契约文书的发现，而契约文书的发现是偶然，也是必然。自 20 世纪 80 年代以后，屯堡文化研究逐渐兴起，进入 21 世纪，有着厚重底蕴的安顺屯堡文化成为中外学者关注的热点，屯堡文化研究已经颇具规模。有些问题，表面看是文化，其实正是历史学、社会学的重要问题。历史学和社会学的区别，就在于历史学研究过去，社会学则研究现在。在国外，有学者把社会学和历史学视为研究社会的两个拳头。无论如何，现在是从历史上走过来的，不了解历史，也就不能更好地了解现在。我欣喜地看到，屯堡清代以来契约文书的发现和初步整理汇编，正是课题组将社会学与历史学相结合的成果。

中国古代皇帝发布的诏令即“王言”，“皇帝御宇，其言也神。渊嘿黼扆，而响盈四表，唯诏策乎。”皇帝的意志即国家的意志，由一纸诏令体现出来。明太祖调北征南的诏令传达之日，就是大规模军事移民开始集结之时。600 多年来，这些明朝屯军的后裔世代生活于屯堡，成为国家与地方社会乃至国家与个体家庭关系史的活的见证。

贵州在明代建省，当时是全国 13 个省中最小的一个。作为省级行政建制，正是源自其重要的战略地位。军屯是明代土地国有的典型形态之一，明代军屯数量最大，为历代军屯之冠，在明初恢复农耕经济与稳定社会秩序方面发挥了积极作用。洪武二十六年（1393 年）军屯达 9000 余万亩，为全国耕地的 1/10 以上。毫无疑问，安顺屯堡的形成与明代军屯有着密不可分的关系。安顺在历史上被称为“滇之喉”、“黔之腹”，今天的安顺市是明洪武十四年（1381 年）所建普定卫城的所在地。在“山清水秀，田野肥沃”的安顺这片土地上，卫所就地屯田，屯军聚族而居，形成屯堡，世代相守。迄今在黔中安顺，以西秀区为中心，东到平坝，西到镇宁和关岭，南到紫云，北到普定，方圆 1340 平方公里的土地上，散布屯堡村寨达数百个，高度密集的屯堡群落，成为西南一带屯堡最集中的地方。吉昌屯作为典型的屯堡村寨，位于明代普定卫与平坝卫的分界处，属于屯堡的核心地带。

契约文书，是可以触摸到的历史。调查显示，吉昌契约文书总数达 452 件，分别由 16 个持有人提供，目前发现最早的契约是清雍正十一年（1733 年）签订的，最晚的一份签订日期是 1961 年，涵盖了 200 多年的历史时段。这些契约文书真实地反映了屯堡地方经济、社会发展状况，同时也是屯堡人家庭经济生活状况的真实写照。不言而喻，吉昌屯这批清代以来土地买卖契约文书的发现，保存了大量史籍文献根本没有记载的基层社会的原始资料，对于探讨屯堡社会实态具有重要价值。将尘封已久的这批清代以来屯堡地区社会经济契约文书稍加整理和研究，尽早地公布出来，以便学界同人分享，无异于为屯堡文化研究的热潮再添一把火，形成屯堡社会研究向纵深发展的良好契机。利用这些珍贵的契约文书，以一个全新的视角来重新审视屯堡人和社会生活，必将推动屯堡研究走向一个新的里程。

在我国民间契约文书中，明清契约文书占有突出的位置，这是因为明清时代是我国契约文书门类最多、使用最为普及的时期，也因为它与近现代人们的财产关系有着直接或间接的关联。早在20世纪二三十年代，傅衣凌先生等前辈学者就注意到明清契约文书的搜集和研究，50年代徽州民间文书被大量发现。中国社会科学院历史研究所是国内外徽州文书的主要收藏单位之一，明清以后契约文书的收藏非常丰富，史料价值十分珍贵。已整理出版有周绍泉、王钰欣主编的《徽州千年契约文书 · 第一编 · 宋元明代编》和《清民国编》，历史所徽州文契整理组编的《明清徽州社会经济资料丛编》第二辑等。1995年成立了“中国社会科学院徽学研究中心”，依托在明史研究室，以徽州文书的收藏优势，对明清历史的诸多领域展开研究。近年我们明史室承担院重点课题“明代诏令文书整理与研究”，启动于洪武朝，研究的重要取向之一是国家与社会的关系，屯堡是一个值得关注的典型。以往对于徽州汪公入黔问题的关注，已将屯堡与徽州连接起来，而吉昌契约文书的发现，无疑为屯堡社会经济契约文书与徽州社会经济契约文书的比较研究打开了一扇大门。

根据这些尘封200多年的契约文书，我们可以确认土地买卖是屯堡地区地权转移的主要方式。契约行文沿用的是与徽州文书一样的程式。例如买卖田地，开头写明立卖契人姓名，卖田地或房屋、菜地等原因，然后写清所卖田地等的四至、名称、坐落位置、议定时价多少等。结尾常用“恐口无凭，特立卖契为据”，“今恐后人心不古，立卖契永远存照”等，以为取信凭证。契尾有代字人名，年月日期下写立卖契人姓名，并画押。契约中有杜卖契，也有典契，也就是活卖契等；白契为多，也有一些是红契，上面盖有清代普定县官印。以上说明，吉昌契约文书反映的社会经济制度与文化特征，既有地方性，又有普遍性。当我们谈到屯堡的特性，就不能不谈到众所周知的军屯，这些契约中记录的是屯堡社会结构中人与人的土地关系，反映了屯堡人生活的实态。大量存在的科田，在明代已是民田的一种称呼，而曾为明代国有土地的屯田，到此时业已私有化，可以自由买卖，形成了土地契约文书。

土地是人们赖以生存的基础。民间契约文书是维护产权所有者经济权益的原始凭证，对买主来说至关重要，虽经政治动荡和诸多战乱，至今世代流传，说明了契约文书对于乡村家庭的重要意义，屯堡也不例外。一般认为，清王朝废除屯田制，屯军失去了政治上和军事上的依靠，沦为一般农民同等的社会地位。这里需要特别说明的是，实际上，明代军屯在晚明已经不可遏止地走上了私有化的道路，同时，屯军转变为自耕农的过程也早已开始。明嘉靖年间普定卫官军6060户20400丁口，至万历二十五年（1597年）报存1025户2837丁口，反映了明代卫所军屯制度消亡殆尽的趋势。明后期由于社会商品货币经济的发展，土地买卖盛行，土地契约也广为流行，白银货币化极大地影响和作用于整个社会，大大加速了土地私有化的过程。军屯的土地也被大量卷入流通领域，地权转移的背景折射了社会经济的变动，土地的占有者不断更替，土地制度也随之发生了相应变化。凡此均为社会变迁的重要表征，是屯堡社会发生重大变迁的真实记录。过去我们根据有限的文献资料，不能清楚地了解清代以后发展的具体情形，而社会变迁在土地文书中留下了深刻的烙印。

近年全国各地明清契约文书的大量发现和刊布，受到国内外学者的广泛关注，如今利用契约文书的研究成果已经相当可观，契约文书在学术研究中发挥的作用越来越大，其研究价值也被越来越多的研究者所认同。相信《吉昌契约文书汇编》的出版，把珍贵的屯堡原始资料及时刊布给学术界和广大读者，必将有利于了解屯堡、认识屯堡、研究屯堡，契约文书将成为屯堡文化研究新的出发点，推动屯堡文化研究向纵深发展。

前　　言

——吉昌契约文书发现、搜集始末

这本《吉昌契约文书汇编》，从发现契约文书到搜集、整理完毕，均发生在2009年。其中所包含的452份契约文书，全部来自时下正备受关注的屯堡村寨——贵州省安顺市辖下的西秀区吉昌村（屯），其时间跨度从清雍正十一年（1733年）到1961年（不含附录部分文书的时间），涵盖了200多年的历史。尤应提及的是，在地方文化学者持续20多年的关注下，在屯堡人及其文化已经广为学术界所知，并正在作为地方旅游热点大力推介的情况下，这批民间契约文书如此成规模地在一个屯堡村寨内首次面世，不仅十分罕见，而且完全出人意料，也可以说是近些年来有关屯堡文化研究的最重要发现。它不仅填补了屯堡民间传统文本资料的空白，而且填补了整个黔中地区民间契约文书研究的空白。有鉴于此，本着对历史、对事实、对后续更深入的学术研究负责的态度，将有关这批契约发现、搜集、整理的过程做一个交代，就是十分必要的了。

一　缘起

说来纯属巧合，这批屯堡民间契约文书的发现，实缘于笔者于2008年承接的一个国家社科基金西部课题“屯堡社会稳定性的宗教视角考察”。在筛选即将展开的田野调查点时，位处安顺市西秀区大西桥镇屯堡核心区的吉昌村（屯），以其极具典型性和代表性的“抬汪公”活动而入选。

众所周知，“汪公”是屯堡人最崇拜的民间神祇，每年正月的“抬汪公”活动也因此成为屯堡村寨最重要、最具代表性和象征性的民俗民间活动。而吉昌村（屯）的“抬汪公”则因其历史久远、规模盛大，在安顺城乡早已闻名遐迩。据民国《续修安顺府志》载，每年正月十七，“安顺五官屯迎汪公神像至浪风桥祭赛，十八夜则于浪风桥放烟火，城乡士民往观者颇多。同日鸡场屯（即今吉昌屯。——笔者注）与狗场屯亦迎汪公神像至杉树林祭祀。惯例：如今年由鸡场屯迎至狗场屯供奉，则明年由狗场屯迎至鸡场屯供奉。各乡则择宽平处，鸣锣、击鼓、跳舞、唱歌为乐。”[①] 而按民间说法，早期的“抬汪公”活动，原是由鲍屯、狗场屯、鸡场屯（即吉昌屯）三屯合抬，后因咸丰年间的一场战乱而中断，再恢复此习俗时，三个村寨各以每年的正月十六、十七、十八为序，分别举行；鲍屯于正月十六日开其端，狗场屯、鸡场屯（即吉昌屯）分别于十七、十八承其后，由此相沿成习。20世纪50年代以后，各村的“抬汪公”活动逐渐停止，直到改革开放后才又渐次恢复。

① 任可澄总纂《续修安顺府志·安顺志》（1983年整理稿），安顺市志编纂委员会，第353页。

其间，吉昌村的“抬汪公”迎神赛会更是年盛一年，影响极大，每次都会吸引大量的城乡观众乃至外地的民俗学者前往观看或考察（据说自80年代以来，先后来到吉昌村考察“抬汪公”活动的国内外专家、学者已达200人次之多）。笔者此前也曾数度前往观看，深知其声势之浩大、规模之隆重，确系同类活动的代表。故此，将之作为本课题的调研重点之一，自是题中应有之义。

吉昌村位于安顺市境东部，距安顺城25公里，隶安顺市西秀区大西桥镇，距滇黔公路、贵昆铁路、贵黄铁路、贵黄高速公路2～3公里，交通十分方便。这里“山清水秀，田野肥沃，物产丰富，气候宜人，人民勤劳”[①]。从历史地理学上看，吉昌村作为典型的屯堡村寨，位处昔日黔中著名的普定卫与平坝卫的分界处，属屯堡核心地带。据家谱和口传资料记载，吉昌村原名鸡场屯，又称军粮屯，后改吉昌屯，[②] 原为仡佬族人的世居之地。明洪武征南时，仡佬族人逃避他乡，此地变为军屯要地。随着江淮移民迁入，军民繁衍生息，形成今天有700多户3000多人的大寨子，主要有田、冯、汪、胡、许、罗、陈等十八姓氏。

2009年春节期间，正是各屯堡村寨民俗活动的高潮，笔者率课题组一行奔赴各考察点。正月十七下午，我们来到吉昌村，为考察翌日即将举办的“抬汪公”活动预做联系和安排，得到村民的热情支持。在几位活动组织核心成员田应宽、胡维东、石汝益等的张罗和安排下，我们顺利完成了对整个活动过程的资料采集并进行了相关的采访和座谈。3月初，跟进的调研开始启动。我们于3月8日再度来到吉昌村，准备针对“抬汪公”活动的社会历史背景和相应的文化基础展开为期一周的专题调查。为此，课题组先在村老年协会办公室开了一个见面会，向村民们讲明我们此次调查的目的、任务及大体安排，以期得到村民们的理解和支持。

此番前来，村里正逢两件喜事。一是在广州番禺，由中国文学艺术联合会、中国民间文艺家协会、中共广东省委宣传部联合举办的中国第七届民间艺术节暨山花奖民间“飘色”展演与评奖活动中，贵州省文联选送的贵州唯一项目——吉昌村的“抬汪公”展演，在96个参赛项目中，获“山花奖”唯一金奖。另一件事是被邻村天龙屯堡旅游刺激，早已按捺不住的吉昌人，在番禺获奖的鼓励下，自发成立并到安顺市民政局注册成立了一个屯堡旅游协会，会员一下子就达到1000余人。旅游协会成立后办的第一桩大事，就是在短期内组织了2000多个义务工，将坐落于附近“大山”（原山名）上的一处掩没在荒草丛中的古军事遗址及上山古道清理出来，其罕有的坚固程度和建筑规模历历在目，令人震惊。同时，还在山上发现了不少兵器残件如箭头、矛尖等。此举顿时引起轰动，探奇、考察者络绎不绝，这座山也因此有了“屯军山”的称呼。凭此，吉昌村拥有了一项较丰厚的待开发资源，岂非喜事一桩?

不过，有关民间契约文书的发现却与此无关，而且，对我们所需的课题调查来说纯属意外，乃至它的出现还有点让人不知所措的味道。

---

① 吉昌《胡氏家谱》，第44页。

② 吉昌村，原名鸡场屯，1966年改为吉昌村，行政上隶属安顺市西秀区大西桥镇。秦朝时属于象郡地域，汉成帝灭夜郎之后，隶属牂牁郡。唐高祖武德元年（618年）属彝族之播勒部（即普里部所属之罗甸国）。元世祖至元十五年（1278年）属普定安顺州，元至正十一年（1351年）隶属贵州宣慰司普定土府安顺州。明洪武初年，安顺城建普定卫，分属普定卫与安顺州。州卫合并为安顺军民府后属安顺军民府。清康熙十一年（1672年）改卫所为州县后隶属安顺府。民国3年（1914年）改府为县之后隶属安顺县。中华人民共和国成立后，1950年属安顺县第七区（大西桥区），1964年属安顺县大西桥公社，1984年属安顺县大西桥镇，1991年隶属安顺市大西桥镇，2000后隶属安顺市西秀区大西桥镇。(根据〔清〕常恩总纂《安顺府志》和《安顺市西秀区大西桥镇志》综合整理)

二 发现

至今回想，我们与这批民间契约文书的相遇，似乎还带有几分戏剧性。

那是 2009 年 3 月 11 日清晨，笔者按事先拟订的计划，对房东（笔者下榻处）田应宽先生进行深度访谈。田先生是村里“十八会”即正月十八“抬汪公”活动的核心成员和主要的组织领导者，常参与接待外来访客，算得上村里的头面人物，对村内情况极为熟悉，因此成为笔者首选的访谈对象。其间，我们曾有过如下一段对话。

孙：刚解放时，吉昌村划了多少户地主？

田：六七户。

孙：这些地主是清朝时还是民国时形成的？

田：大多数是清朝末期民国初期吧。

孙：村内地主和不在村地主哪种情况多些？

田：在村地主多些，但在外村有地的情况也有。

孙：农户家中还存有地契吗？

田：有地契，我知道有几家存有地契，几年前还因为房屋、宅基地等纠纷，拿出纸契来判过。我经常被人家请去当凭中，帮人断事。

孙：这些纸契是什么内容的？宅基地？房屋？有田地买卖的吗？什么时间的？

田：什么样的都有。时间记不清楚了。但都是解放前的，清朝的也有。

孙：能找来看看吗？

田：没问题，叫他们拿来看看就是了。

说实话，直到谈话结束，笔者也没对即将到来的发现抱有什么希望，说“找来看看”，也无非是遵循成例，对有可能出现的任何物证都不愿错过而已，根本没想到一个重大发现就在这种毫无任何期待和准备的情况下悄然拉开了序幕。

按预先计划，当日中午，课题组将与部分寨老和村民骨干开一个座谈会，一则向村里汇报一下课题组几天来在吉昌工作的进展，对大家的支持表示感谢；二则也想在面上征集一下老人们对我们工作的意见。地点就在村里的屯堡旅游协会办公室。就在等待开会的过程中，田应宽先生将田应刚、石林松两位老人带到笔者面前，说他们把地契带来了。

两位老人，一位提了个塑料袋，一位抱着个小木箱子，看样子似乎不少，并非通常所能见到的一两张而已。见来势有些异样，我们便另寻了个地方，来到村办公室，一则便于观看，二则也方便拍照。田应宽与胡维东两位先生，则站在门外为我们挡住“闲人”。

两位老人一次就给我们带来了数十张地契（开始都以为是地契，所以这样称呼，后来发现不确切，还有其他类型的契约，才改称“契约文书”，村里人则一概称之为“纸契”，这倒不失为一个合适的称谓，故下文多采用此名）。在他们小心翼翼的动作下，这些用陈旧的白棉纸书写

的民间契约，携带着上百年的历史沧桑，一张张摊开在我们面前。从时间上看，多数纸契都集中在民国时代，也有少量属晚清如同治、光绪年代的。这一下引起了笔者兴趣：清代的地契——会不会有可能从侧面反映笔者多年来一直在追索的关于黔中地区军屯制度变迁的信息呢？真是无巧不成书，正这样想着时，在一张标明为清同治年间的纸契上，赫然出现了“科田”二字，顿使笔者眼前一亮。按明代的土地制度，“科田”属农民自己开垦的私田，赋税较轻，例可买卖，是对应于赋税较重、不可买卖的官田主要是屯田而定性的。清朝顺承明制。直到清朝还出现标明“科田”的地契，这是否从侧面证明还有不可买卖的屯田存在？或者，这只是一种民间的习惯性称呼？看来，这批纸契值得追踪，大有挖头。正是怀着这样的兴奋，笔者在田应刚带来的纸契中，发现关于“科田”买卖的有3份，时间分别在同治九年、光绪十八年、光绪二十八年。石林松带来的31份纸契中，关于“科田”买卖的有12份，时间则为清嘉庆年、道光年、光绪年。

两位老人一次就带来了43份纸契，这个数字令笔者在大喜过望之余，立即产生了进一步追踪纸契的念头。于是，在随后举行的座谈会上，笔者临时增加了一项新内容：向与会的十余位村民汇报了有关纸契的发现及笔者的初步解读，希望大家积极提供线索，动员更多还保存有纸契的村民能够拿出来供我们拍照。反应机敏的田应宽先生，此时已迅速通过手机将我们课题组的“发现”及相关的价值判断传达给了更多的人。闻讯赶来的数十位村民挤满了会场，不少人纷纷表示，他们知道村里还有一些人家藏有纸契。在座的石林勤老伯说，他兄弟手里就有父亲留下来的几十张；田应敏老伯说他家里现在就有，问是否马上去看；还有几位老人则告诉笔者，他们将去动员全村有纸契的都拿出来，估计会有百张以上。总之，鼓动效果出乎意外的好，村民们沸沸扬扬，热情澎湃，一片支持之声。会后，我们应邀到田应敏老伯家，老人翻找出20份纸契供我们拍摄。过后，我们按计划，当天要赶赴普定马官镇的下坝村考察农历二月十九在天龙山举行的观音会活动。离别前我们与几位老人相约，一旦再有纸契的消息，他们将及时告知。

三　立项

3月14日，笔者在下坝村接到田应宽先生的电话，告知我们这两天他与胡维东、田应敏，胡敬友、石汝益等几位老人在村里寻访，又发现有三户村民家中藏有纸契，他们都表示愿意提供给课题组拍照。田先生还说，据他估计，加上已拍摄的60余份，总数应在百份以上！

这确实是一个令人振奋而又充满诱惑的数字。笔者在安顺做田野调查十余年，所到过的屯堡村寨少说也有数十个，民间契约也常在留心之列，但以往所见也就几份、十几份，像此次这样在一个屯堡村寨一下出现数十份甚至上百份实属罕见。初步考虑，即使撇开这批契约可能与屯田制度存在的某种相关性不论，仅从契约本身的意义来看，它至少也透露出以下值得关注的信息。一是时间跨度。从晚清到民国，上百年的时间在一个小小的屯堡村寨内能有所反映，这是不多见的，而且还有可能出现更早时代的——时间越早价值越高，这是毋庸置疑的。更重要的是二，种类多。仅就已知的而言，就有涉及土地、房屋、宅基地、阴地、荒地、林地等多种类型的交易，包含了买卖、分关、继承、租借、赠与等多种形式的契约关系，这无疑是研究屯堡社区经济、社会史，以及文化、生活史的一批不可多得的珍贵资料。其潜在的研究价值包括对安顺一带屯田制度持续及变迁时间的

间接证明等，更是在目前都还很难估计的。凡此种种，使笔者从接到田应宽先生的电话后，就不得不反复思考如何处理好这批吉昌契约文书。特别是联想到有一些纸契，因年深日久，再加上保存方式和条件限制，已经破损严重，有的甚至出现腐烂，如再不采取措施加以保护、抢救，恐怕命运堪忧，很快就会彻底湮灭。如此看来，目前最重要也是最有效、最快捷、易行的办法，就是利用现代的数字技术，尽可能将这批纸契的原貌及其信息保存下来，然后印刷、出版，为今后的研究和利用保留最重要的第一手资料。这样，就需要另建课题，专门为抢救和保存这批契约立项。然而很不凑巧的是，学校的科研项目，依照惯例，早已分配完毕，要想新立项目，确实存在很大难度。

3 月 16 日，笔者怀着急切的心情匆匆返回学校，立即给吴大华校长打了电话，要求紧急约见。校长因有事，当即表示第二天早上面谈。17 日上午，在校办公室听完笔者的简要汇报后，吴大华校长当即表态：特事特办，要求写一个报告送交校委会讨论。当天下午，笔者即将立项报告送到了学校办公室。

四天以后，笔者在普定县马官镇进行调研时，接到学校马列部主任的电话，称学校已经批准了立项报告，要求立即着手进行操作。这个消息让笔者大松了一口气，同时又感到时间紧迫，压力顿增。随后，笔者用电话告诉田应宽先生学校已经批准立项的好消息。田先生那边传来的则是更加令人鼓舞的消息：他们又在村里发现了更多纸契，估计总数已达到 200 份以上。

四　搜集

吉昌村的契约搜集既已立项、启动，接下来需要考虑的就是：如何才能把我们的工作做深做透，使这次搜集工作能够不留遗憾地全面铺开，覆盖到所有人家，最大限度地做到完满收场。为此，需要面对的困难有二：一是按照传统意识，祖辈传下来的纸契都是自己家的秘密，现在要动员大家拿出来，公之于众，村民们都愿意吗？土改、“四清”、“文化大革命”……几次大的纸契收缴运动的余悸真的都随历史消失了吗？二是原以为没什么价值的东西，现在忽然听说“有价值”了，是“文化遗产”了，会不会有人待价而沽，甚至从中作梗呢？吉昌屯村现有家庭近千户，怎样摸清持契家庭并打消他们的顾虑，让他们知晓本课题的意蕴，显然是一大关键。针对此，我们决定采取以下步骤：一是在以往宣传的基础上，通过村内旅游协会的精英、骨干和一批有威望的老人，深入到各家各户，进一步宣讲这批纸契对研究历史、研究屯堡文化及发展乡村旅游的意义；二是强调课题组的工作是只搞照片拍摄，不搞实物搜集，为的是抢救大家手里的资料，让老乡们打消顾虑；三是拍照后还有可能印刷、出版、成书，让死资料变成活资料，使大家祖辈留下来的东西得到永久性的记录和保存。

3 月 30 日，课题组成员集中，专门就此次吉昌村的契约搜集进行了为期两天的针对性调研培训。4 月 1 日我们再赴吉昌，正式开始搜集工作。

进村后，按照上述工作思路，我们先与村内旅游协会的一帮骨干和几位老人举行座谈，将此次纸契搜集工作的意义和价值，以及有可能出现的困难、村民们可能存在的顾虑等，向在座的各位作了必要的汇报和交流，希望得到大家的支持，务使搜集工作不留死角地得到圆满结束。当晚，参加座谈会的一帮热心分子便在胡维东（老年协会会长）、石林勤、田应宽、田应国、田应

敏（屯堡旅游协会负责人）等人的带动下，到各家各户尤其是估计可能有地契的人家进行宣传。这样的工作果然有效，第二天就有老乡拿着纸契提前来到课题组等候拍照。

从 4 月 2 日至 5 日，搜集契约文书的工作热火朝天地进行。为了加快工作进度，我们采取翻拍与录入同步进行的操作流程。同时，考虑到地方话语与书面称谓有可能存在的差异，以及后续的跟进研究需要记录和采集一些相关信息，我们特意邀请了几位有经验的老人在旁协助，以便准确录入，发现问题及时请教，现场解决。在屯堡旅游协会老人们的努力下，"发现"纸契的好消息频频传来，事后统计，竟搜集到了 300 余份纸契。再加上后来补充的两次采录，搜集到契约文书达到 452 份之多，大大超出了我们的预料。

此外，为让读者对这些契约文书的相关背景有所了解，也为了给后续的研究留存更多的信息和线索，我们还做了如下延伸性工作。

一是对持契人及相关知情人进行了必要的访谈。我们注意到，以往出版的契约文书对契约与持契人的关系及契约保存过程的记载是脱节的，或者根本就没有后一部分内容。而吉昌纸契，其规模性凸显的事实提醒我们，在搜集契约文书的同时，记录下保存过程及相关背景。这一方面，是解读这批纸契时不可或缺的历史语境"再现"的需要。"试图通过个人的叙事形式对大叙事的历史进行证实或证伪，从平凡的生命个体的日常生活视角来解构大叙事历史是如何被塑造的。"[①] 持契人或知情者的口述和记忆，是契约文本之外的场域构成或补充信息，与契约文书形成密不可分的互证关系，如果人为缺失，契约文书承载的信息量就会大大衰减甚至扭曲。另一方面，屯堡已有研究历经百年，密集性的研究也近十年。关于民间契约文书，特别是具有制度"痕迹"的屯堡案例的发现，虽有努力，但也仅于这一次在吉昌村成规模性地集中发现，原因何在？通过每一位持契人"保存"经历的再现，发现其中的相似点，再比较与其他屯堡村寨的不同点，这对于解读屯堡社会深层的社会、经济特点，以及屯田制度与其他子系统的结构关系、变迁轨迹具有十分重要的意义。鉴于此，我们在翻拍照片的同时，与每一位持契人都进行了深度访谈，同时还对部分知情者进行补充性访谈，尽量拓展与纸契有关的信息和线索。

二是根据契约文书的记载，进行了部分交易田地的现场勘察，并绘制了《吉昌屯科田秋田分布示意图》。由于搜集到的契约文书都集中在吉昌村，所涉及的田土交易也多在村内，于是，我们产生了制作科田秋田分布示意图的想法：将每一项散落在地契文书中的信息，经过录入、统计、归类等操作后，再经现场测量、实地甄别、当地人实地确认其土地流转及用途变迁等考察后，再制作成专题示意地图，由此整合、提升，弥补地契散件对"科田"、"秧田"、"水田"、"旱地"在大面积类型化上表达力欠缺之不足，使"屯堡"性质的制度性特征在此"初步研究"中，有所表现和贡献。为此目的，课题组在统计归类的基础上，于 2009 年 4 月 18 ～ 19 日、5 月 1 ～ 2 日、10 月 7 ～ 8 日三次到吉昌做现场调查和考察，在田应宽、胡维东、田应敏、田应刚、胡敬友、石汝一、胡维猛等 20 多位老人的帮助下，完成了地图所需现场信息资料的采集、勘察、确认、指认工作，经专业人员的再研究，绘制出《吉昌屯科田秋田分布示意图》一份。

根据地契提供的类型指标，对现场勘察、指认、确认、测量、采集信息的工作，远比我们想象的要容易和有趣得多。三次现场工作，带着相机、卷尺等工具，在老伯们的带领下，我们从

① 苏智良：《推进中国口述史的建设》，载当代上海研究所编《口述历史的理论与实务》，上海人民出版社，2007。

村最西边起，一块块田，一处处被修建成房子、路基的老田坝被我们“识别”，直至村的最东边。除了核实地块，一路有“故事”伴随，每一块田地，每一条溪流，每一座大山，每一眼水井，还有关于已经消失的人与物的鲜活记忆，充盈着我们一路的好奇与渴求。

此外，我们还应吉昌村的要求，帮村里绘制了一份《吉昌屯村落历史文化地图》。原以为这份图完全是为以后吉昌村的旅游开发而作，但在契约文书“搜集”过程中，当发现“分关”契约文书比重较大时，才意识到村内农户居住地历史变迁视角对认识屯堡社会生活史和制度史的支撑是不可替代的，而这份地图鲜活地表征了这一信息，故而也一并收入本书。

五 结语

按“知识生产”的学术话语，这批历史契约文书的发现，似乎已经不仅仅是历史资料的挖掘和使之重见天日，而是历史与现实、农民与学者、农户与村落、族群与国家、地方文化传统与当下大学体制、农村社会转型与城乡统筹发展等多重因素共同作用下的“合力”进行的“知识生产”。因而，似乎以我们为主体的关于这批地契的“发现”和关于这批“发现”的种种思考，最终不过是正视、记录和分析这一本已存在的事实的“前戏”和“装饰”。而笔者不厌其烦地将这一过程一一道来之用意，一方面，是如实地将此过程记录下来，以免造成日后容易出现的“学者”对“乡土”的遮蔽，这也是“知识生产”的内在要求。另一方面，笔者多年来常感慨在田野调查中进行“口述史”访谈时，常常因讲述者对“现场”的缺席，而使许多历史事件缺乏真实细节，从而使本应精彩的历史事件因此失色。因此，实时记录“历史”，也理应成为学者对“客观历史”呈现的一种义务吧。虽然这一记录仍然是有“角度差”的主体行为，但“当时”与“事后回顾”，甚至“事件缺席”，毕竟是有差别的。

最后，要特别感谢吉昌村的父老乡亲。在“搜集”纸契和进行访谈的日子里，不管是持契人还是非持契人，也不管是相关的被访者还是无关的非访谈对象，都给了我们最大的支持。经常是早晨7点多我们起床时，作为房东的田应宽先生已经出门去帮助寻访新的持契人，安排当天被访人前来受访的时间顺序了。待田大娘做好早餐，才将田先生电话召回。更难忘的是上屯军山那次。课题组成员在六位老伯陪同沿“路标”上山之前，已经有七八位老伯提前两个小时上山为我们披荆开道。中途，一场大雨突然而至。我们年轻，上山的路却滑溜艰难；他们年长，脚下的路依然稳健，于是，他们帮扶着我们一步一步攀爬。当一上午近6小时的工作在山顶完成时，一顿香喷喷的饭菜已在山上做好。那时，我们得到的不仅是物质的享受与满足，精神和情感的感动与升华更让我们难于言表。

一般情况下，我们早上8点多开始工作时，胡维东、胡敬友等六七位老伯已陆续到达，留下几位帮助现场工作，另外几位又和田老师一道出门寻访去了。田应敏老伯是持契人，也是村屯堡旅游协会的核心成员之一，他是位民间艺人，每年正月十八“抬汪公”所需纸扎均有他参与制作。2009年春天，他还接到一桩大的木雕制作生意，但每次我们来到吉昌，他都停下手中的木工活，和我们扎堆工作。每天晚上10点来钟访谈结束后，几位老伯会和我们“闲坐”至十一二点，再将第二天的工作安排妥当才回家休息。每天的这段时间，是我们最轻松、最愉快的时刻，也是最令人怀念的美好时刻，它将永远珍藏在我们的心中。

关于吉昌契约文书整理的一些技术说明

2009年3～9月，课题组前后共在吉昌村发现契约文书452份（含18份汪公会记录），分别搜集于17个契约持有人。在本书中，总共采用了438份，具体情况见表1[①]。没有被采用的文书（共14份）主要为以下两种情况：第一，太过残缺，可用信息过少，或者无法辨识；第二，非契约类的其他民间文书。现就本次整理的一些技术问题作如下说明。

表1　契约持有人持有情况统计

单位：份

持有人	数量	采用数	分类数								
			科田	秋田	水田/秧田	陆地/旱地	菜地/草场	房屋（含地基）	宅地/阴地	分关（分家）	其他
汪祖昌	103	102	31	2	3	19	10	14	6	9	8
石从福	19	19	0	4	3	10	1	0	0	0	1
马兴强	59	59	3	0	5	21	0	5	4	12	9
田应敏	20	20	8	3	2	4	0	1	0	2	0
田应刚	52	52	20	3	1	17	4	5	1	1	0
石汝国	21	21	2	1	6	5	1	1	1	4	0
石林松	31	31	12	6	0	4	2	1	1	1	4
陈仁强	30	29	1	0	5	2	0	9	1	1	10
冯庆新	1	1	0	0	0	0	0	0	0	1	0
冯顺强	24	24	1	1	5	8	2	1	0	2	4
胡锦盛	9	9	0	0	3	1	0	3	0	1	1
石成林	32	21	4	3	5	7	1	0	0	0	1
田梦安	20	19	3	1	3	5	0	2	0	1	4
许　祥	5	5	0	0	1	0	0	0	0	3	1
陈玉昌	4	4	1	0	0	1	0	0	1	1	0
胡维东	2	2	0	0	1	0	0	0	1	0	0
石汝莲	2	2	0	1	0	0	1	0	0	0	0
合　计	434	420	86	25	43	104	22	42	16	39	43

① 表1中所统计数量及类别未含汪公会记录。

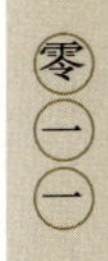

一　契约分类原则

本课题所搜集到的契约文书，从内容上看，涉及吉昌这个屯堡村落从清朝到解放初的社会生活的方方面面，如何对它们进行整理，“分类”是一个基本的问题。我们把所有契约首先分成五大类：买卖契约、典当契约、租借契约、分家契约和其他杂契，然后建立二级分类指标，包括科田、秋田、水田 / 秧田、陆地 / 旱地、菜地 / 草场、房屋（含地基）、宅地 / 阴地，在每一大类下均按二级分类的类别编排。除了以上五大类外，我们把汪公会记录单独列出，把民国时期土地所有权状和土地管业执照、新中国成立初的土地房屋所有证（民间称土改证）等作为附录列出。之所以作以上分类，是基于如下考虑。

第一，在中国古代封建经济条件下，土地是农村社会生活的核心对象，围绕土地所形成的利益关系往往较为复杂，也最需要通过一定的规则来调整。“明清时代，中国封建土地制度的重要特点，是以庶民地主为主干的中国地主制发展到烂熟，以至于出现解体的征兆。私人土地权利的法律凭据——民间土地契约文书，广为普及，并且适应土地制度的变化，注入了新的特色，或产生新的文书格式。”[①] 就本课题而言，我们在吉昌村所发现的 452 份（其中，收录于本课题中的有 438 份）契约中，标的物为土地的就达 300 余份。因此，我们依据契约标的物的不同性质，将其分为科田、秋田、水田 / 秧田、陆地 / 旱地、菜地 / 草场、宅地 / 阴地、房屋（含地基）、析产，前六个二级分类属于土地类。从契约的数量上看，陆地 / 旱地类最多，为 106 份，但在排列顺序上，我们并未将此类契约放在第一部分的最前面，而是把科田和秋田放在最前面，其原因在于：有关科田与秋田的内容是本研究的最重要内容，是体现本研究价值所在的最重要部分，同时也是吸引本课题研究人员进行课题申报立项的直接原因。在每个二级分类之下，契约按照其订立的时间顺序排列，对于部分无法确认时间的契约，则置于该类的最后。杂契部分数量虽少，种类却较多，所以编者没有完全按照时间顺序编排，而是按照各类别所含的份数多少进行编排。

第二，对于汪公会记录，之所以单独作为一个单元，一是由于汪公会是一个与家庭不一样的持契主体；二是基于汪公会在吉昌村历史与现实的社会生活中的重要地位，从其记录中可反映出个人与村落、民俗活动与经济生活等社会关系。

第三，对于土地所有权状、土地管业执照、土地房屋所有证，它们作为土地所有权合法化的国家认同凭证，从一个角度展示了政府与民间的关系，故亦在此以附录的形式作出呈现。另外，尚有 4 份我们无法确定其性质的文书和 3 份 20 世纪 90 年代以后订立的契约文书，均放在了附录部分。

二　契约文书录入及校对的规范说明

为了便于阅读契约文书的内容，本课题对所收录契约进行了识别、录入和校对，现对此方面的规范作出具体说明。

① 杨国桢：《明清土地契约研究》，人民出版社，1988，第 4 页。

1. 所有契约内容的录入均忠实于原文，尽量还原契约本来面目，对由于书写习惯、书写者的文化水平等因素造成的一部分难以辨识的文字，以及契约上所盖印章，经课题组多次校对均无法识别的，特聘请董绍伟、杨正宏两位专家解读，力求提高准确性。

2. 为了文书的完整性和准确性，我们对契约内容作了适当的修正，原则如下：

第一，对于原文中明显的错字或不符合现代书写规范的文字，如影响理解，在原文后括号“( )”内修正；

第二，对于原文中遗漏的字，或者由于契约本身的物理损毁造成部分无法辨识或残缺的文字，只要能根据上下文或者契约固定格式等可以确定的，在括号“[ ]”内补上；

第三，对于缺漏严重、无法辨识的文字，一律用“□”符号替代；

第四，为了便于现代人阅读，我们严格忠实于原文的意思对契约的文本作了断句；

第五，由于契约本身采用竖写，而录入时采用横排，所以对契约的部分内容作了适当调整，如把原文中省略的姓氏补上、对凭中人的顺序由竖列变为横排等；

第六，对于契约文书中的批注等非主体部分或后来添加的内容，整理出的文字部分用楷体字标明；

第七，契约末署人名之后多有花押，录文中一律省略。

3. 关于契约编号的说明。每一份契约均有独立的编号，由字母、数字两部分组成，字母部分表示该契约的现持有人姓名的拼音缩写，数字表示该契约在该持有人所有契约中的排序，具体序号是根据课题组在对该持有人的契约进行拍照时的顺序来确定的，而拍照的顺序就是持契人保存契约的原始顺序。汪公会记录虽然在本书中作为一个独立的次类，但是它是由田梦安所持有，所以其编号采用的是 tma-x 的形式。此外，18 份汪公会记录在保存时分为两本，tma-21—tma-38 为一本，tma-39—tma-50 为一本，本书编者在整理此部分时，完全按照其原来保存的顺序进行，未按时间顺序作调整。

三　对部分常见表述的说明

1. 由于契约文书在书写模仿过程中造成的“变异”。如“无处出办”这一表述中的“办”字，在繁体字中写为“辦”，但在契约书写的过程中被误写为“辨”，并由“辨”的音近而被误写为“便”或者“变”。再如“日后翻出，打为故纸”这一表述中的“翻”字，在书契过程中由于顾形不顾音，在部分契约中被写为“播”字。

2. 屯堡方言体现在书写中的特殊“错误”。如“原日三面议定卖价”表述中的“原日”，在契约中也书写为“言日”，这是由于屯堡话“yuan”与“yan”均发“yan”音，本课题在对契约进行录入时一律采用“原日”这一书写方式。此外，还有“ju”与“ji”(如立字吉人 ×××)、“jun”与“jin”(或“jing”，如军轮屯、金轮屯与经纶屯)、“yu”与“yi”(如与、以混用)等均属此种情况。

3.“立出左约字人 ×××”中的“左”字，在屯堡方言中意为“掉换”。

此外，还有部分表述在正文中以注释的形式加以说明。

目录

CONTENTS

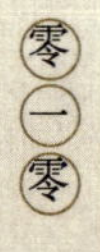

第一部分 买卖契约

一 科田

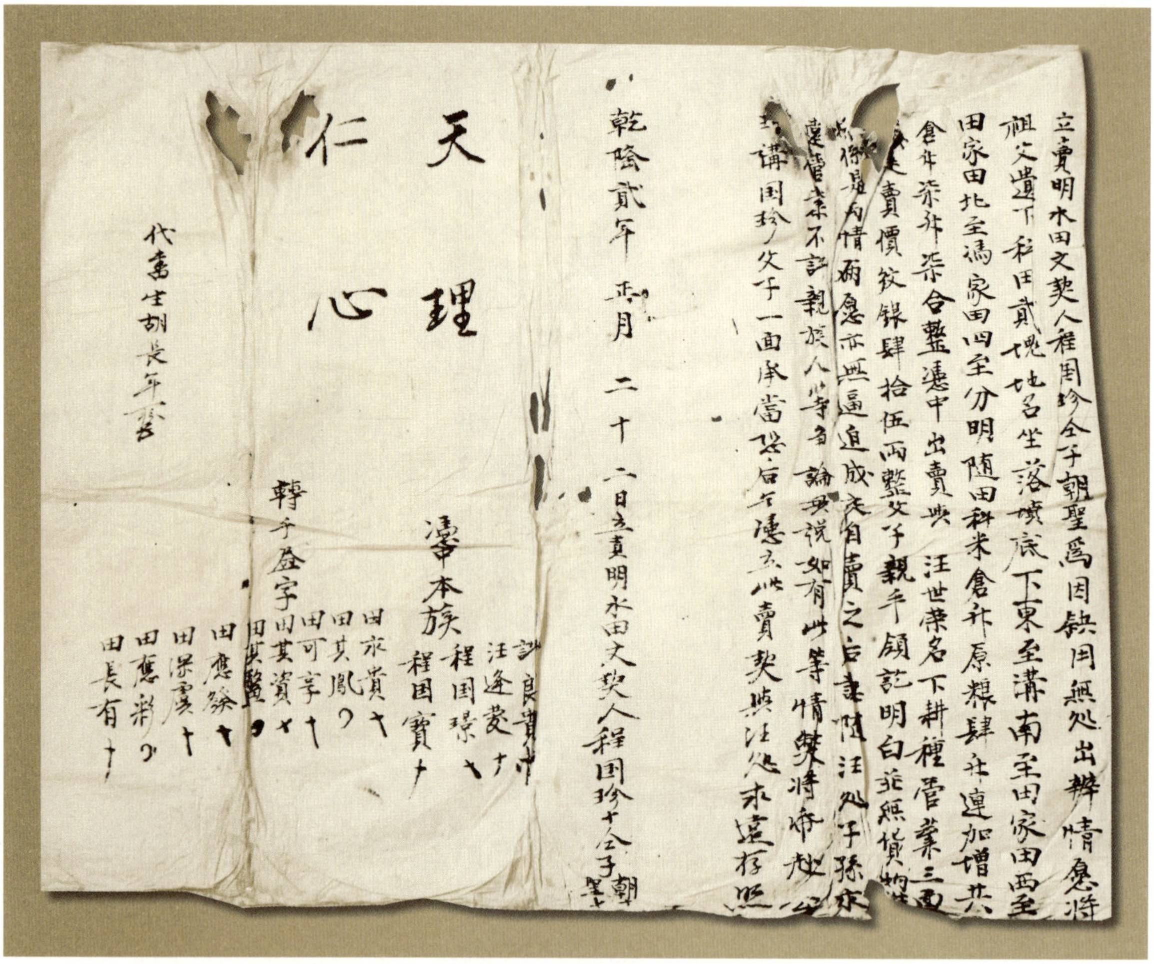

编号：wzc-23

立卖明水田文契人程国珍，同子朝圣，为因缺用，无处出办，情愿将祖父遗下科田贰块，地名坐落坟底下，东至沟，南至田家田，西至田家田，北至冯家田，四至分明，随田科米仓升原粮肆升，连加增共仓升柒升柒合整，凭中出卖与汪世荣名下耕种管业。三面议定卖价纹银肆拾伍两整。父子亲手领讫明白，并无货物准折。系是两情两愿，亦无逼迫成交，自卖之后，认（任）随汪处子孙永远管业，不许亲族人等争论异说，如有此等情獘（弊），将纸赴公理讲，国珍父子一面承当。恐后无凭，立此卖契与汪处永远存照。

天 理 仁 心

乾隆二年正月二十二日　立卖明水田文契人　程国珍　同子朝圣

凭　中　许良贵　汪逢庆　本族程国璟　程国宝

转手画字　田永贵　田其凤　田可享　田其资　田其鳌　田应发　田深虞　田应彩　田长有

代书生　胡长年

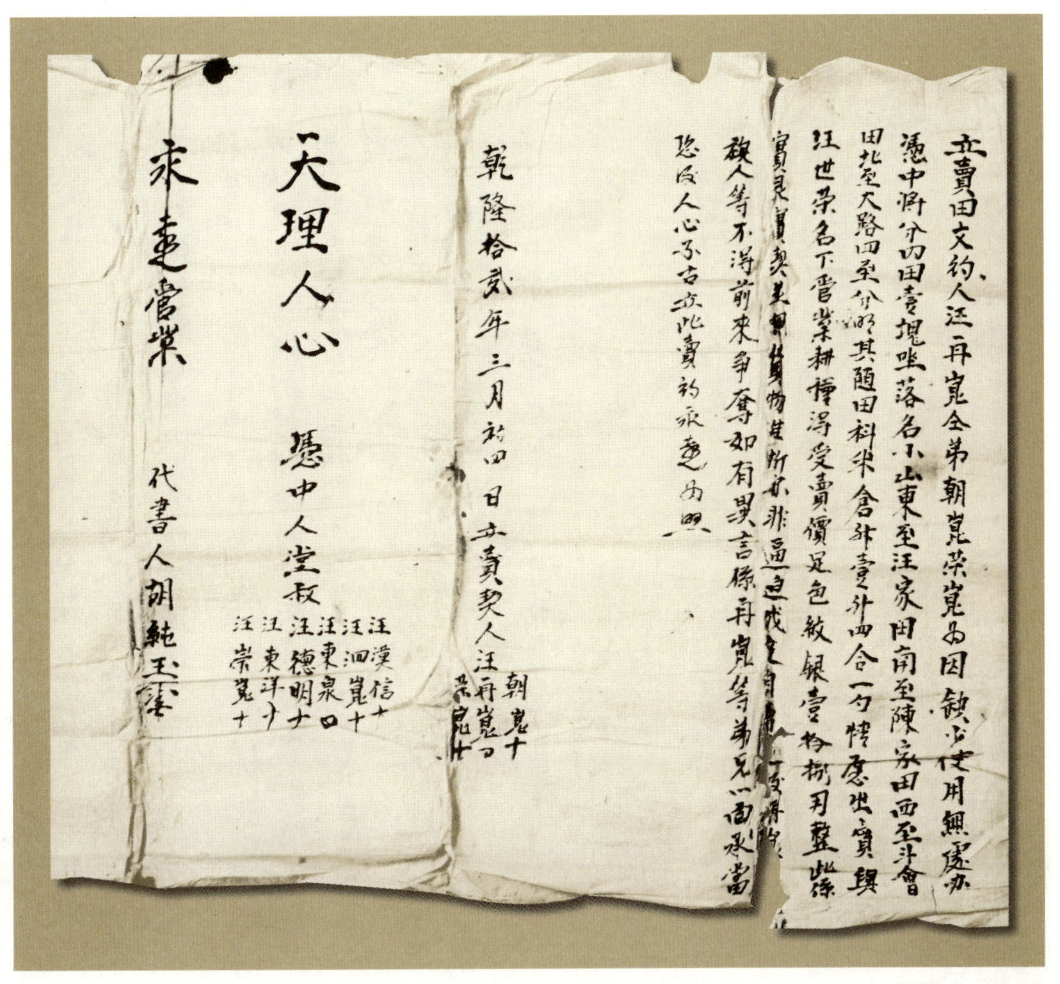
立賣田文約人汪再崑仝弟朝崑榮崑為因缺少使用無處办
憑中將分內田壹塊坐落名小山東至汪家田南至陳家田西至斗會
田北至大路四至分明其隨田科米倉升壹升四合一勺情愿出賣與
汪世榮名下管業耕種得受賣價足色紋銀壹拾捌兩整此係
實銀實契並無貨物准折亦非逼迫成交自賣之後再崑親
族人等不得前來爭奪如有異言係再崑等弟兄一面承當
恐後人心不古立此賣約永遠為照

乾隆拾貳年三月初四日 立賣契人汪朝崑十 汪再崑〇 汪榮崑十

天理人心 憑中人堂叔汪漢信十 汪泗崑十 汪東泉〇 汪德明十 汪東洋十 汪崇崑十

永遠管業 代書人胡純玉筆

编号：wzc-60

立卖田文约人汪再昆，同弟朝昆、荣昆，为因缺少使用无处办，凭中将分内田壹块，坐落名小山，东至汪家田，南至陈家田，西至斗会田，北至大路，四至分明，其随田科米仓升壹升四合一勺，情愿出卖与汪世荣名下管业耕种。得受卖价足色纹银壹拾捌两整。此系实银实契，并无货物准折，亦非逼迫成交。自卖之后，再昆亲族人等不得前来争夺。如有异言，系再昆等弟兄一面承当。恐后人心不古，立此卖约永远为照。

天 理 人 心

永 远 管 业

乾隆十二年三月初四日 立卖契人 汪朝昆 汪再昆 汪荣昆

凭 中 人 堂叔汪汉信 汪泗昆 汪东泉 汪德明 汪东洋 汪崇昆

代 书 人 胡纯玉

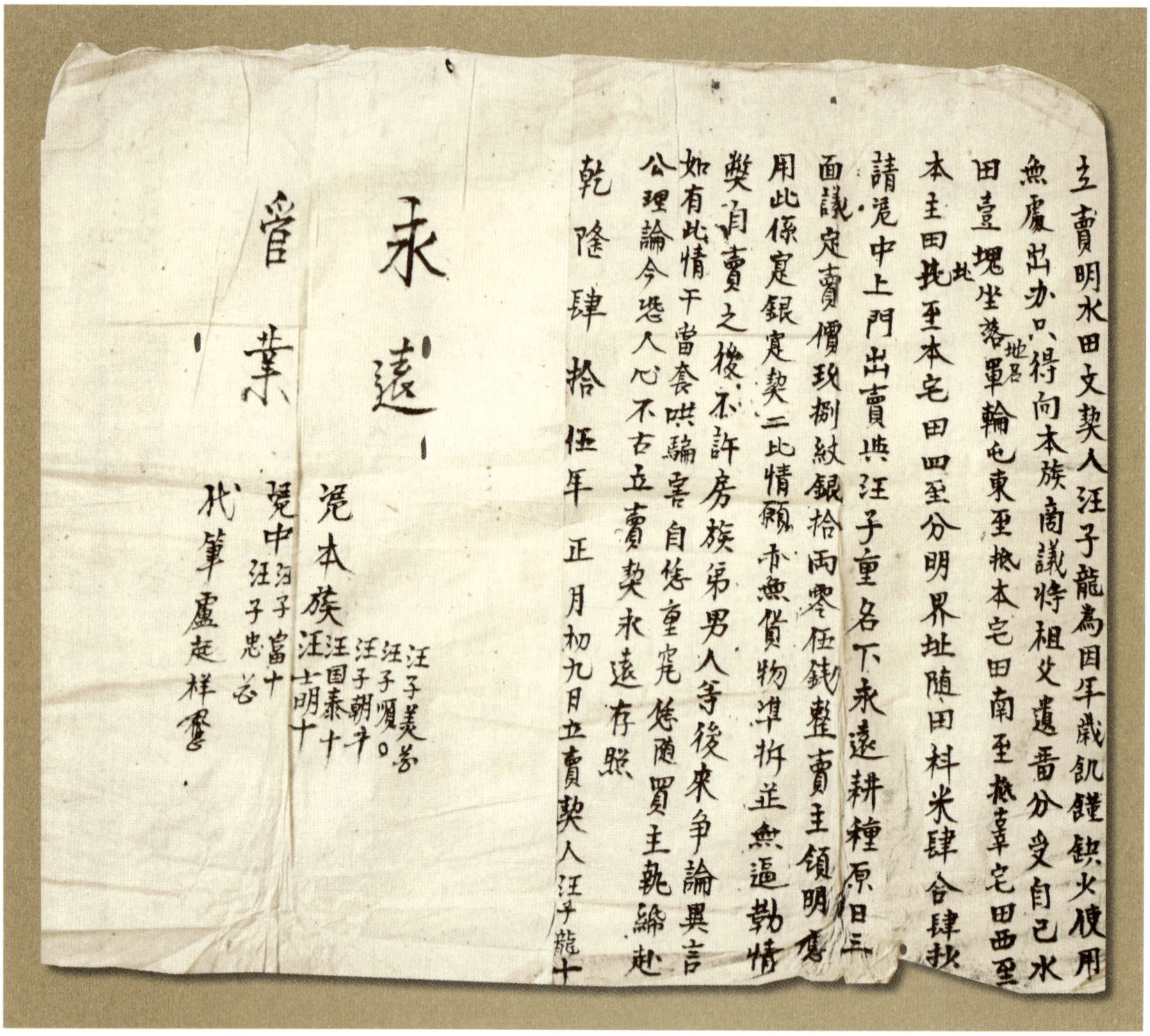

编号：wzc-14

立卖明水田文契人汪子龙，为因年岁饥馑，缺少使用，无处出办，只得向本族商议，将祖父遗留分受（授）自己水田壹块，坐落地名军轮屯，东至抵本宅田，南至抵辜宅田，西至本主田，北至本宅田，四至分明界址，随田科米肆合肆抄，请凭中上门，出卖与汪子重名下永远耕种。原日三面议定卖价玖捌纹银拾两零伍钱整。卖主领明应用。此系实银实契，二比（彼）情愿，亦无货物准拆（折），并无逼勒情獘（弊）。自卖之后，不许房族弟男人等后来争论异言，如有此情，干（甘）当套哄骗害自任重究，任随买主执纸赴公理论。今恐人心不古，立卖契永远存照。

永 远 管 业

乾隆四十五年正月初九日　立卖契人　汪子龙

凭 本 族　汪子美　汪子顺　汪子朝　汪国泰　汪士明

凭　　中　汪子富　汪子忠

代　　笔　卢起祥

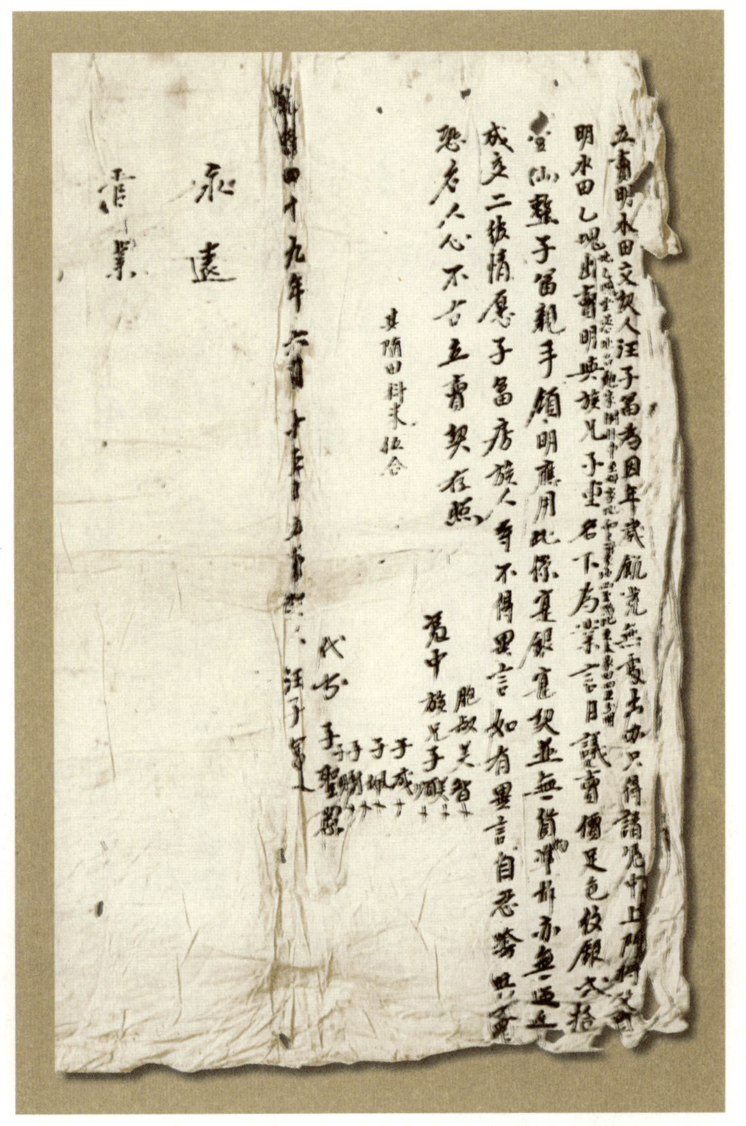

编号：wzc-38

立卖明水田文契人汪子富，为因年岁饥荒，无处出办，只得请凭中上门，将父留明水田乙（壹）块、地乙（壹）块，坐落地名鲍家树林，东至胡家地，南至□家地，西至路，北至本家田，四至分明，出卖明与族兄子重名下为业。言（原）日议定卖价足色纹银贰拾壹两整。子富亲手领明应用。此系实银实契，并无货物准拆（折），亦无逼迫成交，二彼情愿，子富房族人等不得异言。如有异言，自忍（认）套哄之罪。恐后人心不古，立卖契存照。

其随田科米伍合。

永 远 管 业

凭　　中　胞叔美智　族兄子美　子顺　子成　子佩　子圣　子明

代　　书　子圣

乾隆四十九年六月十五日　立卖契人　汪子富

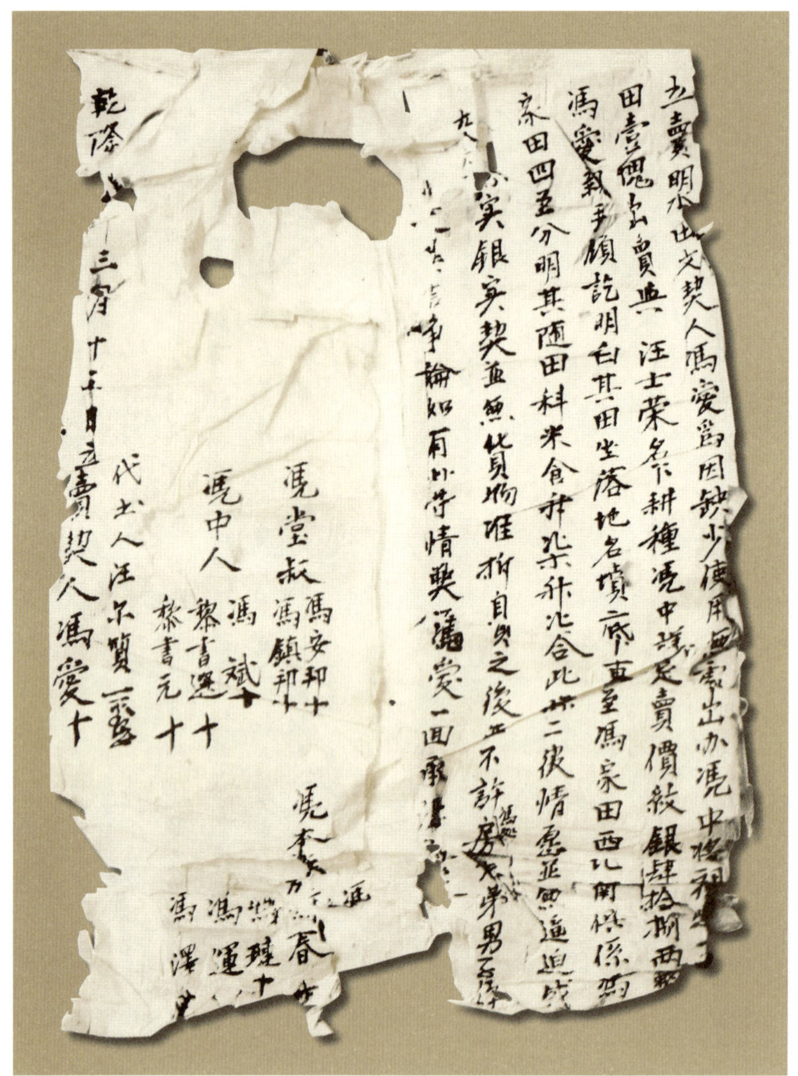

编号：wzc-73

立卖明水田文契人冯爱，为因缺少使用无处出办，凭中将祖［父遗留水］田壹块出卖与汪世荣名下耕种。凭中议定卖价纹银肆拾捌两整，冯爱亲手领讫明白。其田坐落地名坟底下，东至冯家田，西、北、南俱系冯家田，四至分明，其随田科米仓升柒升柒合。此系二彼情愿，并无逼迫成交。此系实银实契，并无货物准折（折）。自卖之后，并不许冯处房族弟男子孙子侄□□异言争论。如有此等情弊，冯爱一面承□□□□。

凭堂叔　冯安邦　冯镇邦
凭中人　冯　斌　黎书选　黎书元
凭本族　冯　□　冯　春　冯　琏　冯　运　冯　泽
代书人　汪尔质
乾隆□年三月十三日　立卖契人　冯　爱

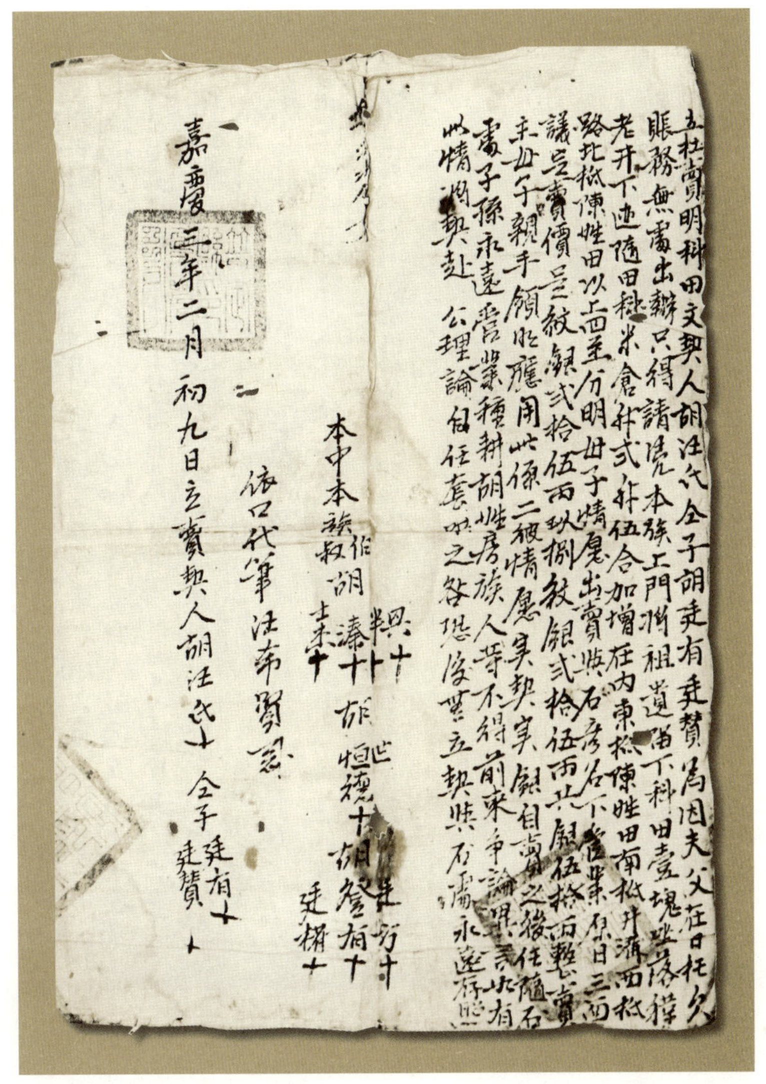

编号：sls-17

立杜卖明科田文契人胡汪氏，同子胡廷有、廷赞，为因夫父在日托（拖）欠账务，无处出办，只得请凭本族上门，将祖遗留下科田壹块，坐落仡佬井下边，随田科米仓升贰升伍合加增在内，东抵陈姓田，南抵井沟，西抵路，北抵陈姓田，以上四至分明，母子情愿出卖与石彦名下管业。言（原）日三面议定卖价足［色］纹银贰拾伍两、玖捌纹银贰拾伍两，共银伍拾两整。卖主母子亲手领明应用。此系二彼情愿，实契实银。自卖之后，任随石处子孙永远管业种耕，胡姓房族人等不得前来争论异言。如有此情，将契赴公理论，自任套哄之咎。恐后无［凭］，立契与石处永远存照。

	本中本族伯叔	胡士兴	胡士半	胡士溱	胡士杰	胡世德
		胡恒德	胡廷方	胡登有	胡廷权	
	依口代笔	汪希贤				
嘉庆三年二月初九日	立卖契人	胡汪氏	同子廷有	廷赞		
	钤“普定县印”					

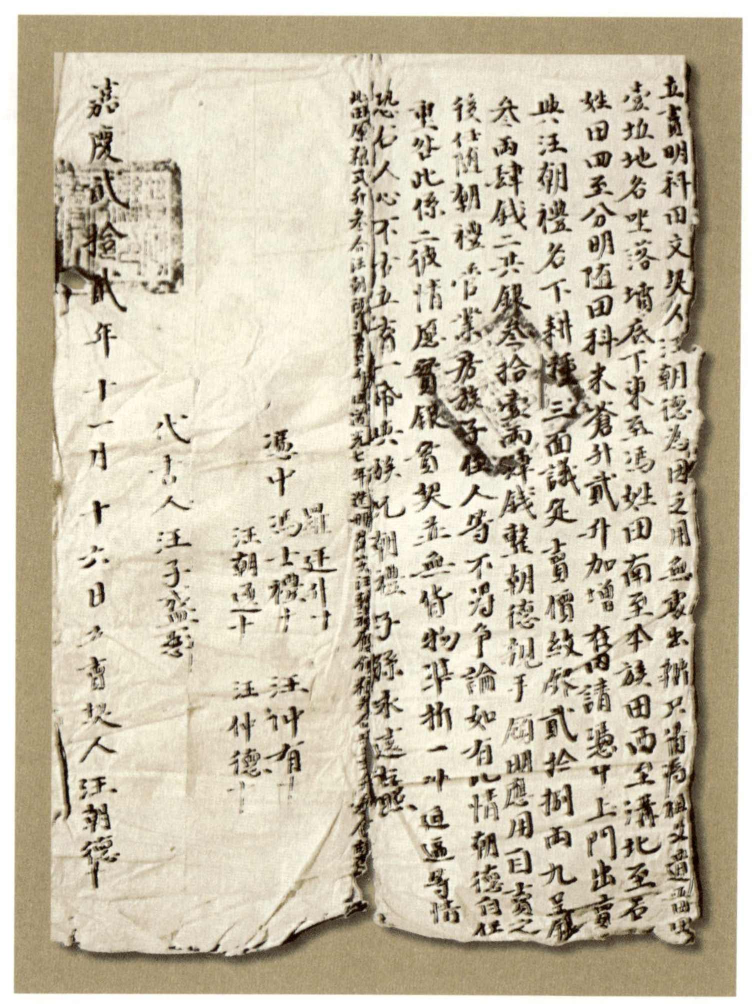

编号：wzc-94

立卖明科田文契人汪朝德，为因乏用，无处出办，只得将祖父遗留田壹坵，地名坐落坟底下，东至冯姓田，南至本族田，西至沟，北至石姓田，四至分明，随田科米仓升贰升加增在内，请凭中上门，出卖与汪朝礼名下耕种。三面议定卖价纹银贰拾捌两、九呈（成）银叁两肆钱，二共银叁拾壹两肆钱整。朝德亲手领明应用。自卖之后，任随朝礼管业，[朝德]房族子侄人等不得争论。如有此情，朝德自任重咎。此系二彼情愿，实银实契，并无货物准折，一（亦）非迫逼等情。恐后人心不古，立卖一纸与族兄朝礼子孙永远存照。

此田原粮贰升叁合，汪朝德只卖贰升，因道光七年造册□实汪朝礼应领粮叁合，共□□□□□。

凭　　中　罗廷升　冯士礼　汪朝选　汪仲有　汪仲德

代 书 人　汪子盛

嘉庆二十二年十一月十六日　立卖契人　汪朝德

钤“普定县印”

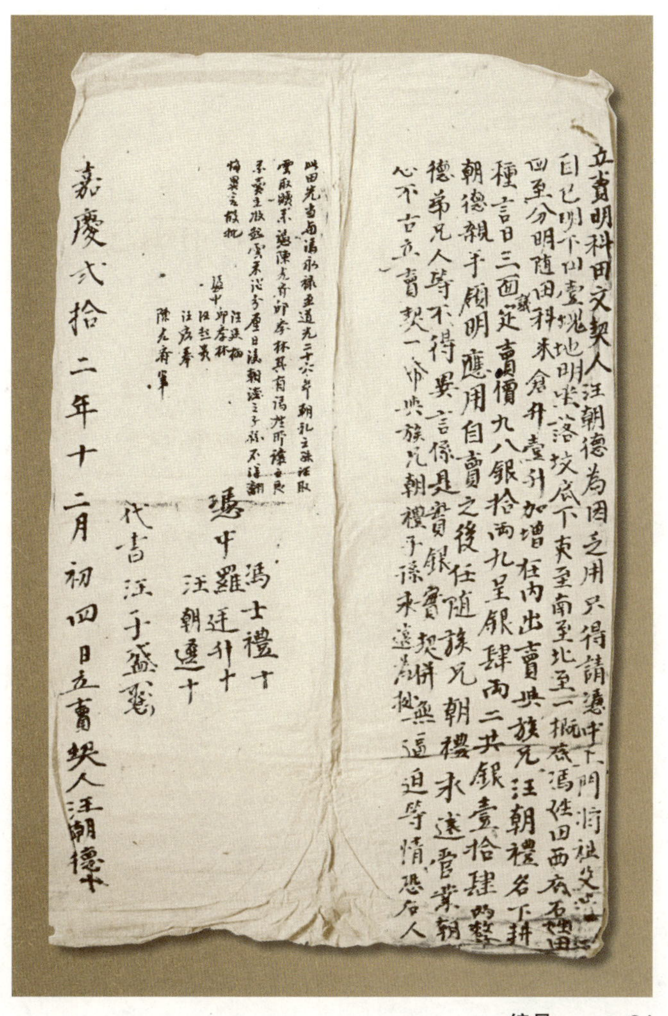

编号：wzc–84

立卖明科田文契人汪朝德，为因乏用，只得请凭中上门，将祖父遗留自己明（名）下田壹块，地明（名）坐落坟底下，东至南至北至一概底（抵）冯姓田，西底（抵）石姓田，四至分明，随田科米仓升壹升加增在内，出卖与族兄汪朝礼名下耕种。言（原）日三面议定卖价九八银拾两、九呈（成）银肆两，二共银壹拾肆两整。朝德亲手领明应用。自卖之后，任随族兄朝礼永远管业，朝德弟兄人等不得异言。系是实银实契，并无逼迫等情。恐后人心不古，立卖契一纸与族兄朝礼子孙永远为据。

凭　　中　冯士礼　罗廷升　汪朝远

代　　书　汪子盛

嘉庆二十二年十二月初四日　立卖契人　汪朝德

此田先当与冯永禄，至道光二十六年朝礼之孙汪取（起）云取赎，系凭陈光齐、邱孝林，其有冯姓所让之银系卖主收，起云未沾分厘，日后朝德之子孙不得翻悔异言。故批。

凭中　汪廷柄　邱孝林　汪起贵　汪应奉

陈光齐　笔

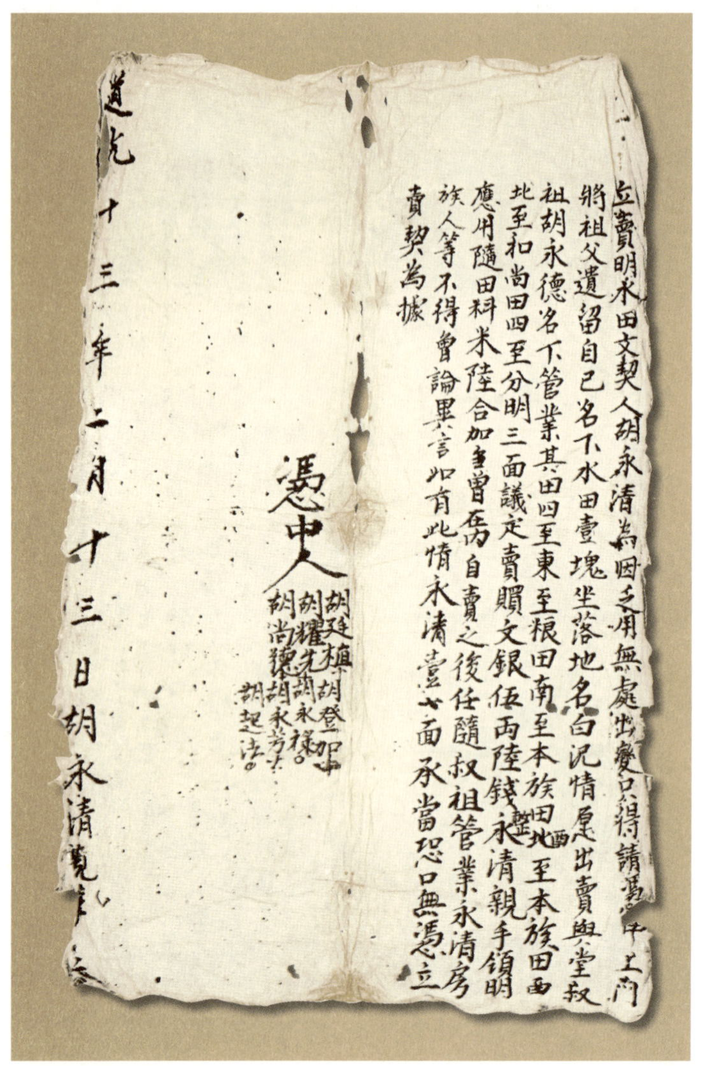

编号：tma-17

立卖明水田文契人胡永清，为因乏用，无处出变（办），只得请凭中上门，将祖父遗留自己名下水田壹块，坐落地名白泥，情愿出卖与堂叔祖胡永德名下管业。其田四至：东抵粮田，南至本族田，西至本族田，北至和尚田，四至分明。三面议定卖价文银伍两陆钱整。永清亲手领明应用。随田科米陆合加曾（增）在内。自卖之后，任随叔祖管业，永清房族人等不得争论异言。如有此情，永清一面承当。恐口无凭，立卖契为据。

凭中人　胡廷植　胡耀先　胡尚德　胡登加　胡永禄　胡永芳　胡起法

道光十三年二月十三日　胡永清　亲笔立

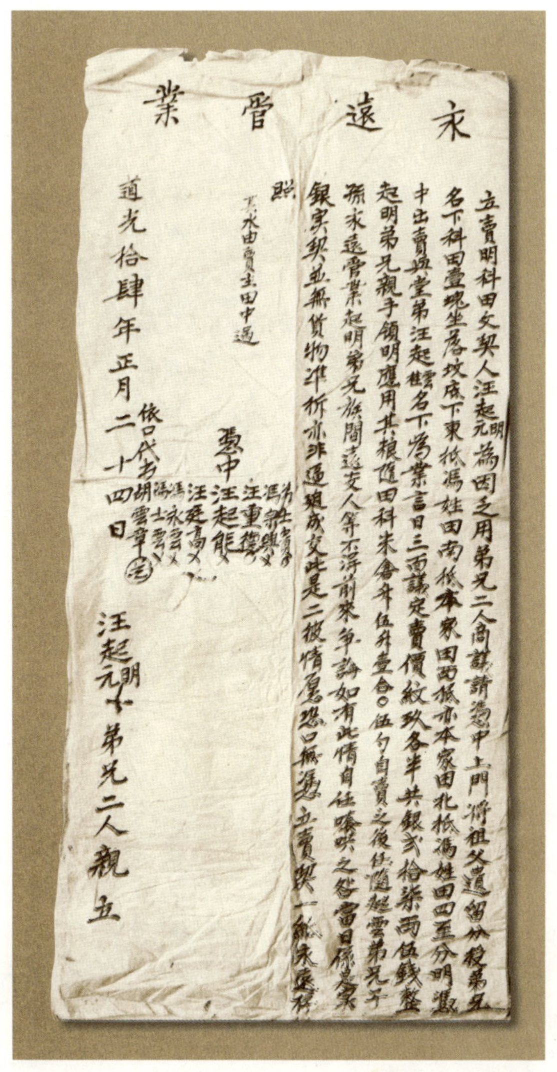

编号：wzc-13

立卖明科田文契人汪起明、汪起元，为因乏用，弟兄二人商议，请凭中上门，将祖父遗留分授弟兄名下科田壹块，坐落坟底下，东抵冯姓田，南抵本家田，西抵亦本家田，北抵冯姓田，四至分明。凭中出卖与堂弟汪起云、汪起桂名下为业，言（原）日三面议定卖价纹玖各半，共银贰拾柒两伍钱整。起明弟兄亲手领明应用。其粮随田科米仓升伍升壹合伍勺。自卖之后，任随起云弟兄子孙永远管业，起明弟兄族间远支人等不得前来争论。如有此情，自任套哄之咎。当日系是实银实契，并无货物准拆（折），亦非逼迫成交，此是二彼情愿。恐口无凭，立卖契一纸永远存照。

其水由卖主田中过。

永　远　管　业

凭　　中　冯士贵　冯宗兴　汪重德　汪起能　汪廷高　冯永云　冯士云

依口代书　胡云章

道光十四年正月二十四日　汪起明　汪起元弟兄二人　亲立

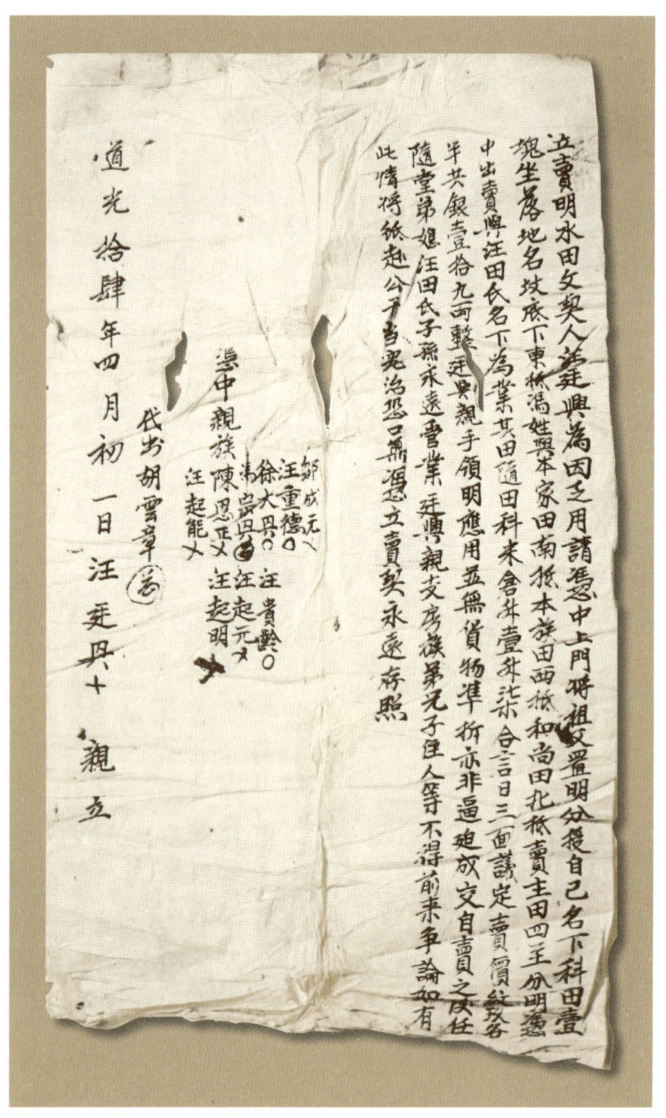

编号：wzc–67

立卖明水田文契人汪廷兴，为因乏用，请凭中上门，将祖父置明分授自己名下科田壹块，坐落地名坟底下，东抵冯姓与本家田，南抵本族田，西抵和尚田，北抵卖主田，四至分明，凭中出卖与汪田氏名下为业，其田随田科米仓升壹升柒合。言（原）日三面议定卖价纹玖各半，共银壹拾九两整。廷兴亲手领明应用，并无货物准拆（折），亦非逼迫成交。自卖之后，任随堂弟媳汪田氏子孙永远管业，廷兴亲支房族弟兄子侄人等不得前来争论。如有此情，将纸赴公，干（甘）当究治。恐口无凭，立卖契永远存照。

凭中亲族　邹成元　汪重德　徐大兴　冯宗兴　陈思正　汪起能
　　　　　汪贵龄　汪起元　汪起明
代　　书　胡云章
道光十四年四月初一日　汪廷兴　亲立

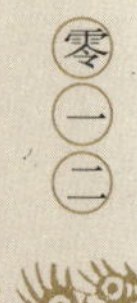

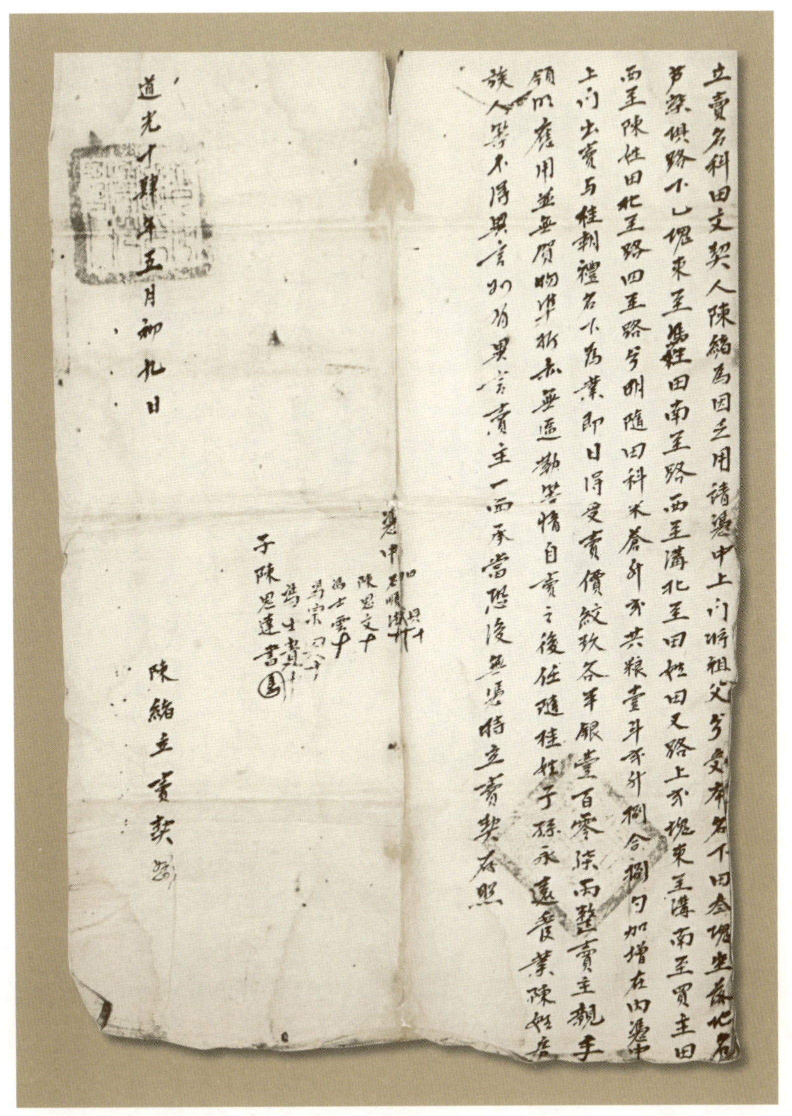

编号：sls-22

立卖名科田文契人陈绪，为因乏用，请凭中上门，将祖父分受（授）本名下田叁块，坐落地名芦柴坝[①]、路下乙（壹）块、东至冯姓田、南至路、西至沟、北至田姓田，又路上贰块东至沟、南至买主田、西至陈姓田、北至路，四至路分明，随田科米仓升贰共粮壹斗贰升捌合捌勺加增在内，凭中上门，出卖与桂朝礼名下为业。即日得受卖价纹玖各半银壹百零柒两整。卖主亲手领明应用，并无贺（货）物准折，亦无逼勒等情。自卖之后，任随桂姓子孙永远管业，陈姓族人等不得异言。如有异言，卖主一面承当。恐后无凭，特立卖契存照。

凭中　田　兴　田　□　石顺德　陈思文　冯士云　冯宗兴　冯士贵

子陈思达　书

道光十四年五月初九日　陈　绪　立卖契

钤“普定县印”

① 契文中当地人称“芦柴坝”，实为现在的“芦车坝”。

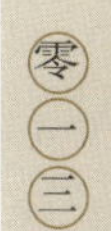

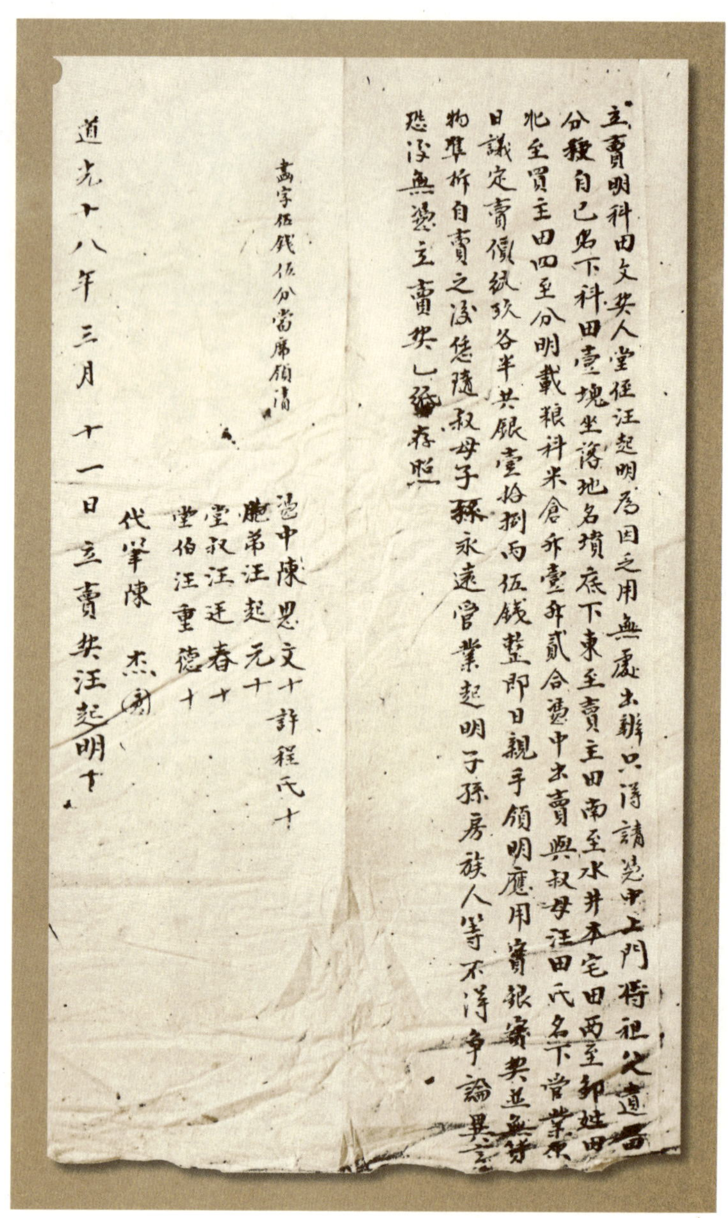

编号：wzc–68

立卖明科田文契人堂侄汪起明，为因乏用，无处出辨（办），只得请凭中上门，将祖父遗留分授自己名下科田壹块，坐落地名坟底下，东至卖主田，南至水井本宅田，西至邹姓田，北至买主田，四至分明，载粮科米仓升壹升贰合，凭中出卖与叔母汪田氏名下管业，原日议定卖价纹玖各半，共银壹拾捌两伍钱整。即日亲手领明应用，实银实契，并无货物准拆（折）。自卖之后，任随叔母子孙永远管业，起明房族子孙人等不得争论异言。恐后无凭，立卖契一纸存照。

画字伍钱伍分，当席领清。

凭 中 陈思文 许程氏 胞弟汪起元 堂叔汪廷春 堂伯汪重德

代 笔 陈 杰

道光十八年三月十一日 立卖契 汪起明

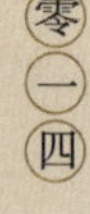

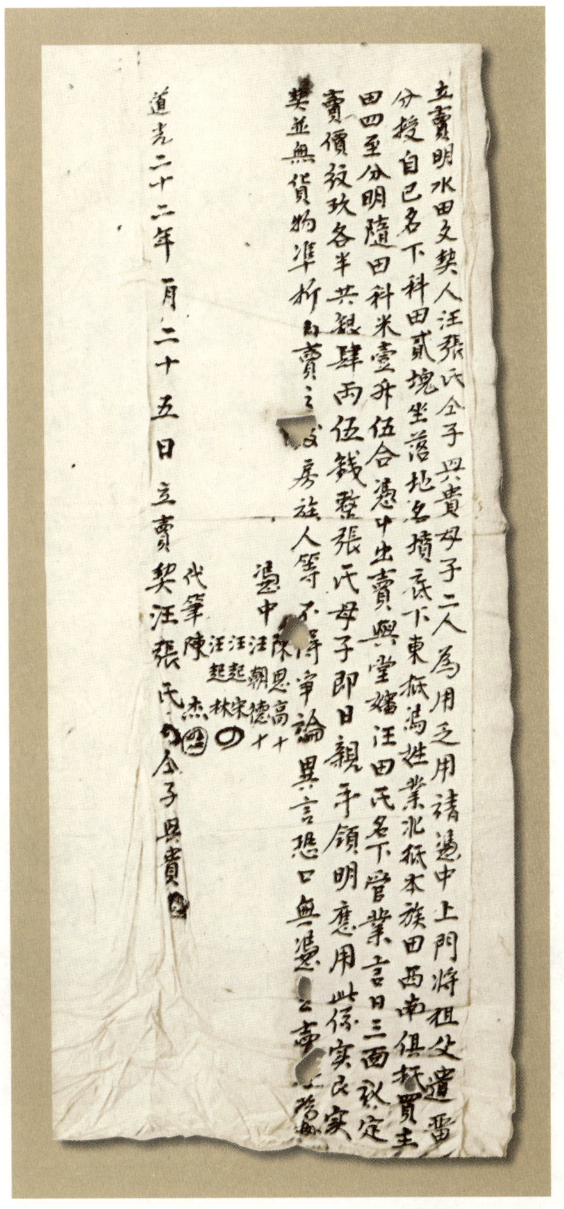
立賣明水田文契人汪張氏仝子興貴母子二人爲用乏用請憑中上門將祖父遺留分授自己名下科田貳塊坐落地名墳底下東抵馮姓業北抵本族田西南俱抵買主田四至分明隨田科米壹升伍合憑中出賣與堂嬸汪田氏名下管業言日三面議定賣價紋銀各半共銀肆兩伍錢整張氏母子即日親手領明應用此係實銀實契並無貨物準折自賣之後房族人等不得爭論異言恐口無憑立賣契爲據

憑中 陳思高 汪朝德 汪起宋 汪起林
代筆 陳杰
道光二十二年 月二十五日 立賣契汪張氏仝子興貴

编号：wzc-87

立卖明水田文契人汪张氏，同子兴贵，母子二人为用乏用，请凭中上门，将祖父遗留分授自己名下科田贰块，坐落地名坟底下，东抵冯姓业，北抵本族田，西、南俱抵买主田，四至分明，随田科米壹升伍合，凭中出卖与堂婶汪田氏名下管业。言（原）日三面议定卖价纹银各半，共银肆两伍钱整。张氏母子即日亲手领明应用，此系实银实契，并无货物准折。自卖之后，房族人等不得争论异言。恐口无凭，立卖契为据。

凭　中　陈思高　汪朝德　汪起宋　汪起林

代　笔　陈　杰

道光二十二年一月二十五日　立卖契　汪张氏　同子兴贵

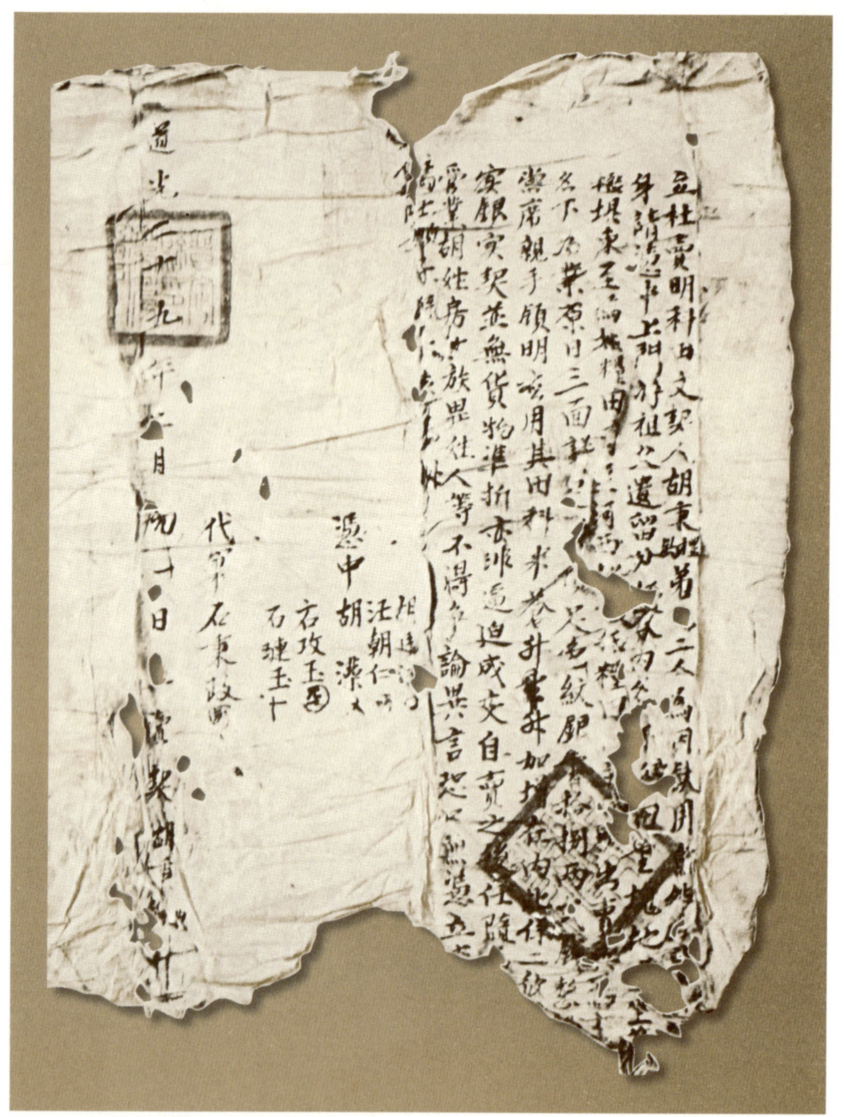

编号：wzc-12

立杜卖明科田文契人胡秉礼、胡秉钧弟兄二人，为因缺用，无处出办，只得亲身请凭中上门，将祖父遗留分授分内名下科田壹块、地□□□坐落□槛坝，东至冯姓粮田，南至河，西至□□□，北抵□田，四至分明，出卖与□□□名下为业。原日三面议定卖价足色纹银壹拾捌两贰钱整。［卖主］当席亲手领明应用。其田科米仓升□升加增在内。此系二彼□□，实银实契，并无货物准折，亦非逼迫成交。自卖之后，任随□□□□管业，胡姓房族异姓人等不得争论异言。恐口无凭，立［卖契与□□□］子孙永远为据。

凭　中　胡廷□　汪朝仁　胡　藻　石攻玉　石琏玉

代　笔　石秉政

道光二十五年七月初一　立卖契　胡秉礼　胡秉钧

钤“普定县印”

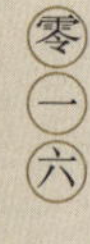

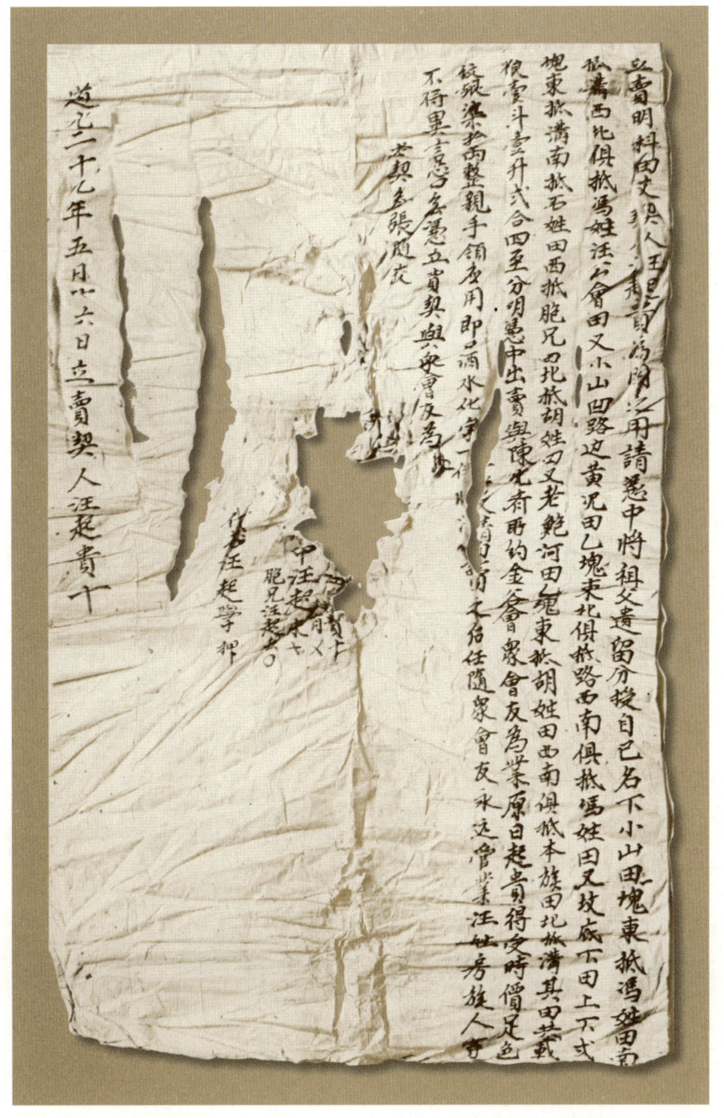

编号：wzc-21

立卖明科田文契人汪起贵，为因乏用，请凭中将祖父遗留分授自已名下小山田一块，东抵冯姓田，南抵沟，西、北俱抵冯姓汪公会田；又小山凹路边黄泥田乙（壹）块，东、北俱抵路，西南俱抵冯姓田；又坟底下田上下贰块，东抵沟，南抵石姓田，西抵胞兄田，北抵胡姓田；又老鲍河田乙（壹）块，东抵胡姓田，西、南俱抵本族田，北抵沟，其田共载粮壹斗壹升贰合，四至分明，凭中出卖与陈光齐所约金谷会众会友为业。原日起贵得受时价足色纹银柒拾两整，亲手领明应用。即日酒水化（画）字一并收清。自卖之后，任随众会友永远管业，汪姓房族人等不得异言。恐口无凭，立卖契与众会友为据。

老契三张随交。

凭　　中　□□贵　汪起有　汪起宋　胞兄汪起云

代　　书　汪起学

道光二十九年五月十六日　立卖契人　汪起贵

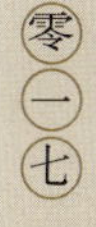

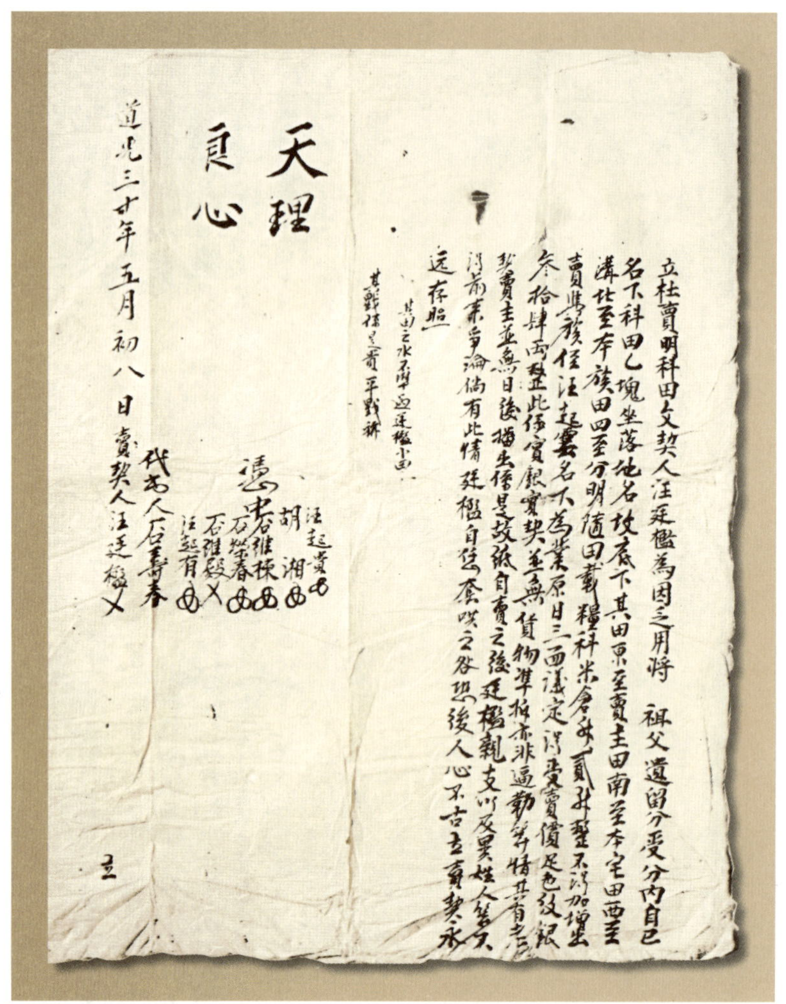

编号：wzc-77

立杜卖明科田文契人汪廷槛，为因乏用，将祖父遗留分受（授）分内自己名下科田乙（壹）块，坐落地名坟底下，其田东至卖主田，南至本宅田，西至沟，北至本族田，四至分明，随田载粮科米仓升贰升整，不得加增，出卖与族侄汪起云名下为业。原日三面议定，得受卖价足色纹银叁拾肆两整。此系实银实契，并无货物准拆（折），亦非逼勒等情。其有老契，卖主并无，日后播（翻）出系是故纸。自卖之后，廷槛亲支以及异姓人等不得前来争论。倘有此情，廷槛自认套哄之咎。恐后人心不古，立卖契永远存照。

其田之水不准过廷槛小田。

其戥[①] 系是贵平戥称。

天　理　良　心

凭　中　汪起贵　胡　湘　石维栋　石灿春　石维殿　汪起有

代书人　石寿春

道光三十年五月初八日　卖契人　汪廷槛

① 戥子一种小型的杆秤，学名戥秤，是旧时专门用来称量金、银及贵重药品的精密衡器。下同。

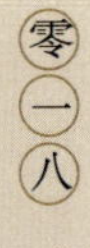

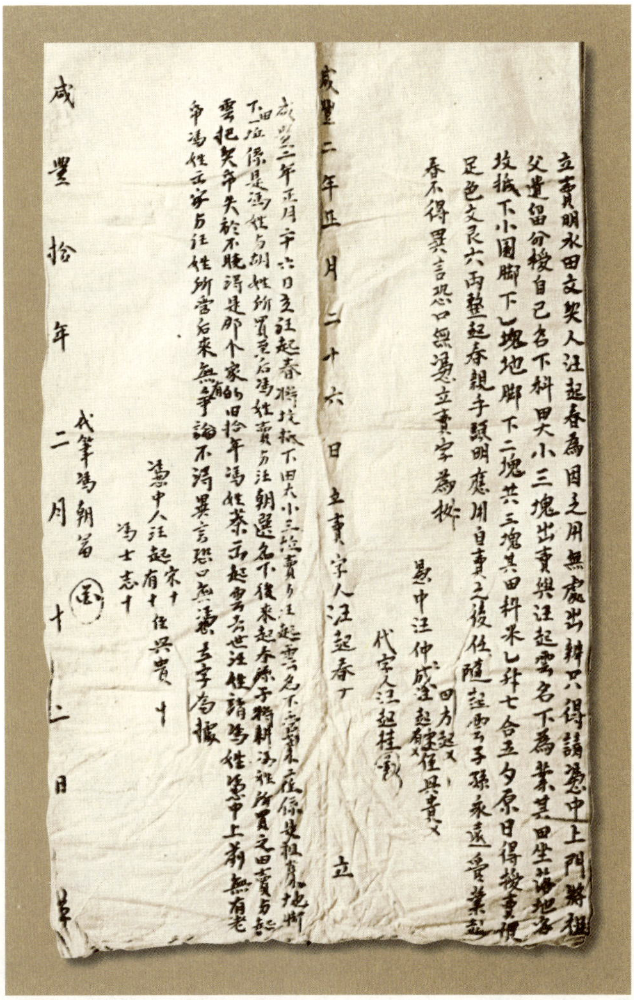

编号：wzc-66

立卖明水田文契人汪起春，为因乏用，无处出办，只得请凭中上门，将祖父遗留分授自己名下科田大小三块，出卖与汪起云名下为业。其田坐落地名坟抵（底）下，小园脚下乙（壹）块、地脚下二块，共三块。其田科米乙（壹）升七合五勺。原日得授（受）卖价足色文艮（纹银）六两整。起春亲手领明应用。自卖之后，任随起云子孙永远管业，起春不得异言。恐口无凭，立卖字为据。

凭　　中　田方起　汪仲成　汪起宋　汪起有　侄兴贵

代 字 人　汪起桂

咸丰二年正月二十六日　立卖字人　汪起春　立

咸丰二年正月二十六日立汪起春将坟抵（底）下田大小三坵卖与汪起云名下管业，二坵系是祖业，地脚下田一坵系是冯姓与胡姓所买，至后冯姓卖与汪朝选名下，后来起春孙子将耕冯姓所买之田卖与起云，把契纸失于，不晓得是那（哪）个家的田。拾年，冯姓茶（查）出，起云去世，汪姓请冯姓凭中上前，无有老纸，冯姓出家与汪姓所管，后来无有争论，不得异言。恐口无凭，立字为据。

凭中人　汪起宋　汪起有　侄兴贵　冯士志

代　笔　冯朝富

咸丰十年二月十二日　立

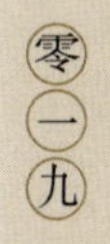

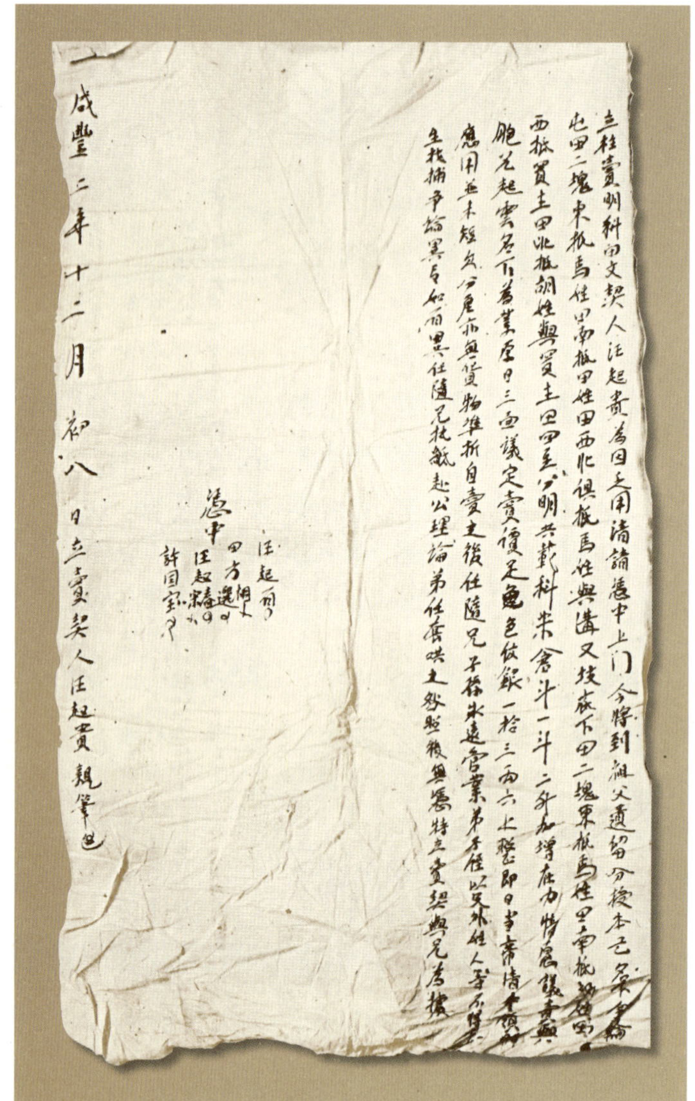

编号：wzc–70

立杜卖明科田文契人汪起贵，为因乏用，清（亲）请凭中上门，今将到祖父遗留分授本己名下金轮屯田二块，东抵马姓田，南抵田姓田，西、北俱抵马姓兴沟；又坟底下田二块，东抵马姓田，南抵□姓田，西抵买主田，北抵胡姓兴买主田，四至分明，共载科米仓斗一斗二升加增在内，情愿议卖与胞兄起云名下为业。原日三面议定卖价足色纹银一拾三两六上（钱）整。即日当席清（亲）手领明应用，并未短欠分厘，亦无货物准折。自卖之后，任随兄子孙永远管业，弟子侄以及外姓人等不得妄生找补、争论异言。如有异，任随兄执纸赴公理论，弟任套哄之咎。恐后无凭，特立卖契与兄为据。

凭　　中　汪起有　田方相　田方选　汪起春　汪起宋　许国宝

咸丰二年十二月初八日　立卖契人　汪起贵　亲笔

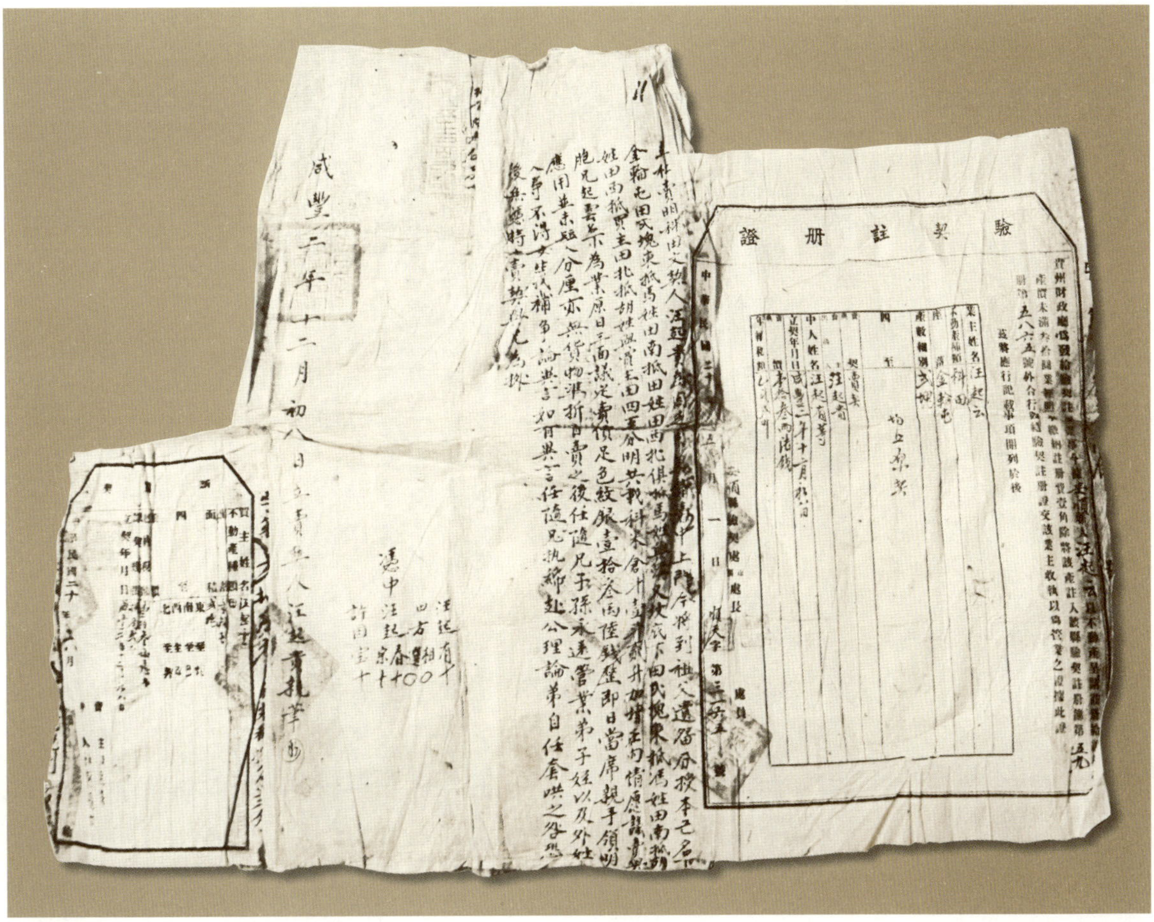

编号：wzc–88

立杜卖明科田文契人汪起贵，为因乏用，亲请凭中上门，今将到祖父遗留分授本己名下金轮屯田贰块，东抵马姓田，南抵田姓田，西、北俱抵马姓兴沟；又坟底下田贰块，东抵冯姓田，南抵胡姓田，西抵买主田，北抵胡姓兴买主田，四至分明，共载科米仓斗壹斗贰升加增在内，情愿议卖与胞兄起云名下为业。原日三面议定卖价足色纹银壹拾叁两陆钱整。即日当席亲手领明应用，并未短少分厘，亦无货物准折。自卖之后，任随兄子孙永远管业，弟子侄以及外姓人等不得妄生找补、争论异言。如有异言，任随兄执纸赴公理论，弟自任套哄之咎。恐后无凭，特立卖契与兄为据。

凭　　中　汪起有　田方相　田方选　汪起春　汪起宋　许国宝

咸丰二年十二月初八日　立卖契人　汪起贵　亲笔

铃“普定县印”

又钤“□□□□□□府县□□田产局记”“□□□印”

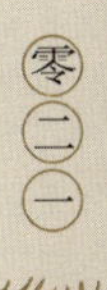

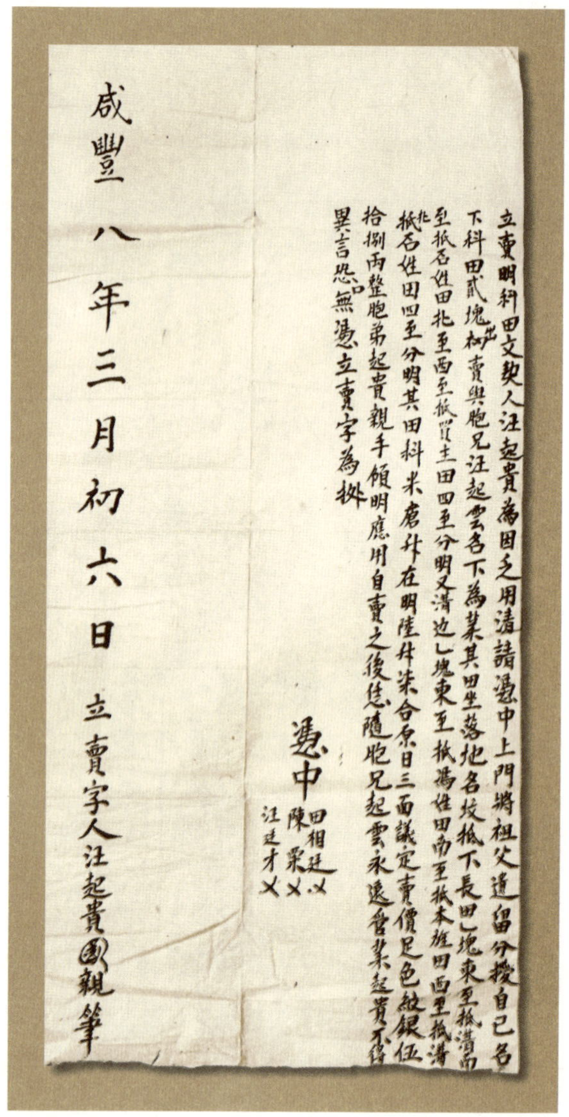

立賣明科田文契人汪起貴為因乏用清請憑中上門將祖父遺留分授自己名下科田貳塊出賣與胞兄汪起雲名下為業其田坐落地名坟抵下長田乙塊東至抵溝南至抵石姓田北至西至抵買主田四至分明又溝边乙塊東至抵馮姓田南至抵本族田西至抵溝北抵石姓田四至分明其田科米倉升在明陸升柒合原日三面議定賣價足色紋銀伍拾捌两整胞弟起貴親手領明應用自賣之後任隨胞兄起雲永遠管業起貴不得異言恐口無憑立賣字為據

憑中 田相廷 陳栗 汪廷才

咸豐八年三月初六日 立賣字人汪起貴 親筆

编号：wzc-61

立卖明科田文契人汪起贵，为因乏用，清（亲）请凭中上门，将祖父遗留分授自己名下科田贰块，出卖与胞兄汪起云名下为业。其田坐落地名坟抵（底）下长田乙（壹）块，东至抵沟，南至抵石姓田，北至、西至抵买主田，四至分明；又沟边乙（壹）块，东至抵冯姓田，南至抵本族田，西至抵沟，北抵石姓田，四至分明。其田科米仓升在（载）明陆升柒合。原日三面议定卖价足色纹银伍拾捌两整。胞弟起贵亲手领明应用。自卖之后，任随胞兄起云永远管业，起贵不得异言。恐口无凭，立卖字为据。

凭　　中　田相廷　陈　栗　汪廷才

咸丰八年三月初六日　立卖字人　汪起贵　亲笔

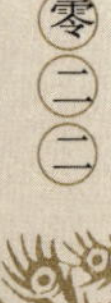

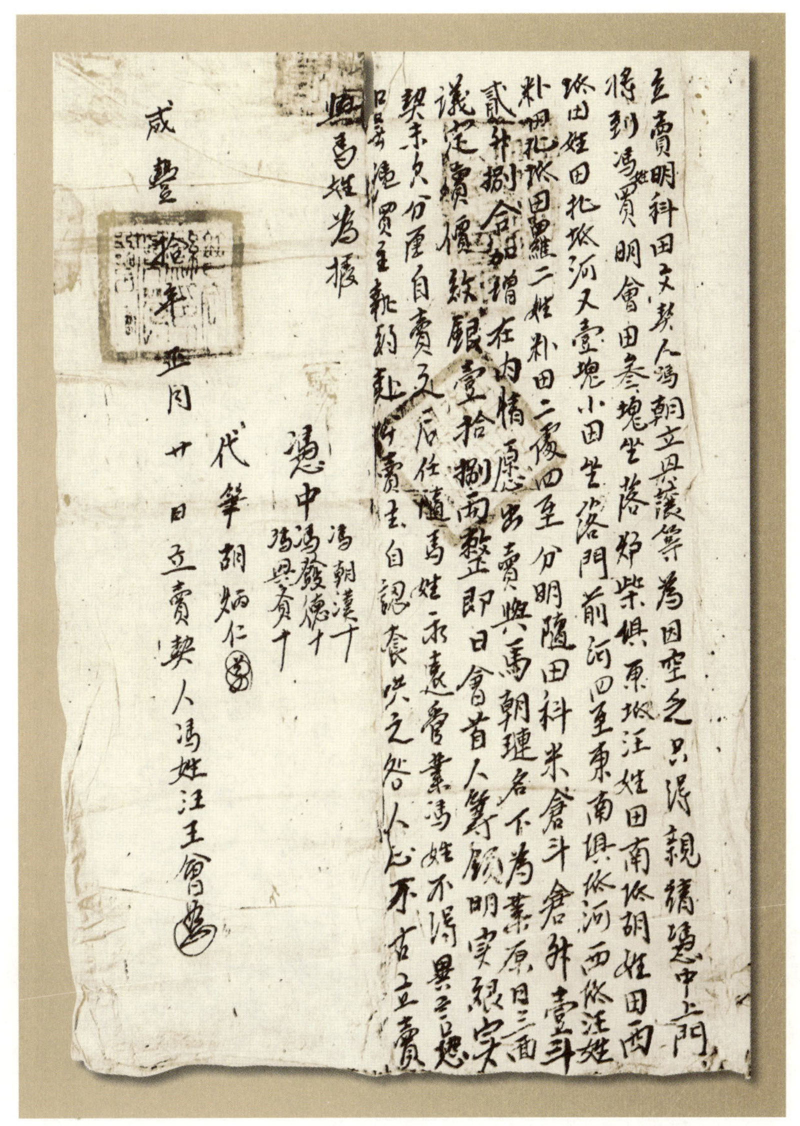

编号：tyg-33

立卖明科田文契人冯朝立、兴让等，为因空乏，只得亲请凭中上门，将到冯姓买明会田叁块，坐落炉（芦）柴坝，东坻（抵）汪姓田，南坻（抵）胡姓田，西坻（抵）田姓田，北坻（抵）河；又壹块小田坐落门前河，四至：东、南俱坻（抵）河，西坻（抵）汪姓□田，北坻（抵）田罗二姓□田，二处四至分明，随田科米仓斗仓升壹斗贰升捌合加增在内，情愿出卖与马朝琏名下为业。原日三面议定卖价纹银壹拾捌两整。即日会首人等领明。实银实契，未欠分厘。自卖之后，任随马姓永远管业，冯姓不得异言。恐口无凭，买主执约赴公，卖主自认套哄之咎。人心不古，立卖契与马姓为据。

凭　　中　冯朝汉　冯发德　冯兴圣

代　　笔　胡炳仁

咸丰十年正月二十日　立卖契人　冯姓汪王会

钤“普定县印”

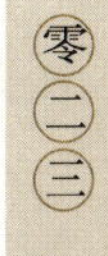

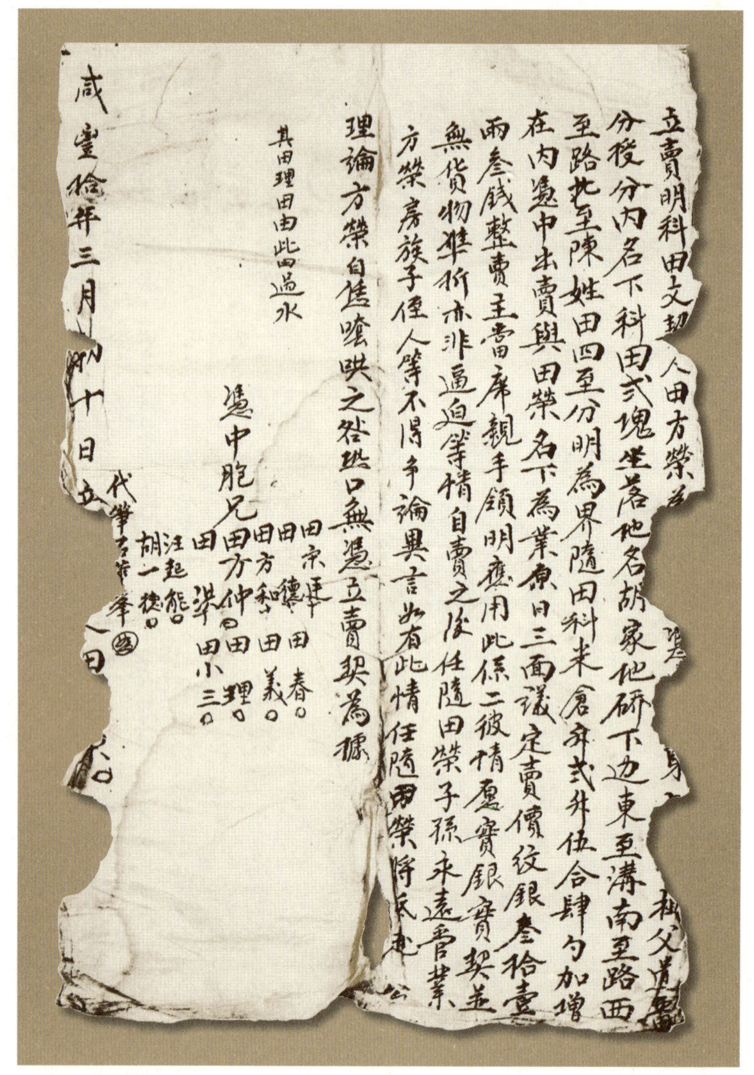

编号：tyg–30

立卖明科田文契人田方荣，为□□□□□□□□□□□□□祖父遗留分授分内名下科田贰块，坐落地名胡家地桥下边，东至沟，南至路，西至路，北至陈姓田，四至分明为界，随田科米仓升贰升伍合四勺加增在内，凭中出卖与田荣名下为业。原日三面议定卖价纹银叁拾壹两叁钱整。卖主当席亲手领明应用。此系二彼情愿，实银实契，并无货物准折，亦非逼迫等情。自卖之后，任随田荣子孙永远管业，方荣房族子侄人等不得争论异言。如有此情，任随田荣将纸赴公理论，方荣自任套哄之咎。恐口无凭，立卖契为据。

其田理田由此田过水。

凭中胞兄　田宋廷　田　德　田方和　田方仲　田　洪　汪起能
　　　　　胡一德　田　春　田　义　田　理　田小三
代　　笔　石华峰
咸丰十年三月初十日　立［卖契人　田方荣］

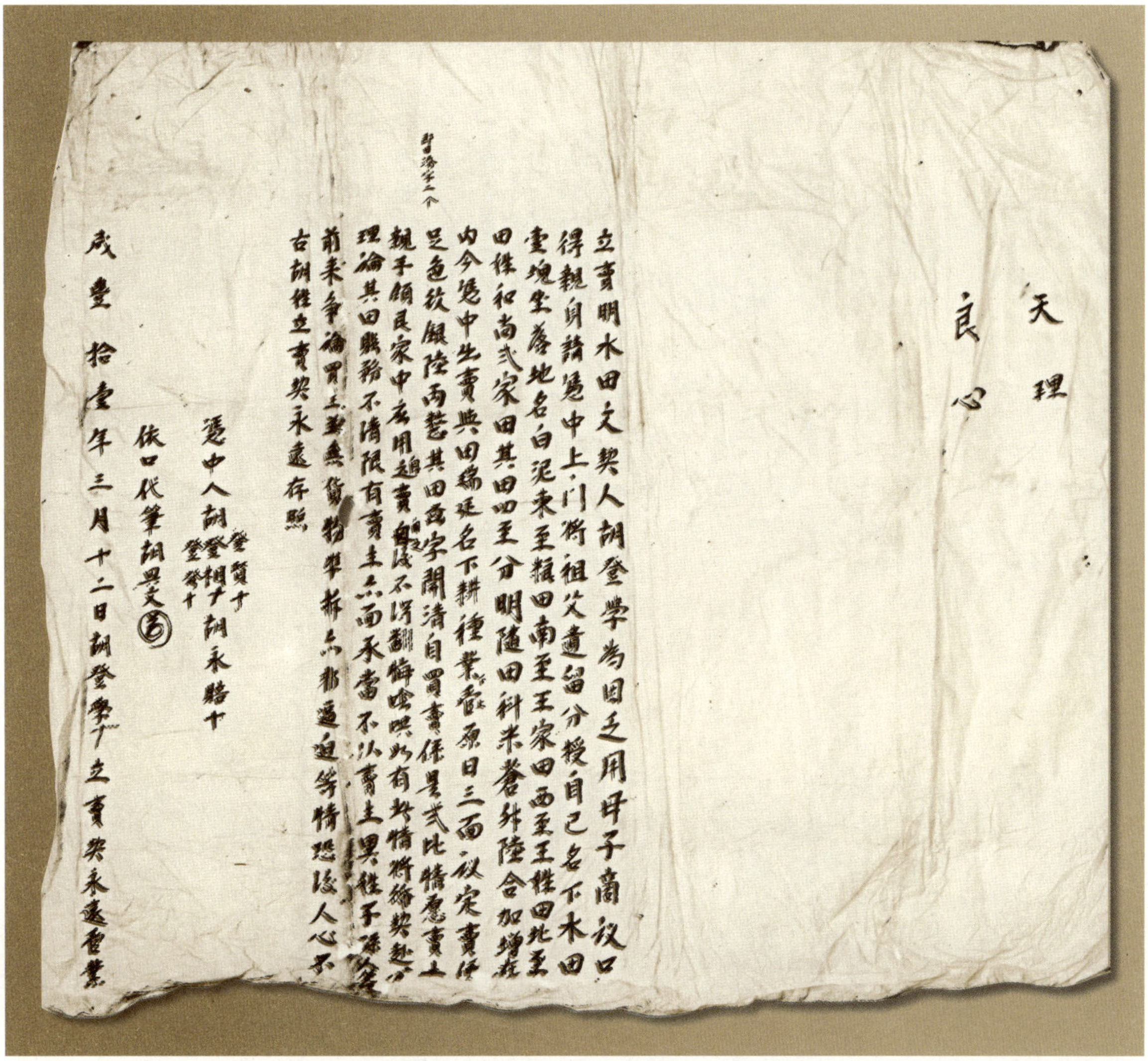

编号：tma-13

立卖明水田文契人胡登学，为因乏用，母子商议，只得亲身请凭中上门，将祖父遗留分授自己名下水田壹块，坐落地名白泥，东至粮田，南至王家田，西至王姓田，北至田姓、和尚贰家田，其田四至分明，随田科米仓升陆合加增在内，今凭中出卖与田瑞廷名下耕种业（下）管（上）。原日三面议定卖价足色纹银陆两整。其田画字开清，自（此）买卖系是贰比（彼）情愿。卖主亲手领银家中应用。自卖之后，不得翻悔套哄。如有此情，将纸契赴公理论。其田账务不清，限有（由）卖主亦（一）面承当，不以卖主异姓子孙人等前来争论。买主并无货物准折（折），亦非逼迫等情。恐后人心不古，胡姓立卖契永远存照。

即日添字二个。

天　理　良　心

凭 中 人　胡登贤　胡登相　胡登发　胡永赔

依口代笔　胡兴文

咸丰十一年三月十二日　胡登学　立卖契永远管业

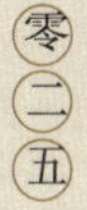

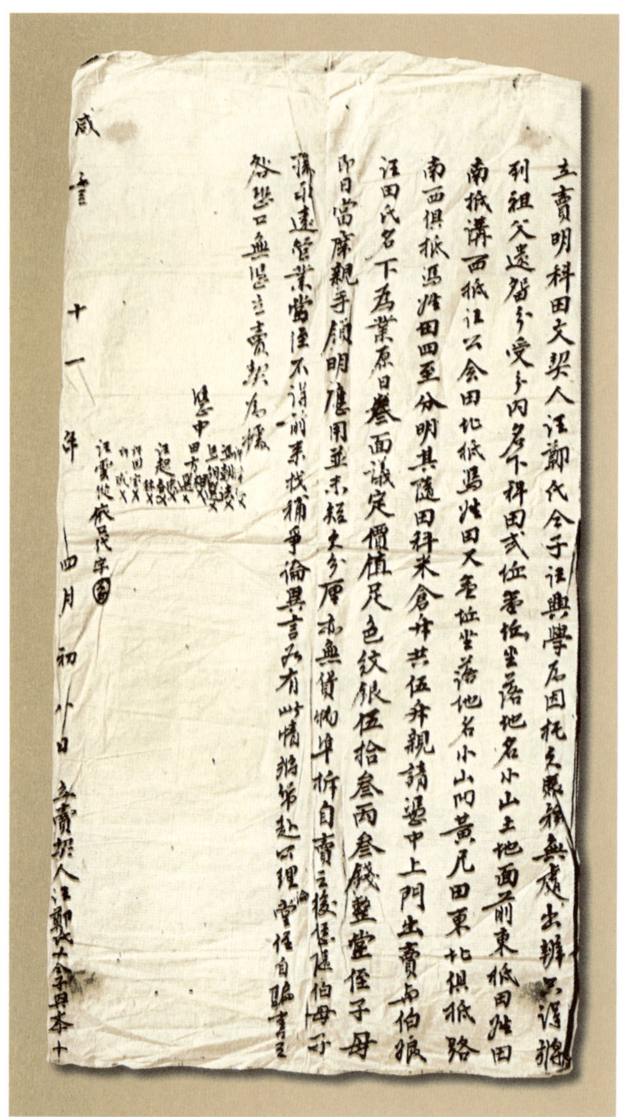

编号：wzc–64

立卖明科田文契人汪郑氏，同子汪兴学，为因托（拖）欠账务，无处出辨（办），只得将到祖父遗留分受（授）分内名下科田贰坵，壹坵坐落地名小山土地面前，东抵田姓田，南抵沟，西抵汪公会田，北抵冯姓田；又壹坵坐落地名小山凹黄泥田，东、北俱抵路，南、西俱抵冯姓田，四至分明，其随田科米仓升共伍升，亲请凭中上门，出卖与伯娘汪田氏名下为业。原日三面议定价值足色纹银伍拾叁两叁钱整。堂侄子母即日当席亲手领明应用，并未短欠分厘，亦无货物准拆（折）。自卖之后，任随伯母子孙永远管业，堂侄不得前来找补、争论异言。如有此情，将纸赴公理论，堂侄自［认］骗害之咎。恐口无凭，立卖契为据。

凭　　中　许泽仁　冯朝法　冯朝选　田方相　田方选　汪起宋
　　　　　汪起春　汪起林　许国宝　许　成
　　　　　汪云从　依口代字

咸丰十一年四月初八日　立卖契人　汪郑氏　同子兴学

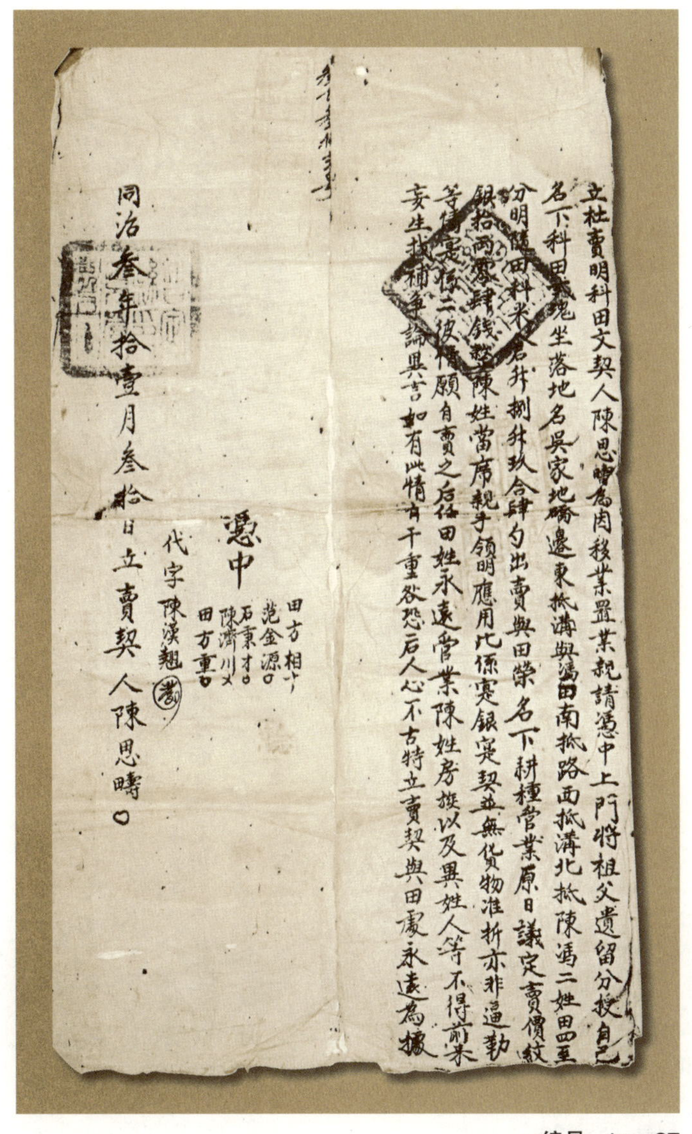

编号：tyg–27

立杜卖明科田文契人陈思畴，为因移业置业，亲请凭中上门，将祖父遗留分授自己名下科田贰块，坐落地名吴家地桥边，东抵沟与冯田，南抵路，西抵沟，北抵陈冯二姓田，四至分明，随田科米仓升捌升玖合肆勺，出卖与田荣名下耕种管业。原日议定卖价纹银拾两零肆钱整。陈姓当席亲手领明应用。此系实银实契，并无货物准折，亦非逼勒等情，实系二彼情愿。自卖之后，任田姓永远管业，陈姓房族以及异姓人等不得前来妄生找补、争论异言。如有此情，自干（甘）重咎。恐后人心不古，特立卖契与田处永远为据。

凭　　中　田方相　范金源　石秉才　陈济川　田方重

代　　字　陈汉翘

同治三年十一月三十日　立卖契人　陈思畴

钤“普定县印”

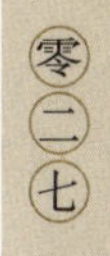

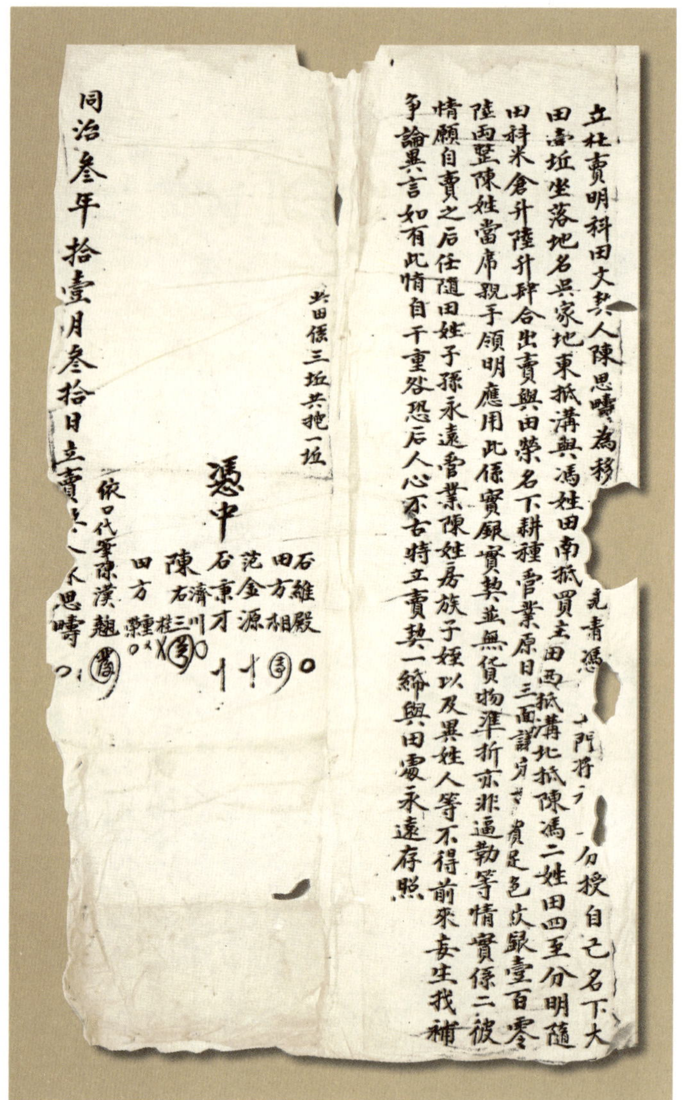

编号：tyg-29

立杜卖明科田文契人陈思畴，为移［业置业］，亲请凭［中］上门，将［祖父遗留］分授自己名下大田壹坵，坐落地名吴家地，东抵沟与冯姓田，南抵买主田，西抵沟，北抵陈冯二姓田，四至分明，随田科米仓升陆升肆合，出卖与田荣名下耕种管业。原日三面议定卖价足色纹银壹百零陆两整。陈姓当席亲手领明应用。此系实银实契，并无货物准折，亦非逼勒等情，实系二彼情愿。自卖之后，任随田姓子孙永远管业，陈姓房族子侄以及异姓人等不得前来妄生找补、争论异言。如有此情，自干（甘）重咎。恐后人心不古，特立卖契一纸与田处永远存照。

此田系三坵共挖一坵。

凭　　中　石维殿　田方相　范金源　石秉才　陈济川　陈右三
　　　　　陈右桂　田方重　田方荣

依口代笔　陈汉翘

同治三年十一月三十日　立卖契人　陈思畴

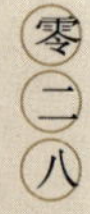

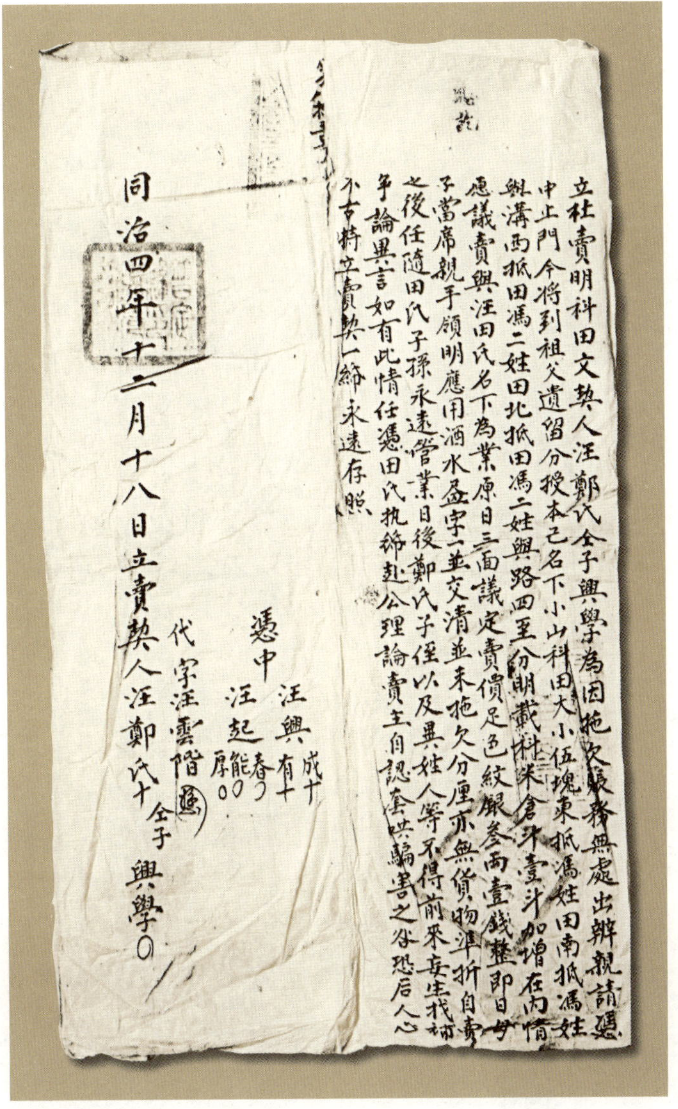

编号：wzc–42

立杜卖明科田文契人汪郑氏，同子兴学，为因拖欠账务，无处出辨（办），亲请凭中上门，今将到祖父遗留分授本己名下小山科田大小伍块，东抵冯姓田，南抵冯姓与沟，西抵田冯二姓田，北抵田冯二姓与路，四至分明，载科米仓斗壹斗加增在内，情愿议卖与汪田氏名下为业。原日三面议定卖价足色纹银叁两壹钱整。即日母子当席亲手领明应用。酒水画字一并交清，并未拖欠分厘，亦无货物准折。自卖之后，任随田氏子孙永远管业。日后郑氏子侄以及异姓人等不得前来妄生找补、争论异言。如有此情，任凭田氏执纸赴公理论，卖主自认套哄骗害之咎。恐后人心不古，特立卖契一纸永远存照。

凭　　中　汪兴成　汪兴有　汪起春　汪起能　汪起厚

代　　字　汪云阶

同治四年十二月十八日　立卖契人　汪郑氏　同子兴学

钤“普定县印”“府县□□田产局记验讫章”

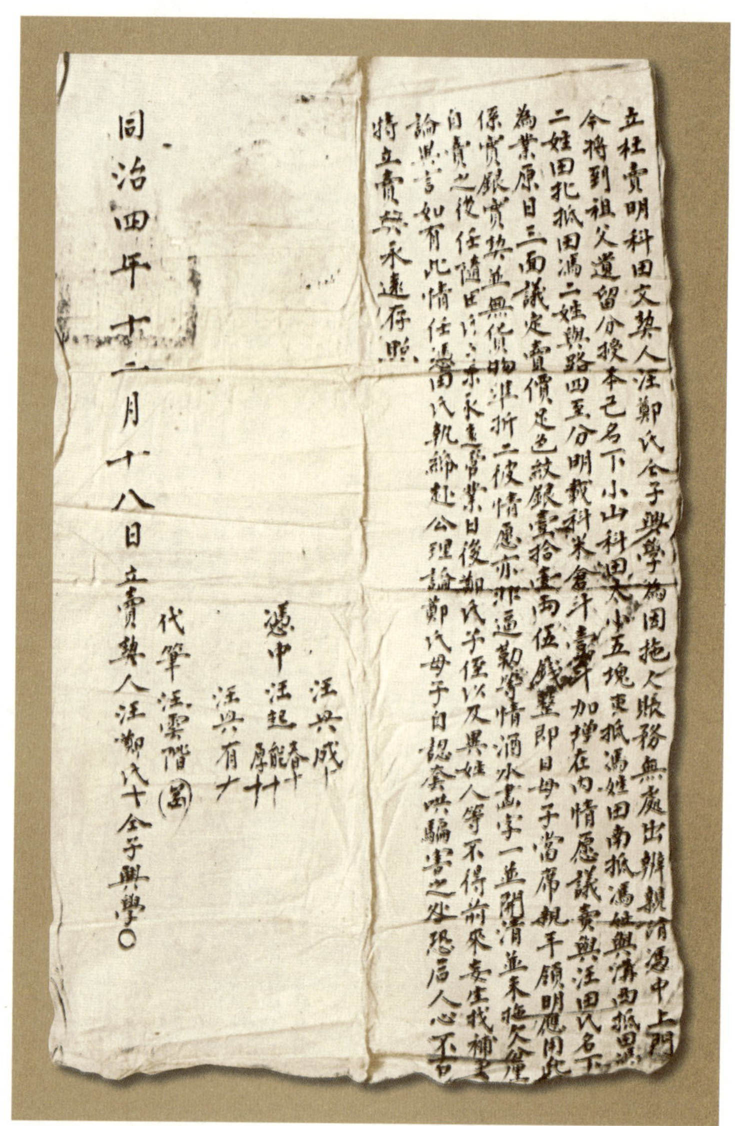

编号：wzc-86

立杜卖明科田文契人汪郑氏，同子兴学，为因拖欠账务，无处出辨（办），亲请凭中上门，今将到祖父遗留分授本已名下小山科田大小五块，东抵冯姓田，南抵冯姓与沟，西抵田冯二姓田，北抵田冯二姓与路，四至分明，载科米仓斗壹斗加增在内，情愿议卖与汪田氏名下为业。原日三面议定卖价足色纹银壹拾壹两伍钱整。即日母子当席亲手领明应用。此系实银实契，并无货物准折。二彼情愿，亦非逼勒等情。酒水画字一并开清，并未拖欠分厘。自卖之后，任随田氏子孙永远管业。日后郑氏子侄以及异姓人等不得前来妄生找补、争论异言。如有此情，任凭田氏执纸赴公理论，郑氏母子自认套哄骗害之咎。恐后人心不古，特立卖契永远存照。

凭　　中　汪兴成　汪起春　汪起能　汪起厚　汪兴有

代　　笔　汪云阶

同治四年十二月十八日　立卖契人　汪郑氏　同子兴学

钤“普定县印”

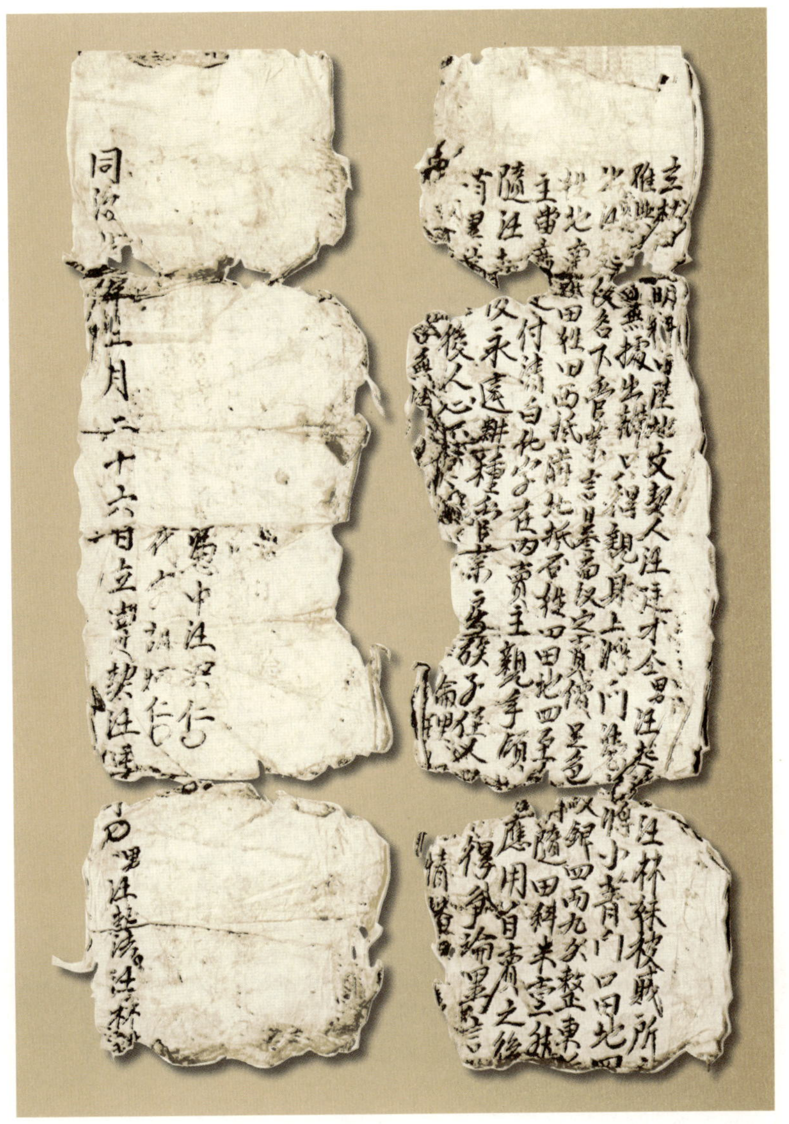

编号：tym-28-29

立杜［卖］明科田陆地文契人汪廷才，同男汪起法、汪林妹，被贼所难，典□□无据出办，只得亲身上将门，凭中将小菁（箐）门口田地四［块］，出卖与汪起□名下管业。言（原）日三面议定卖价足色纹银四两九钱整。东抵□姓地，南抵田姓田，西抵沟，北抵石姓田，田地四至［分明］。随田科米壹升。［买］主当［席交］付清白，化（画）字在内，卖主亲手领明应用。自卖之后，随汪□□永远耕种管业，房族子侄人等不得争论异言□□。恐日后人心不古，□□□□□论理□□□□□。

凭　中　汪兴仁
代　字　胡炳仁
同治（七）年二月二十六日　立卖契　汪［廷才］　男汪起法　汪林妹
钤［普定县印］

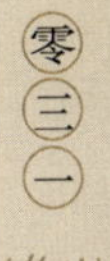

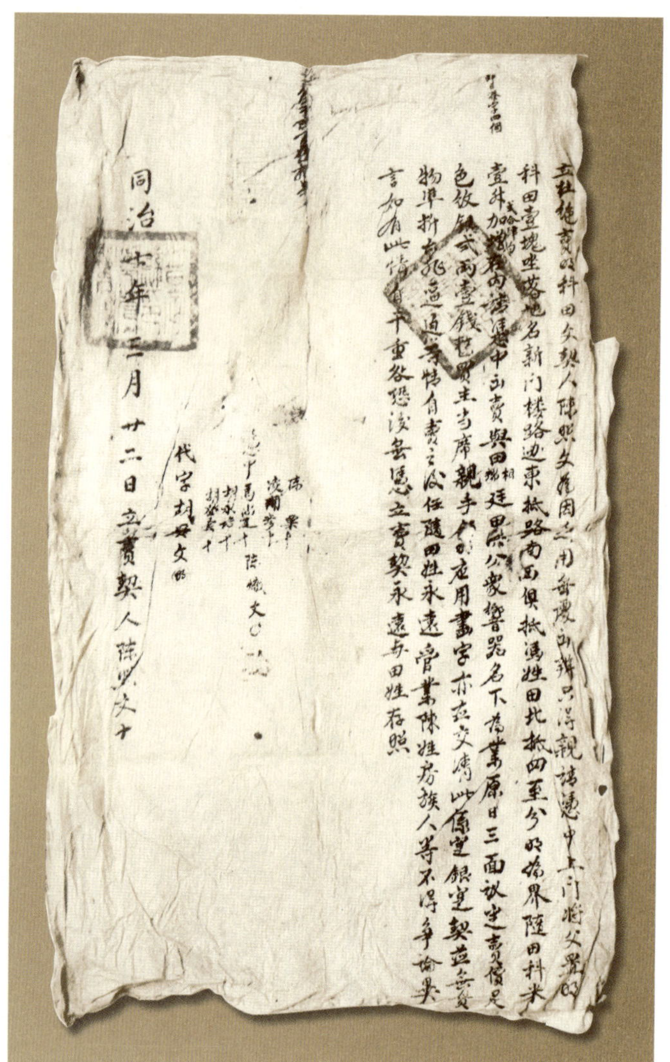

编号：tma-3

立杜绝卖明科田文契人陈照文，为因乏用，无处出辨（办），只得亲请凭中上门，将祖父置明科田壹块，坐落地名新门楼路边，东抵路，南、西俱抵冯姓田，北抵，四至分明为界，随田科米壹升贰合肆勺加增在内，请凭中出卖与田相廷、田瑞廷、田洪公众响器名下为业。原日三面议定卖价足色纹银贰两壹钱整。买主当席亲手领明应用，画字亦（一）并交清。此系实银实契，亦无货准折，亦非逼迫等情。自卖之后，任随田姓永远管业，陈姓房族人等不得争论异言。如有此情，自干（甘）重咎。恐后无凭，立卖契永远与田姓存照。

即日添字四个。

［半书］ □□□□□

凭　　中　陈　栗　凌甫彦　马尚达　胡永培　胡登圣　陈炽文

代　　字　胡兴文

同治七年三月二十二日　立卖契人　陈照文

钤“普定县印”

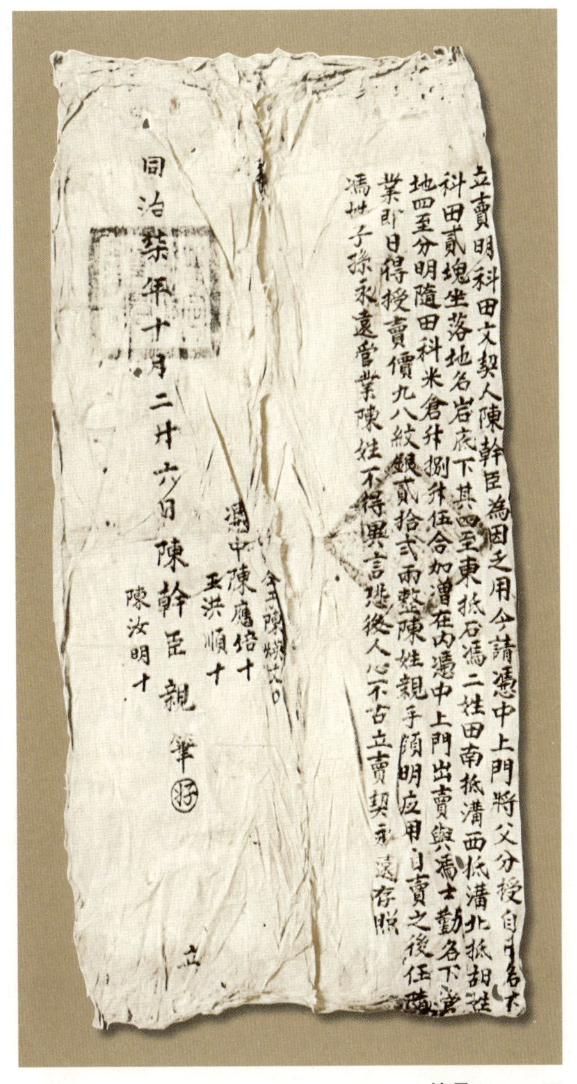

立賣明科田文契人陳幹臣為因乏用今請憑中上門將父分授自己名下
科田貳塊坐落地名岩底下其四至東抵石馮二姓田南抵溝西抵溝北抵胡姓
地四至分明隨田科米倉升捌升伍合加增在內憑中上門出賣與馮士勤名下管
業即日得授賣價九八紋銀貳拾貳兩整陳姓親手領明應用自賣之後任隨
馮姓子孫永遠管業陳姓不得異言恐後人心不古立賣契永遠存照

同子陳煥文
憑中陳應培十 王洪順十
陳汝明十
同治柒年十月二十六日陳幹臣親筆立

编号：crq-18

立卖明科田文契人陈干臣，为因乏用，今请凭中上门，将父分授自己名下科田贰块，坐落地名岩底下，其四至东抵石冯二姓田、南抵沟、西抵沟、北抵胡姓地，四至分明，随田科米仓升捌升伍合加增在内，凭中上门出卖与冯士勤名下管业。即日得授（受）卖价九八纹银贰拾贰两整。陈姓亲手领明应用。自卖之后，任随冯姓子孙永远管业，陈姓不得异言。恐后人心不古，立卖契永远存照。

凭中　同子陈焕文　陈应培　王洪顺

同治七年十月二十六日　陈干臣　陈汝明　亲笔立

钤“普定县印”

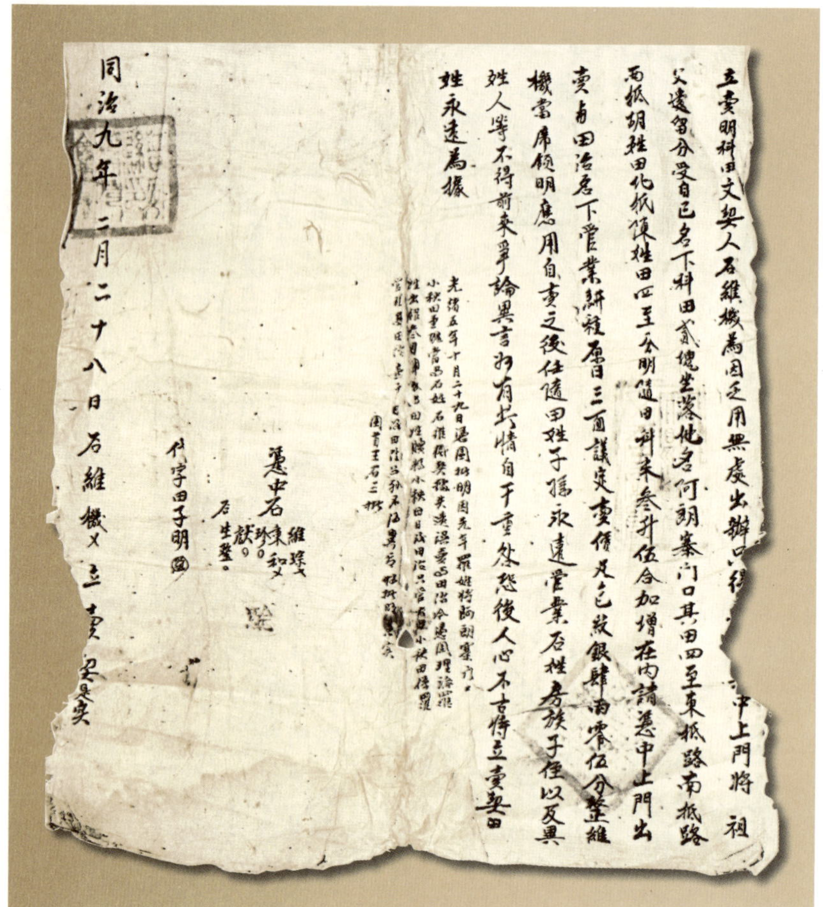

编号：tyg–25

立卖明科田文契人石维机，为因乏用，无处出办，只得［亲请凭］中上门，将祖父遗留分受（授）自己名下科田贰块，坐落地名阿朗寨[①] 门口，其田四至：东抵路，南抵路，西抵胡姓田，北抵陈姓田，四至分明，随田科米叁升五合加增在内，请凭中上门出卖与田治名下管业耕种。原日三面议定卖价足色纹银肆两零伍分整。维机当席领明应用。自卖之后，任随田姓子孙永远管业，石姓房族子侄以及异姓人等不得前来争论异言。如有此情，自干（甘）重咎。恐后人心不古，特立卖契（与）田姓永远为据。

光绪五年十月二十九日凭团批明：因先年罗姓将阿朗寨门口小秧田壹块当与石姓石维机，契据失遗，误卖与田治，今凭团理论，罗姓出银叁两肆钱与田姓赎取小秧田，日后田治只管大田，小秧田系罗管理，与田治无干，日后田姓子孙不得异言。特批明是实。

团首王石三批。

凭中　石维琮　石秉和　石　珍　石　献　石生整

代字　田子明

同治九年二月二十八日　石维机　立卖契是实

钤“普定县印”“府县□□田产局记验讫章”

① 契文中有多处称“阿朗寨”或“阿郎寨”，即为今日之“阿陇寨”。

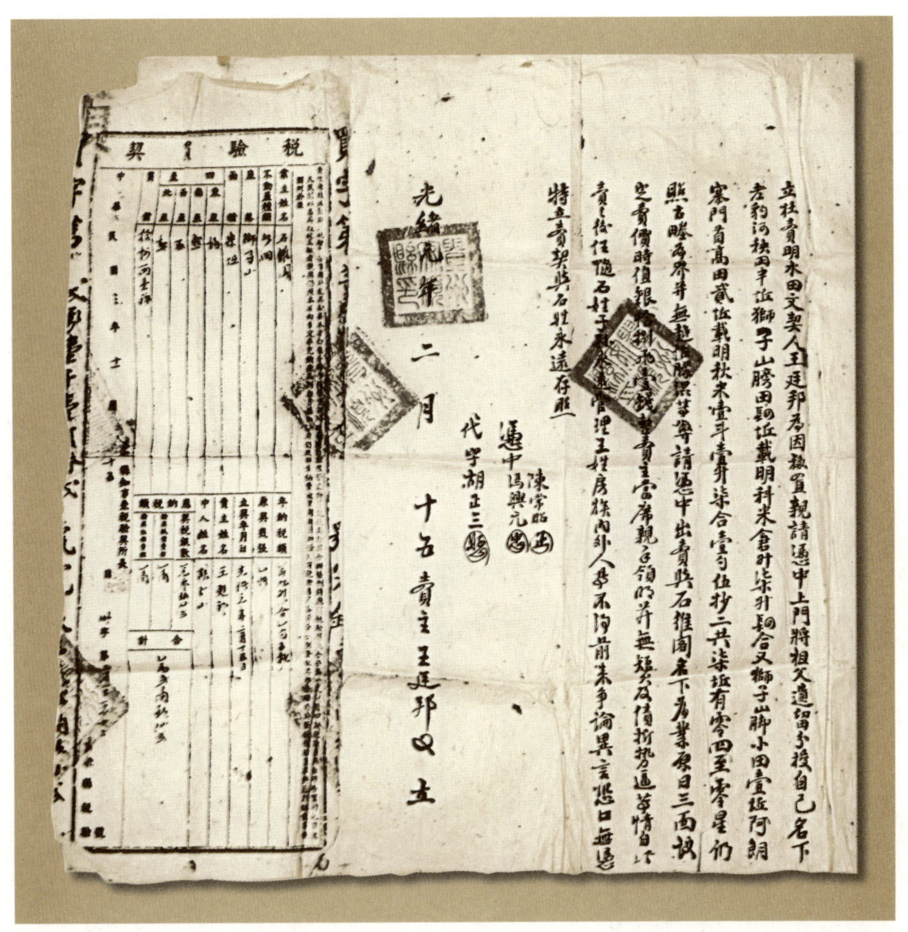

编号：sls-14

立杜卖明水田文契人王廷邦，为因移置，亲请凭中上门，将祖父遗留分授自己名下老豹河秧田半坵、狮子山膀田肆坵，载明科米仓升柒升肆合；又狮子山脚小田壹坵、阿朗寨门首高田贰坵，载明秋米壹斗壹升柒合壹勺伍抄，二共柒坵有零，四至零星，仍照古睉（塍）为界，并无越占蒙混等弊，请凭中出卖与石维阁名下为业。言（原）日三面议定卖价实值银拾捌两壹钱整。卖主当席亲手领明，并无短欠及债折势逼等情。自此卖之后，任随石姓子孙永远管理，王姓房族内外人等不得前来争论异言。恐口无凭，特立卖契与石姓永远存照。

凭中　陈常昭　冯兴元

代字　胡正三

光绪元年二月十五　卖主　王廷邦　立

钤“贵州安顺县印”

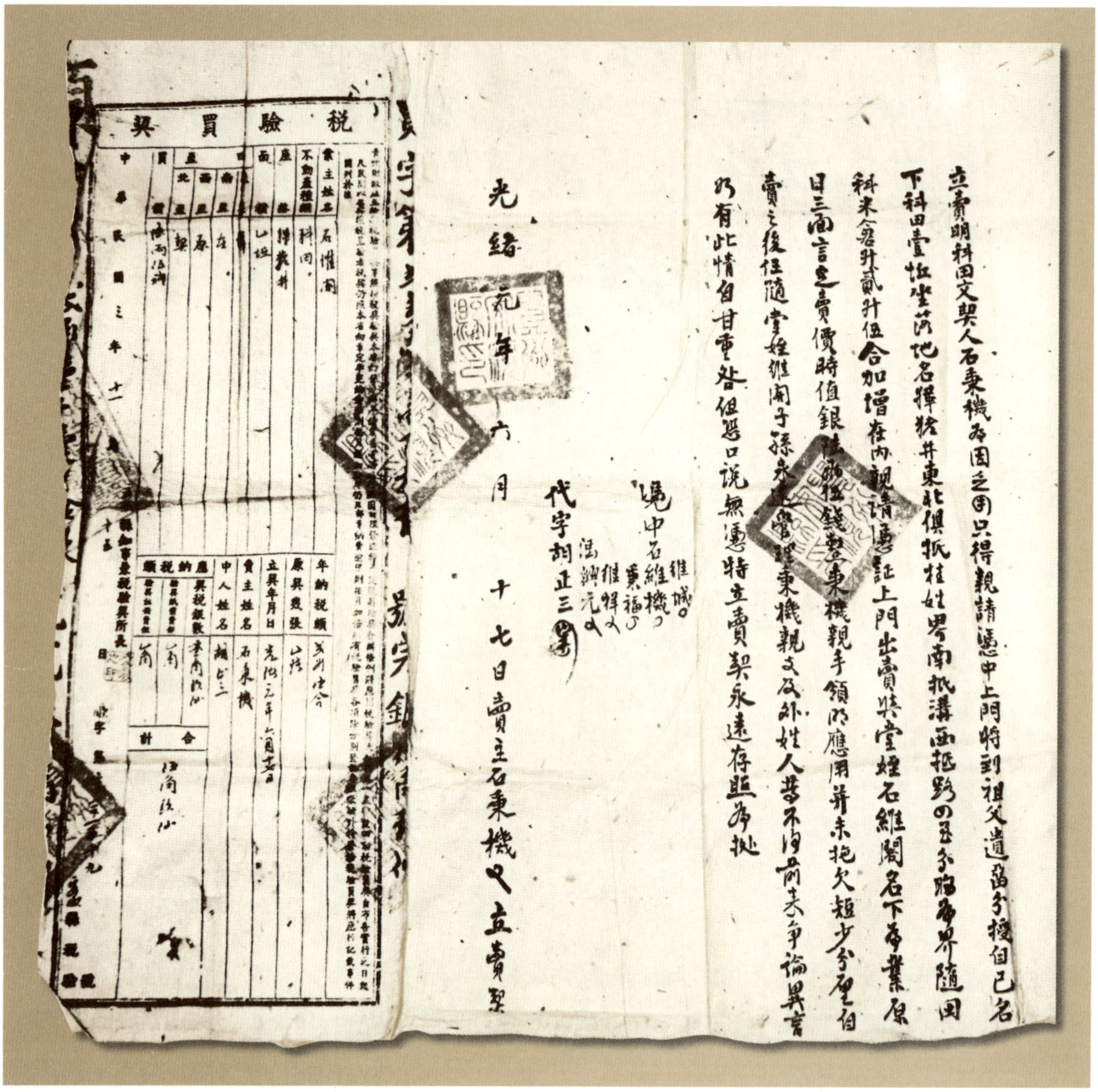

编号：sls–6

立卖明科田文契人石秉机，为因乏用，只得亲请凭中上门，将到祖父遗留分授自己名下科田壹坵，坐落地名仡佬井，东、北俱抵桂姓界，南抵沟，西抵路，四至分明为界，随田科米仓升贰升伍合加增在内，亲请凭证上门出卖与堂（侄）石维阁名下为业。言（原）日三面言定卖价时值银陆两伍钱整。秉机亲手领明应用，并未拖欠短少分厘。自卖之后，任随堂侄维阁子孙永远管理，秉机亲支及外姓人等不得前来争论异言。如有此情，自甘重咎。但恐口说无凭，特立卖契永远存照为据。

凭中　石维城　石维机　石秉福　石维祥　冯兴元

代字　胡正三

光绪元年六月十七日　卖主　石秉机　立卖契

钤“贵州安顺县印”

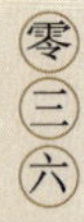

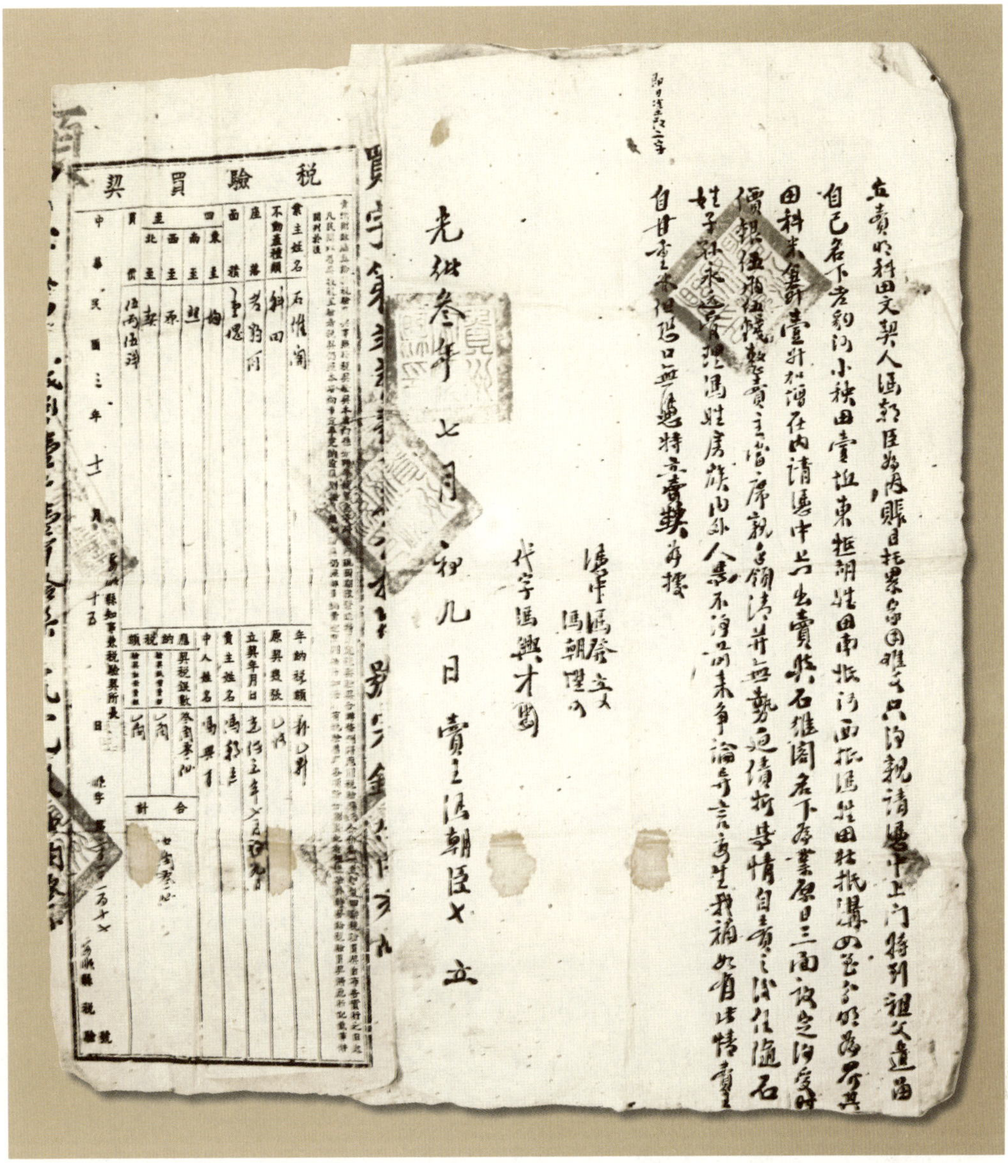

编号：sls–25

立卖明科田文契人冯朝臣，为因账目托（拖）累，家用难支，只得亲请凭中上门，将到祖父遗留自己名下老豹河小秧田壹坵，东抵胡姓田，南抵河，西抵冯姓田，北抵沟，四至分明为界，其田科米仓升壹升加增在内，请凭中上门出卖与石维阁名下为业。言（原）日三面议定得受时价银伍两伍钱整。卖主当席亲手领清，并无势迫债折等情。自卖之后，任随石姓子孙永远管理，冯姓房族内外人等不得前来争论异言、妄生找补。如有此情，卖主自甘重咎。但恐口无凭，特立卖契为据。

凭中　冯发立　冯朝陆

代字　冯兴才

光绪三年七月初九日　卖主　冯朝臣　立

钤“贵州安顺县印”

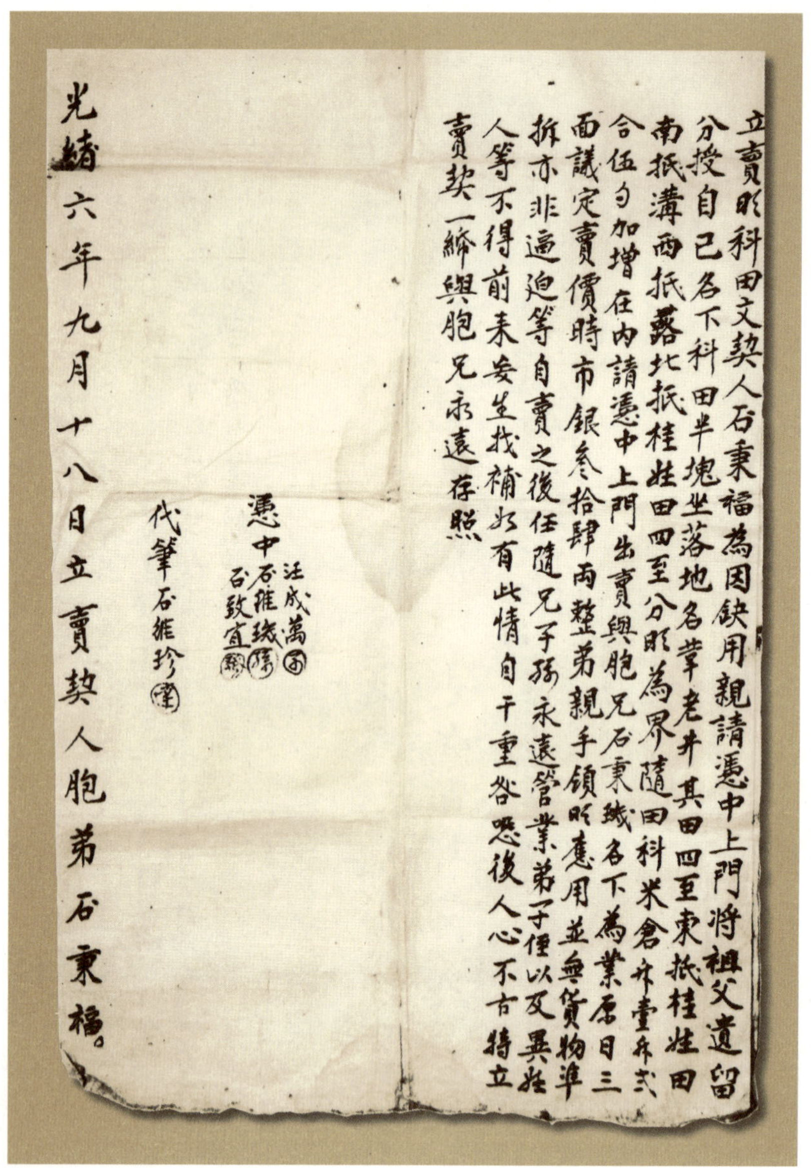
立賣明科田文契人石秉福為因缺用親請憑中上門將祖父遺留分授自己名下科田半塊坐落地名乞老井其田四至東抵桂姓田南抵溝西抵路北抵桂姓田四至分明為界隨田科米倉升壹升貳合伍勺加增在內請憑中上門出賣與胞兄石秉機名下為業原日三面議定賣價時市銀叁拾肆兩整弟親手領明應用並無貨物準折亦非逼迫等自賣之後任隨兄子孫永遠管業弟子侄以及異姓人等不得前來妄生找補如有此情自干重咎恐後人心不古特立賣契一紙與胞兄永遠存照

憑中 汪成萬 石維珖 石致宜

代筆石維珍

光緒六年九月十八日立賣契人胞弟石秉福

编号：sls–29

立卖明科田文契人石秉福，为因缺用，亲请凭中上门，将祖父遗留分授自己名下科田半块，坐落地名仡佬井，其田四至：东抵桂姓田，南抵沟，西抵路，北抵桂姓田，四至分明为界，随田科米仓升壹升贰合伍勺加增在内，请凭中上门出卖与胞兄石秉机名下为业。原日三面议定卖价时市银叁拾肆两整。弟亲手领明应用，并无货物准折，亦非逼迫等。自卖之后，任随兄子孙永远管业，弟子侄以及异姓人等不得前来妄生找补。如有此情，自干（甘）重咎。恐后人心不古，特立卖契一纸与胞兄永远存照。

凭　　中　汪成万　石维玑　石致宜

代　　笔　石维珍

光绪六年九月十八日　立卖契人　胞弟石秉福

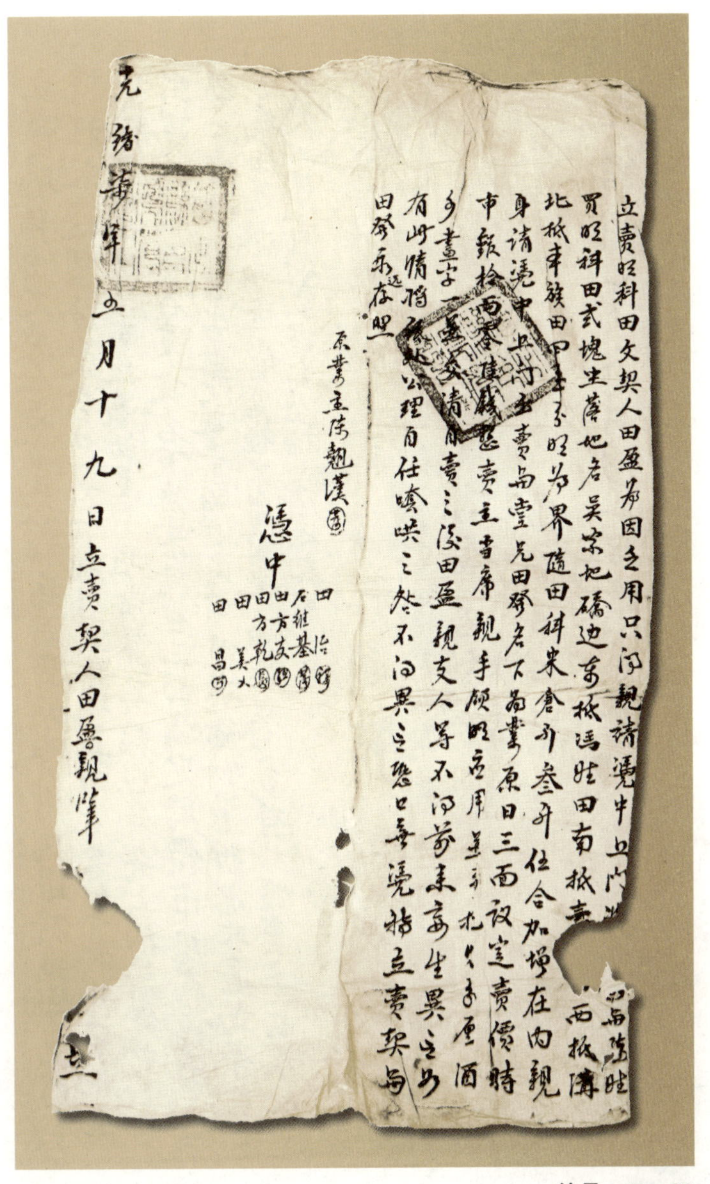

编号：tyg–20

立卖明科田文契人田盈，为因乏用，只得亲请凭中将上门，将□□与陈姓买明科田贰块，坐落地名吴家地硚边，东抵冯姓田，南抵卖主□，西抵沟，北抵本族田，四至分明为界，随田科米仓升叁升伍合加增在内，亲身请凭中上门出卖与堂兄田发名下为业。原日三面议定卖价时市银拾两零陆钱整。卖主当席亲手领明应用，并无托（拖）欠分厘。酒水画字，一并交清。自卖之后，田盈亲支人等不得前来妄生异言。如有此情，将纸赴公理，自认套哄之咎，不得异言。恐口无凭，特立卖契与田发永远存照。

原业主　陈翘汉

凭　　中　田　治　石维基　田方友　田方乾　田　美　田　昌

光绪七年五月十九日　立卖契人　田　盈　亲笔立

钤“普定县印”

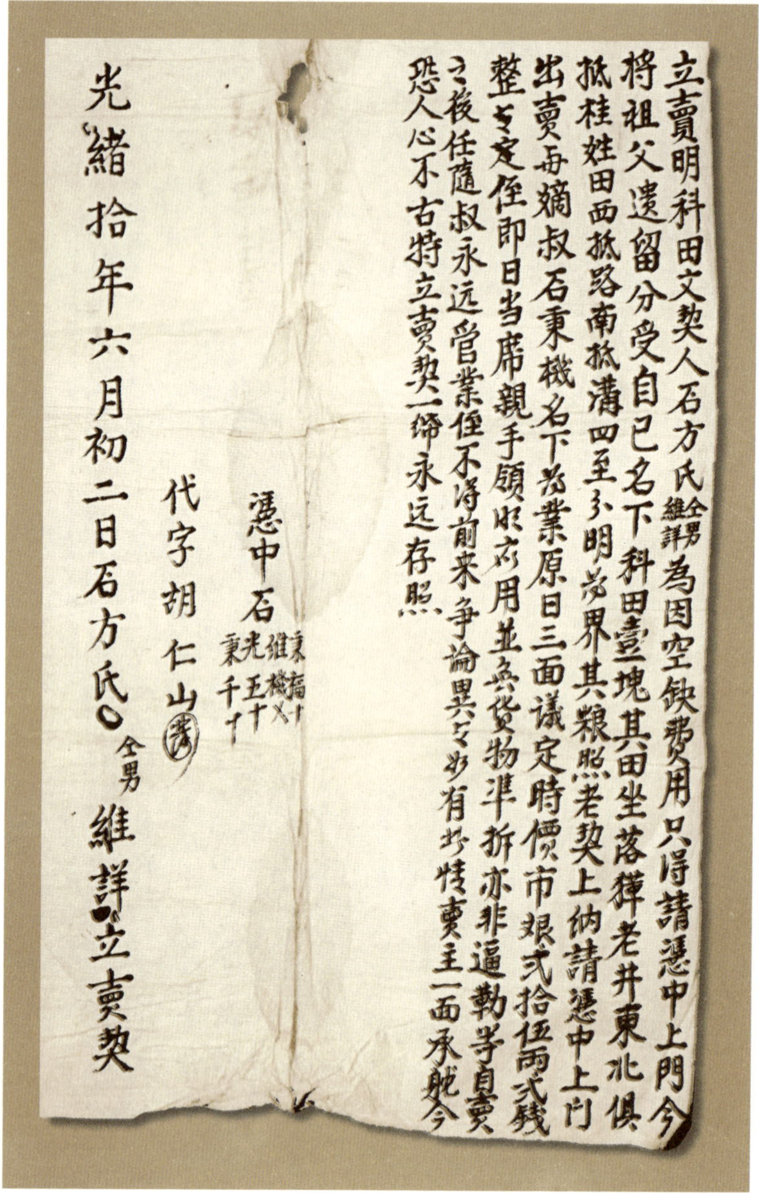

立賣明科田文契人石方氏仝男維詳為因空缺费用只得請憑中上門今
將祖父遺留分受自己名下科田壹塊其田坐落犵老井東北俱
抵桂姓田西抵路南抵溝四至分明為界其粮照老契上納請憑中上門
出賣與嫡叔石秉機名下為業原日三面議定時價市艮貳拾伍兩貳錢
整言定侄即日当席親手領明應用並無貨物準折亦非逼勒等自賣
之後任隨叔永远管業侄不得前來爭論異言如有此情賣主一面承躭今
恐人心不古特立賣契一紙永远存照

憑中 石秉福 石維機 石光五 石秉千

代字 胡仁山

光緒拾年六月初二日石方氏仝男維詳立賣契

编号：sls-20

立卖明科田文契人石方氏，同男维详，为因空缺费用，只得请凭中上门，今将祖父遗留分受（授）自己名下科田壹块，其田坐落仡佬井，东、北俱抵桂姓田，西抵路，南抵沟，四至分明为界，其粮照老契上纳，请凭中上门出卖与嫡叔石秉机名下为业。原日三面议定时价市银贰拾伍两贰钱整。言定侄即日当席亲手领明应用，并无货物准拆（折），亦非逼勒等。自卖之后，任随叔永远管业，侄不得前来争论异言。如有此情，卖主一面承耽（担）。今恐人心不古，特立卖契一纸永远存照。

凭中　石秉福　石维机　石光五　石秉千

代字　胡仁山

光绪十年六月初二日　石方氏　同男维祥　立卖契

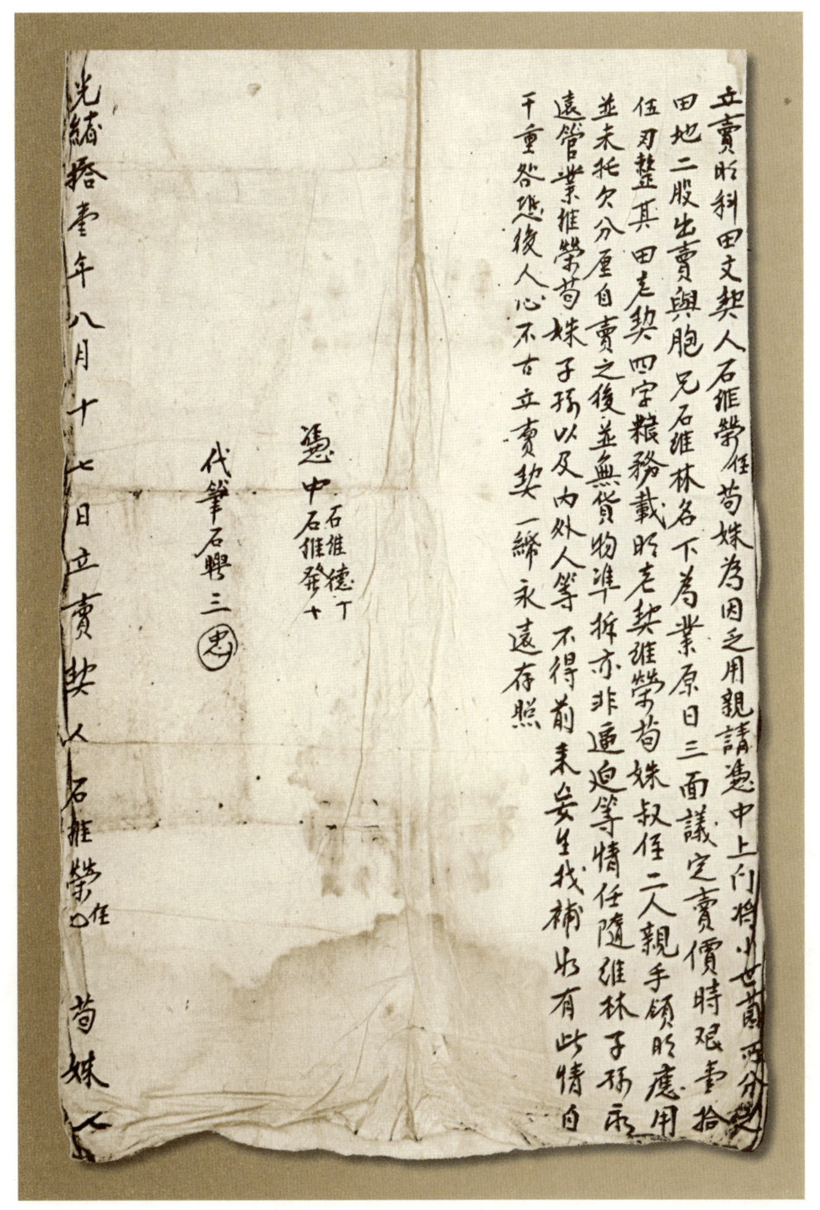

编号：tyg–16

立卖明科田文契人石维荣、侄苟妹，为因乏用，亲请凭中上门，将小世（柿）园所分之田地二股，出卖与胞兄石维林名下为业。原日三面议定卖价时银壹拾伍两整。其田老契四字（至）、粮务载明老契。维荣、苟妹叔侄二人亲手领明应用，并未托（拖）欠分厘。自卖之后，并无货物准拆（折），亦非逼迫等情，任随维林子孙永远管业，维荣、苟妹子孙与内外人等不得前来妄生找补。如有此情，自干（甘）重咎。恐后人心不古，立卖契一纸永远存照。

凭　　中　石维德　石维发

代　　笔　石聘三

光绪十一年八月十七日　立卖契人　石维荣　侄苟妹　立

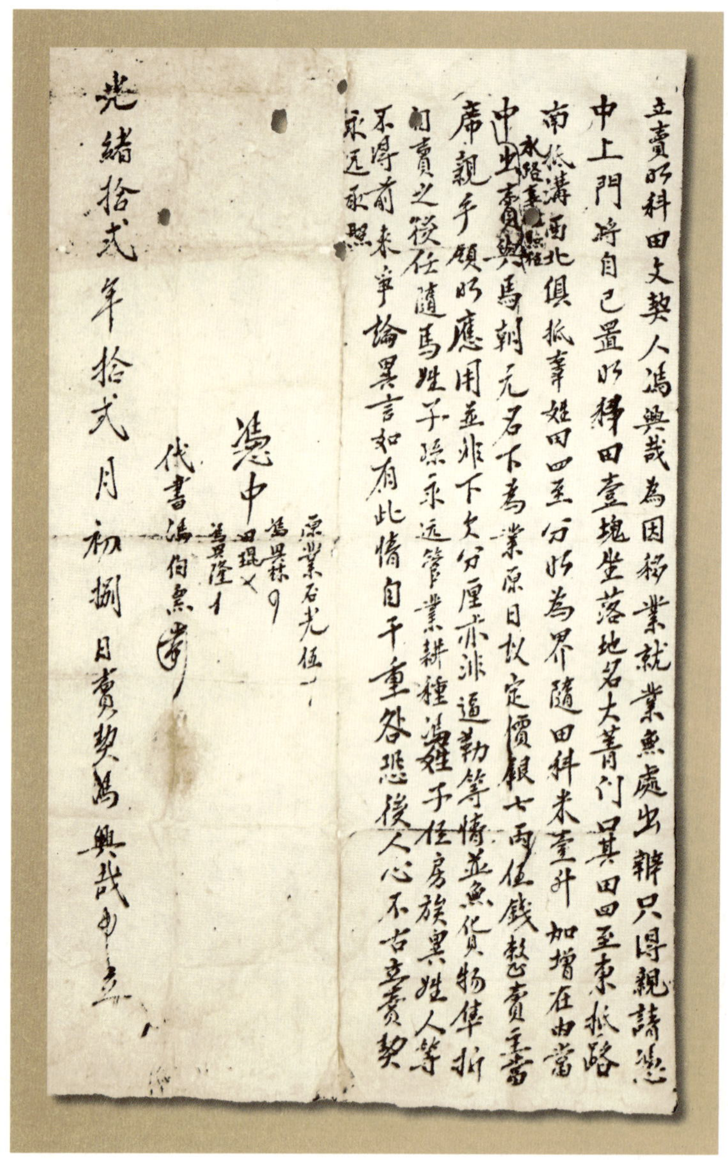

编号：mxq–54

立卖明科田文契人冯兴哉，为因移业就业，无处出辨（办），只得亲请凭中上门，将自己置明科田壹块，坐落地名大菁（箐）门口，其田四至东抵路，南抵沟，西、北俱抵辜姓田，四至分明为界，随田科米壹升加增在内，当中水路辜□□□，出卖与马朝元名下为业。原日议定价银七两伍钱整。卖主当席亲手领明应用，并非下欠分厘，亦非逼勒等情，并无货物准折。自卖之后，任随马姓子孙永远管业耕种，冯姓子侄房族异姓人等不得前来争论异言。如有此情，自干（甘）重咎。恐后人心不古，立卖契永远承（存）照。

原业　石光伍

凭中　冯兴林　田琨　冯兴隆

代书　冯伯熏

光绪十二年十二月初八日　卖契　冯兴哉　立

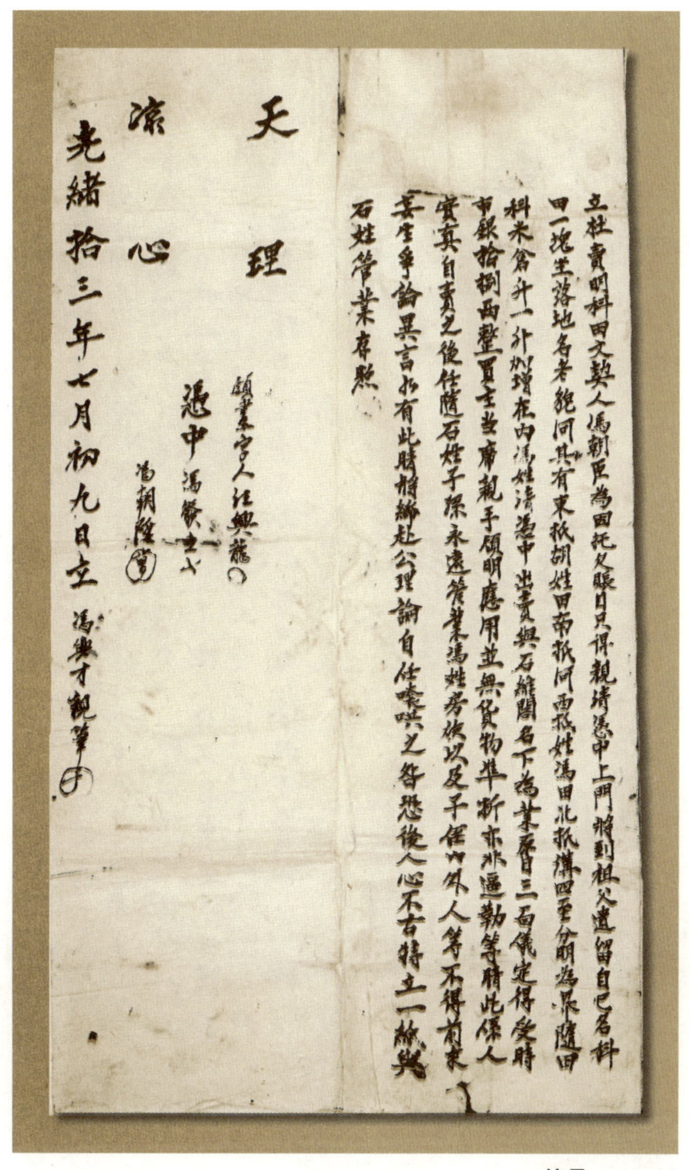

编号：sls-11

立杜卖明科田文契人冯朝臣，为因托（拖）欠账目，只得亲请凭中上门，将到祖父遗留自己名科田一块，坐落地名老貌（豹）河，其有东抵胡姓田，南抵河，西抵姓冯田，北抵沟，四至分明为界，随田科米仓升一升加增在内，冯姓请凭中出卖与石维阁名下为业。原日三面议定，得受时市银拾捌两整。买（卖）主当席亲手领明应用，并无货物准折，亦非逼勒等情，此系人实真。自卖之后，任随石姓子孙永远管业，冯姓房族以及子侄内外人等不得前来妄生争论异言。如有此情，将纸赴公理论，自任套哄之咎。恐后人心不古，特立一纸与石姓管业存照。

天　理　凉（良）心

领画字人　汪兴龙

凭　　中　冯发立　冯朝陲

光绪十三年七月初九日立　冯兴才　亲笔

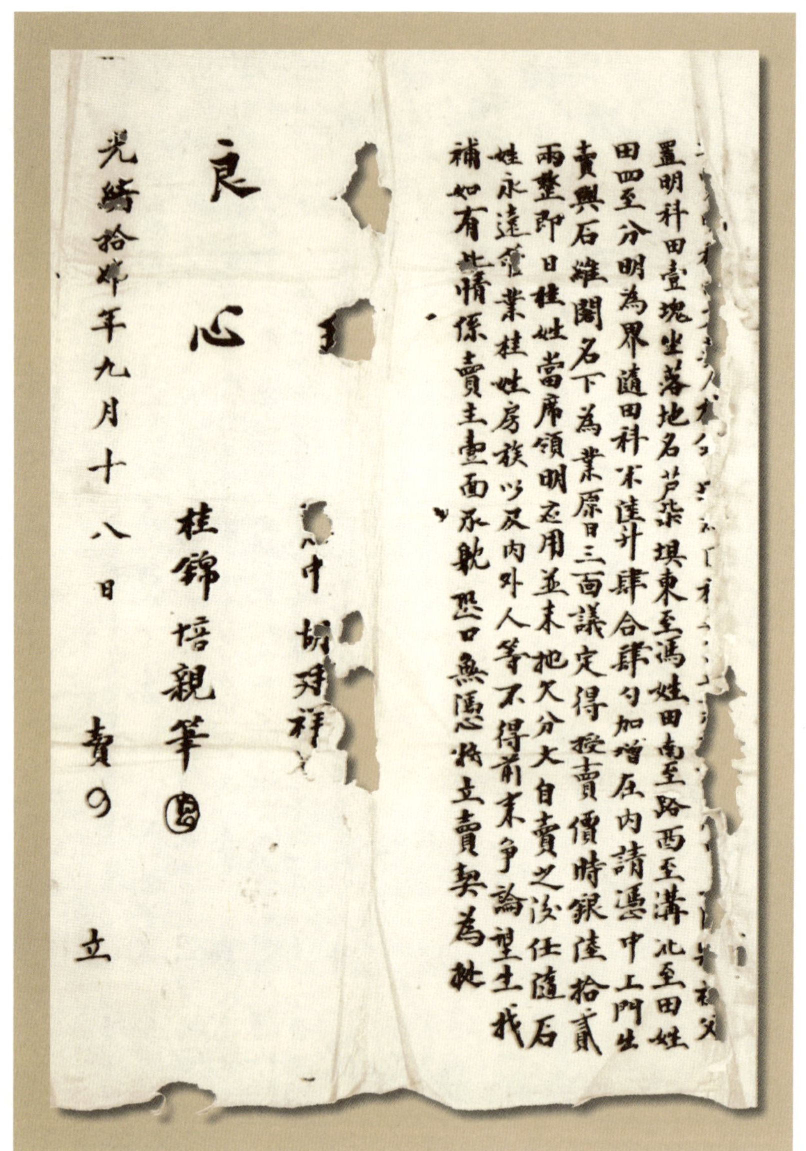
置明科田壹塊坐落地名芦柴埧東至馮姓田南至路西至溝北至田姓
田四至分明為界隨田科米陸升肆合肆勺加增在內請憑中上門出
賣與石維閣名下為業原日三面議定得授賣價時銀陸拾貳
兩整即日桂姓當席領明應用並未拖欠分文自賣之後任隨石
姓永遠管業桂姓房族以及內外人等不得前來爭論望生找
補如有此情係賣主壹面承耽恐口無憑特立賣契為據

憑中 胡廷祥

良心

桂錦培親筆

光緒拾肆年九月十八日 賣 立

编号：sls–2

［立卖明科田文契人桂锦培，为因移业置业，□□□□□□将祖父］置明科田壹块，坐落地名芦柴坝，东至冯姓田，南至路，西至沟，北至田姓田，四至分明为界，随田科米陆升肆合肆勺加增在内，请凭中上门出卖与石维阁名下为业。原日三面议定，得授（受）卖价时银陆拾贰两整。即日桂姓当席领明应用，并未拖欠分文。自卖之后，任随石姓永远管业，桂姓房族以及内外人等不得前来争论、望（妄）生找补。如有此情，系卖主壹（一）面承耽（担）。恐口无凭，特立卖契为据。

［天　理］　良　心

凭中　胡廷祥

桂锦培　亲笔

光绪十四年九月十八日　卖立

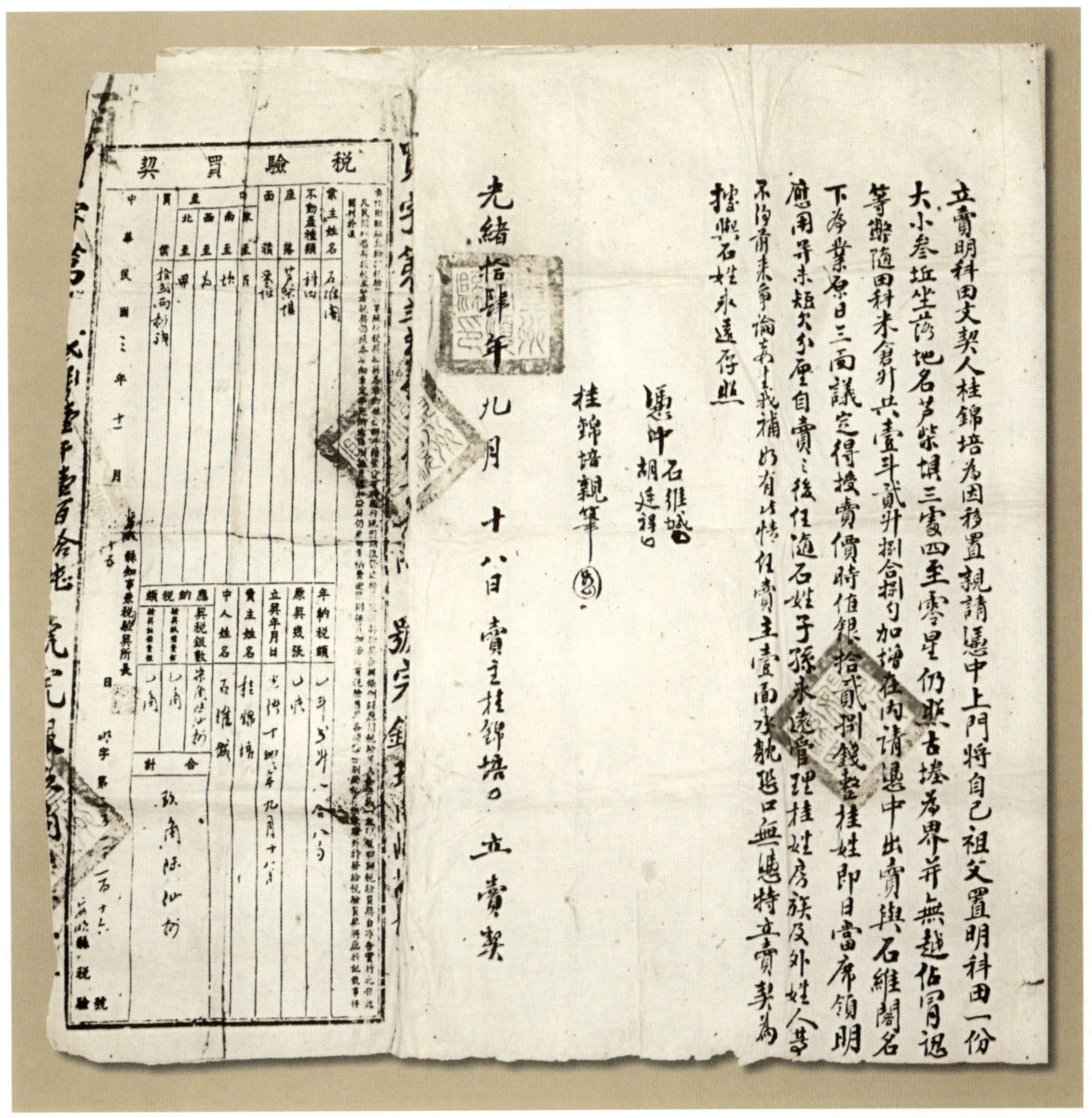

编号：sls-7

立卖明科田文契人桂锦培，为因移置，亲请凭中上门，将自己祖父置明科田一份，大小叁坵，坐落地名芦柴坝，三处四至零星，仍照古塍（塍）为界，并无越占冒认等弊，随田科米仓升共壹斗贰升捌合捌勺加增在内，请凭中出卖与石维阁名下为业。原日三面议定得授（受）卖价时值银拾贰［两］捌钱整。桂姓即日当席领明应用，并未短欠分厘。自卖之后，任随石姓子孙永远管理，桂姓房族及外姓人等不得前来争论、妄生找补。如有此情，任卖主壹面承耽（担）。恐口无凭，特立卖契为据与石姓永远存照。

凭中　石维城　胡廷祥

桂锦培　亲笔

光绪十四年九月十八日　卖主　桂锦培　立卖契

钤“贵州安顺县印”

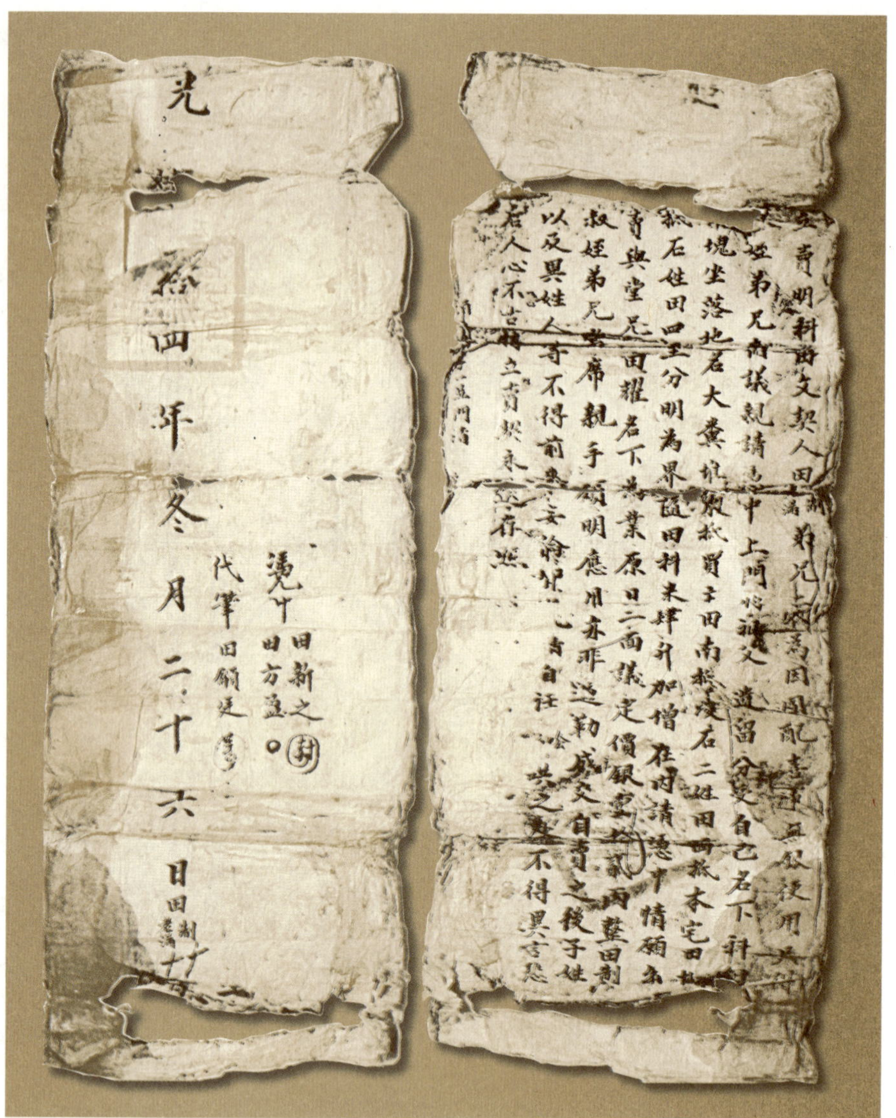

编号：tym-2-3

立卖明科田文契人田制、田老满弟兄二人，为因圆配喜事无银使用，只得□侄弟兄商议，亲请凭中上门，将祖父遗留分受（授）自己名下科田［壹］块，坐落地名大粪堆，东抵买主田，南抵凌石二姓田，西抵本宅田，北抵石姓田，四至分明为界，随田科米四升加增在内，请凭中情愿出卖与堂兄田耀名下为业。原日三面议定价银壹拾贰两整。田制叔侄弟兄当席亲手领明应用，亦非逼勒成交。自卖之后，子姓以及异姓人等不得前来妄论。如有此情，自任套哄之咎，不得异言。恐后人心不古，特立卖契永远存照。

［酒水画字］一并开清。

凭中　田新之　田方盈

代笔　田领廷

光绪十四年冬月二十六日　田　制　田老满

钤“□□□□□□□□”

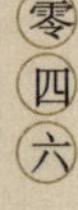

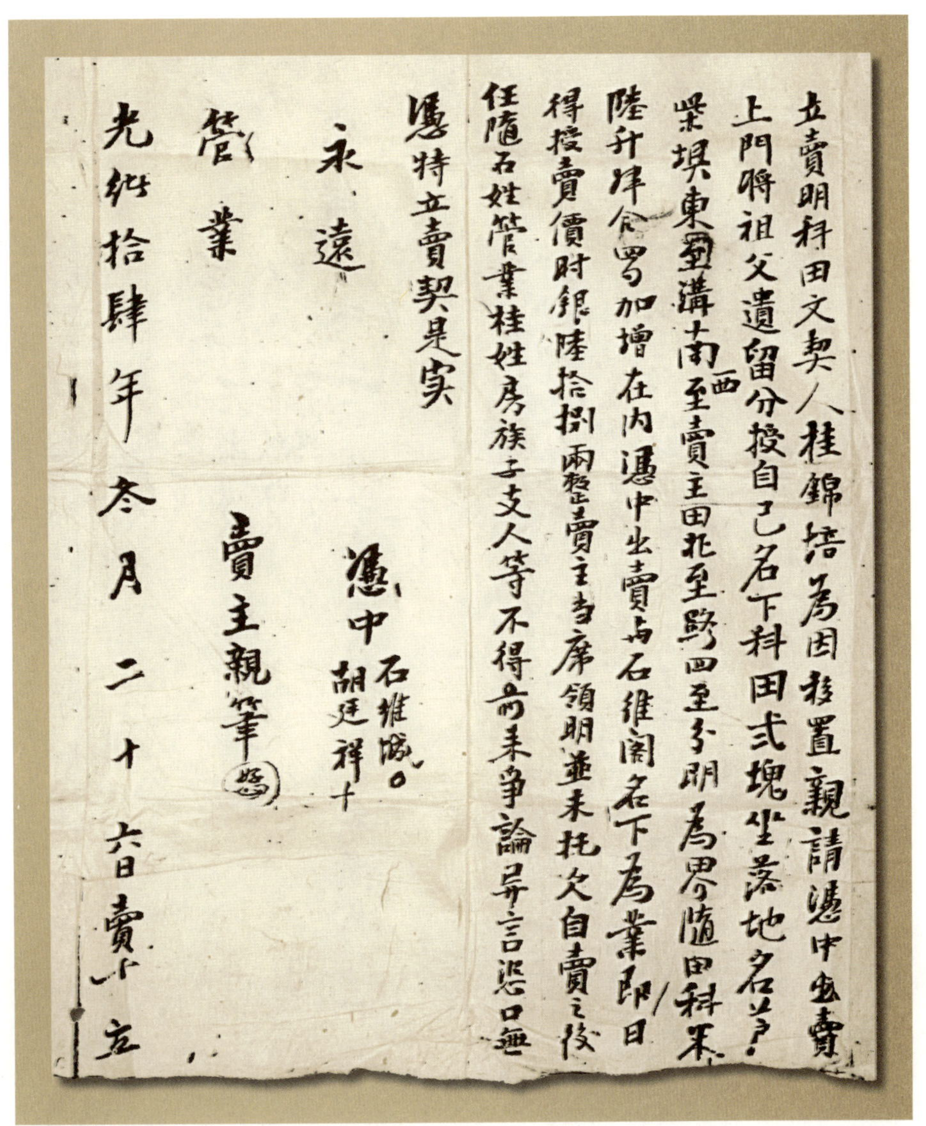

编号：sls–10

立卖明科田文契人桂锦培，为因移置，亲请凭中出卖上门，将祖父遗留分授自己名下科田贰块，坐落地名芦柴坝，东至沟，南、西至卖主田，北至路，四至分明为界，随田科米陆升肆合四勺加增在内，凭中出卖与石维阁门下为业。即日得授（受）卖价时银陆拾捌两整。卖主当席领明，并未托（拖）欠。自卖之后，任随石姓管业，桂姓房族子支人等不得前来争论异言。恐口无凭，特立卖契是实。

永　远　管　业

凭中　　石维城　胡廷祥

卖主亲笔

光绪十四年冬月二十六日　卖立

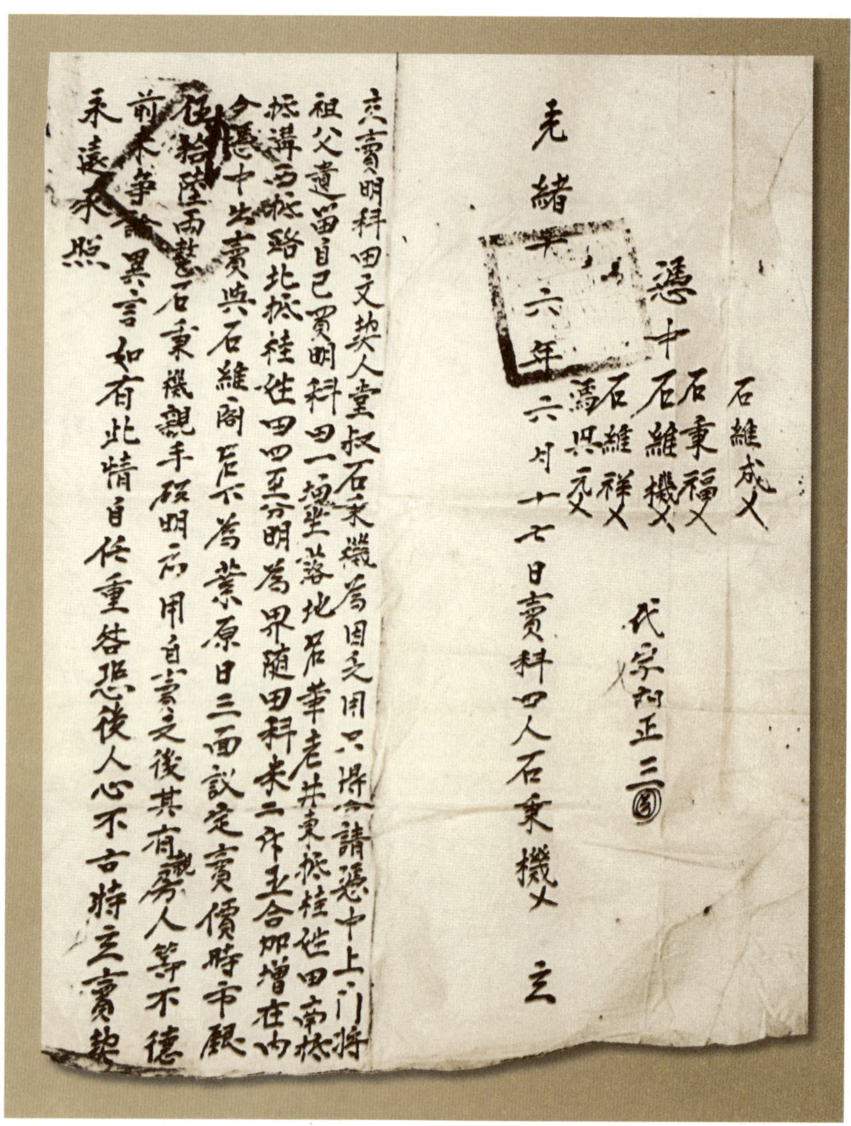

编号：sls-1

立卖明科田文契人堂叔石秉机，为因乏用，只得今请凭中上门，将祖父遗留自己买明科田一块，坐落地名革老井（仡佬井），东抵桂姓田，南抵沟，西抵路，北抵桂姓田，四至分明为界，随田科米二升五合加增在内，今凭中出卖与石维阁名下为业。原日三面议定卖价时市银伍拾陆两整。石秉机亲手领明应用。自卖之后，其有亲房人等不德（得）前来争论异言。如有此情，自任（认）重咎。恐后人心不古，特立卖契永远承（存）照。

凭　　中　石维成　石秉福　石维机　石维祥　冯兴元

代　　字　胡正三

光绪十六年六月十七日　卖科田人　石秉机　立

钤有官印

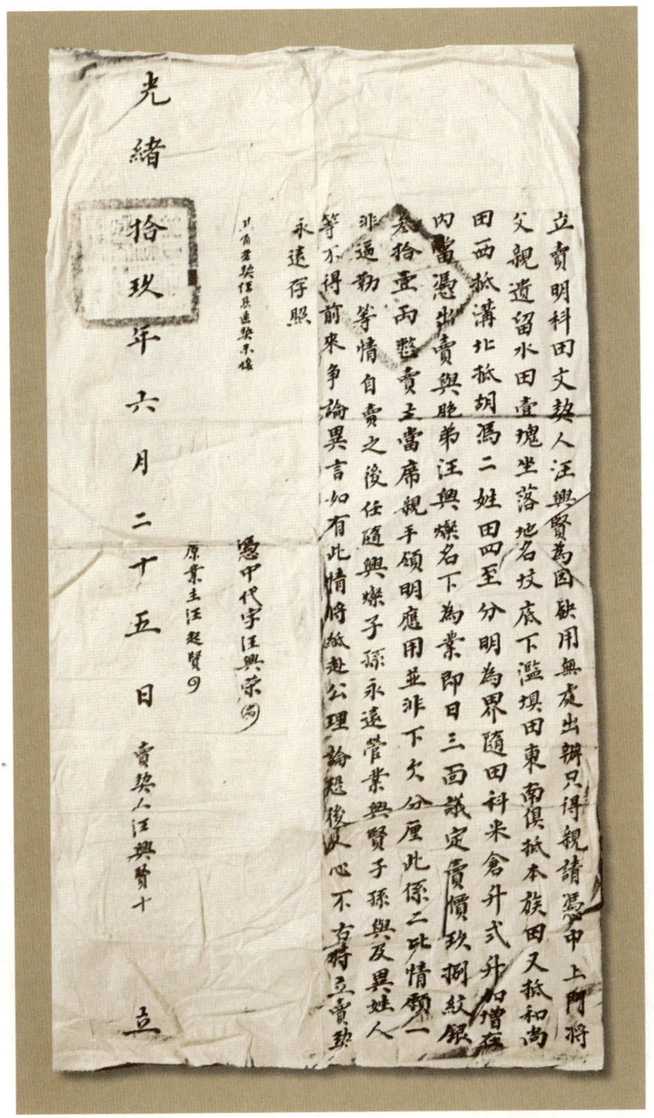

编号：wzc–18

立卖明科田文契人汪兴贤，为因缺用，无处出办，只得亲请凭中上门，将父亲遗留水田壹块，坐落地名坟底下滥坝田，东、南俱抵本族田，又抵和尚田，西抵沟，北抵胡冯二姓田，四至分明为界，随田科米仓升贰升加增在内，当凭出卖与胞弟汪兴灿名下为业。即日三面议定卖价玖捌纹银叁拾壹两整。卖主当席亲手领明应用，并非下欠分厘。此系二比（彼）情愿，一（亦）非逼勒等情。自卖之后，任随兴灿子孙永远管业，兴贤子孙与及异姓人等不得前来争论异言。如有此情，将纸赴公理论。恐后人心不古，特立卖契永远存照。

其有老契系县连契未接。

凭中代字　汪兴荣
原 业 主　汪起贤
光绪十九年六月二十五日　卖 契 人　汪兴贤　立
钤“普定县印”

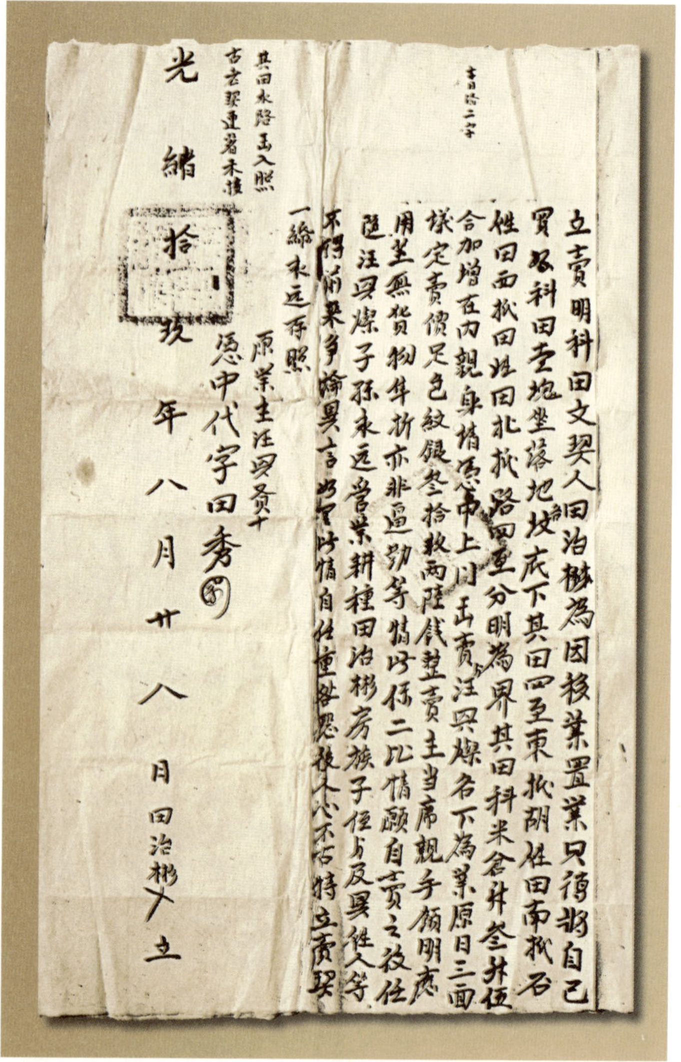

编号：wzc–19

立卖明科田文契人田治彬，为因移业置业，只得将自己买得科田壹块，坐落地名坟底下，其田四至：东抵胡姓田，南抵石姓田，西抵田姓田，北抵路，四至分明为界，其田科米仓升叁升伍合加增在内，亲身请凭中上门，出卖与汪兴灿名下为业。原日三面议定卖价足色纹银叁拾玖两陆钱整。卖主当席亲手领明应用，并无货物准折，亦非逼勒等情，此系二比（彼）情愿。自卖之后，任随汪兴灿子孙永远管业耕种，田治彬房族子侄与（以）及异姓人等不得前来争论异言。如有此情，自认重咎。恐后人心不古，特立卖契一纸永远存照。

言日添二字。

其田水路出入照古老契连著未接。

原业主　汪兴贤

凭中代字　田　秀

光绪十九年八月二十八日　田治彬　立

钤“□□□□□□”

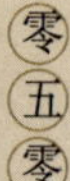

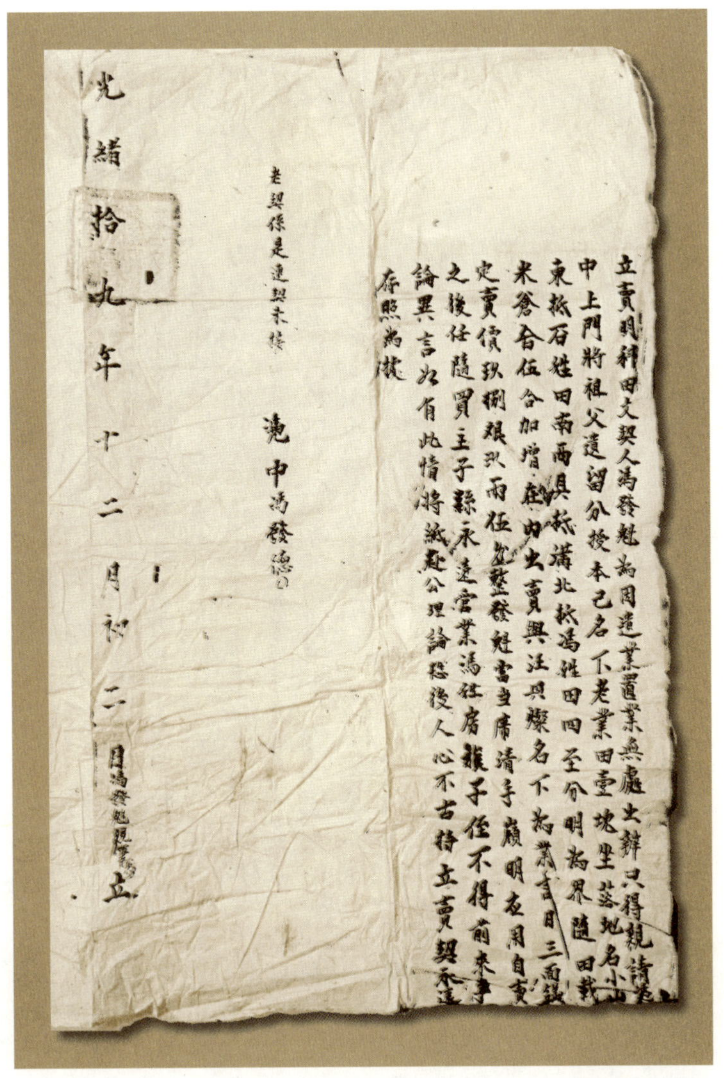

编号：wzc–76

立卖明科田文契人冯发魁，为因遗（移）业置业，无处出辨（办），只得亲请凭中上门，将祖父遗留分授本己名下老业田壹块，坐落地名小山，东抵石姓田，南、西具（俱）抵沟，北抵冯姓田，四至分明为界，随田载米仓合伍合加增在内，出卖与汪兴灿名下为业。言（原）日三面议定卖价玖捌银玖两伍钱整。发魁当席清（亲）手领明应用。自卖之后，任随买主子孙永远管业，冯姓房族子侄不得前来争论异言。如有此情，将纸赴公理论。恐后人心不古，特卖契永远存照为据。

老契系是连契未接。

凭中　冯发德

光绪十九年十二月初二日　冯发魁　亲笔立

钤“□□□□□□”官印

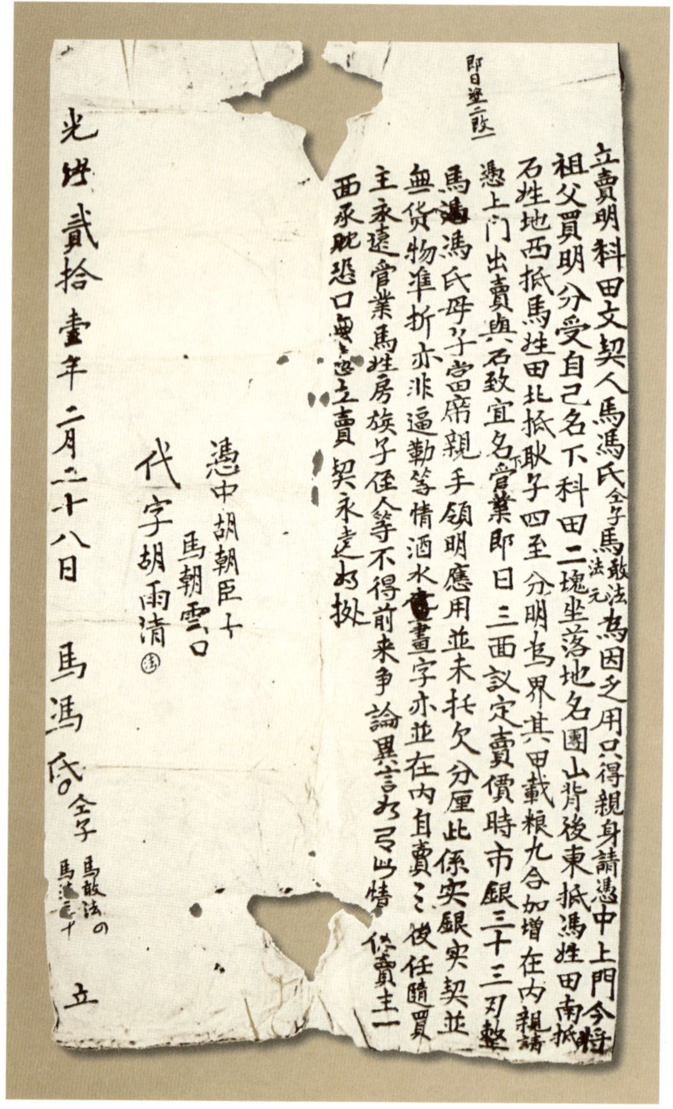
即日塗二改一
立賣明科田文契人馬馮氏仝子馬敢法、法元為因乏用只得親身請憑中上門今將
祖父買明分受自己名下科田二塊坐落地名團山背後東抵馮姓田南抵
石姓地西抵馬姓田北抵耿子四至分明為界其田載粮九合加增在內親請
憑上門出賣與石致宜名下管業即日三面議定賣價時市銀三十三兩整
馬馮氏母子當席親手領明應用並未托欠分厘此係实銀实契並
無貨物準折亦非逼勒等情酒水畫字亦並在內自賣之後任隨買
主永遠管業馬姓房族子侄人等不得前來爭論異言如有此情係賣主一
面承耽恐口無憑立賣契永遠為據
憑中 胡朝臣十 馬朝雲〇
代字 胡雨清
光緒貳拾壹年二月二十八日 馬馮氏仝子馬敢法 馬法元 立

编号：mxq–37

立卖明科田文契人马冯氏，同子马敢法、马法元，为因乏用，只得亲身请凭中上门，今将祖父买明分受（授）自己名下科田二块，坐落地名团山背后，东抵冯姓田，南抵石姓地，西抵马姓田，北抵耿（埂）子，四至分明为界，其田载粮九合加增在内，亲请凭上门，出卖与石致宜名下管业。即日三面议定卖价时市银三十三两整。马冯氏母子当席亲手领明应用，并未托（拖）欠分厘。此系实银实契，并无货物准折，亦非逼勒等情，酒水画字亦（一）并在内。自卖之后，任随买主永远管业，马姓房族子侄人等不得前来争论异言。如有此情，系卖主一面承耽（担）。恐口无凭，立卖契永远为据。

即日涂二改一。

凭中　胡朝臣　马朝云

代字　胡雨清

光绪二十一年二月二十八日　马冯氏　同子马敢法　马法元　立

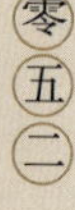

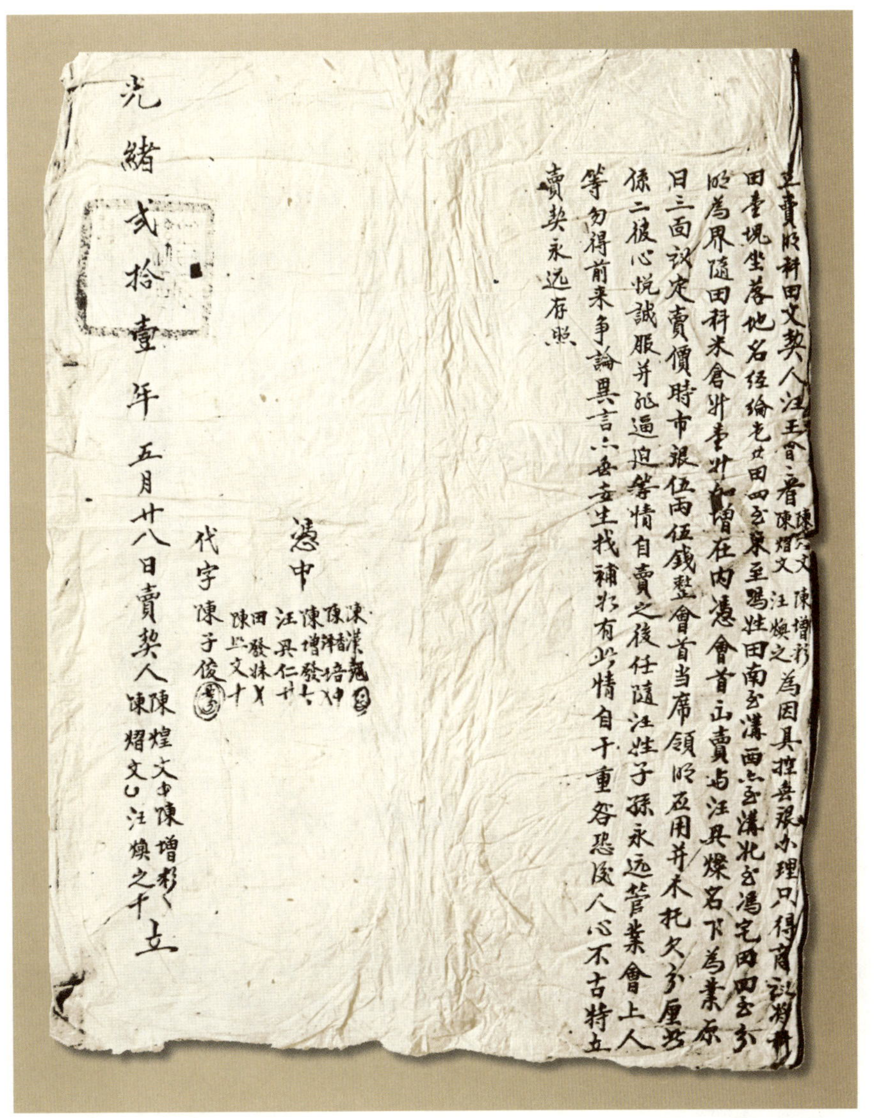

编号：wzc–41

立卖明科田文契人汪王会会首陈煌文、陈熠文、陈增彩、汪焕之，为因具控无银办理，只得商议，将科田壹块坐落地名经纶（军轮）屯，其田四至：东至冯姓田，南至沟，西亦至沟，北至冯宅田，四至分明为界，随田科米仓升壹升加增在内，凭会首出卖与汪兴灿名下为业，原日三面议定卖价时市银伍两伍钱整。会首当席领明应用，并未托（拖）欠分厘。此系二彼心悦诚服，并非逼迫等情。自卖之后，任随汪姓子孙永远管业，会上人等勿得前来争论异言，亦无妄生找补。如有此情，自干（甘）重咎。恐后人心不古，特立卖契永远存照。

凭　中　陈汉翘　陈香培　陈泽培　陈增发　汪兴仁　田发妹　陈照文

代　字　陈子俊

光绪二十一年五月二十八日　卖契人　陈煌文　陈熠文　陈增彩　汪焕之　立

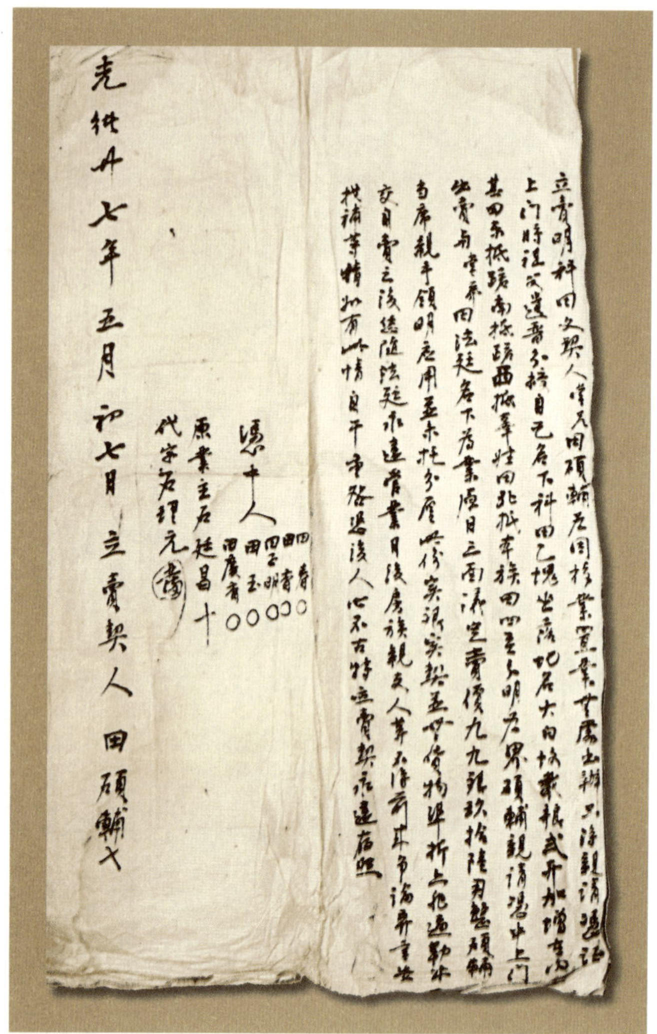

编号：tyg-3

立卖明科田文契人堂兄田硕辅，为因移业置业，无处出办，只得亲请凭证上门，将祖父遗留分授自己名下科田乙（壹）块，坐落地名大白坟，载粮贰升加增在内，其田东抵路，南抵路，西抵辜姓田，北抵本族田，四至分明为界，硕辅亲请凭中上门，出卖与堂弟田法廷名下为业。原日三面议定卖价九九银玖拾陆两整。硕辅当席亲手领明应用，并未托（拖）[欠]分厘。此系实银实契，并无货物准折，亦非逼勒成交。自卖之后，任随法廷永远管业。日后房族亲支人等不得前来争论异言、妄生找补等情。如有此情，自干（甘）重咎。恐后人心不古，特立卖契永远存照。

凭 中 人　田　春　田　香　田子明　田　玉　田庆香

原 业 主　石廷昌

代　　字　石理元

光绪二十七年五月初七日　立卖契人　田硕辅

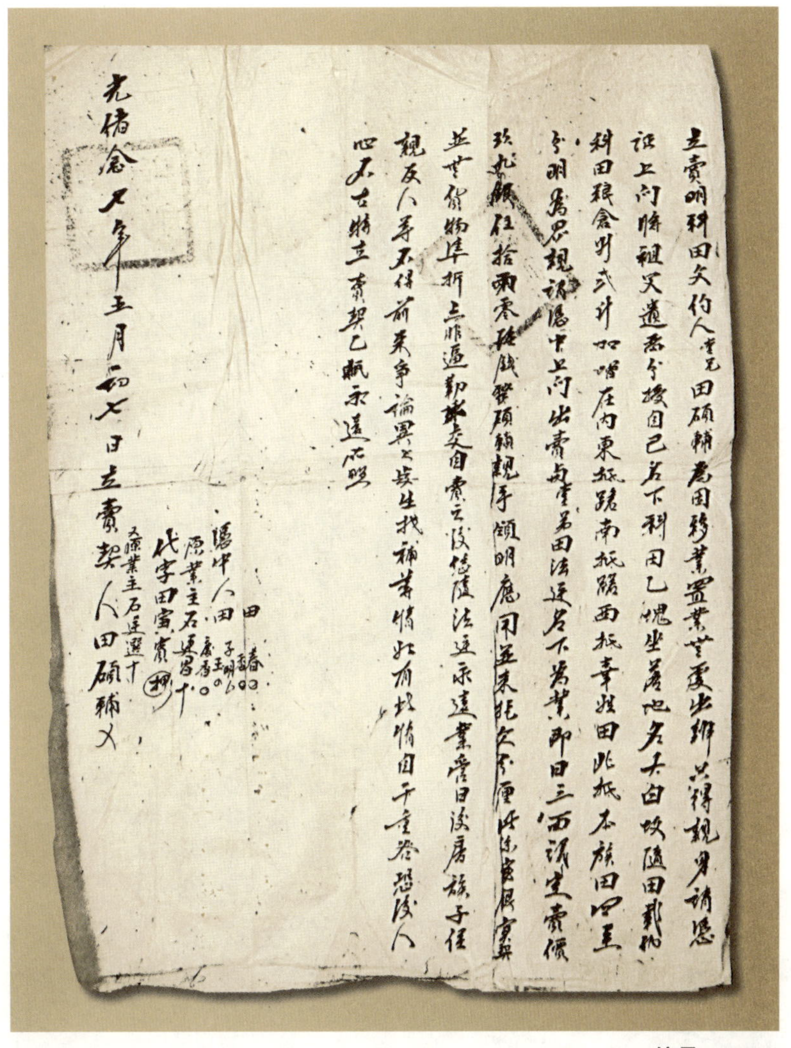

编号：tyg–4

立卖明科田文约人堂兄田硕辅，为因移业置业，无处出办，只得亲身请凭证上门，将祖父遗留分授自己名下科田乙（壹）块，坐落地名大白坟，随田载纳科田粮仓升贰升加增在内，东抵路，南抵路，西抵辜姓田，北抵本族田，四至分明为界，亲请凭中上门，出卖与堂弟田法廷名下为业。即日三面议定卖价玖九银伍拾两零陆钱整。硕辅亲手领明应用，并未托（拖）欠分厘。此系实银实契，并无货物准折，亦非逼勒乘（成）交。自卖之后，任随法廷永远业管（管业），日后房族子侄亲支人等不得前来争论异言、妄生找补等情。如有此情，自干（甘）重咎。恐后人心不古，特立卖契乙（一）纸永远存照。

凭中人　田　春　田　香　田子明　田　玉　田庆香
原业主　石廷昌
代　　字　田寅宝
又原业主　石廷选
光绪二十七年五月初七日　立卖契人　田硕辅
钤“□□□□□□”官印

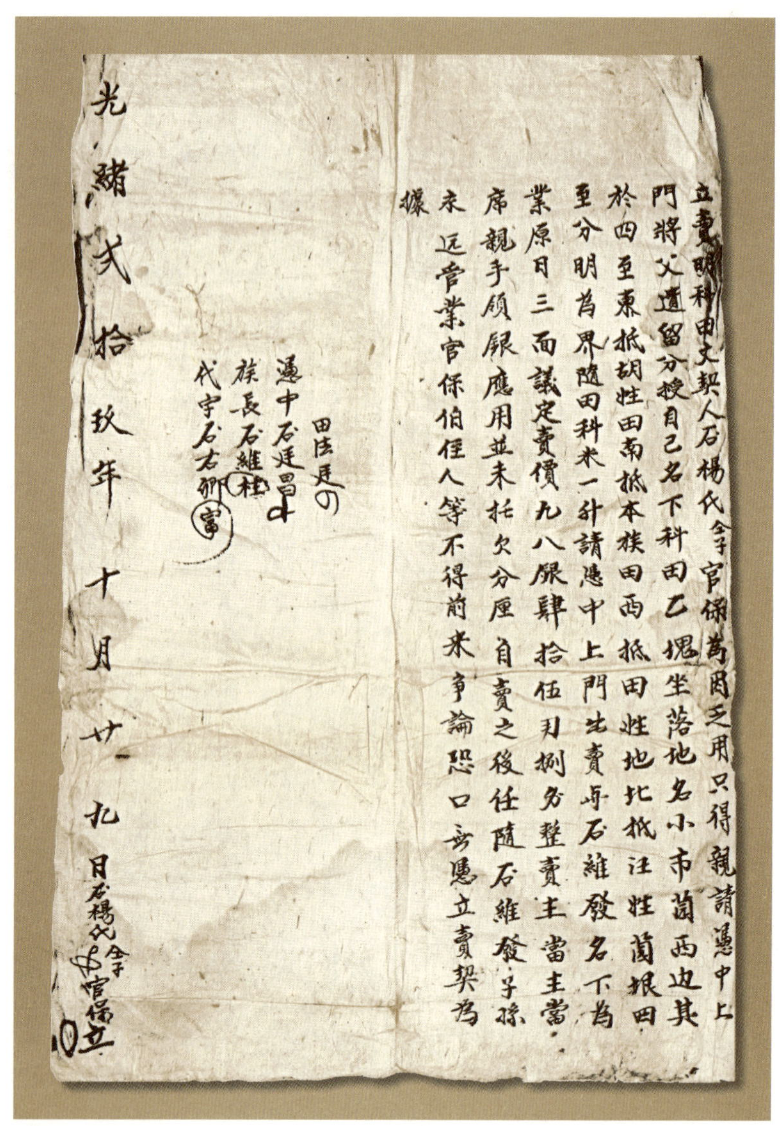

编号：tyg-14

立卖明科田文契人石杨氏，同子官保，为因乏用，只得亲请凭中上门，将父遗留分授自己名下科田乙（壹）块，坐落地名小市（柿）园西边，其于四至：东抵胡姓田，南抵本族田，西抵田姓地，北抵汪姓园坝，四至分明为界，随田科米一升，请凭中上门，出卖与石维发名下为业。原日三面议定卖价九八银肆拾伍两捌钱整。卖主当主当席亲手领银应用，并无托（拖）欠分厘。自卖之后，任随石维发子孙永远管业，官保伯侄人等不得前来争论。恐口无凭，立卖契为据。

凭中　田法廷　石廷昌

族长　石维柱

代字　石右卿

光绪二十九年十月二十九日　石杨氏　同子官保　立

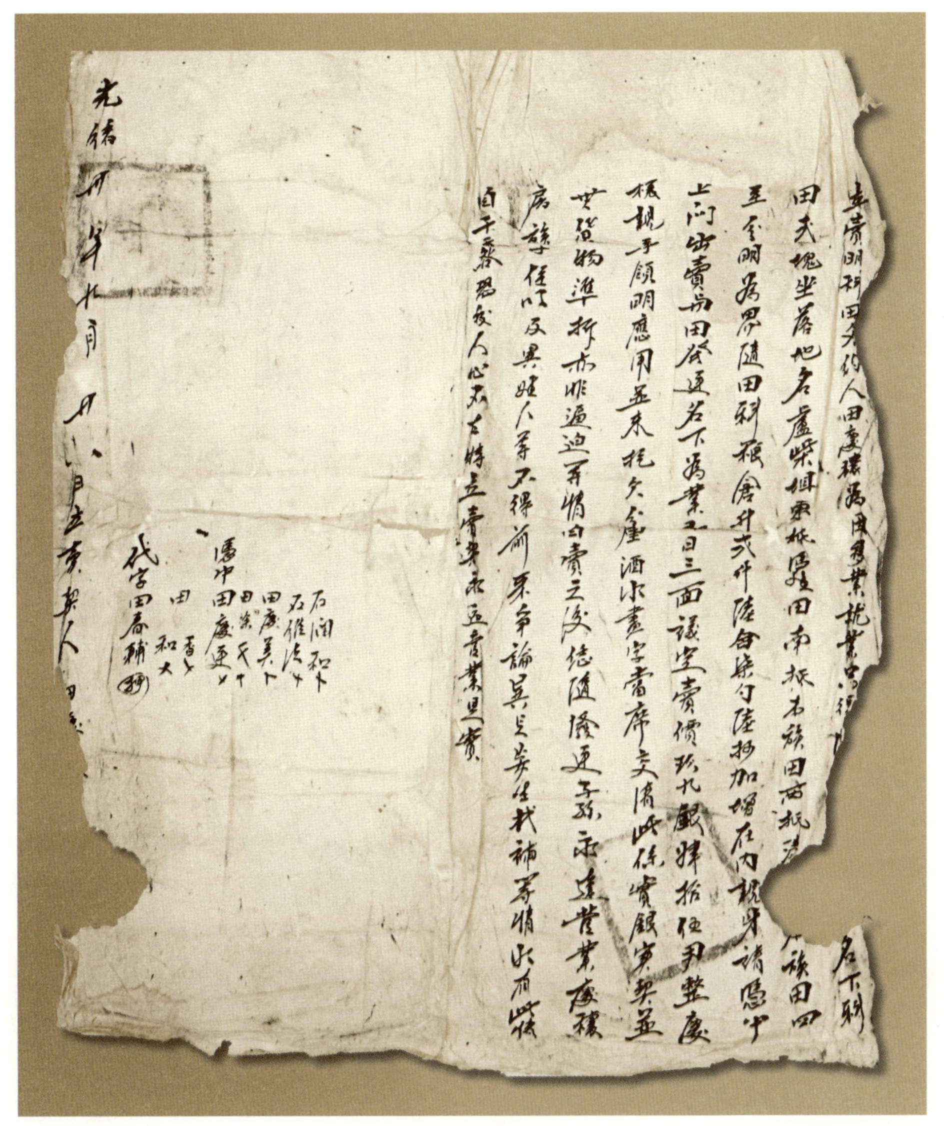

编号：tyg–23

立卖明科田文约人田庆穰，为因移业就业，只得□□□□□□□名下科田贰块，坐落地名芦柴坝，东抵冯姓田，南抵本族田，西抵沟，［北抵］□□族田，四至分明为界。随科粮仓升贰仟陆合柒勺陆抄加增在内，亲身请凭中上门，出卖与田发廷名下为业。言（原）日三面议定卖价玖九银肆拾伍两整。庆穰亲手领明应用，并未托（拖）欠分厘，酒水画字当席交清。此系实银实契，并无货物准拆（折），亦非逼迫等情。自卖之后，恁（任）随发廷子孙永远管业。庆穰房族子侄以及异姓人等不得前来争论异言、妄生找补等情。如有此情，自干（甘）重咎，恐后人心不古，特立卖契永远管业是实。

凭　　中　石润和　石维法　田庆美　田徐氏　田庆廷　田　香　田　和

代　　字　田春辅

光绪三十年九月二十八日　立卖契人　田庆□

钤“□□□□□□”

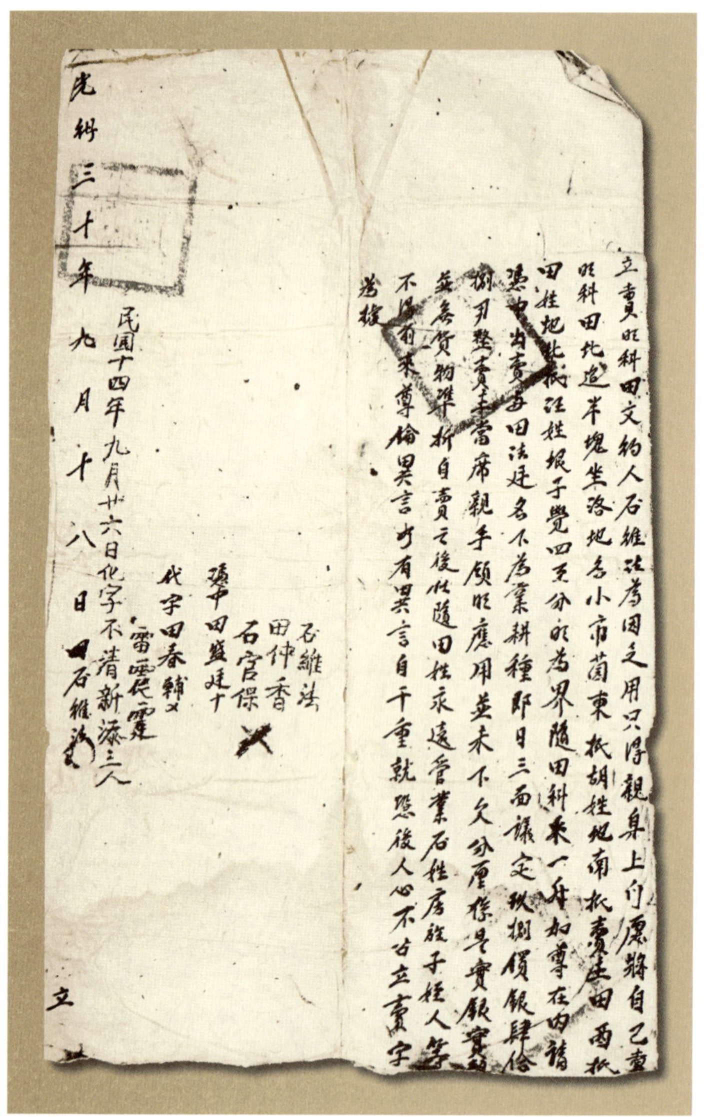

编号：tyg-13

立卖明科田文约人石维法，为因乏用，只得亲身上门，愿将自己卖（买）明科田北边半块，坐洛（落）地名小市（柿）园，东抵胡姓地，南抵卖主田，酉（西）抵田姓地，北抵汪姓垠子觉（脚），四至分明为界，随田科米一升加尊（增）在内，请凭中出卖与田法廷名下为业耕种。即日三面议定玖捌价银肆拾捌两整。卖主当席亲手领明应用，并未下欠分厘，系是实银实契，并无货物准折。自卖之后，任随田姓永远管业，石姓房族子侄人等不得前来尊（争）论异言。如有异言，自干（甘）重就（咎）。恐后人心不古，立卖字为据。

凭中　石维法　田仲香　石官保　田盛廷

代字　田春辅　雷震霆

光绪三十年九月十八日　石维法　　立

钤“□□□□□□”官印

民国十四年九月廿六日化字不清新添三人。

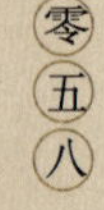

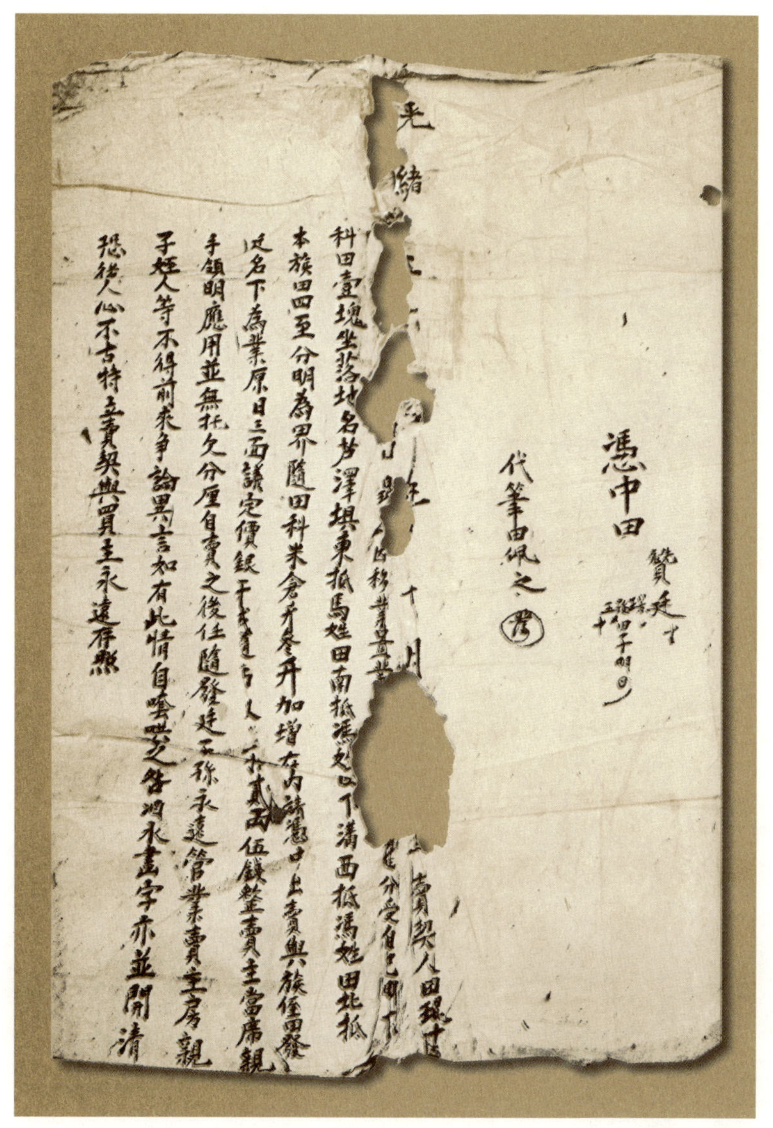

编号：tyg-5

［立卖科田文契人］田琨，为因移业置业□□□□□□□留分受（授）自己明（名）下科田壹块，坐落地名芦泽（柴）坝，东抵马姓田，南抵冯姓田下沟，西抵冯姓田，北抵本族田，四至分明为界，随田科米仓升叁升加增在内，请凭中出卖与族侄田发廷名下为业。原日三面议定价银□□□□贰两伍钱整。卖主当席亲手领明应用，并无托（拖）欠分厘。自卖之后，任随发廷子孙永远管业，卖主房亲子侄人等不得前来争论异言。如有此情，自套哄之咎。酒水画字亦（一）并开清。恐后人心不古，特立卖契与买主永远存照。

凭　　中　田赞廷　田　璟　田　发　田子明　田　玉

代　　笔　田佩之

光绪□□年十月□□日　立卖契人　田　琨

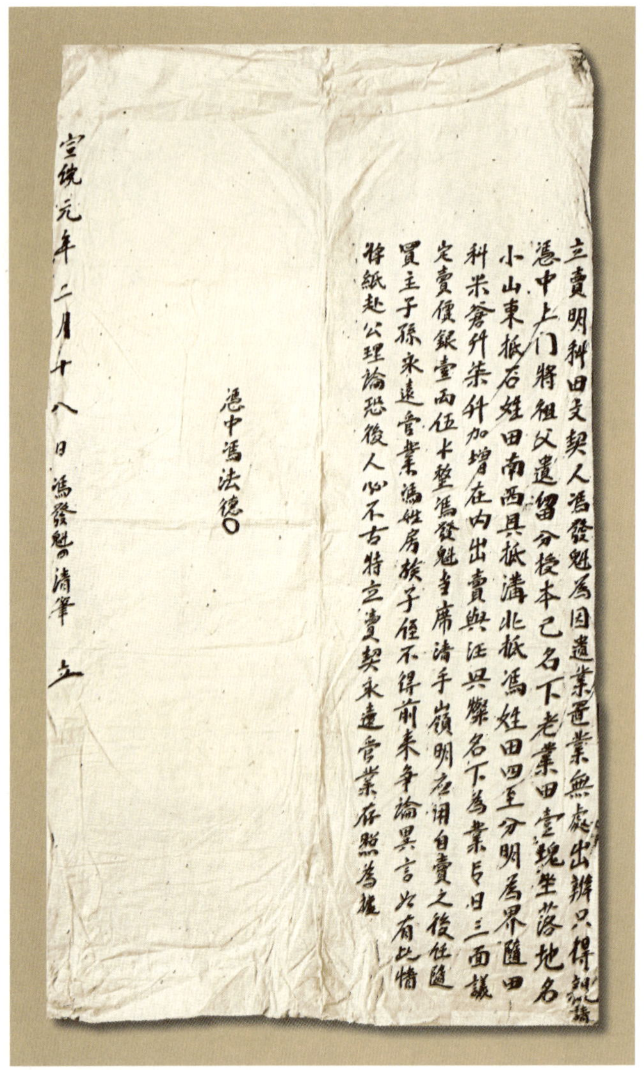

编号：wzc–59

立卖明科田文契人冯发魁，为因遗（移）业置业无处出辨（办），只得亲请凭中上门，将祖父遗留分授本己名下老业壹块，坐落地名小山，东抵石姓田，南、西具（俱）抵沟，北抵冯姓田，四至分明为界，随田科米仓升柒升加增在内，出卖与汪兴灿名下为业。言（原）日三面议定卖价银壹两伍钱整。冯发魁当席清（亲）手领明应用。自卖之后，任随买主子孙永远管业，冯姓房族子侄不得前来争论异言。如有此情，将纸赴公理论。恐后人心不古，特立卖契永远管业存照为据。

凭中　冯法德

宣统元年二月十八日　冯发魁　清（亲）笔立

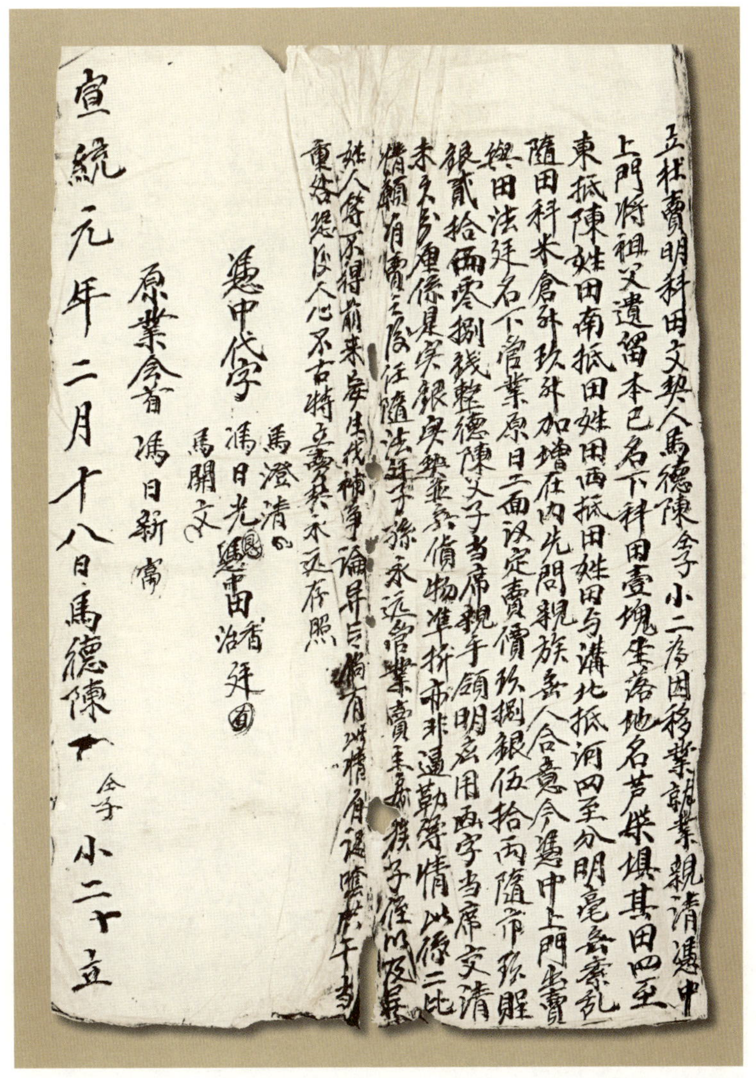

编号：tyg–31

立杜卖明科田文契人马德陈，同子小二，为因移业就业，亲请凭中上门，将祖父遗留本己名下科田壹块，坐落地名芦柴坝，其田四至：东抵陈姓田，南抵田姓田，西抵田姓田与沟，北抵河，四至分明，毫无紊乱，随田科米仓升玖升加增在内，先问亲族，无人合意，今凭中上门出卖与田法廷名下管业。原日二面议定卖价玖捌银伍拾两、随市玖呈（成）银贰拾两零捌钱整。德陈父子当席亲手领明应用，画字当席交清，未欠分厘。系是实银实契，并无货物准折，亦非逼勒等情，此系二比（彼）情愿。自卖之后，任随法廷子孙永远管业，卖主房族子侄以及异姓人等不得前来妄生找补、争论异言。倘有此情，自忍（认）套哄，干（甘）当重咎。恐后人心不古，特立卖契永远存照。

凭中代字　马澄清　冯日光　马开文
凭　　中　田香廷　田治廷
原业会首　冯日新
宣统元年二月十八日　马德陈　同子小二　立

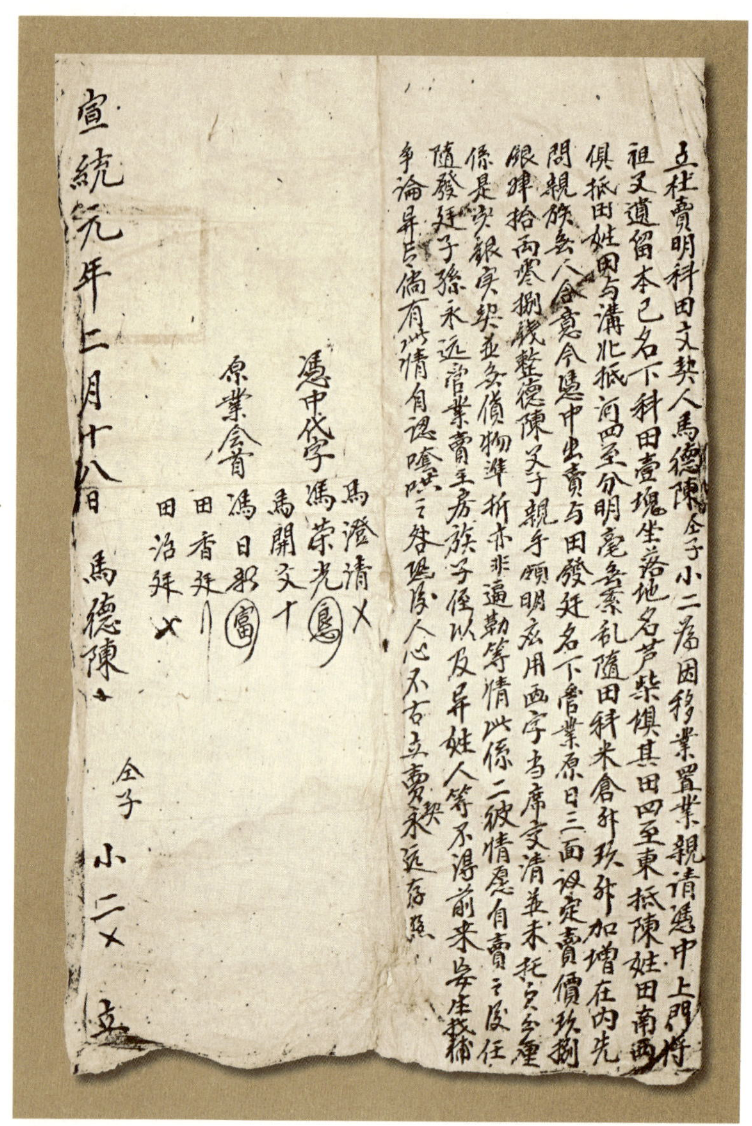

编号：tyg-32

立杜卖明科田文契人马德陈，同子小二，为因移业置业，亲请凭中上门，将祖父遗留本己名下科田壹块，坐落地名芦柴坝，其田四至：东抵陈姓田，南、西俱抵田姓田与沟，北抵河，四至分明，毫无紊乱，随田科米仓升玖升加增在内，先问亲族，无人合意，今凭中出卖与田发廷名下管业。原日三面议定卖价玖捌银肆拾两零捌钱整。德陈父子亲手领明应用，画字当席交清，并未托（拖）欠分厘。系是实银实契，并无货物准折，亦非逼勒等情，此系二彼情愿。自卖之后，任随发廷子孙永远管业，卖主房族子侄以及异姓人等不得前来妄生找补、争论异言。倘有此情，自忍（认）套哄之咎。恐后人心不古，立卖契永远存照。

凭中代字　马澄清　冯荣光　马开文

原业会首　冯日新　田香廷　田治廷

宣统元年二月十八日　马德陈　同子小二　立

钤“□□□□□□”官印

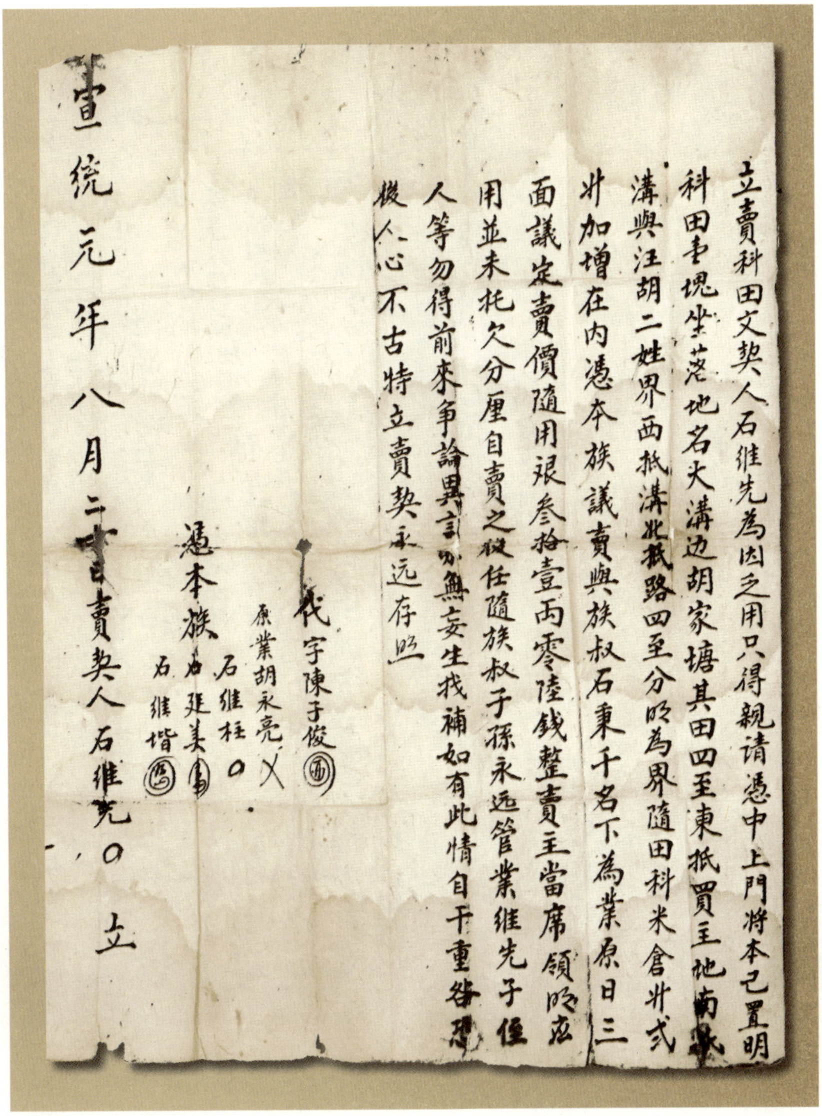

编号：srg–16

立卖科田文契人石维先，为因乏用，只得亲请凭中上门，将本己置明科田壹块，坐落地名大沟边胡家塘，其田四至：东抵买主地，南抵沟与汪胡二姓界，西抵沟，北抵路，四至分明为界，随田科米仓升贰升加增在内，凭本族议卖与族叔石秉千名下为业。原日三面议定卖价随用银叁拾壹两零陆钱整。卖主当席领明应用，并未托（拖）欠分厘。自卖之后，任随堂叔子孙永远管业，维先子侄人等勿得前来争论异言，亦无妄生找补。如有此情，自干（甘）重咎。恐后人心不古，特立卖契永远存照。

代　字　陈子俊

原　业　胡永亮

凭本族　石维柱　石廷美　石维阶

宣统元年八月二十日　卖契人　石维先　立

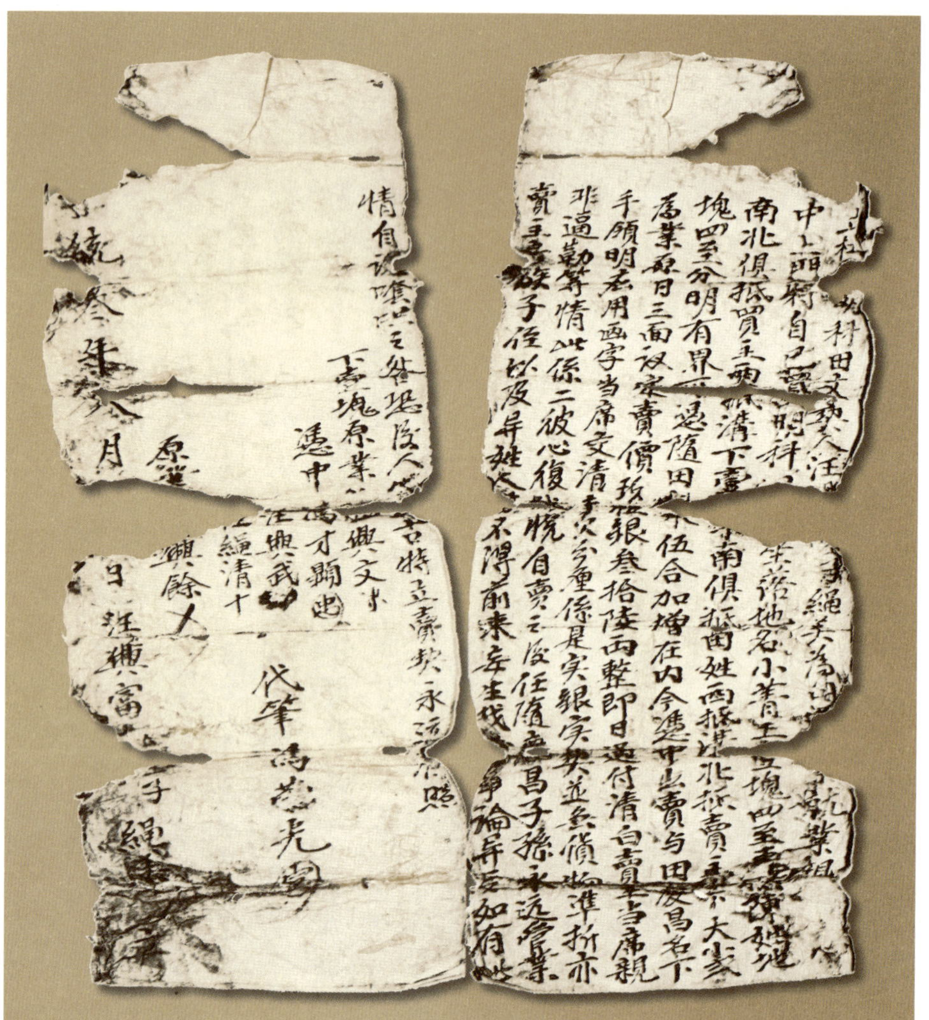

编号：tym-19-20

立杜［卖明］科田文契人汪［兴富，同］子绳美，为因［移业］就业□□□□中上门，将自己买明科田□□，坐落地名小菁（箐），上壹块四至：东抵陈姓地，南、北俱抵买主，西抵沟；下壹块东、南俱抵田姓，西抵沟，北抵卖主；上下大小二块四至分明，有界为凭。随田科米五合加增在内，今凭中出卖与田庆昌名下为业。原日三面议定卖价玖伍银叁拾陆两整。即日过付清白，卖主当席亲手领明应用，画字当席交清，未欠分厘。系是实银实契，并无货物准折，亦非逼勒等情，此系二彼心复□悦。自卖之后，任随庆昌子孙永远管业，卖主房族子侄以及异姓人［等］不得前来妄生找［补］、争论异言。如有此情，自［认］套哄之咎。恐后人［心不］古，特立卖契永远［存］照。

下一块原业　［汪］兴文

凭　中　冯才显　汪兴武　［汪］绳清

代　笔　冯□光

原业主　［汪］兴余

宣统三年八月□日　汪兴富　（同）子绳美　立

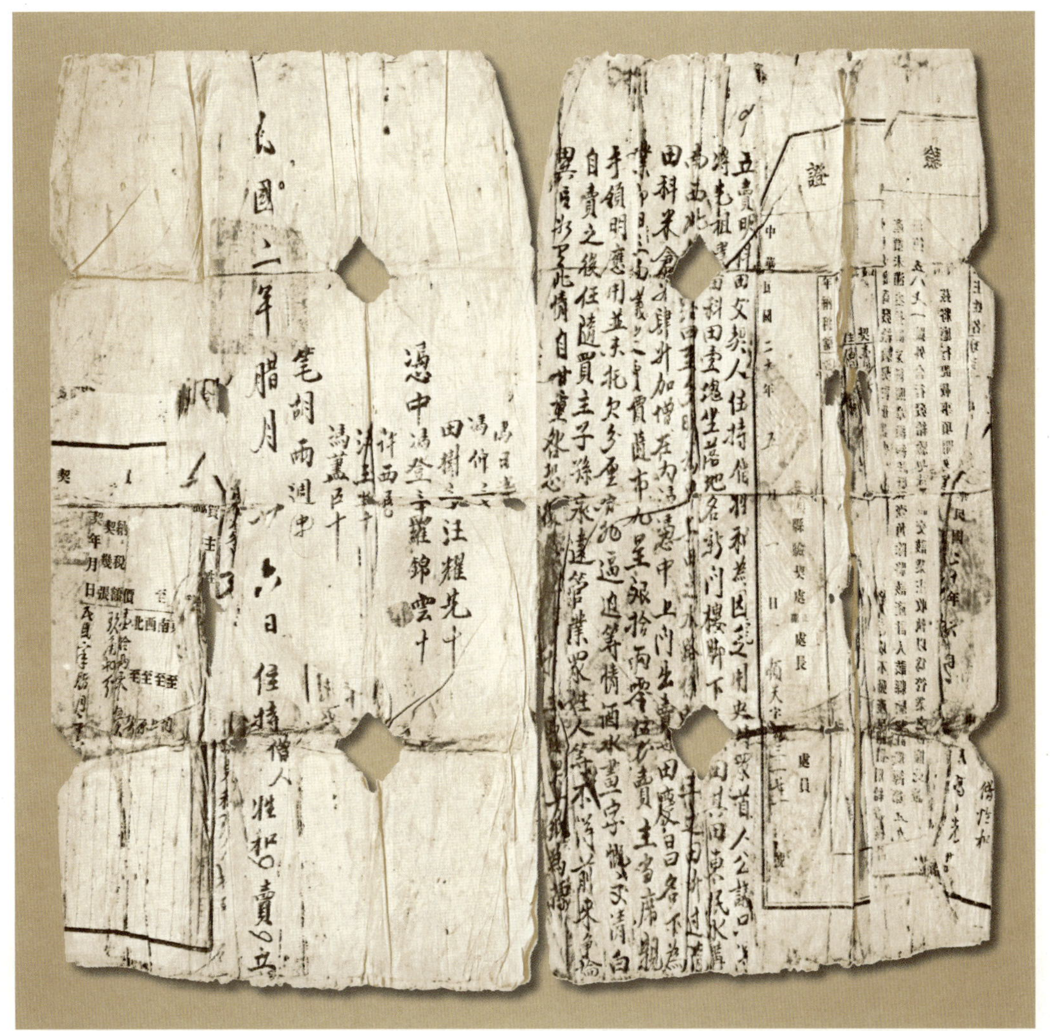

编号：tym-30-31

立卖明科田文契人住持僧壮和，为因乏用，央请众首人公议，只得将先祖遗留科田壹块，坐落地名新门楼脚下□田，其田东抵水沟，南、西、北［俱抵］路，四至分明为界，上田之水路系□□王之田升过，随田科米仓升肆升加增在内，凭凭中上门出卖与田庆昌名下为业。即日三面议定卖价随市九呈（成）银拾两零伍钱。卖主当席亲手领明应用，并未托（拖）欠分厘，亦非逼迫等情。酒水画字概交清白。自卖之后，任随买主子孙永远管业，众姓人等不得前来争论异言。如有此情，自甘重咎。恐后无凭，特立卖契一纸为据。

凭　　中　冯日□　冯仲三　田树三　汪耀先　冯登三　罗锦云

许西臣　汪玉（业）　冯尽□

笔　胡雨周

民国二年腊月二十六日　住持僧人　壮和　卖立

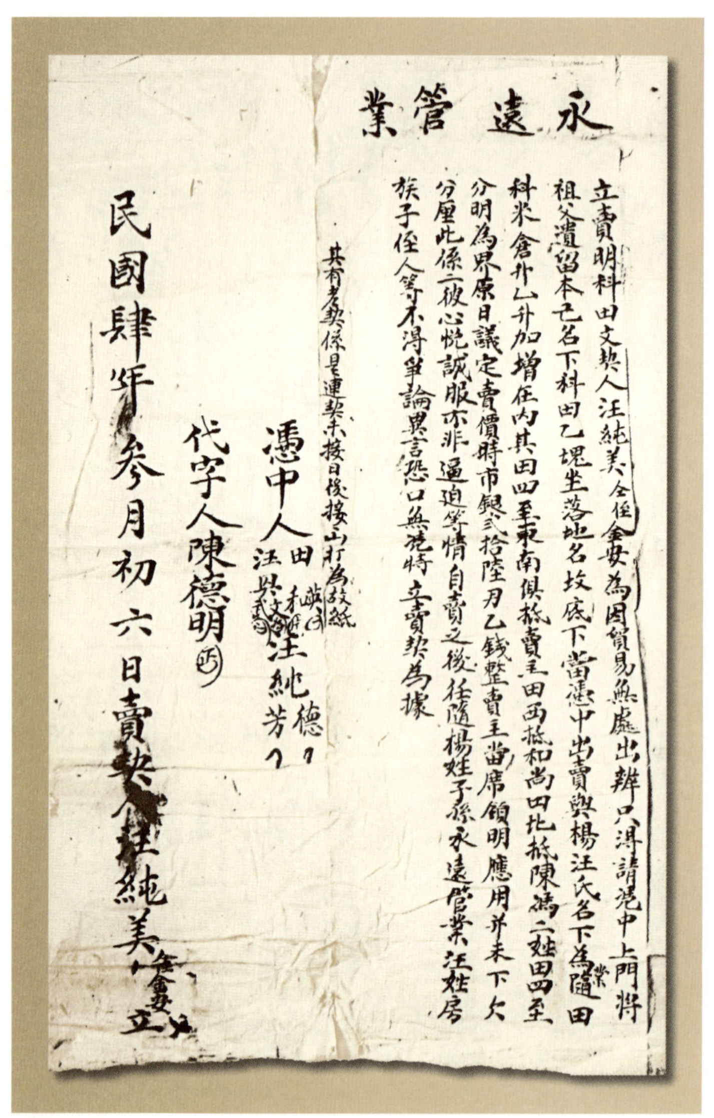

编号：wzc–101

立卖明科田文契人汪纯美，同侄金安，为因贸易无处出辨（办），只得请凭中上门，将祖父遗留本己名下科田乙（壹）块，坐落地名坟底下，当凭中出卖与杨汪氏名下为业。随田科米仓升乙（壹）升加增在内。其田四至：东、南俱抵卖主田，西抵和尚田，北抵陈冯二姓田，四至分明为界。原日议定卖价时市银贰拾陆两乙（壹）钱整。卖主当席领明应用，并未下欠分厘。此系二彼心悦诚服，亦非逼迫等情。自卖之后，任随杨姓子孙永远管业，汪姓房族子侄人等不得争论异言。恐口无凭，特立卖契为据。

其有老契系是连契未接，日后接出打为故纸。

永　远　管　业

凭中人　田　英　田　和　汪兴文　汪兴武　汪纯德　汪纯芳

代字人　陈德明

民国四年三月初六日　卖契人　汪纯美　同侄金安　立

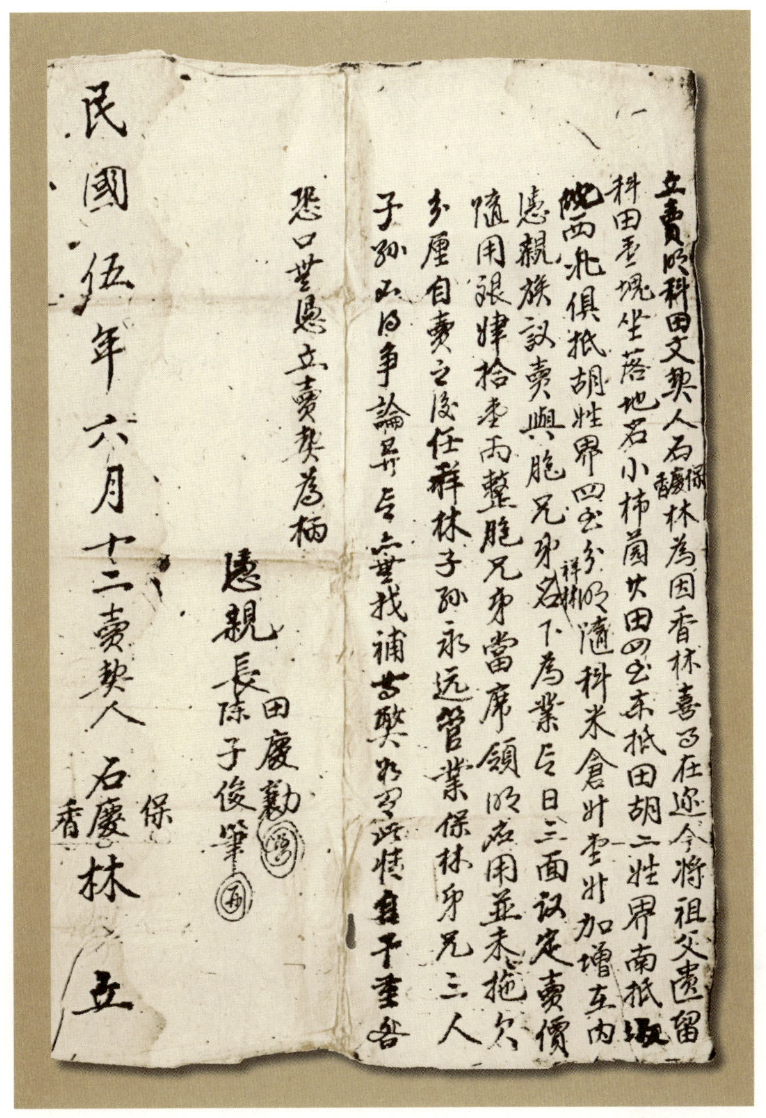

编号：slc–4

立卖明科田文契人石保林、石庆林、石香林，为因香林喜事在迩，今将祖父遗留科田壹块，坐落地名小柿园，其田四至：东抵田胡二姓界，南抵坟地，西、北俱抵胡姓界，四至分明，随田科米仓升壹升加增在内，凭亲族议卖与胞兄弟祥林名下为业。言（原）日三面议定卖价随用银肆拾壹两整。胞兄弟当席领明应用，并未拖欠分厘。自卖之后，任祥林子孙永远管业，保林弟兄三人子孙不得争论异言，亦无找补等弊。如有此情，自干（甘）重咎。恐口无凭，立卖契为柄。

凭亲长　田庆勳　陈子俊　笔

民国五年六月十二　卖契人　石保林　石庆林　石香林　立

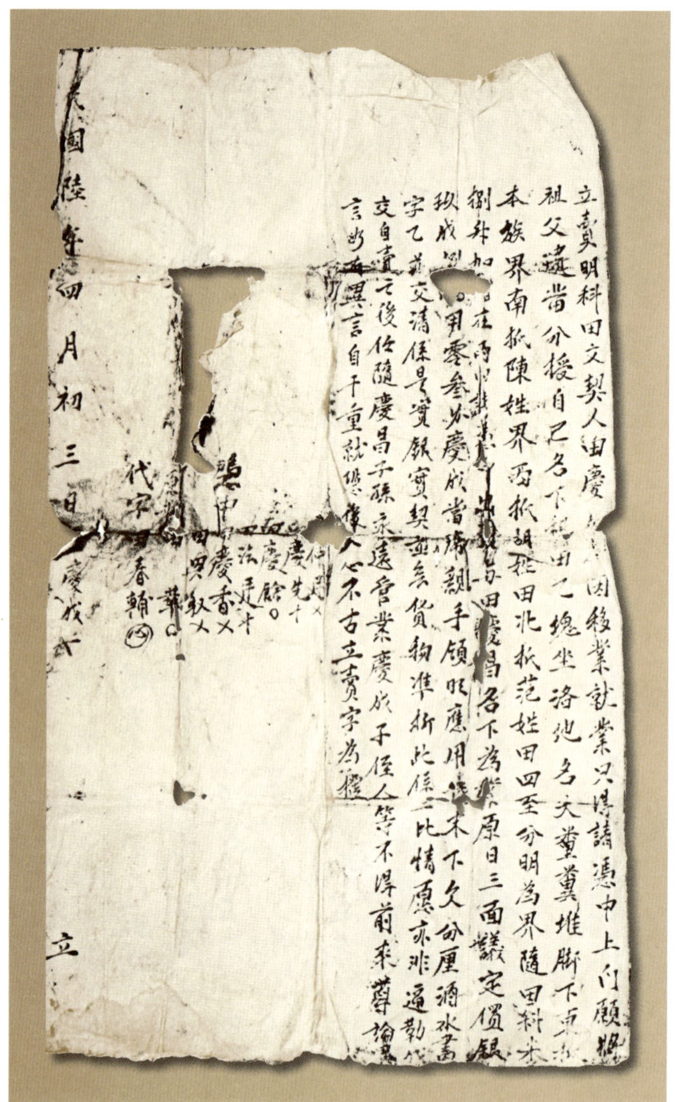

编号：tym–17

立卖明科田文契人田庆成，为因移业就业，只得请凭中上门，愿将祖父遗留分授自己名下科田乙（壹）块，坐洛（落）地名大粪堆脚下，东抵本族界，南抵陈姓界，西抵胡姓田，北抵范姓田，四至分明为界，随田科米八升加增在内，今请凭中出卖与田庆昌名下为业。原日三面议定价银玖成捌□两零叁钱。庆成当席亲手领明应用，并未下欠分厘，酒水画字乙（一）并交清。系是实银实契，并无货物准折。此系二彼情愿，亦非逼勒成交。自卖之后，任随庆昌子孙永远管业，庆成子侄人等不得前来尊（争）论异言。如有异言，自干（甘）重就（咎）。恐后人心不古，立卖字为据。

凭　中　田仲廷　田庆先　田庆余　田法廷　田庆香　田兴取
原业主　田　华
代　字　田春辅
民国六年四月初三日　田庆成　立

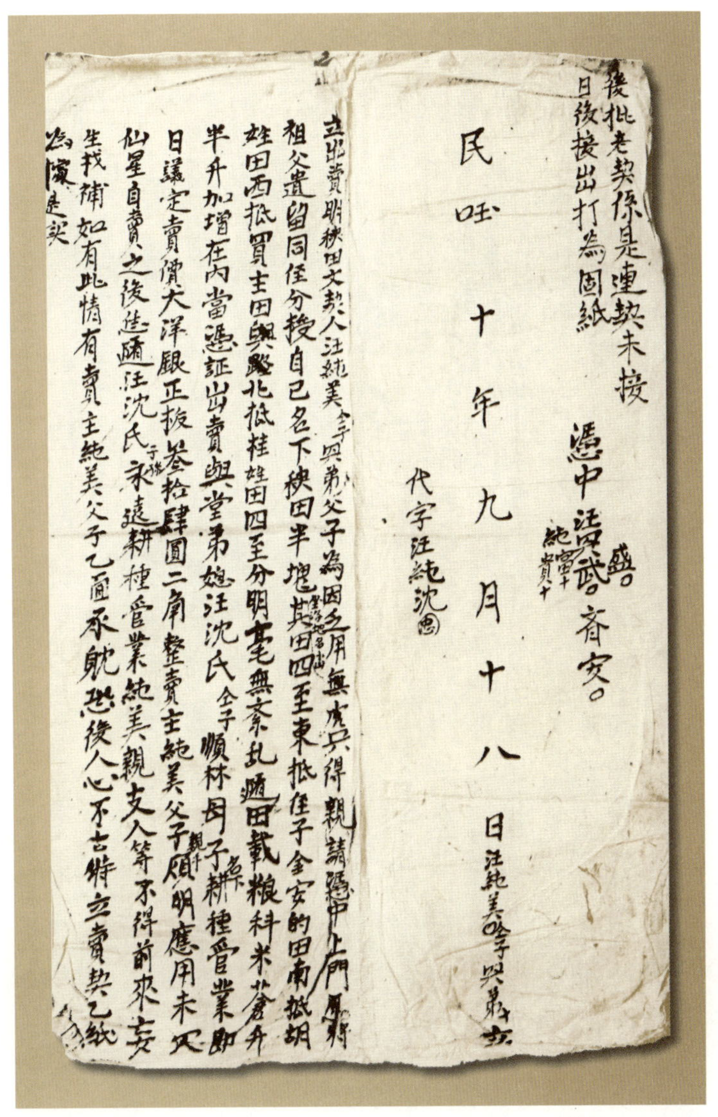

编号：wzc-89

立出卖明秧田文契人汪纯美，同子兴弟，父子为因乏用无处，只得亲请凭中上门，愿将祖父遗留同侄分授自己名下秧田半块，坐落地名小山，其田四至：东抵侄子金安的田，南抵胡姓田，西抵买主与路，北抵桂姓田，四至分明，毫无紊乱，随田载粮科米仓升半升加增在内，当凭证出卖与堂弟媳汪沈氏同子顺林母子名下耕种管业。即日议定卖价大洋银正板叁拾肆圆二角整。卖主纯美父子亲手领明应用，未欠仙星。自卖之后，任随汪沈氏子孙永远耕种管业，纯美亲支人等不得前来妄生找补。如有此情，卖主纯美父子乙（一）面承耽（担）。恐后人心不古，特立卖契乙（一）纸为据是实。

后批：老契系是连契，未接，日后接出打为固（故）纸。

凭中　汪兴盛　汪兴武　汪纯富　汪纯贵

民国十年九月十八日　汪纯美　同子兴弟　立

代字　汪纯沈

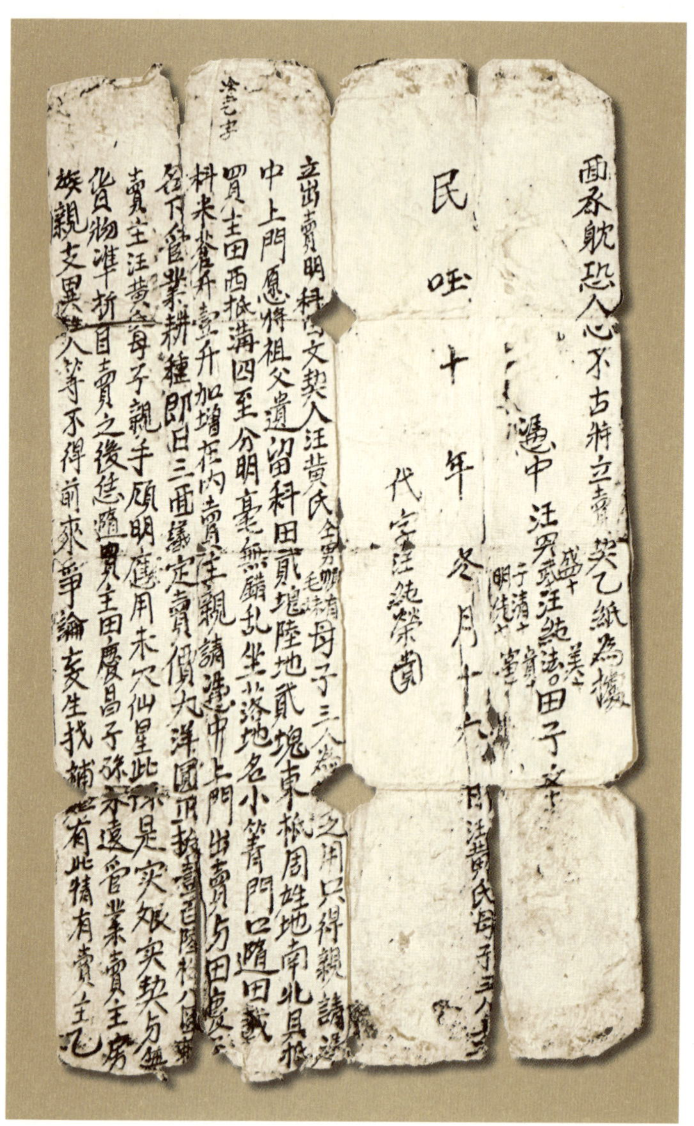

编号：tym-8

立出卖明科田文契人汪黄氏，同男顺有、毛妹，母子三人为［因］乏用，只得亲请凭中上门，愿将祖父遗留科田贰块、陆地贰块，东抵周姓地，南、北具（俱）抵买主田，西抵沟，四至分明，毫无错乱，坐落地名小箐门口，随田载科米苍升壹升加增在内。卖主亲请凭中上门，出卖与田庆昌名下管业耕种。即日三面议定卖价大洋圆正板壹百陆拾八圆整。卖主汪黄氏母子亲手领明应用，未欠仙星。此系是实银实契，与（亦）无货物准折。自卖之后，任随买主田庆昌子孙永远管业，卖主房族亲支异姓人等不得前来争论、妄生找补。如有此情，有（由）卖主乙（一）面承耽（担）。恐人心不古，特立卖契乙（一）纸为据。

凭中　汪兴盛　汪兴武　汪子清　汪明先　汪纯美　汪纯法

汪纯贵　汪纯富　田子文

民国十年冬月十六日　汪黄氏母子三人　立

代字　汪纯荣

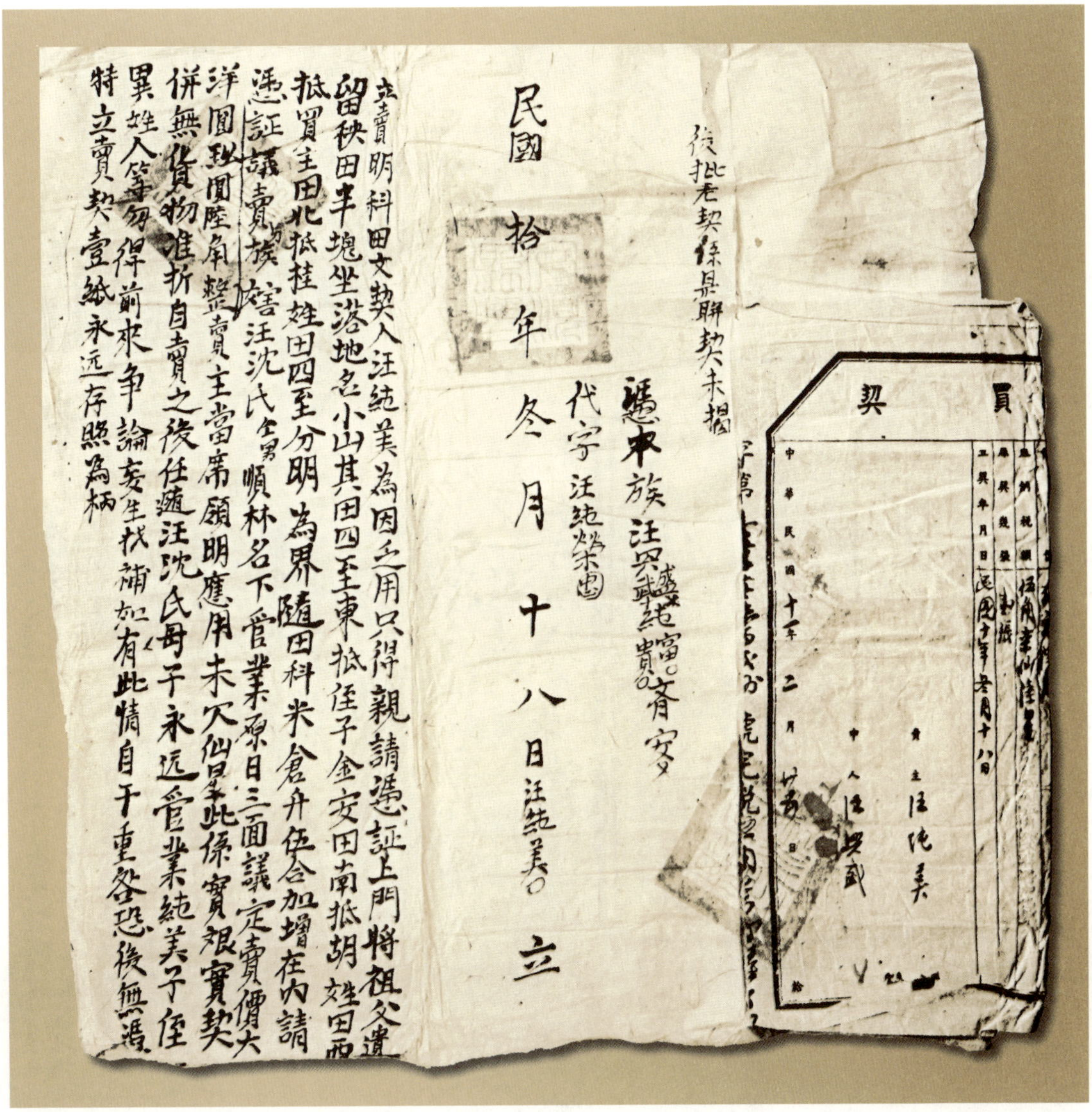

编号：wzc-91

立卖明科田文契人汪纯美，为因乏用，只得亲请凭证上门，将祖父遗留秧田半块，坐落地名小山，其田四至：东抵侄子金安田，南抵胡姓田，西抵买主田，北抵桂姓田，四至分明为界，随田科米仓升伍合加增在内，请凭证议卖与族婶汪沈氏同男顺林名下管业。原日三面议定卖价大洋圆玖圆陆角整。卖主当席领明应用，未欠仙星。此系实银实契，并无货物准折。自卖之后，任随汪沈氏母子永远管业，纯美子侄异姓人等勿得前来争论、妄生找补。如有此情，自干（甘）重咎。恐后无凭，特立卖契壹纸永远存照为柄。

后批：老契系是联（连）契，未揭（接）。

凭本族　汪兴盛　汪兴武　汪纯富　汪纯贵　齐安

代　字　汪纯荣

民国十年冬月十八日　汪纯美　立

钤“安顺县印”

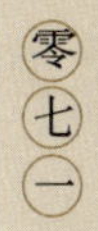

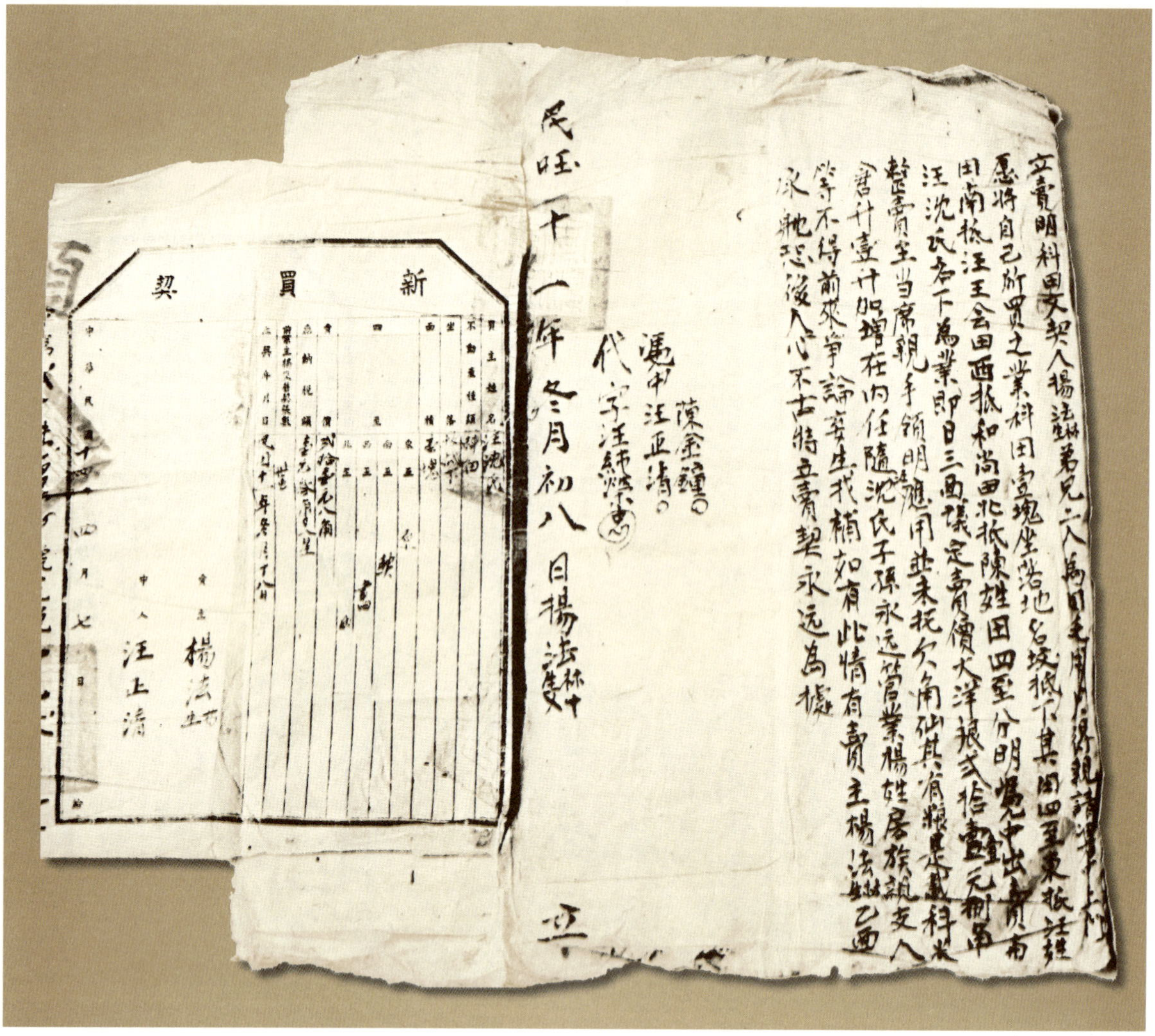

编号：wzc–17

立卖明科田文契人杨法林、杨法生弟兄二人，为因乏用，只得亲请凭中上门，愿将自己所买之业科田壹块，坐落地名坟抵（底）下，其田四至：东抵汪姓田，南抵汪王会田，西抵和尚田，北抵陈姓田，四至分明，凭中出卖与汪沈氏名下为业。即日三面议定卖价大洋银贰拾壹元捌角整。卖主当席亲手领明应用，并未托（拖）欠角仙。其有粮是载科米仓升壹升加增在内。任随汪沈氏子孙永远管业，杨姓房族亲支人等不得前来争论、妄生找补。如有此情，有（由）卖主杨法林、杨法生乙（一）面承耽（担）。恐后人心不古，特立卖契永远为据。

凭中　陈金钟　汪正清

代字　汪纯荣

民国十一年冬月初八日　杨法林　杨法生　立

钤“安顺县印”

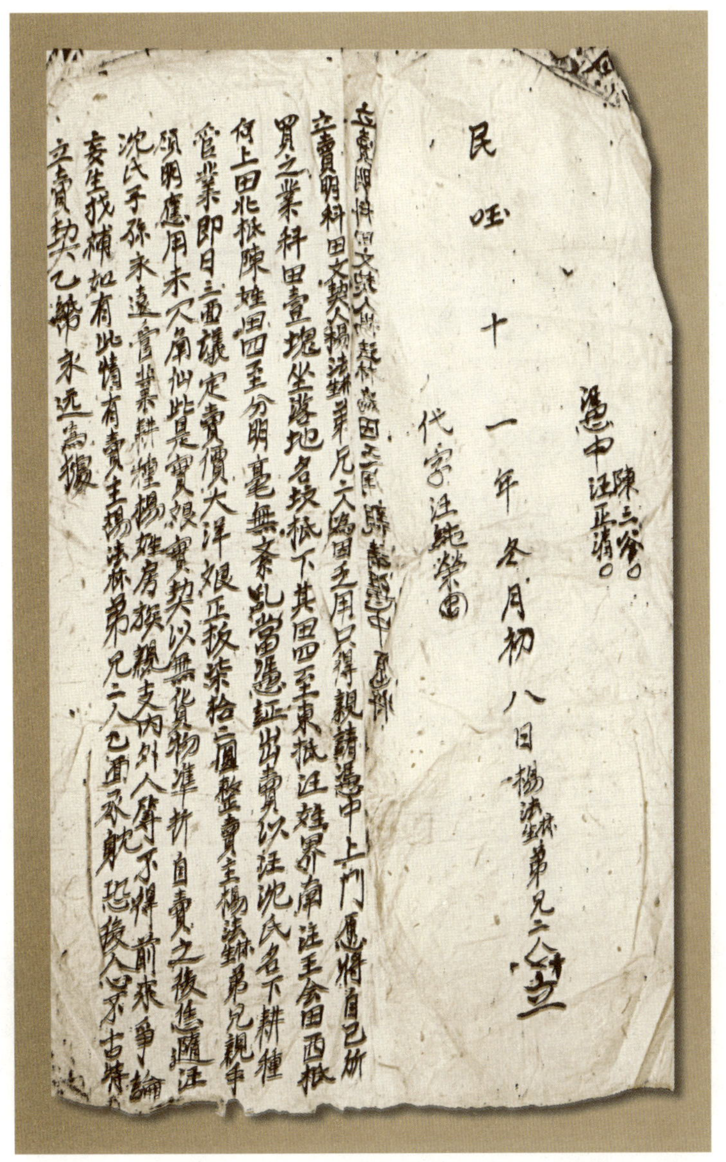

编号：wzc–33

立卖明科田文契人杨法林、杨法生弟兄二人，为因乏用，只得亲请凭中上门，愿将自己所买之业科田壹块，坐落地名坟柢（底）下，其田四至：东抵汪姓界，南［抵］汪王会田，西抵何上（和尚）田，北抵陈姓田，四至分明，毫无紊乱，当凭证出卖以（与）汪沈氏名下耕种管业。即日三面议定卖价大洋银正板柒拾二圆整。卖主杨法林、杨法生弟兄亲手领明应用，未欠角仙。此是实银实契，以（亦）无货物准折。自卖之后，任凭汪沈氏子孙永远管业耕种，杨姓房族亲支内外人等不得前来争论、妄生找补。如有此情，有（由）卖主杨法林弟兄二人乙（一）面承耽（担）。恐后人心不古，特立卖契乙（一）纸永远为据。

凭中　陈三爷　汪正清

民国十一年冬月初八日　杨法林　杨法生弟兄二人　立

代字　汪纯荣

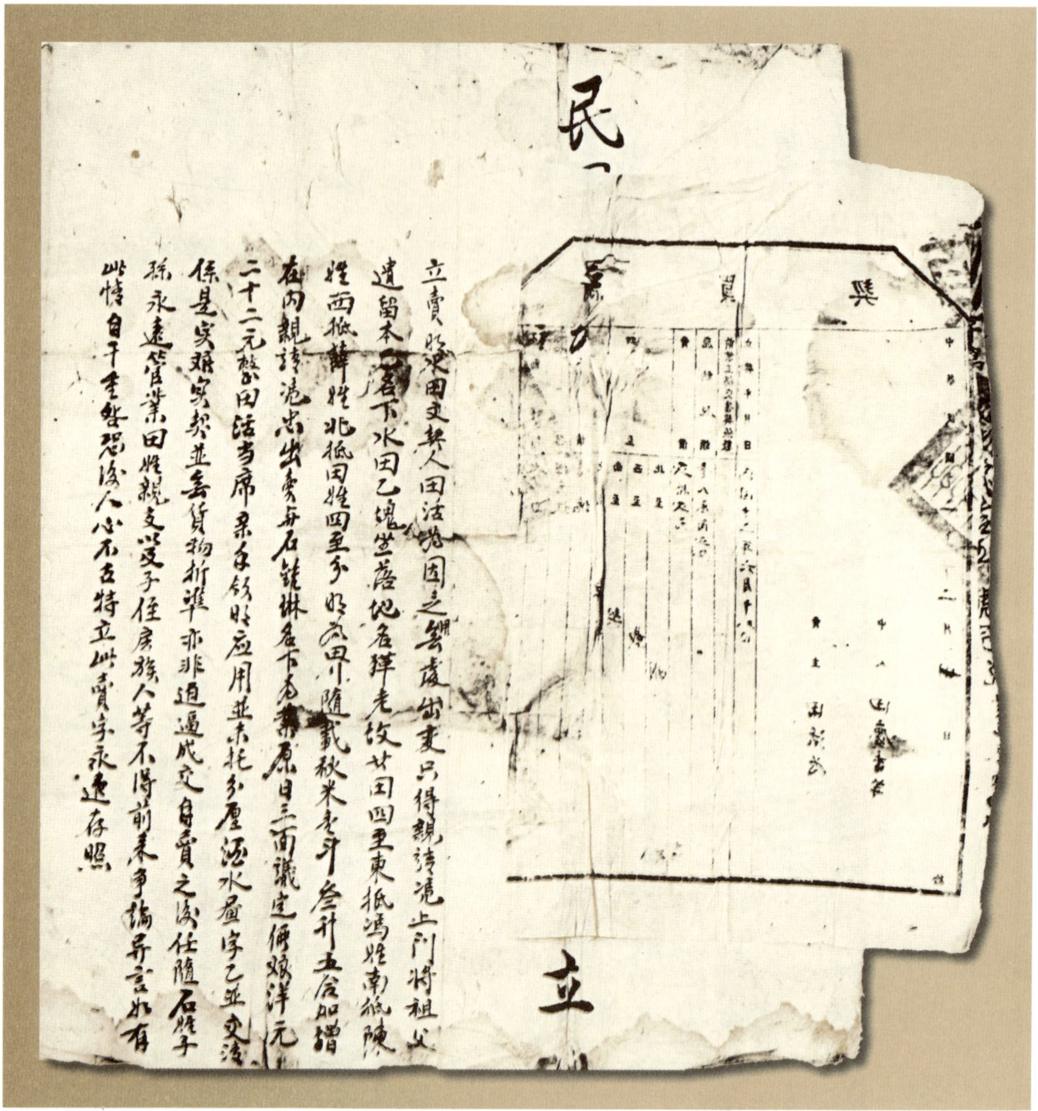

编号：slc-15

立卖明水田文契人田活，为因乏用，无处出变（办），只得亲请凭上门，将祖父遗留本己名下水田乙（壹）块，坐落地名革老（仡佬）坟，其田四至：东抵冯姓，南抵陈姓，西抵薛姓，北抵田姓，四至分明为界，随载科米壹斗叁升五合加增在内，亲请凭忠（中）出卖与石钟琳名下为业。原日三面议定价银洋元二十二元整。田活当席亲手领明应用，并未托（拖）欠分厘，酒水画字乙（一）并交清。系是实银实契，并无货物准折，亦非迫逼成交。自卖之后，任随石姓子孙永远管业，田姓亲支以及子侄房族人等不得前来争论异言。如有此情，自干（甘）重咎。恐后人心不古，特立此卖字永远存照。

原业　许裘之

凭中　田庆香　田　清　邹云成　田何清

代字　田庆霖

民国十二年六月十八日　田　活　立

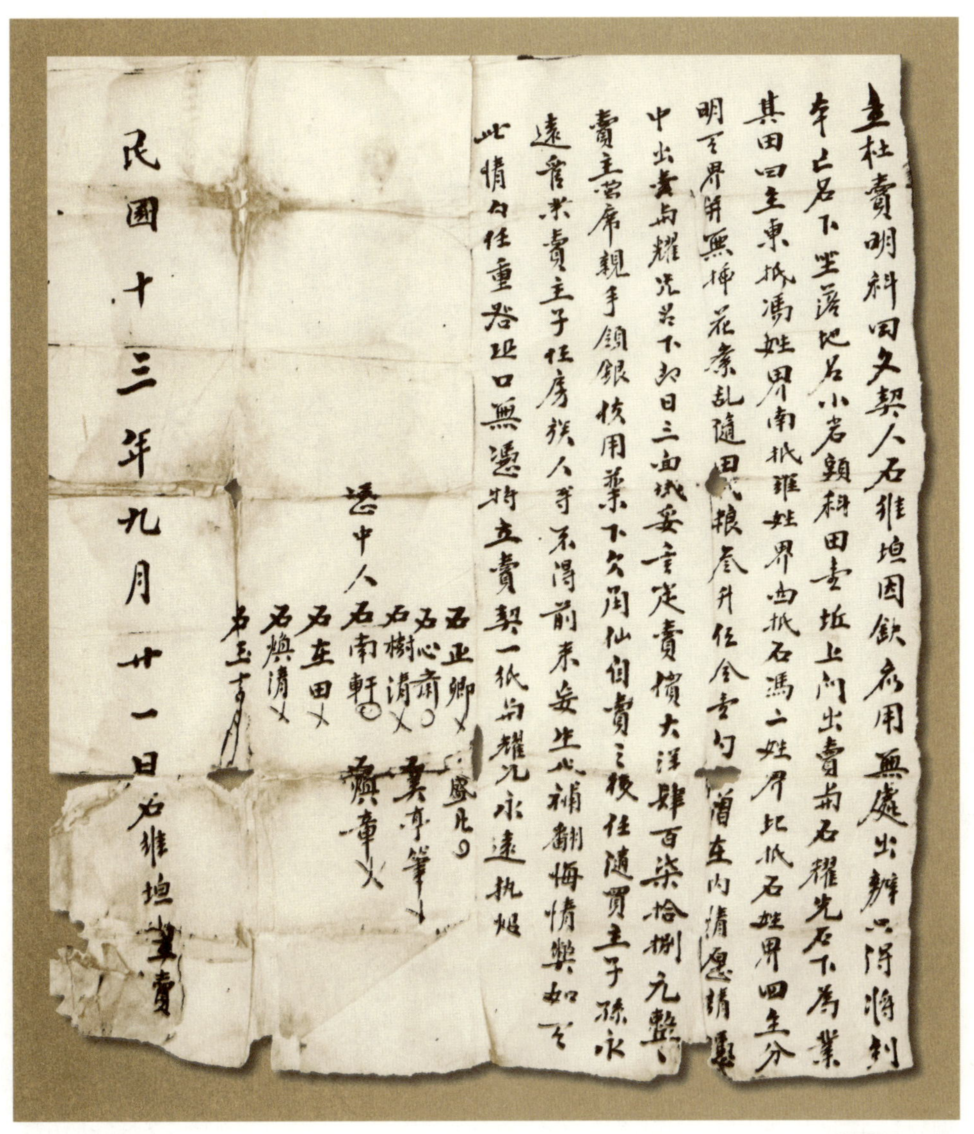

编号：srg-3

立杜卖明科田文契人石维垣，因缺应用，无处出办，只得将到本己名下坐落地名小岩头科田壹坵，上门出卖与石耀先名下为业。其田四至：东抵冯姓界，南抵罗姓界，西抵石冯二姓界，北抵石姓界，四至分明为界，并无插花紊乱。随田□粮叁升伍合壹勺［加］增在内。情愿请凭中出卖与耀先名下。即日三面议妥，言定卖价大洋肆百柒拾捌元整。卖主当席亲手领银使用，并未下欠角仙。自卖之后，任随买主子孙永远管业，卖主子侄房族人等不得前来妄生找补、翻悔情獘（弊）。如有此情，自任（认）重咎。恐口无凭，特立卖契一纸与耀先永远执照。

凭中人　石正卿　石心齐　石树清　石南轩　石在田　石焕清　石玉书

石盛凡　石焕章

石美亭　笔

民国十三年九月二十一日　石维垣　立卖

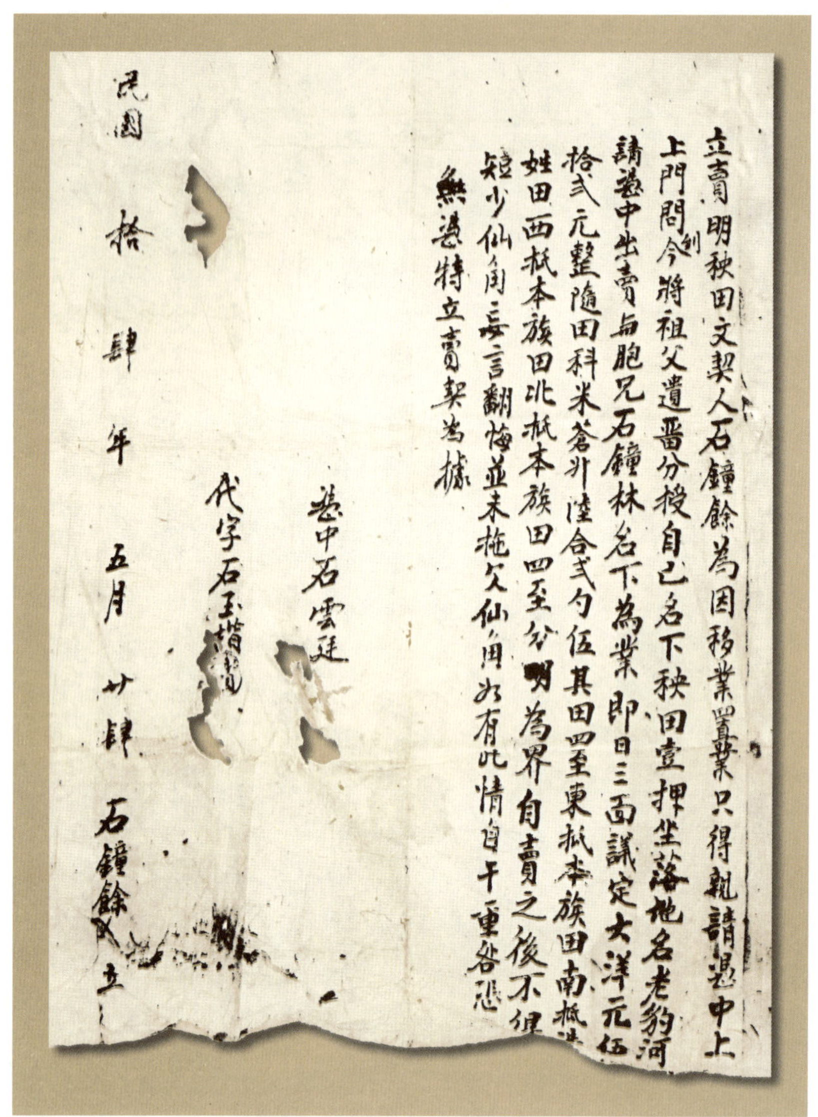

编号：slc-11

立卖明秧田文契人石钟余，为因移业置业，只得亲请凭中上门问到，今将祖父遗留分授自己名下秧田壹押，坐落地名老豹河，请凭中出卖与胞兄石钟林名下为业。即日三面议定大洋元伍拾贰元整，随田科米仓升陆合贰勺伍。其田四至：东抵本族田，南抵［冯］姓田，西抵本族田，北抵本族田，四至分明为界。自卖之后，不得短少仙角、妄言翻悔，并未拖欠仙角。如有此情，自干（甘）重咎。恐后无凭，特立卖契为据。

凭中　石云廷

代字　石玉阶

民国十四年五月二十四　石钟余　立

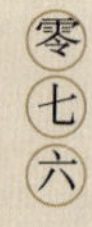

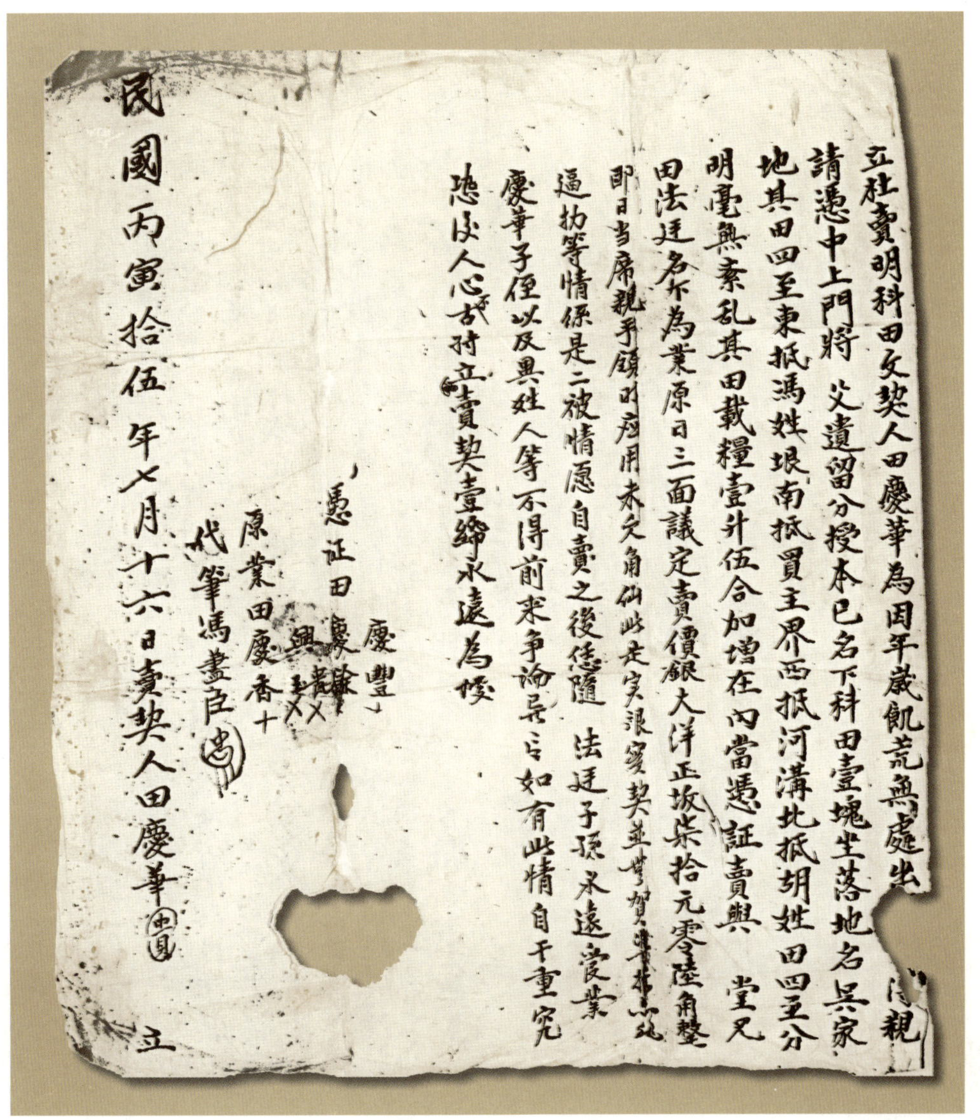

编号：tyg–52

立杜卖明科田文契人田庆华，为因年岁饥荒，无处出［办，只得］亲请凭中上门，将父遗留分授本己名下科田壹块，坐落地名吴家地，其田四至：东抵冯姓垠，南抵买主界，西抵河沟，北抵胡姓田，四至分明，毫无紊乱，其田载粮壹升伍合加增在内，当凭证卖与堂兄田法廷名下为业。原日三面议定卖价银大洋正板柒拾元零陆角整。即日当席亲手领明应用，未欠角仙。此是实银实契，并无贺（货）准折，亦非逼勒等情，系是二彼情愿。自卖之后，恁（任）随法廷子孙永远管业，庆华子侄以及异姓人等不得前来争论异言。如有此情，自干（甘）重究（咎）。恐后人心不古，特立卖契壹纸永远为据。

凭　证　田庆丰　田庆余　田兴贵　田兴玉
原　业　田庆香
代　笔　冯尽臣
民国丙寅十五年七月十六日　卖契人　田庆华　立

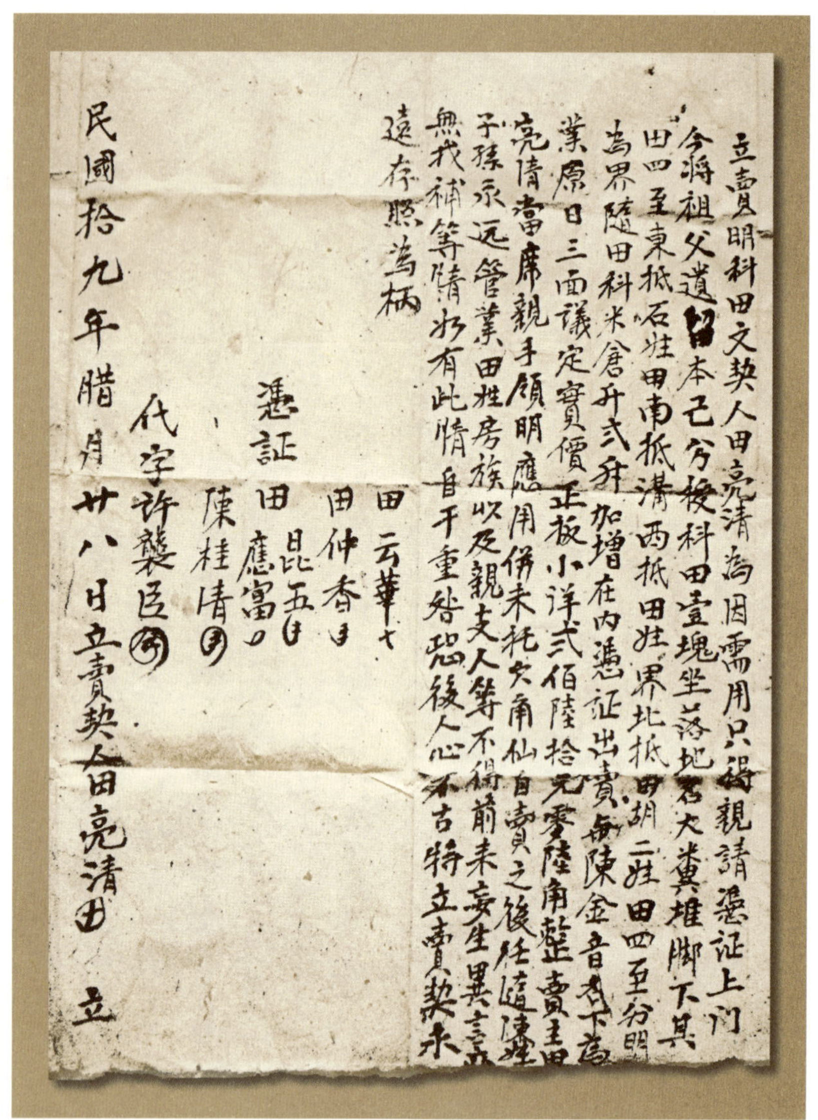

编号：cyc–3

立卖明科田文契人田亮清，为因需用，只得亲请凭证上门，将祖父遗留本己分授科田壹块，坐落地名大粪堆脚下，其田四至：东抵石姓田，南抵沟，西抵田姓界，北抵田胡二姓田，四至分明为界，随田科米仓升贰升加增在内，凭证出卖与陈金音名下为业。原日三面议定实价正板小洋贰佰陆拾元零陆角整。卖主田亮清当席亲手领明应用，并未托（拖）欠角仙。自卖之后，任随陈姓子孙永远管业，田姓房族以及亲支人等不得前来妄生异言，亦无找补等情。如有此情，自干（甘）重咎。恐后人心不古，特立卖契永远存照为柄。

凭　　证　田云华　田仲香　田昆五　田应富　陈桂清

代　　字　许袭臣

民国十九年腊月二十八日　立卖契人　田亮清　立

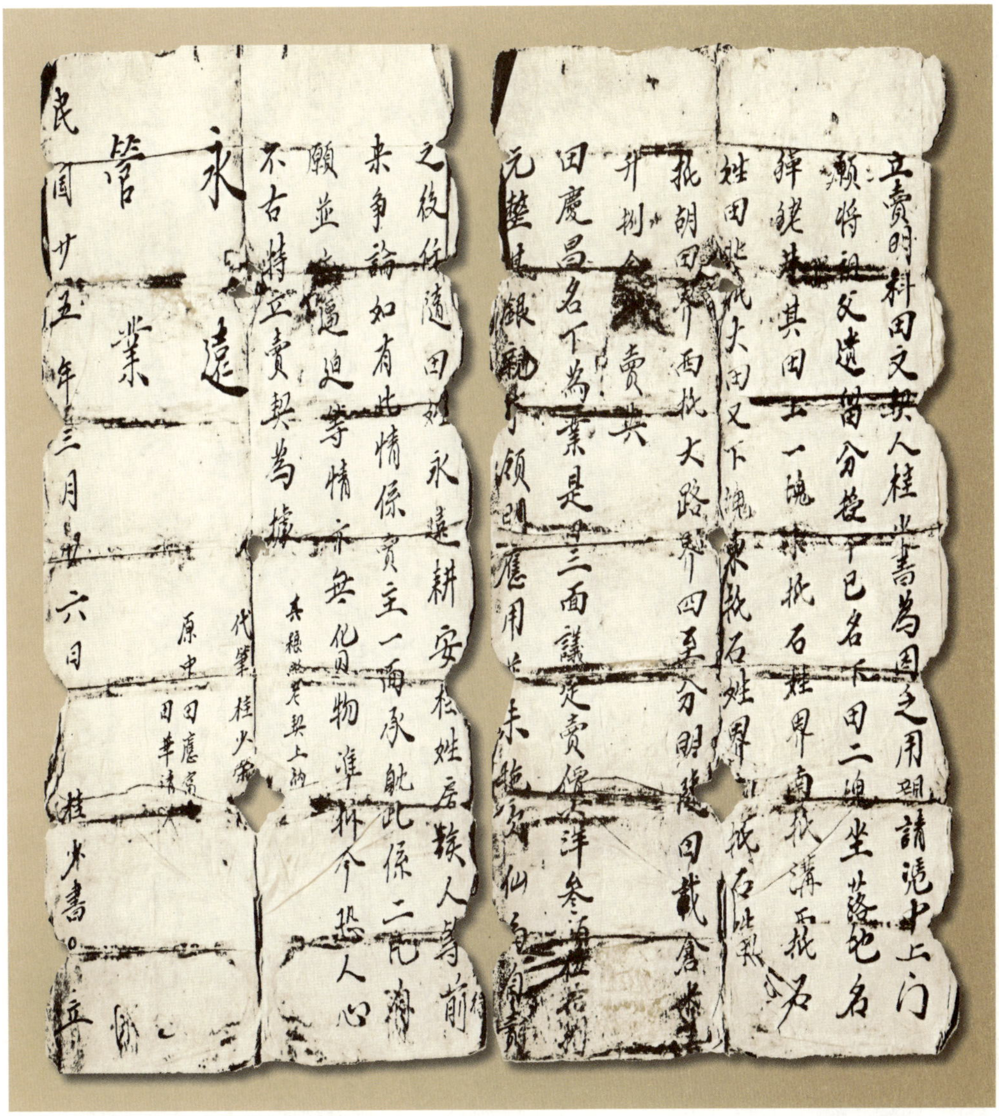

编号：tym-23-24

立卖明科田文契人桂少书，为因乏用，亲请凭中上门，愿将祖父遗留分授本已名下田二块，坐落地名仡佬井，其田上一块东抵石姓界、南抵沟、西抵石姓田、北抵大田，又下［一］块东抵石姓界、南抵石姓田、北抵胡田界、西抵大路界，四至分明，随田载仓米□□升捌□□，卖与田庆昌名下为业。是日三面议定卖价大洋叁佰伍拾捌元整。其银亲手领明应用，并未拖欠仙角。自卖之后，任随田姓永远耕安，桂姓房族人等不得前来争论。如有此情，系买主一面承耽（担）。此系二比（彼）情愿，并无逼迫等情，亦无货物准折。今恐人心不古，特立卖契为据。

其粮照老契上纳。

永 远 管 业

代笔　桂少荣

原中　田应富　田华清

民国二十五年三月二十六日　桂少书　立

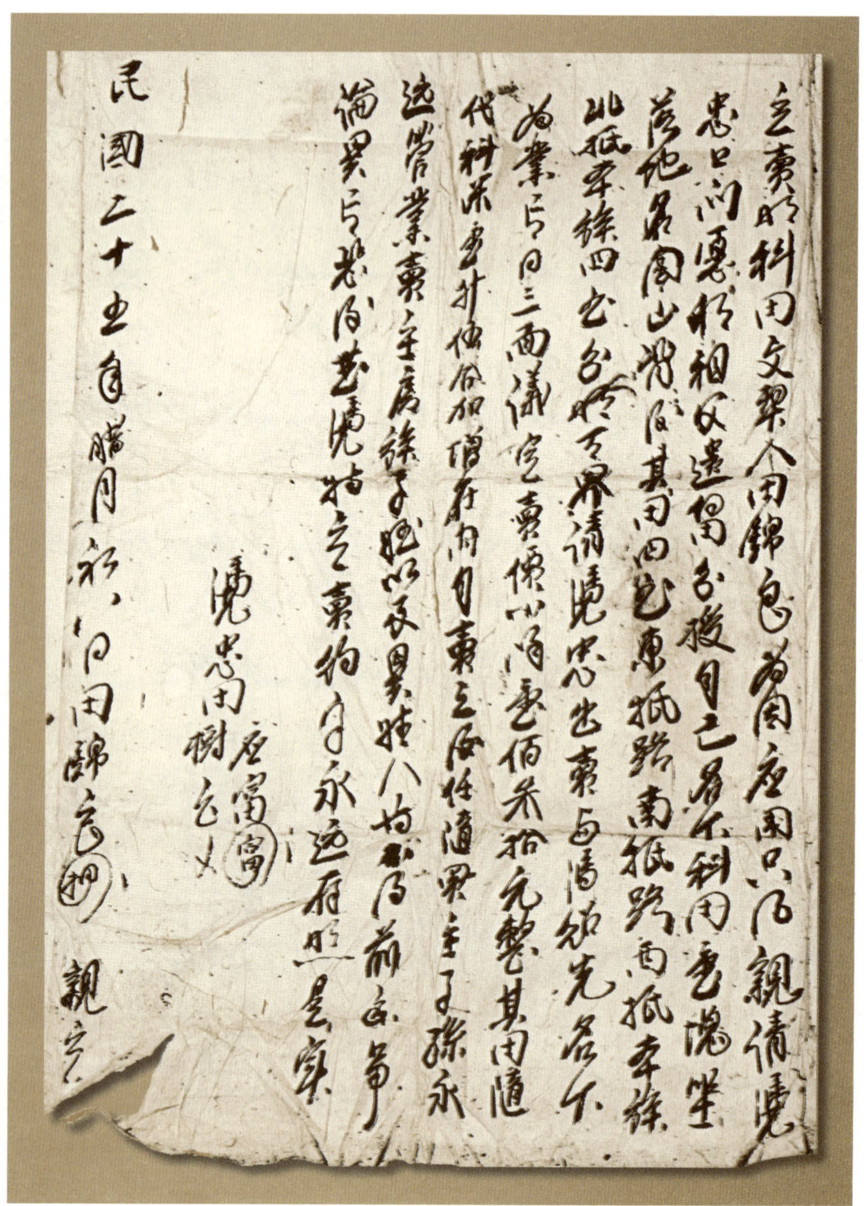

编号：mxq–2

立卖明科田文契人田锦良，为因应用，只得亲请凭忠（中）上门，愿将祖父遗留分授自己名下科田壹块，坐落地名团山背后，其田四至：东抵路，南抵路，西抵本族，北抵本族，四至分明为界，请凭忠（中）出卖与冯绍先名下为业。言（原）日三面议定卖价小洋壹佰叁拾元整。其田随代（带）科米壹升伍合加增在内。自卖之后，任随买主子孙永远管业，卖主房族子侄以及异姓人等不得前来争论异言。恐口无凭，特立卖约字永远存照是实。

凭忠（中）　田应富　田树玉

民国二十五年腊月初八日　田锦良　亲立

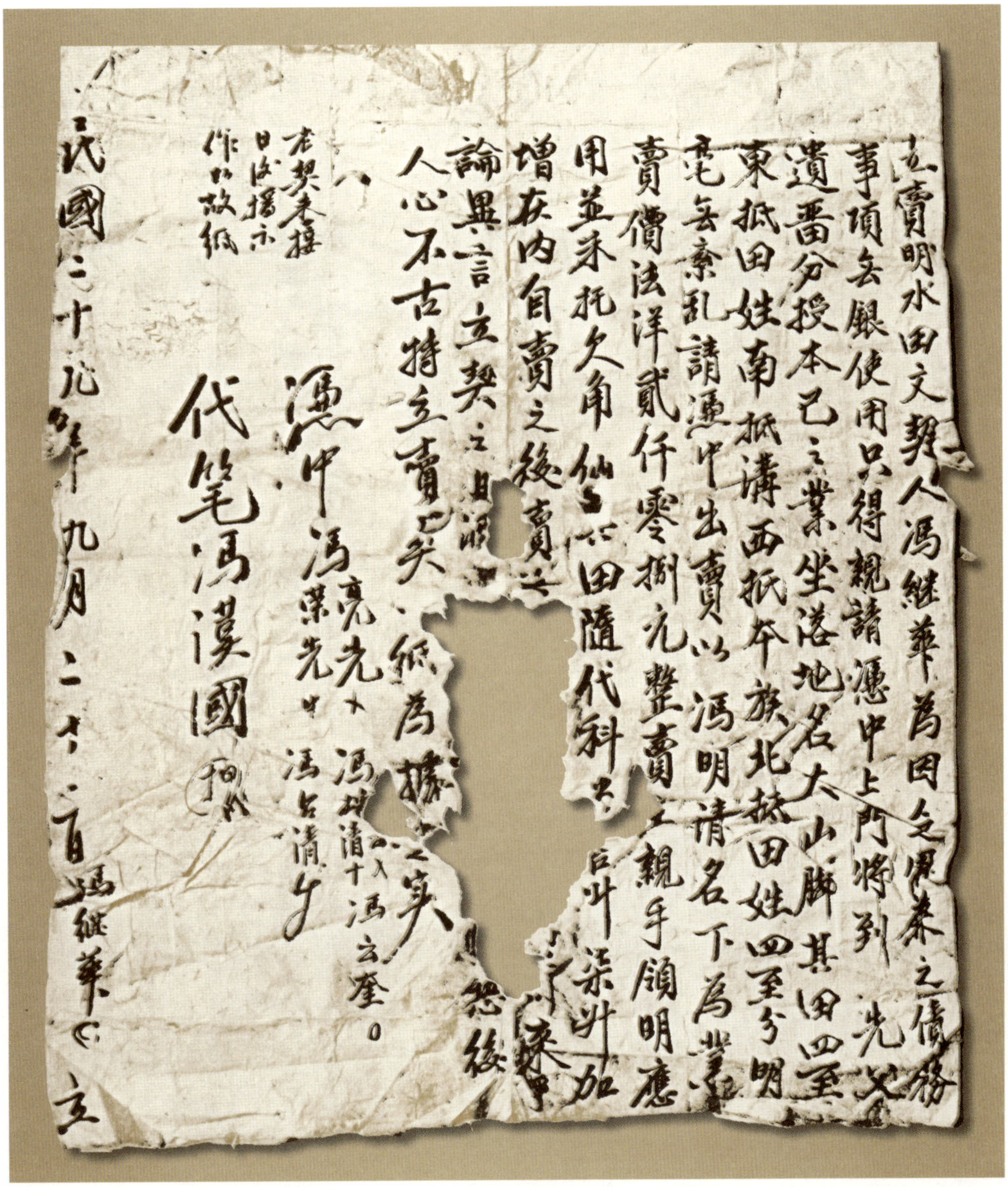

编号：fsq-23

立卖明水田文契人冯继华，为因乏用，兼之债务事项，无银使用，只得亲请凭中上门，将到先父遗留分授本己之业，坐落地名大山脚，其田四至：东抵田姓，南抵沟，西抵本族，北抵田姓，四至分明，毫无紊乱，请凭中出卖以（与）冯明清名下为业。卖价法洋贰仟零捌元整。卖主亲手领明应用，并未托（拖）欠角仙。其田随代（带）科米仓升柒升加增在内。自卖之后，卖主□□□□□来争论异言。立契之日□□□□□□□恐后人心不古，特立卖契一纸为据是实。

老契未接，日后播（翻）出，作为故纸。

凭中　冯亮先　冯荣先　冯□清　冯名清　冯云奎

代笔　冯汉国

民国二十九年九月二十一日　冯继华　立

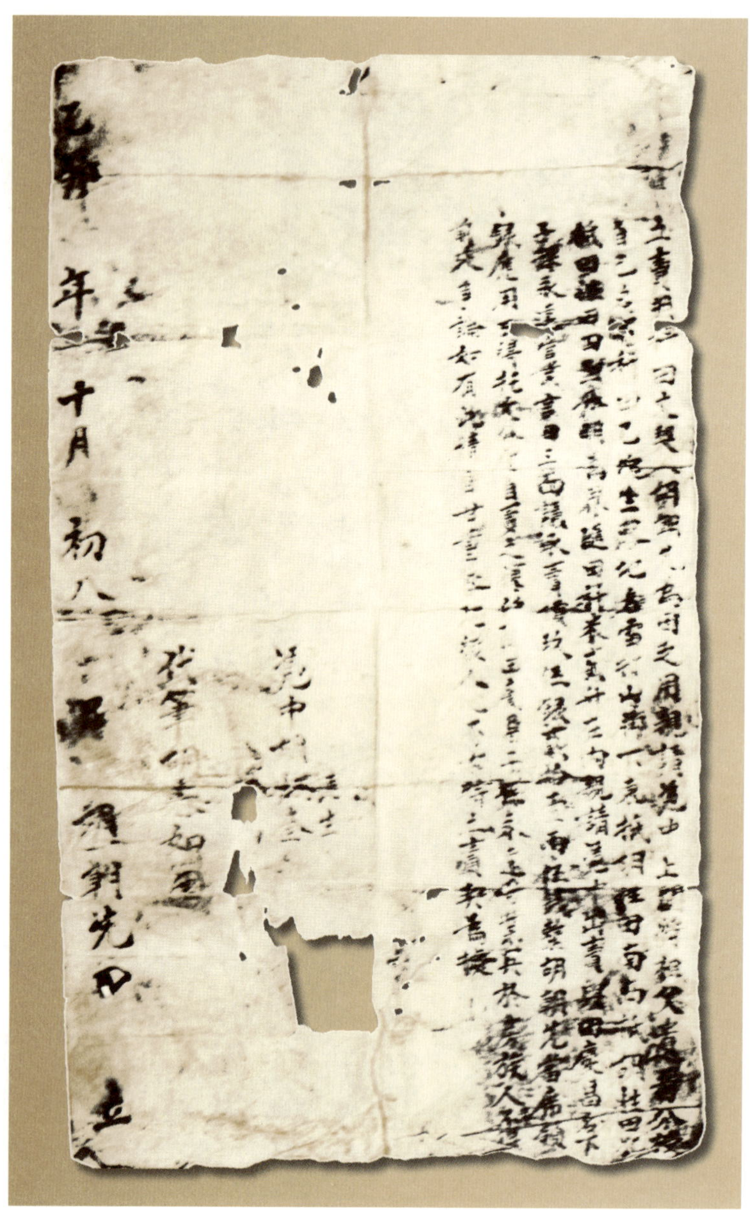

编号：tym-1

立卖明科田文契人胡朝先，为因乏用，亲请凭中上门，将祖父遗留分授自己名下科田乙（壹）块，坐落地名雷打山脚下，东抵胡姓田，南、西抵胡姓田，北抵田姓田，四至分明为界，随田科米贰升在内，亲请凭中出卖与田庆昌名下子孙永远管业。言（原）日三面议承（定）卖价玖伍银贰拾壹两伍钱整。胡朝先当席领银应用，不得托（拖）欠分厘。自卖之后，任随田庆昌子孙永远管业，其于（余）房族人等不得前来争论。如有此情，自甘重咎。恐后人心不古，特立卖契为据。

凭中　胡连生　胡炳叁　□□□

代笔　胡春如

乙卯年十月初八日　胡朝先　立

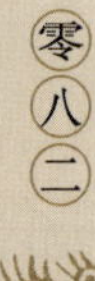

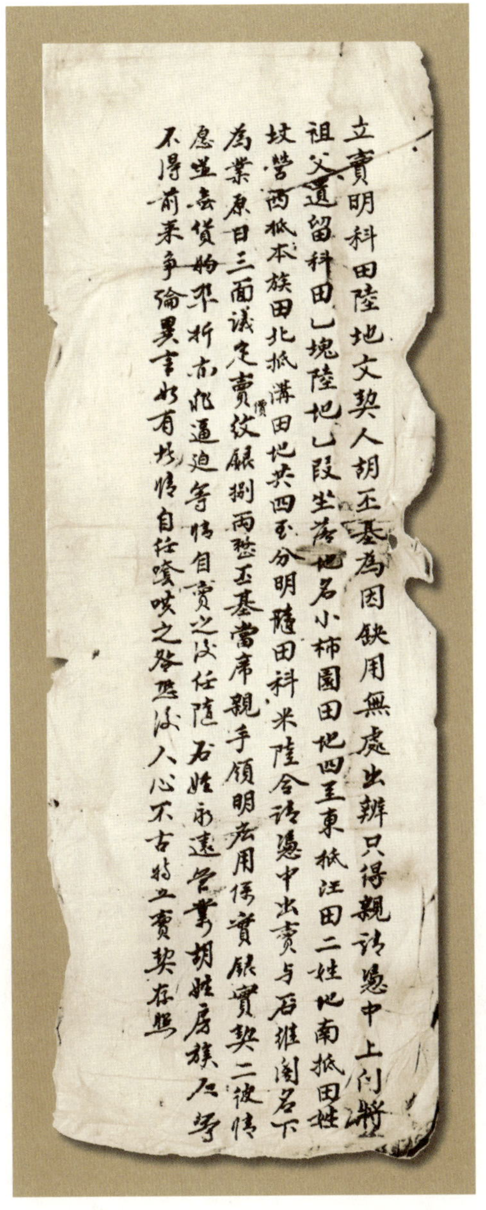
立賣明科田陸地文契人胡丕基為因缺用無處出辦只得親請憑中上門將
祖父遺留科田乙塊陸地乙段坐落地名小柿園田地四至東抵汪田二姓地南抵田姓
坟營西抵本族田北抵溝田地共四至分明隨田科米陸合請憑中出賣与石維閣名下
為業原日三面議定賣價紋銀捌兩整丕基當席親手領明應用係實銀實契二彼情
愿並無貨物准折亦非逼迫等情自賣之後任隨石姓子孫永遠管業胡姓房族人等
不得前來爭論異言如有此情自任套哄之咎恐後人心不古特立賣契存照

编号：slc–17

立卖明科田陆地文契人胡丕基，为因缺用，无处出辨（办），只得亲请凭中上门，将祖父遗留科田乙（壹）块、陆地乙（壹）段坐落地名小柿园，田地四至：东抵汪田二姓地，南抵田姓坟营（茔），西抵本族田，北抵沟，田地共四至分明，随田科米陆合。请凭中出卖与石维阁名下为业。原日三面议定卖价纹银捌两整。丕基当席亲手领明应用。系实银实契，二彼情愿，并无货物准折，亦非逼迫等情。自卖之后，任随石姓子孙永远管业，胡姓房族人等不得前来争论异言。如有此情，自任（认）套哄之咎。恐后人心不古，特立卖契存照。

二　秋田

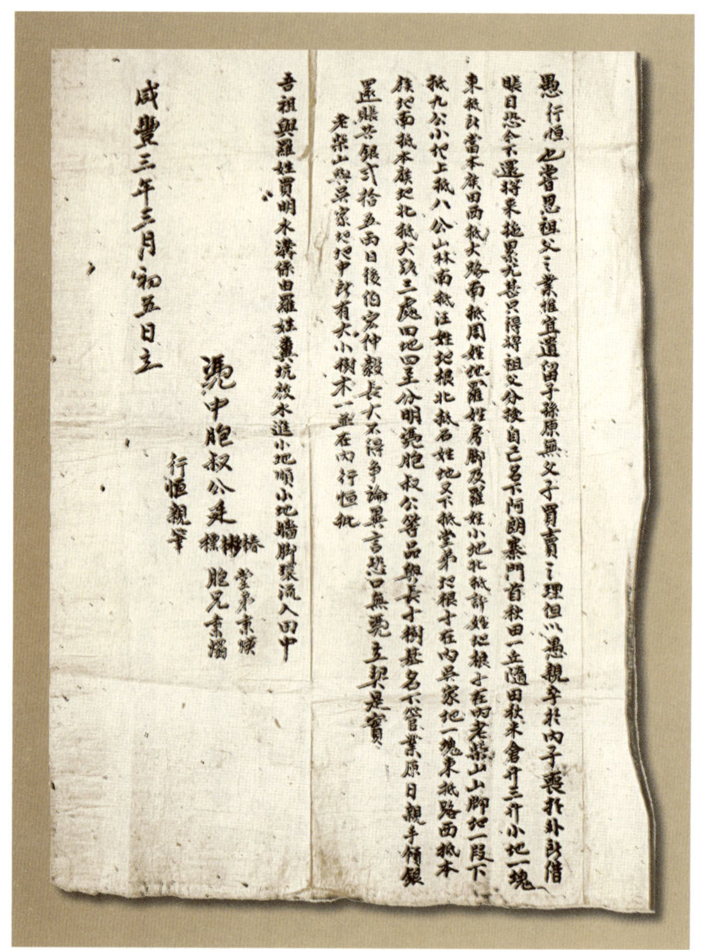

编号：sls-15

愚行恒也，当思祖父之业，惟宜遗留子孙，原无父子买卖之理，但以愚亲卒于内、子丧于外，所借账目恐今不还，将来拖累尤甚。只得将祖父分授自己名下阿朗寨门首秋田一丘，随田秋米仓升三升；小地一块，东抵所当本族田，西抵大路，南抵周姓地、罗姓房脚及罗姓小地，北抵许姓地根子在内；老柴山山脚地一段，下抵九公小地，上抵八公山林，南抵汪姓地根，北抵石姓地；又下抵堂弟地根子在内吴家地一块，东抵路，西抵本族地，南抵本族地，北抵大路。三处田地四至分明，凭胞叔公等品与长子树基名下管业。原日亲手领银还帐，共银贰拾五两。日后伯宏、仲毅长大不得争论异言。恐口无凭，立契是实。

老柴山与吴家地地中所有大小树木一并在内。行恒批。

吾祖与罗姓买明水沟系由罗姓粪坑放水进小地，顺小地墙脚环流入田中。

凭中　胞公廷椿　廷彬　廷标　堂弟秉焕　胞兄秉烛

行恒　亲笔

咸丰三年三月初五日　立

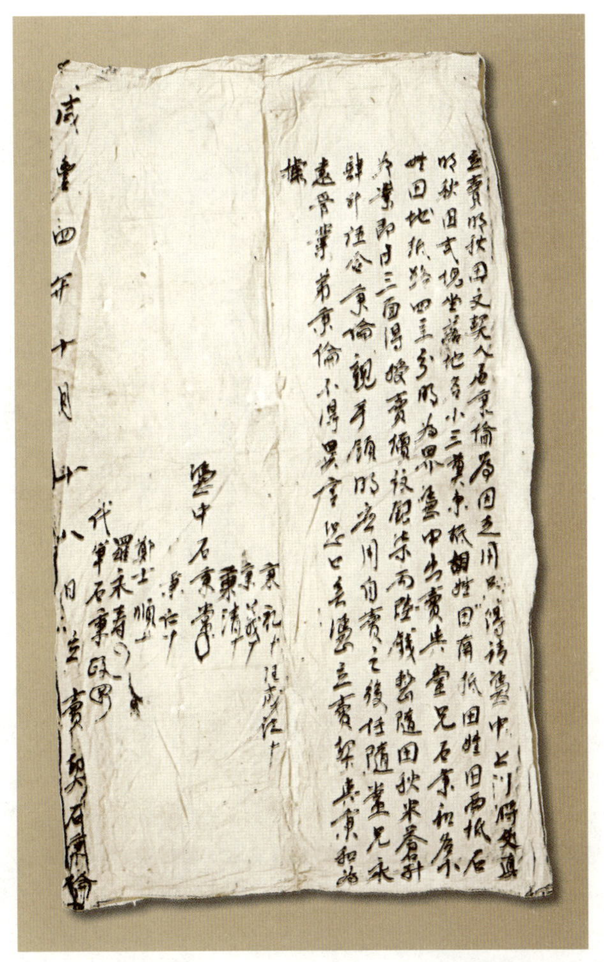

编号：tma-4

立卖明秋田文契人石秉伦，为因乏用，只得请凭中上门，将父置明秋田贰块，坐落地名小三奠，东抵胡姓田，南抵田姓田，西抵石姓田，北抵路，四至分明为界，凭中出卖与堂兄石秉和名下为业。即日三面得授（受）卖价纹银柒两陆钱整。随田秋米仓升肆升伍合。秉伦亲手领明应用。自卖之后，任随堂兄永远管业，弟秉伦不得异言。恐口无凭，立卖契与秉和为据。

凭　中　石秉礼　石秉义　石秉清　石秉常　石秉仁
　　　　郑士顺　罗永寿　汪成江
代　笔　石秉政
咸丰四年十月十八日　立卖契　石秉伦

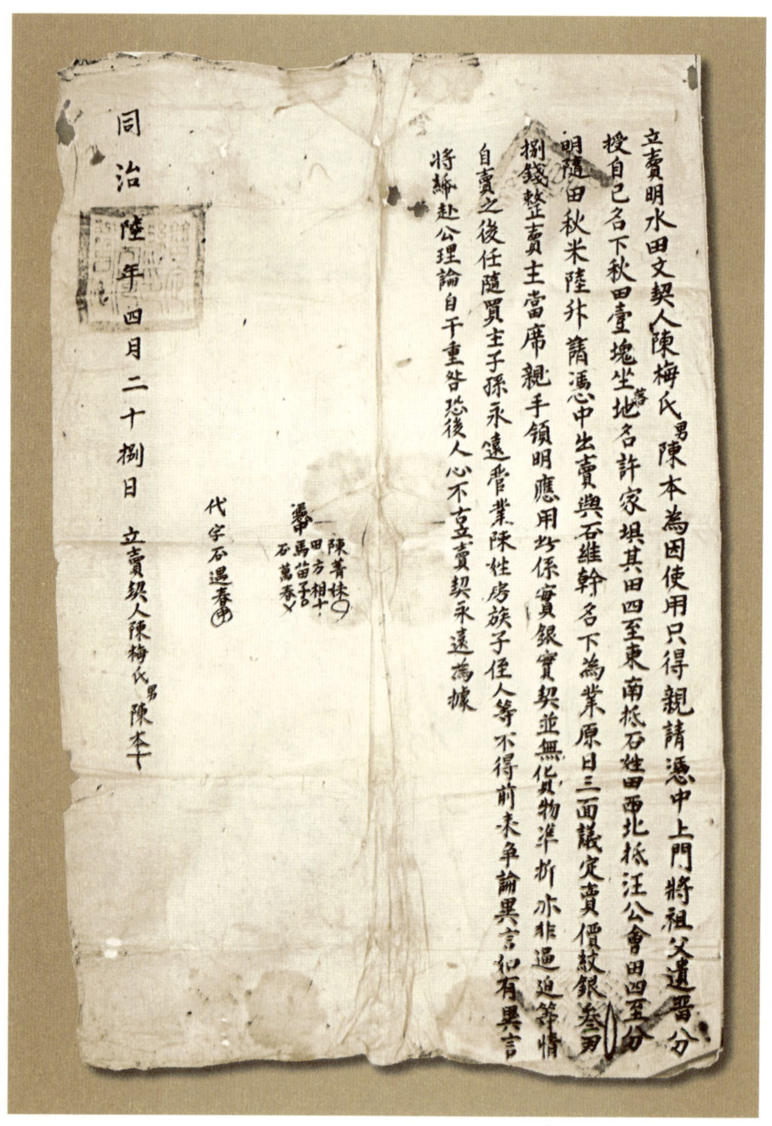

编号：sls–9

立卖明水田文契人陈梅氏，男陈本，为因使用，只得亲请凭中上门，将祖父遗留分授自己名下秋田壹块，坐落地名许家坝，其田四至：东南抵石姓田，西北抵汪公会田，四至分明，随田秋米陆升，请凭中出卖与石维干名下为业。原日三面议定卖价纹银叁两捌钱整。卖主当席亲手领明应用。此系实银实契，并无货物准折，亦非逼迫等情。自卖之后，任随买主子孙永远管业，陈姓房族子侄人等不得前来争论异言。如有异言，将纸赴公理论，自干（甘）重咎。恐后人心不古，立卖契永远为据。

凭　　中　陈菁妹　田方相　马苗子　石万春

代　　字　石遇春

同治六年四月二十八日　立卖契人　陈梅氏　男陈本

钤“普定县印”

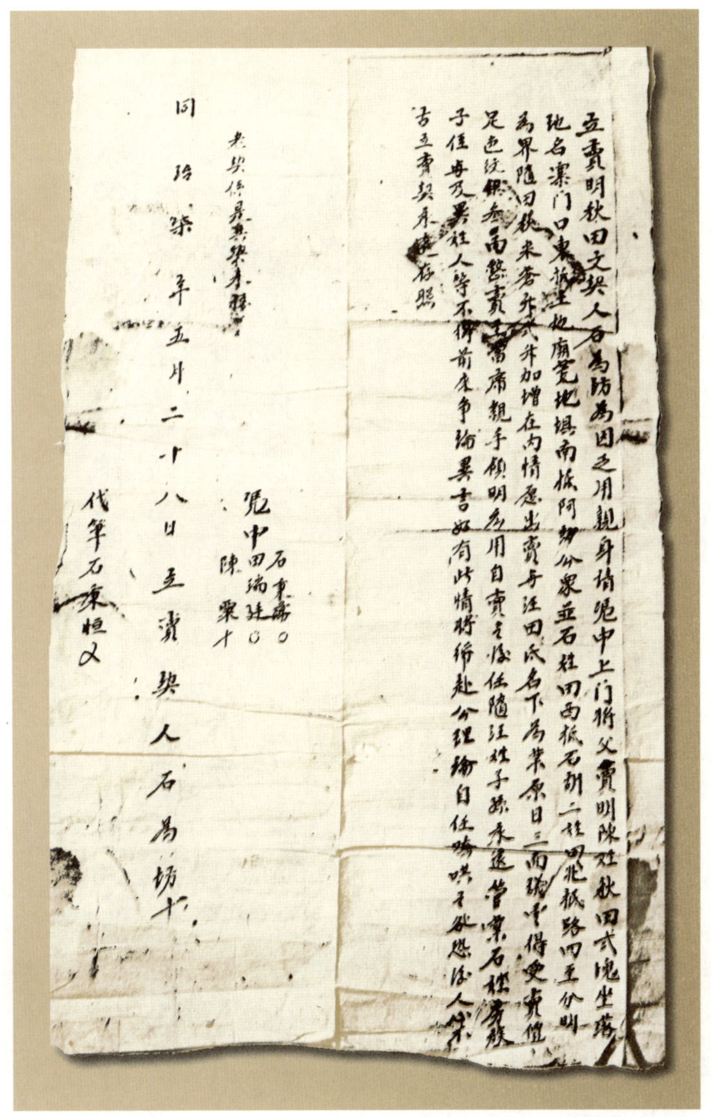

编号：wzc–83

立卖明秋田文契人石为坊，为因乏用，亲身请凭中上门，将父买明陈姓秋田贰块，坐落地名寨门口，东抵土地庙荒地坝，南抵阿朗公众并石姓田，西抵石胡二姓田，北抵路，四至分明为界，随田秋米仓升贰升加增在内，情愿出卖与汪田氏名下为业。原日三面议定得受卖价足色纹银叁两整。卖主当席亲手领明应用。自卖之后，任随汪姓子孙永远管业，石姓房族子侄与（以）及异姓人等不得前来争论异言。如有此情，将纸赴公理论，自任（认）套哄重咎。恐后人心不古，立卖契永远存照。

老契系是共契，未接。

凭　　中　石秉藩　田瑞廷　陈　粟
同治七年五月二十八日　立卖契人　石为坊
代　　笔　石秉恒
钤“□□□□”官印

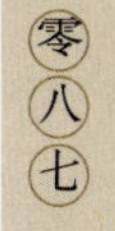

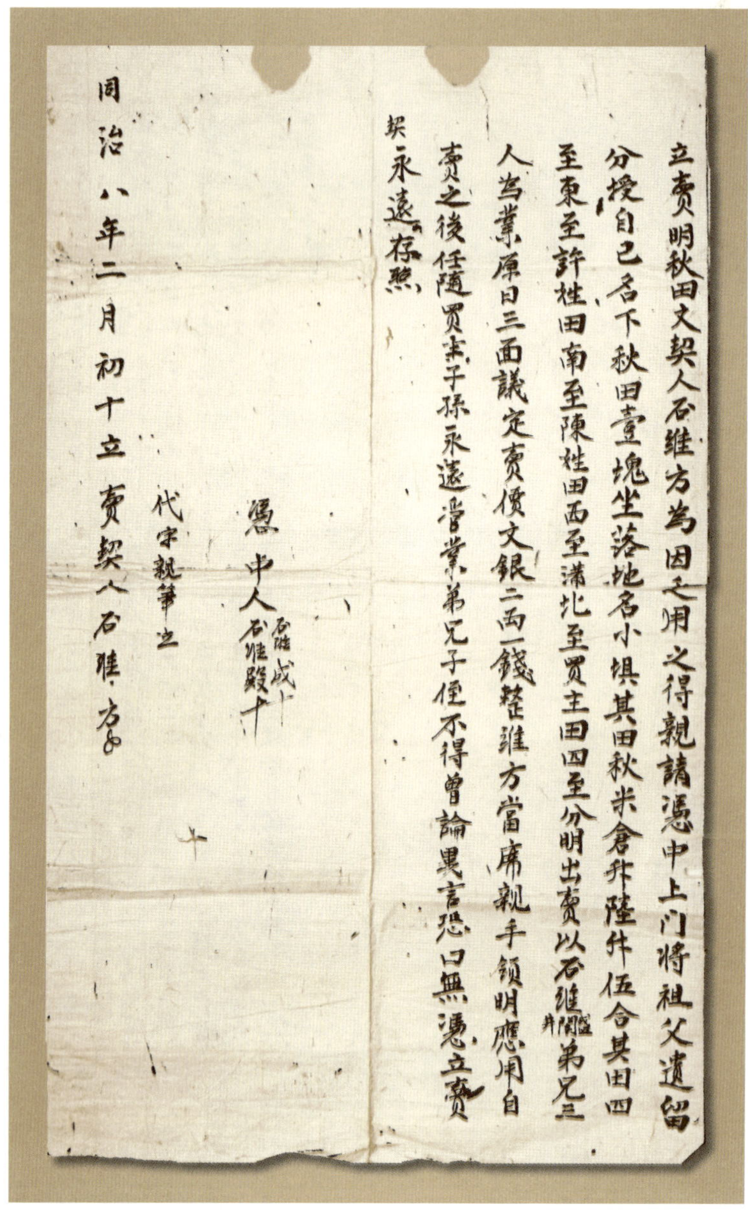

编号：sls–30

立卖明秋田文契人石维方，为因乏用，之（只）得亲请凭中上门，将祖父遗留分授自己名下秋田壹块，坐落地名小坝，其田秋米仓升陆升伍合，其田四至：东至许姓田，南至陈姓田，西至沟，北至买主田，四至分明，出卖以（与）石维盛、石维阁、石维井弟兄三人为业。原日三面议定卖价为文（纹）银二两一钱整。维方当席亲手领明应用。自卖之后，任随买主子孙永远管业，弟兄子侄不得曾（争）论异言。恐口无凭，立卖契永远存照。

凭 中 人　石维成　石维殿

代字亲笔立

同治八年二月初十　立卖契人　石维方

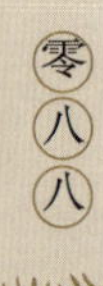

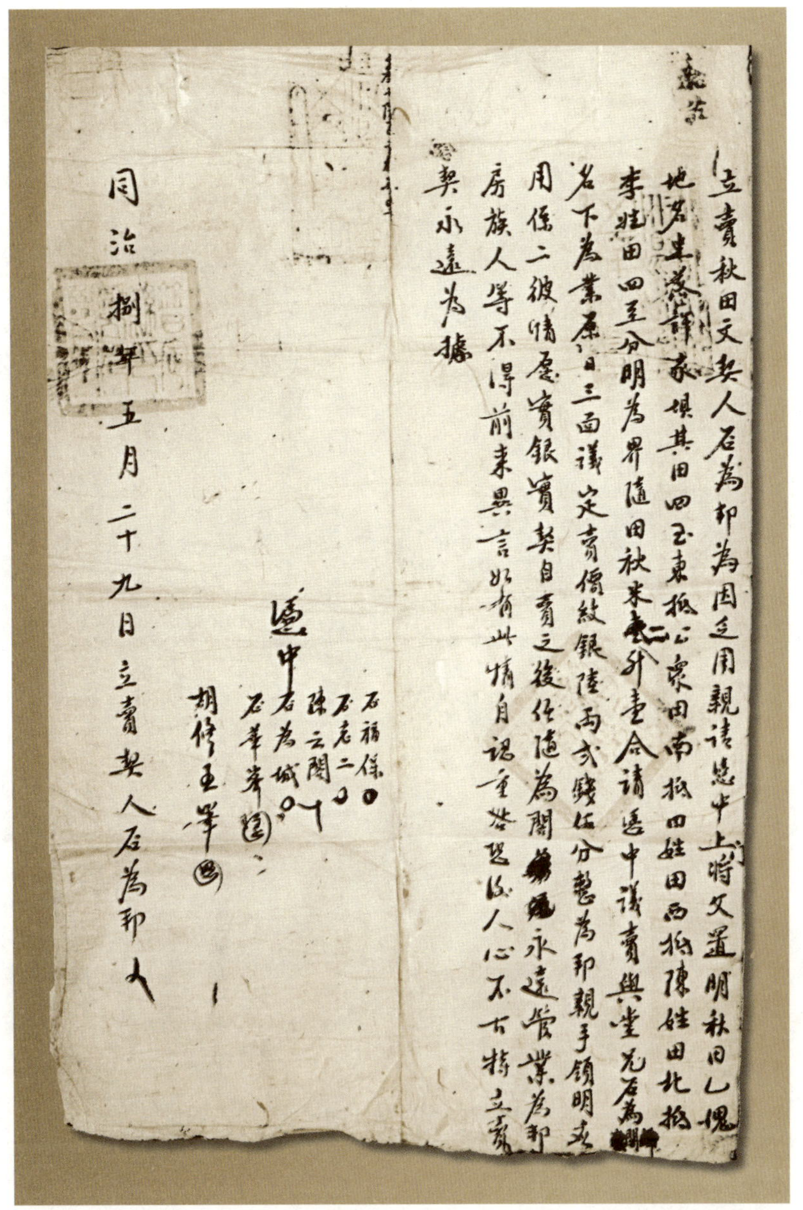

编号：sls-28

立卖秋田文契人石为邦，为因乏用，亲请凭中上门，将父置明秋田乙（壹）块，地名坐落许家坝。其田四至：东抵公众田，南抵田姓田，西抵陈姓田，北抵李姓田，四至分明为界，随田秋米二升壹合，请凭中议卖与堂兄石为阁名下为业。原日三面议定卖价纹银陆两贰钱伍分整。为邦亲手领明应用。系二彼情愿，实银实契。自卖之后，任随为阁永远管业，为邦房族人等不得前来异言。如有此情，自认重咎。恐后人心不古，特立卖契永远为据。

凭　　中　石福保　石老二　陈云阁　石为城　石华峰

胡修五　笔

同治八年五月二十九日　立卖契人　石为邦

钤“□□□□□□”“□□□□□□”官印

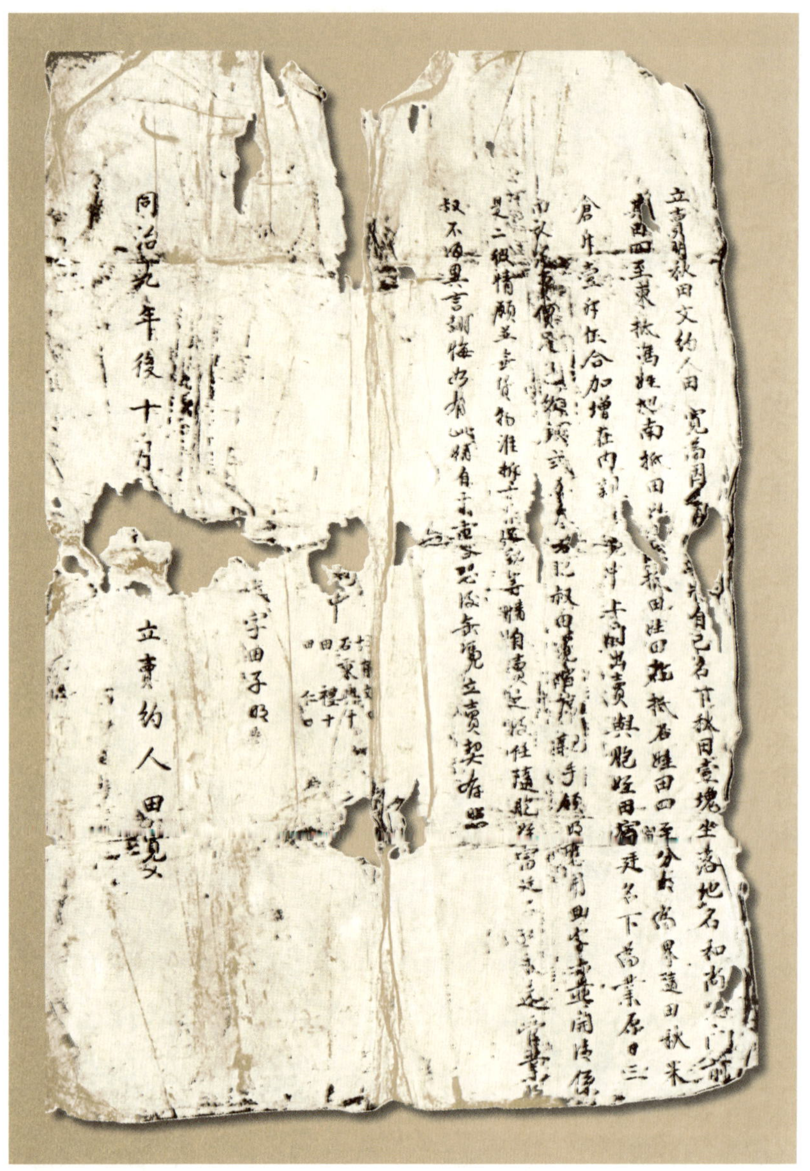

编号：tym-27

立卖明秋田文约人田宽，为因乏［用］，将自己名下秋田壹块，坐落地名和尚□门前。其田四至：东抵冯姓地，南抵田姓地，西抵田姓田，北抵石姓田，四至分明为界，随田秋米仓升壹升伍合加增在内，亲请凭中上门，出卖与胞侄田富廷名下为业。原日三面议定卖价足色纹银贰钱叁分。胞叔田宽当席亲手领明应用。画字亦（一）并开清。系是二彼情愿，并无货物准拆（折），亦非逼勒等情。自卖之后，任随胞侄富廷子孙永远管业，胞叔不得异言翻悔。如有此情，自干（甘）重咎。恐后无凭，立卖契存照。

凭　中　胡有文　石秉兴　田　礼　田　仁

代　字　田子明

同治九年后十月□□　立卖约人　田　宽

编号：sls–16

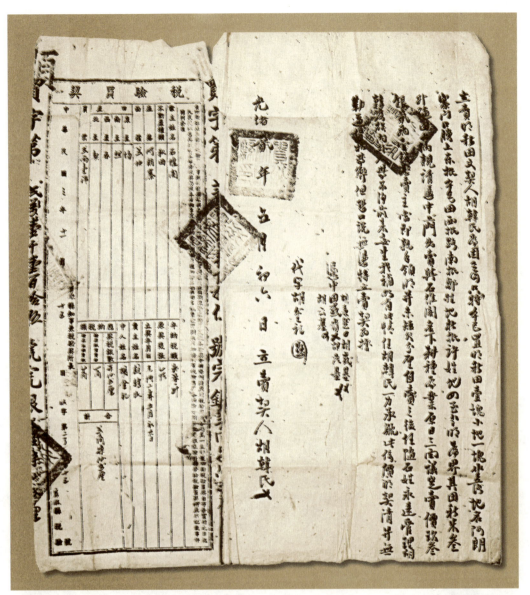

立卖明秋田文契人胡韩氏，为因乏用，只［得］将本己置明秋田壹块、小地一块，坐落地名阿朗寨门口膀上，东抵本宅田，西抵路，南抵邬姓地，北抵许姓地，四至分明为界。其田秋米叁升，随田上纳。亲请凭中上门，出卖与石维阁名下耕种为业。原日三面议定卖价玖叁银贰两壹钱整。卖主当即亲手领明，并未短欠分厘。自卖之后，任随石姓永远管理，胡韩房族内外人等不得前来妄生找补。如有此情，任胡韩氏一身承耽（担）。此后债明契清，并无勒逼货物等弊。但恐口说无凭，特立卖契为据。

凭　　中　胡秉然　田盛贵　胡云基　胡盛基　胡茂基
代　　字　胡金礼
光绪二年五月初六日　立卖契人　胡韩氏
钤“贵州安顺县印”

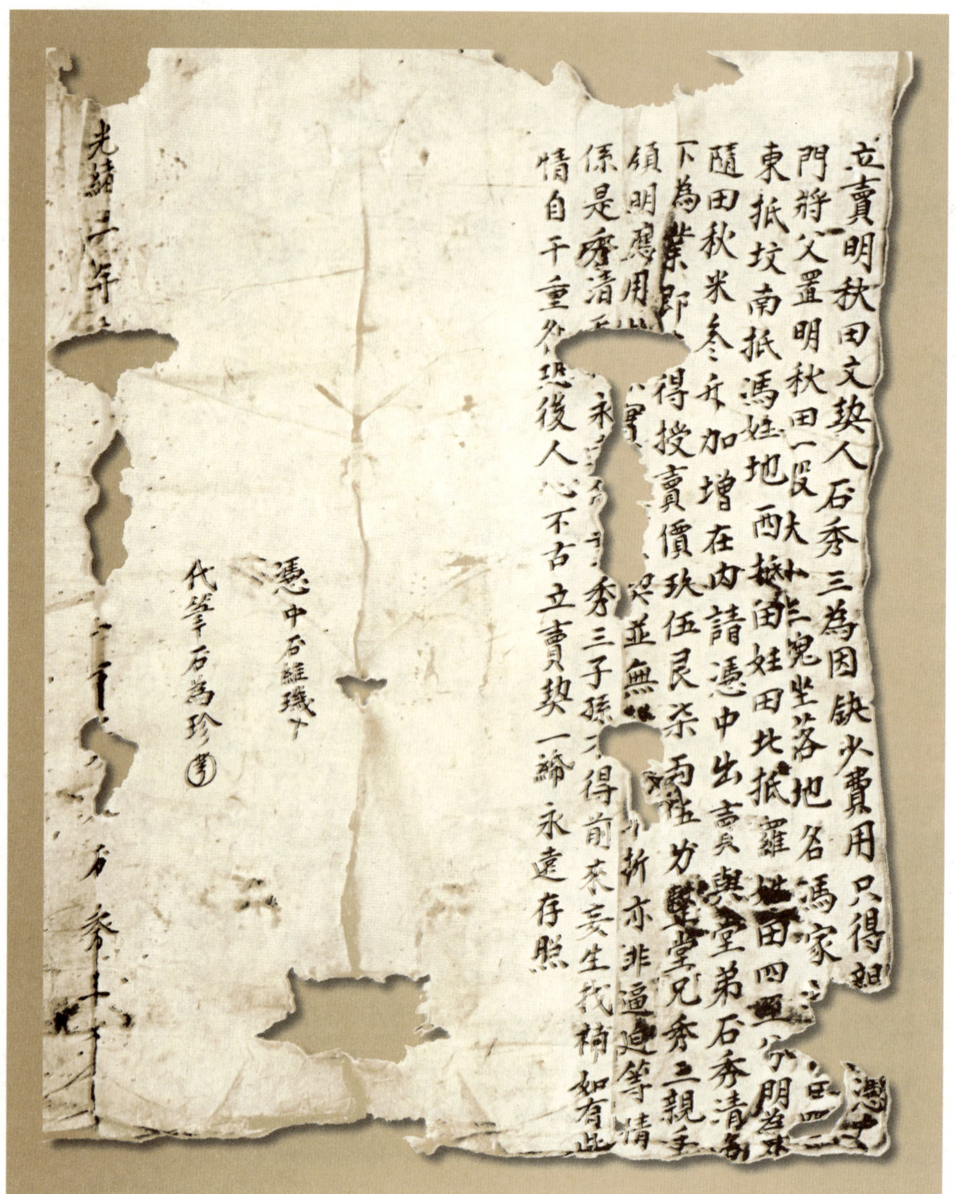

编号：scf-7

立卖明秋田文契人石秀三，为因缺少费用，只得［亲请］凭中［上］门，将父置明秋田一股大小三块，坐落地名冯家□□，［其］田［四至］：东抵坟，南抵冯姓地，西抵田姓田，北抵罗姓田，四至分明为界，随田秋米三升加增在内，请凭中出卖与堂弟石秀清名下为业。即［日］得授（受）卖价玖伍艮（银）柒两伍钱整。堂兄秀三亲手领明应用。［此系实银实契］，并无［货物准］折，亦非逼迫等情，系是秀清［子孙］永远［管业］，秀三子孙不得前来妄生找补。如有此情，自干（甘）重咎。恐后人心不古，立卖契一纸永远存照。

凭　　中　石维玑
代　　笔　石为珍
光绪二年□□□□□　立卖契人　石秀三

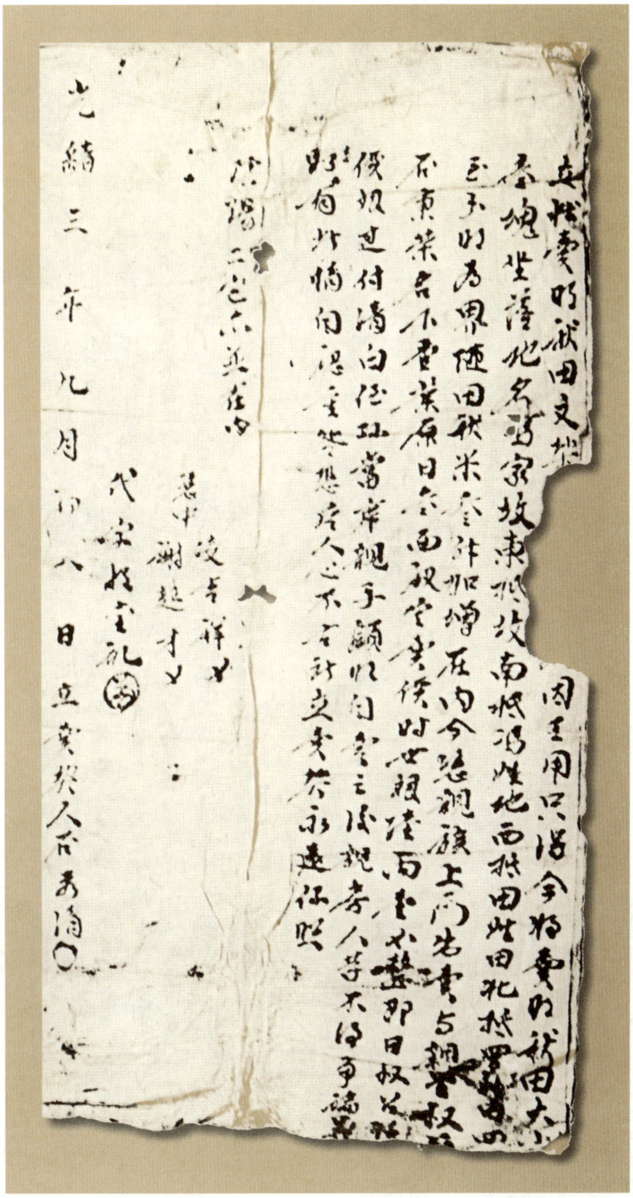

编号：scf-19

立杜卖明秋田文契人［石秀清，为］因乏用，只得今将卖明秋田大小三块，坐落地名□家坟，东抵坟，南抵冯姓地，西抵田姓田，北抵罗姓田，四至分明为界。随田秋米叁升加增在内。今凭亲族上门，出卖与亲堂叔［公］石秉荣名下管业。原日三面议定卖价时世（市）银陆两壹钱整。即日叔公□价银过付清白，侄孙当席亲手领明。自卖之后，亲房人等不得争论异言。如有此情，自认（任）重咎。恐后人心不古，所立卖契永远存照。

阴阳二宅亦（一）并在内。

凭　　中　凌吉祥　谢起才
代　　字　□宝礼
光绪三年九月初八日　立卖契人　石秀清

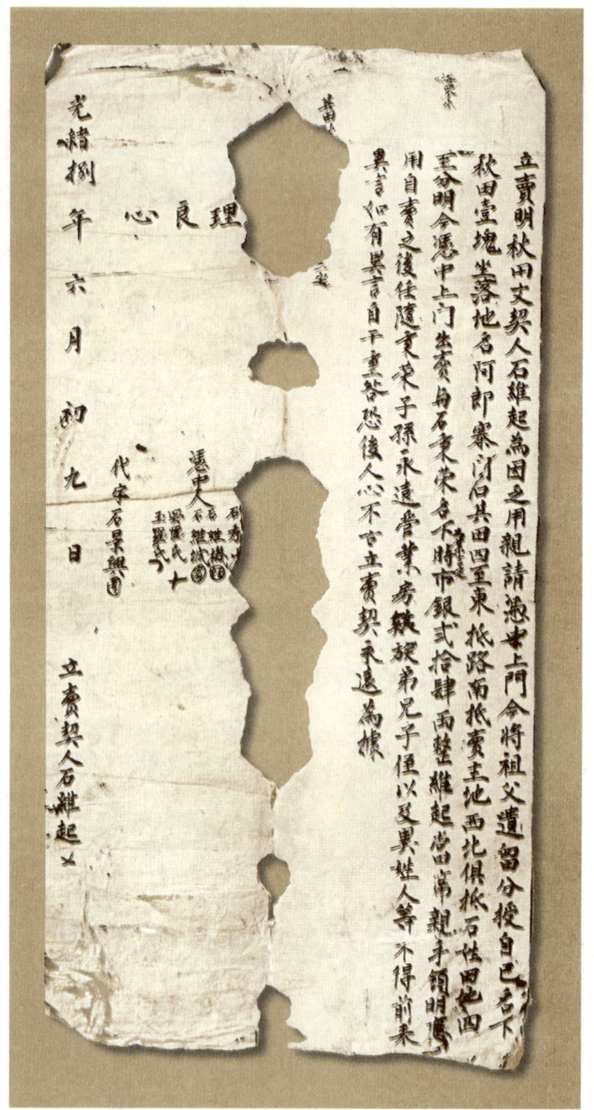

编号：scf-17

立卖明秋田文契人石维起，为因乏用，亲请凭中上门，今将祖父遗留分授自己名下秋田壹块，坐落地名阿郎寨门口，其田四至：东抵路，南抵卖主地，西、北俱抵石姓田地，四至分明。今凭中上门出卖与石秉荣名下为业。言（原）定时市银贰拾肆两整。维起当席亲手领明应用。自卖之后，任随秉荣子孙永远管业。房族弟兄子侄以及异姓人等不得前来异言。如有异言，自干（甘）重咎。恐后人心不古，立卖契永远为据。

添四个字。

其田□□□□□□□二宅。

天　理　良　心

凭 中 人　石秀山　石维机　石维城　吴罗氏　王罗氏

代　　字　石景兴

光绪八年六月初九日　立卖契人　石维起

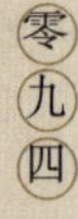

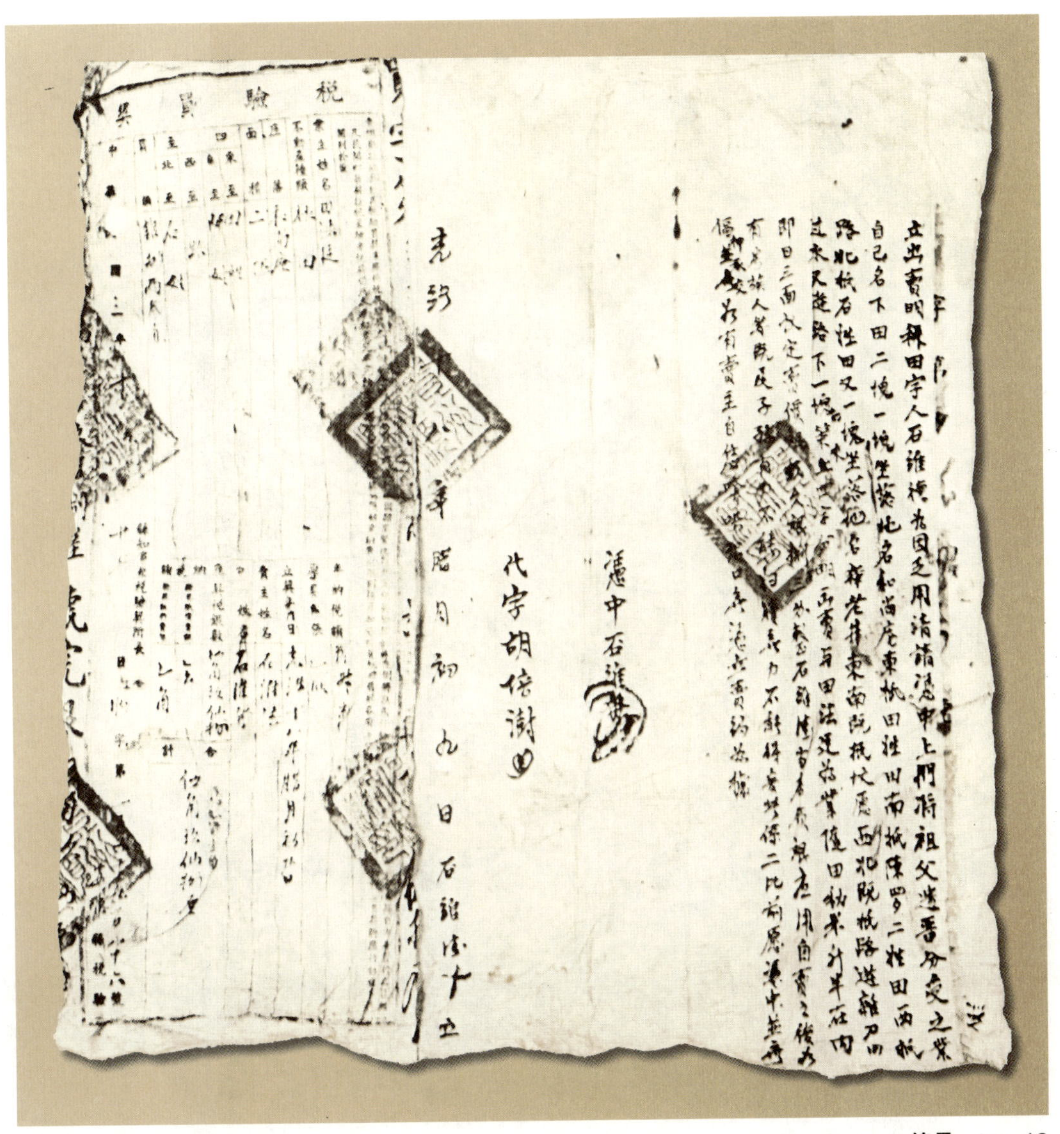

编号：tyg–18

立出卖明秋田字人石维德，为因乏用，清（亲）请凭中上门，将祖父遗留分受（授）之业自己名下田二块，一块坐落地名和尚庵，东抵田姓田，南抵陈罗二姓田，西抵路，北抵石姓田；又一块坐落地名革老（仡佬）井，东南既（俱）抵坟愿（院），西北既（俱）抵路，□杂（铡）刀田过水，又□路下一块箦来上。四字（至）分明，出卖与田法廷为业。随田秋米升半在内。即日三面议定卖价银玖久银捌两三钱整。石维德当席领银应用。自卖之后，如有房族人等既及子孙有力不能归赎，无力不能得妥。此系二比（彼）前（情）愿，凭中并无偪（逼）押承（成）交。如有，卖主自任（认）套哄。恐口无凭，立卖约为据。

凭中　石维发

代字　胡培澍

光绪十八年腊月初九日　石维德　立

钤“贵州安顺县印”

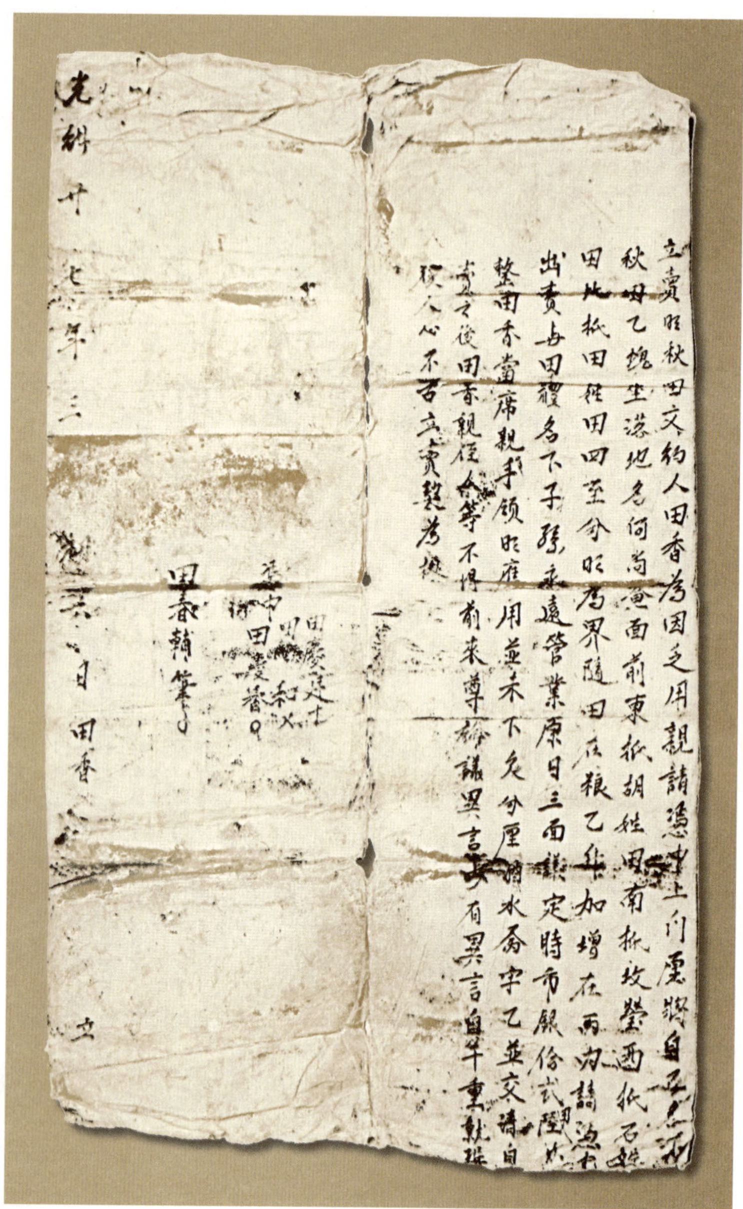

编号：tym-9

立卖明秋田文约人田香，为因乏用，亲请凭中上门，愿将自己名下秋田乙（壹）块，坐落地名何（和）尚奄（庵）面前，东抵胡姓田，南抵坟茔，西抵石姓田，北抵田姓田，四至分明为界。随田在（载）粮乙（壹）升加增在内。请凭中出卖与田礼名下子孙永远管业。原日三面议定时市银拾贰两陆钱整。田香当席亲手领明应用，并未下欠分厘，酒水画字乙（一）并交清。自卖之后，田香亲侄人等不得前来尊（争）论议异言。如有异言，自干（甘）重就（咎）。恐后人心不古，立卖契为据。

凭中　田庆廷　田　和　田庆香

田春辅　笔

光绪二十七年三月初六日　田　香　立

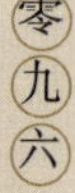

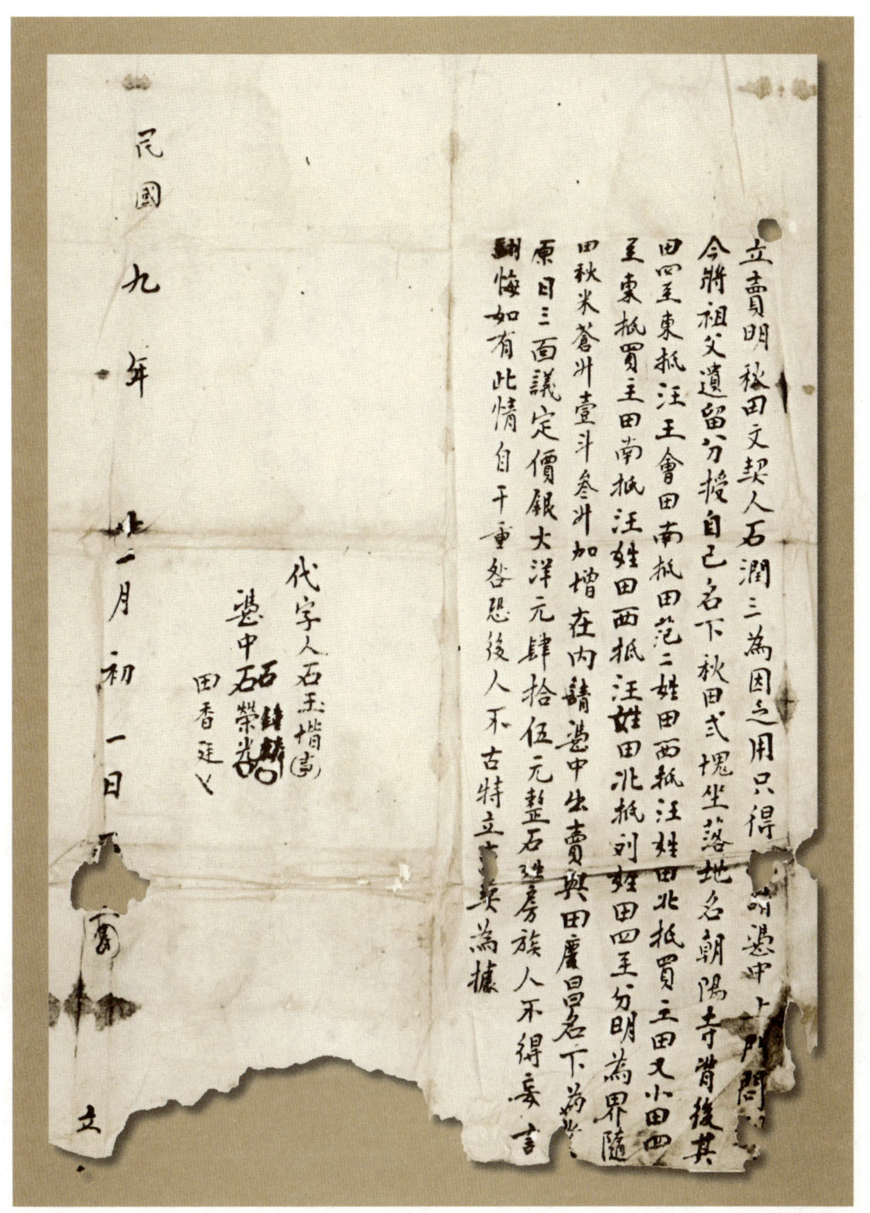

立賣明秋田文契人石潤三爲因乏用只得親請憑中上門問到
今將祖父遺留分授自己名下秋田弍塊坐落地名朝陽寺背後其
田四至東抵汪王會田南抵田范二姓田西抵汪姓田北抵買主田又小田四
至東抵買主田南抵汪姓田西抵汪姓田北抵刘姓田四至分明爲界隨
田秋米倉升壹斗叁升加增在內請憑中出賣與田慶昌名下爲業
原日三面議定價銀大洋元肆拾伍元整石姓房族人不得妄言
翻悔如有此情自干重咎恐後人不古特立賣契爲據

代字人石玉階
憑中石鍾麟 石榮光 田香廷

民國九年十一月初一日石潤三立

编号：slc–6

立卖明秋田文契人石润三，为因乏用，只得亲请凭中上门问到，今将祖父遗留分授自己名下秋田贰块，坐落地名朝阳寺背后，其四至：东抵汪王会田，南抵田范二姓田，西抵汪姓田，北抵买主田；有（又）小田四至：东抵买主田，南抵汪姓田，西抵汪姓，北抵刘姓田，四至分明为界。随田秋米仓升壹斗三升加增在内，请凭中出卖与田庆昌名下为业。原日三面议定价银大洋元肆拾伍元整。石姓房族人等不得妄言翻悔。如有此情，自干（甘）重咎。恐后人不古，特立卖契为据。

代字人　石玉阶

凭　中　石钟麟　石荣光　田香廷

民国九年十一月初一日　石润三　立

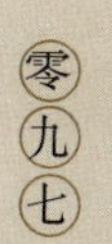

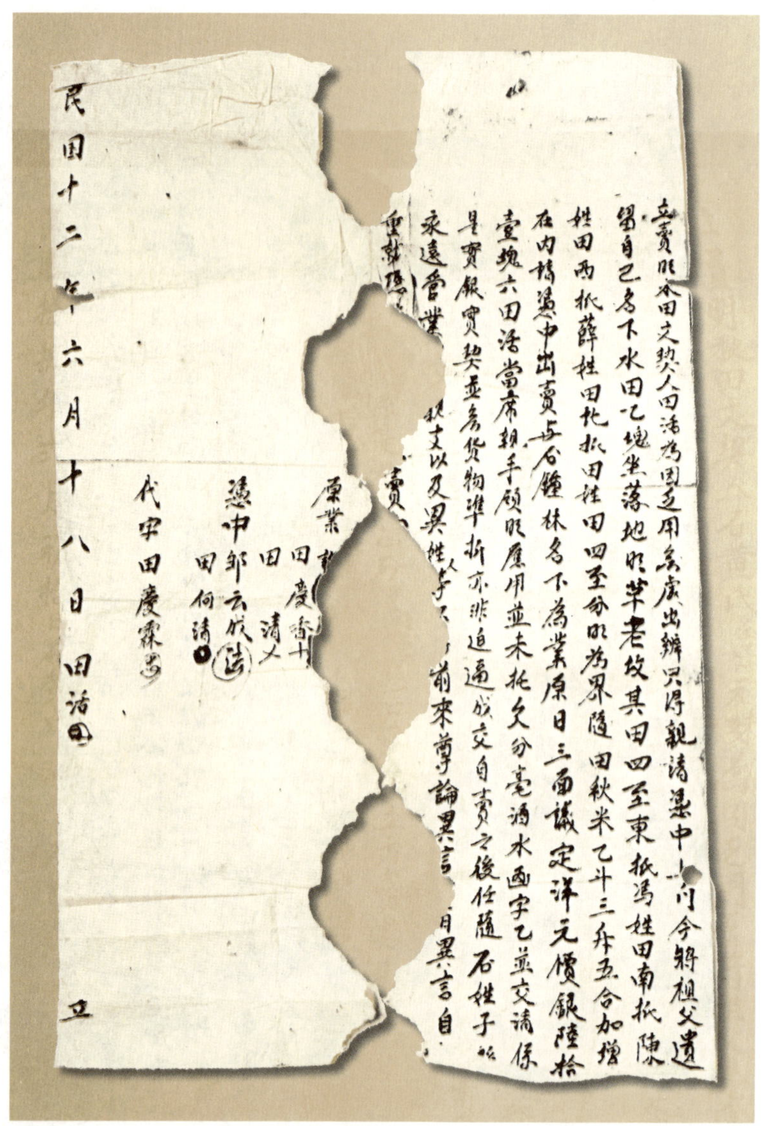

编号：slc–3

立卖明水田文契人田活，为因乏用，无处出辨（办），只得亲请凭中上门，今将祖父遗留自己名下水田乙（壹）块，坐落地名革老（仡佬）坟，其田四至：东抵冯姓田，南抵陈姓田，西抵薛姓田，北抵田姓田，四至分明为界。随田秋米乙（一）斗三升五合加增在内，请凭中出卖与石钟林名下为业。原日三面议定洋元价银陆拾壹块六。田活当席亲手领明应用，并未托（拖）欠分毫，酒水画字乙（一）并交清。系是实银实契，并无货物准折，亦非迫逼成交。自卖之后，任随石姓子孙永远管业。[田活] 亲支以及异姓人等不得前来尊（争）论异言。如有异言，自干（甘）重就（咎）。恐 [后人心不古]，□□□□□□立卖□□□□□□□。

原业　□□□
凭中　田庆香　田　清　邹云成　田何清
代字　田庆霖
民国十二年六月十八日　田　活　立

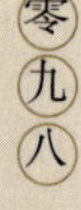

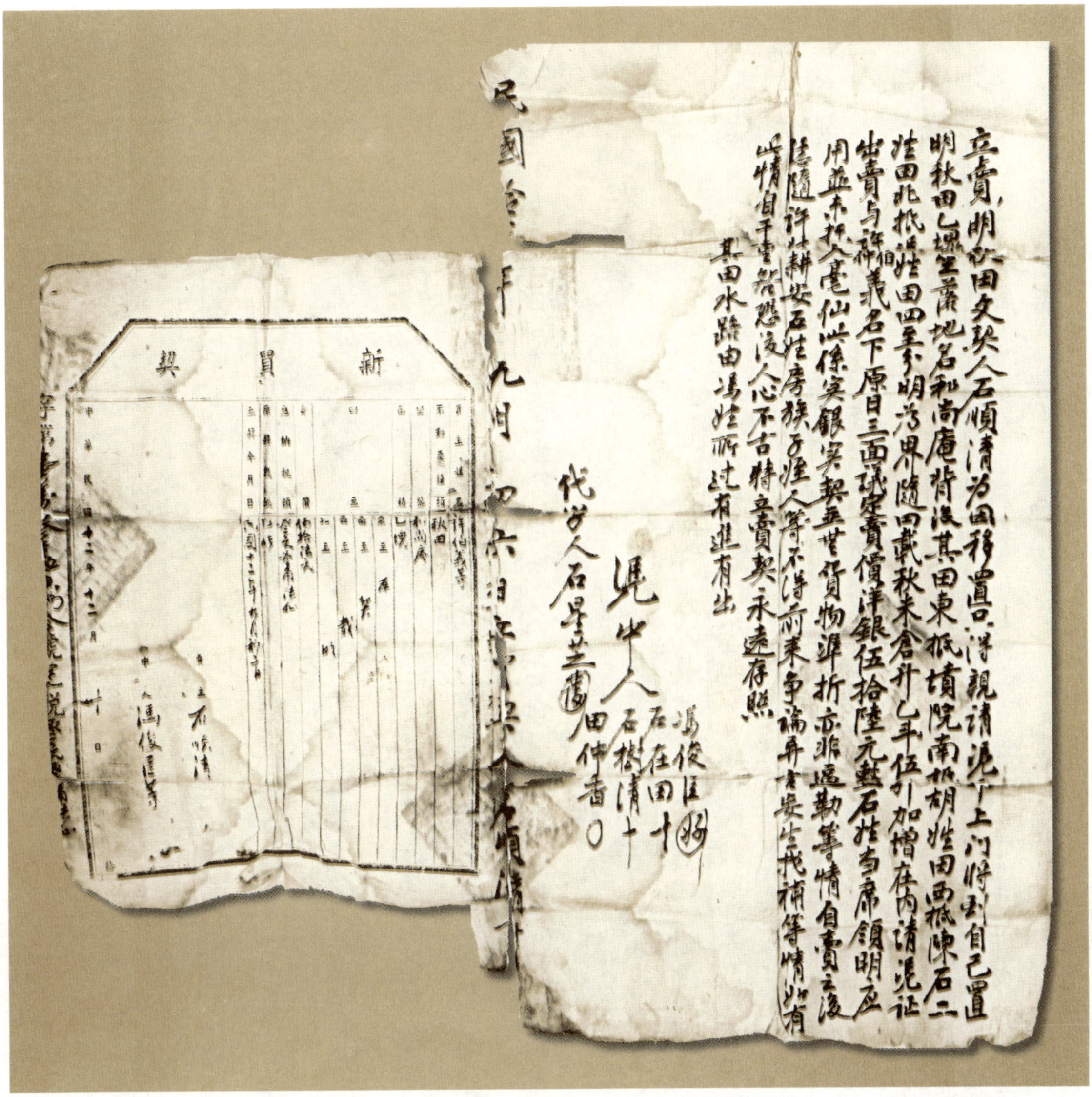

编号：srg–11

立卖明秋田文契人石顺清，为因移置，只得亲请凭中上门，将到自己置明秋田乙（壹）块，坐落地名和尚庵背后，其田东抵坟院，南抵胡姓田，西抵陈石二姓田，北抵冯姓田，四至分明为界。随田载秋米仓升乙（壹）斗伍升加增在内，请凭证出卖与许伯义、许仲义名下。原日三面议定卖价洋银伍拾陆元整。石姓当席领明应用，并未托（拖）欠毫仙。此系实银实契，并无货物准折，亦非逼勒等情。自卖之后，恁（任）随许姓耕安，石姓房族子侄人等不得前来争论异言、妄生找补等情。如有此情，自干（甘）重咎。恐后人心不古，特立卖契永远存照。

其田水路由冯姓所过有进有出。

凭 中 人　冯俊臣　石在田　石树清　田仲香

代 字 人　石星芝

民国十二年九月初六日　立卖契人　石顺清

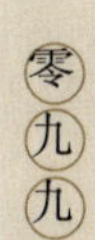

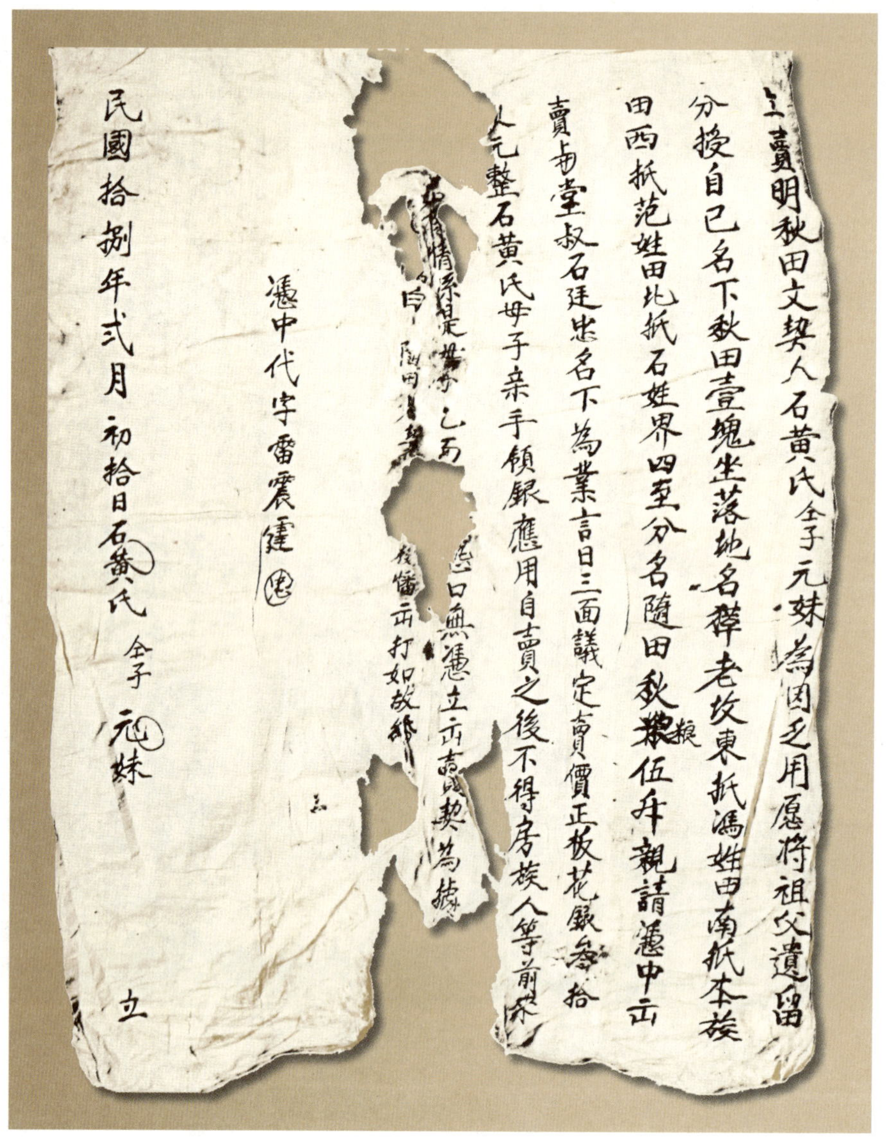

编号：fsq-12

立卖明秋田文契人石黄氏，同子元妹，为因乏用，愿将祖父遗留分授自己名下秋田壹块，坐落地名仡老（佬）坟，东抵冯姓田，南抵本族田，西抵范姓田，北抵石姓界，四至分名（明）。随田秋粮伍升。亲请凭中出卖与堂叔石廷忠名下为业。言（原）日三面议定卖价正板花银叁拾□元整。石黄氏母子亲手领银应用。自卖之后，不得房族人等前来［争论］，如有情，系是母子乙（一）［面承担］。恐口无凭，立出卖契为据。

□□□□□□播（翻）出打如故纸。

凭中代字　雷震霆

民国十八年二月初十日　石黄氏　同子元妹　立

三 水田 / 秧田

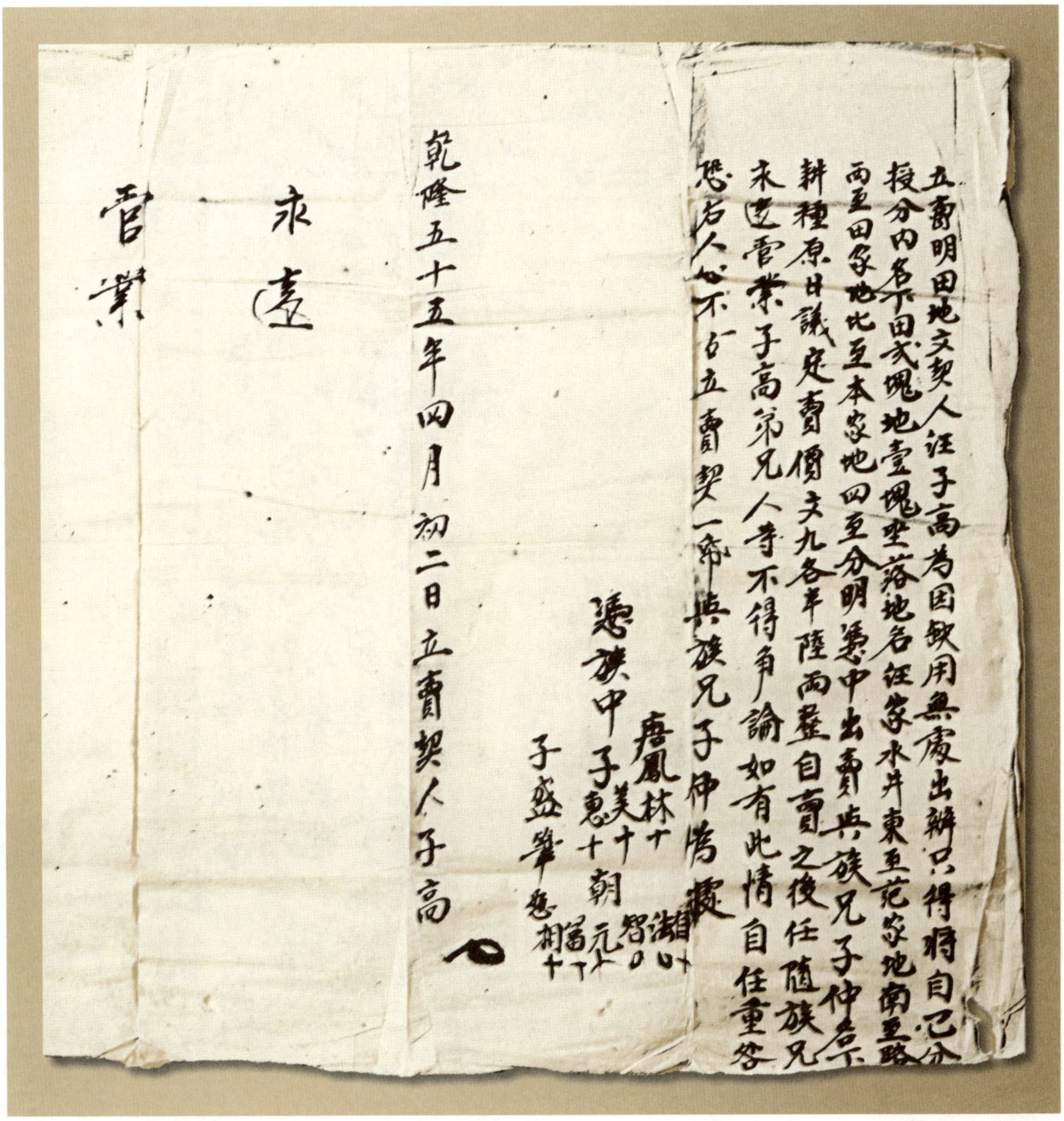

编号：wzc–57

立卖明田地文契人汪子高，为因缺用，无处出办，只得将自己分授分内名下田贰块地，壹块坐落地名汪家水井，东至范家地，南至路，西至田家地，北至本家地，四至分明，出卖与族兄子仲名下耕种。原日议定卖价文九（纹玖）各半陆两整。自卖之后，任随族兄永远管业，子高弟兄人等不得争论。如有此情，自任重咎。恐后人心不古，立卖契一纸与族兄子仲为据。

永 远 管 业

凭 族 中　子美　子惠　朝有　朝法　朝智　朝元　朝富　朝相　唐凤林

子盛　笔

乾隆五十五年四月初二日　立卖契人　子高

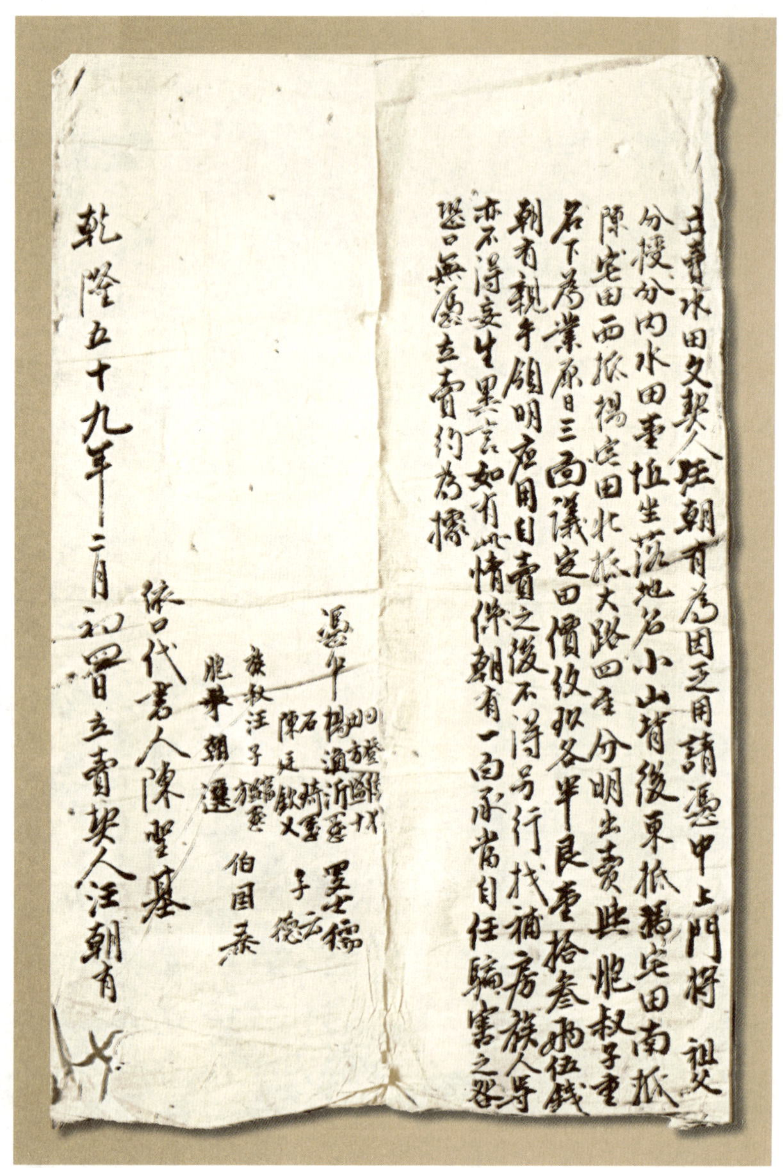

编号：wzc-62

立卖水田文契人汪朝有，为因乏用，请凭中上门，将祖父分授分内水田壹坵，坐落地名小山背后，东抵冯宅田，南抵陈宅田，西抵杨宅田，北抵大路，四至分明，出卖与胞叔子重名下为业。原日三面议定田价纹玖各半银壹拾叁两伍钱。朝有亲手领明应用。自卖之后，不得另行找补，房族人等亦不得妄生异言。如有此情，系朝有一面承当，自任骗害之咎。恐口无凭，立卖约为据。

凭　　中　田登位　田方盛　杨渔沂　罗士儒　石　琦　陈廷钦
族叔汪子富　汪子盛　汪子方　子云　子德　伯国泰
胞弟朝选
依口代书人　陈圣基
乾隆五十九年二月初四日　立卖契人　汪朝有

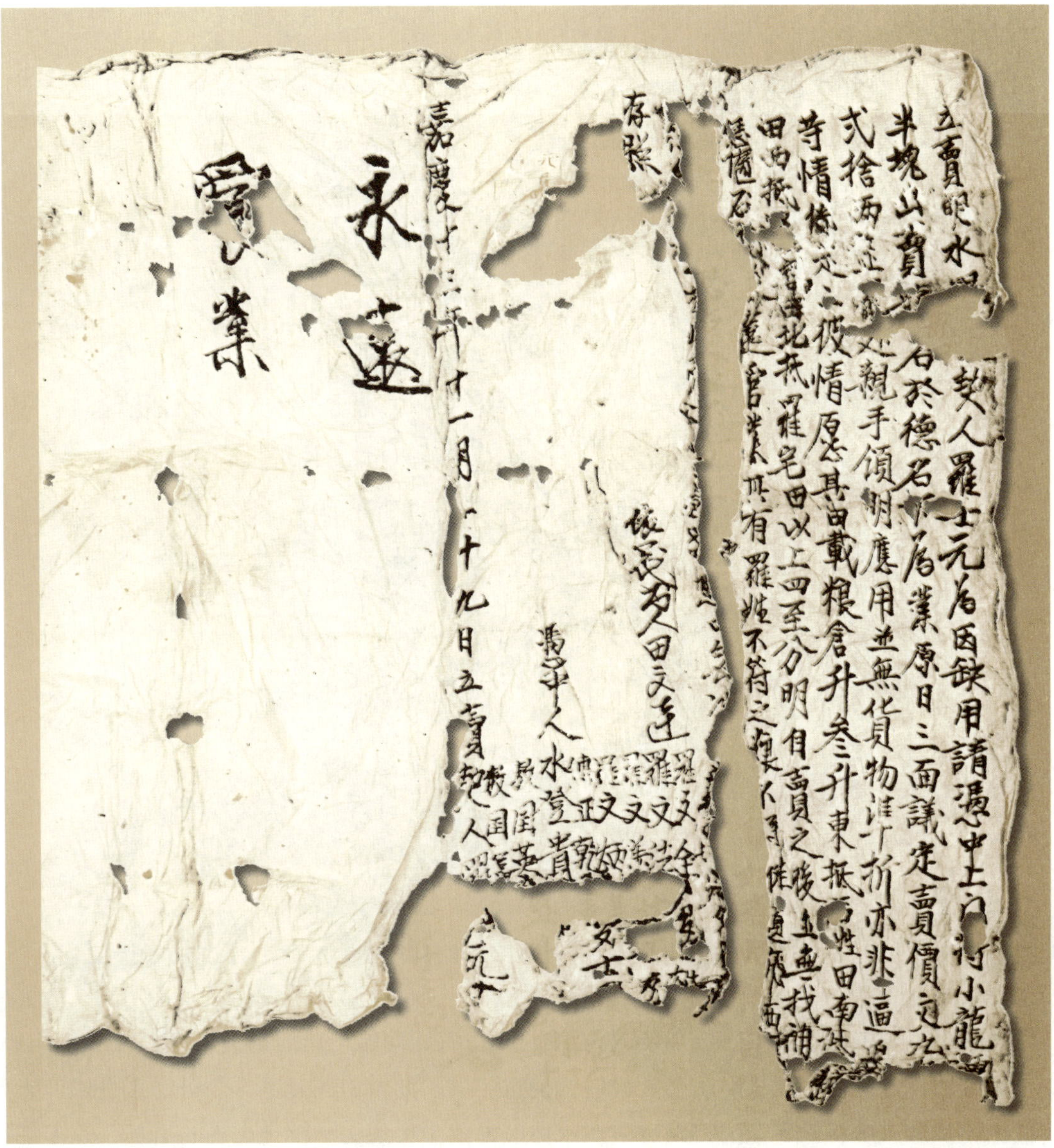

编号：tma-11

立卖明水田文契人罗士元，为因缺用，请凭中上门，将小龙潭半块出卖与石于德名下为业。原日三面议定卖价文九□□贰拾两整。[罗]处亲手领明应用，并无货物准折，亦非逼迫等情，系是二比（彼）情愿。其田载粮仓升叁升。东抵石姓田，南抵□□田，西抵□□田，北抵罗宅田，以上四至分明。自卖之后，并无找补。□□恁（任）随石□□□永远管业。其有罗姓不符之□不得□□□□□□□□□□□□□□□□□□□□□□□□□□□□□□□□□□□□存照。

永 远 管 业

依口代字人　田文达

凭 中 人　罗文全　罗文法　罗文希　罗文炳　水登贵　敖国英

敖国富　□□□　□□□　□□□　□□□

嘉庆十三年十一月一十九日　立 卖 契 人　罗士元

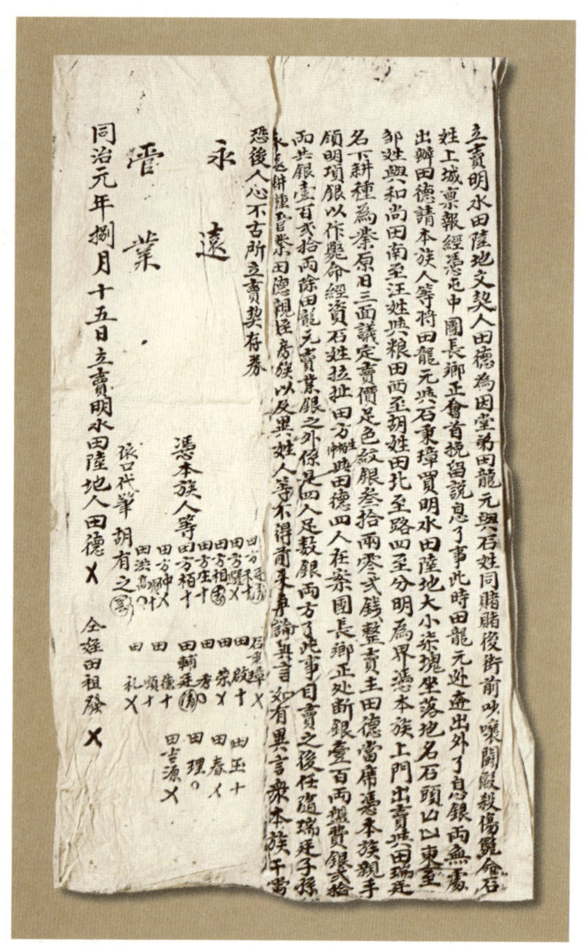

编号：tma-2

立卖明水田陆地文契人田德，为因堂弟田龙元与石姓同赌，赌后街前吵嚷，斗殴杀伤毙命。石姓上城禀报，经凭屯中团长乡正会首挽留，说息了事。此时田龙元逃奔出外，了息银两无处出办。田德请本族人等将田龙元与石秉璋买明水田陆地大小柒块，坐落地名石头旮旯，东至邹姓与和尚田，南至汪姓与粮田，西至胡姓田，北至路，四至分明为界，凭本族上门出卖与田瑞廷名下耕种为业。原日三面议定卖价足色纹银叁拾两零贰钱整。卖主田德当席凭本族亲手领明，项银以作毙命经资。石姓拉扯田方生、田方柏、田方仲与田德四人在案，团长乡正处断银壹百两，盘费银贰拾两，共银壹百贰拾两。除田龙元卖业银之外，系是四人足数银两，方了此事。自卖之后，任随瑞廷子孙永远耕种管业，田德亲侄房族以及异姓人等不得前来争论异言。如有异言，众本族干（甘）当。恐后人心不古，所立卖契存券。

永　远　管　业

	凭本族人等	田方廷	田方禾	田方选	田方相	田方庄	田方柏	田方仲
		田方顺	田洪高	石秉璋	田　启	田　荣	田　秀	田辅廷
		田　德	田　顺	田　礼	田　玉	田　春	田　理	田吉源
	依口代笔	胡有之						
同治元年八月十五日	立卖明水田陆地人	田　德	同侄田祖发					

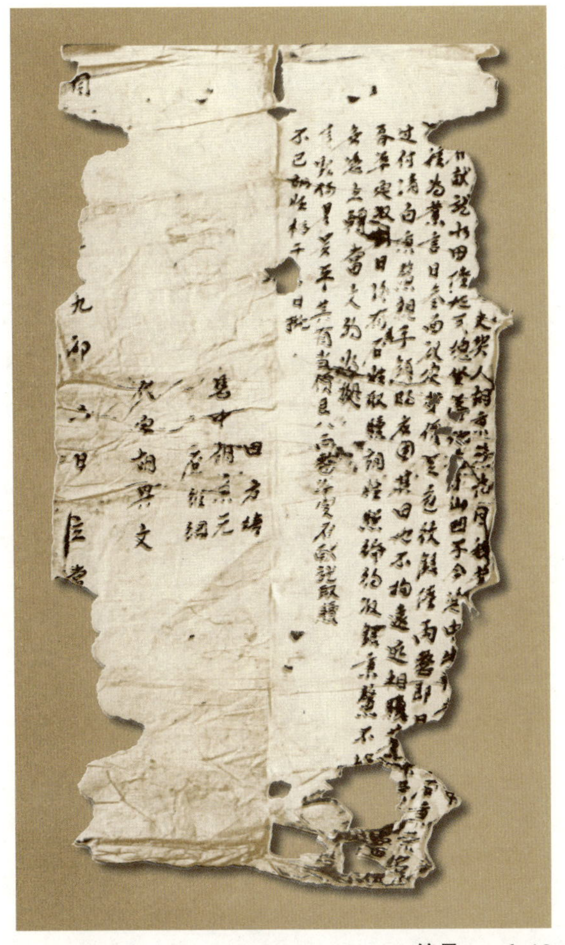

编号：scf-13

□□□□□文契人胡秉鳌，为因移业□□□□□□□□□□□□□□□石献龙水田陆地贰块，坐落地名小山凹子，今凭中出卖与石秉荣名下［耕］种为业。言（原）日叁面议定卖价足色纹银陆两整，即日□秉荣□□当□过付清白，秉鳌亲手领明应用。其田地不拘远近相赎，□□□□春准定收□日后有艮（银）石姓取赎，胡姓照纸约收银，秉鳌不得□□□□无凭立转，当文约为据。

其戥系是贵平。其有当价艮（银）八两整准定石献龙取赎，不已（与）胡姓相干。言（原）日批。

凭　中　田方培　胡秉元　石维纲

代　字　胡兴文

同［治］□□□九初六日　立当□□□

编号：tyg–10

立卖明水田地园子文契人邹炳才、邹炳朋、邹炳兴，合侄兴秀、连顺，因将无银死（使）用，亲请凭中上门，愿将祖父于（遗）留之业出卖与邹壹秀明（名）下为业。坐落地名大菁（箐）坡，田壹块、地壹坵，东抵冯姓界，西抵冯姓界，南抵高埂，北抵沟，四字（至）分明。小是（柿）园的园子三团，下一团东抵田姓界，西抵田姓界，北抵胡界，南抵石姓界；中一团东抵田姓界，西抵田姓界，北抵石界，南抵胡姓界；上一团东抵田姓的埂子，西抵石姓界，南抵石姓，北抵石姓界。因（阴）阳二地茶叶树木壹并在内，四字（至）分明。言（原）日三面意（议）定价银二拾贰两伍卜（钱）整。卖主当席亲手领明应用，并无少欠分厘。自卖之后，忍（任）谁（随）堂兄邹壹季子孙永远管业。恐口无凭，立卖契为据。

小是（柿）园的园子老契为（未）恋（连），日后恋（连）出是为□。

天 里（理） 良 心

凭中人　田仲廷　邹汝正　艾生文

邹兴秀　亲笔

光绪十五年十月三十日　邹炳才　邹炳朋　邹炳兴　合侄兴秀　连顺　立卖

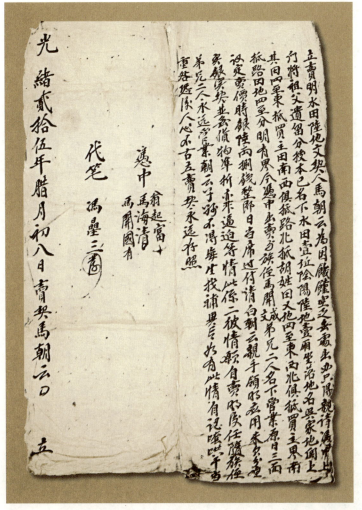

编号：mxq-23

立卖明水田陆地文契人马朝云，为因饥馑空乏，无处出办，只得亲请凭中上门，将祖父遗留分授本己名下水田壹坵、阴阳陆地壹厢，坐落地名吴家地关上，其田四至：东抵买主田，南、西俱抵路，北抵胡姓田；又地四至：东、西、北俱抵买主界，南抵路，田地四至分明有界。今凭中出卖与族侄马开成、马开文弟兄二人名下管业。原日三面议定卖价时银陆两捌钱整。即日当席过付清白，朝云亲手领明应用，未欠分厘。实银实契，并无货物准折，亦非逼迫等情，此系二彼情愿。自卖以后，任随族侄弟兄二人永远管业，朝云子孙不得妄生找补异言。如有此情，自忍（认）套哄，干（甘）当重咎。恐后人心不古，立卖契永远存照。

凭中　翁起富　马海清　马开国

代笔　冯□三

光绪二十五年腊月初八日　卖契　马朝云　立

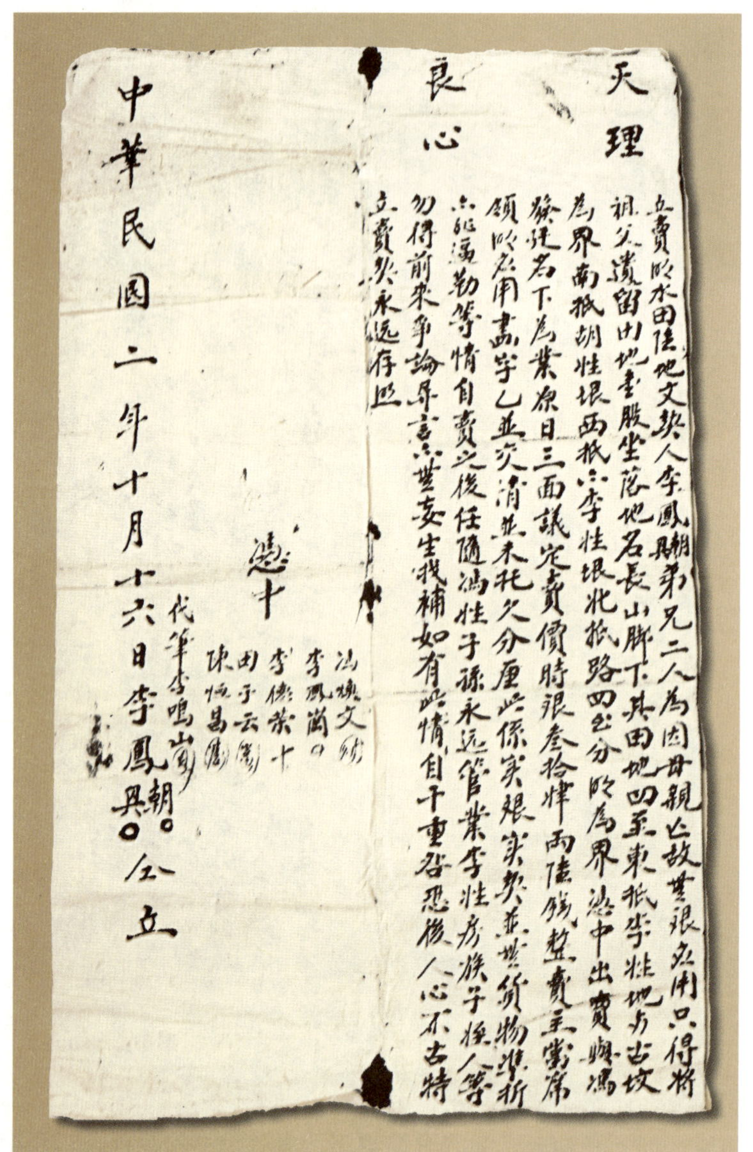

编号：crq–7

立卖明水田陆地文契人李凤朝、李凤兴弟兄二人，为因母亲亡故，无银应用，只得将祖父遗留田地壹股，坐落地名长山脚下，其田地四至：东抵李姓地与古坟为界，南抵胡姓埂，西抵二李姓埂，北抵路，四至分明为界。凭中出卖与冯发廷名下为业。原日三面议定卖价时银叁拾肆两陆钱整。卖主当席领明应用，画字乙（一）并交清，并未拖欠分厘。此系实银实契，并无货物准折，亦非逼勒等情。自卖之后，任随冯姓子孙永远管业，李姓房族子侄人等勿得前来争论异言，亦无妄生找补。如有此情，自干（甘）重咎。恐后人心不古，特立卖契永远存照。

天 理 良 心

凭中 冯焕文 李凤岗 李德荣 田于云 陈恒昌

代笔 李鸣山

中华民国二年十月十六日 李凤朝 李凤兴同立

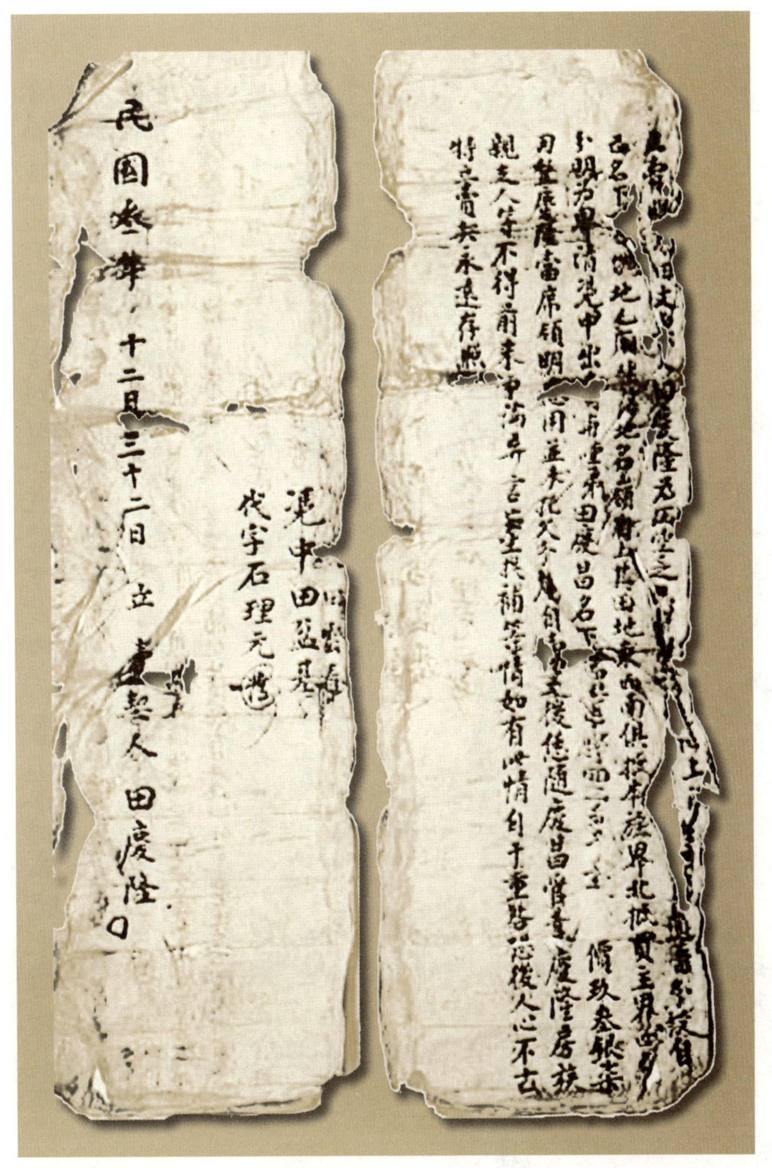

编号：tym-13-14

立卖明□田文契人田庆隆，为因空乏，只得亲请凭中上门，将［祖父］遗留分授自己名下［田］□块、地乙（壹）厢，坐落地名岭岗上，其田地东、西、南俱抵本族界，北抵买主界，四至分明为界。请凭中出卖与堂弟田庆昌名下□□□□□□□□□□□价玖叁银柒两整。庆龙当席领明应用，并未托（拖）欠分厘。自卖之后，恁（任）随庆昌管业，庆隆房族亲支人等不得前来争论异言、妄生找补等情。如有此情，自干（甘）重咎。恐后人心不古，特立卖契永远存照。

凭　　中　田云春　田盈基

代　　字　石理元

民国三年十二月二十二日　立卖契人　田庆隆

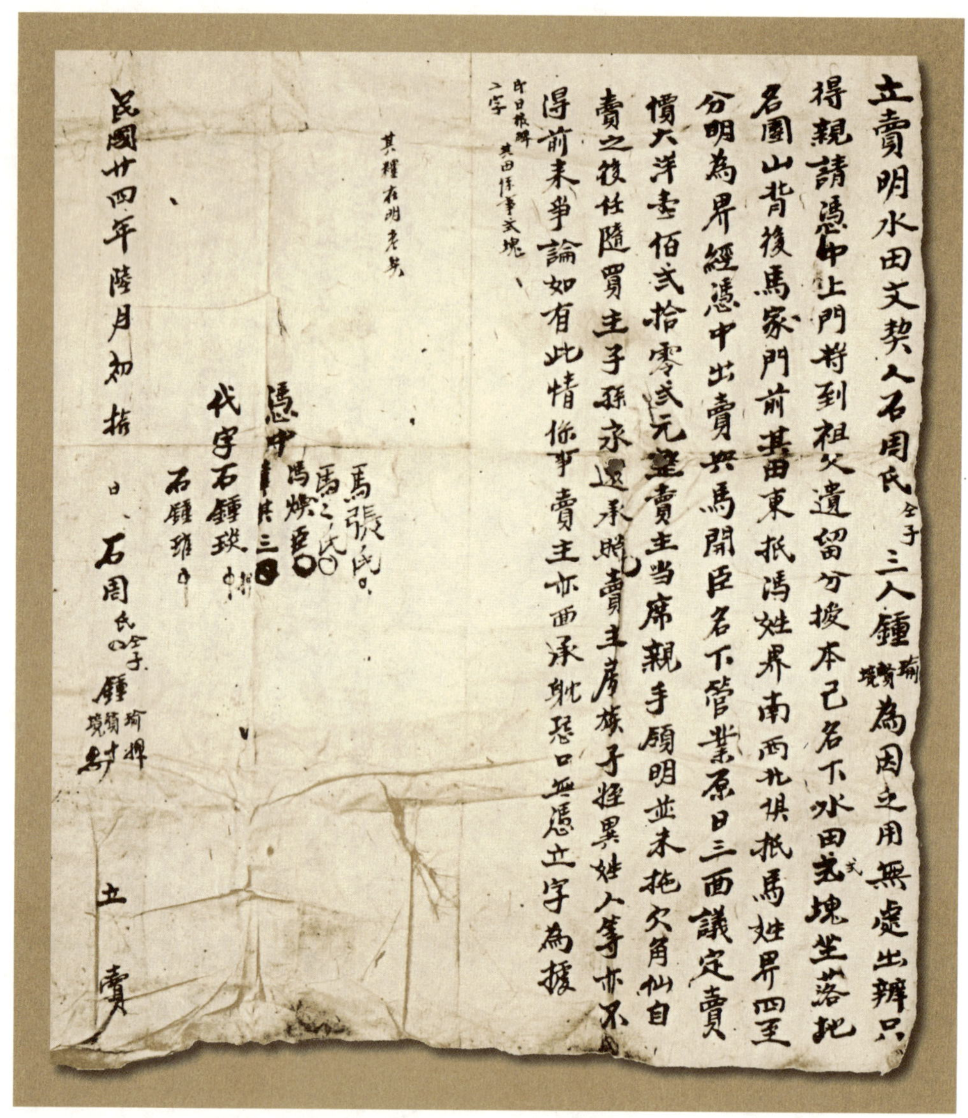

编号：mxq-22

立卖明水田文契人石周氏，同子三人钟瑜、钟贤、钟境，为因乏用，无处出辨（办），只得亲请凭中上门，将到祖父遗留分授本己名下水田贰块，坐落地名团山背后马家门前，其田东抵冯姓界，南、西、北俱抵马姓界，四至分明为界，经凭中出卖与马开臣名下管业。原日三面议定卖价大洋壹佰贰拾零贰元整。买主当席亲手领明，并无拖欠角仙。自卖之后，任随买主子孙永远承照，卖主房族子侄异姓人等亦不得前来争论。如有此情，系事（是）卖主亦（一）面承耽（担）。恐口无凭，立字为据。

即日根解（更改）二字　其田系事（是）二块。

其粮在（载）明老契。

凭中　马张氏　马马氏　马焕臣　冯其三

代字　石钟琰　石钟维

民国二十四年六月初十日　石周氏　同子钟瑜　钟贤　钟境　立卖

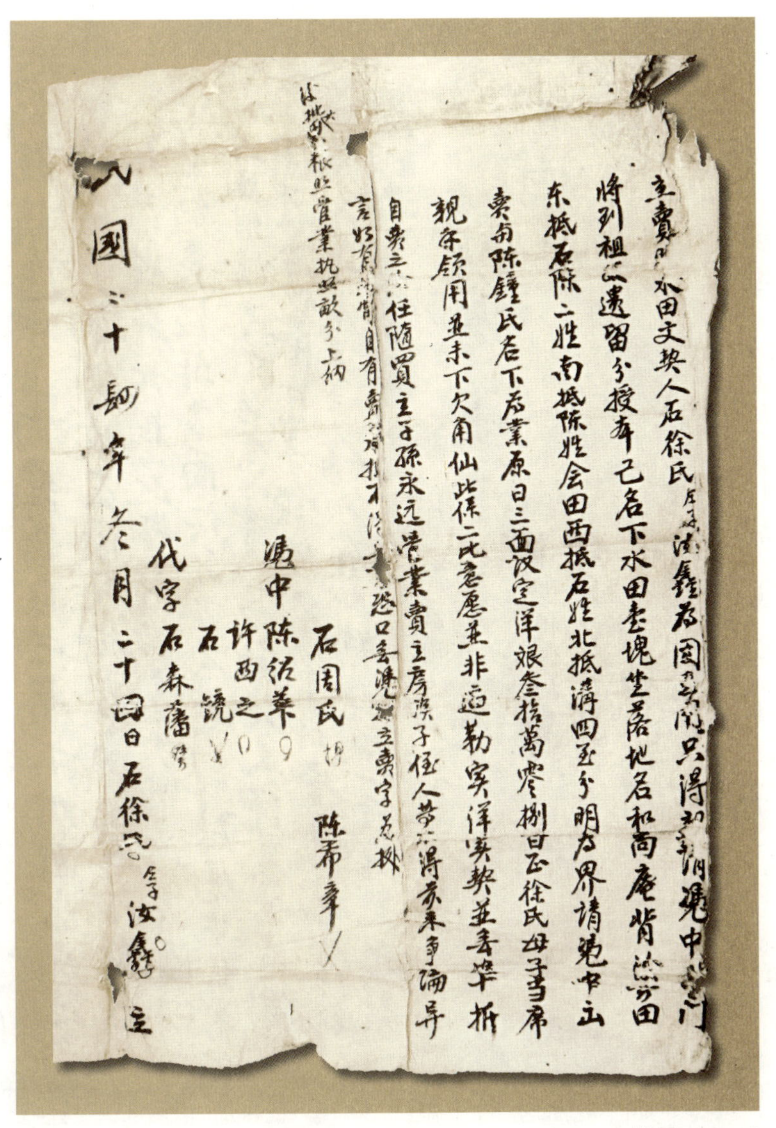

编号：srg–4

立卖明水田文契人石徐氏，同子汝鑫，为因乏用，只得亲请凭中上门，将到祖父遗留分授本已名下水田壹块，坐落地名和尚庵背后，其田东抵石陈二姓，南抵陈姓会田，西抵石姓，北抵沟，四至分明为界，请凭中出卖与陈钟氏名下为业。原日三面议定洋银叁拾万零捌百整。徐氏母子当席亲手领用，并未下欠角仙。此系二比（彼）意愿，并非逼勒，实洋实契，并无准折。自卖之后，任随买主子孙永远管业，卖主房族子侄人等不得前来争论异言。如有此情，自有卖主承担不得□□。恐口无凭，特立卖字为据。

后批：大田上粮照管业执照亩分上纳。

凭中　石周氏　陈绍华　许西之　石　镜　陈希章

代字　石森藩

民国二十四年冬月二十四日　石徐氏　同子汝鑫　立

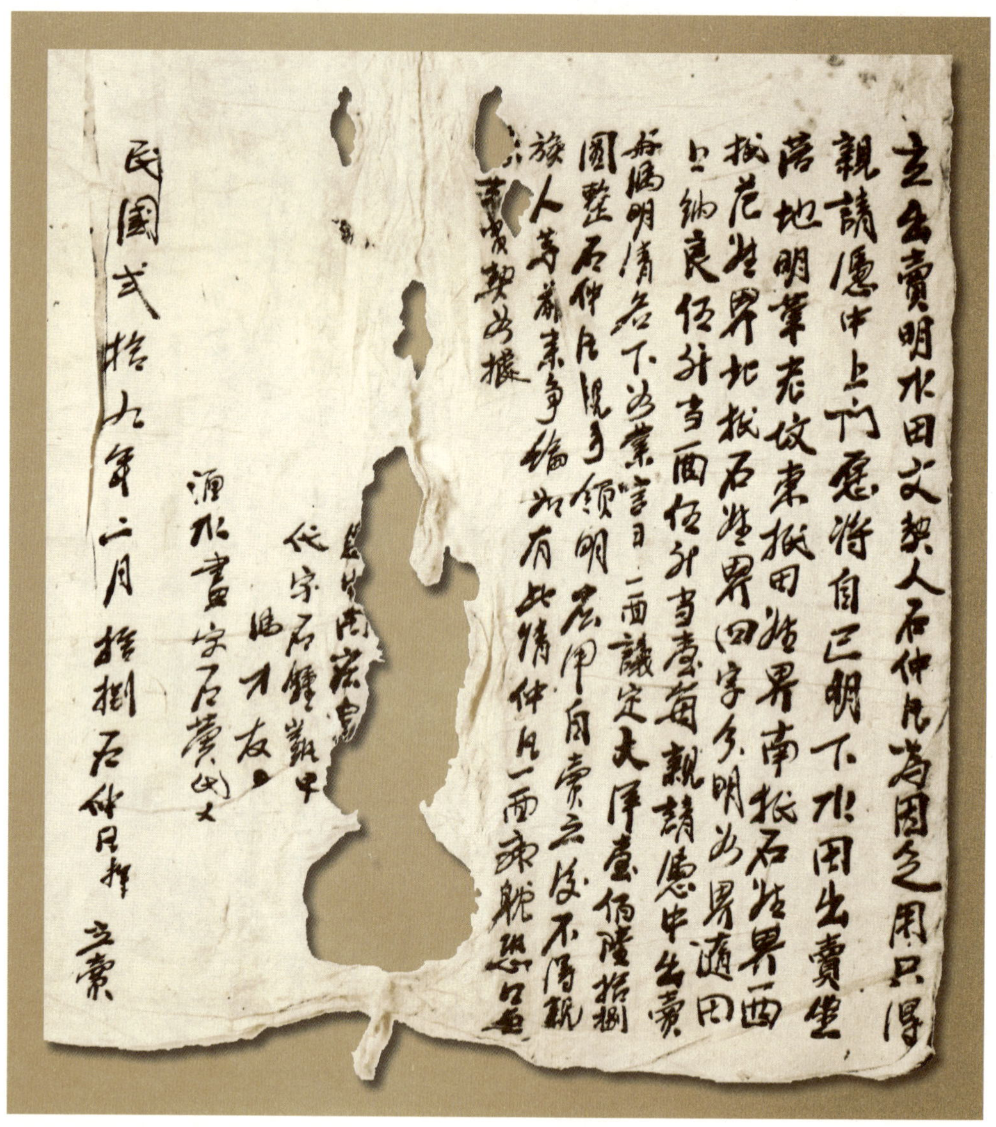

编号：fsq–21

立出卖明水田文契人石仲凡，为因乏用，只得亲请凭中上门，愿将自己明（名）下水田出卖，坐落地明（名）革（仡）老（佬）坟，东抵田姓界，南抵石姓界，西抵范姓界，北抵石姓界，四字（至）分明为界。随田上纳良（粮）伍升。当面伍升当壹每。亲请凭中出卖与冯明清名下为业。言（原）日三面议定大洋壹佰陆拾捌圆整。石仲凡亲手领明应用。自卖之后，不得亲族人等前来争论。如有此情，仲凡一面承耽（担）。恐口无凭，立卖契为据。

凭　　中　田□□
代　　字　石钟凯　冯才友
酒水画字　石黄氏
民国二十九年二月十八　石仲凡　立卖

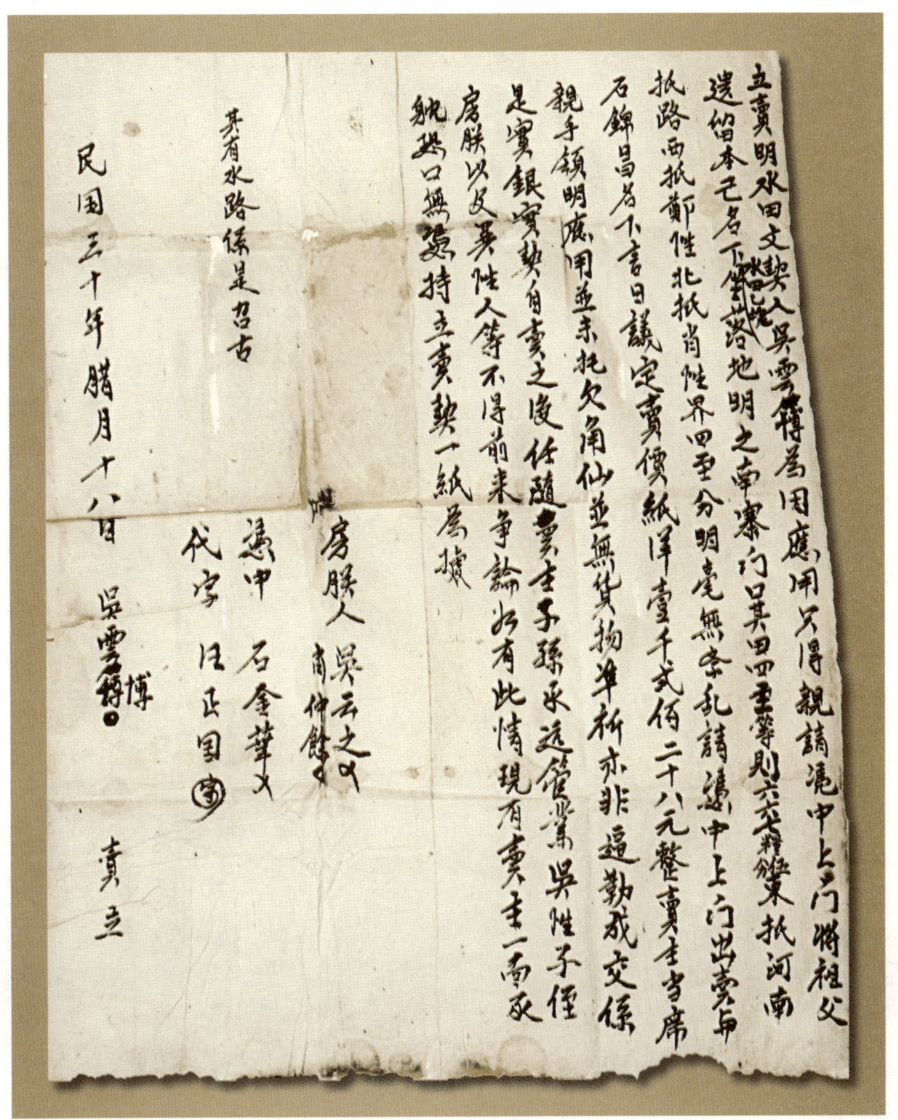

编号：slc-12

立卖明水田文契人吴云博，为因应用，只得亲请凭中上门，将祖父遗留本已名下水田乙（壹）块，坐落地明（名）之南寨门口，其田四至等则六六七粮伍分，东抵河，南抵路，西抵郑姓，北抵肖姓界，四至分明，毫无紊乱。请凭中上门出卖与石锦昌名下。言（原）日议定卖价纸洋壹千贰佰二十八元整。卖主当席亲手领明应用，并未托（拖）欠角仙，并无货物准折，亦非逼勒成交。系是实银实契。自卖之后，任随买主子孙永远管业，吴姓子侄房朕以及异姓人等不得前来争论。如有此情，现有卖主一面承耽（担）。恐口无凭，特立卖契一纸为据。

其有水路系是召（照）古。

房朕人　吴云之　肖仲余
凭　中　石金华
代　字　汪正国
民国三十年腊月十八日　吴云博　卖立

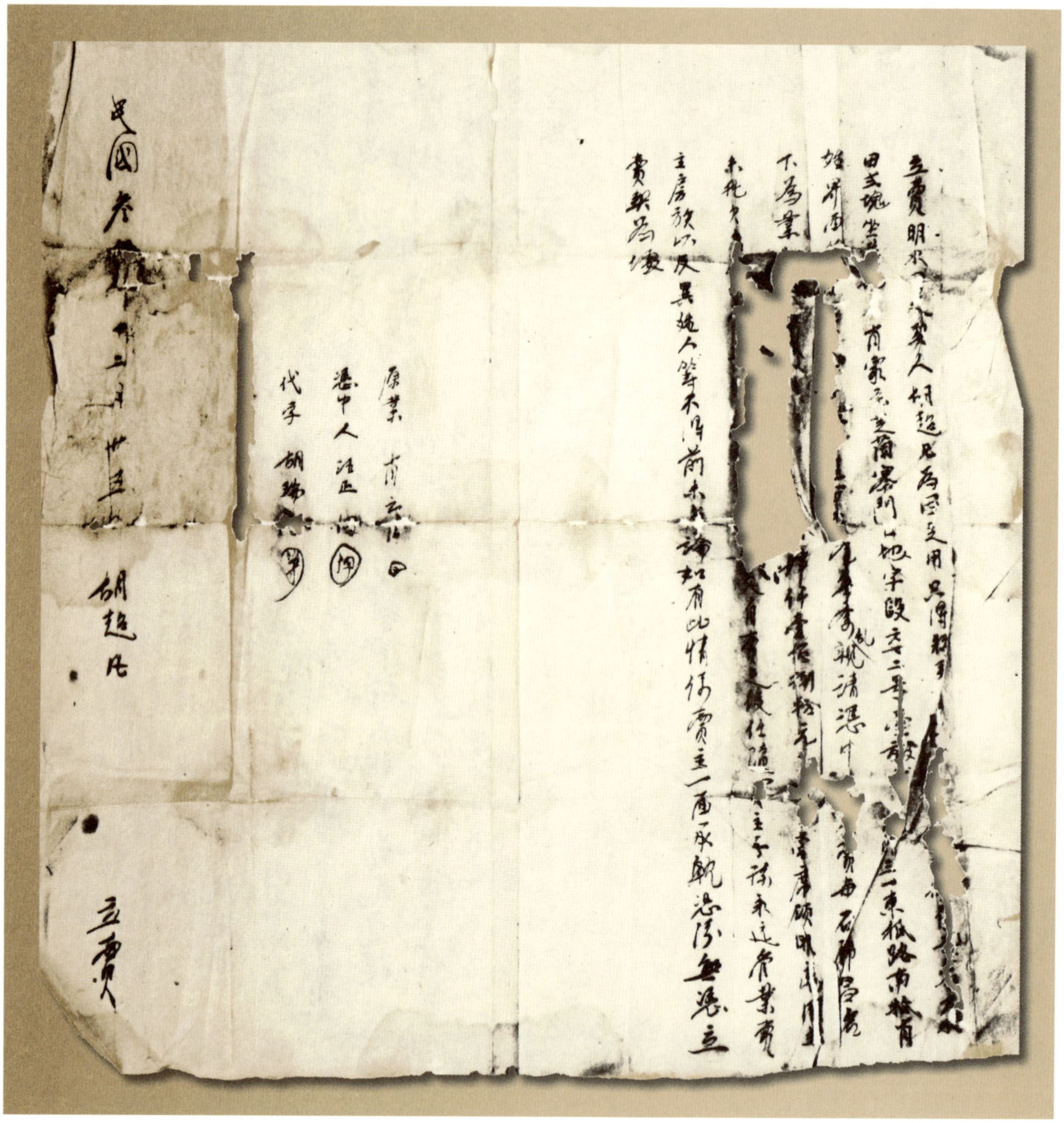

编号：slc-18

立卖明水田文契人胡超凡，为因乏用，只得将□□□□□□□□□□□□□□□田贰块，坐落［地名］肖家□□□寨门口地字段六七二号□□□□东抵路，南抵肖姓界，西□□□□□□□□□□□□□□□□并无紊乱，亲请凭中［上门］，出卖与石锦昌名下为业。□□□□□□□□□□□□□□□□□肆仟壹佰捌拾元［整，卖主］当席领明应用，并未托（拖）欠□□□□□□□□□□□□□□□□□自卖之后，任随买主子孙永远管业，卖主房族以及异姓人等不得前来争论。如有此情，系卖主一面承耽（担）。恐后无凭，立卖契为据。

原　业　肖□□

凭中人　汪正国

代　字　胡瑞□

民国三十年十二月二十五日　胡超凡　立卖

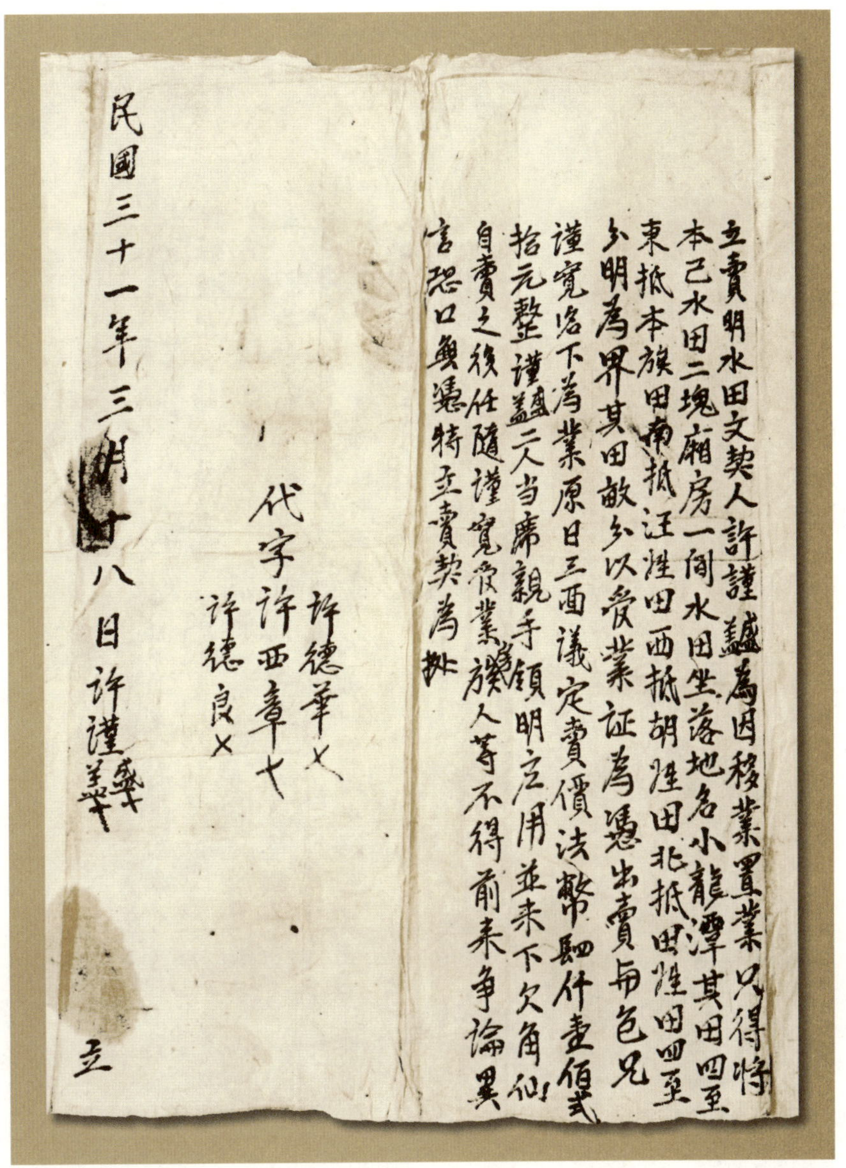
民國三十一年三月十八日許謹盛 許謹蓋 立

代字 許德華 許西章 許德良

編號：xq-4

立卖明水田文契人许谨盛、许谨盖，为因移业置业，只得将本己水田二块、厢房一间，水田坐落地名小龙潭，其田四至：东抵本族田，南抵汪姓田，西抵胡姓田，北抵田姓田，四至分明为界，其田亩分以管业证为凭，出卖与包（胞）兄谨宽名下为业。原日三面议定卖价法币肆仟壹佰式（贰）拾元整。谨盛、谨盖二人当席亲手领明应用，并未下欠角仙。自卖之后，任随谨宽管业，房族人等不得前来争论异言。恐口无凭，特立卖契为据。

代字　许德华　许西章　许德良

民国三十一年三月十八日　许谨盛　许谨盖　立

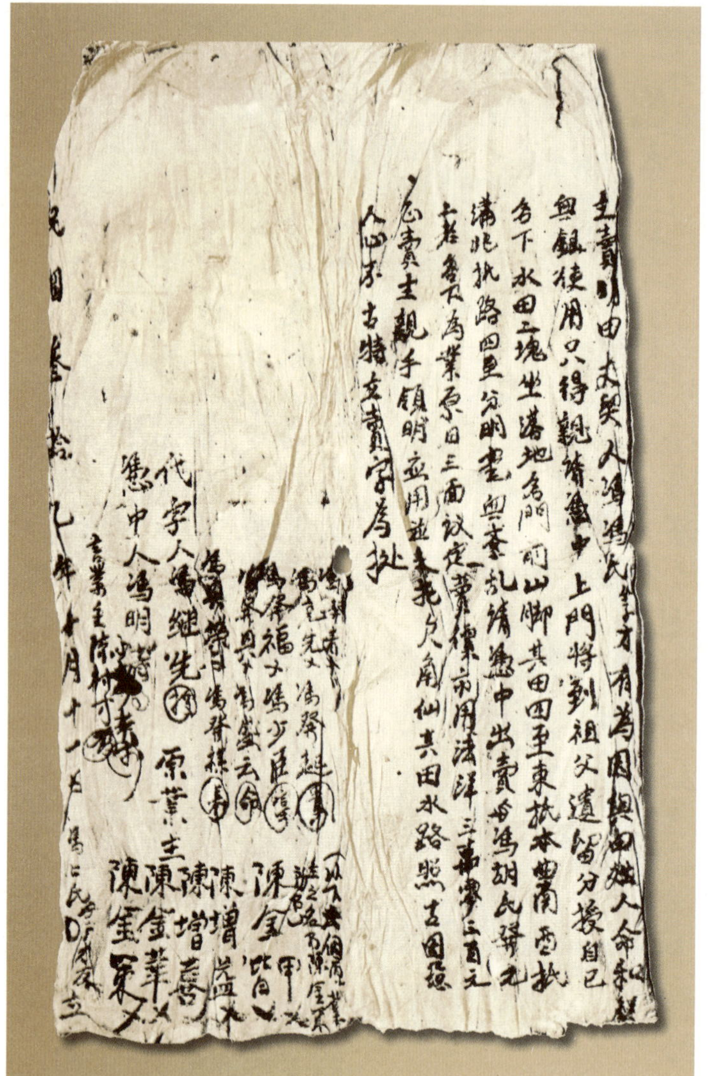

编号：crq-19

立卖明田文契人冯冯氏，同子方有，为因与田姓人命和□，无银使用，只得亲请凭中上门，将到祖父遗留分授自己名下水田二块，坐落地名门前山脚，其田四至：东抵本田，南、西抵沟，北抵路，四至分明，毫无紊乱，请凭中出卖与冯胡氏、发元二老名下为业。原日三面议定卖价市用法洋三万零三百元整。卖主亲手领明应用，并未托（拖）欠角仙。其田水路照古。因恐人心不古，特立卖字为据。

代字人 冯继先

凭中人 冯明清 冯发清 冯克先 冯发福 冯发兴 冯兴荣 冯发起 冯少臣 冯盛云 冯发禄

原业主 （以下几个业主之名乃陈金□□）

陈金甲 陈金皆 陈增益 陈增喜 陈金华 陈金策

原业主 陈村才

民国三十一年十月十一日 冯冯氏 立

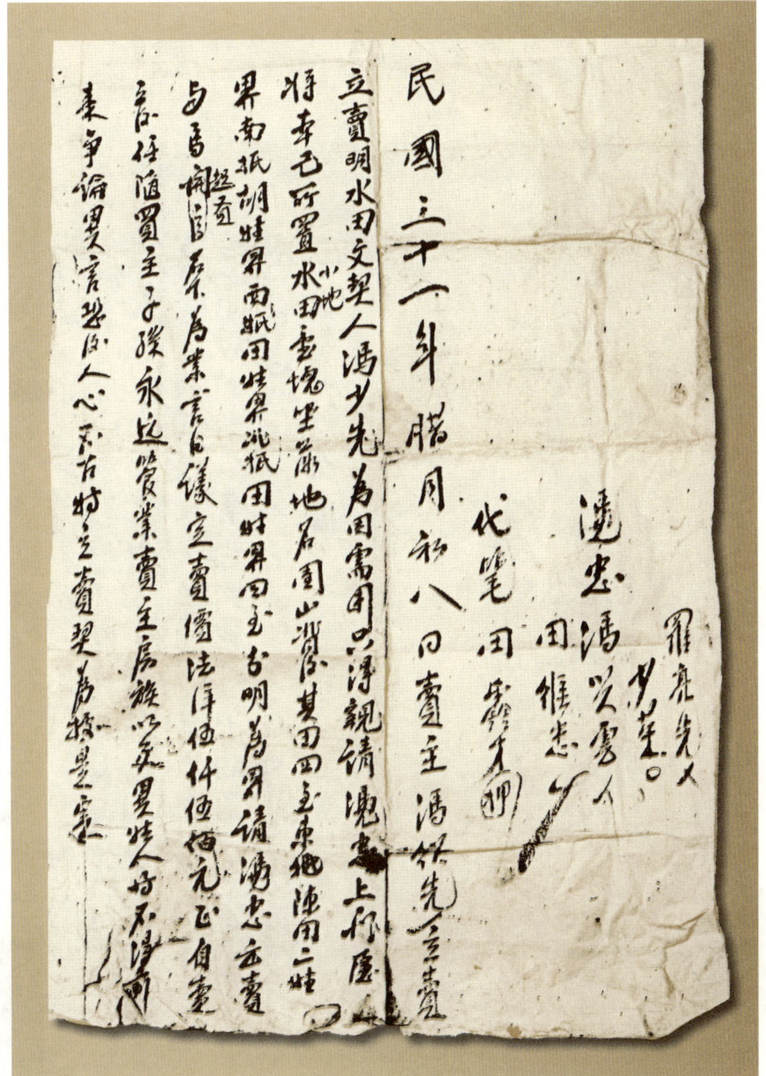

编号：mxq–19

立卖明水田文契人冯少先，为因需用，只得亲请凭忠（中）上门，愿将本己所置水田小地壹块，坐落地名团山背后，其田四至：东抵陈田二姓界，南抵胡姓界，西抵田姓界，北抵田姓界，四至分明为界，请凭忠（中）出卖与马超圣名下为业。言（原）日议定卖价法洋伍仟伍佰元整。自卖之后，任随买主子孙永远管业，卖主房族以及异姓人等不得前来争论异言。恐后人心不古，特卖契为据是实。

凭忠（中）　罗亮先　冯少荣　冯兴云　田维忠

代　　笔　田鑫才

民国三十一年腊月初八日　卖　　主　冯绍先　立卖

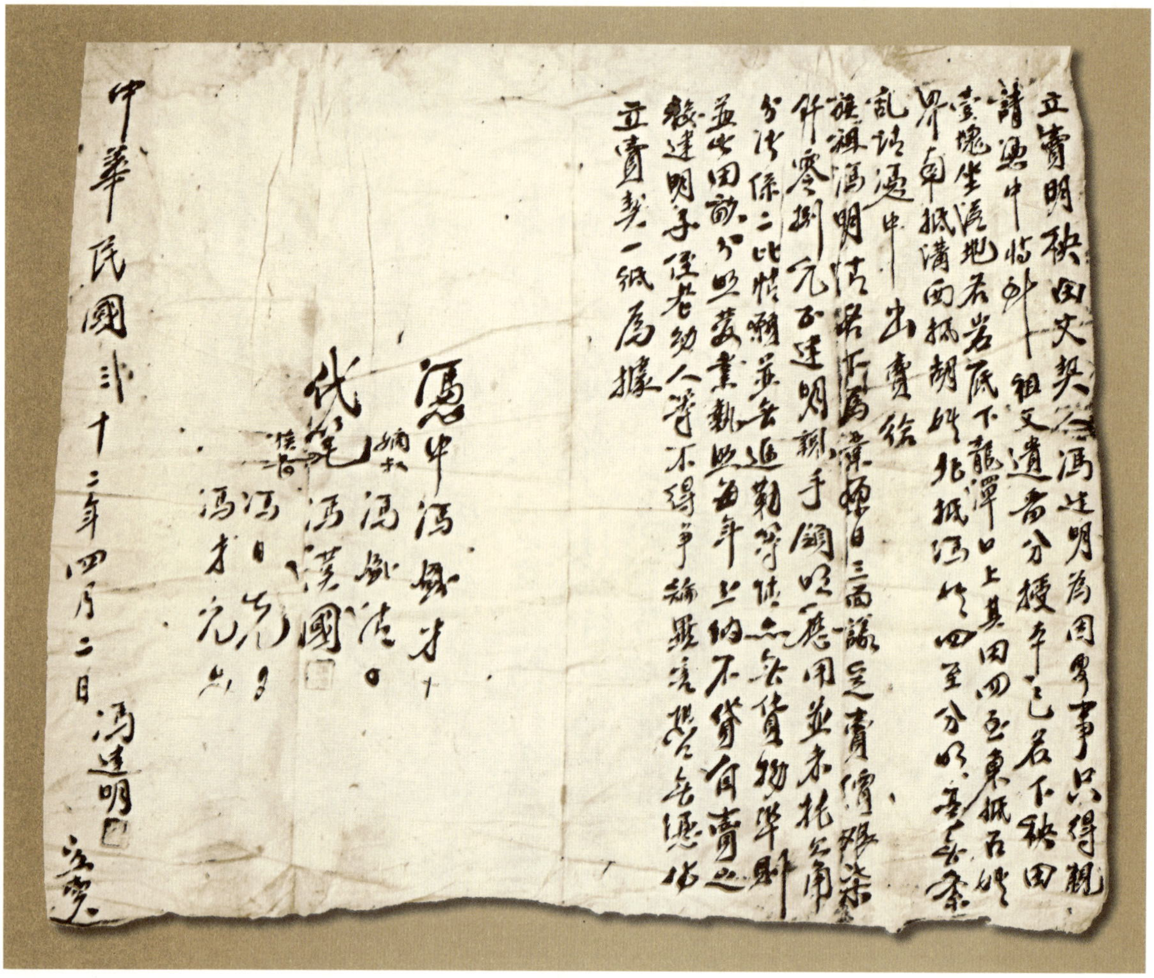

编号：fsq-13

立卖明秧田文契人冯建明，为因要事，只得亲请凭中，将到祖父遗留分授本己名下秧田壹块，坐落地名岩底下龙潭口上，其田四至：东抵石姓界，南抵沟，西抵胡姓，北抵冯姓，四至分明，毫无紊乱，请凭中出卖给族祖冯明清名下为业。原日三面议定卖价银柒仟零捌元整。建明亲手领明应用，并未托（拖）欠角分。此系二比（彼）情愿，并无逼勒等情，亦无货物准则（折）。并此田亩分照管业执照每年上纳不贷（怠）。自卖之后，建明子侄老幼人等不得争论异言。恐后无凭，特立卖契一纸为据。

凭中　冯盛才　嫡叔冯盛清　族长冯日先　冯才元
代笔　冯汉国
中华民国三十二年四月二日　冯建明　立卖

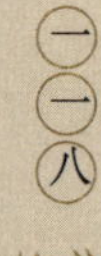

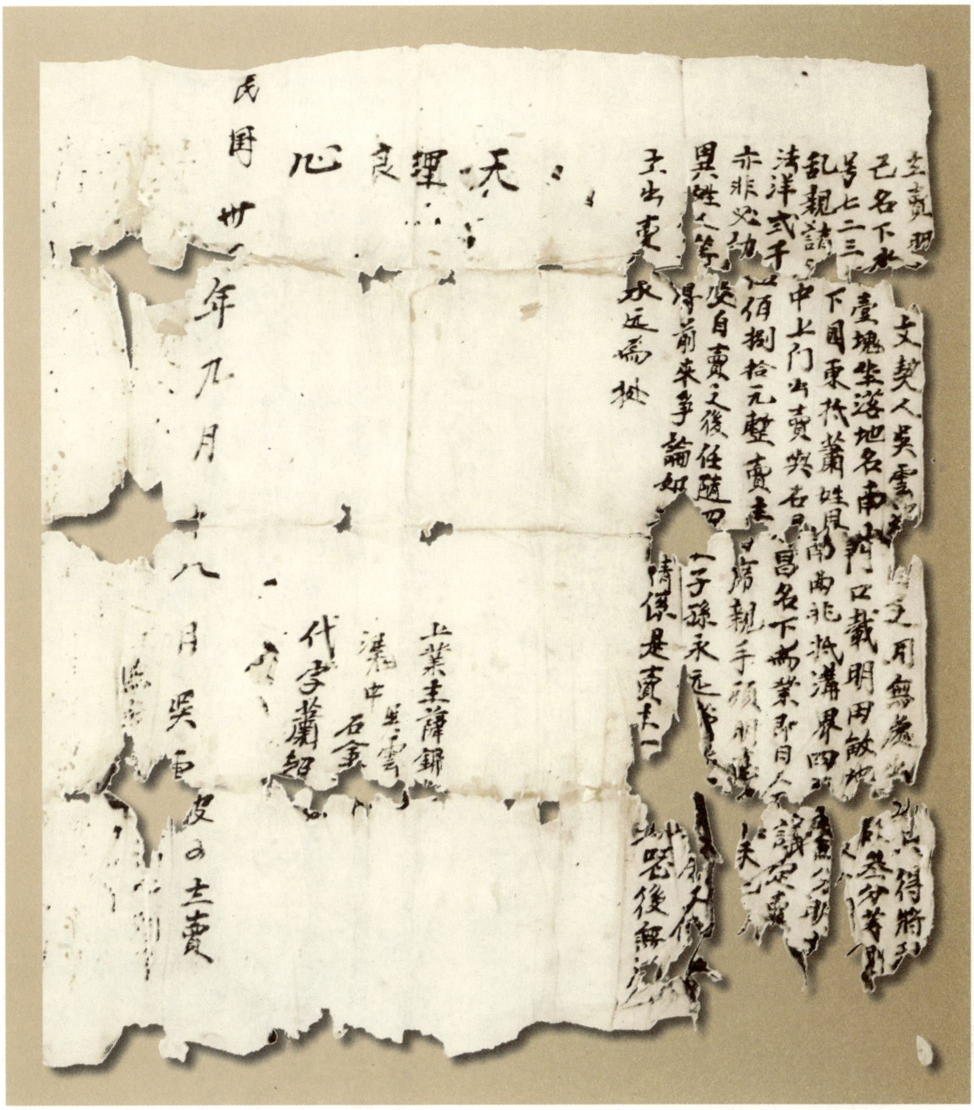

编号：slc-1

立卖明□□文契人吴云□，为因乏用，无处出办，只得将□□□名下水田一块，坐落地名南山门口，载明田亩地□三分等□号其二三□下园，东抵萧姓界，南、西、北抵蒲界，四至分明［为界］。□□□□乱。亲请凭中上门，出卖与石□昌名下为业。即日三面议定卖价银法元贰千伍佰捌拾元整。卖主当席亲手领明应用。□□□亦非必（逼）勒。自卖之后，任随买主子孙永远管业，□□□□□□□异姓人等不得前来争论。如有此情，系是卖主一［面承担］。恐后无凭，立卖契永远为据。

天　理　良　心

上业主　薛锦□
凭　中　吴云□　石金□
代　字　萧超□
民国三十二年九月十八日　吴云□　立卖

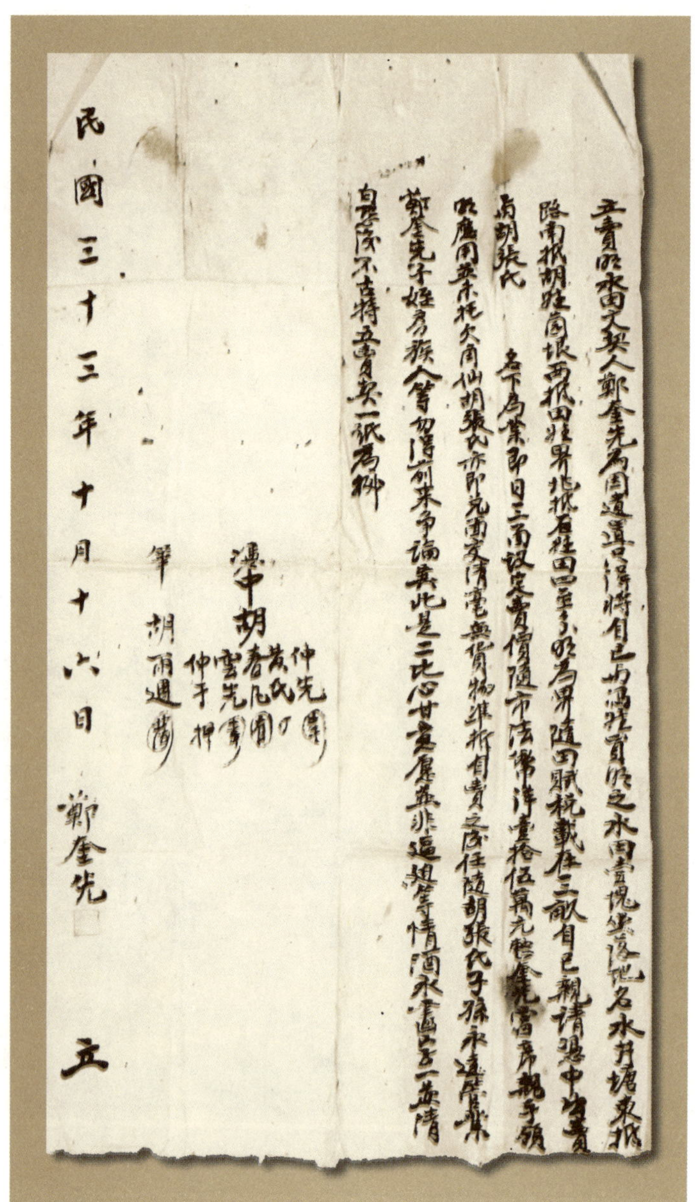

编号：hjs-9

立卖明水田文契人郑奎先，为因遗（移）置，只得将自己与冯姓买明之水田壹块，坐落地名水井塘，东抵路，南抵胡姓园埌，西抵田姓界，北抵石姓田，四至分明为界，随田赋税载在三亩，自己亲请凭中出卖与胡张氏名下为业。即日三面议定卖价随市法币洋壹拾伍万元整。奎先当席亲手领明应用，并未托（拖）欠角仙，胡张氏亦即兑（对）面交清，毫无货物准拆（折）。自卖之后，任随胡张氏子孙永远管业，郑奎先子侄房族人等勿得前来争论异［言］。此是二此（彼）心甘意愿，并非逼迫等情。酒水画字，一并清白。恐后不古，特立卖契一纸为据。

凭中　胡仲先　胡黄氏　胡春凡　胡云先　胡仲于

笔　胡雨周

民国三十三年十月十六日　郑奎先　立

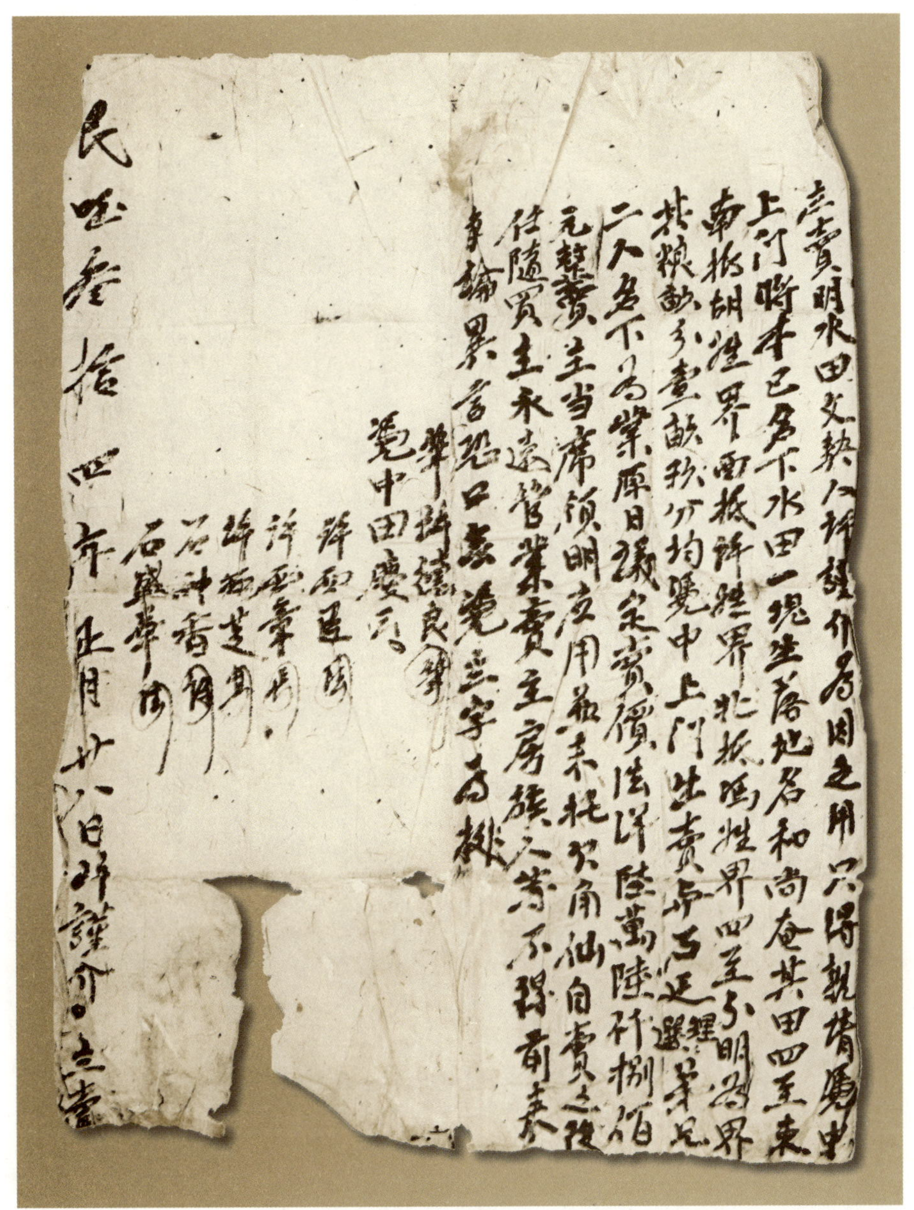

编号：srg–1

立卖明水田文契人许谨介，为因乏用，只得亲请凭中上门，将本已名下水田一块，坐落地名和尚奄（庵），其田四至：东、南抵胡姓界，西抵许姓界，北抵冯姓界，四至分明为界。其粮亩分壹亩玖分，均（经）凭中上门，出卖与石廷理、石廷选弟兄二人名下为业。原日议定卖价法洋陆万陆仟捌佰元整。卖主当席领明应用，并未托（拖）欠角仙。自卖之后，任随买主永远管业，卖主房族人等不得前来争论异言。恐口无凭，立字为据。

笔　许德良

凭中　田庆云　许西臣　许西章　许西芝　许仲香　石盛华

民国三十四年正月二十八日　许谨介　立卖

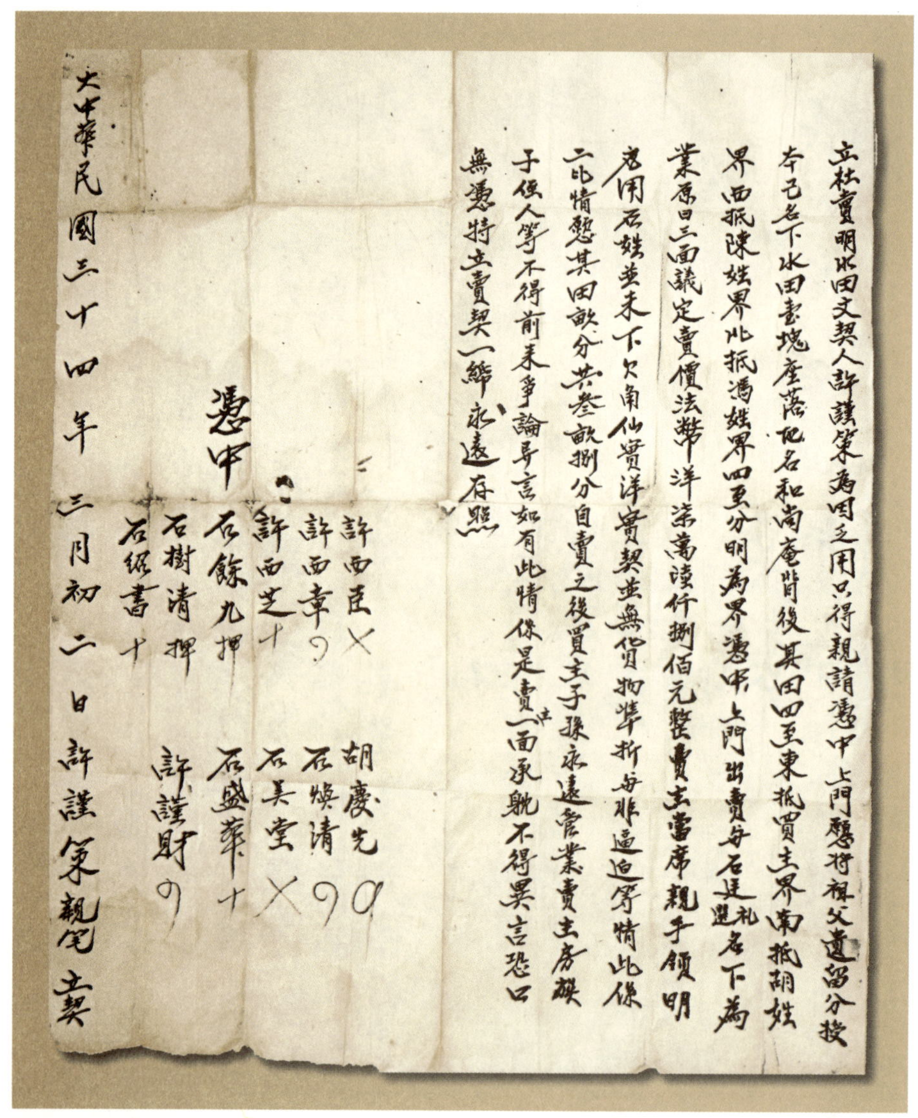

立杜賣明水田文契人許謹策為因乏用只得親請憑中上門將祖父遺留分授本己名下水田壹塊座落地名和尚庵背後其田四至東抵買主界南抵胡姓界西抵陳姓界北抵馮姓界四至分明為界憑中上門出賣与石廷選石廷礼名下為業原日三面議定賣價法幣洋柒萬陸仟捌佰元整賣主當席親手領明应用石姓並未下欠角仙實洋實契並無貨物准折与非逼迫等情此係二比情愿其田畝分共叁畝捌分自賣之後買主子孫永遠管業賣主房族子侄人等不得前來爭論異言如有此情係是賣主一面承耽不得異言恐口無憑特立賣契一紙永遠存照

憑中 許西臣 許西章 許西芝 石餘九押 石樹清押 石紹書 胡慶先 石煥清 石美堂 石盛華 許謹財

大中華民國三十四年三月初二日許謹策親筆立契

编号：srg–19

立杜卖明水田文契人许谨策，为因乏用，只得亲请凭中上门，将祖父遗留分授本己名下水田壹块，座（坐）落地名和尚庵背后，其田四至：东抵买主界，南抵胡姓界，西抵陈姓界，北抵冯姓界，四至分明为界，凭中上门出卖与石廷选、石廷礼名下为业。原日三面议定卖价法币洋柒万陆仟捌佰元整。卖主当席亲手领明应用，石姓并未下欠角仙，实洋实契，并无货物准折，与（亦）非逼迫等情，此系二比（彼）情愿。其田亩分共叁亩捌分。自卖之后，买主子孙永远管业，卖主房族子侄人等不得前来争论异言。如有此情，系是卖主一面承耽（担），不得异言。恐口无凭，特立卖契一纸永远存照。

凭中　许西臣　许西章　许西芝　石余九　石树清　石绍书　胡庆先

石焕清　石美堂　石盛华　许谨财

大中华民国三十四年三月初二日　许谨策　亲笔立契

立出賣明秧田文契人吳云波為因資本欠缺無處出辦只
得將到本己與伯父置明秧田壹坵坐落地名南山寨门邊東
抵陳姓界南抵大路西抵路北抵陳姓界四至分明並無紊亂其
粮務照管業証上納親請憑中上出賣與雞場屯
石錦昌名下為業即日三面議定時價法幣柒萬捌仟元整
買主当席交清賣主親手領明回屋應用並未拖欠仙角此係
二比情愿又非逼勒等情自賣之後任隨買主子孫永遠管業賣
主房族及異姓人等不得前来妄生爭論如有此情係賣主負完
全責任恐口無憑特立賣字一紙為據
後批老契牽連未接
憑中人石金華 吳云芝
代字人陳仲先押
中華民國叁拾肆年八月初八日吳云波 立賣
永遠 管業

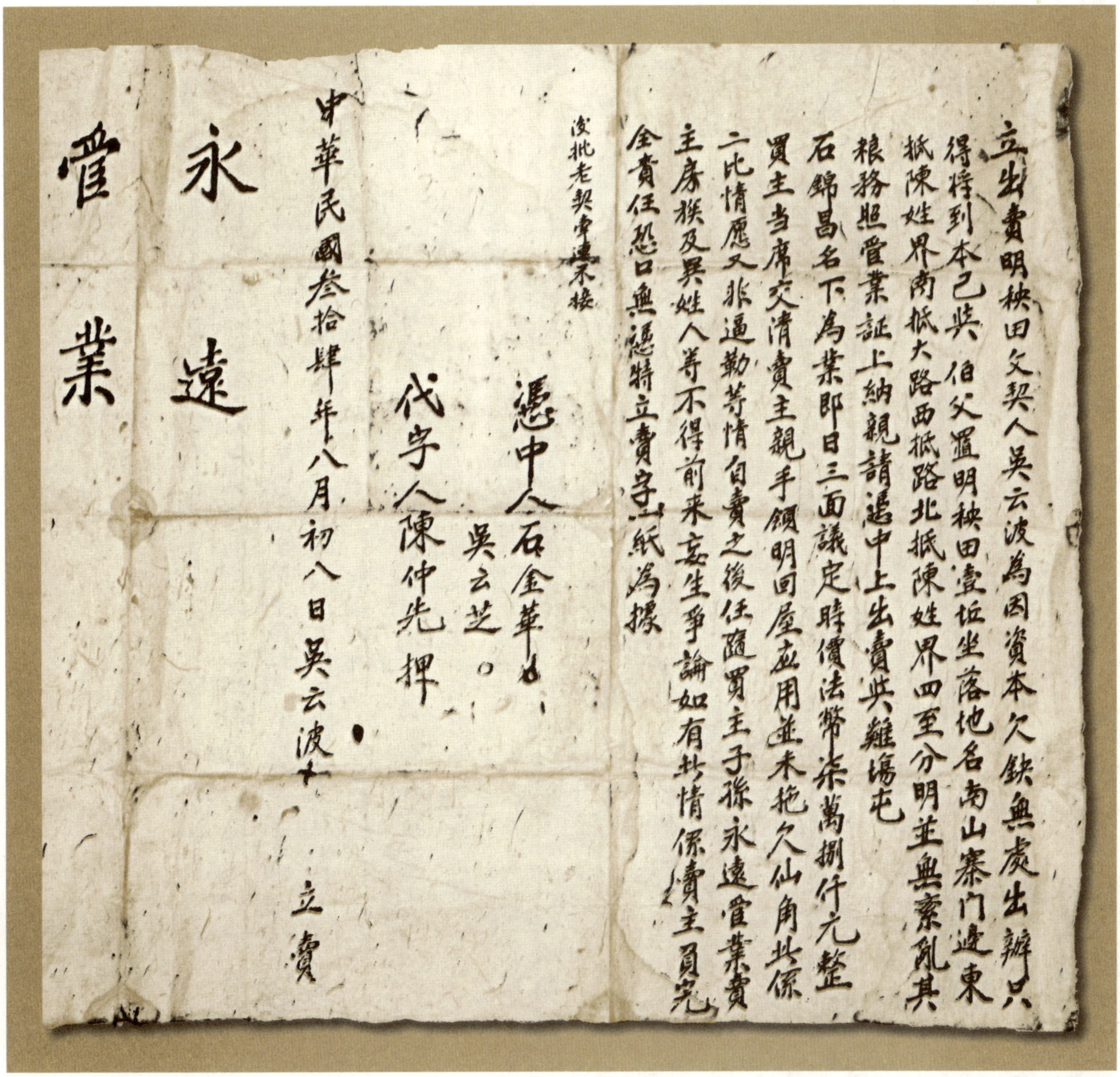

编号：slc-5

立出卖明秧田文契人吴云波，为因资本欠缺，无处出办，只得将到本己与伯父置明秧田壹坵，坐落地名南山寨门边，东抵陈姓界，南抵大路，西抵路，北抵陈姓界，四至分明，并无紊乱，其粮务照管业证上纳，亲请凭中上［门］出卖与鸡场屯石锦昌名下为业。即日三面议定时价法币柒万捌仟元整。买主当席交清，卖主亲手领明回屋应用，并未拖欠仙角。此系二比（彼）情意，又非逼勒等情。自卖之后，任随买主子孙永远管业，卖主房族及异姓人等不得前来妄生争论。如有此情，系卖主负完全责任。恐口无凭，特立卖字一纸为据。

后批：老契牵连未接。

永 远 管 业

凭中人 石金革 吴云芝

代字人 陈仲先

中华民国三十四年八月初八日 吴云波 立卖

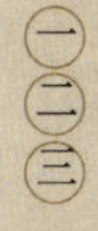

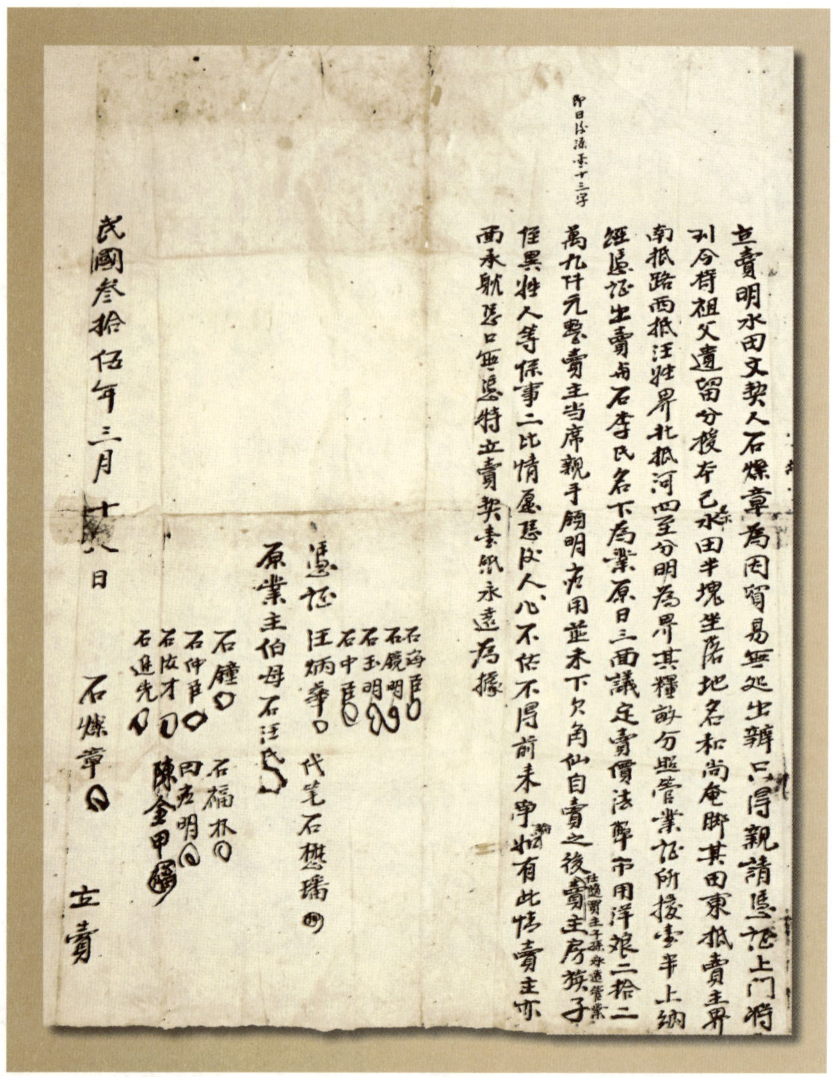

编号：slc-14

立卖明水田文契人石灿章，为因贸易无处出辨（办），只得亲请凭证上门，将到今将祖父遗留分授本己名下水田半块，坐落地名和尚庵脚，其田东抵卖主界，南抵路，西抵汪姓界，北抵河，四至分明为界，其粮亩分照管业证所授壹半上纳，经凭证出卖与石李氏名下为业。原日三面议定卖价法币市用洋银二拾二万九仟元整。卖主当席亲手领明应用，并未下欠角仙。自卖之后，任随买主子孙永远管业，卖主房族子侄异姓人等。系事（是）二比（彼）情意。恐后人心不估（古）。不得前来争论。如有此情，卖主亦（一）面承耽（担）。恐口无凭，特立卖契壹纸永远为据。

即日后添壹十三字。

凭　证　石海臣　石镜明　石玉明　石中臣　汪炳华

原业主　伯母石汪氏　石　钟　石仲臣　石汝才　石进先　石福林

田应明　陈金甲

代　笔　石懋璠

民国三十五年三月十八日　石灿章　立卖

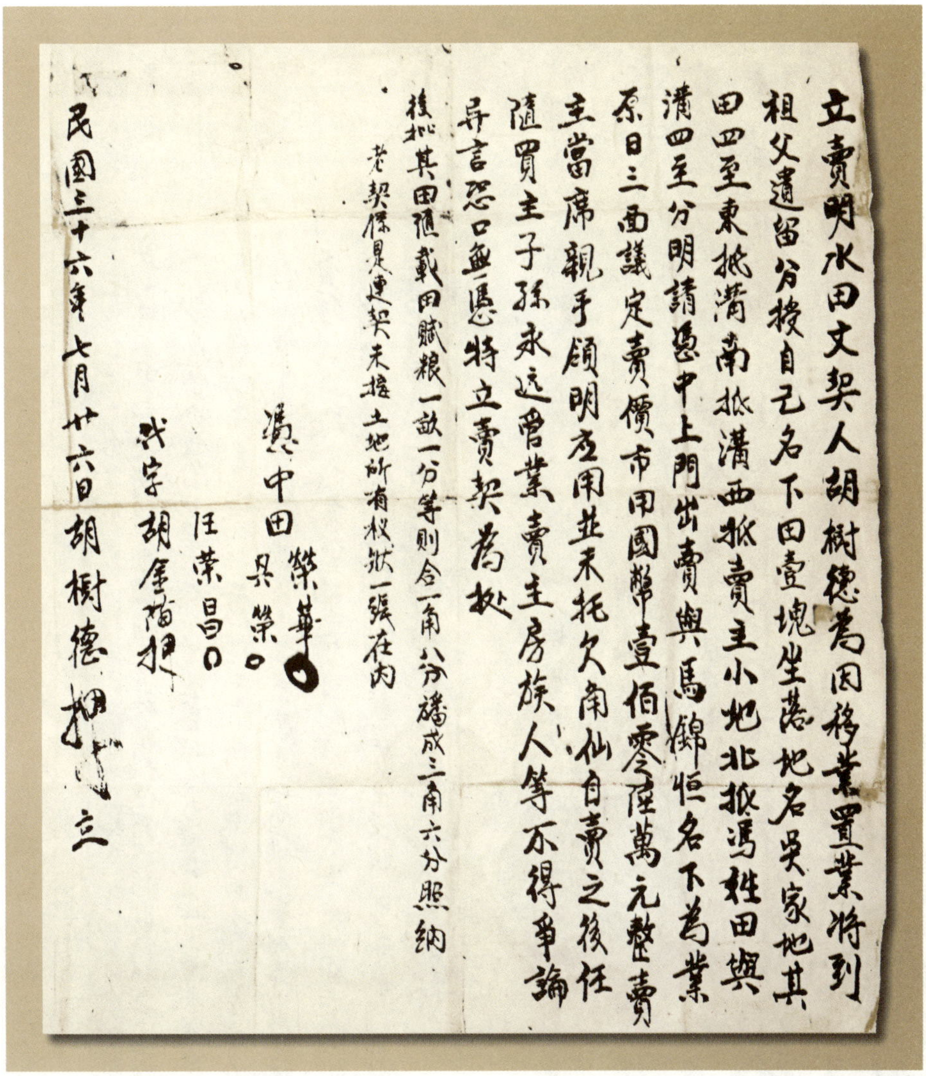

编号：mxq-49

立卖明水田文契人胡树德，为因移业置业，将到祖父遗留分授自己名下田壹块，坐落地名吴家地，其田四至：东抵沟，南抵沟，西抵卖主小地，北抵冯姓田与沟，四至分明，请凭中上门，出卖与马锦恒名下为业。原日三面议定卖价市用国币壹佰零陸万元整。卖主当席亲手领明应用，并无托（拖）欠角仙。自卖之后，任随买主子孙永远管业，卖主房族人等不得争论异言。恐口无凭，特立卖契为据。

后批：其田随载田赋粮一亩一分等则合一角八分翻成三角六分照纳。

老契系是连契，未接，土地所有权状一张在内。

凭中　田荣华　田兴荣　汪荣昌

代字　胡金阶

民国三十六年七月二十六日　胡树德　立

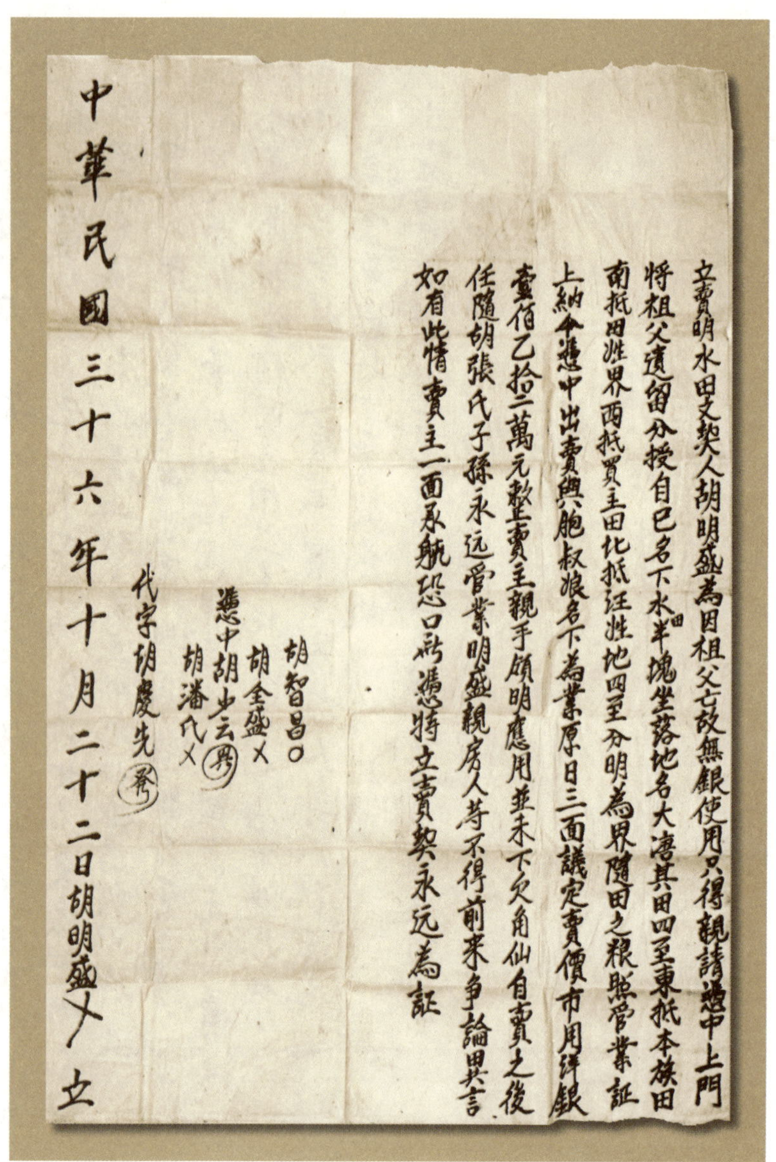
立賣明水田文契人胡明盛為因祖父亡故無銀使用只得親請憑中上門
將祖父遺留分授自己名下水田半塊坐落地名大塘其田四至東抵本族田
南抵田姓界西抵買主田北抵汪姓地四至分明為界隨田之粮照管業証
上納今憑中出賣與胞叔娘名下為業原日三面議定賣價市用洋銀
壹佰乙拾二萬元整賣主親手領明應用並未下欠角仙自賣之後
任隨胡張氏子孫永远管業明盛親房人等不得前來爭論異言
如有此情賣主一面承躭恐口無憑特立賣契永远為証
胡智昌
胡全盛
憑中胡少云
胡潘氏
代字胡慶先
中華民國三十六年十月二十二日胡明盛 立

编号：hjs–6

立卖明水田文契人胡明盛，为因祖父亡故，无银使用，只得亲请凭中上门，将祖父遗留分授自己名下水田半块，坐落地名大塘，其田四至：东抵本族田，南抵田姓界，西抵买主田，北抵汪姓地，四至分明为界，随田之粮照管业证上纳，今凭中出卖与胞叔娘名下为业。原日三面议定卖价市用洋银壹佰乙（壹）拾二（贰）万元整。卖主亲手领明应用，并未下欠角仙。自卖之后，任随胡张氏子孙永远管业，明盛亲房人等不得前来争论异言。如有此情，卖主一面承耽（担）。恐口无凭，特立卖契永远为证。

凭中　胡智昌　胡全盛　胡少云　胡潘氏

代字　胡庆先

中华民国三十六年十月二十二日　胡明盛　立

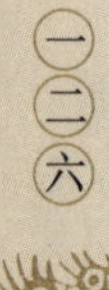

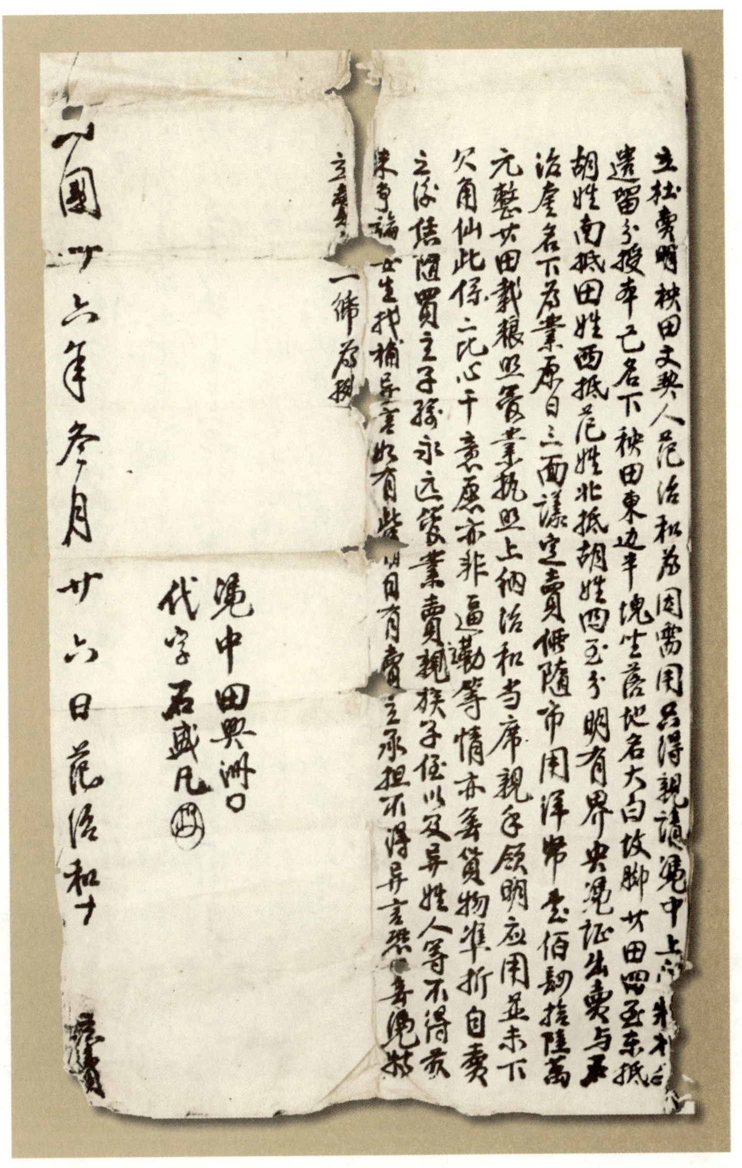

编号：srg–20

立杜卖明秧田文契人范治和，为因需用，只得亲请凭中上门，将祖父遗留分授本己名下秧田东边半块，坐落地名大白坟脚，其田四至：东抵胡姓，南抵田姓，西抵范姓，北抵胡姓，四至分明有界，央凭证出卖与石治奎名下为业。原日三面议定卖价随市用洋币壹佰肆拾陆万元整。其田载粮照管业执照上纳。治和当席亲手领明应用，并未下欠角仙。此系二比（彼）心干（甘）意愿，亦非逼勒等情，亦无货物准折。自卖之后，任随买主子孙永远管业，卖主亲族子侄以及异姓人等不得前来争论、妄生找补、异言。如有此情，自有卖主承耽（担），不得异言。恐口无凭，特立卖契一纸为据。

凭中　田兴洲

代字　石盛凡

［民］国三十六年冬月二十六日　范治和　立卖

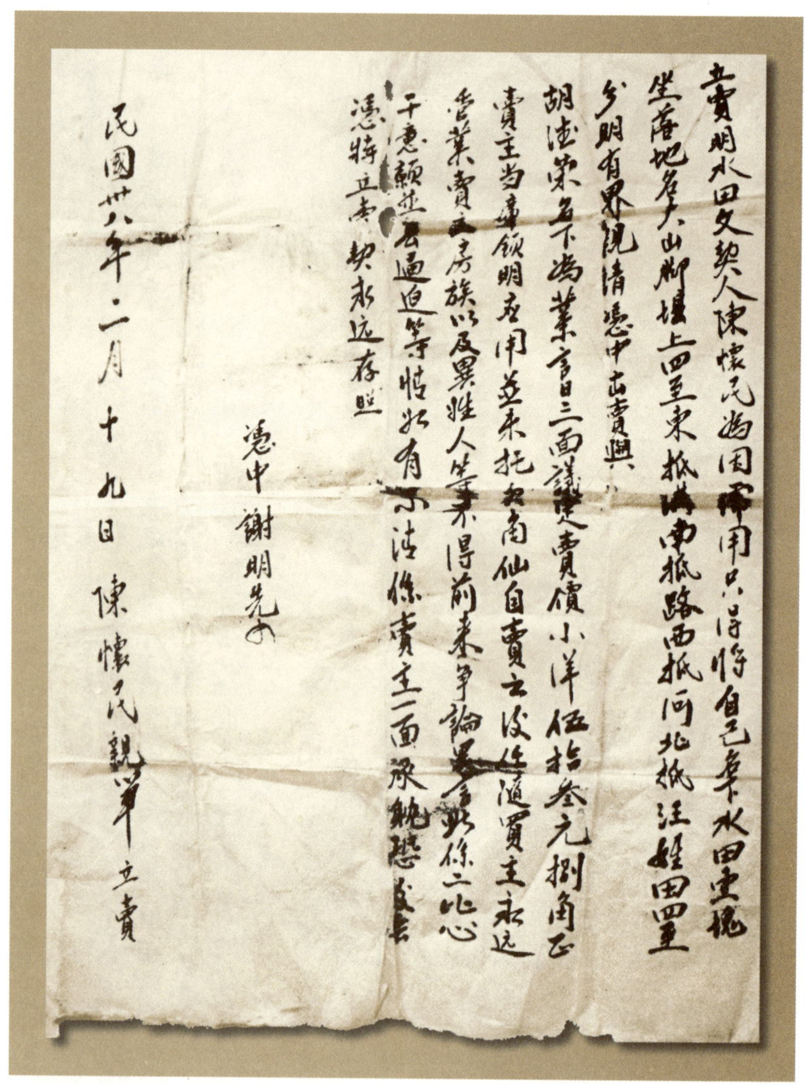
立賣明水田文契人陳懷民為因需用只得將自己名下水田壹塊
坐落地名大山脚壩上四至東抵溝南抵路西抵河北抵汪姓田四至
分明有界親請憑中出賣與
胡德榮名下為業言日三面議定賣價小洋伍拾叁元捌角正
賣主当席親手領明應用並未托欠角仙自賣之後任隨買主永遠
管業賣主房族以及異姓人等不得前來爭論異言此係二比心
干意願並無逼迫等情如有不清係賣主一面承耽恐後
憑特立賣契永遠存照

憑中 謝明先

民國卅八年二月十九日 陳懷民親筆立賣

编号：hwd-2

立卖明水田文契人陈怀民，为因需用，只得将自己名下水田壹块，坐落地名大山脚坝上，四至：东抵沟，南抵路，西抵河，北抵汪姓田，四至分明有界，亲请凭中出卖与胡德荣名下为业。言（原）日三面议定卖价小洋伍拾叁元捌角整。卖主当席亲手领明应用，并未托（拖）欠角仙。自卖之后，任随买主永远管业，卖主房族以及异姓人等不得前来争论异言。此系二比（彼）心干（甘）意愿，并无逼迫等情。如有不清，系卖主一面承耽（担）。恐后无凭，特立卖契永远存照。

凭中　谢明先

民国三十八年二月十九日　陈怀民　亲笔立卖

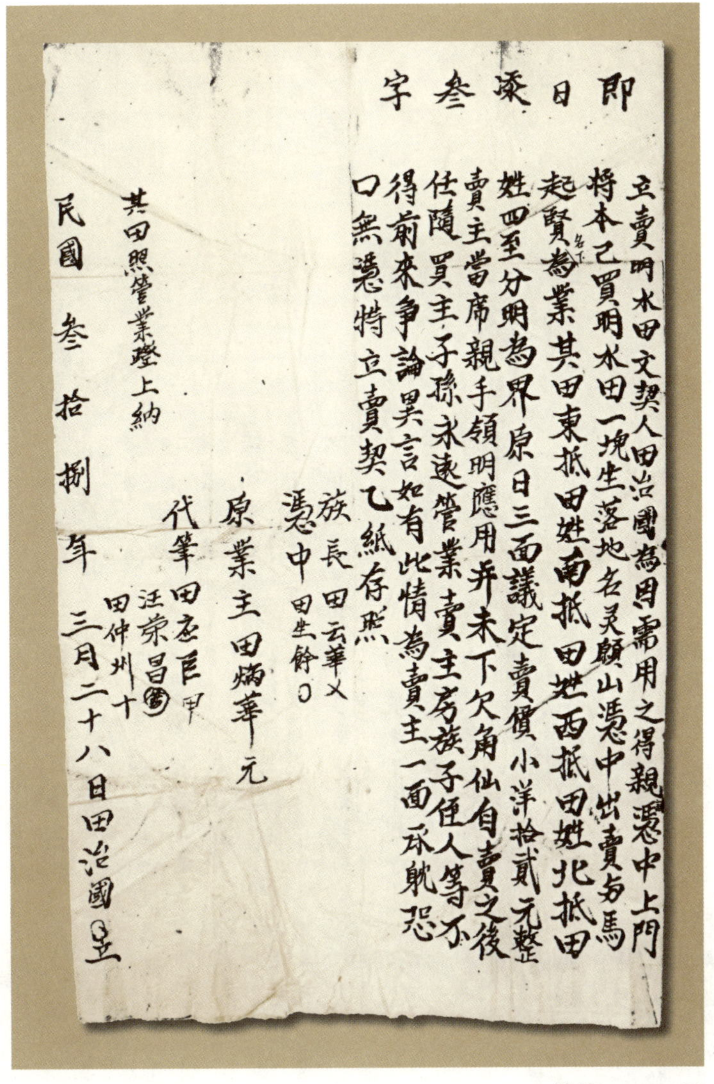

编号：mxq-38

立卖明水田文契人田治国，为因需用，之（只）得亲请凭中上门，将本己买明水田一块，坐落地名灵原山，凭中出卖与马起贤名下为业。其田东抵田姓，南抵田姓，西抵田姓，北抵田姓，四至分明为界。原日三面议定卖价小洋拾贰元整。卖主当席亲手领明应用，并未下欠角仙。自卖之后，任随买主子孙永远管业，卖主房族子侄人等不得前来争论异言。如有此情，为卖主一面承耽（担）。恐口无凭，特立卖契乙（一）纸存照。

即日添叁字。

其田照管业证上纳。

族　长　田云华

凭　中　田坐于

原业主　田炳华

代　笔　田应臣　汪荣昌　田仲州

民国三十八年三月二十八日　田治国　立

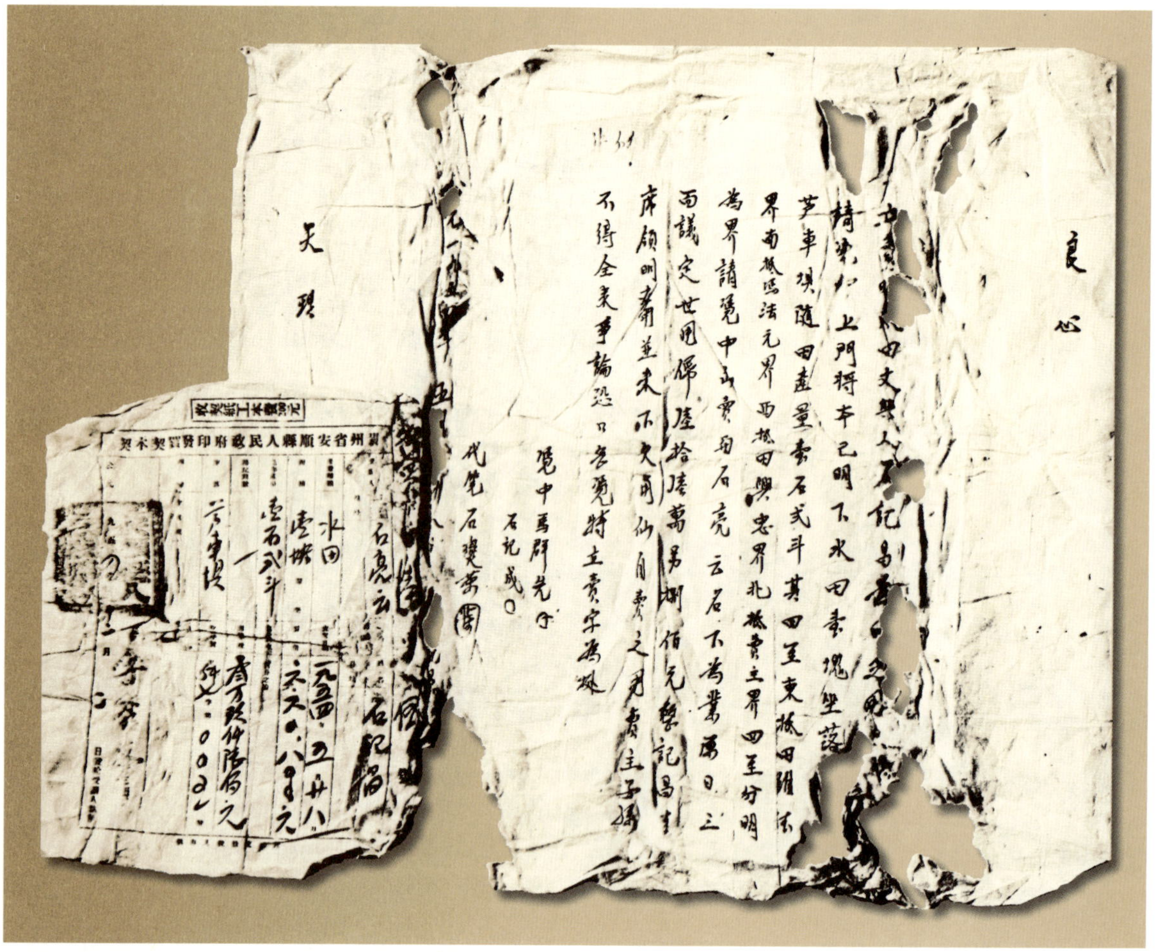

编号：scf–1

立卖明［水］田文契人石记昌，为因乏用，只得（亲）请凭中上门，将本己明下水田壹块，坐落［地名］芦车坝，随田产量壹石贰斗，其田四至：东抵田维德界，南抵冯法元界，西抵田兴忠界，北抵卖主界，四至分明为界，请凭中出卖与石亮云名下为业。原日三面议定世（市）用币陆拾陆万另（零）捌百元整。记昌当席领明应用，并未下欠角仙。自卖之用（后），卖主子孙不得全（前）来争论。恐口无凭，特立卖字为据。

天　理　良　心

凭中　马群先　石记成

代笔　石燮荣

公元一九五四年五月十八（日）

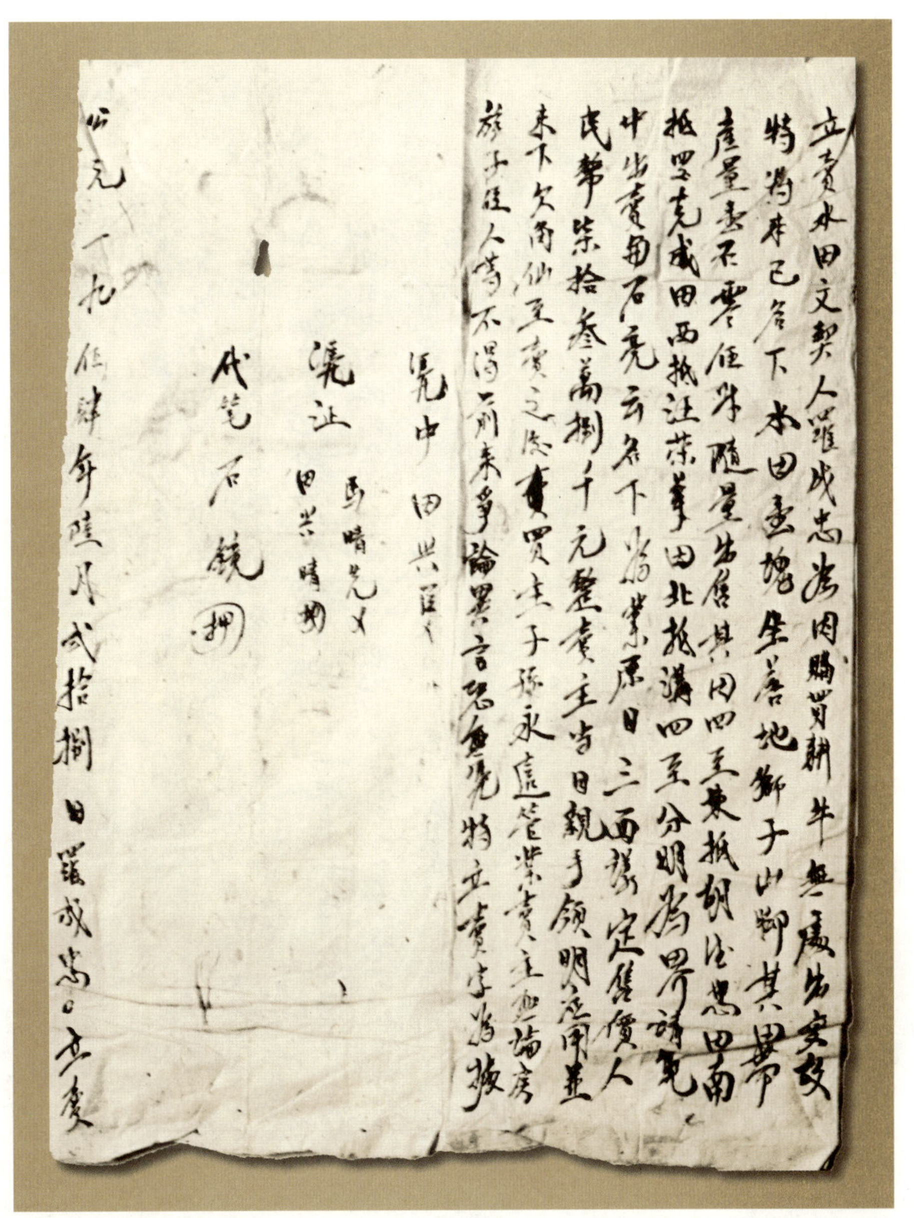

立賣水田文契人羅成忠為因購買耕牛無處出变故
特將本己名下水田壹塊坐落地獅子山脚其田帶
產量壹石零伍升隨量出售其田四至東抵胡德忠田南
抵罗克成田西抵汪荣華田北抵溝四至分明為界請凭
中出賣與石亮云名下為業原日三面議定售價人
民幣柒拾叁萬捌千元整賣主當日親手領明應用並
未下欠角仙至賣之後賣買主子孫永遠管業賣主無論房
族子侄人等不得前來爭論異言恐無凭特立賣字為據

凭中 田興臣
凭証 馬晴先 田興晴
代筆 石鏡 押

公元一九五四年陆月贰拾捌日 羅成忠 立賣

编号：scf–4

立卖水田文契人罗成忠，为因购买耕牛无处出变（办），故特将本己名下水田壹块，坐落地狮子山脚，其田带产量壹石零伍升，随量出售，其田四至：东抵胡德忠田，南抵罗克成田，西抵汪荣华田，北抵沟，四至分明为界，请凭中出卖中出卖与与石亮云名下为业。原日三面议定售价人民币柒拾叁万捌千元整。卖主当日亲手领明应用，并未下欠角仙。至（自）卖之后，买主子孙永远管业，卖主无论房族子侄人等不得前来争论异言。恐无凭，特立卖字为据。

凭中　田兴臣
凭证　马晴先　田兴晴
代笔　石　镜

公元一九五四年六月二十八日　罗成忠　立卖

四 陆地/旱地

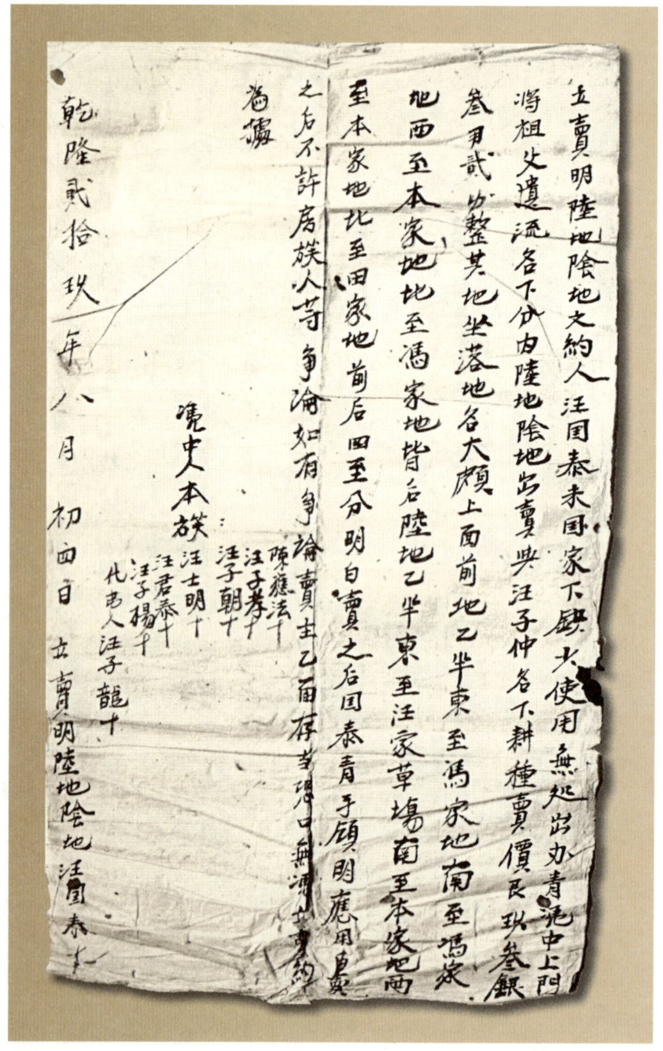
立賣明陸地陰地文約人汪国泰未因家下缺少使用無処出办青凴中上門
將祖父遺流名下分内陸地陰地出賣與汪子仲名下耕種賣價艮玖叁銀
叁両貳錢整其地坐落地名大頗上面前地乙半東至馮家地南至馮家
地西至本家地北至馮家地背后陸地乙半東至汪家草場南至本家地西
至本家地北至田家地前后四至分明白賣之后国泰青手領明應用白賣
之后不許房族人等争論如有争論賣主乙面存当恐口無凴立賣約
為據
凴中人本族 陳應法十 汪子孝十 汪子朝十 汪士明十 汪君泰十 汪子楊十
代书人汪子龍十
乾隆貳拾玖年八月初四日 立賣明陸地陰地汪国泰十

编号：wzc–24

立卖明陆地阴地文约人汪国泰，未（为）因家下缺少使用，无处出办，青（请）凭中上门，将祖父遗流（留）名下分内陆地阴地出卖与汪子仲名下耕种，卖价艮（银）玖叁银叁两贰钱整。其地坐落地名大颇（坡）上。面前地乙（一）半东至冯家地，南至冯家地，西至本家地，北至冯家地；背后陆地乙（一）半东至汪家草场，南至本家地，西至本家地，北至田家地，前后四至分明。白（自）卖之后，国泰青（亲）手领明应用。白（自）卖之后，不许房族人等争论。如有争论，卖主乙（一）面存（承）当。恐口无凭，立卖约为据。

凭中人本族　陈应法　汪子孝　汪子朝　汪士明　汪君泰　汪子杨

代书人　汪子龙

乾隆二十九年八月初四日　立卖明陆地阴地　汪国泰

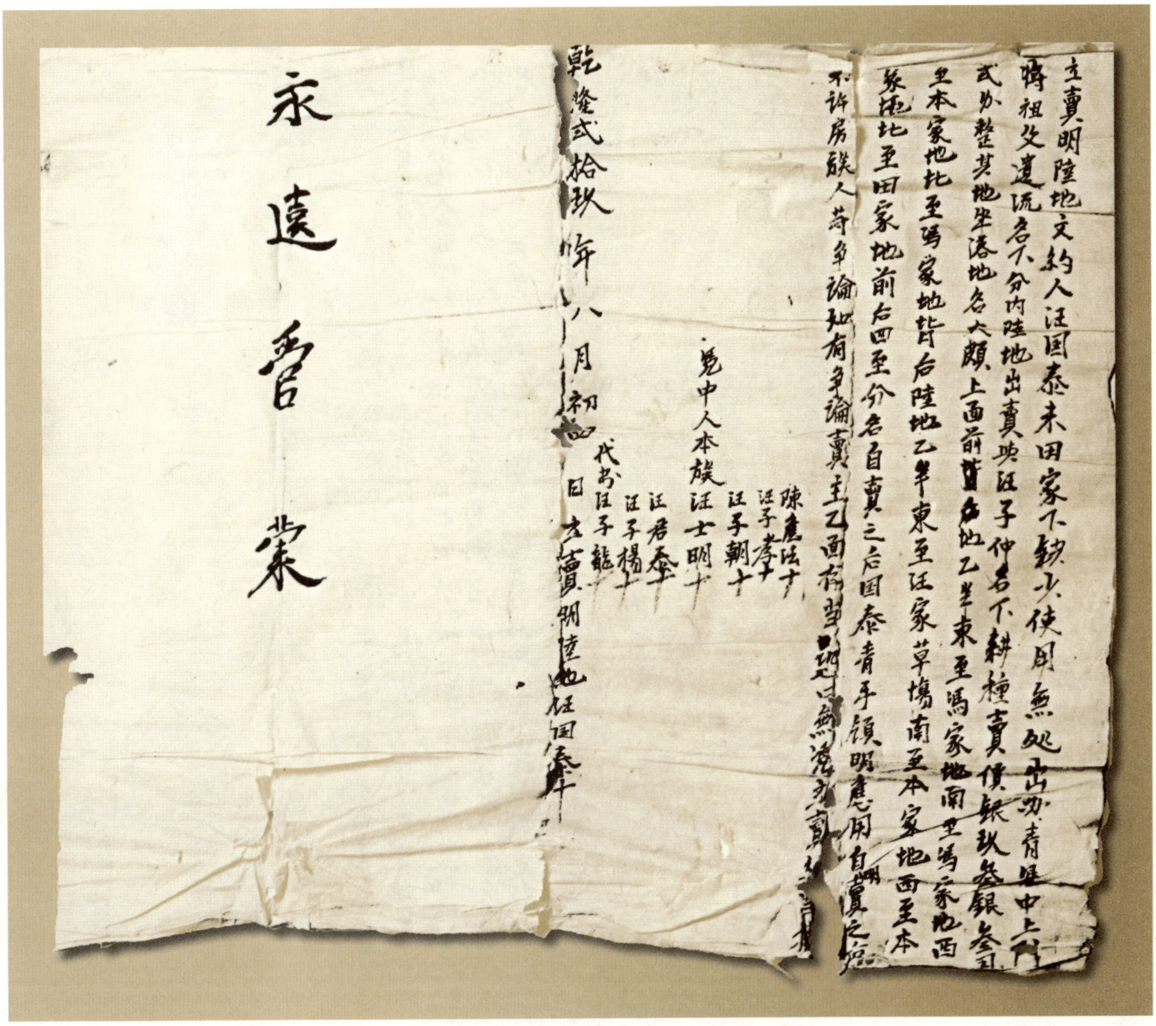

编号：wzc–25

立卖明陆地文约人汪国泰，未（为）因家下缺少使用，无处出办，青（请）凭中上门，将祖父遗流（留）名下分内陆地出卖与汪子仲名下耕种，卖价银玖叁银叁两贰钱整。其地坐落地名大颇（坡）上。面前地乙（一）半东至冯家地，南至冯家地，西至本家地，北至冯家地；背后陆地乙（一）半东至汪家草场，南至本家地，西至本家地，北至田家地，前后四至分名（明）。自卖之后，国泰青（亲）手领明应用。自明卖之后，不许房族人等争论。如有争论，卖主乙（一）面存（承）当。恐口无凭，立卖约为据。

永 远 管 业

凭中人本族　陈应法　汪子孝　汪子朝　汪士明　汪君泰　汪子杨

代 书 人　汪子龙

乾隆二十九年八月初四日　立卖明陆地　汪国泰

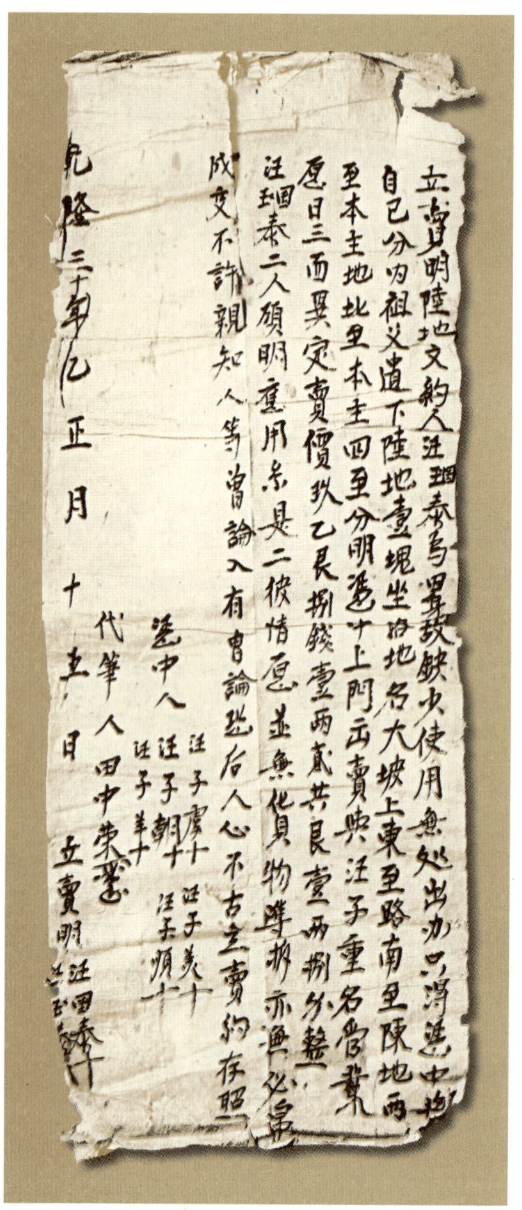

编号：wzc-26

立卖明陆地文约人汪国泰、汪玉泰，未因身故缺少使用，无处出办，只得凭中将自己分内祖父遗下陆地壹块，坐落地名大坡上，东至路，南至陈地，西至本主地，北至本主，四至分明。凭中上门出卖与汪子重名［下］管业。愿（原）日三面异（议）定卖价玖乙（壹）银捌钱，壹两，贰共艮（银）壹两捌钱整。汪国泰、汪玉泰二人领明应用。系是二彼情愿，并非货物准拆（折），亦无必帛（逼迫）成交，不许亲知（支）人等曾（争）论。入（如）有曾（争）论。恐后人心不古，立卖约存照。

凭中人　汪子虞　汪子美　汪子朝　汪子顺　汪子羊

代笔人　田中荣

乾隆三十一年正月十五日　立卖明　汪国泰　汪玉泰

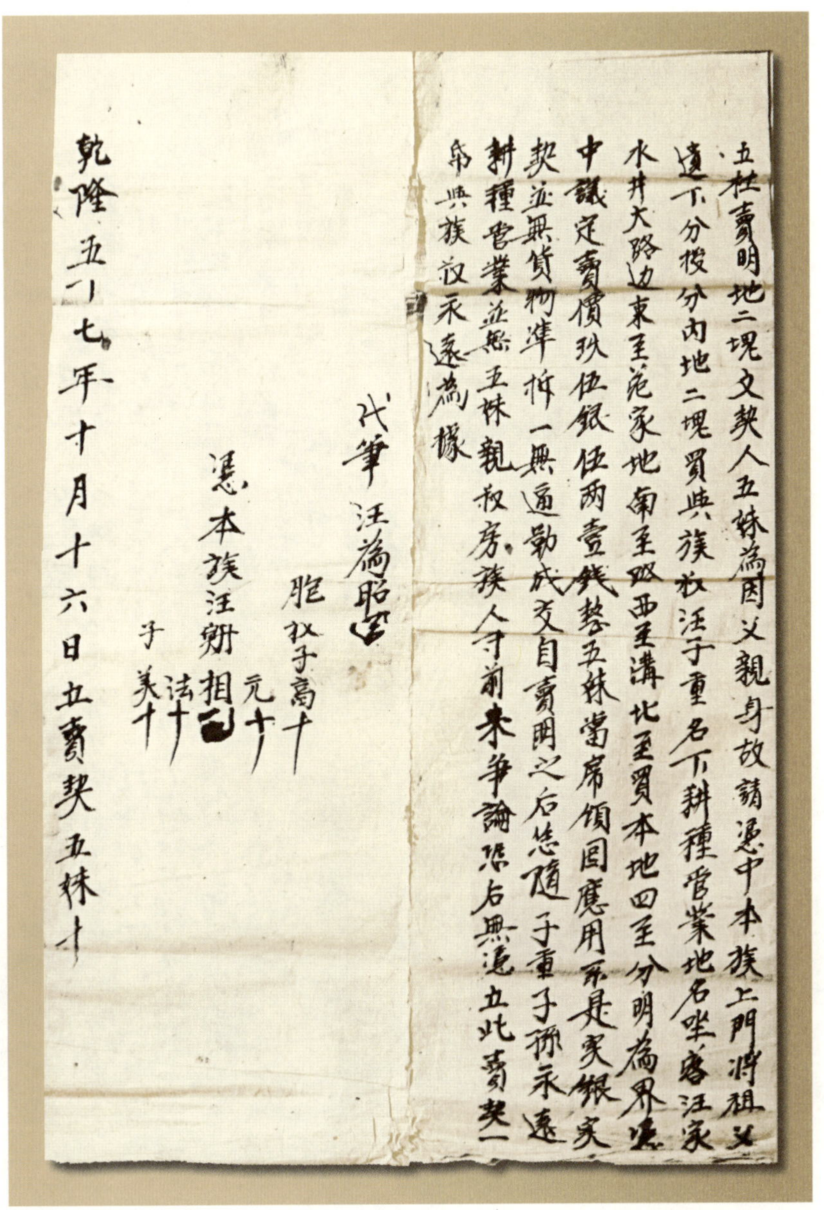

立杜賣明地二塊文契人五妹爲因父親身故請憑中本族上門將祖父遺下分授分内地二塊買與族叔汪子重名下耕種管業地名坐落汪家水井大路边東至范家地南至路西至溝北至買本地四至分明爲界憑中議定賣價玖伍銀伍兩壹錢整五妹當席領回應用系是实銀实契並無貨物準拆一無逼勒成交自賣明之后恁隨子重子孫永遠耕種管業並無五妹親叔房族人等前來争論恐后無憑立此賣契一紙與族叔永遠爲據

代筆 汪爲昭

胞叔子高十

憑本族汪朝元十 相 法十 子美十

乾隆五十七年十月十六日立賣契五妹十

编号：wzc-58

立杜卖明地二块，文契人五妹，为因父亲身故，请凭中本族上门，将祖父遗下分授分内地二块，卖与族叔汪子重名下耕种管业。地名坐落汪家水井大路边，东至范家地，南至路，西至沟，北至买本地，四至分明为界。凭中议定卖价玖伍银伍两壹钱整。五妹当席领回应用。系是实银实契，并无货物准拆（折），一（亦）无逼勒成交。自卖明之后，恁（任）随子重子孙永远耕种管业，并无五妹亲叔房族人等前来争论。恐后无凭，立此卖契一纸与族叔永远为据。

代　笔　汪为昭

凭本族　汪朝元　汪朝相　汪朝法　汪子美　胞叔子高

乾隆五十七年十月十六日　立卖契　五妹

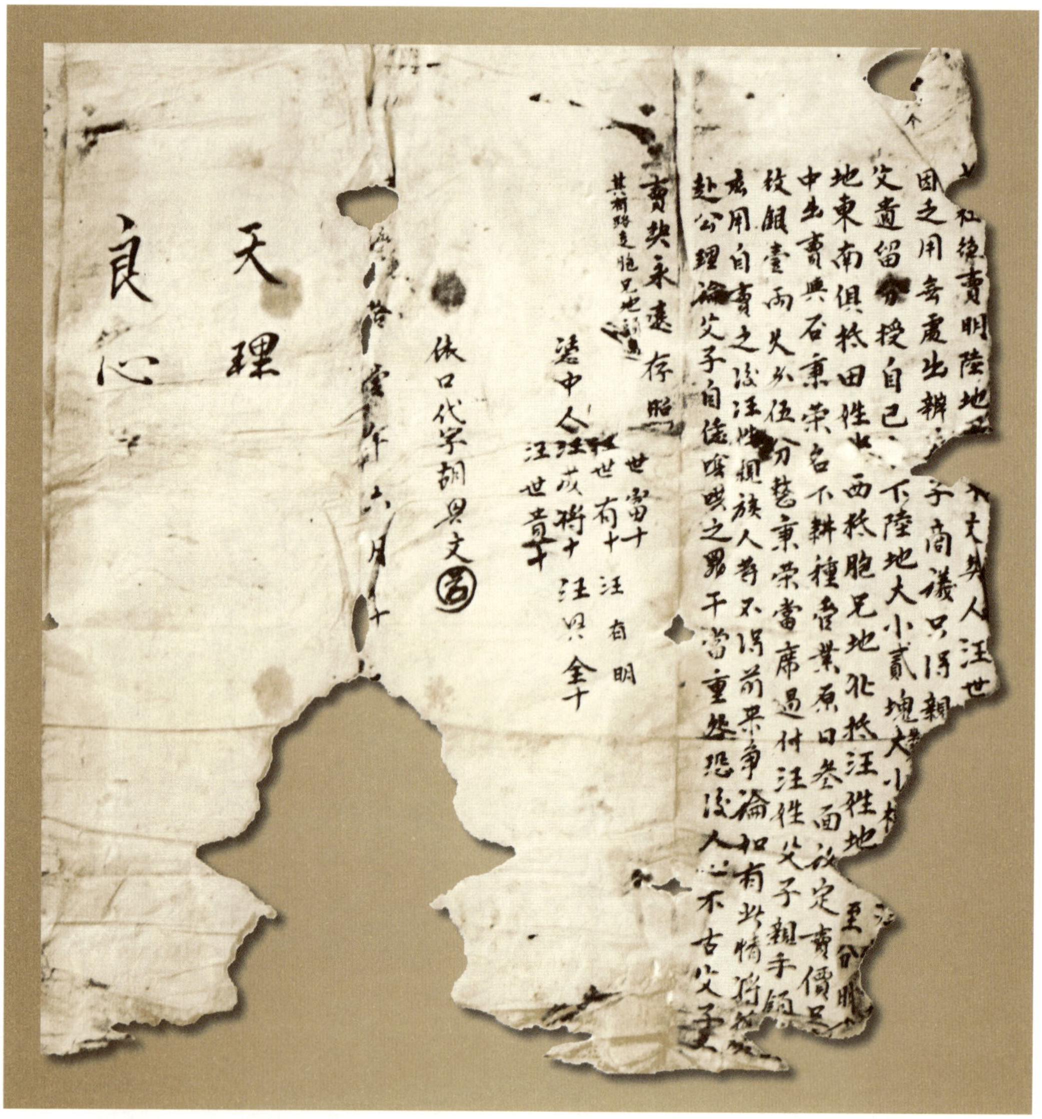

编号：scf-10

立杜绝卖明陆地□□文契人汪世□，□□□□□□，[为]因乏用，无处出办，[父]子商议，只得亲□□□□□□□父遗留分授自己（名）下陆地大小贰块，大小□□□□□□□地，东、南俱抵田姓[地]，西抵胞兄地，北抵汪姓地，[四]至分明，[今请凭]中出卖与石秉荣名下耕种管业。原日叁面议定卖价足色纹银壹两久（玖）钱伍分整。秉荣当席过付，汪姓父子亲手领明应用。自卖之后，汪姓亲族人等不得前来争论。如有此情，将纸□赴公理论，父子自任[套]哄之罪，干（甘）当重咎。恐后人心不古，父子立卖契永远存照。

其有路走胞兄地头过。

天　理　良　心

凭 中 人　汪世富　汪世有　汪有明　汪成将　汪兴全　汪世贵

依口代字　胡兴文

嘉庆十一年六月十□□

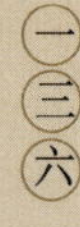

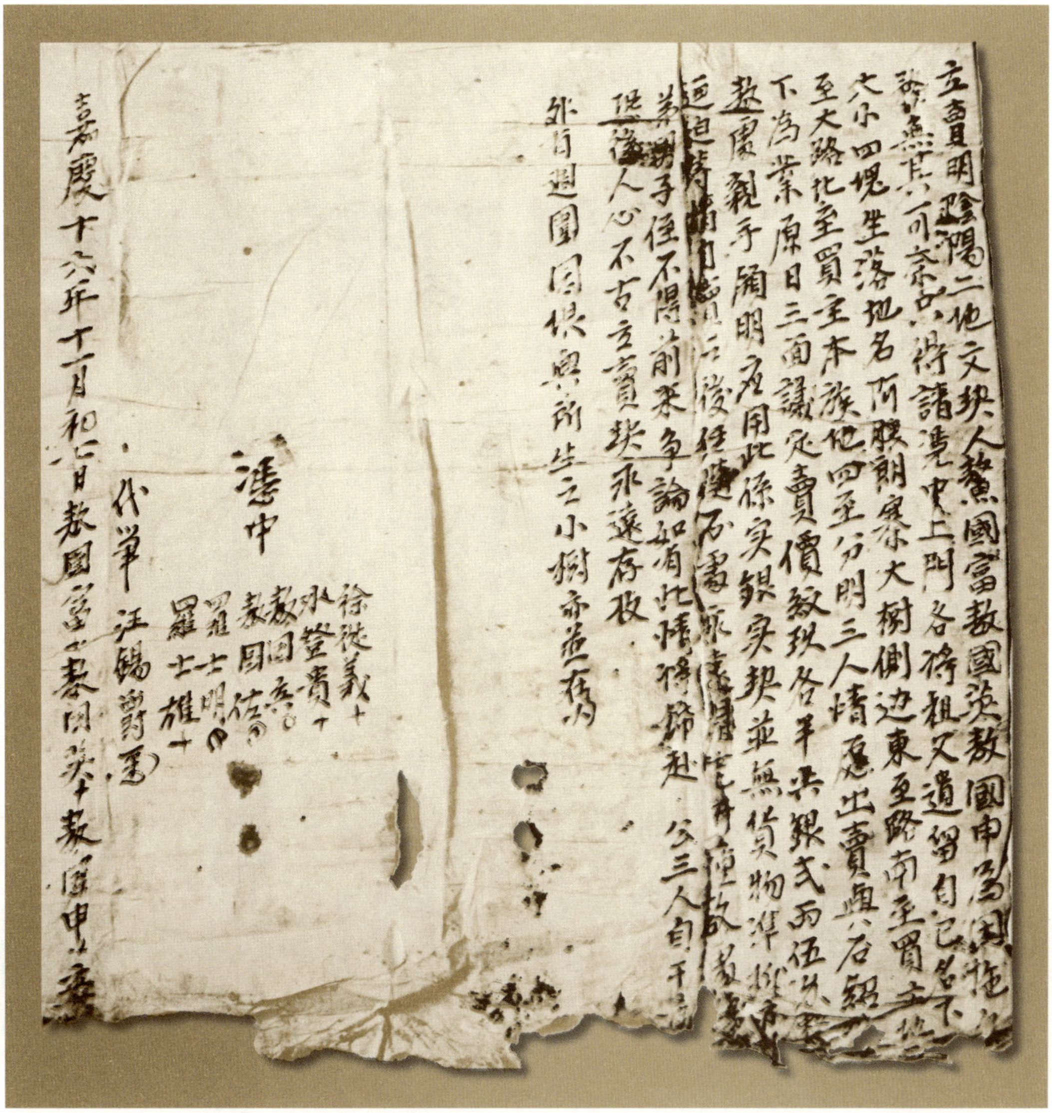

编号：scf-14

立卖明阴阳二地文契人敖国富、敖国英、敖国申，为因拖欠账务，无其可奈，只得请凭中上门，各将祖父遗留自己名下大小四块，坐落地名阿朗寨大树侧边，东至路，南至买主地，［西］至大路，北至买主本族地，四至分明。三人情愿出卖与石绍□名下为业。原日三面议定卖价纹玖各半，共银贰两伍钱整。敖处亲手领明应用。此系实银实契，并无货物准折，亦非逼迫等情。自卖之后，任随石处永远开宅耕种，敖处□□弟男子侄不得前来争论。如有此情，将纸赴公，三人自干（甘）重［咎］。恐后人心不古，立卖契永远存收。

外有周围园垠与所生之小树亦并在内。

凭中　徐从义　水登贵　敖国兵　敖国佐　罗士明　罗士雄

代笔　汪锡爵

嘉庆十六年十一月初七日　敖国富　敖国英　敖国申　立卖

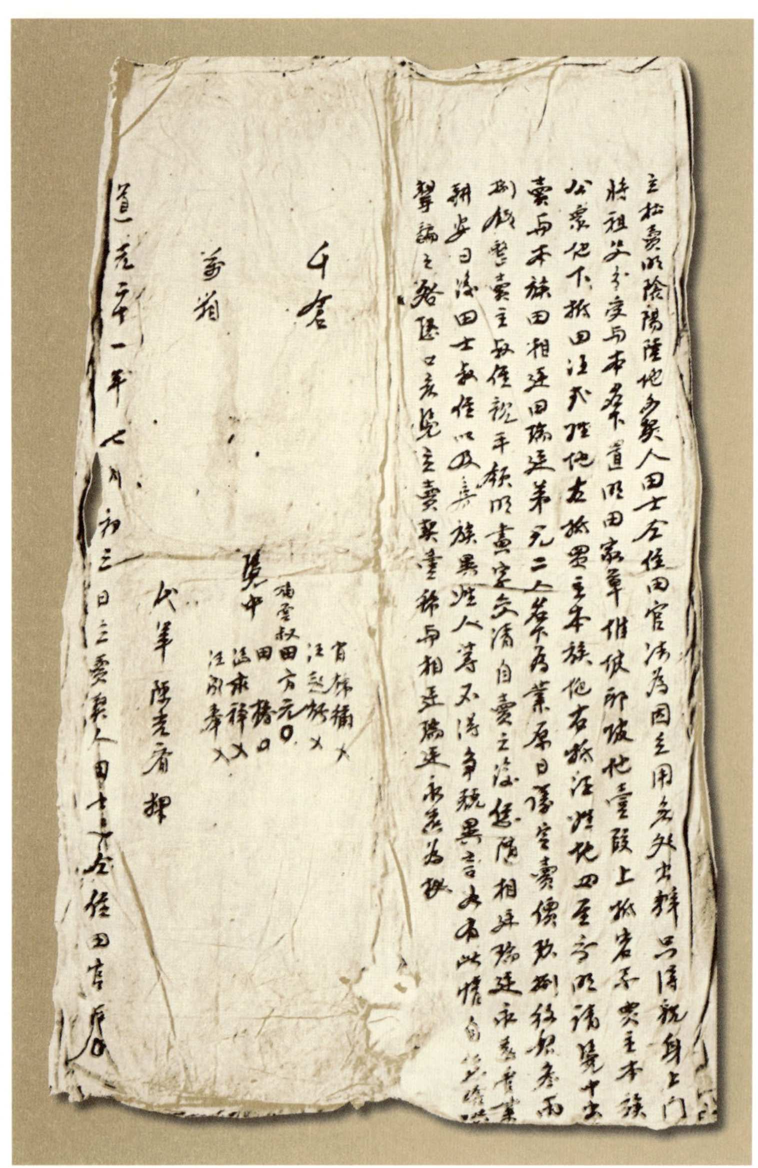

编号：tma–10

立杜卖明阴阳陆地文契人田士，同侄田官清，为因乏用，无处出辨（办），只得亲身上门，将祖父分受（授）与本名下置明田家草堆坡□坡地壹段，上抵岩，系买主本族公众地，下抵田汪贰姓，左抵买主本族地，右抵汪姓地，四至分明，请凭中出卖与本族田相廷、田瑞廷弟兄二人名下为业。原日议定卖价玖捌纹银叁两捌钱整。卖主叔侄亲手领明，画字交清。自卖之后，任随相廷、瑞廷永远管业耕安，日后田士叔侄以及房族异姓人等不得争论异言。如有此情，自任套哄掣骗之咎。恐口无凭，立卖契壹纸与相廷、瑞廷永远为据。

千仓　万箱

凭　　中　肖棉补　汪赵能　族堂叔田方元　田椿　冯求祥　汪成奉

代　　笔　陈光齐

道光二十一年七月初三日　立卖契人　田　士　同侄田官清

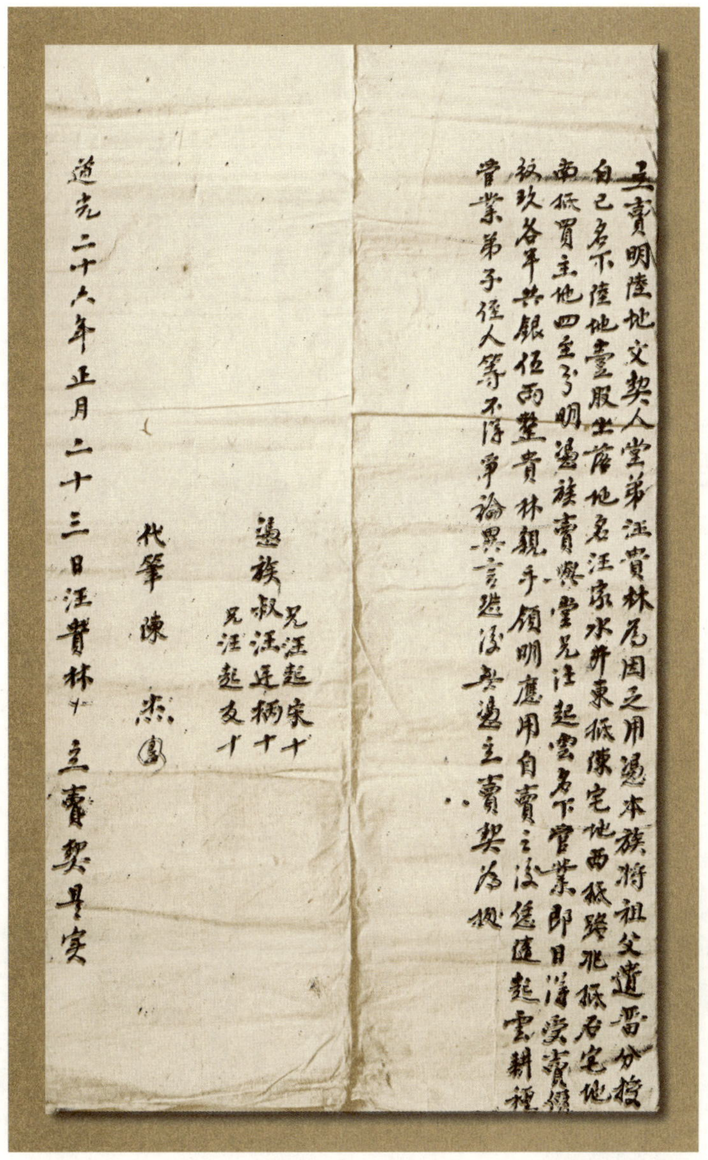

编号：wzc–56

立卖明陆地文契人堂弟汪贵林，为因乏用，凭本族将祖父遗留分授自己名下陆地壹股，坐落地名汪家水井，东抵陈宅地，西抵路，北抵石宅地，南抵买主地，四至分明。凭族卖与堂兄汪起云名下管业，即日得受卖价纹玖各半共银伍两整。贵林亲手领明应用。自卖之后，任随起云耕种管业，弟子侄人等不得争论异言。恐后无凭，立卖契为据。

凭族　兄汪起宋　叔汪廷柄　兄汪起友

代笔　陈　杰

道光二十六年正月二十三日　汪贵林　立卖契是实

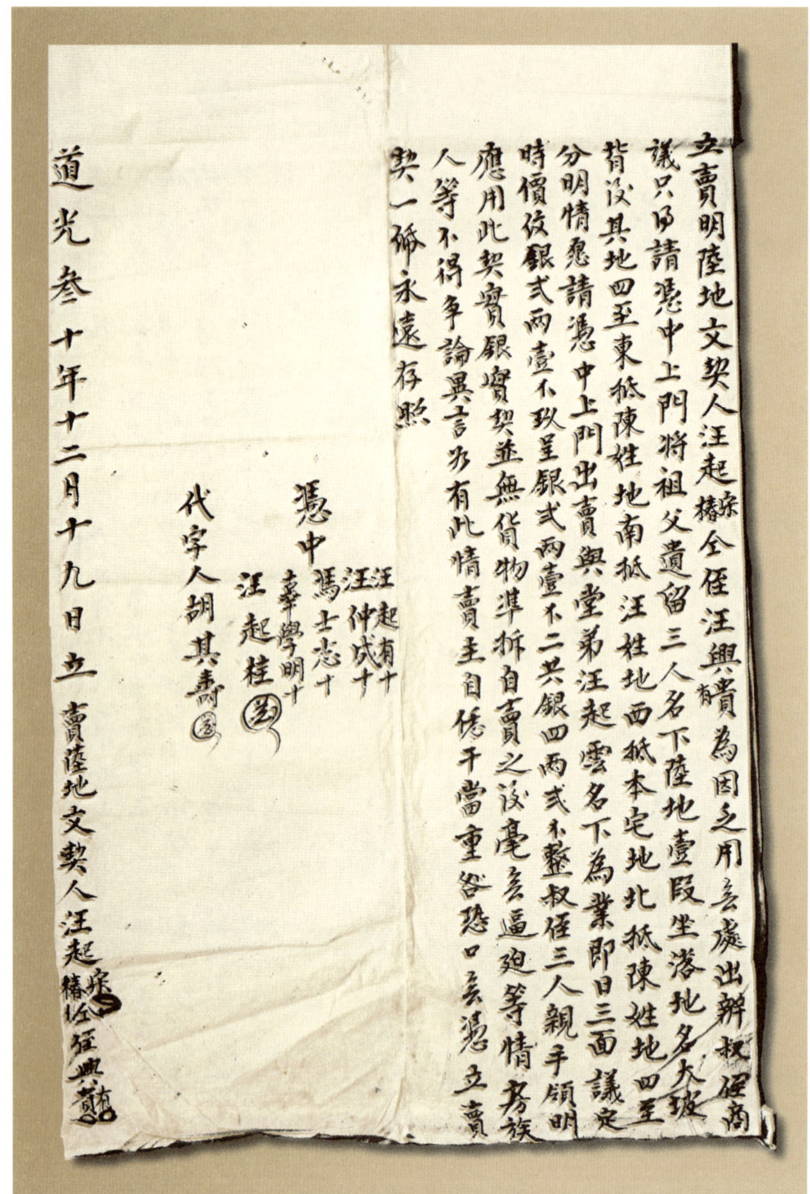
立賣明陸地文契人汪起宋椿仝侄汪興貴有為因乏用無處出辦叔侄商
議只得請憑中上門將祖父遺留三人名下陸地壹股坐落地名大坡
背後其地四至東抵陳姓地南抵汪姓地西抵本宅地北抵陳姓地四至
分明情愿請憑中上門出賣與堂弟汪起雲名下為業即日三面議定
時價紋銀貳兩壹不玖呈銀貳兩壹不二共銀四兩貳不整叔侄三人親手領明
應用此契實銀實契並無貨物準拆自賣之後毫無逼迫等情房族
人等不得爭論異言如有此情賣主自恁干當重咎恐口無憑立賣
契一紙永遠存照

憑中 汪起有十 汪仲成十 馮士志十 辜學明十 汪起桂
代字人胡其壽

道光叁十年十二月十九日立 賣陸地文契人汪起宋椿仝侄興貴

编号：wzc-28

立卖明陆地文契人汪起宋、汪起椿，同侄汪兴贵、汪兴有，为因乏用，无处出辨（办），叔侄商议，只得请凭中上门，将祖父遗留三人名下陆地壹股，坐落地名大坡背后，其地四至：东抵陈姓地，南抵汪姓地，西抵本宅地，北抵陈姓地，四至分明，情愿请凭中上门出卖与堂弟汪起云名下为业。即日三面议定时价纹银贰两壹钱、玖呈（成）银贰两壹钱，二共银四两贰钱整。叔侄三人亲手领明应用，此契实银实契，并无货物准拆（折）。自卖之后，毫无逼迫等情，房族人等不得争论异言。如有此情，卖主自恁（认），干（甘）当重咎。恐口无凭，立卖契一纸永远存照。

凭　　中　汪起有　汪仲成　冯士志　辜学明　汪起桂
代　字　人　胡其寿
道光三十年十二月十九日　立卖陆地文契人　汪起宋　汪起椿　同侄兴有　兴贵

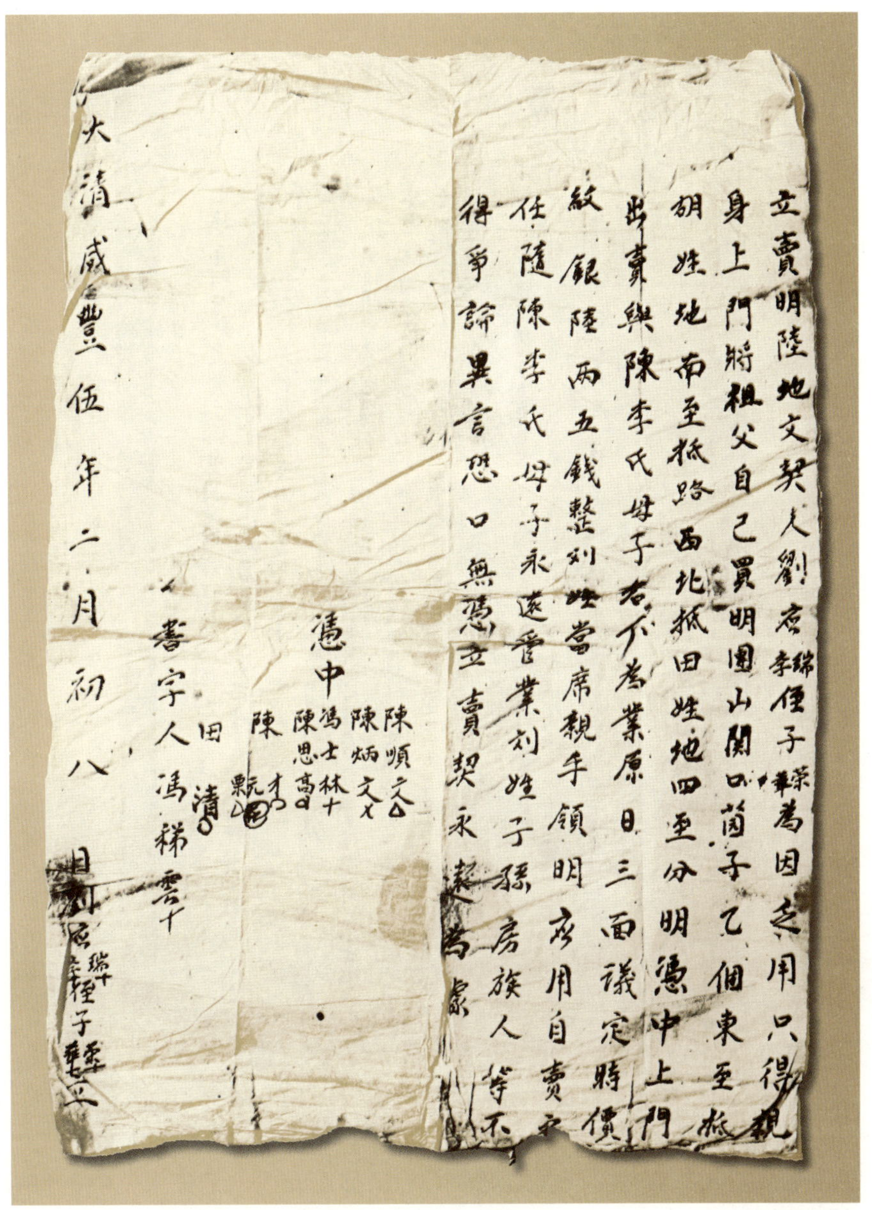
立賣明陸地文契人劉應瑞應學侄子榮華為因乏用只得親
身上門將祖父自己買明團山関口園子乙個東至抵
胡姓地南至抵路西北抵田姓地四至分明憑中上門
出賣與陳李氏母子名下為業原日三面議定時價
紋銀陸兩五錢整劉姓當席親手領明應用自賣之
任隨陳李氏母子永遠管業劉姓子孫房族人等不
得爭論異言恐口無憑立賣契永遠為據

憑中 陳順文 陳炳文 馮士林 陳思高 陳才 陳元 陳栗 田清

書字人 馮稊雲

大清咸豐伍年二月初八日 劉應瑞 應學 侄子榮 華 立

编号：wzc-69

立卖明陆地文契人刘应瑞、刘应学，侄子荣、子华，为因乏用，只得亲身上门，将祖父自己买明团山关口园子乙（壹）个，东至抵胡姓地，南至抵路，西、北抵田姓地，四至分明，凭中上门出卖与陈李氏母子名下为业。原日三面议定时价纹银陆两五钱整。刘姓当席亲手领明应用。自卖之后，任随陈李氏母子永远管业，刘姓子孙房族人等不得争论异言。恐口无凭，立卖契永远为据。

凭　中　陈顺文　陈炳文　冯士林　陈思高

陈　才　陈　元　陈　栗　田　清

书字人　冯稊云

大清咸丰五年二月初八日　刘应瑞　刘应学　侄子荣　子华　立

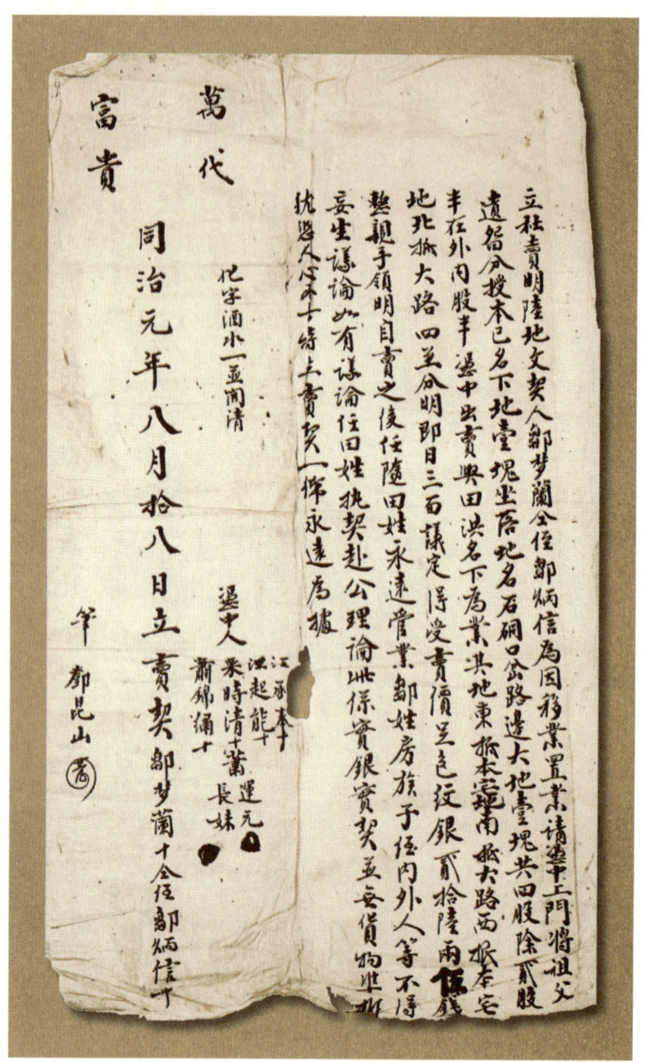

编号：tyg-28

立杜卖明陆地文契人邹梦兰，同侄邹炳信，为因移业置业，请凭中上门，将祖父遗留分授本己名下地壹块，坐落地名石硐口[①]岔路边，大地壹块共四股，除贰股半在外，内股半凭中出卖与田洪名下为业。其地东抵本宅地，南抵大路，西抵本宅地，北抵大路，四至分明。即日三面议定得受卖价足色纹银贰拾陆两伍钱整。亲手领明。自卖之后，任随田姓永远管业，邹姓房族子侄内外人等不得妄生议论。如有议论，任田姓执契赴公理论。此系实银实契，并无货物准折。犹恐人心不古，特立卖契一纸永远为据。

化（画）字酒水一并开清。

万　代　富　贵

凭中人　汪承奉　汪起能　叶时清　萧锦绣　万连元　万长妹

同治元年八月拾八日　立卖契　邹梦兰　同侄邹炳信

笔　邓昆山

① 石硐口，贵州一地名，后人有写作“石洞口”。

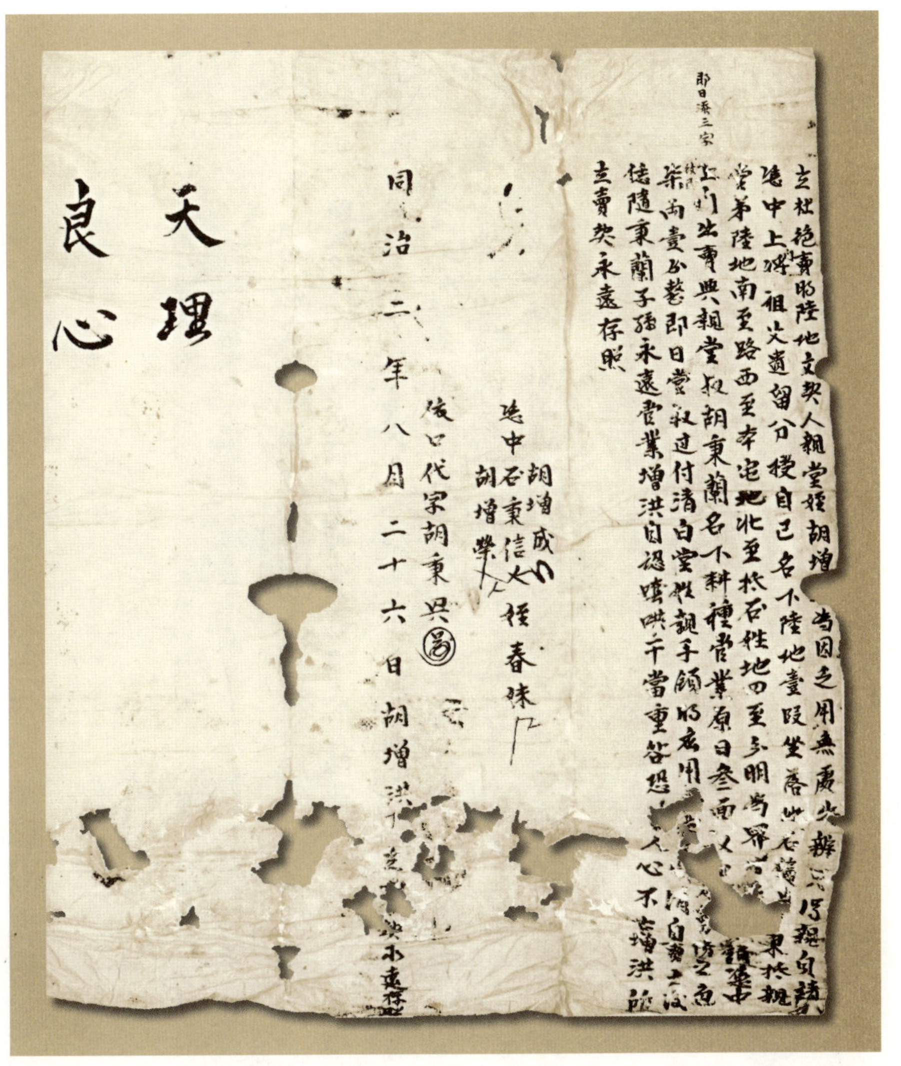

编号：scf-8

立杜绝卖明陆地文契人亲堂侄胡增［洪］，为因乏用，无处出办，只得亲身请凭中上门，将祖父遗留分授自己名下陆地壹段，坐落地名偏岩，东抵亲堂弟陆地，南至路，西至本宅地，北至抵石姓地，四至分明为界。［今］请凭中上门，出卖与亲堂叔胡秉兰名下耕种管业。原日叁面议定［卖价足］色纹良（银）柒两壹钱整。即日堂叔过付清白，堂侄亲手领明应用。□□□□自卖之后，任随秉兰子孙永远管业。增洪自认套哄，干（甘）当重咎。恐［后］人心不古，增洪立卖契永远存照。

即日添三字。

天　理　良　心

凭　　中　胡增成　石秉信　侄春妹　胡增荣

依口代字　胡秉兴

同治二年八月二十六日　胡增洪　立卖契永远存照

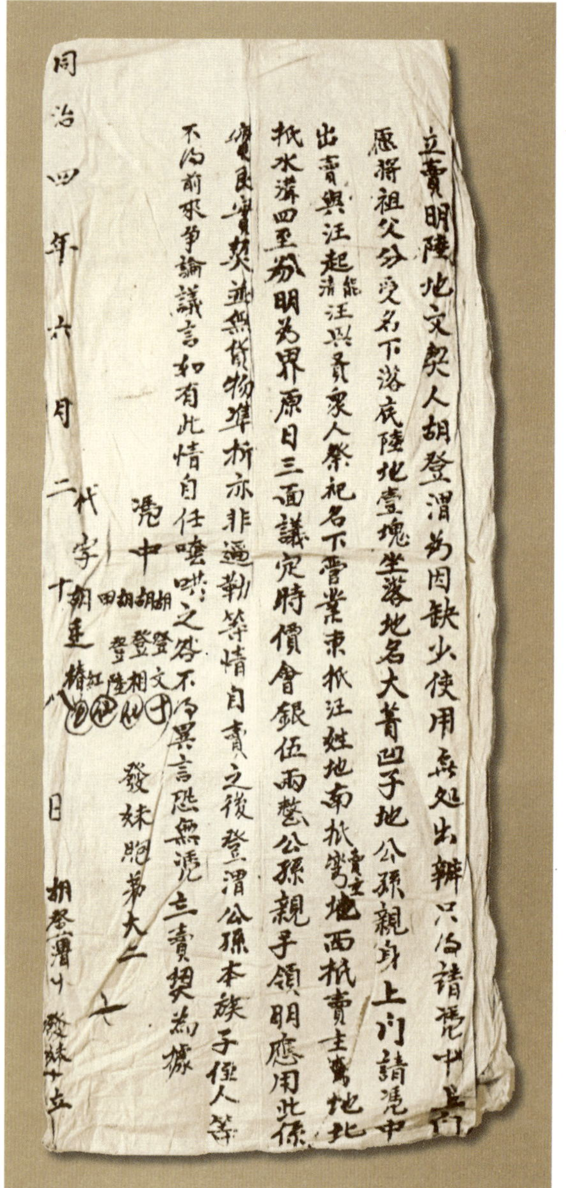

编号：wzc–36

立卖明阴地文契人胡登渭，为因缺少使用，无处出办，只得请凭中上门，愿将祖父分受（授）名下落底陆地壹块，坐落地名大箐凹子地，公孙亲身上门，请凭中出卖与汪起能、汪起清、汪兴贤众人祭祀名下管业。东抵汪姓地，南抵卖主地，西抵卖主地，北抵水沟，四至分明为界。原日三面议定时价会银伍两整。公孙亲手领明应用。此系实银实契，并无货物准折，亦非逼勒等情。自卖之后，登渭公孙本族子侄人等不得前来争论议（异）言。如有此情，自任套哄之咎，不得异言。恐无凭，立卖契为据。

凭中　胡登文　胡登相　胡登陆　田红　发妹　胞弟大二

代字　胡廷椿

同治四年六月二十八日　胡登渭　发妹　立

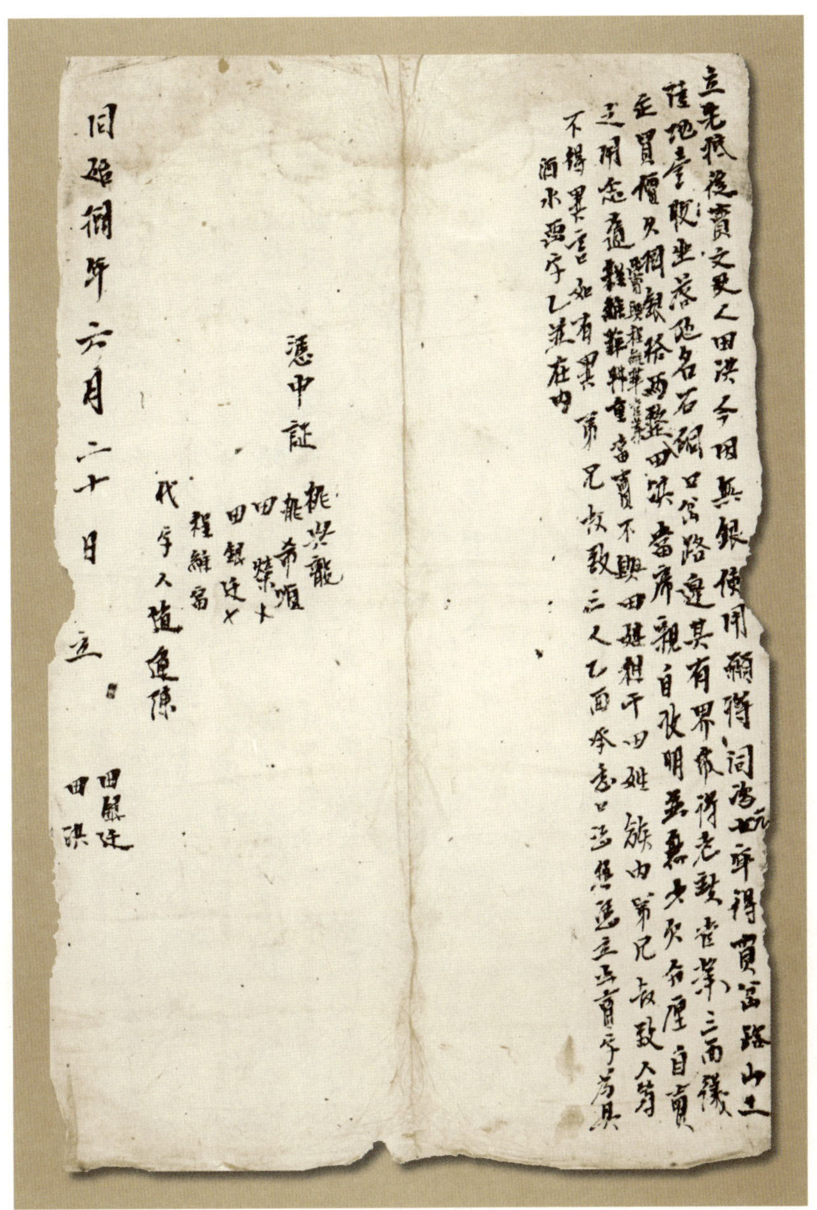

编号：tyg–26

立先抵后卖文契人田洪，今因无银使用，愿将同咨（治）元年得买岔路山上陆地一股，坐落地名石硐口岔路边，其有界纸得老□管业，三面议定买价久（玖）捌银拾两整。田洪当席亲自收明，并无少欠分厘。自卖之用，任随出卖与程维华耕种，当卖不与田姓相干。田姓族内弟兄叔致（侄）人等不得异言。如有异，弟兄叔致（侄）三人乙（一）面承。空口无凭，立出卖字为具（据）。酒水画字乙（一）并在内。

凭中证　桃兴龙　桃希顺　田　荣　田银廷　程维富

代字人　赵运陈

同治八年六月二十日　　立　　田银廷　田　洪

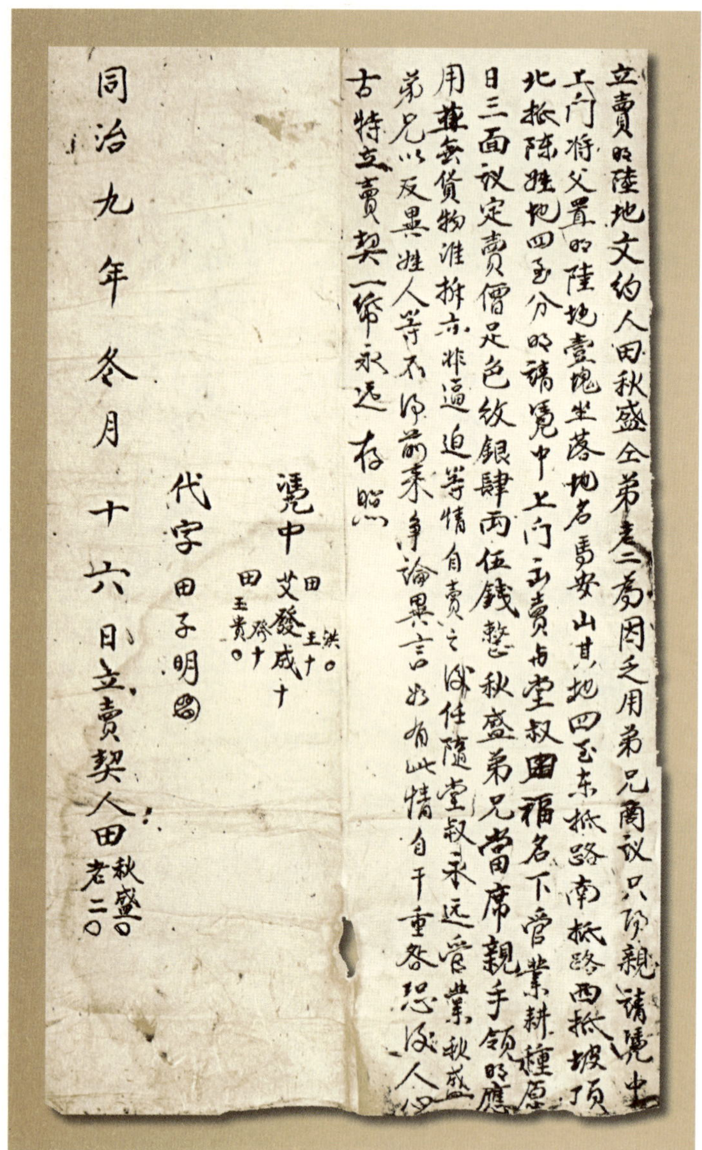

编号：tyg-24

立卖明陆地文约人田秋盛，同弟老二，为因乏用，弟兄商议，只得亲请凭中上门，将父置明陆地壹块，坐落地名马安（鞍）山，其地四至：东抵路，南抵路，西抵坡顶，北抵陈姓地，四至分明，请凭中上门，出卖与堂叔田福名下管业耕种。原日三面议定卖价足色纹银肆两伍钱整。秋盛弟兄当席亲手领明应用，并无货物准折，亦非逼迫等情。自卖之后，任随堂叔永远管业，秋盛弟兄以及异姓人等不得前来争论异言。如有此情，自干（甘）重咎。恐后人心不古，特立卖契一纸永远存照。

凭　　中　田　洪　田　玉　艾发成　田　发　田玉贵

代　　字　田子明

同治九年冬月十六日　立卖契人　田秋盛　田老二

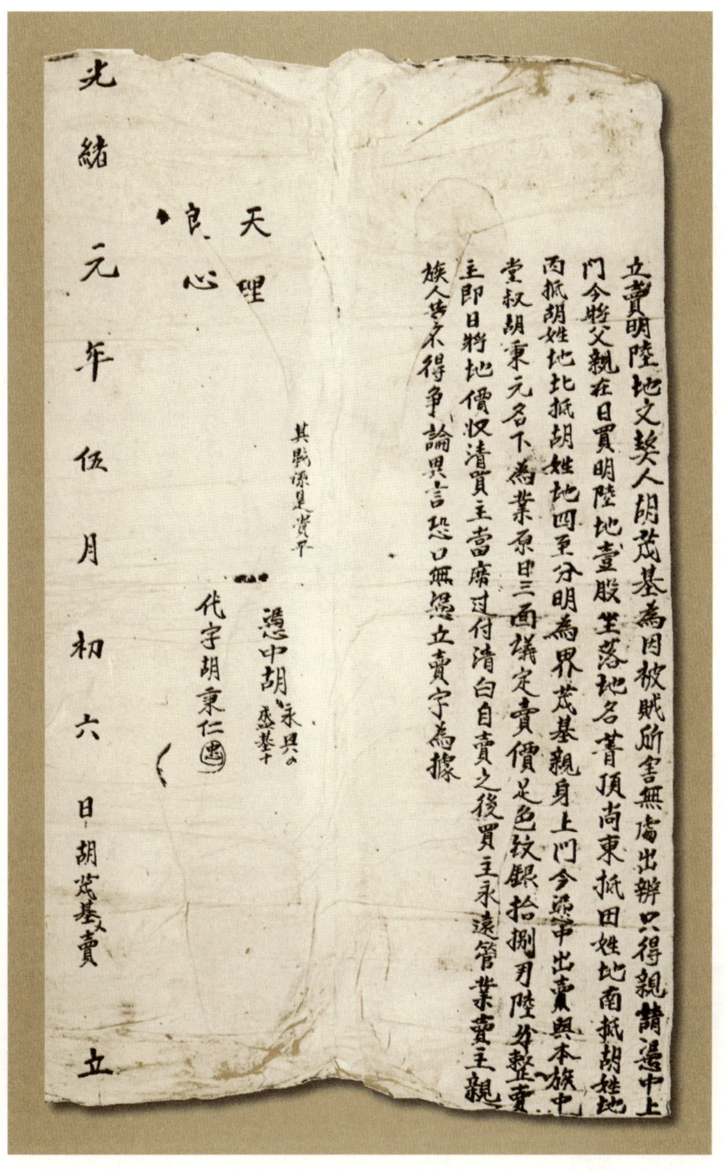

编号：sls–19

立卖明陆地文契人胡茂基，为因被贼所害，无处出辩（办），只得亲请凭中上门，今将父亲在日买明陆地壹股，坐落地名菁（箐）顶尚（上），东抵田姓地，南抵胡姓地，西抵胡姓地，北抵胡姓地，四至分明为界。茂基亲身上门，今凭中出卖与本族中堂叔胡秉元名下为业。原日三面议定卖价足色纹银拾捌两陆钱整。卖主即日将地价收清，买主当席过付清白。自卖之后，买主永远管业，卖主亲族人等不得争论异言。恐口无凭，立卖字为据。

其戳系是贵平。

天　理　良　心

凭中　胡永兴　胡盛基

代字　胡秉仁

光绪元年五月初六日　胡茂基　卖立

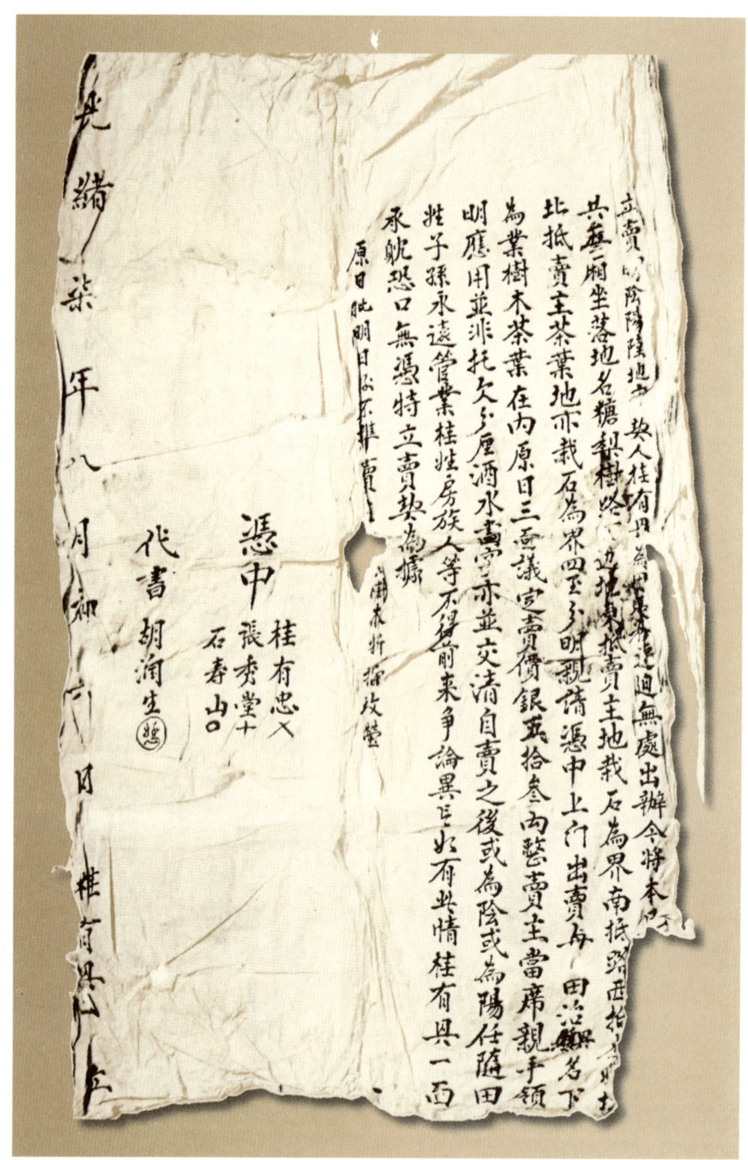

编号：tma-7

立卖明阴阳陆地文契人桂有兴，为因账务逼迫，无处出办，今将本己□□□□□□□共叁厢，坐落地名糖梨树路下边，地东抵卖主地，栽石为界，南抵路，西抵□□□，北抵卖主茶叶地，亦栽石为界，四至分明，亲请凭中上门，出卖与田治兴名下为业。树木茶叶在内。原日三面议定卖价银五拾叁两整。卖主当席亲手领明应用，并非托（拖）欠分厘，酒水画字亦（一）并交清。自卖之后，或为阴或为阳，任随田姓子孙永远管业，桂姓房族人等不得前来争论异言。如有此情，桂有兴一面承耽（担）。恐口无凭，特立卖契为据。

原日批明：日后不准卖主□□树木折□坟茔。

凭中　桂有忠　张秀堂　石寿山

代书　胡润生

光绪七年八月初六日　桂有兴　立

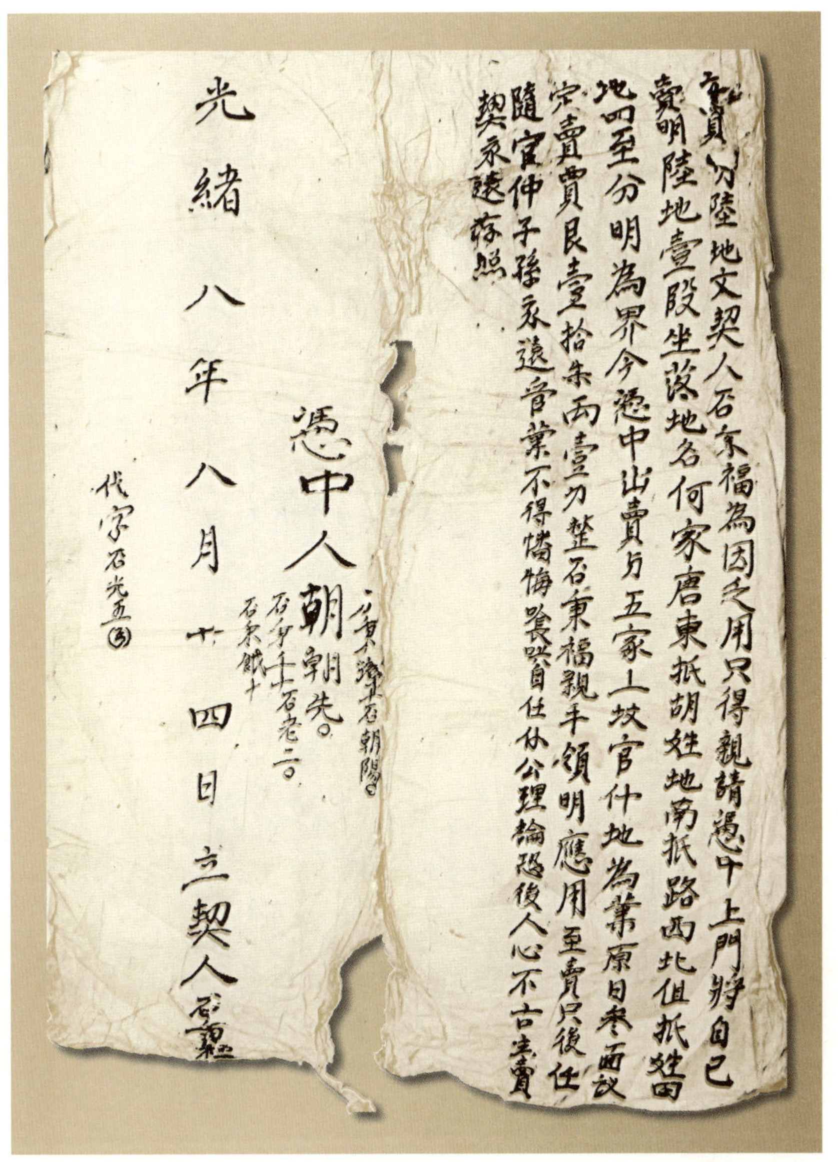

编号：srg-17

立卖明陆地文契人石秉福，为因乏用，只得亲请凭中上门，将自己卖（买）明陆地壹段，坐落地名何家唐（塘），东抵胡姓地，南抵路，西、北俱抵姓田地，四至分明为界，今凭中出卖与五家上坟官什地为业。原日叁面议定卖贾（价）银壹拾柒两壹钱整。石秉福亲手领明应用。至（自）卖只（之）后，任随官仲子孙永远管业。不得翻悔、套哄，自任（认）仆（赴）公理论。恐后人心不古，立卖契永远存照。

	凭中人	石秉璋　石朝阳　胡朝先　石秉千　石老二　石秉钺
光绪八年八月二十四日	立契人	石秉福
	代　字	石光五

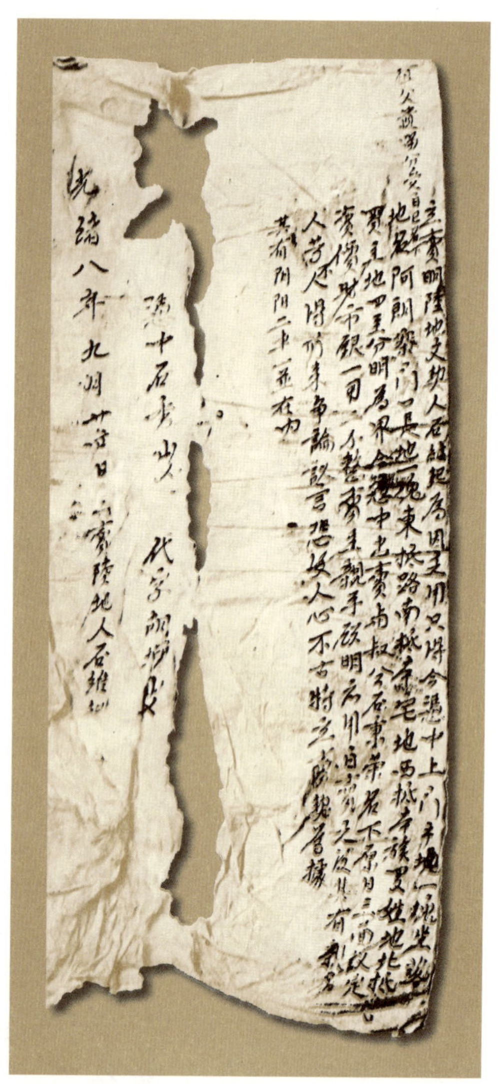

编号：scf-15

立卖明陆地文契人石维起，为因乏用，只得今（请）凭中上门，土地一块，祖父遗留分授自己名下，坐落地名阿朗寨门口长地一块，东抵路，南抵本宅地，西抵本族罗姓地，北抵买主地，四至分明为界，今凭中出卖与叔公石秉荣名下。原日三面议定卖价时市银一两二钱整。卖主亲手领明应用。自卖之后，其有亲房人等不得前来争论议（异）言。恐后人心不古，特立卖契为据。

其有阴阳二车一并在内。

凭　　中　石秀山
代　　字　胡增山
光绪八年九月二十四日　立卖陆地人　石维起　字

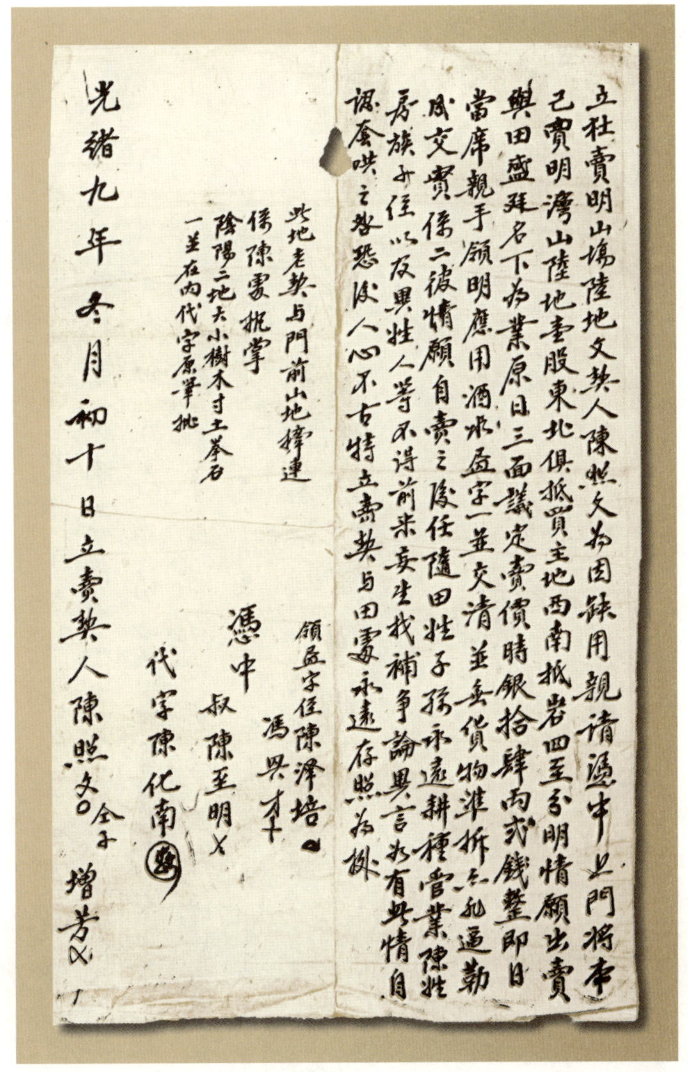
立杜賣明山場陸地文契人陳照文為因缺用親請憑中上門將本己買明灣山陸地壹股東北俱抵買主地西南抵岩四至分明情願出賣與田盛廷名下為業原日三面議定賣價時銀拾肆两貳錢整即日當席親手領明應用酒水畫字一並交清並無貨物準折亦非逼勒成交實係二彼情願自賣之後任隨田姓子孫永遠耕種管業陳姓房族子侄以及異姓人等不得前來妄生找補爭論異言如有此情自認套哄之咎恐後人心不古特立賣契與田處永遠存照為據

此地老契與門前山地牽連 係陳處執掌 陰陽二地大小樹木寸土拳石 一並在內代字原筆批

領畫字侄陳澤培
憑中 馮興才 叔陳至明
代字陳化南

光緒九年冬月初十日立賣契人陳照文 仝子 增芳

编号：tyg–19

立杜卖明山场陆地文契人陈照文，为因缺用，亲请凭中上门，将本己买明湾山陆地壹股，东、北俱抵买主地，西、南抵岩，四至分明，情愿出卖与田盛廷名下为业。原日三面议定卖价时银拾肆两贰钱整。即日当席亲手领明应用，酒水画字一并交清，并无货物准拆（折），亦非逼勒成交，实系二彼情愿。自卖之后，任随田姓子孙永远耕种管业，陈姓房族子侄以及异姓人等不得前来妄生找补、争论异言。如有此情，自认套哄之咎。恐后人心不古，特立卖契与田处永远存照为据。

此地老契与门前山地牵连，系陈处执掌。阴阳二地大小树木、寸土拳石一并在内。代字原笔批。

领画字　侄陈泽培
凭　中　冯兴才　叔陈至明
代　字　陈化南

光绪九年冬月初十日　立卖契人　陈照文　同子增芳

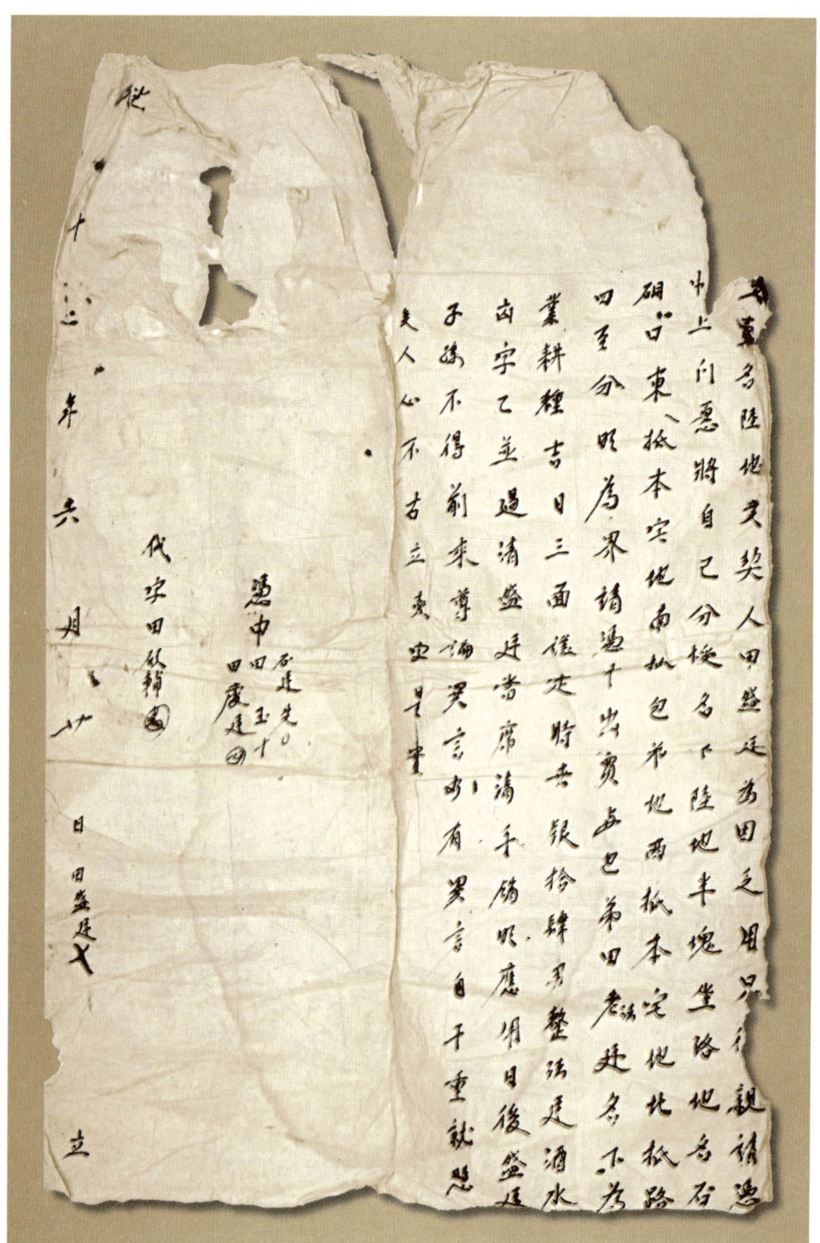

编号：tyg–36

立卖名（明）陆地文契人田盛廷，为因乏用，只得亲请凭中上门，愿将自己分授名下陆地半块，坐落地名石硐口，东抵本宅地，南抵包（胞）弟地，西抵本宅地，北抵路，四至分明为界，请凭中出卖与包（胞）弟田法廷名下为业耕种。吉（即）日三面议定时世（市）银拾肆两整。法廷酒水画字乙（一）并过清，盛廷当席清（亲）手领明应用。日后盛廷子孙不得前来争论异言。如有异言，自干（甘）重就（咎）。恐后人心不古，立卖字是实。

凭中　石廷先　田　玉　田庆廷

代字　田硕辅

光绪十二年六月二十日　田盛廷　立

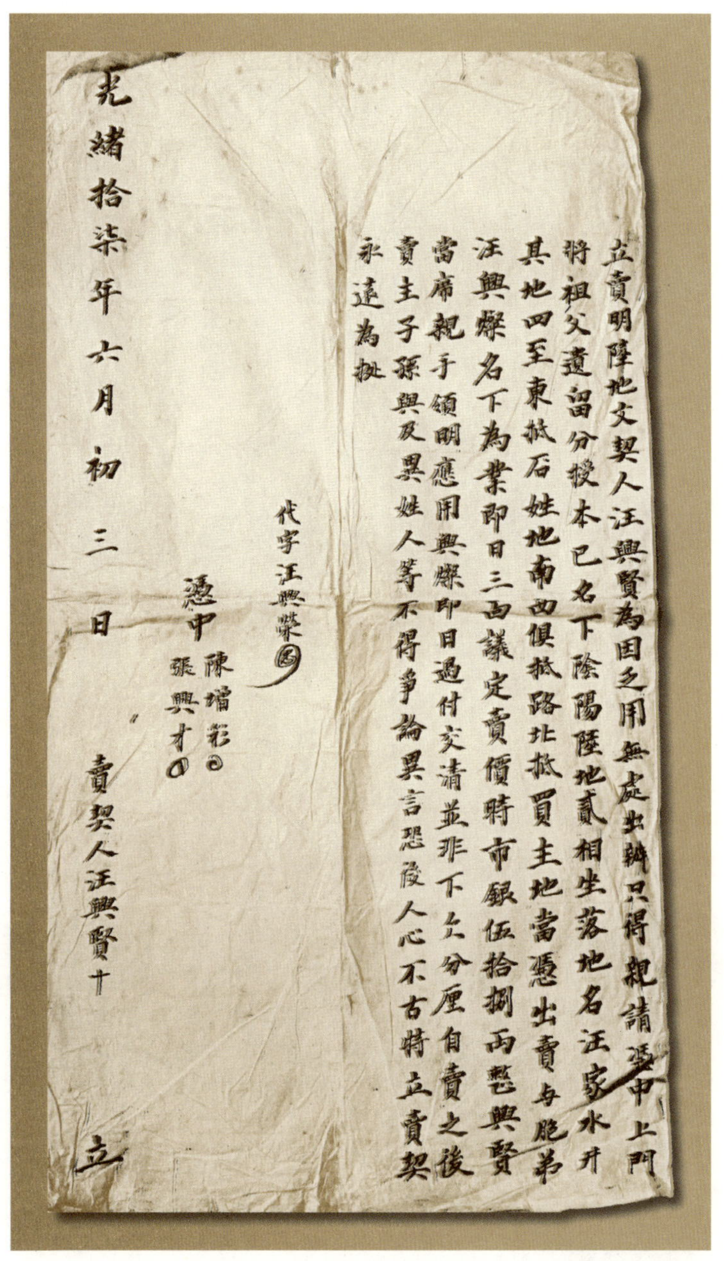
立賣明陸地文契人汪興賢為因乏用無處出辦只得親請憑中上門將祖父遺留分授本己名下陰陽陸地貳相坐落地名汪家水井其地四至東抵石姓地南西俱抵路北抵買主地當憑出賣与胞弟汪興燦名下為業即日三面議定賣價時市銀伍拾捌兩整興賢當席親手領明應用興燦即日過付交清並非下欠分厘自賣之後賣主子孫與及異姓人等不得爭論異言恐後人心不古特立賣契永遠為據

代字 汪興榮

憑中 陳増彩 張興才

光緒拾柒年六月初三日 賣契人汪興賢 立

编号：wzc-97

立卖明陆地文契人汪兴贤，为因乏用，无处出办，只得亲请凭中上门，将祖父遗留分授本己名下阴阳陆地贰相（厢），坐落地名汪家水井，其地四至：东抵石姓地，南、西俱抵路，北抵买主地，当凭出卖与胞弟汪兴灿名下为业。即日三面议定卖价时市银伍拾捌两整。兴贤当席亲手领明应用，兴灿即日过付交清，并非下欠分厘。自卖之后，卖主子孙与及异姓人等不得争论异言。恐后人心不古，特立卖契永远为据。

代　字　汪兴荣

凭　中　陈增彩　张兴才

光绪十七年六月初三日　卖契人　汪兴贤　立

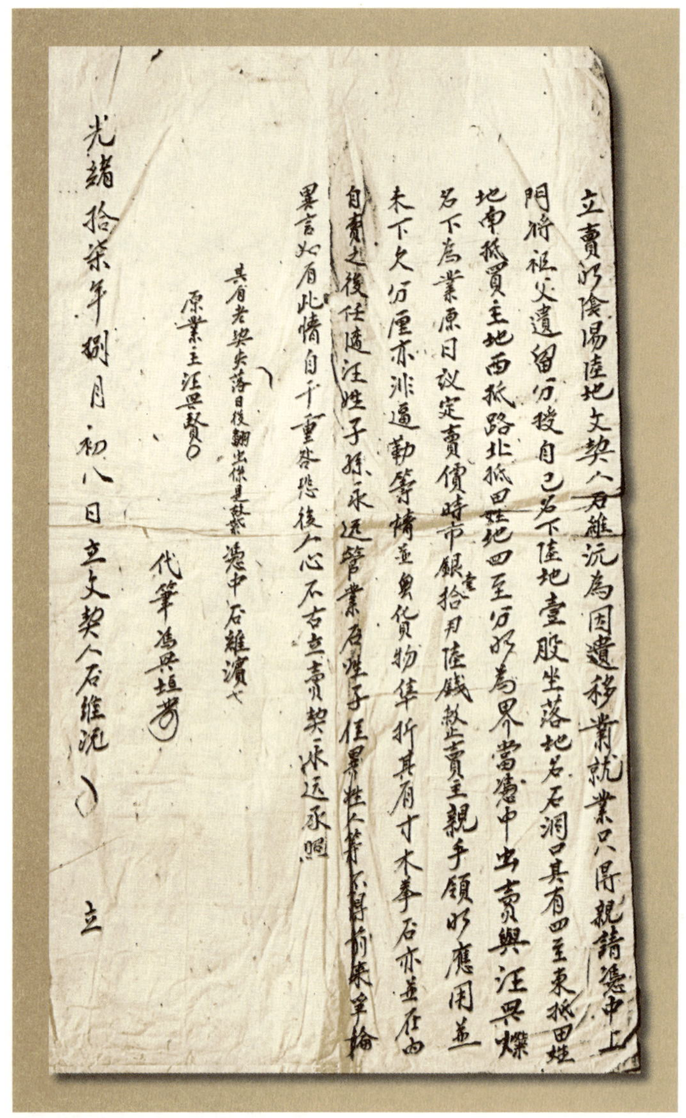

编号：wzc–34

立卖明阴阳陆地文契人石维沅，为因遗移业就业，只得亲请凭中上门，将祖父遗留分授自己名下陆地壹股，坐落地名石洞（硐）口，其有四至：东抵田姓地，南抵买主地，西抵路，北抵田姓地，四至分明为界，当凭中出卖与汪兴灿名下为业。原日议定卖价时市银壹拾两陆钱整。卖主亲手领明应用，并未下欠分厘，亦非逼勒等情，并无货物准折。其有寸木拳石亦（一）并在内。自卖之后，任随汪姓子孙永远管业，石姓子侄异姓人等不得前来争论异言。如有此情，自干（甘）重咎。恐后人心不古，立卖契永远存照。

其有老契失落，日后翻出系是故紫（纸）。

凭　　中　石维滨
原 业 主　汪兴贤
代　　笔　冯兴垣

光绪十七年八月初八日　立文契人　石维沅　立

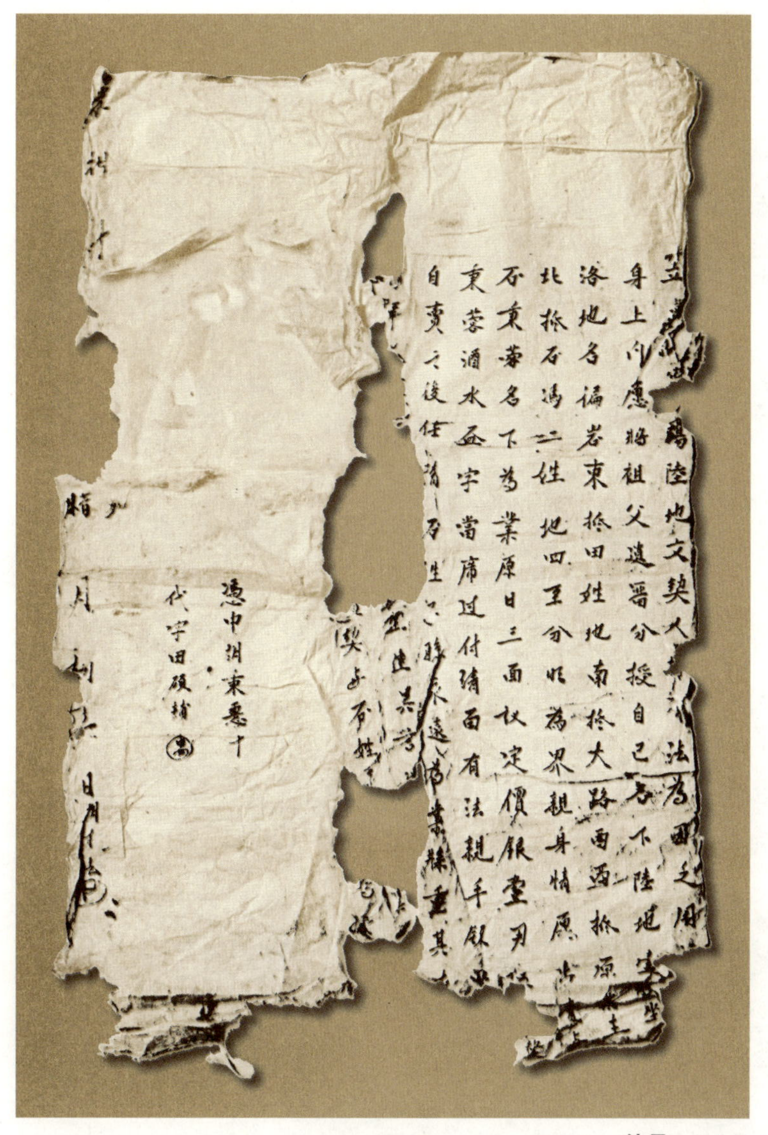

编号：scf-5

立卖［明阴］阳陆地文契人□有法，为因乏用，［只得亲］身上门，愿将祖父遗留分授自己名下陆地壹股，坐洛（落）地名偏岩，东抵田姓地，南抵大路，西抵原业主，北抵石冯二姓地，四至分明为界，亲身情愿出卖与石秉蓉名下为业。原日三面议定价银壹两伍［钱］整。秉蓉酒水画字当席过付清百（白），有法亲手领明［应用］。自卖之后，任隋（随）石姓子孙永远为业耕重（种）。其□□□□□□□□望（妄）生异言□□□□□□□□□契与石姓□□□□为据。

凭中　胡秉惠

代字　田硕辅

光绪十□年腊月初□日　胡有法

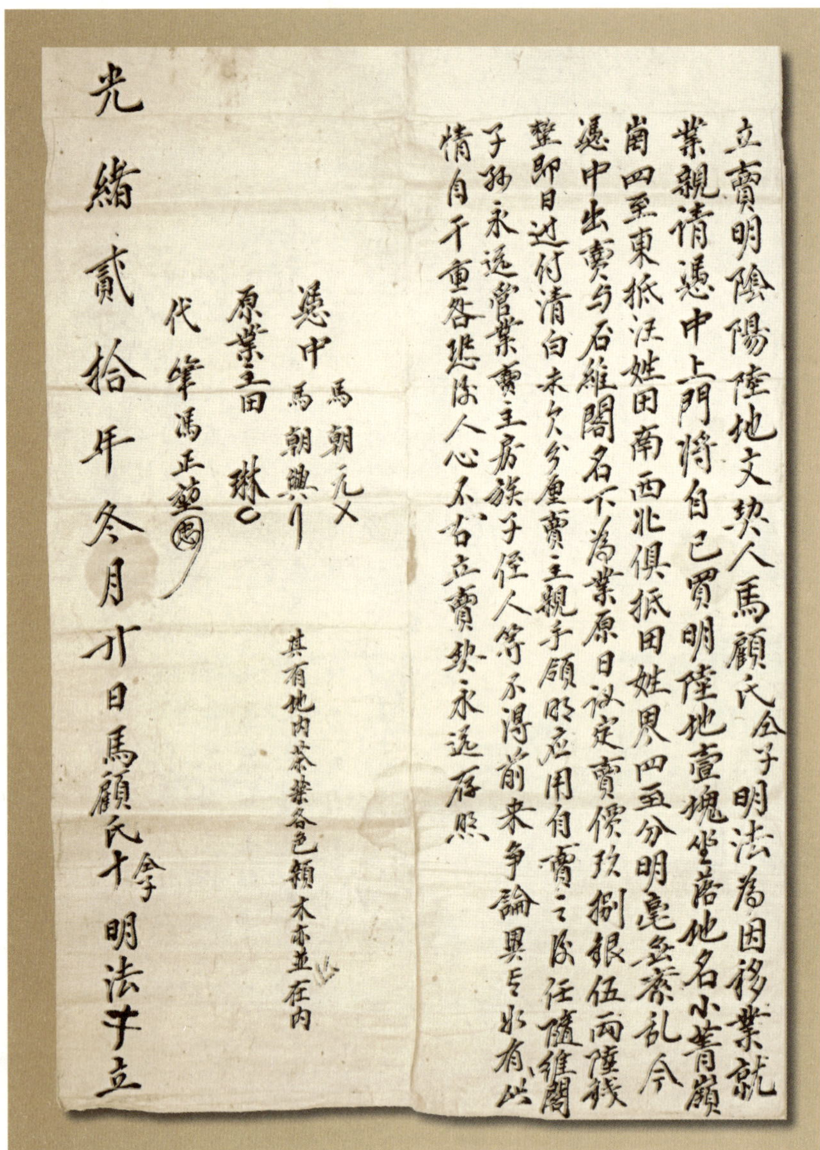

编号：sls-21

立卖明阴阳陆地文契人马顾氏，同子明法，为因移业就业，亲请凭中上门，将自己买明陆地壹块，坐落地名小菁（箐）岭岗，四至东抵汪姓田，南、西、北俱抵田姓界，四至分明，毫无紊乱，今凭中出卖与石维阁名下为业。原日议定卖价玖捌银伍两陆钱整。即日过付清白，未欠分厘。卖主亲手领明应用。自卖之后，任随维阁子孙永远管业，卖主房族子侄人等不得前来争论异言。如有此情，自干（甘）重咎。恐后人心不古，立卖契永远存照。

其有地内茶业、各色杂木亦（一）并在内。

凭　中　马朝元　马朝兴

原业主　田　琳

代　笔　冯正堃

光绪二十年冬月二十日　马顾氏　同子明法　立

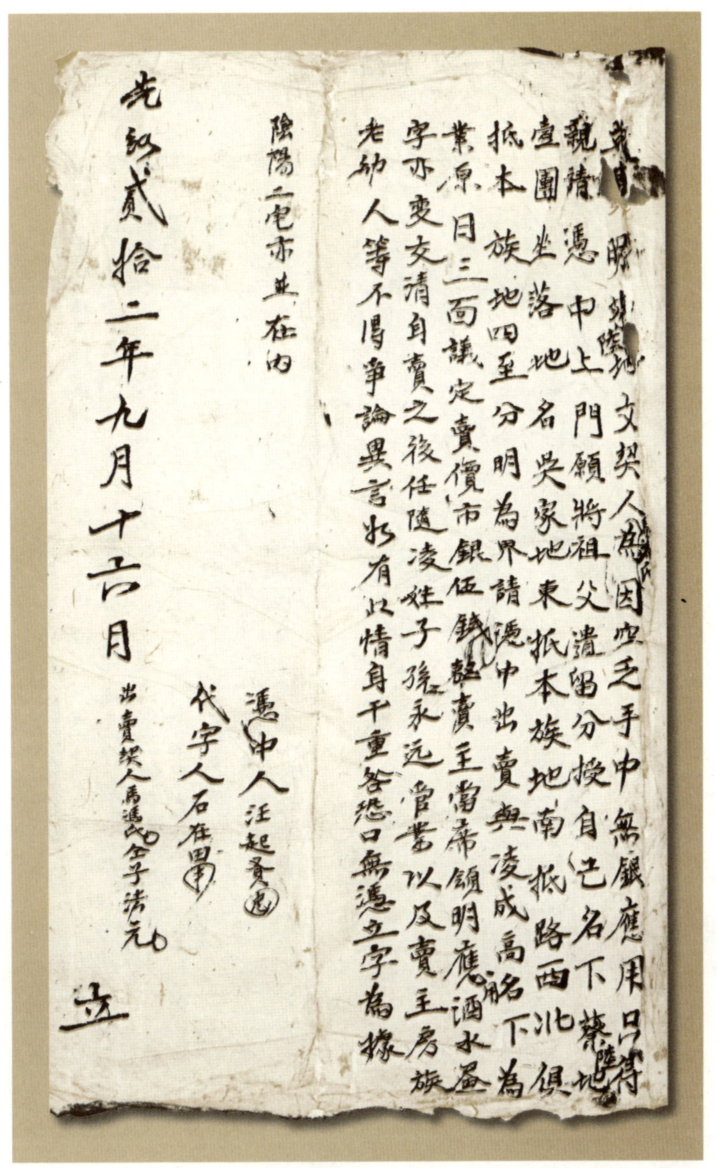

编号：mxq–1

立卖明蔡（菜）陆地文契人马冯氏，为因空乏，手中无银应用，只得亲请凭中上门，原（愿）将祖父遗留分授自己名下蔡（菜）陆地壹团，坐落地名吴家地，东抵本族地，南抵路，西、北俱抵本族地，四至分明为界，凭中出卖与凌成高名下为业。原日三面议定卖价市银伍钱整。卖主当席领明应用，酒水画字亦（一）变（并）交清。自卖之后，任随凌姓子孙永远管业，以及卖主房族老幼人等不得争论异言。如有此情，自干（甘）重咎。恐口无凭，立字为据。

阴阳二宅亦（一）并在内。

凭 中 人　汪起贤

代 字 人　石在田

光绪二十二年九月十六日　出卖契人　马冯氏　同子法元　立

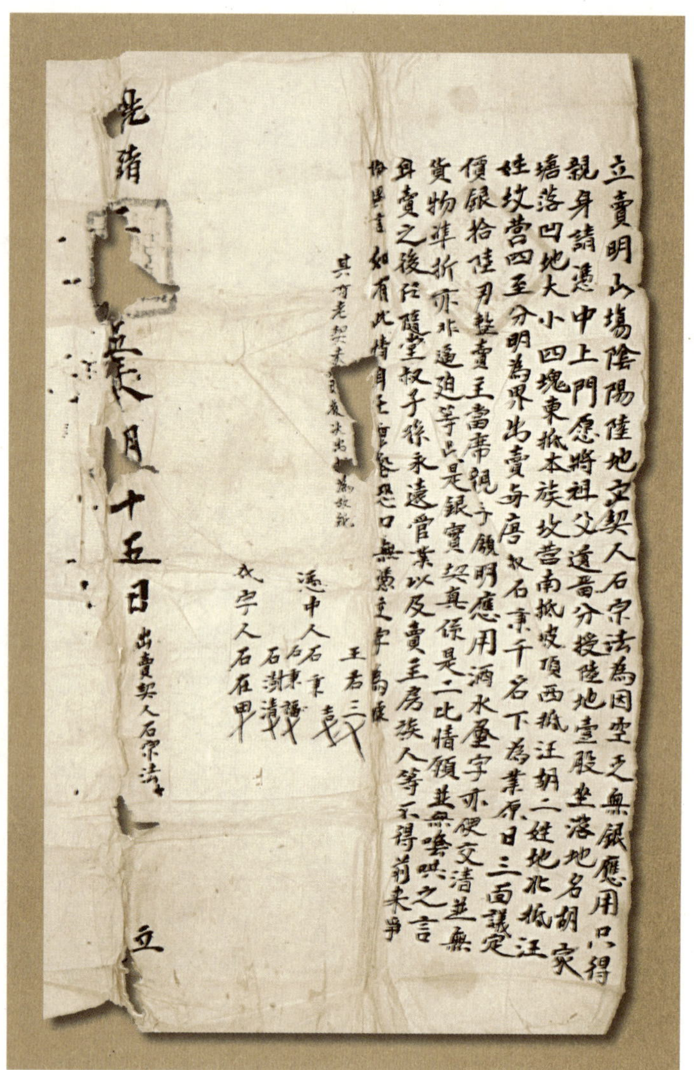

编号：srg–9

立卖明山场阴阳陆地文契人石宗法，为因空乏，无银应用，只得亲身请凭中上门，愿将祖父遗留分授陆地壹股，坐落地名胡家塘落凹地，大小四块，东抵本族坟营（茔），南抵坡顶，西抵汪胡二姓地，北抵汪姓坟营（茔），四至分明为界，出卖与唐（堂）叔石秉千名下为业。原日三面议定价银拾陆两整。卖主当席亲手领明应用，酒水画字亦（一）便（并）交清，并无货物准折，亦非逼迫等。此是银实契真，系是二比（彼）情愿，并无套哄之言。自卖之后，任随堂叔子孙永远管业，以及卖主房族人等不得前来争论异言。如有此情，自任重咎。恐口无凭，立字为据。

其有老契未接，日后接出打为故纸。

凭 中 人　王右三　石秉吉　石秉福　石树清

代 字 人　石在田

光绪二十五年八月十五日　出卖契人　石宗法　立

钤“□□□□□”官印

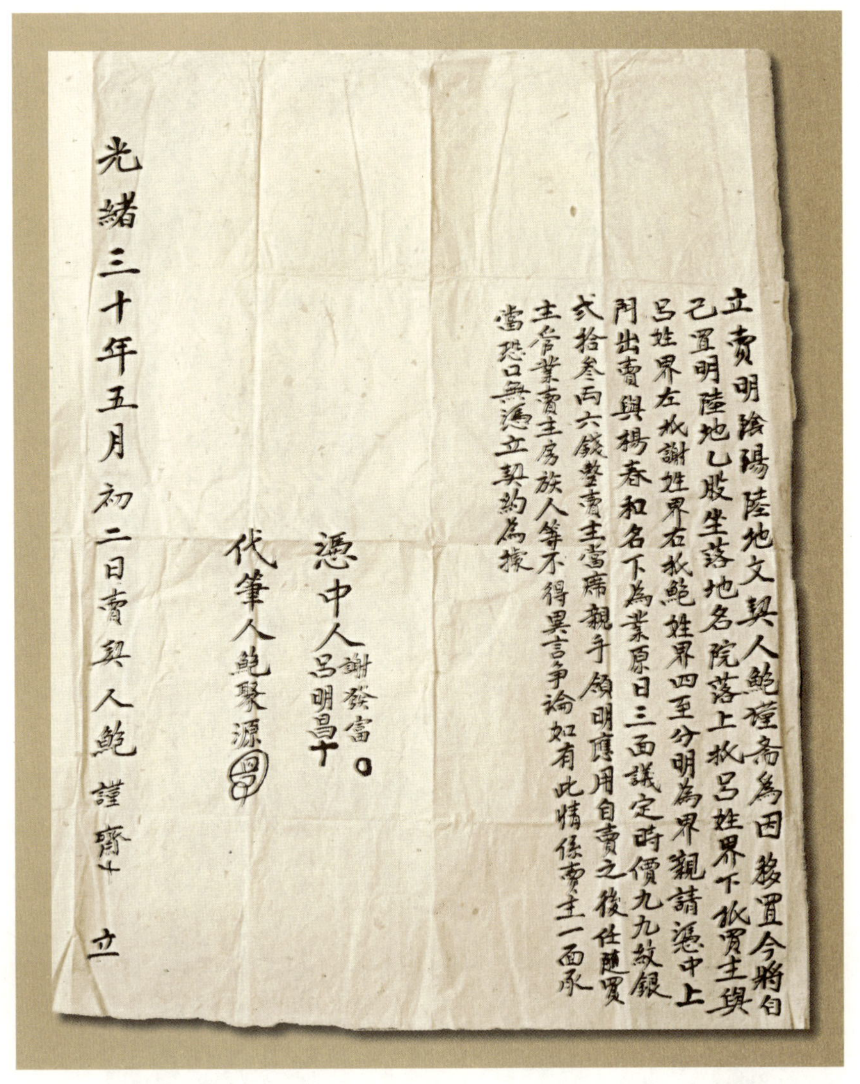

编号：wzc–5

立卖明阴阳陆地文契人鲍谨斋，为因移置，今将自己置明陆地乙（壹）股，坐落地名院落，上抵吕姓界，下抵买主与吕姓界，左抵谢姓界，右抵鲍姓界，四至分明为界，亲请凭中上门，出卖与杨春和名下为业。原日三面议定时价九九纹银贰拾叁两六钱整。卖主当席新手领明应用。自卖之后，任随买主管业，卖主房族人等不得异言争论。如有此情，系卖主一面承当。恐口无凭，立契约为据。

凭中人　谢发富　吕明昌

代笔人　鲍聚源

光绪三十年五月初二日　卖契人　鲍谨斋　立

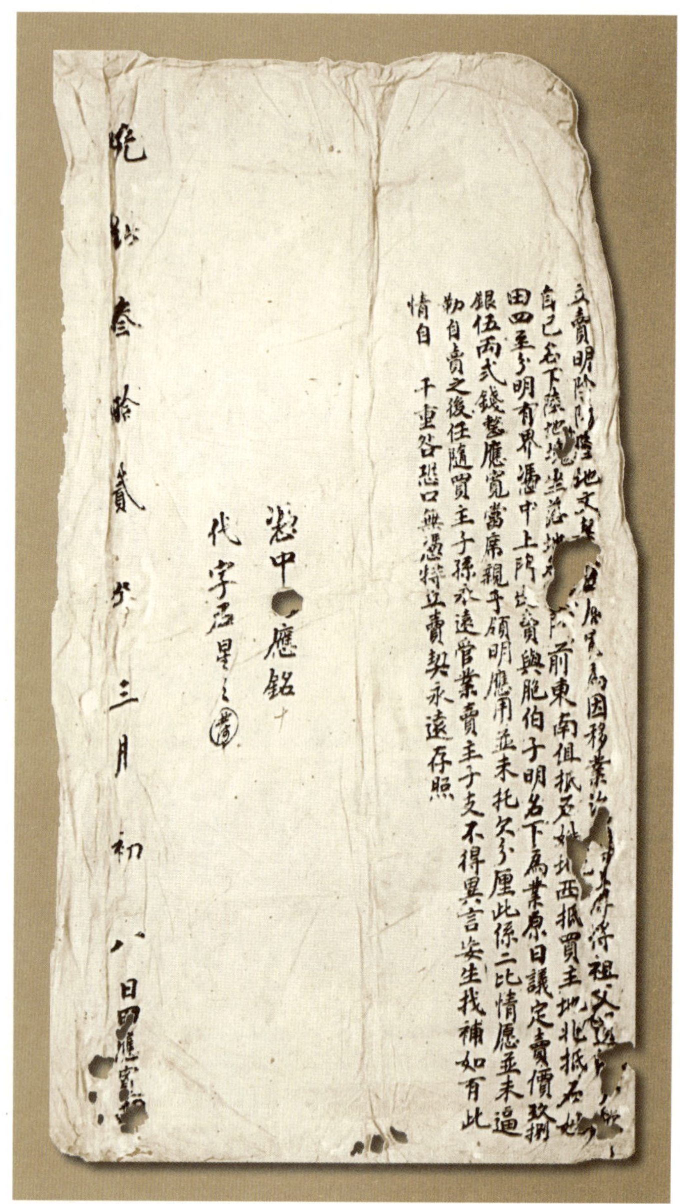

编号：tma-5

立卖明阴阳陆地文契人田应宽，为因移业治（置）业，只得将祖父遗留分授自己名下陆地□块，坐落地名□门前，东、南俱抵石姓地，西抵买主地，北抵石姓田，四至分明有界，凭中上门出卖与胞伯子明名下为业。原日议定卖价玖捌银伍两贰钱整。应宽当席亲手领明应用，并未托（拖）欠分厘。此系二比（彼）情愿，并未逼勒。自卖之后，任随买主子孙永远管业，卖主子支不得异言、妄生找补。如有此情，自干（甘）重咎。恐口无凭，特立卖契永远存照。

凭中　田应铭

代字　石星之

光绪三十二年三月初八日　田应宽　立

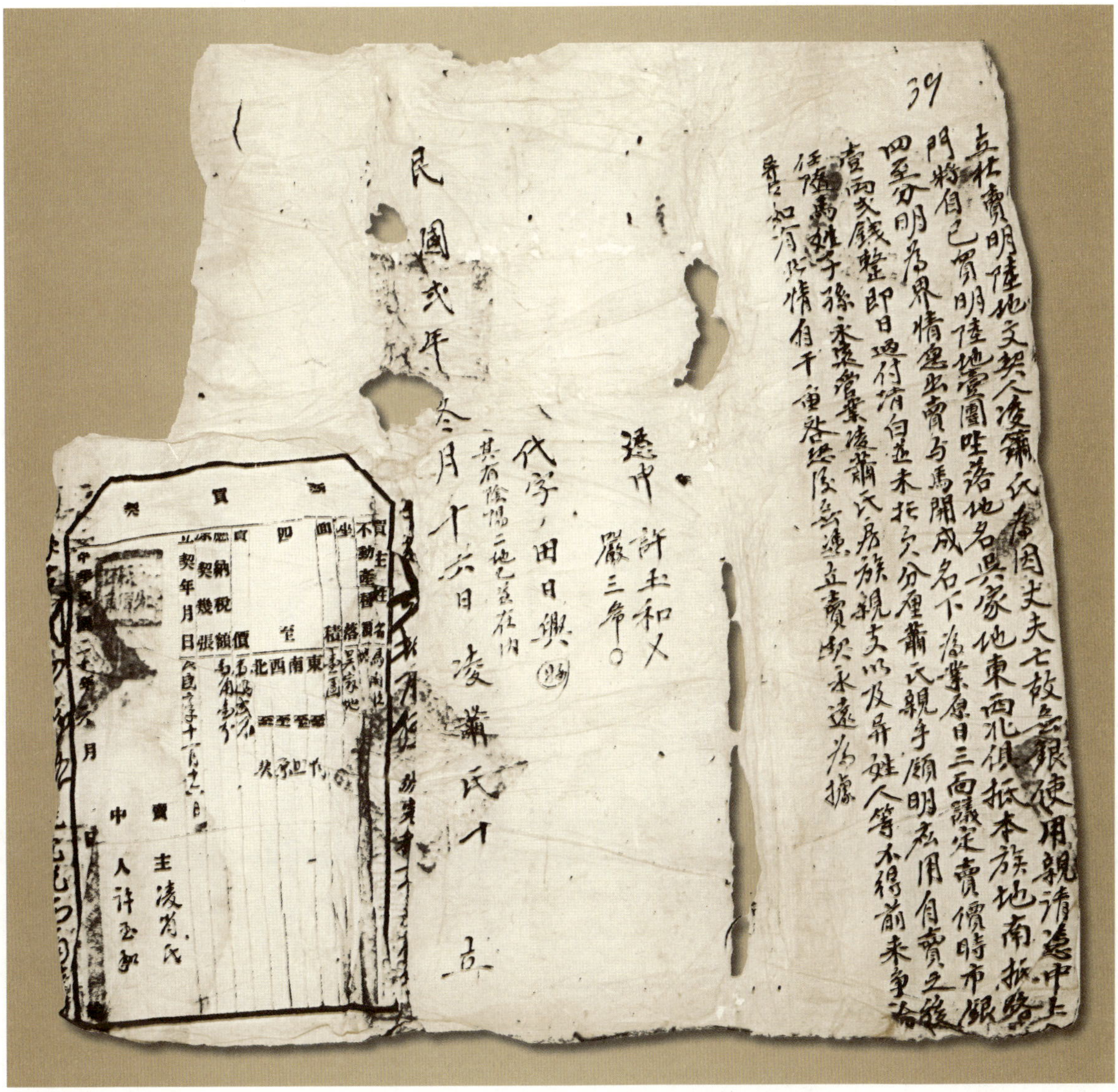

编号：mxq-55

立杜卖明陆地文契人凌箫氏，为因丈夫亡故，无银使用，亲请凭中上门，将自己买明陆地壹团，坐落地名吴家地，东、西、北俱抵本族地，南抵路，四至分明为界，情愿出卖与马开成名下为业。原日三面议定卖价时市银壹两贰钱整。即日过付清白，并未托（拖）欠分厘。萧氏亲手领明应用。自卖之后，任随马姓子孙永远管业，凌萧氏房族亲支以及异姓人等不得前来争论异言。如有此情，自干（甘）重咎。恐后无凭，立卖契永远为据。

其有阴阳二地乙（一）并在内。

凭中　许玉和　严三爷

代字　田日兴

民国二年冬月十六日　凌箫氏　立

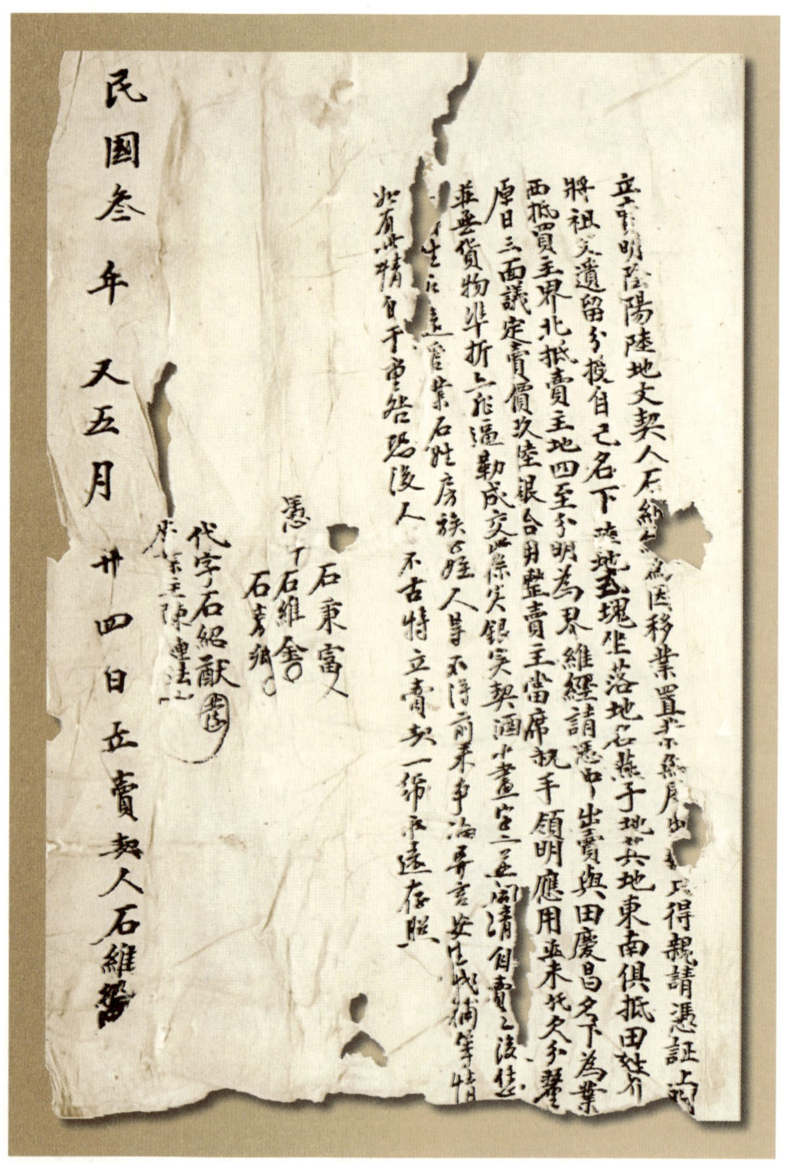

编号：tym-12

立卖明阴阳陆地文契人石维□，为因移业置业，无处出［办］，只得亲请凭证上门，将祖父遗留分授自己名下陆地贰块，坐落地名燕子地，其地东、南俱抵田姓界，西抵买主界，北抵卖主地，四至分明为界。维经请凭中出卖与田庆昌名下为业。原日三面议定卖价玖陆银拾两整。卖主当席亲手领明应用，并未托（拖）欠分厘，并无货物准折，亦非逼勒成交。此系实银实契，酒水画字一并开清。自卖之后，任凭［买主子孙］永远管业，石姓房族异姓人等不得前来争论异言、妄生找补等情。如有此情，自干（甘）重咎。恐后人心不古，特立卖契一纸永远存照。

凭　中　石秉富　石维金　石秀卿
代　字　石绍猷
原业主　陈连法
民国三年又五月二十四日　立卖契人　石维□

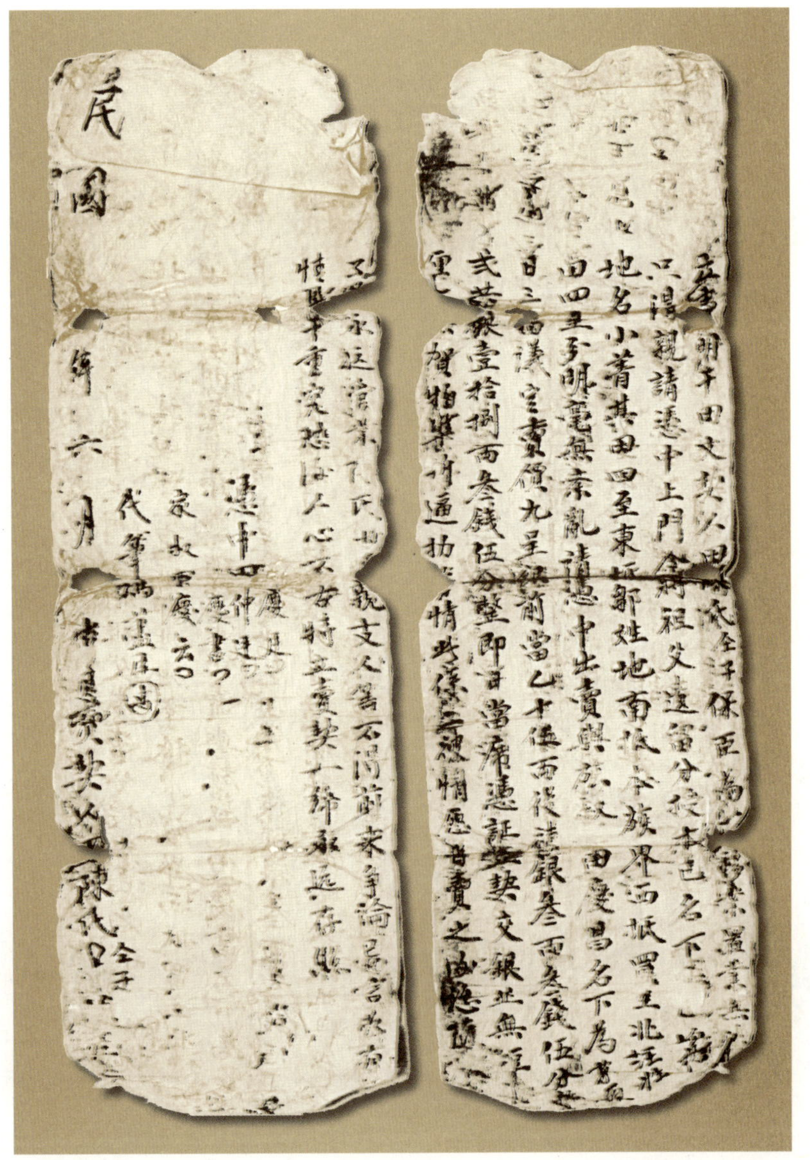

编号：tym-6-7

立卖明干田文契人田陈氏，同子保臣，为因移业置业无［处出办］，只得亲请凭中上门，今将祖父遗留分授本己名下干田乙（壹）块，坐落地名小菁（箐）。其田四至：东抵邹姓地，南抵本族界，西抵买主，北抵汪姓田，四至分明，毫无紊乱，请凭中出卖与族叔田庆昌名下为业。原日三面议定卖价九呈（成）银前当乙（壹）十伍两，后补银叁两叁钱伍分，贰共银壹拾捌两叁钱伍分整。即日当席凭证立契交银，并无短欠分厘，亦无贺（货）物准折、逼扐（勒）等情，此系二被（彼）情愿。自卖之后，任随［买主］子［孙］永远管业，陈氏母［子］亲支人等不得前来争论异言。如有此情，自干（甘）重究（咎）。恐后人心不古，特立卖契一纸永远存照。

凭　中　田庆廷　田仲廷　田庆书　家叔田庆云

代　笔　冯书臣

民国七年六月□六日　卖契人　陈　氏　同子保臣

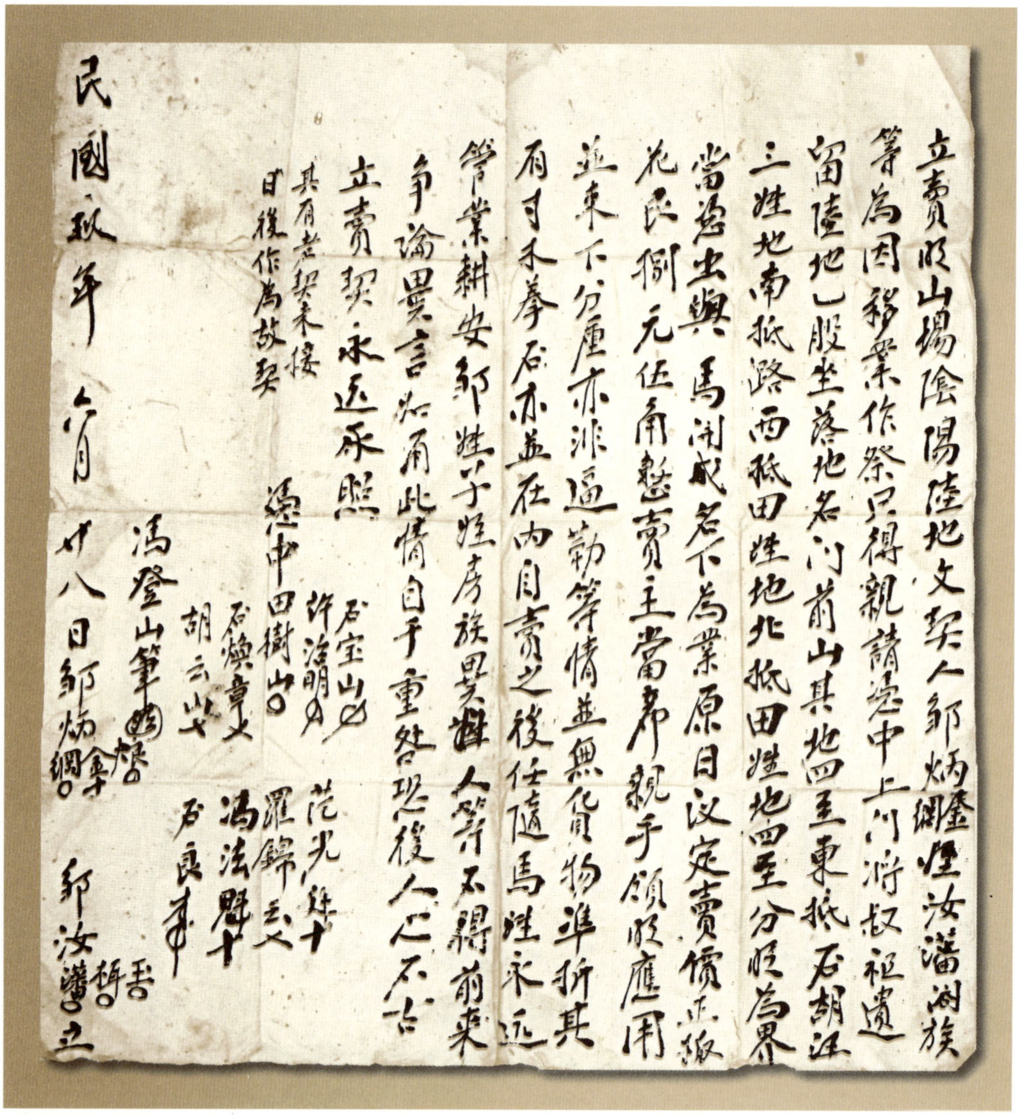

编号：mxq-34

立卖明山场阴阳陆地文契人邹炳金、邹炳纲、侄汝藩阖族等，为因移业作祭，只得亲请凭中上门，将叔祖遗留陆地乙（壹）股，坐落地名门前山，其地四至：东抵石胡汪三姓地，南抵路，西抵田姓地，北抵田姓地，四至分明为界，当凭出与马开成名下为业。原日议定卖价正板花银捌元伍角整。卖主当席亲手领明应用，并未下（欠）分厘，亦非逼勒等情，并无货物准折。其有寸木拳石亦（一）并在内。自卖之后，任随马姓永远管业耕安，邹姓子侄房族异姓人等不得前来争论异言。如有此情，自干（甘）重咎。恐后人心不古，立卖契永远承（存）照。

其有老契未接，日后作为故契。

凭中　石宝山　许治明　田树山　石焕章　胡云山

范光廷　罗锦云　冯法魁　石良才

冯登山　笔

民国九年六月二十八日　邹炳金　邹炳纲　邹汝玉　邹汝□　邹汝藩　立

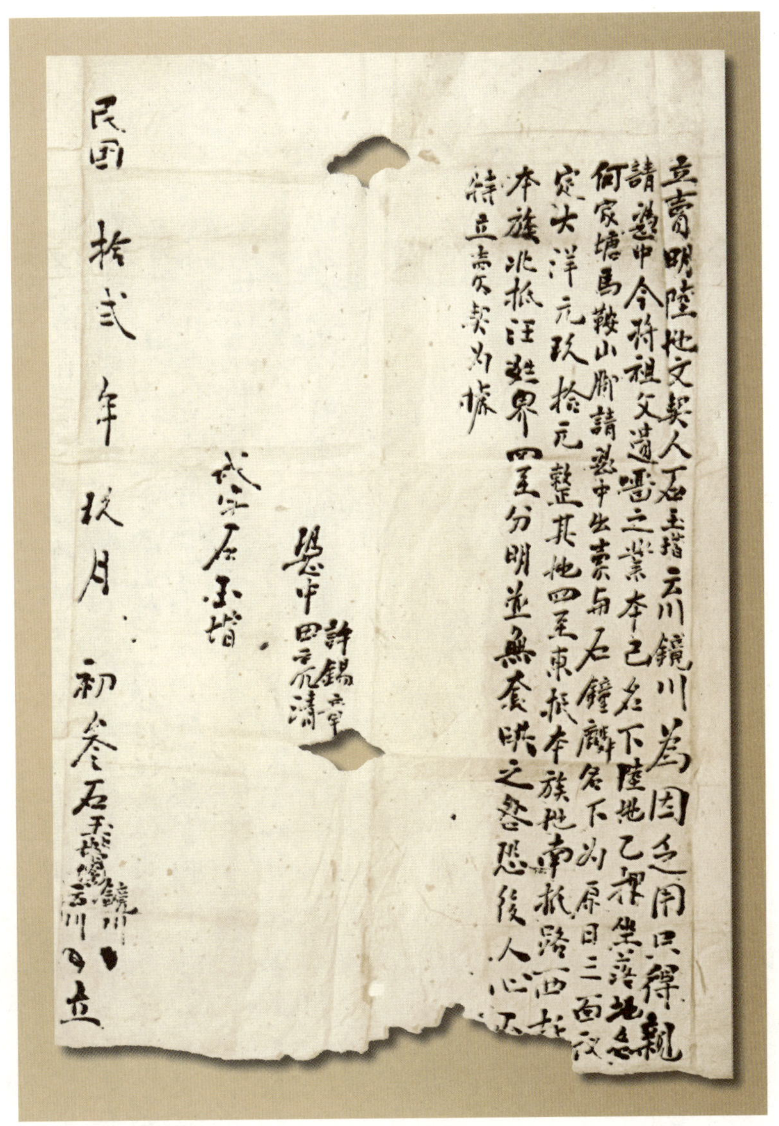

立賣明陸地文契人石玉堦 云川 鏡川 為因乏用只得親
請憑中今將祖父遺留之業本己名下陸地乙塊坐落地名
何家塘馬鞍山脚請憑中出賣與石鍾麟名下為業原日三面議
定大洋元玖拾元整其地四至東抵本族地南抵路西抵
本族北抵汪姓界四至分明並無套哄之咎恐後人心不古
特立賣契為據

憑中 許錫章 田亮清

代字 石玉堦

民國拾貳年玖月初叁 石玉堦 鏡川 云川 立

编号：slc-9

立卖明陆地文契人石玉阶、云川、镜川，为因乏用，只得亲请凭中，今将祖父遗留之业、本己名下陆地乙（壹）块，坐落地名何家塘马鞍山脚，请凭中出卖与石钟麟名下为业。原日三面议定大洋元玖拾元整。其地四至：东抵本族地，南抵路，西抵本族，北抵汪姓界，四至分明，并无套哄之咎。恐后人心不古，特立卖契为据。

凭中　许锡章　田亮清

代字　石玉阶

民国十二年九月初三　石玉阶　镜川　云川　立

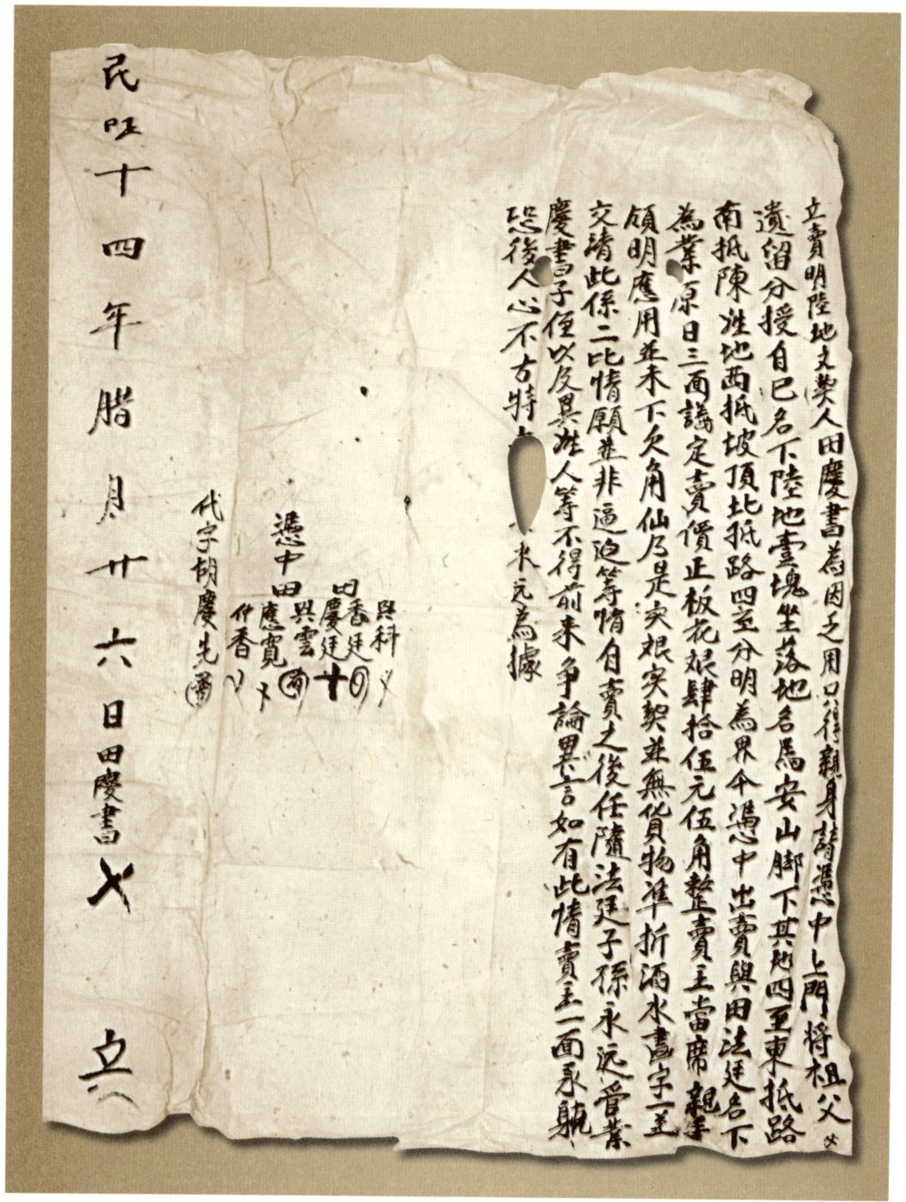

编号：tyg–38

立卖明陆地文契人田庆书，为因乏用，只得亲身请凭中上门，将祖父遗留分授自己名下陆地壹块，坐落地名马安（鞍）山脚下，其地四至：东抵路，南抵陈姓地，西抵坡顶，北抵路，四至分明为界，今凭中出卖与田法廷名下为业。原日三面议定卖价正板花银肆拾伍元伍角整。卖主当席亲手领明应用，并未下欠角仙。乃是实银实契，并无货物准折，酒水画字一并交清。此系二比（彼）情愿，并非逼迫等情。自卖之后，任随法廷子孙永远管业，庆书子侄以及异姓人等不得前来争论异言。如有此情，卖主一面承耽（担）。恐后人心不古，特立［卖契］永远为据。

凭中　田兴科　田香廷　田庆廷　田兴云　田应宽　田仲香

代字　胡庆先

民国十四年腊月二十六日　田庆书　立

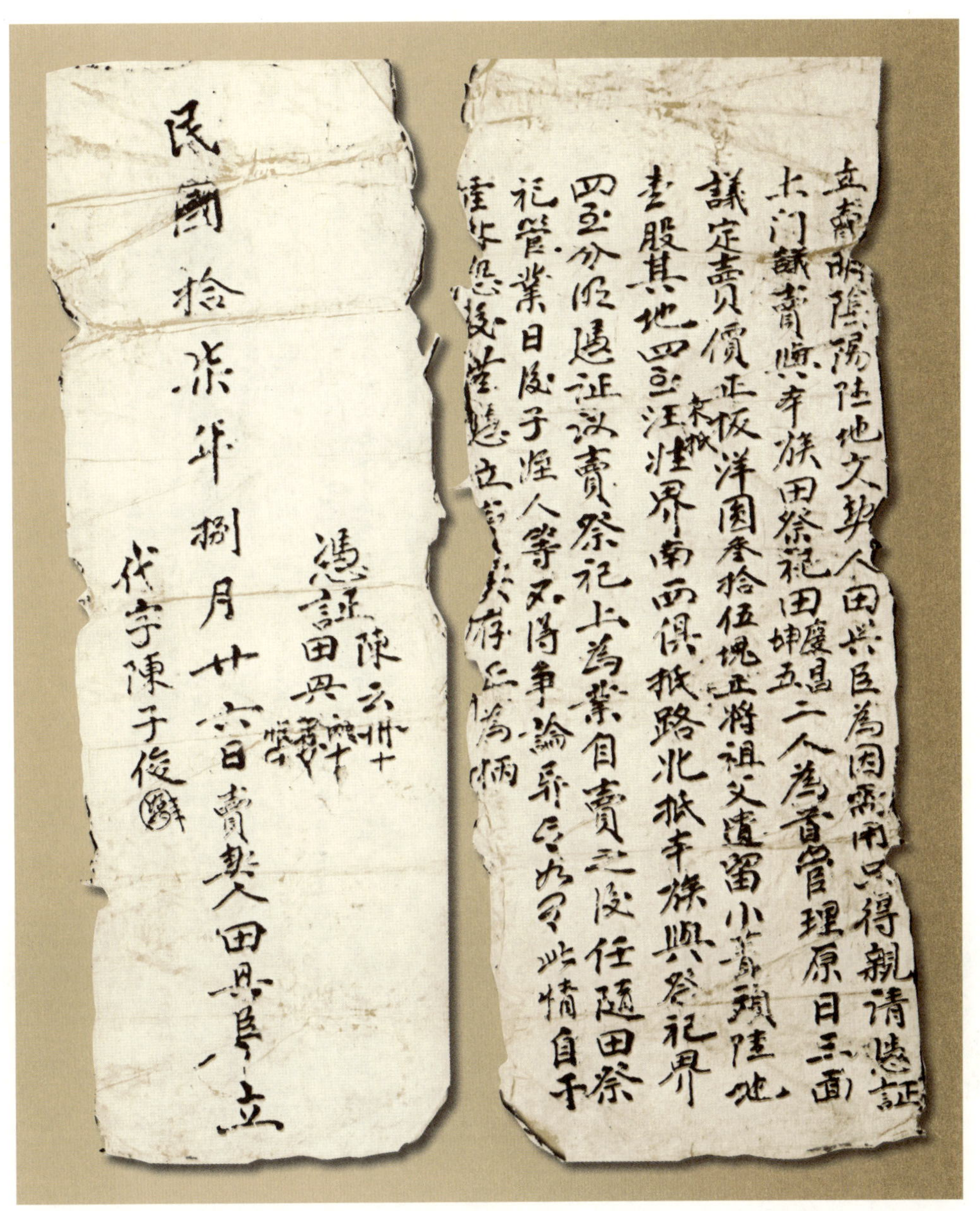

编号：tym-25-26

立卖明阴阳陆地文契人田兴臣，为因需用，只得亲请凭证上门，议卖与本族田祭祀田庆昌、田坤五二人为首管理。原日三面议定卖价正板洋圆叁拾伍块正（整）。将祖父遗留小箐头陆地壹股，其地四至：东抵汪姓界，南、西俱抵路，北抵本族与祭祀界，四至分明。凭证议卖祭祀上为业。自卖之后，任随田祭祀管业，日后子侄人等不得争论异言。如有此情，自干（甘）重咎。恐后无凭，立卖契存照为柄。

凭　证　陈云州　田兴明　田兴森　田兴顺

民国十七年八月二十六日　卖契人　田兴臣　立

代　字　陈子俊

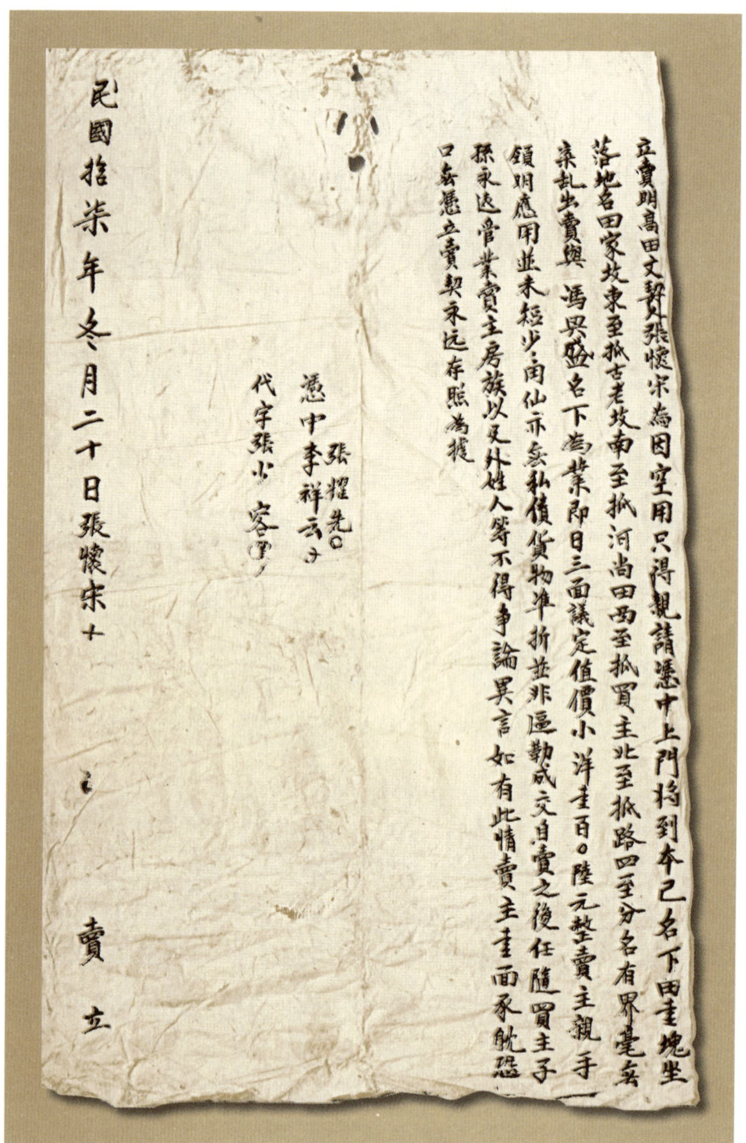
立賣明高田文契人張懷宋為因空用只得親請憑中上門將到本己名下田壹塊坐
落地名田家坟東至抵古老坟南至抵河尚田西至抵買主北至抵路四至分名有界毫無
紊乱出賣與馮興盛名下為業即日三面議定值價小洋壹百0陸元整賣主親手
領明應用並未短少角仙亦無私債貨物準折並非逼勒成交自賣之後任隨買主子
孫永遠管業賣主房族以及外姓人等不得爭論異言如有此情賣主壹面承耽恐
口無憑立賣契永遠存照為據

憑中 張耀先 李祥云
代字 張少容

民國拾柒年冬月二十日張懷宋 賣立

编号：fsq-9

立卖明高田文契人张怀宋，为因空用，只得亲请凭中上门，将到本已名下田壹块，坐落地名田家坟，东至抵古老（仡佬）坟，南至抵河（和）尚田，西至抵买主，北至抵路，四至分名（明）有界，毫无紊乱，出卖与冯兴盛名下为业。即日三面议定值价小洋壹百0（零）陆元整。卖主亲手领明应用，并未短少角仙，亦无私债货物准折，并非逼勒成交。自卖之后，任随买主子孙永远管业，卖主房族以及外姓人等不得争论异言。如有此情，卖主壹面承耽（担）。恐口无凭，立卖契永远存照为据。

凭中　张耀先　李祥云

代字　张少容

民国十七年冬月二十日　张怀宋　卖立

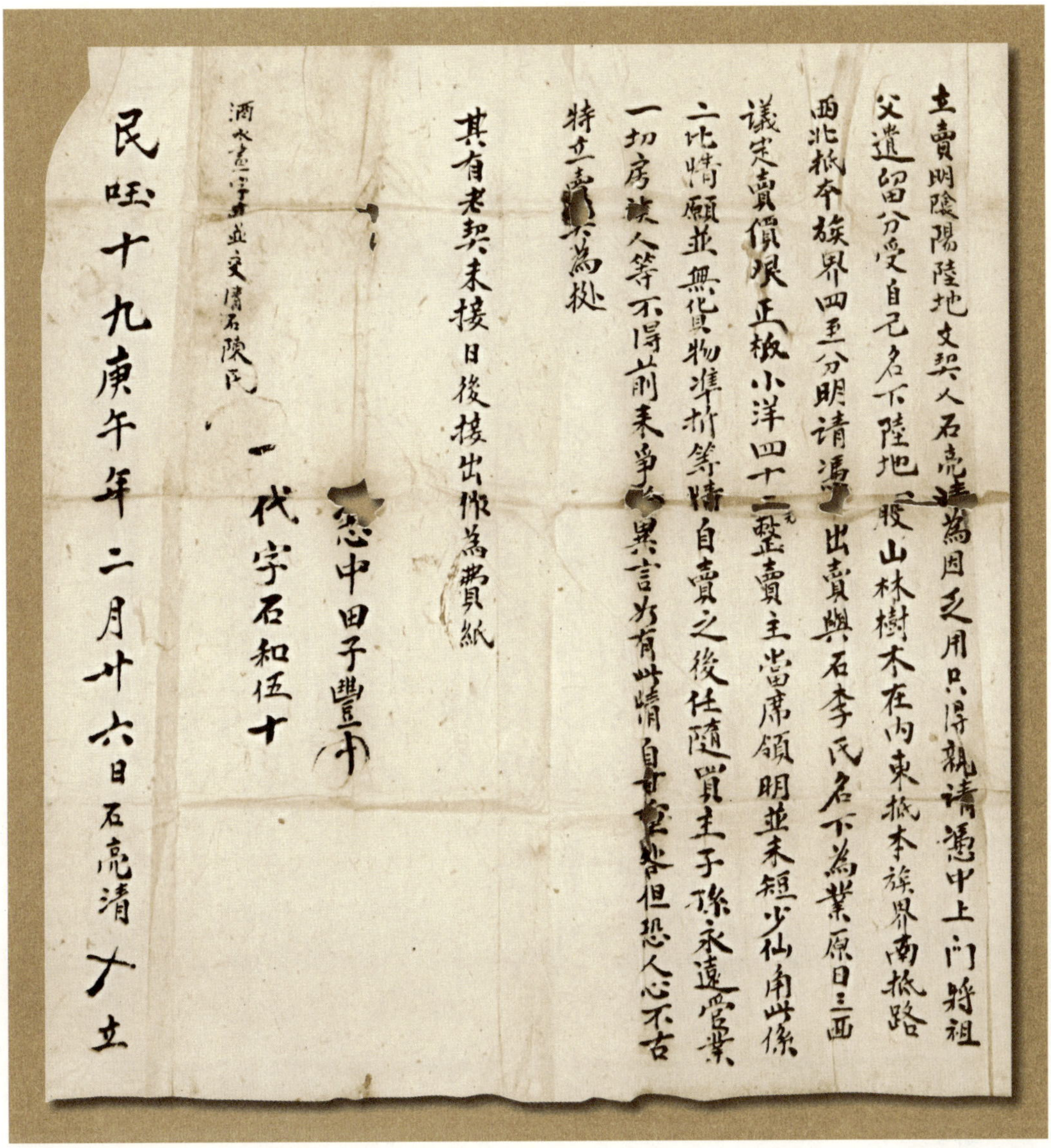

编号：slc-13

立卖明阴阳陆地文契人石亮清，为因乏用，只得亲请凭中上门，将祖父遗留分受（授）自己名下陆地一股，山林树木在内，东抵本族界，南抵路，西、北抵本族界，四至分明，请凭中出卖与石李氏名下为业。原日三面议定卖价银正板小洋四十一元整。卖主当席领明，并未短少仙角。此系二比（彼）情意，并无货物准折等情。自卖之后，任随买主子孙永远管业，一切房族人等不得前来争论异言。如有此情，自甘重咎。但恐后人心不古，特立卖契为据。

其有老契未接，日后接出作为废纸。

酒水画字亦（一）并交清。石陈氏

凭中　田子丰

代字　石和伍

民国十九庚午年二月二十六日　石亮清　立

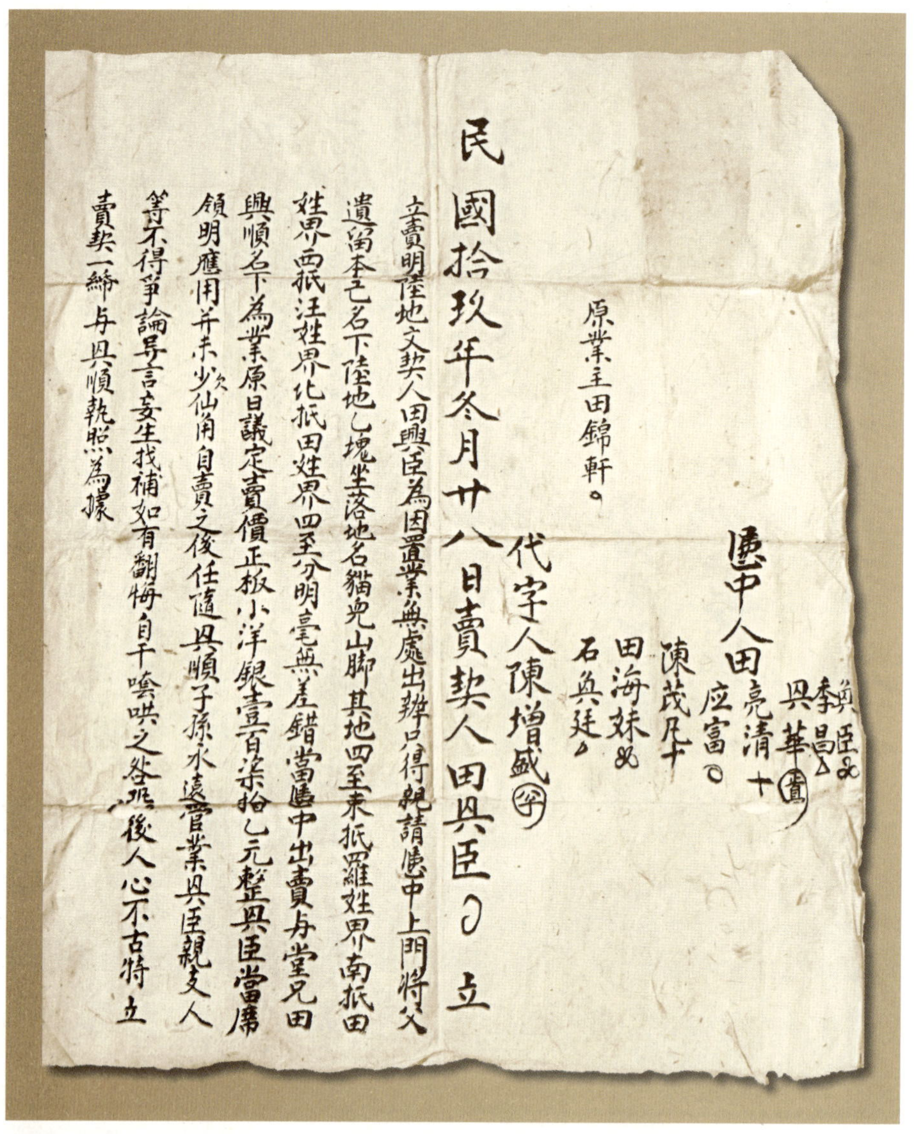

立賣明陸地文契人田興臣為因置業無處出辦只得親請憑中上門將父
遺留本己名下陸地乙塊坐落地名貓兒山脚其地四至東抵羅姓界南抵田
姓界西抵汪姓界北抵田姓界四至分明毫無差錯當憑中出賣與堂兄田
興順名下為業原日議定賣價正板小洋銀壹百柒拾乙元整興臣當席
領明應用并未少欠仙角自賣之後任隨興順子孫永遠管業興臣親支人
等不得爭論異言妄生找補如有翻悔自干套哄之咎恐後人心不古特立
賣契一紙與興順執照為據

民國拾玖年冬月廿八日賣契人田興臣 立

代字人陳增盛

原業主田錦軒

憑中人田興臣 季昌 興華 亮清 應富 陳茂凡 田海妹 石興廷

编号：slc–7

立卖明陆地文契人田兴臣，为因置业，无处出辨（办），只得亲请凭中上门，将父遗留本己名下陆地乙（壹）块，坐落地名猫儿山脚，其地四至：东抵罗姓界，南抵田姓界，西抵汪姓界，北抵田姓界，四至分明，毫无差错。当凭中出卖与堂兄田兴顺名下为业。原日议定卖价正板小洋银壹百柒拾乙（壹）元整。兴臣当席领明应用，并未少欠仙角。自卖之后，任随兴顺子孙永远管业，兴臣亲支人等不得争论异言、妄生找补，如有翻悔，自干（甘）套哄之咎。恐后人心不古，特立卖契一纸与兴顺执照为据。

凭中人　田兴臣　田季昌　田兴华　田亮清　田应富　陈茂凡

田海妹　石兴廷

原业主　田锦轩

代字人　陈增盛

民国十九年冬月二十八日　卖契人　田兴臣　立

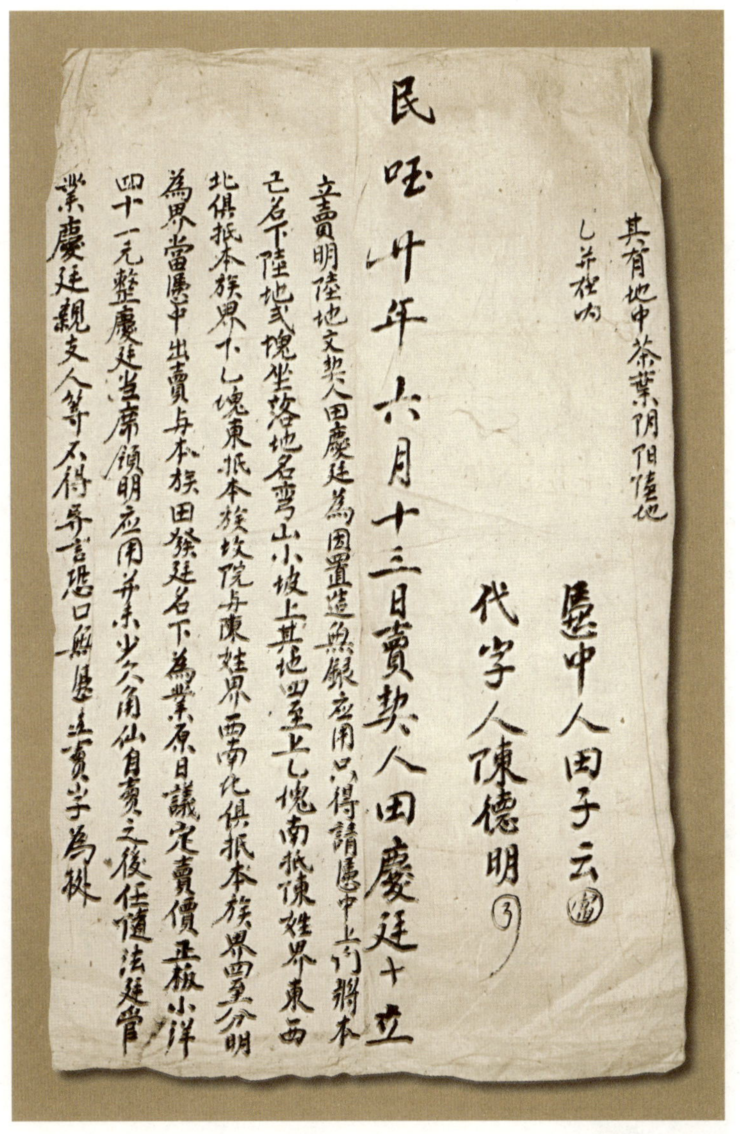

编号：tyg–49

立卖明陆地文契人田庆廷，为因置造，无银应用，只得请凭中上门，将本己名下陆地贰块，坐落地名弯山小坡上，其地四至：上乙（壹）块南抵陈姓界，东、西、北俱抵本族界；下乙（壹）块东抵本族坟院与陈姓界，西、南、北俱抵本族界，四至分明为界，当凭中出卖与本族田发廷名下为业。原日三面议定卖价正板小洋四十一元整。庆廷当席领明应用，并未少欠角仙。自卖之后，任随法廷管业，庆廷亲支人等不得异言。恐口无凭，立卖字为据。

其有地中茶叶阴阳陆地乙（一）并在内。

凭中人　田子云

代字人　陈德明

民国二十年六月十三日　卖契人　田庆廷　立

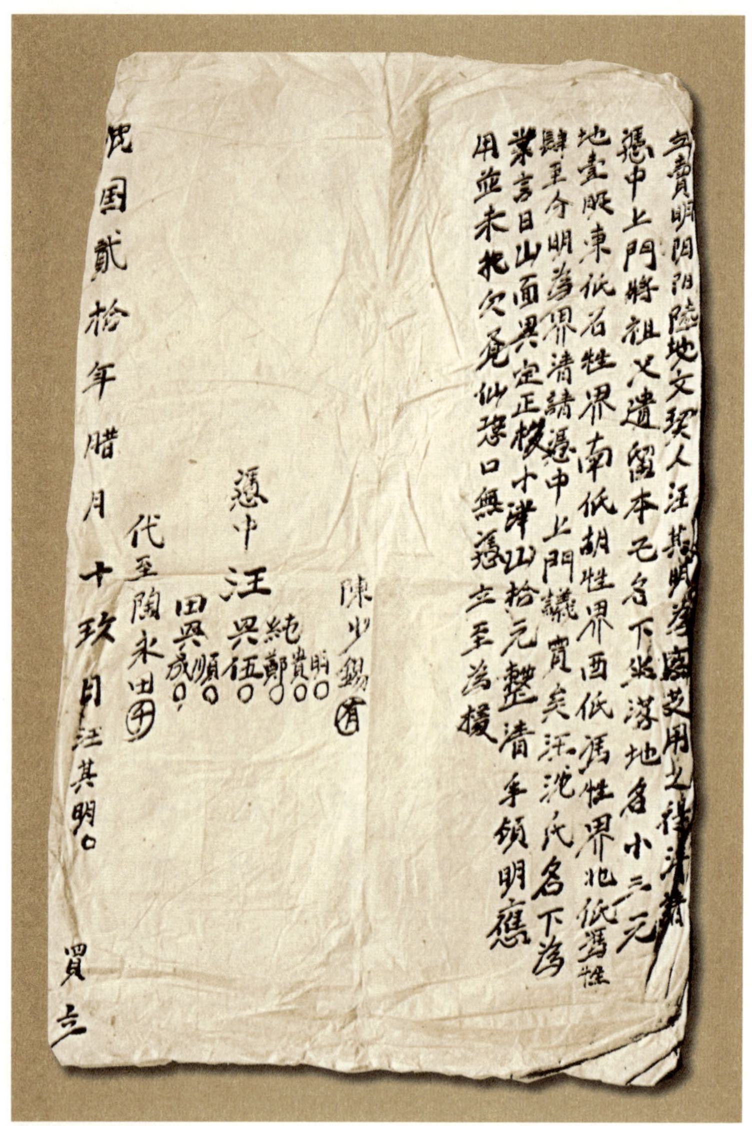

编号：wzc–48

立卖明阴阳陆地文契人汪其明，为因芝（乏）用，之（只）得清（亲）请凭中上门，将祖父遗留本己名下坐落地名小三元地壹股，东低（抵）石性（姓）界，南低（抵）胡性（姓）界，西低（抵）冯性（姓）界，北低（抵）冯性（姓），肆（四）至分明为界，清（亲）请凭中上门，议卖矣（与）汪沈氏名下为业。言（原）日山（三）面异（议）定正板小洋山（叁）拾元整。清（亲）手领明应用，并未托（拖）欠觉（角）仙。恐口无凭，立至（字）为据。

凭　　中　陈少锡　汪纯明　汪纯贵　汪纯郑　汪兴伍　田兴成　田兴成

代至（字）陶永田

民国二十年腊月十九日　汪其明　买（卖）立

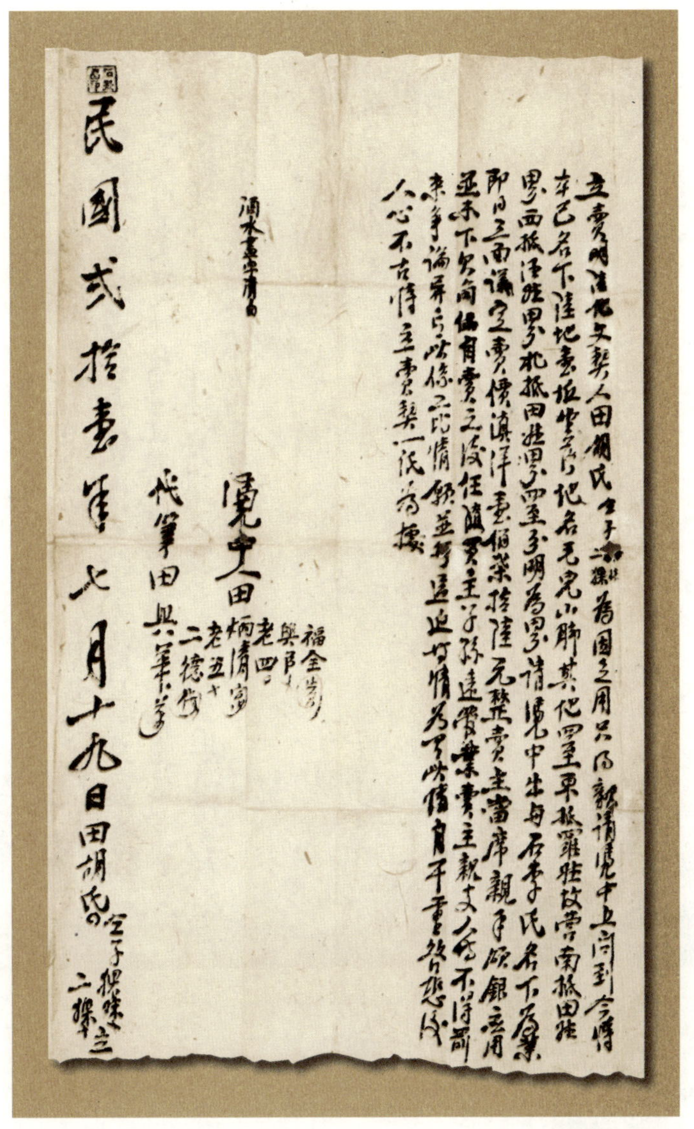

编号：slc-8

立卖明陆地文契人田胡氏，同子猓妹、二猓，为因乏用，只得亲请凭中上门问到，今将本己名下陆地壹坵，坐落地名毛儿山脚，其地四至：东抵罗姓坟营（茔），南抵田姓界，西抵汪姓界，北抵田姓界，四至分明为界，请凭中出卖与石李氏名下为业。即日三面议定卖价滇洋壹佰柒拾陆元整。卖主当席亲手领银应用，并未下欠角仙。自卖之后，任随买主子孙永远管业，卖主亲支人等不得前来争论异言。此系二比（彼）情愿，并无逼迫等情。为有此情，自干（甘）重咎。恐后人心不古，特立卖契一纸为据。

酒水画字清白。

凭中人　田福全　田兴臣　田老四　田炳清　田老五　田二德

代　笔　田兴美

民国二十一年七月十九日　田胡氏　同子猓妹　二猓　立

钤“石景昌印”

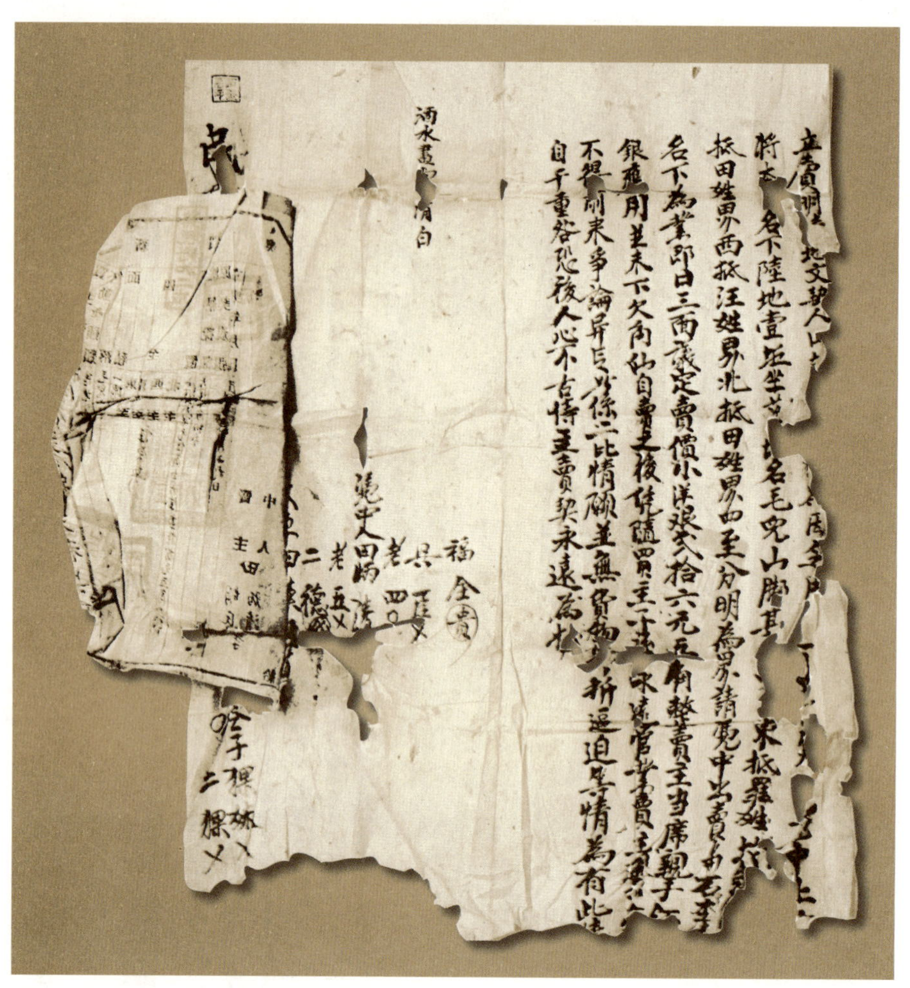

编号：slc-19

立卖明陆地文契人田［胡氏，□□□□□□］，为因［乏用，只得亲请］凭中上门，将本己名下陆地壹坵，坐落地名毛儿山脚，其［地四至］：东抵罗姓□□，南抵田姓界，西抵汪姓界，北抵田姓界，四至分明为界，请凭中出卖与石李氏名下为业。即日三面议定卖价小洋银贰拾六元五角整。卖主当席亲手领银用，并未下欠角仙。自卖之后，凭随买主子侄永远管业，卖主房族人等不得前来争论异言。此系二比（彼）情愿，并无货物准折、逼迫等情。为有此情，自干（甘）重咎。恐后人心不古，特立卖契永远为据。

酒水画字清白。

凭中人　田福全　田兴臣　田老四　田炳清　田老五　田二德

民［国二十一年九月十九日　田胡氏］同子猓妹　二猓

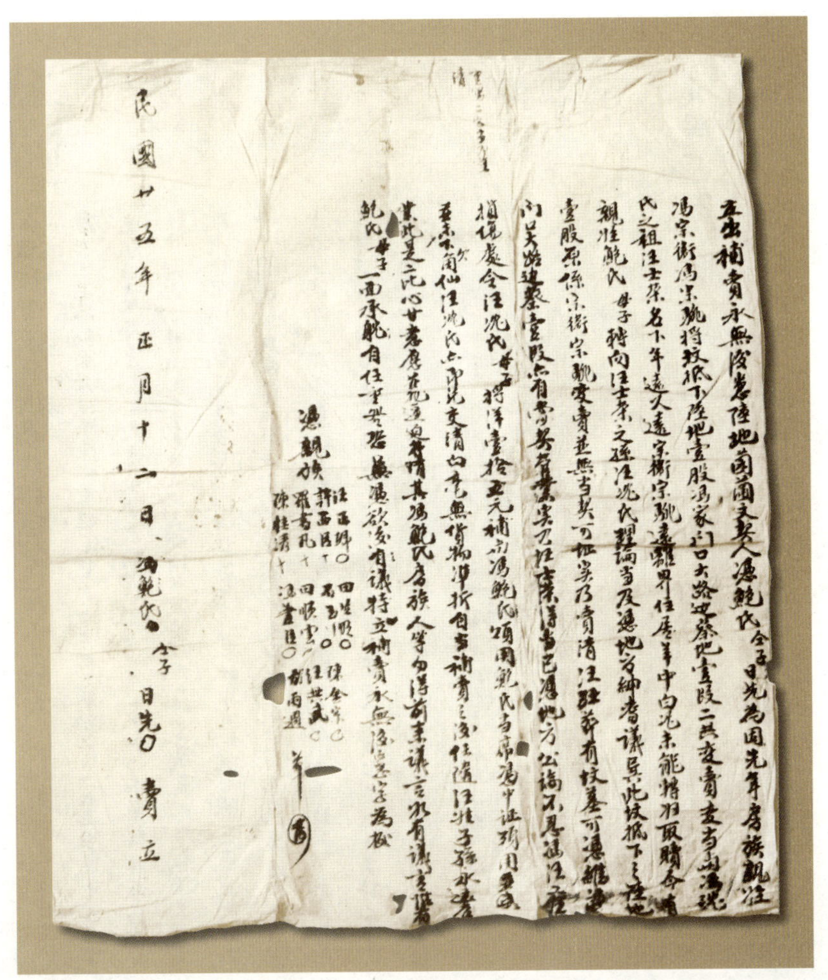

编号：wzc-53

立出补卖永无后患陆地园圃文契人冯鲍氏，同子日先，为因先年房族亲侄冯宗卫、冯宗骁将坟抵（底）下陆地壹股、冯家门口大路边蔡（菜）地壹段，二共变卖变当与汪沈氏之祖汪士荣名下。年远久远，宗卫、宗骁远离界住居羊中白泥，未能转归取赎。今有亲侄鲍氏母子转向汪士荣之孙汪沈氏理论。当及凭地方绅耆议异，此坟抵（底）下之陆地壹股原系宗卫、宗骁变卖，并无当契可证，实乃卖清。汪□葬有坟墓可凭。维冯家门口大路边蔡（菜）壹段，亦有当契管业，实乃汪士荣得当。已凭地方公论，不忍冯汪座相伤处，令汪沈氏母子将洋壹拾五元补与冯鲍氏领用。鲍氏当席凭中证领用，并未下欠角仙。汪沈氏亦即兑交清白，毫无货物准折。自当补卖之后，任随汪姓子孙永远管业。此是二比（彼）心甘意愿，并非逼迫等情。其冯鲍氏房族人等勿得前来议（异）言。如有议（异）言，惟有鲍氏母子一面承耽（担），自任重咎。恐无凭，欲后有议，特立补卖永无后患字为据。

重写二字当即涂清。

凭亲族　汪正卿　许西臣　罗书凡　陈桂清　田治明　石玉川

　　　　田顺云　冯普臣　陈金宗　汪兴武　胡雨周

民国二十五年正月十二日　冯鲍氏　同子日先　卖立

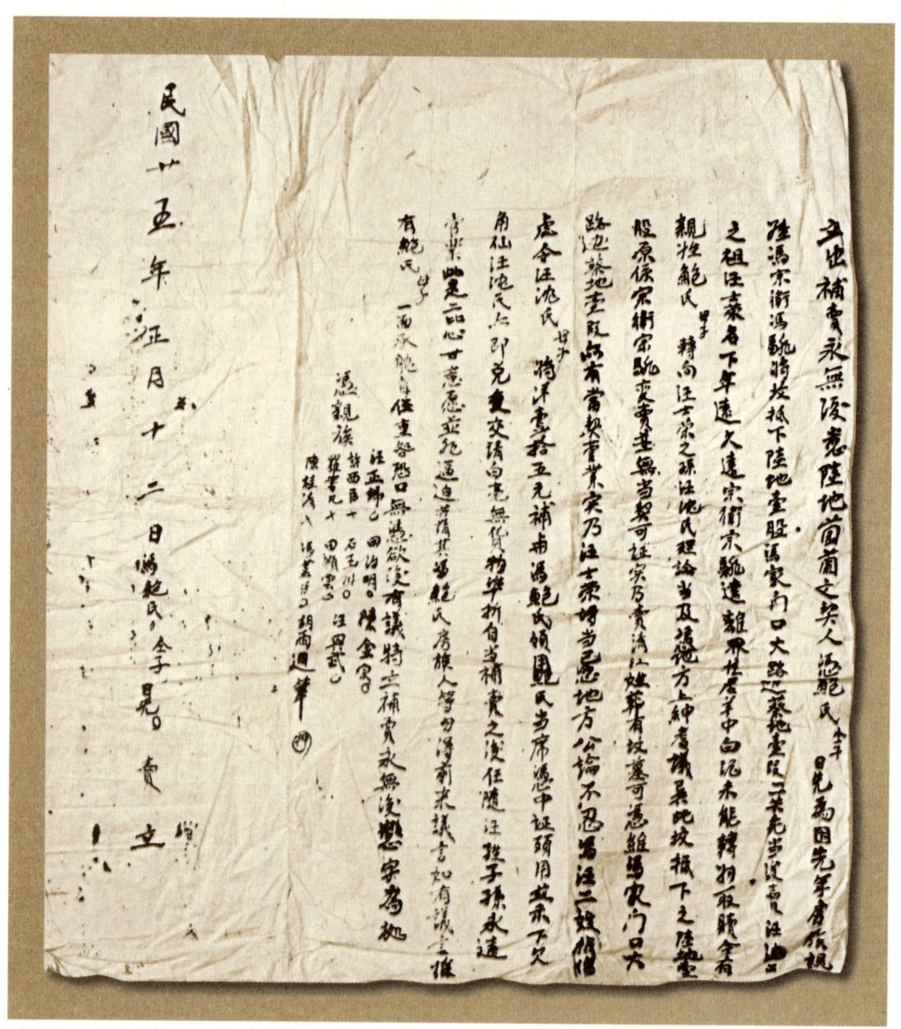

编号：wzc–54

立出补卖永无后患陆地园圃文契人冯鲍氏，同子日先，为因先年房族亲侄冯宗卫、冯宗骁将坟抵（底）下陆地壹股、冯家门口大路边蔡（菜）地壹段，二共先当后卖汪沈氏之祖汪士荣名下。年远久远，宗卫、宗骁远离界住居羊中白泥，未能转为取赎。今有亲侄鲍氏母子转向汪士荣之孙汪沈氏理论。当及凭地方绅耆议异，此坟抵（底）下之陆地壹股原系宗卫、宗□变卖，并无当契可证，实乃卖清。汪姓葬有坟墓可凭。维冯家门口大路边蔡（菜）地壹段，亦有当契管业，实乃汪士荣得当。已凭地方公论，不忍冯汪二姓相伤处，令汪沈氏母子将洋壹拾五元补与冯鲍氏领用。鲍氏当席凭中证领用，并未下欠角仙。汪沈氏亦即兑交清白，毫无货物准折。自当补卖之后，任随汪姓子孙永远管业。此是二比（彼）心甘意愿，并非逼迫等情。其冯鲍氏房族人等勿得前来议（异）言。如有议（异）言，惟有鲍氏母子一面承耽（担），自任重咎。恐无凭，欲后有议，特立补卖永无后患字为据。

凭亲族　汪正卿　许西臣　罗书凡　陈桂清　田治明　石玉川

田顺云　冯普臣　陈金宗　汪兴武　胡雨周

民国二十五年正月十二日　冯鲍氏　同子日先　卖立

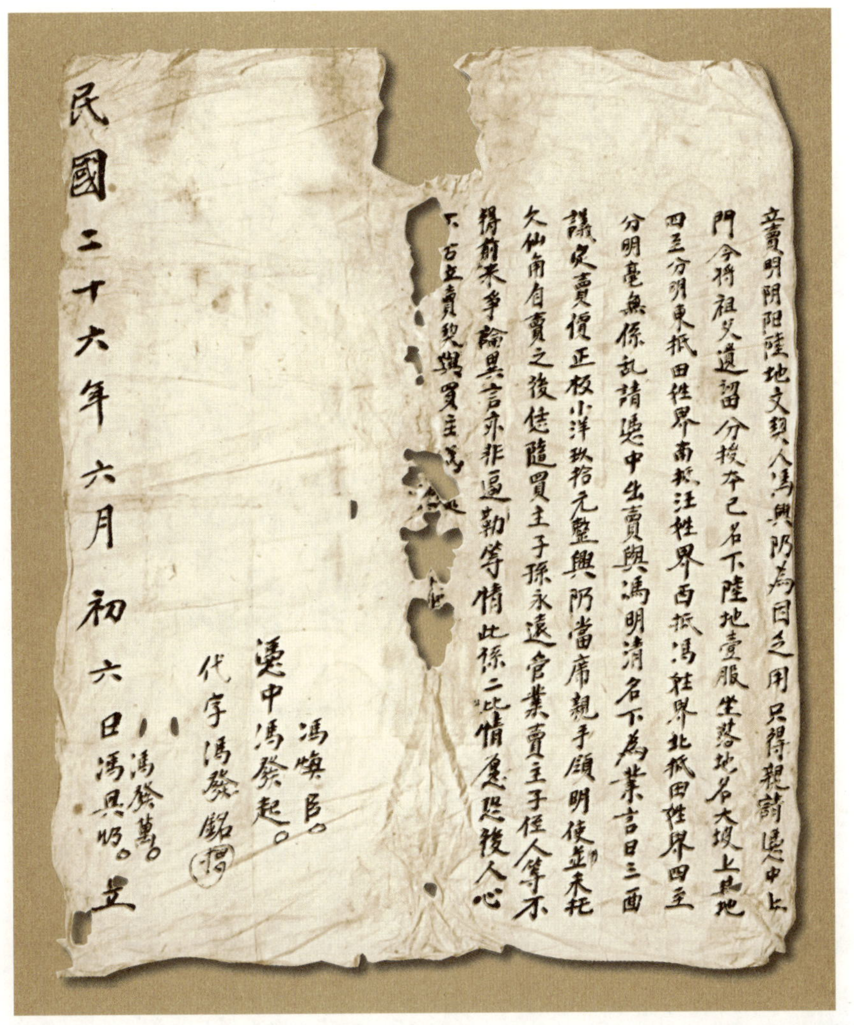

立賣明阴阳陸地文契人馮興□為因乏用只得親請憑中上門今将祖父遺留分授本己名下陸地壹股坐落地名大坡上其地四至分明東抵田姓界南抵汪姓界西抵馮姓界北抵田姓界四至分明毫無係亂請憑中出賣與馮明清名下為業言日三面議定賣價正板小洋玖拾元整興□當席親手領明使並未托欠仙角自賣之後任隨買主子孫永遠管業賣主子侄人等不得前來争論異言亦非逼勒等情此係二比情愿恐後人心不古立賣契與買主為據

憑中馮煥臣 馮發起

代字馮發銘

民國二十六年六月初六日馮興□ 馮發萬 立

编号：fsq-22

立卖明阴阳陆地文契人冯兴□，为因乏用，只得亲请凭中上门，今将祖父遗留分授本己名下陆地壹股，坐落地名大坡上，其地四至分明：东抵田姓界，南抵汪姓界，西抵冯姓界，北抵田姓界，四至分明，毫无系（紊）乱，请凭中出卖与冯明清名下为业。言（原）日三面议定卖价正板小洋玖拾元整。兴□当席亲手领明使用，并未托（拖）欠仙角。自卖之后，任随买主子孙永远管业，卖主子侄人等不得前来争论异言。亦非逼勒等情，此系二比（彼）情愿。恐后人心不古，立卖契与买主为据。

凭中　冯焕臣　冯发起

代字　冯发铭

民国二十六年六月初六日　冯发万　冯兴□　立

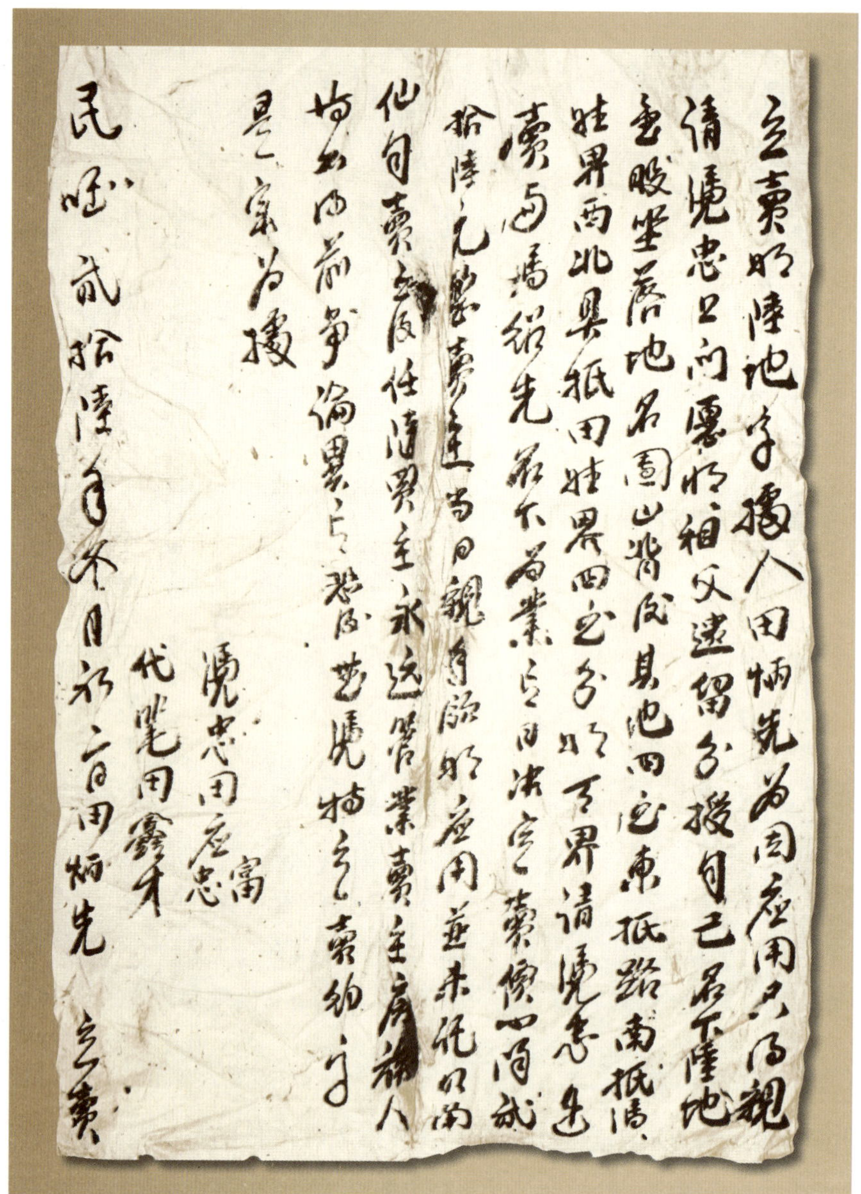

编号：mxq–27

立卖明陆地字据人田炳先，为因应用，只得亲请凭忠（中）上门，愿将祖父遗留分授自己名下陆地壹股，坐落地名团山背后，其地四至：东抵路，南抵冯姓界，西、北具抵田姓界，四至分明为界，请凭忠（中）出卖与冯绍先名下为业。言（原）日决定卖价四百贰拾陆元整。卖主当日亲手领明应用，并未托（拖）欠角仙。自卖之后，任随买主永远管业，卖主房族人等不得前争论异言。恐后无凭，特立卖约字是实为据。

凭忠（中）　田应富　田应忠

代　　笔　田鑫才

民国二十六年冬月初二日　田炳先　立卖

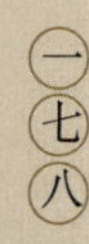

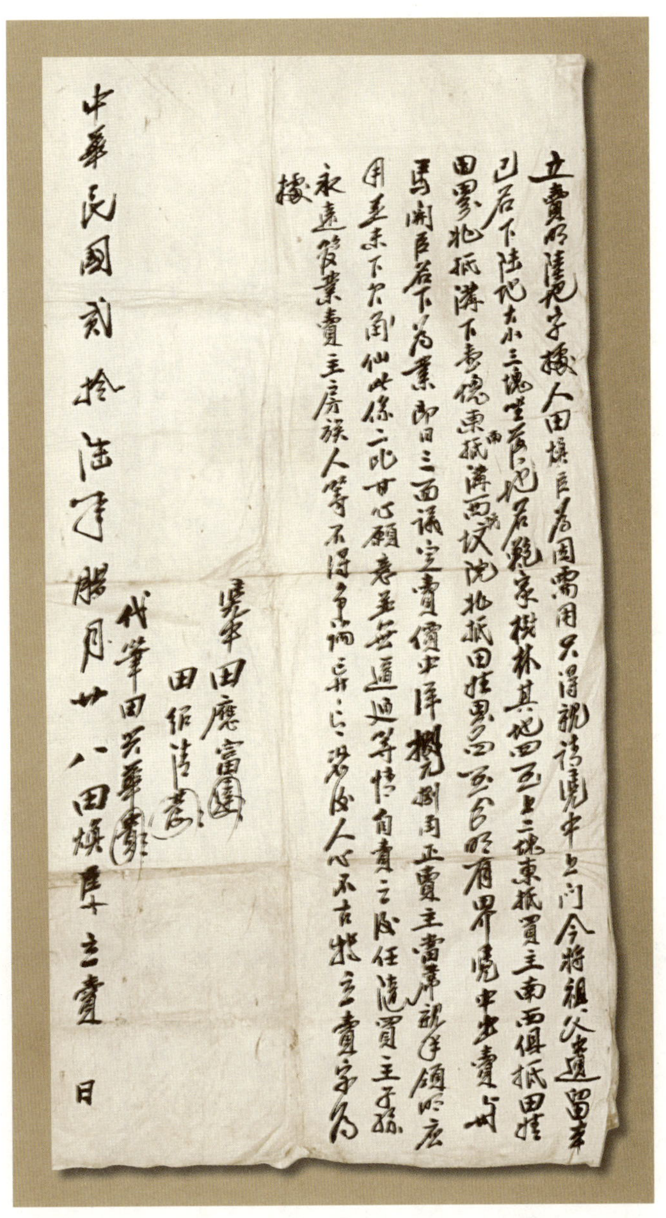

编号：mxq–18

立卖明陆地字据人田焕臣，为因需用，只得亲请凭中上门，今将祖父遗留本己名下陆地大小三块，坐落地名鲍家树林，其地四至：上二块东抵买主，南、西俱抵田姓田界，北抵沟；下壹块东、南抵沟，西抵坟院，北抵田姓界，四至分明有界，凭中出卖与马开臣名下为业。即日三面议定卖价中洋捌元捌角整。卖主当席亲手领明应用，并未下欠角仙。此系二比（彼）甘心愿意，并无逼勒等情。自卖之后，任随买主子孙永远管业，卖主房族人等不得争论异言。恐后人心不古，特立卖字为据。

凭中　田应富　田绍清

代笔　田兴华

中华民国二十六年腊月二十八日　田焕臣　立卖

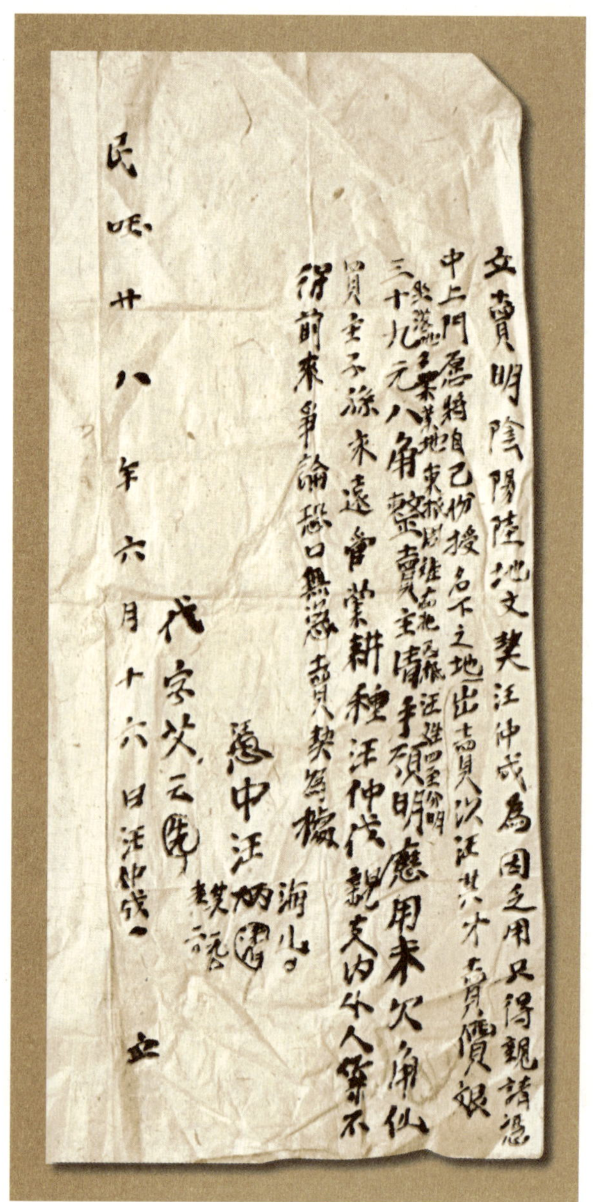

编号：wzc–49

立卖明阴阳陆地文契汪仲成，为因乏用，只得亲请凭中上门，愿将自己份（分）授名下之地，坐落地名柴菜地，东抵周姓，南、北、西抵汪姓，四至分明，出卖以（与）汪其才。卖价银三十九元八角整。卖主清（亲）手领明应用，未欠角仙。买主子孙永远管理耕种，汪仲成亲支内外人等不得前来争论。恐口无凭，卖契为据。

凭中　汪海山　汪炳清　汪其元　汪其二

代字　艾云先

民国二十八年六月十六日　汪仲成　立

立賣明陰陽陸地文契人馮云奎爲因乏用只得親請
憑中上門將到祖父遺留分授本己名下陸地乙
廂坐落地名團山背後其地四至東南抵賣主
西抵馬姓北抵和尚地四至分明爲界請憑中出
賣以馬起賢名下爲業賣價洋柒拾陸元
整賣主當席親手領明應用並未托欠角仙
亦並無逼勒等情自賣之後賣主本族親
支人等不能前來爭論異言恐口無憑特
立此賣契一紙爲據存照

憑中馮發福 祿 廷 羅亮光

代筆馮漢國

馮胡氏

附批：其有老契未接，系弟兄聯契。酒水畫字一概完清

民國貳拾玖年五月十二日馮云奎 立賣

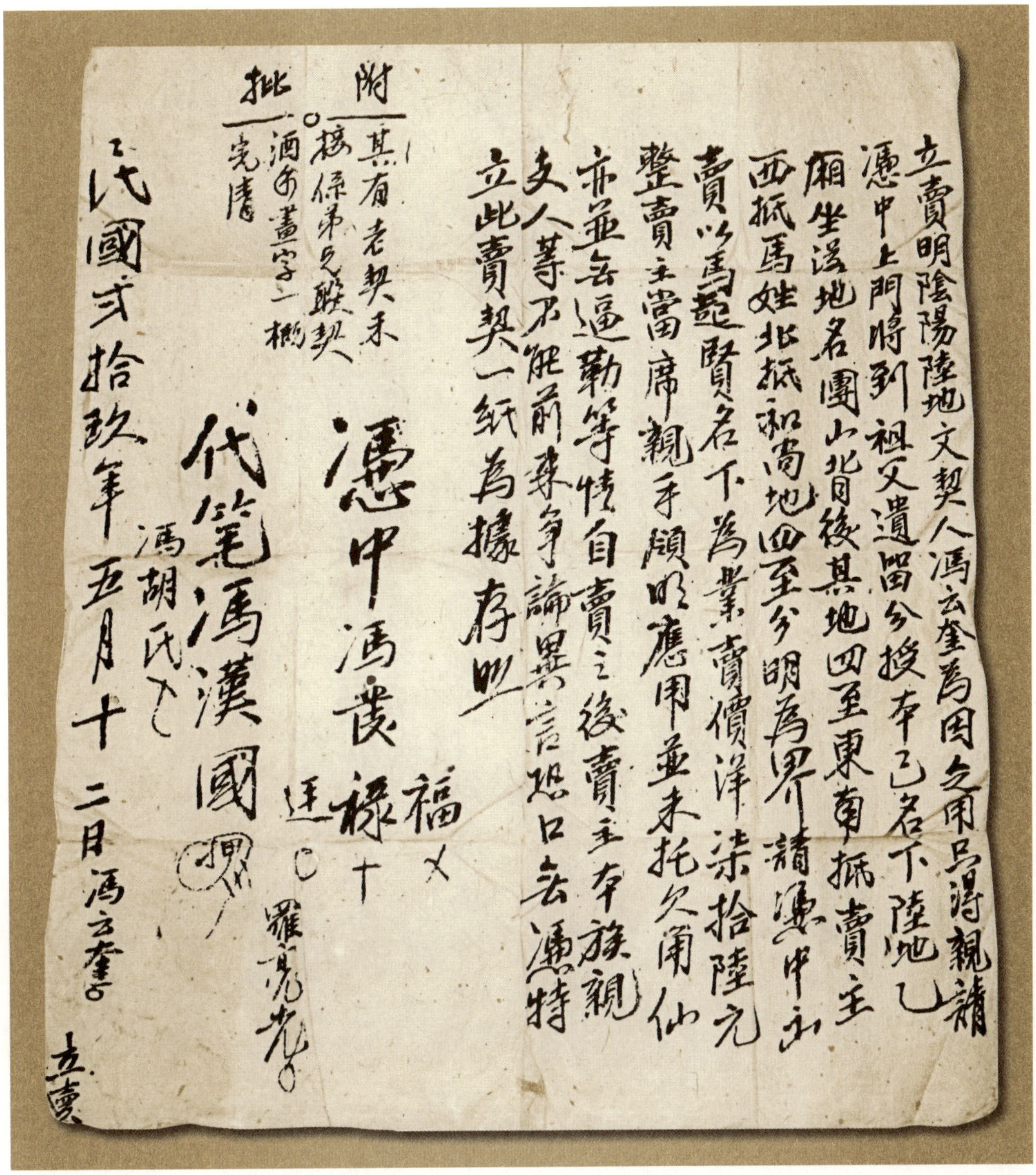

编号：mxq-6

立卖明阴阳陆地文契人冯云奎，为因乏用，只得亲请凭中上门，将到祖父遗留分授本己名下陆地乙（壹）厢，坐落地名团山背后，其地四至：东、南抵卖主，西抵马姓，北抵和尚地，四至分明为界，请凭中出卖以（与）马起贤名下为业。卖价洋柒拾陆元整。卖主当席亲手领明应用，并未托（拖）欠角仙，亦并无逼勒等情。自卖之后，卖主本族亲支人等不能前来争论异言。恐口无凭，特立此卖契一纸为据存照。

附批：其有老契未接，系弟兄联（连）契。酒水画字一概完清。

凭中　冯发福　冯发禄　冯发廷　罗亮光　冯胡氏

代笔　冯汉国

民国二十九年五月十二日　冯云奎　立卖

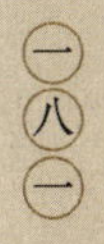

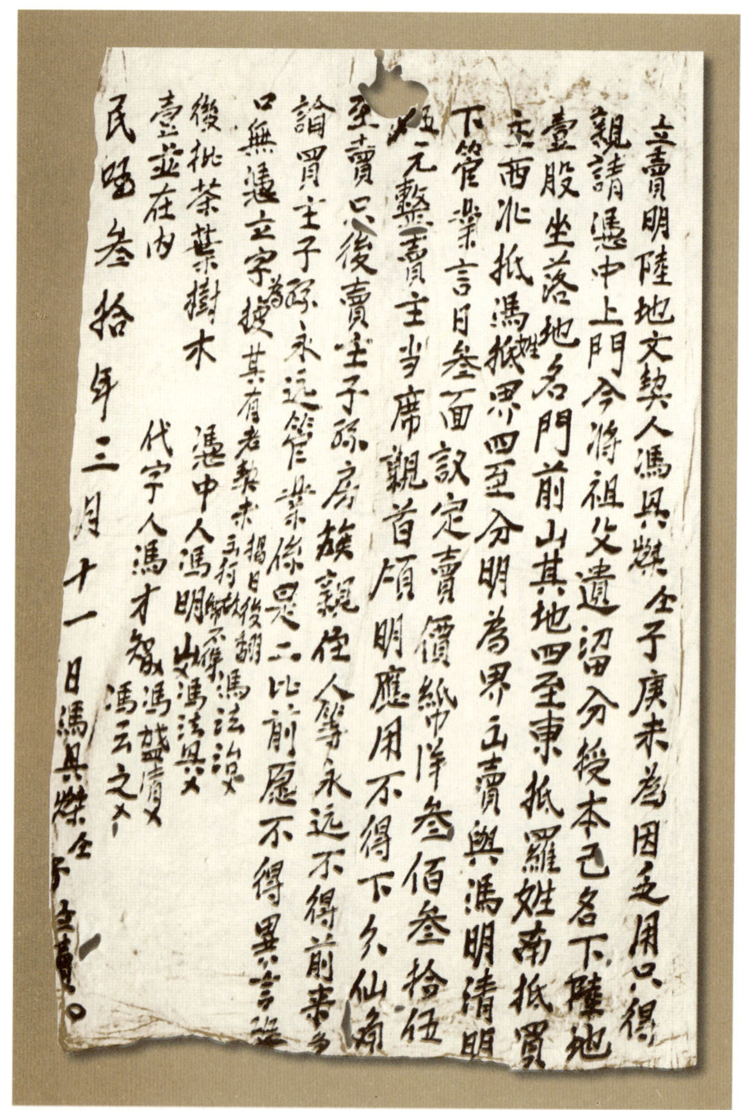

编号：fsq-14

立卖明陆地文契人冯兴灿，同子庚未，为因乏用，只得亲请凭中上门，今将祖父遗留分授本己名下陆地壹股，坐落地名门前山，其地四至：东抵罗姓，南抵买主，西、北抵冯姓抵界，四至分明为界，出卖与冯明清明（名）下管业。言（原）日叁面议定卖价纸洋叁佰叁拾伍元整。卖主当席亲首（手）领明应用，不得下欠仙角。至（自）卖只（之）后，卖主子孙房族亲侄人等永远不得前来争论，买主子孙永远管业。系是二比（彼）前（情）愿，不得异言。恐口无凭，立字为据。

其有老契未揭（接），日后翻出，打故纸不保。

后批：茶叶树木壹（一）并在内。

凭中人　冯明山　冯法治　冯法兴　冯盛清　冯云之

代字人　冯才智

民国三十年三月十一日　冯兴灿　同子　立卖

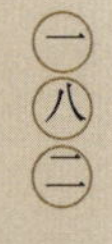

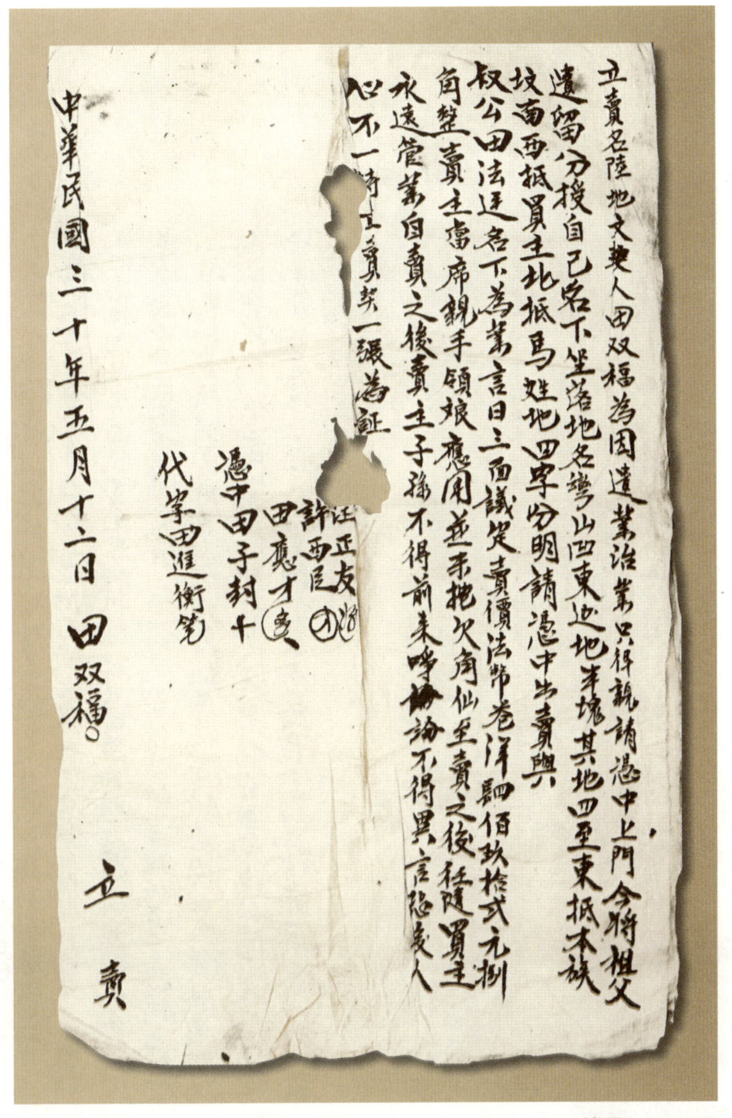

编号：tyg–51

立卖名（明）陆地文契人田双福，为因遗（移）业治（置）业，只得亲请凭中上门，今将祖父遗留分授自己名下坐落地名弯（湾）山凹东边地半块，其地四至：东抵本族坟，南、西抵买主，北抵马姓地，四字（至）分明，请凭中出卖与叔公田法廷名下为业。言（原）日三面议定卖价法币卷洋肆佰玖拾贰元捌角整。卖主当席亲手领银应用，并未托（拖）欠角仙。至（自）卖之后，任随买主永远管业。自卖之后，卖主子孙不得前来争论，不得异言。恐后人心不一，特立卖契一张为证。

凭中　汪正友　许西臣　田应才　田子封

代字　田进衡

中华民国三十年五月十二日　田双福　立卖

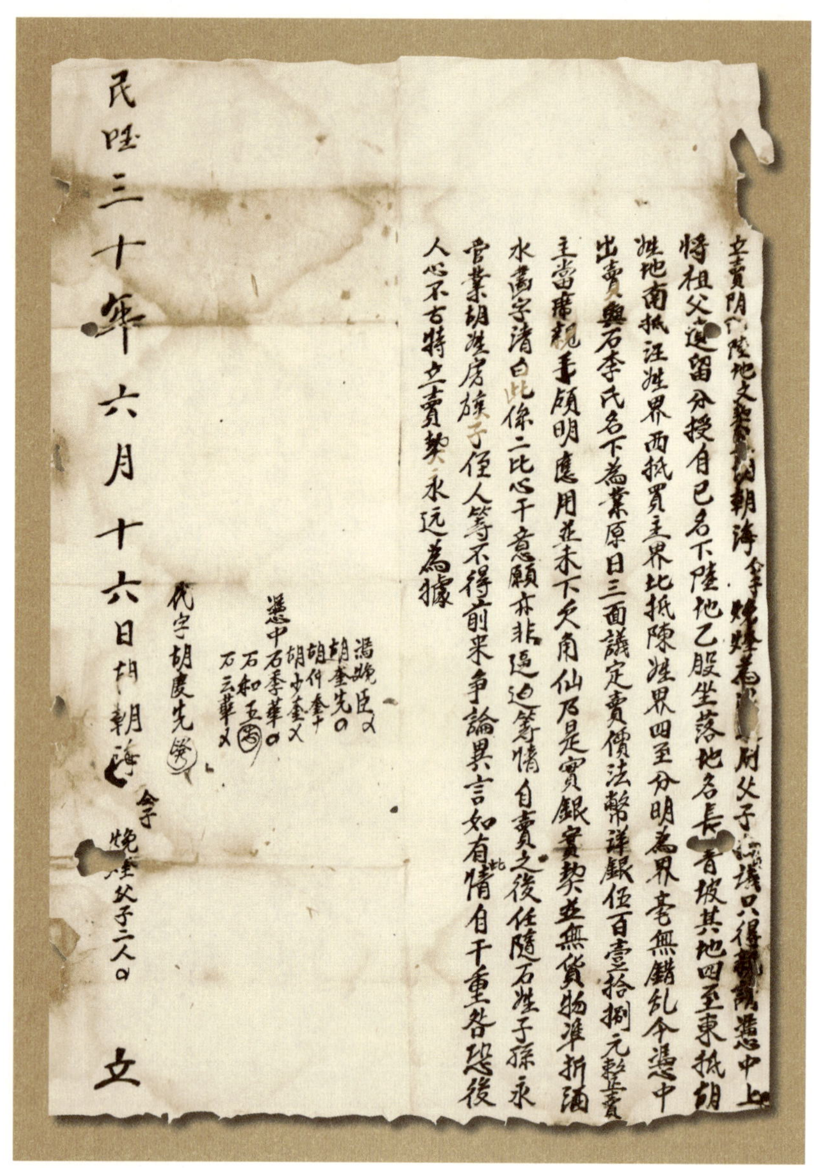
立賣陰陽陸地文契人胡朝海仝子煥煃為因乏用父子商議只得親請憑中上門
將祖父遺留分授自己名下陸地乙股坐落地名長箐坡其地四至東抵胡
姓地南抵汪姓界西抵買主界北抵陳姓界四至分明為界毫無錯亂今憑中
出賣與石李氏名下為業原日三面議定賣價法幣洋銀伍百壹拾捌元整賣
主當席親手領明應用並未下欠角仙乃是實銀實契並無貨物準折酒
水畫字清白此係二比心干意願亦非逼勒等情自賣之後任隨石姓子孫永
管業胡姓房族子侄人等不得前來爭論異言如有此情自干重咎恐後
人心不古特立賣契永遠為據

憑中 馮煥臣 胡奎先 胡仲奎 胡少奎 石季華 石和五 石云華

代字 胡慶先

民國三十年六月十六日 胡朝海 仝子煥煃 父子二人 立

编号：slc-2

立卖阴阳陆地文契人胡朝海，同子焕煃，为因乏用，父子商议，只得亲请凭中上门，将祖父遗留分授自己名下陆地乙（壹）股，坐落地名长箐坡，其地四至：东抵胡姓地，南抵汪姓界，西抵买主界，北抵陈姓界，四至分明为界，毫无错乱，今凭中出卖与石李氏名下为业。原日三面议定卖价法币洋银伍百壹拾捌元整。卖主当席亲手领明应用，并未下欠角仙。乃是实银实契，并无货物准折，酒水画字清白。此系二比（彼）心干（甘）意愿，亦非逼勒等情。自卖之后，任随石姓子孙永远管业，胡姓房族子侄人等不得前来争论异言。如有此情，自干（甘）重咎。恐后人心不古，特立卖契永远为据。

凭中　冯焕臣　胡奎先　胡仲奎　胡少奎　石季华　石和五　石云华

代字　胡庆先

民国三十年六月十六日　胡朝海　同子焕煃　父子二人立

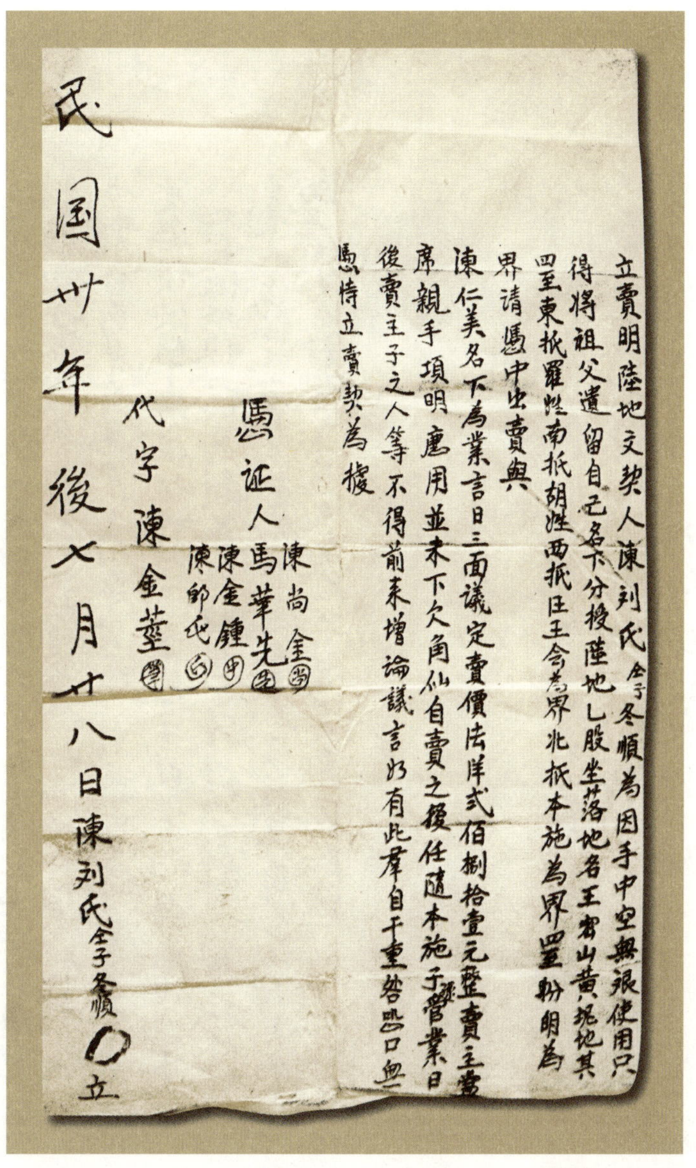
立賣明陸地文契人陳刘氏仝子冬順為因手中空無銀使用只
得將祖父遺留自己名下分授陸地乙股坐落地名王密山黄泥地其
四至東抵羅姓南抵胡姓西抵汪王会為界北抵本施為界四至分明為
界請憑中出賣與
陳仁美名下為業言日三面議定賣價法洋貳佰捌拾壹元整賣主當
席親手項明應用並未下欠角仙自賣之後任随本施子孫管業日
後賣主子之人等不得前来增論議言如有此群自干重咎恐口無
憑特立賣契為據

憑证人 陳尚金 馬華先 陳金鍾 陳邹氏
代字 陳金莖
民国卅年後七月廿八日陳刘氏仝子冬順 立

编号：cyc-2

立卖明陆地文契人陈刘氏，同子冬顺，为因手中空无银使用，只得将祖父遗留自己名下分授陆地乙（壹）股，坐落地名王密山黄泥地，其四至东抵罗姓，南抵胡姓，西抵汪王会为界，北抵本施（族）为界，四至分明为界，请凭中出卖与陈仁美名下为业。言（原）日三面议定卖价法洋贰佰捌拾壹元整。卖主当席亲手项（领）明应用，并未下欠角仙。自卖之后，任随本施（族）子孙管业。日后卖主子之人等不得前来增（争）论异言。如有此群（情），自干（甘）重咎。恐口无凭，特立卖契为据。

凭证人　陈尚金　马华先　陈金钟　陈邹氏

代　字　陈金茎

民国三十年后七月二十八日　陈刘氏　同子冬顺　立

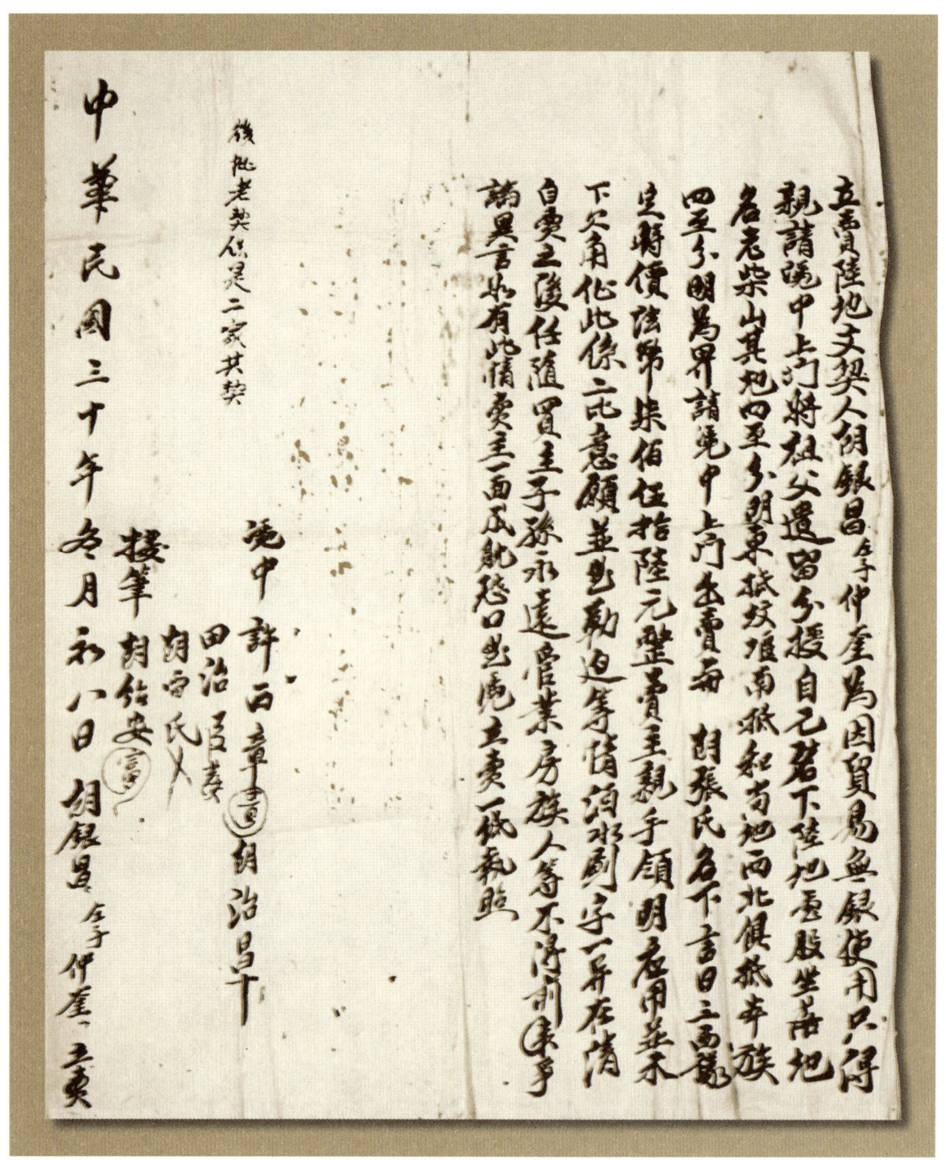

编号：hjs–1

立卖陆地文契人胡银昌，同子仲奎，为因贸易无银使用，只得亲请凭中上门，将祖父遗留分授自己名下陆地壹股，坐落地名老柴山，其地四至分明，东抵坟堰，南抵和尚地，西、北俱抵本族，四至分明为界，请凭中上门出卖与胡张氏名下。言（原）日三面议定时价法币柒佰伍拾陆元整。卖主亲手领明应用，并未下欠角仙。此系二比（彼）意愿，并无勒迫等情。酒水画字一并在（开）清。自卖之后，任随买主子孙永远管业，房族人等不得前来争论异言。如有此情，卖主一面承耽（担）。恐口无凭，立卖一纸执照。

后批：老契系是二家共契。

凭中　许西章　胡治昌　田治臣　胡雷氏

授笔　胡治安

中华民国三十年冬月初八日　胡银昌　同子仲奎　立卖

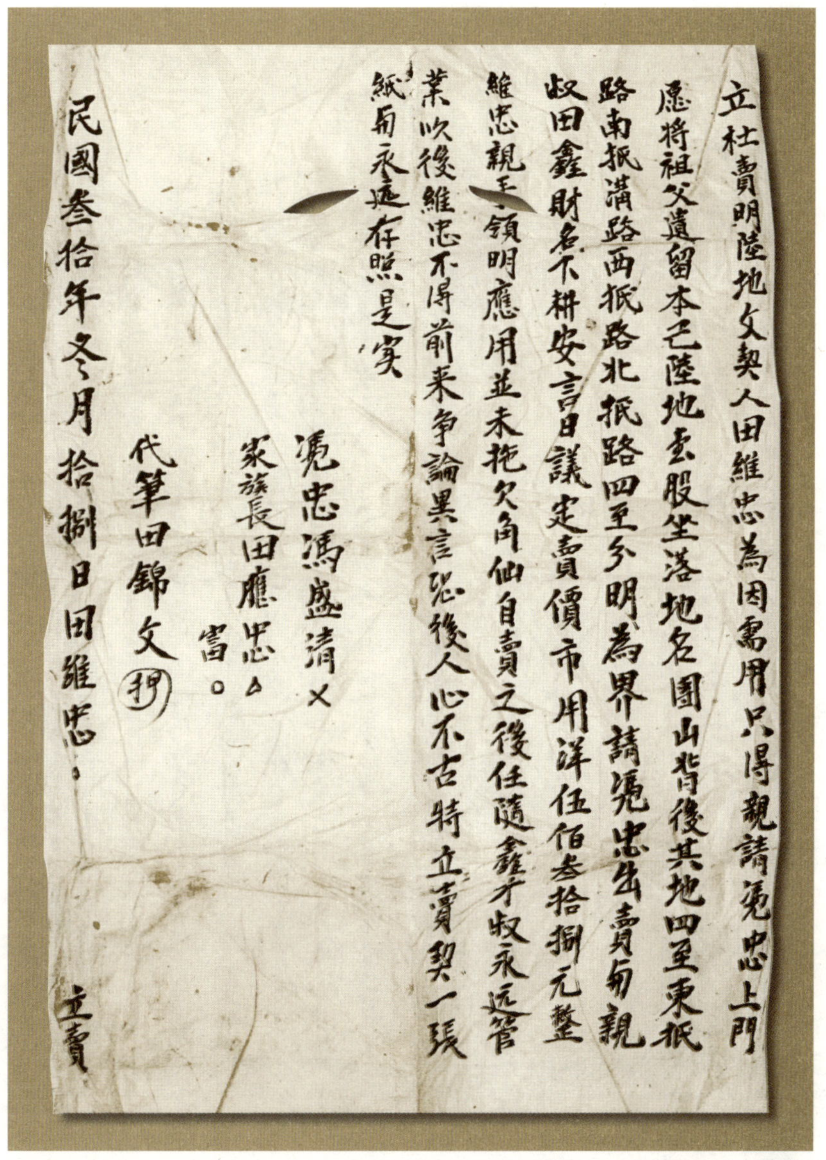
立杜賣明陸地文契人田維忠為因需用只得親請凴忠上門
愿將祖父遺留本己陸地壹股坐落地名團山背後其地四至東抵
路南抵溝路西抵路北抵路四至分明為界請凴忠出賣與親
叔田鑫財名下耕安言日議定賣價市用洋伍佰叁拾捌元整
維忠親手領明應用並未拖欠角仙自賣之後任隨鑫財叔永遠管
業以後維忠不得前來爭論異言恐後人心不古特立賣契一張
紙與永遠存照是實

凴忠馮盛清 ㄨ
家族長田應忠 △
富 ○
代筆田錦文 押
民國叁拾年冬月拾捌日田維忠 立賣

编号：mxq-5

立杜卖明陆地文契人田维忠，为因需用，只得亲请凭忠（中）上门，愿将祖父遗留本己陆地壹股，坐落地名团山背后，其地四至：东抵路，南抵沟路，西抵路，北抵路，四至分明为界，请凭忠（中）出卖与亲叔田鑫财名下耕安。言（原）日议定卖价市用洋伍佰叁拾捌元整。维忠亲手领明应用，并未拖欠角仙。自卖之后，任随鑫财叔永远管业，以后维忠不得前来争论异言。恐后人心不古，特立卖契一张纸与永远存照是实。

凭忠（中） 冯盛清 家族长田应忠、田应富
代 笔 田锦文
民国三十年冬月十八日 田维忠 立卖

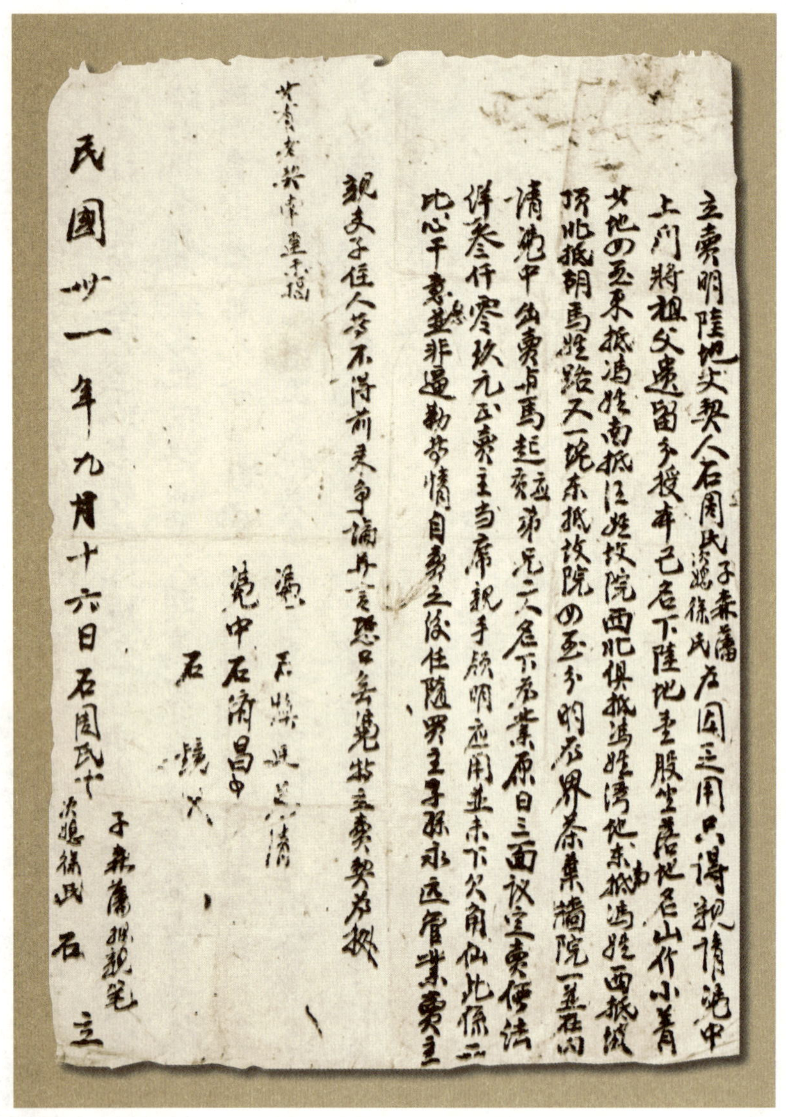

编号：mxq-46

立卖明陆地文契人石周氏、子森藩、次媳徐氏，为因乏用，只得亲请凭中上门，将祖父遗留分授本己名下陆地壹股，坐落地名山竹小菁（箐），其地四至：东抵冯姓，南抵汪姓坟院，西、北俱抵冯姓湾地，东南抵冯姓，西抵坡顶，北抵胡马姓路，又一块东抵坟院，四至分明为界，茶叶墙院一并在内，请凭中出卖与马起应、马起贤弟兄二人名下为业。原日三面议定卖价法洋叁仟零玖元正（整）。卖主当席亲手领明应用，并未下欠角仙。此系二比（彼）心干（甘）意愿，并非逼勒等情。自卖之后，任随买主子孙永远管业，卖主亲支子侄人等不得前来争论异言。恐口无凭，特立卖契为据。

其有老契牵连未揭（接）。

凭　石焕廷

凭中　石济昌　石　镜

民国三十一年九月十六日　石周氏　子森藩提亲笔　次媳徐氏　石立

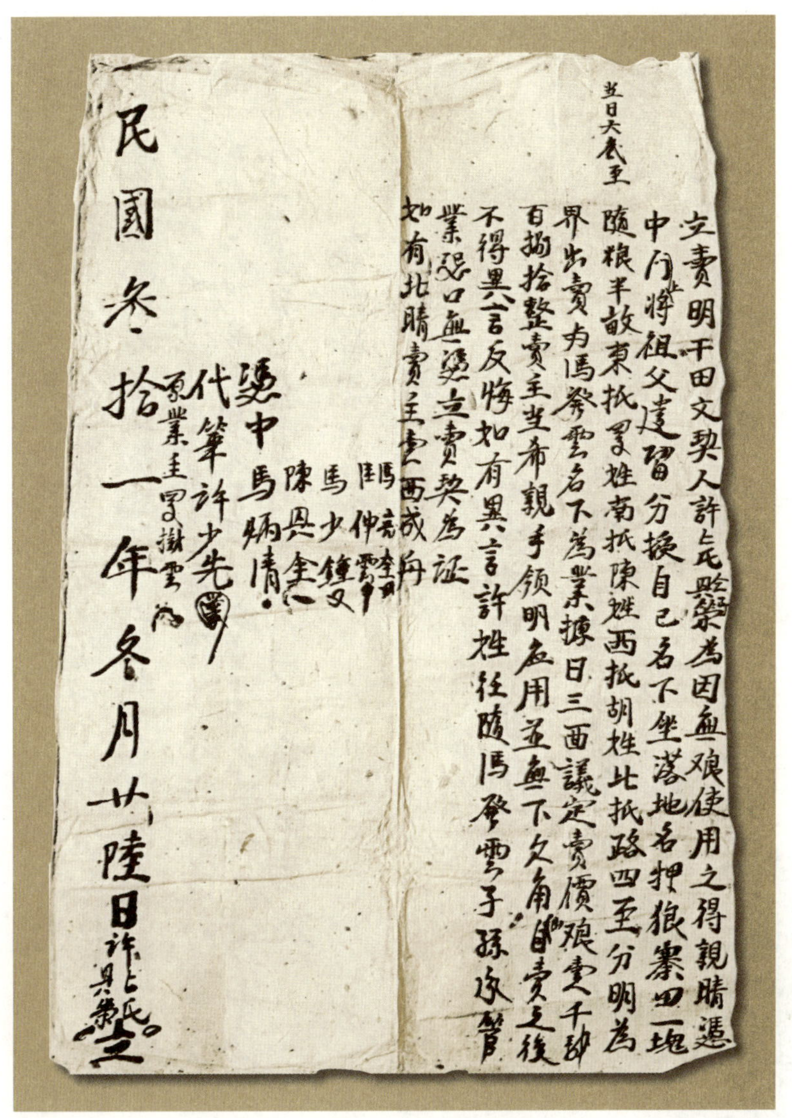

编号：crq-9

立卖明干田文契人许许氏，同子兴荣，为因无银使用，之（只）得亲请凭中上门，将祖父遗留分授自己名下坐落地名押狼（阿朗）寨田一块，随粮半亩，东抵罗姓，南抵陈姓，西抵胡姓，北抵路，四至分明为界，出卖与冯发云名下为业。原日三面议定卖价银壹千肆百捌拾整。卖主当希（席）亲手领明应用，并无下欠角仙。自卖之后，不得异言反悔。如有异言，许姓任随冯发云子孙承管业。恐口无凭，立卖契为证。如有此晴（情），卖主壹面成丹（承担）。

当日天（添）贰至（字）。

凭　中　冯亮奎　冯仲云　马少钟　陈兴全　马炳清

代　笔　许少先

原业主　罗树云

民国三十一年冬月二十六日　许许氏　许兴荣　立

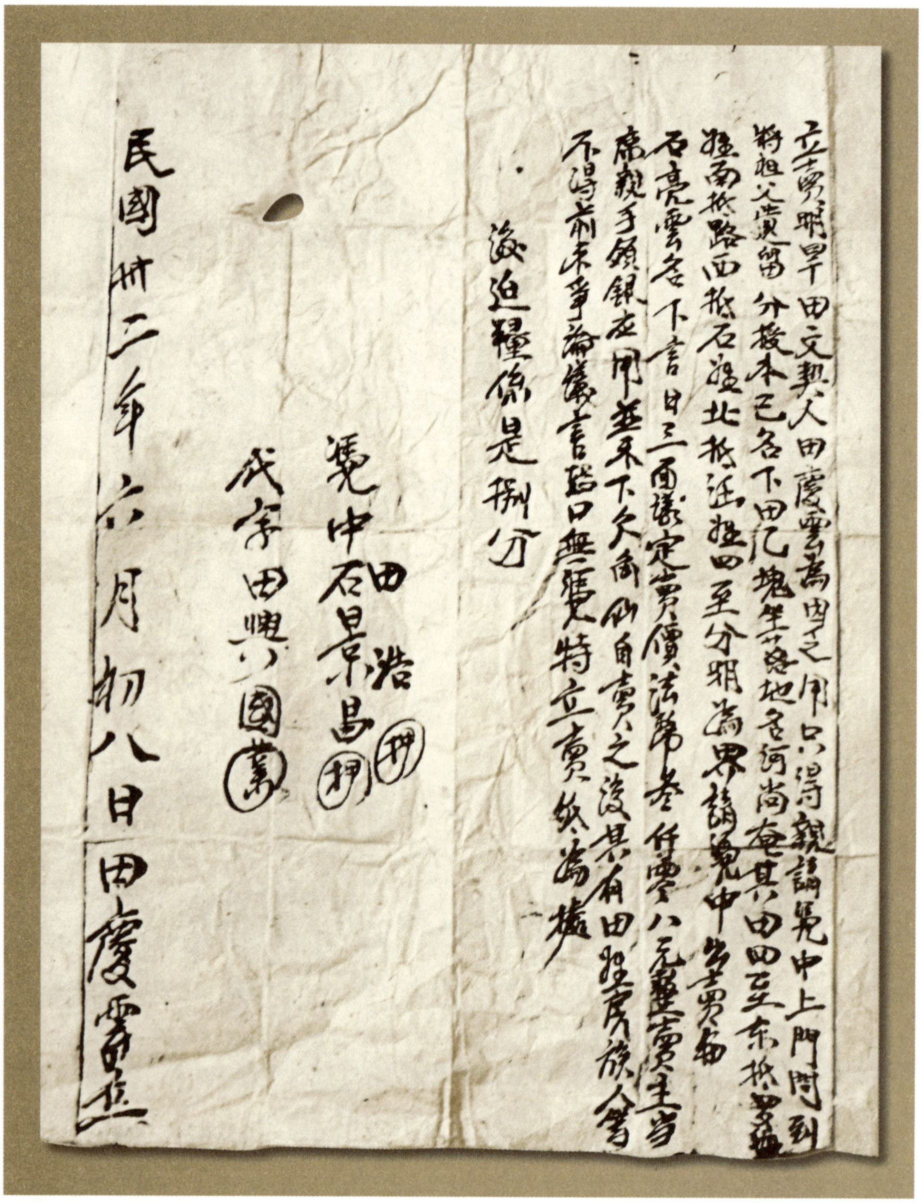

编号：scf-2

立卖明旱田文契人田庆云，为因乏用，只得亲请凭中上门问到，将祖父遗留分授本己名下田乙（壹）块，坐落地名河（和）尚奄（庵），其田四至：东抵罗姓，南抵路，西抵石姓，北抵汪姓，四至分明为界，请凭中出卖与石亮云名下。言（原）日三面议定卖价法币叁仟零八元整。卖主当席亲手领银应用，并未下欠角仙。自卖之后，其有田姓房族人等不得前来争论异言。恐口无凭，特立卖纸为据。

后迫粮系是捌分。

凭中　田　浩　石景昌

代字　田兴国

民国三十二年六月初八日　田庆云　立

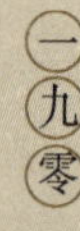

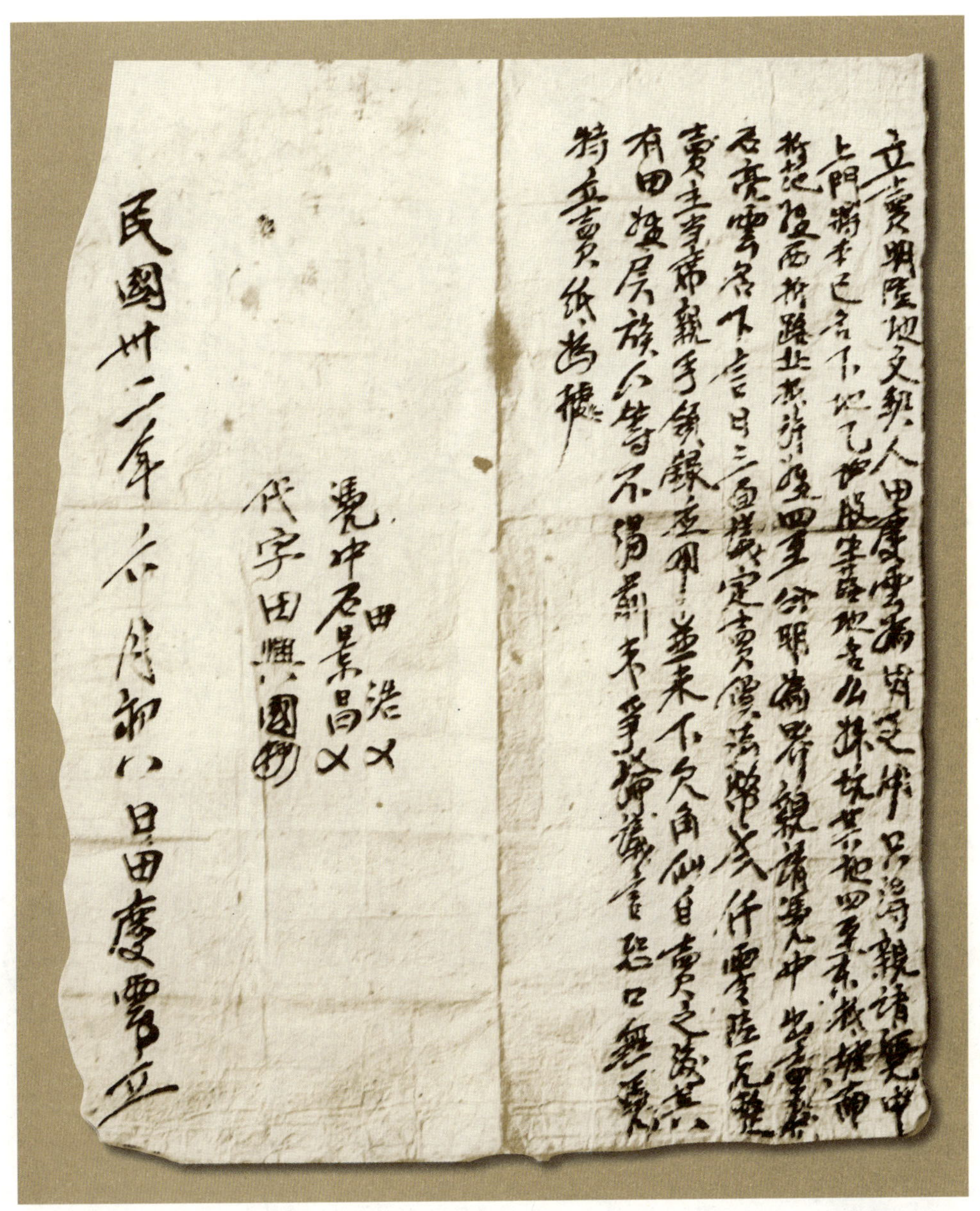

编号：scf–3

立卖明陆地文契人田庆云，为因乏用，只得亲请凭中上门，将本己名下地乙（壹）股，坐落地名么（幺）妹坑，其地四至：东抵坡，南抵范姓，西抵路，北抵许姓，四至分明为界，亲请凭中出卖与石亮云名下。言（原）日三面议定卖价法币贰仟零陆元整。卖主当席亲手领银应用，并未下欠角仙。自卖之后，其有田姓房族人等不得前来争论议（异）言。恐口无凭，特立卖纸为据。

凭中　田　浩　石景昌

代字　田兴国

民国三十二年六月初八日　田庆云　立

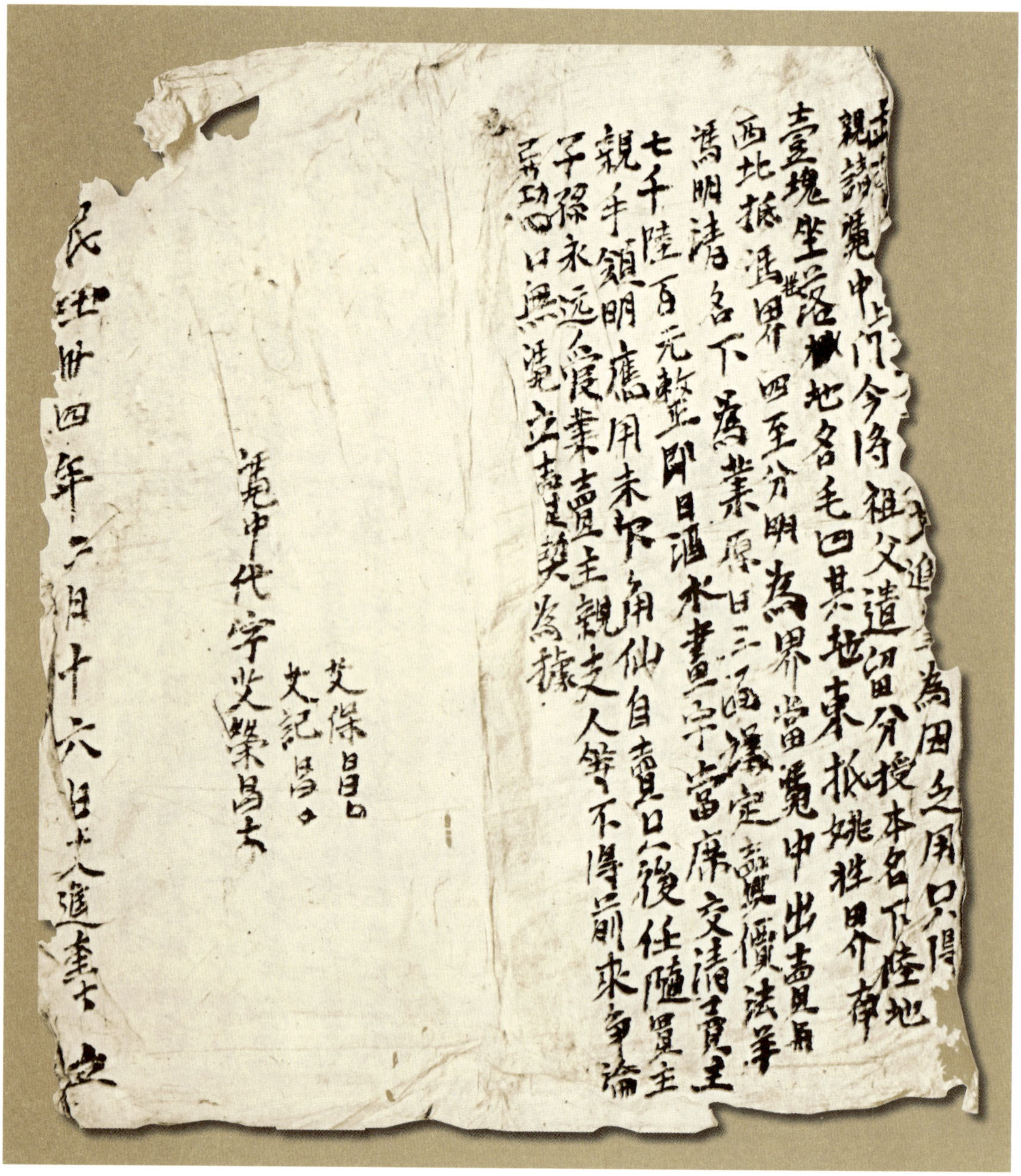

编号：fsq-16

立□□□□□□□，为因乏用，只得亲请凭中上门，今将祖父遗留分授本名下陆地壹块，坐落地名毛凹，其地东抵姚姓界，南、西、北抵冯姓界，四至分明为界，当凭中出卖与冯明清名下为业。原日三面议定卖价法羊（洋）七千陆百元整。即日酒水画字当席交清。卖主亲手领明应用，未欠角仙。自卖只（之）后，任随买主子孙永远管业，卖主亲支人等不得前来争论异［言］。恐口无凭，立卖契为据。

凭中代字　艾保昌　艾记昌　艾荣昌

民国三十四年二月十六日　艾进奎　立

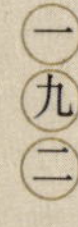

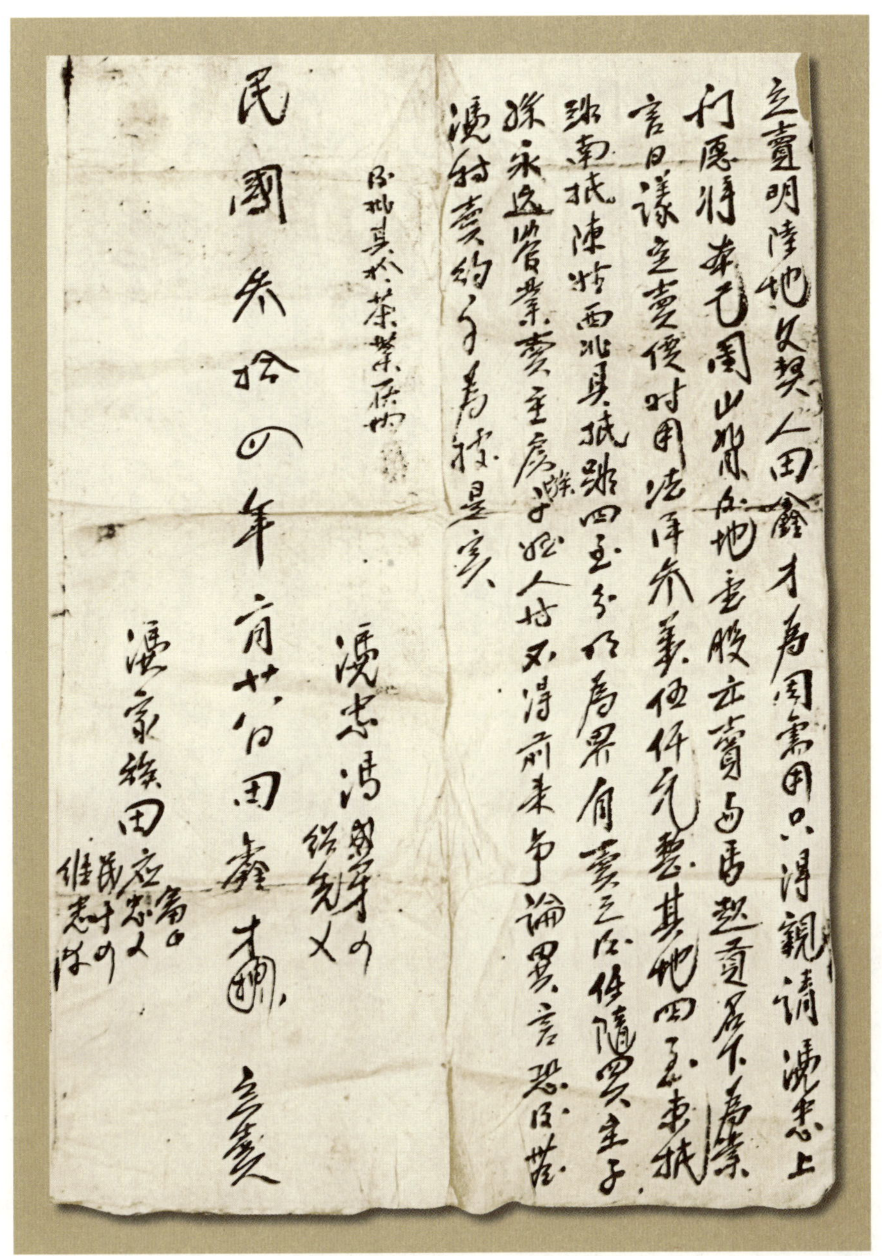

编号：mxq-9

立卖明陆地文契人田鑫才，为因需用，只得亲请凭中上门，愿将本己团山背后地壹股，卖与马起贤名下为业。言（原）日议定卖价时用法洋叁万伍仟元整。其地四至：东抵路，南抵陈姓，西、北具（俱）抵路，四至分明为界。自卖之后，任随买主子孙永远管业，卖主房族子侄人等不得前来争论异言。恐后无凭，立卖约字为据是实。

后批：其余茶叶在内。

凭忠（中）　冯盛才　冯绍先

民国三十四年二月二十八日　田鑫才　立卖

凭 家 族　田应富　田应忠　田民于　田维忠

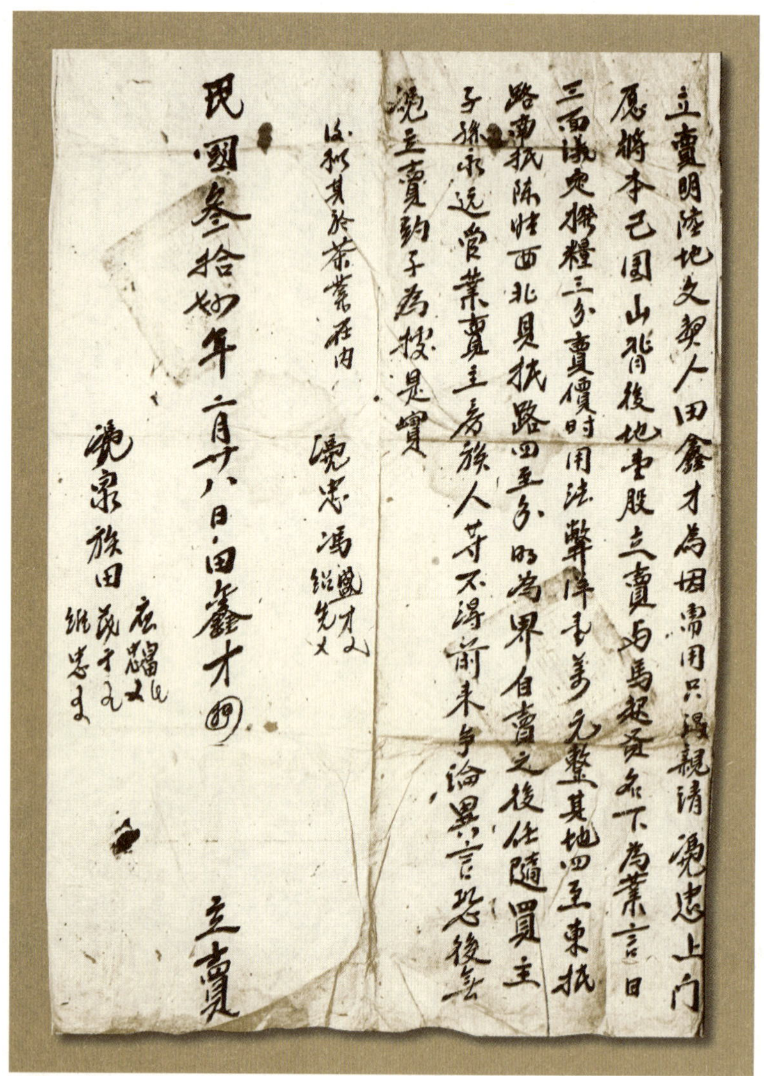

编号：mxq-35

立卖明陆地文契人田鑫才，为因需用，只得亲请凭忠（中）上门，愿将本己团山背后地壹股，立卖与马起贤名下为业。言（原）日三面议定拨粮三分，卖价时用法弊（币）洋壹万元整。其地四至：东抵路，南抵陈姓，西、北具（俱）抵路，四至分明为界。自卖之后，任随买主子孙永远管业，卖主房族人等不得前来争论异言。恐后无凭，立卖约子（字）为据是实。

后批：其于（余）茶叶在内。

凭　中　冯盛才　冯绍先

民国三十四年二月二十八日　田鑫才　立卖

凭家族　田应富　田应忠　田茂于　田维忠

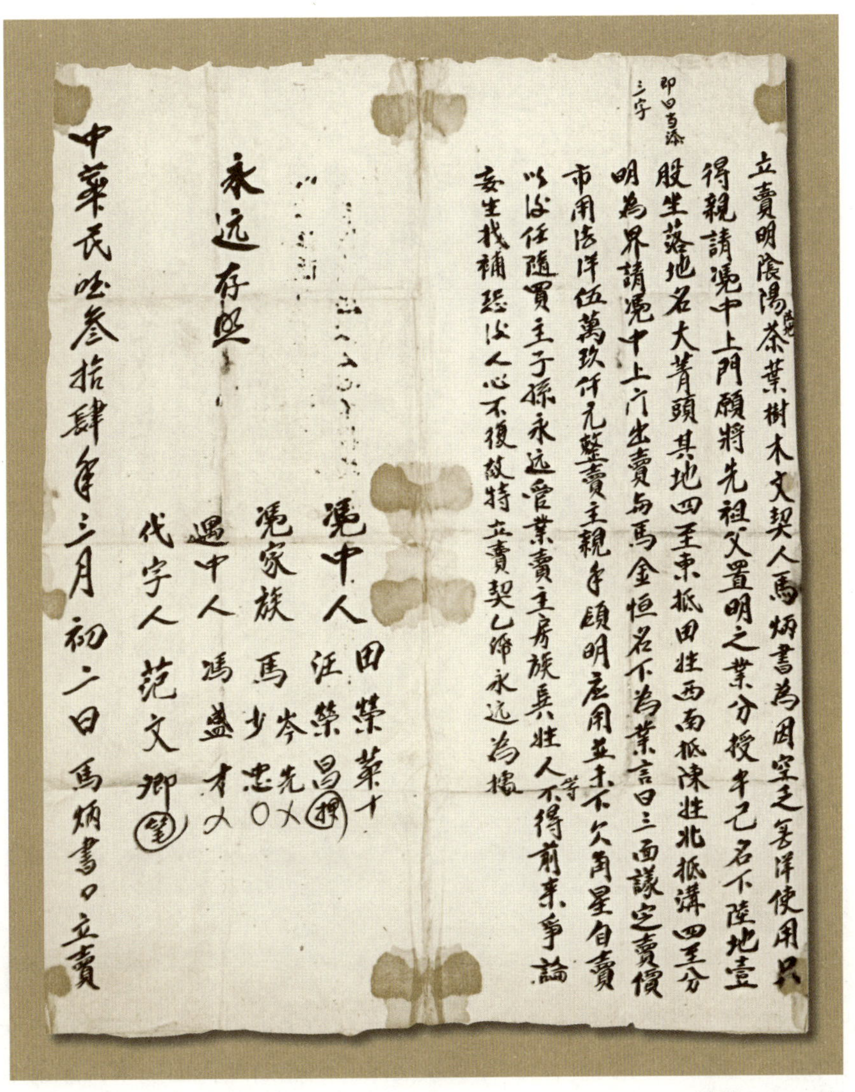

编号：mxq–53

立卖明阴阳陆地茶叶树木文契人马炳书，为因空乏无洋使用，只得亲请凭中上门，愿将祖父置明之业分授本己名下陆地壹股，坐落地名大菁（箐）头，其地四至：东抵田姓，西、南抵陈姓，北抵沟，四至分明为界，请凭中上门，出卖与马金恒名下为业。言（原）日三面议定卖价市用法洋伍万玖仟元整。卖主亲手领明应用，并未下欠角星（仙）。自卖以后，任随买主子孙永远管业，卖主房族异姓人等不得前来争论、妄生找补。恐后人心不复，故特立卖契乙（壹）纸永远为据。

即日当添三字。

永 远 存 照

凭中人　田荣华　汪荣昌

凭家族　马岑先　马少忠

遇中人　冯盛才

代　字　范文卿

中华民国三十四年三月初二日　马炳书　立卖

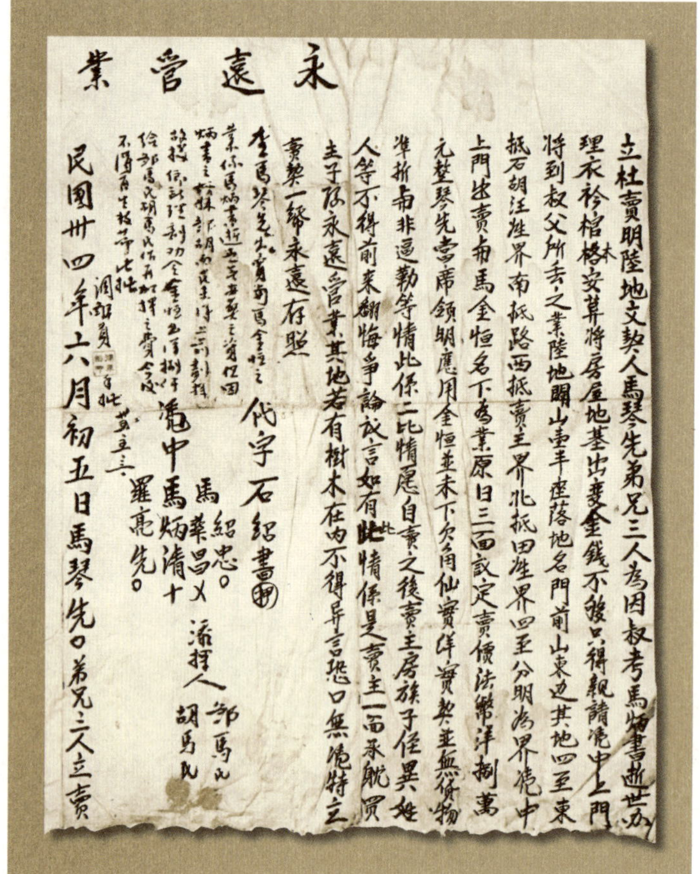

编号：mxq–17

立杜卖明陆地文契人马琴先弟兄三人，为因叔考马炳书逝世，办理衣衫棺木安葬，将房屋地基出变金钱不够，只得亲请凭中上门，将到叔父所丢之业陆地辟山壹半，座落地名门前山东边，其地四至：东抵石胡汪姓界，南抵路，西抵卖主界，北抵田姓界，四至分明为界，凭中上门出卖与马金恒名下为业。原日三面议定卖价法币洋捌万元整。琴先当席领明应用，金恒并未下欠角仙，实洋实契，并无货物准折，亦非逼勒等情，此系二彼情愿。自卖之后，卖主房族子侄异姓人等不得前来翻悔争论议（异）言。如有此情，系是卖主一面承耽（担）。买主子孙永远管业。其地若有树木在内，不得异言。恐口无凭，特立卖契一纸永远存照。

永　远　管　业

代　字　石绍书

凭　中　马绍忠　马华昌　马炳清　罗亮先

添押人　邹马氏　胡马氏

民国三十四年六月初五日　马琴先弟兄三人　立卖

查马琴先出卖与马金恒之业系马炳书逝世无安葬之资，但因炳书之婿妹邹胡两氏□洋上前□□，故□乡所理判令劝金恒出洋捌仟给邹马氏、胡马氏□□加□之费。今后不得再生支（枝）节。此据。

调解员　□□□（印）　手批　□□□

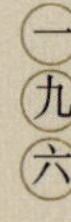

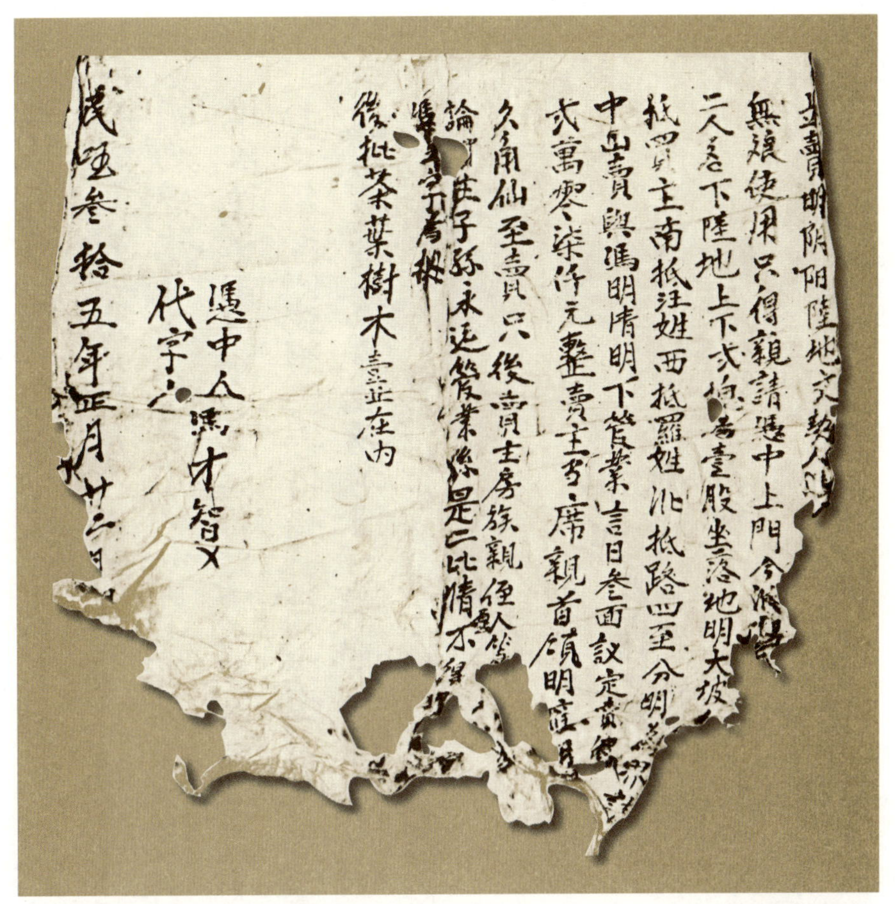

编号：fsq-4

立卖明阴阳陆地文契人□□□□□□□□□无银使用，只得亲请凭中上门，今将□□□□□□二人名下陆地上下贰块为壹股，坐落地明（名）大坡□□□［东］抵买主，南抵汪姓，西抵罗姓，北抵路，四至分明为界，请［凭］中出卖与冯明清明（名）下管业。言（原）日叁面议定卖价□□□□贰万零柒仟元整。卖主当席亲首领明应用，［并未拖］欠角仙。至（自）卖只（之）后，卖主房族亲侄人等□□□□论，［买］主子孙永远管业。系是二比（彼）情愿，不得□□□□□□□□□凭立字为据。

后批：茶叶树木壹并在内。

凭中人　代字人　冯才智

民国三十五年正月二十二日

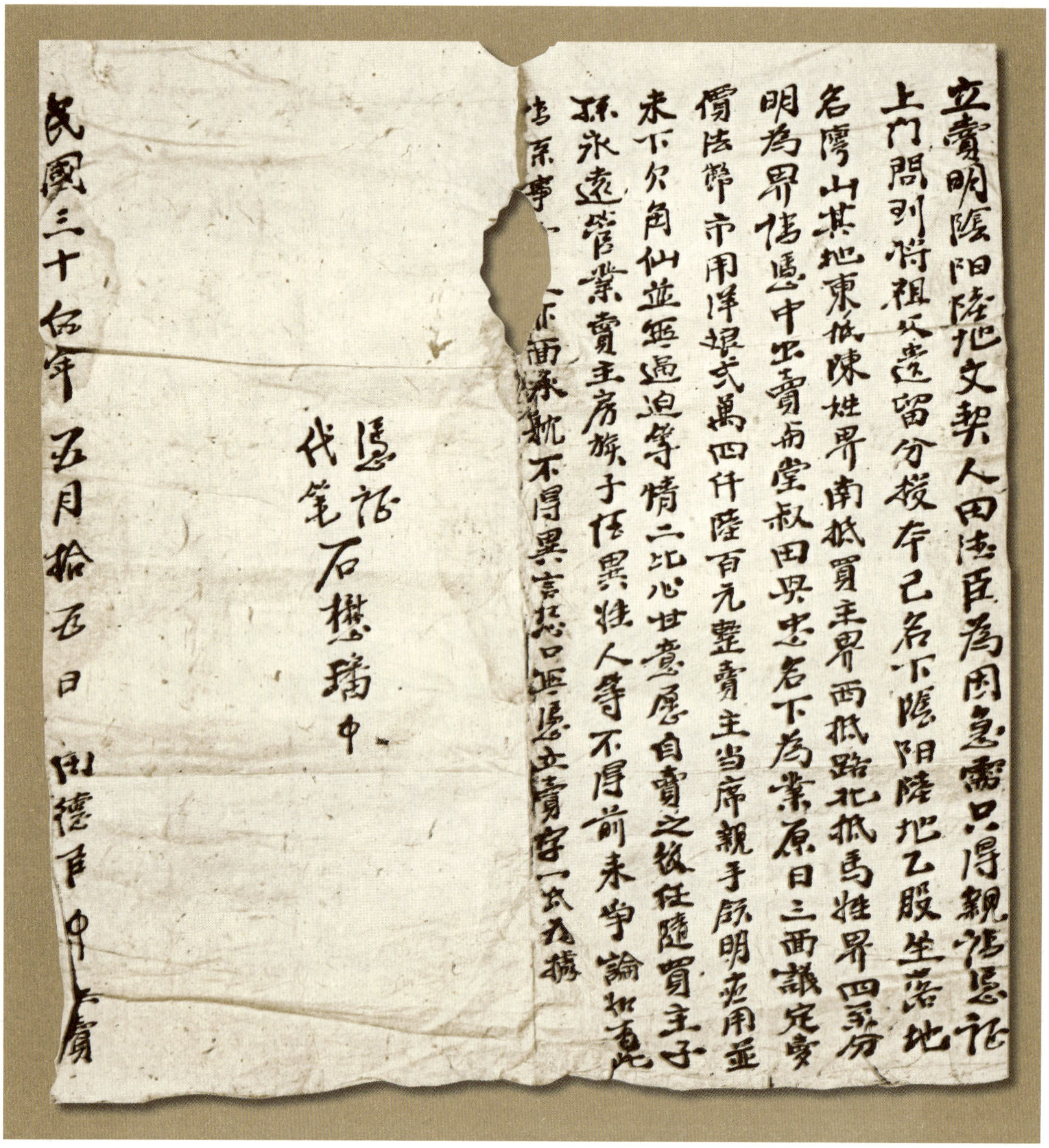

编号：tyg–50

立卖明阴阳陆地文契人田德臣，为因急需，只得亲请凭证上门问到，将祖父遗留分授本己名下阴阳陆地乙（壹）股，坐落地名湾山，其地东抵陈姓界，南抵买主界，西抵路，北抵马姓界，四至分明为界，请凭中出卖与堂叔田兴忠名下为业。原日三面议定卖价法币市用洋银贰万四仟陆百元整。卖主当席亲手领明应用，并未下欠角仙，并无逼迫等情，二比（彼）心甘意愿。自卖之后，任随买主子孙永远管业。卖主房族子侄异姓人等不得前来争论。如有此情，系事（是）［卖主一］面承耽（担）。不得异言。恐口无凭，立卖字一纸为据。

凭证代笔　石懋蟠

民国三十五年五月十五日　田德臣　立卖

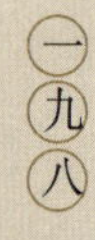

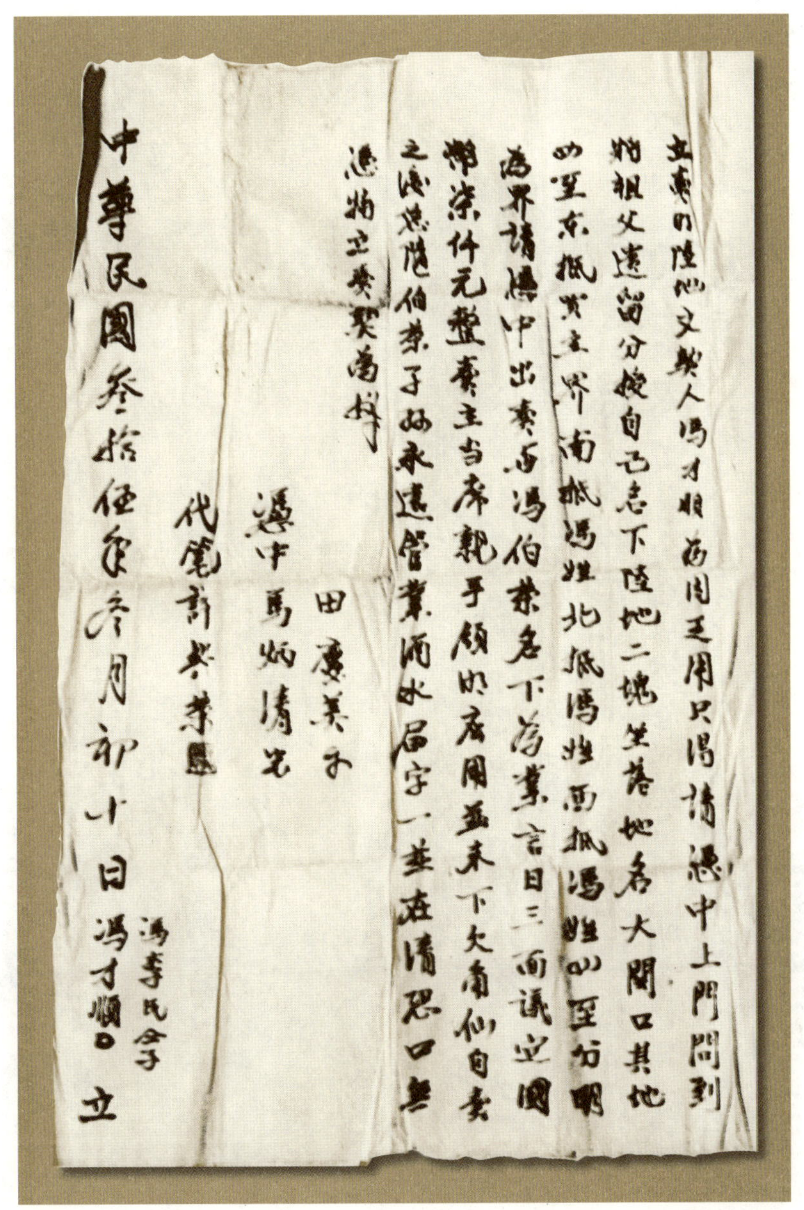

编号：crq-3

立卖明陆地文契人冯才顺，为因乏用，只得请凭中上门问到，将祖父遗留分授自己名下陆地二块，坐落地名大关口，其地四至：东抵买主界，南抵冯姓，北抵冯姓，西抵冯姓，四至分明为界，请凭中出卖与冯伯荣名下为业。言（原）日三面议定国币柒仟元整。卖主当席亲手领明应用，并未下欠角仙。自卖之后，任随伯荣子孙永远管业。酒水画字一并在清。恐口无凭，特立卖契为据。

凭中　田庆美　马炳清

代笔　许兴荣

中华民国三十五年冬月初十日　冯李氏　同子冯才顺　立

立賣明陸地文契人馮云奎為因乏用之得
親請憑中上門今將祖父遺留分授本己
名下陸地壹股坐落地明團山背後其地四
至東抵馬姓南抵胞兄西抵辜姓北抵馬姓
四至分明為界出賣與馬起賢明下管業
言日叁面議定賣價紙洋弍佰林伍元整
馮云奎当席親首領明應用並未下欠角
仙至賣之後馬起賢子孫永远管業馮姓
房族親侄人等永远不得前来争論係是
二比情愿不得異言恐口無憑立字為據
憑中人馮法陸 馮煥奎 馮煥云 馮才有 汪仲云 羅亮先
代字人馮才智
民國叁拾年六月廿日馮云奎立賣

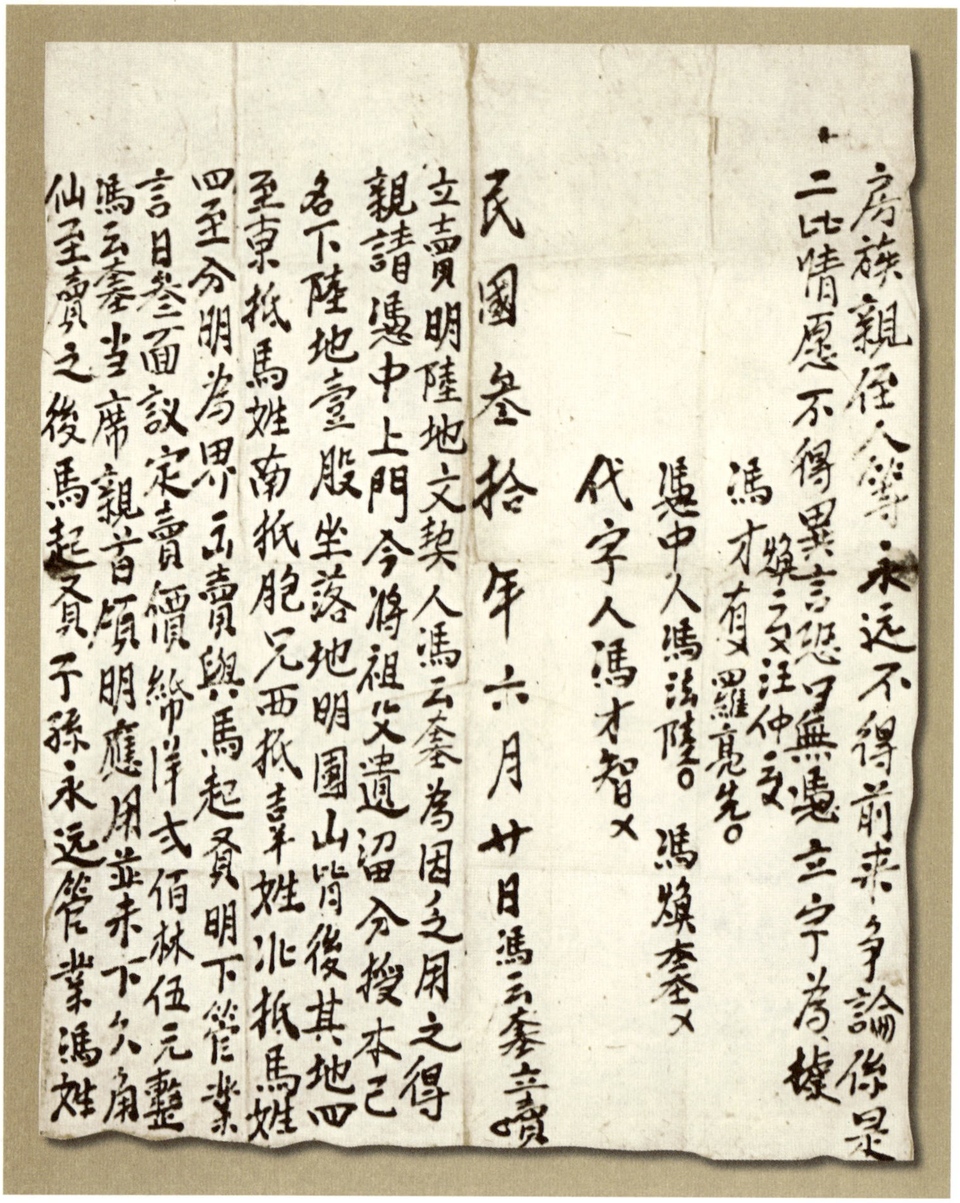

编号：mxq–39

立卖明陆地文契人冯云奎，为因乏用，之（只）得亲请凭中上门，今将祖父遗留分授本已名下陆地壹股，坐落地明（名）团山背后，其地四至：东抵马姓，南抵胞兄，西抵辜姓，北抵马姓，四至分明为界，出卖与马起贤明（名）下管业。言（原）日叁面议定卖价纸洋贰佰林（零）伍元整。冯云奎当席亲首（手）领明应用，并未下欠角仙。至（自）卖之后，马起贤子孙永远管业，冯姓房族亲侄人等永远不得前来争论。系是二比（彼）情愿，不得异言。恐口无凭，立字为据。

凭中人　冯焕云　冯才有　汪仲云　罗亮先　冯法陆　冯焕奎

代字人　冯才智

民国三十年六月二十日　冯云奎　立卖

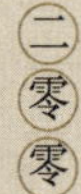

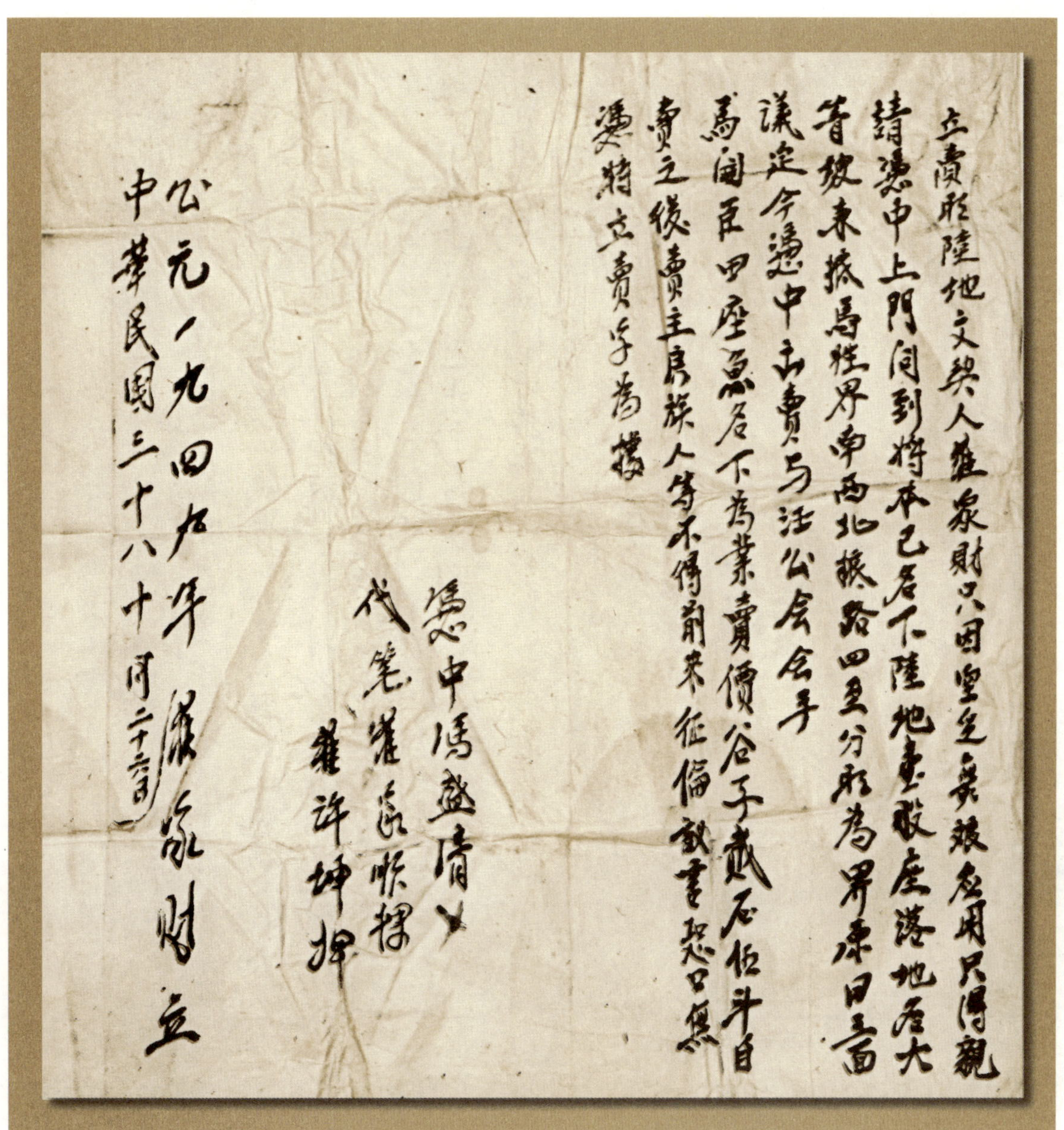

编号：mxq-21

立卖明陆地文契人罗众财，只因空乏，无银应用，只得亲请凭中上门问到，将本己名下陆地壹股，座（坐）落地名大箐坡，东抵马姓界，南、西、北抵路，四至分明为界，原日三面议定，今凭中出卖与汪公会会手（首）马开臣、田座鱼名下为业。卖价谷子贰石伍斗。自卖之后，卖主房族人等不得前来征（争）论议（异）言。恐口无凭，特立卖字为据。

凭中　冯盛清

代笔　罗众顺　罗许坤

公元一九四九年　中华民国三十八（年）十月二十六日　罗众财　立

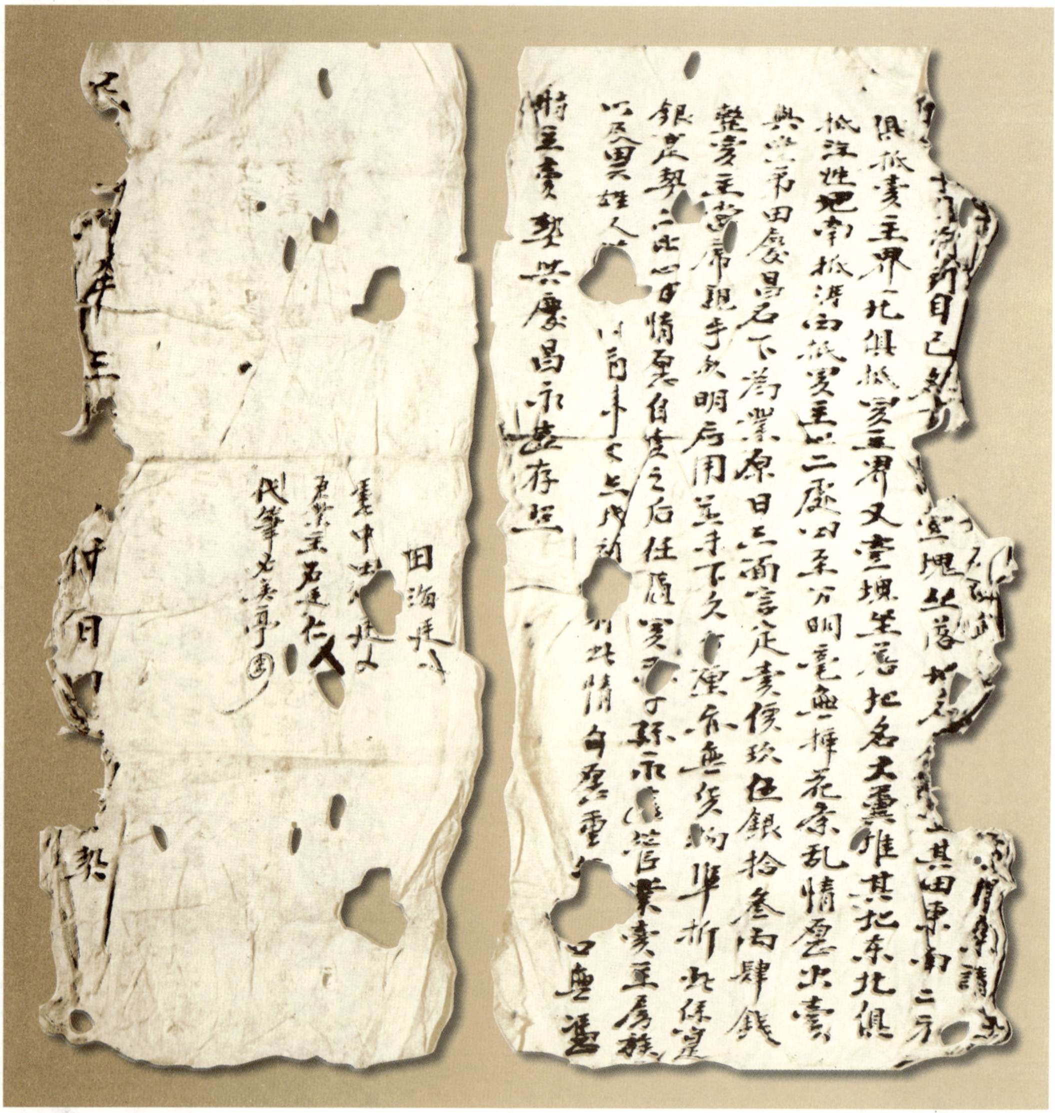

编号：tym-4-5

□□□□□□□□□□□，只得亲请凭中□□将到自己名下□□□□壹块，坐落地名□□□□其田东、南二方俱抵卖主界，西、北俱抵买主界；又壹块坐落地名大粪堆，其地东、北俱抵汪姓地，南抵沟，西抵买主地，二处四至分明，毫无插花紊乱，情愿出卖与堂弟田庆昌名下为业。原日三面言定卖价玖伍银拾叁两肆钱整。卖主当席亲手领明应用，并未下欠分厘，亦无货物准折。此系实银实契，二比（彼）心甘情愿。自卖之后，任随买主子孙永远管业，卖主房族以及异姓人等［不得］前来妄生找补。［如有］此情，自愿重咎。［恐］口无凭，特立卖契与庆昌永远存照。

凭　　中　田海廷　田□廷
原 业 主　石廷仁
代　　笔　石美亭

民国□□年三月□十日　□□□契

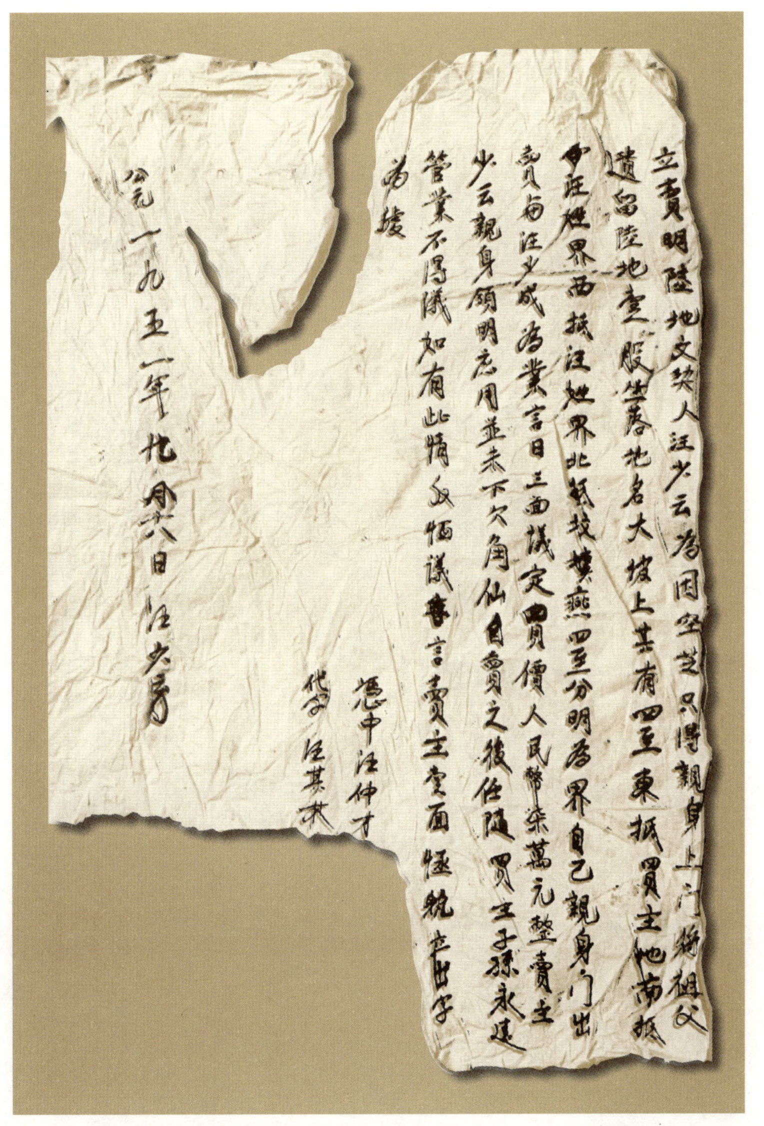

编号：wzc–43

立卖明陆地文契人汪少云，为因空芝（乏），只得亲身上门，将祖父遗留陆地壹股，坐落地名大坡上，其有四至：东抵买主地，南抵汪姓界，西抵汪姓界，北抵坟□，四至分明为界。自己亲身［上］门，出卖与汪少成为业。言（原）日三面议定买价人民币柒万元整。卖主少云亲身领明应用，并未下欠角仙。自卖之后，任随买主子孙永远管业，不得议。如有此情，反悔议（异）言，卖主壹（一）面□眈（承担）。立出字为据。

凭中　汪仲才

代字　汪其林

公元一九五一年九月六日　汪少云

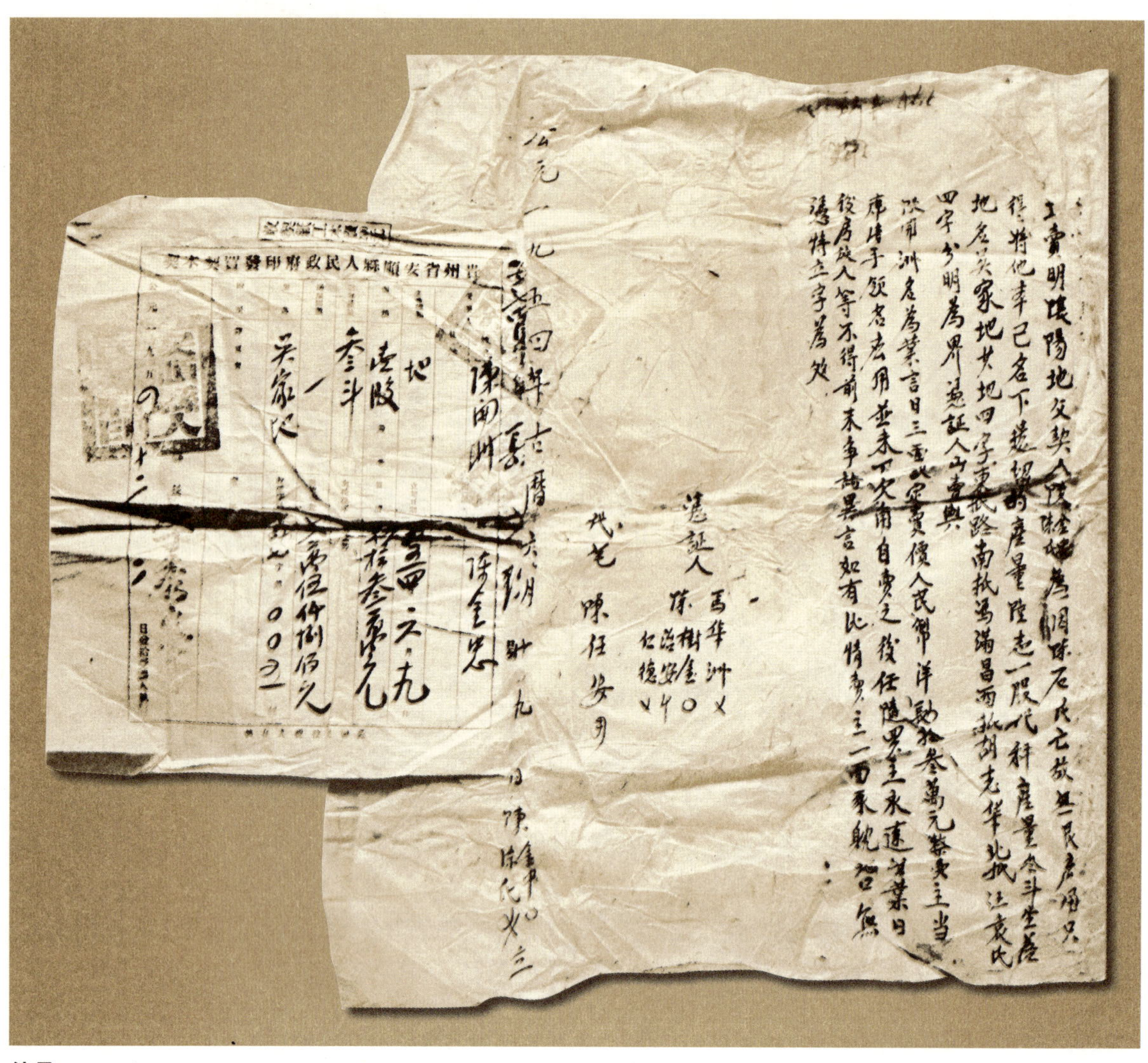

编号：cyc-4

立卖明阴阳地文契人陈金忠、陈陈氏，为因陈石氏亡故，无银应用，只得将他本己名下遗留的产量陆地一股，代称产量叁斗，坐落地名吴家地，其地四字（至）：东抵路，南抵冯满昌，西抵胡志华，北抵汪袁氏，四字（至）分明为界，凭证人出卖与陈开洲名［下］为业。言（原）日三面议定卖价人民币洋肆拾叁万元整。卖主当席清（亲）手领名（明）应用，并未下欠角［仙］。自卖之后，任随买主永远管业。日后房族人等不得前来争论异言。如有此情，卖主一面承耽（担）。恐口无凭，特立字为据。

凭证人　马华洲　陈树金　陈治安　陈仁德

代　笔　陈仁安

公元一九五四年古历六月十九日　陈金忠　陈陈氏　立

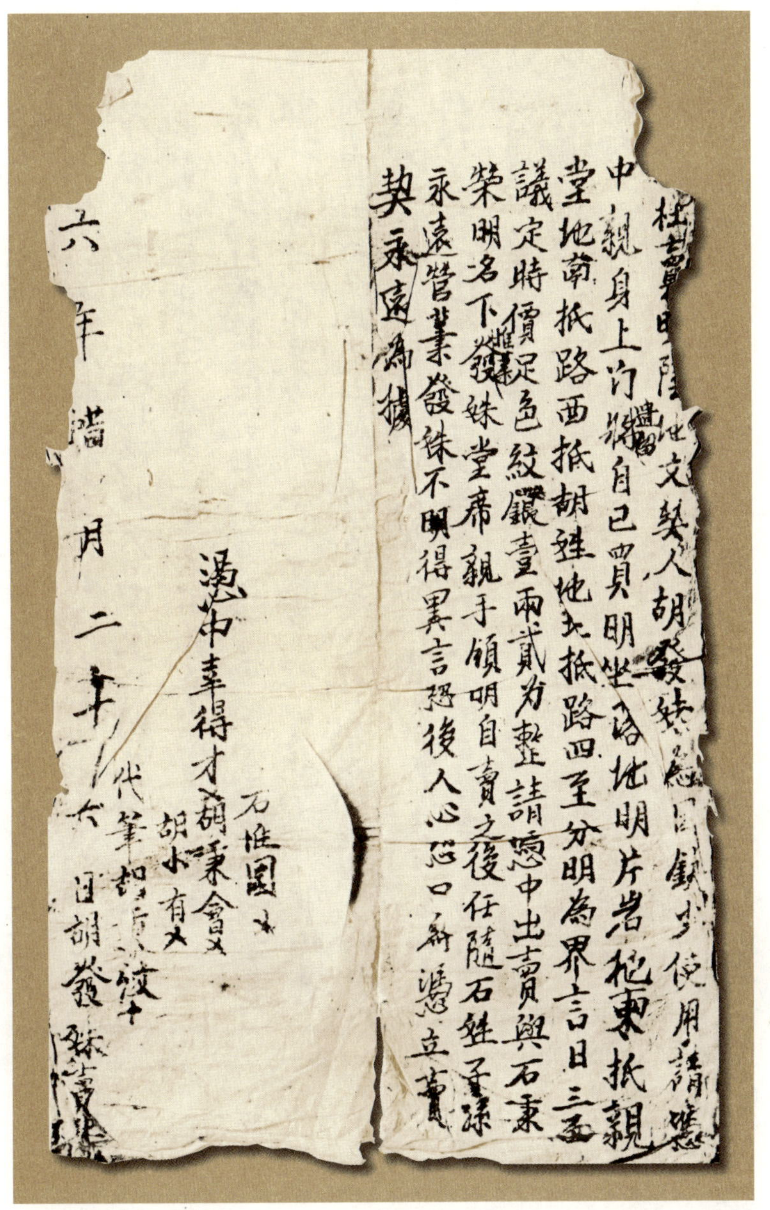

编号：scf–12

［立］杜卖明陆地文契人胡发妹，为因缺少使用，请凭中亲身上门，将遗留自己买明坐落地明（名）片（偏）岩，地东抵亲堂地，南抵路，西抵胡姓地，北抵路，四至分明为界，言（原）日三面议定时价足色纹银壹两贰钱整，请凭中出卖与石秉荣名下惟（为）业。发妹堂（当）席亲手领明。自卖之后，任随石姓子孙永远管业，发妹不得异言。恐后人心［不古］，恐口无凭，立卖契永远为据。

凭中　石维国　幸得才　胡秉会　胡小有

代笔　胡秉纹

□□□□六年腊月二十六日　胡发妹　卖契

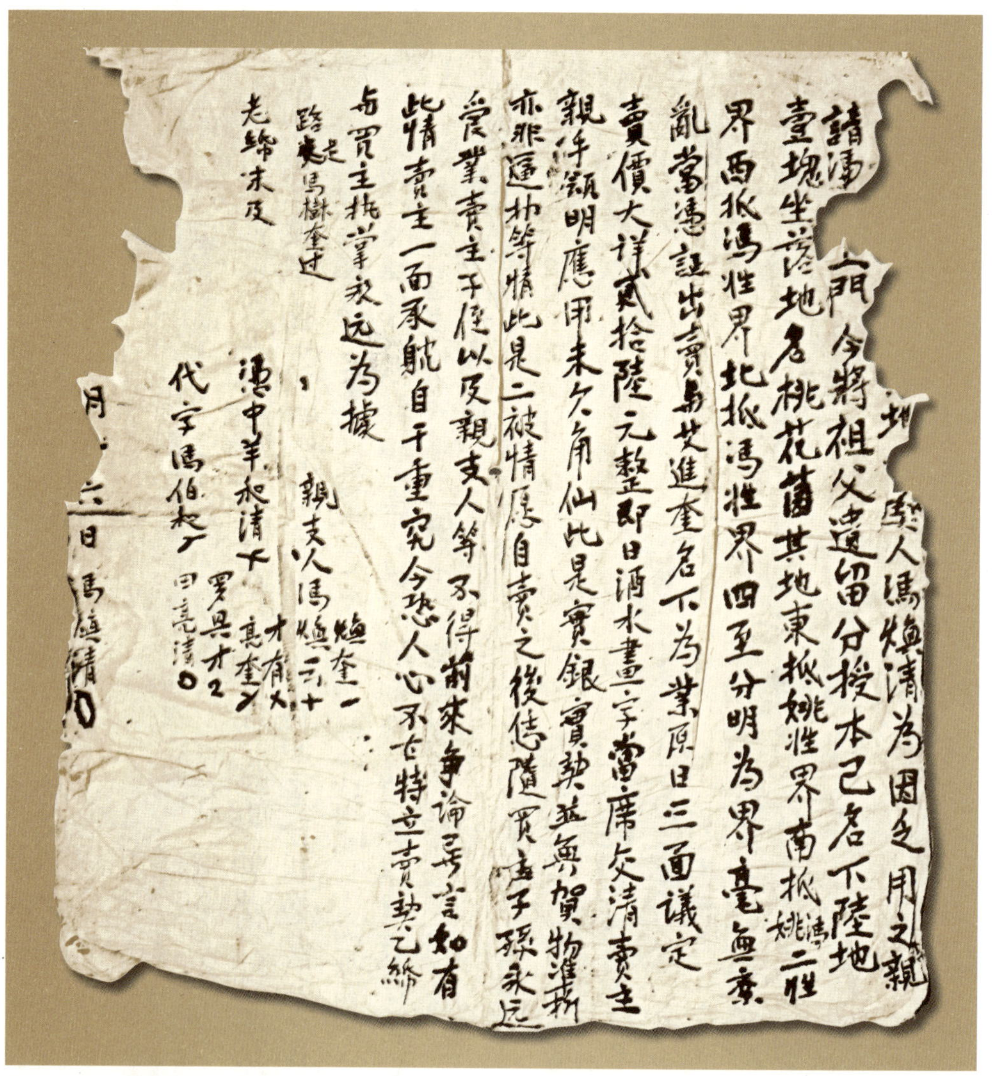

编号：fsq-24

□□□□地文契人冯焕清，为因乏用，之（只）[得]亲请凭中上门，今将祖父遗留分授本已名下陆地壹块，坐落地名桃花园，其地东抵姚姓界，南抵冯姚二姓界，西抵冯姓界，北抵冯姓界，四至分明为界，毫无紊乱，当凭证出卖与艾进奎名下为业。原日三面议定卖价大洋贰拾陆元整。即日酒水画字，当席交清。卖主亲手领明应用，未欠角仙。此是实银实契，并无贺（货）物准折，亦非逼勒等情，此是二被（彼）情愿。自卖之后，任随买主子孙永远管业，卖主子侄以及亲支人等不得前来争论异言。如有此情，卖主一面承耽（担），自干（甘）重究（咎）。今恐人心不古，特立卖契乙（壹）纸与买主执掌永远为据。

路走马树奎过。老纸末及（接）。

凭　中　羊和清

亲支人　冯焕奎　冯焕云　冯才有　冯亮奎　罗兴才　田亮清

代　字　冯伯和

□□□□□□月□六日　冯焕清　立

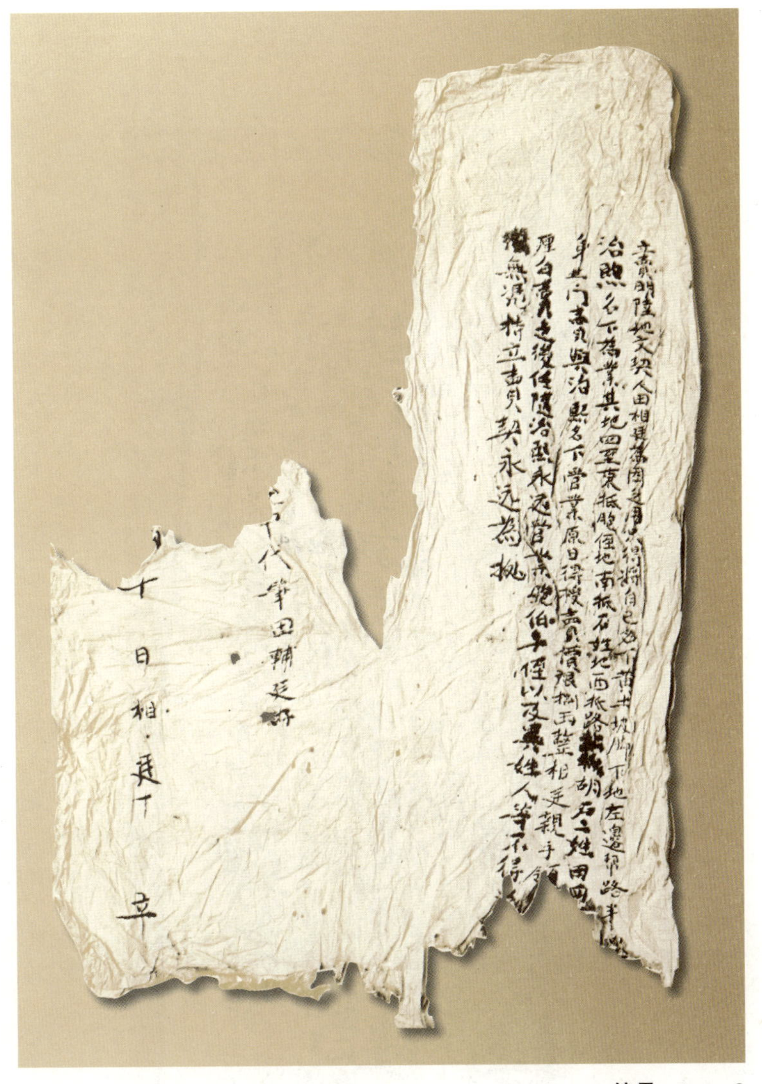

编号：tma-6

立卖明陆地文契人田相廷，为因乏用，只得将自己名下黄土坡脚下地左边帮路半块，□□□□治照名下为业。其地四至：东抵胞侄地，南抵石姓地，西抵路，北抵胡石二姓田，四［至分明为界。今请凭］中上门，卖与治熙名下为业。原日得授（受）卖价银捌两整。相廷亲手领明［应用，并未短少分］厘。自卖之后，任随治熙永远管业。胞伯子侄以及异姓人等不得［前来争论异言。恐］口无凭，特立卖契永远为据。

依口代笔　田辅廷

□□□□□□□□□□□十日　田相廷　立

五　菜地/草场

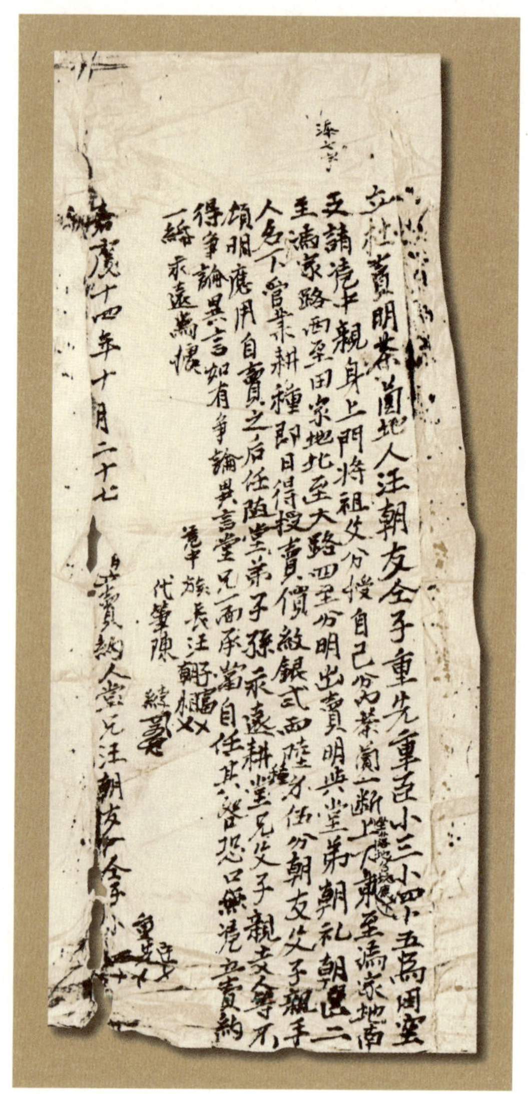

编号：wzc-8

立杜卖明茶园地人汪朝友，同子重先、重臣、小三、小四、小五，为因空乏，请凭中亲身上门，将祖父分授自己分内茶园一断（段），坐落地名坟底下，上下东至冯家地，南至冯家路，西至田家地，北至大路，四至分明，出卖明与堂弟朝礼、朝选二人名下管业耕种。即日得授（受）卖价纹银贰两陆钱伍分。朝友父子亲手领明应用。自卖之后，任堂弟子孙永远耕种，堂兄父子亲支人等不得争论异言。如有争论异言，堂兄一面承当，自任其咎。恐口无凭，立卖约一纸永远为据。

添七字。

凭　中　族长汪子富　汪朝相

代　笔　陈　绰

嘉庆十四年十月二十七日　卖约人　堂兄汪朝友　同子重先　重臣　小三　小四　小五　立

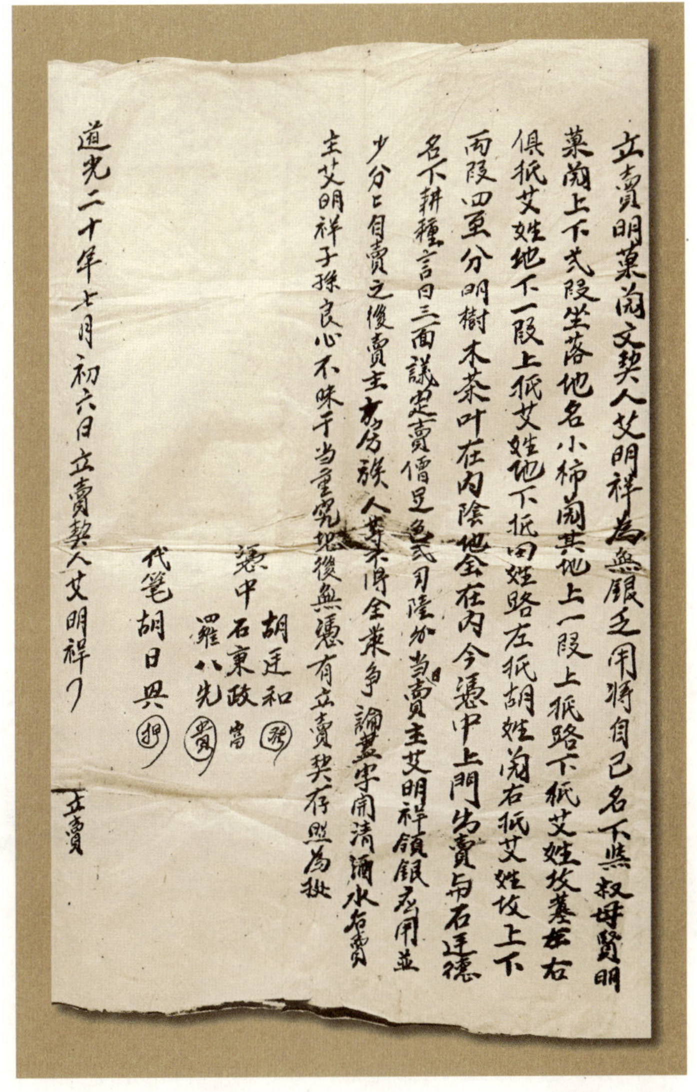

立賣明菓園文契人艾明祥為無銀乏用將自己名下與叔母賢明
菓園上下弍段坐落地名小柿園其地上一段上抵路下抵艾姓坟墓左右
俱抵艾姓地下一段上抵艾姓地下抵田姓路左抵胡姓園右抵艾姓坟上下
兩段四至分明樹木茶叶在内陰地全在内今憑中上門出賣与石廷德
名下耕種言日三面議定賣價足色弍兩陸錢當日賣主艾明祥領銀應用並
少分□自賣之後賣主房族人等不得全來争論畫字開清酒水后賣
主艾明祥子孫良心不味干当重究恐後無憑有立賣契存照為據

胡廷和
憑中 石秉政
羅八先
代筆 胡日興

道光二十年七月初六日 立賣契人艾明祥

立賣

编号：srl–1

立卖明果园文契人艾明祥，为无银乏用，将自己名下与叔母贤明果园上下贰段，坐落地名小柿园，其地上一段上抵路，下抵艾姓坟墓，左右俱抵艾姓地；下一段上抵艾姓地，下抵田姓路，左抵胡姓园，右抵艾姓坟，上下两段四至分明，树木茶叶在内，阴地全在内，今凭中上门出卖与石廷德名下耕种。言（原）日三面议定卖价足色贰两陆钱。当日卖主艾明祥领银应用，并［未］少分□。自卖之后，卖主房族人等不得全（前）来争论。画字开清酒水后，卖主艾明祥子孙良心不味（昧），干（甘）当重究（咎）。恐后无凭，有立卖契存照为据。

凭　　中　胡廷和　石秉政　罗八先

代　　笔　胡日兴

道光二十年七月初六日　立卖契人　艾明祥　立卖

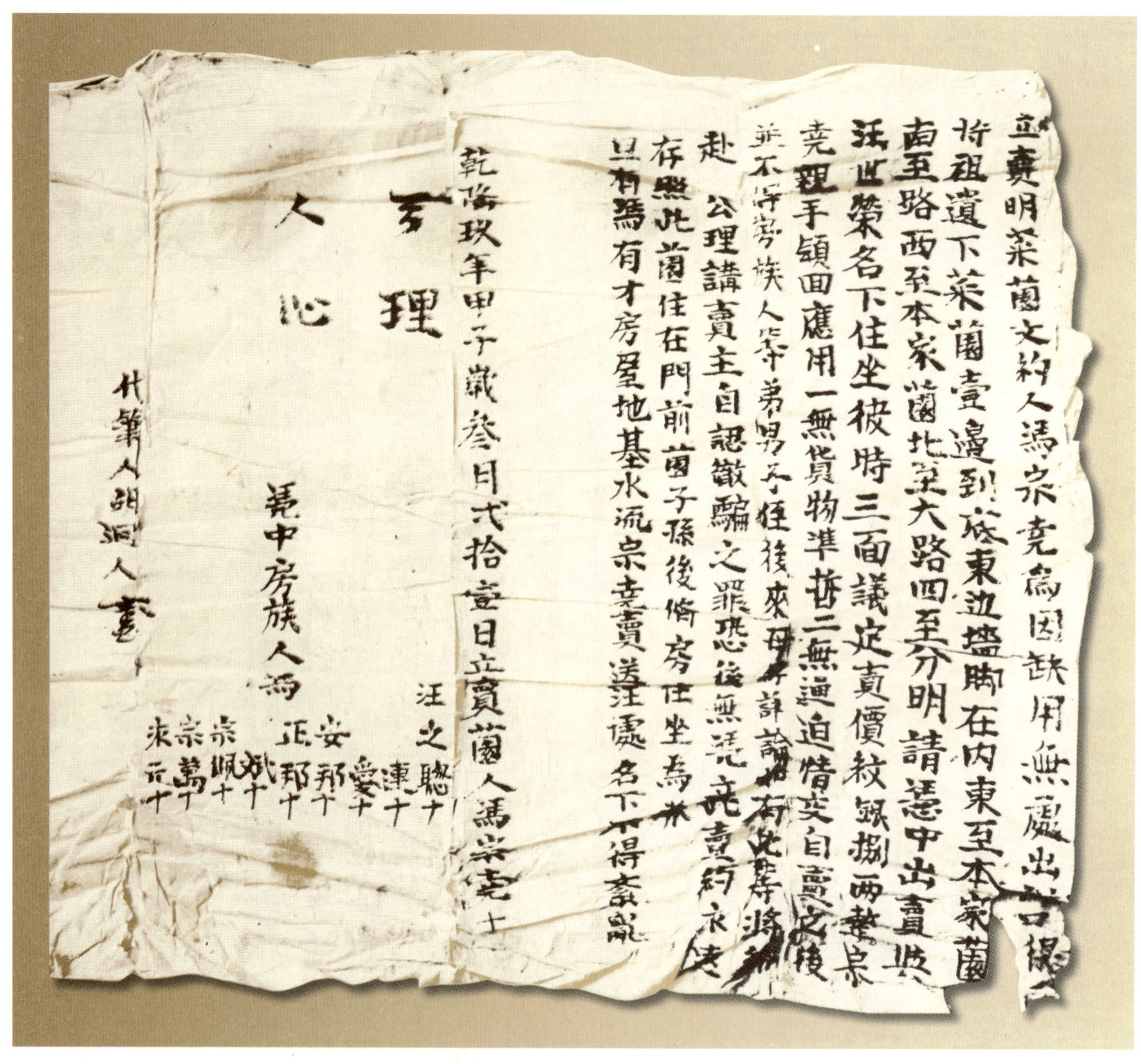

编号：wzc-7

立卖明菜园文约人冯宗尧，为因缺用，无处出办，只得将祖遗下菜园壹边到底，东边墙脚在内，东至本家园，南至路，西至本家园，北至大路，四至分明，请凭中出卖与汪世荣名下住坐。彼时三面议定卖价纹银捌两整。宗尧亲手领回应用。一无货物准哲（折），二无逼迫情（成）交。自卖之后，并不得房族人等、弟男子侄后来毋得诤（争）论。如有此等，将纸赴公理让，卖主自认彻骗之罪。恐后无凭，立此卖约永远存照。

此园住在门前园子孙后修房住坐为业。

旦有马有才房屋地基水流，宗尧买送汪处名下，不得紊乱。

天　理　人　心

乾隆九年甲子岁三月二十一日　立 卖 园 人　冯宗尧

凭中房族人　汪之聪　冯　连　冯　爱　冯安邦　冯正邦

冯　斌　冯宗佩　冯宗万　冯来元

代　笔　人　胡迴人

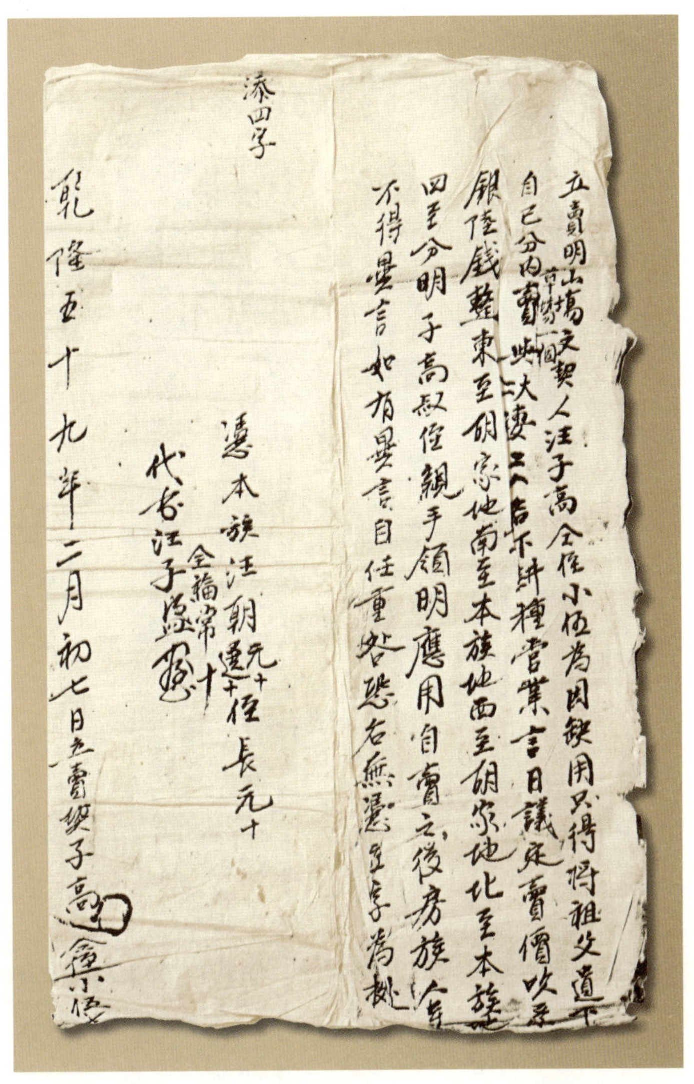

编号：wzc-29

立卖明山场文契人汪子高，同侄小伍，为因缺用，只得将祖父遗下自己分内草场一个，卖与大凄、二凄二人名下耕种管业。言（原）日议定卖价□□银陆钱整。东至胡家地，南至本族地，西至胡家地，北至本族地，四至分明。子高叔侄亲手领明应用，自卖之后，房族人等不得异言。如有异言，自任（认）重咎。恐后无凭，立字为据。

添四字。

凭本族　汪朝元　汪朝选　侄长元　全福常

代　书　汪子盛

乾隆五十九年二月初七日　立卖契　子高　同侄小伍

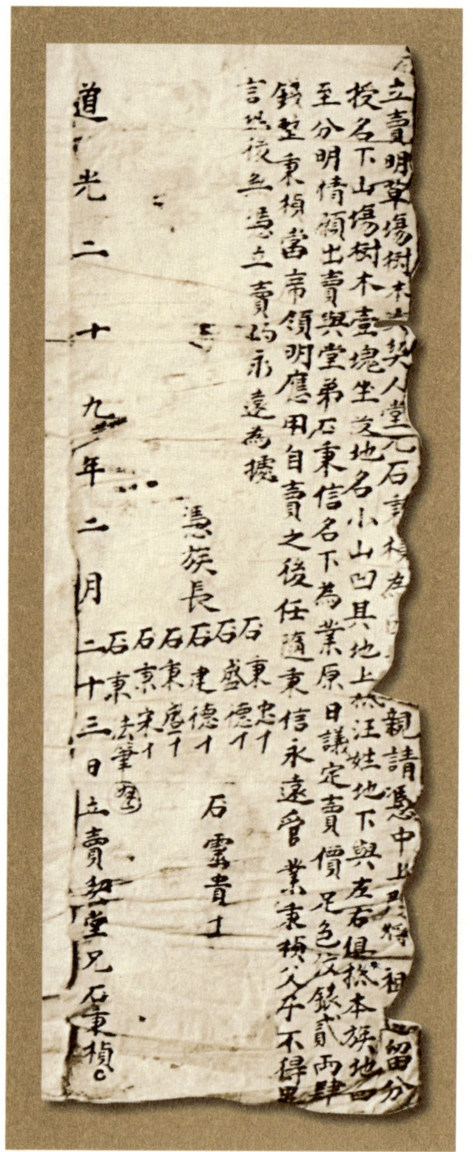

编号：scf-11

立卖明草场树木文契人堂兄石秉桢，为因□□，亲请凭中上门，将祖父遗留分授名下山场树木壹块，坐落地名小山凹，其地上抵汪姓地，下与左右俱抵本族地，四至分明，情愿出卖与堂弟石秉信名下为业。原日议定卖价足色纹银贰两肆钱整。秉桢当席领明应用。自卖之后，任随秉信永远管业，秉桢父子不得异言。恐后无凭，立卖约永远为据。

凭族长　石秉忠　石盛德　石建德　石云贵　石秉盛　石秉宋
　　　　石秉法　笔

道光二十九年二月二十三日　立卖契　堂兄石秉桢

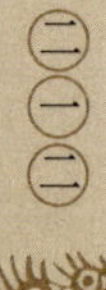

编号：wzc–9

立卖明菜园文契人汪兴贵，同弟兴有，弟兄二人为因乏用，无处出办，只得请凭中上门，将祖父遗留分受（授）分内名下菜园一箱（厢），其地四至：东至底（抵）田宅地，南至底（抵）路，西至底（抵）田汪姓地，北至底（抵）本宅地，四至分明，坐落地明（名）汪家园，请凭中上门，出卖与堂叔汪起云名下耕种为业。言（原）日三面议定时价足色纹银柒两整。卖主亲手领明回家应用。此契（系）实银实契，并无货物准拆（折）。自卖之后，毫无逼勒等情。自卖之后，房族弟男子侄不得争论异言。如有此情，卖主自任（认）干（甘）当重咎。今恐人心不古，特立卖字永远存照。

凭　　　中　汪起宋
依口代笔　胡其寿
道光二十九年七月二十八日　立卖菜园文契　汪兴贵　汪兴有　立

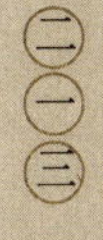

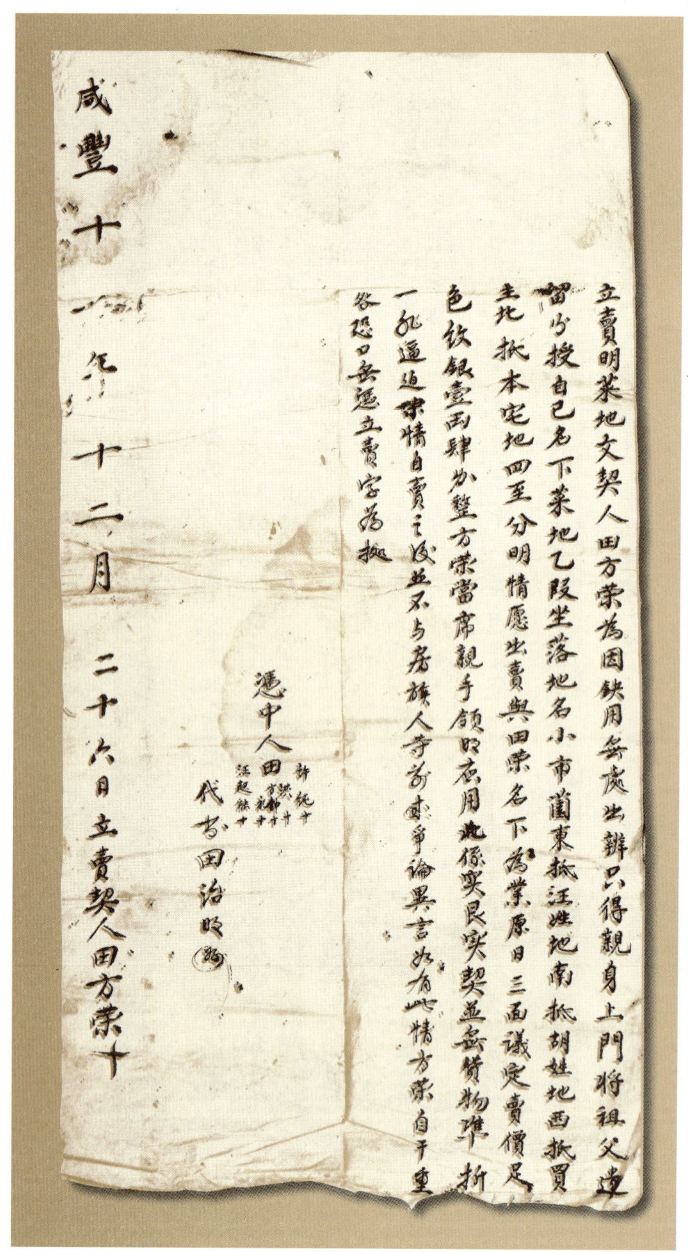
立賣明菜地文契人田方荣為因缺用無處出辦只得親身上門將祖父遺留分授自己名下菜地乙段坐落地名小市園東抵汪姓地南抵胡姓地西抵買主北抵本宅地四至分明情愿出賣與田荣名下為業原日三面議定賣價足色紋銀壹兩肆錢整方荣當席親手領明應用此係实银实契並無貨物準折一非逼迫等情自賣之後並不与房族人等前來爭論異言如有此情方荣自干重咎恐口無憑立賣字為據

憑中人 許純十 田洪十 方鐘十 方禮十 汪起能十

代書 田治明

咸豐十一年十二月二十六日立賣契人田方荣十

编号：tyg-34

立卖明菜地文契人田方荣，为因缺用，无处出辨（办），只得亲身上门，将祖父遗留分授自己名下菜地乙（壹）段，坐落地名小市（柿）园，东抵汪姓地，南抵胡姓地，西抵买主，北抵本宅地，四至分明，情愿出卖与田荣名下为业。原日三面议定卖价足色纹银壹两肆钱整。方荣当席亲手领明应用。此系实银实契，并无货物准折，一（亦）非逼迫等情。自卖之后，并不与（许）房族人等前来争论异言。如有此情，方荣自干（甘）重咎。恐口无凭，立卖字为据。

凭中人　许　纯　田　洪　田方钟　田方礼　汪起能

代　　书　田治明

咸丰十一年十二月二十六日　立卖契人　田方荣

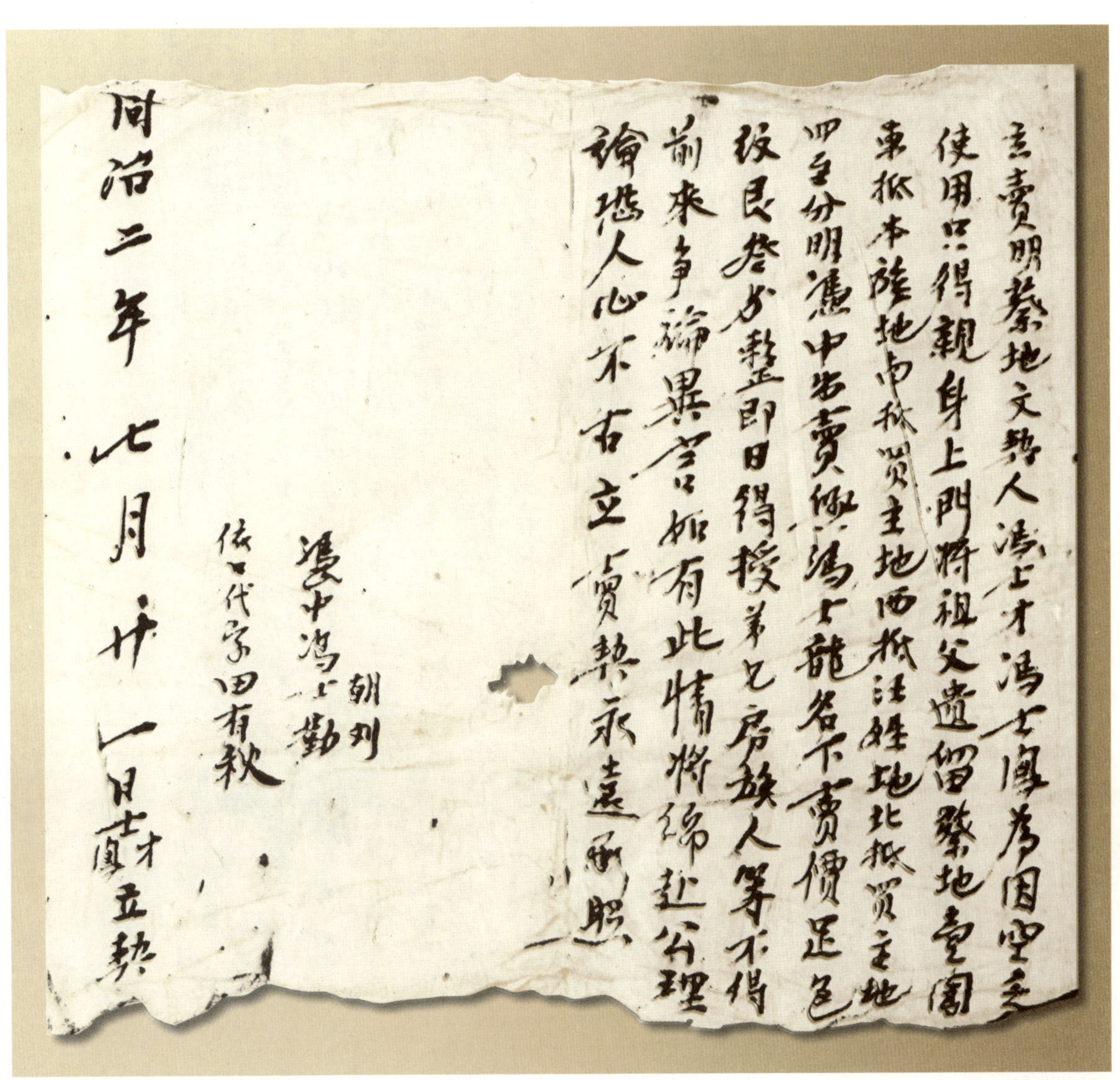
立賣明蔡地文契人馮士才馮士鳳為因空乏
使用只得親身上門將祖父遺留蔡地壹團
東抵本族地南抵買主地西抵汪姓地北抵買主地
四至分明憑中出賣與馮士龍名下賣價足色
紋艮叁錢整即日得授弟兄房族人等不得
前來爭論異言如有此情將紙赴公理
論恐人心不古立賣契永遠承照
憑中馮士勤 朝刘
依口代字田有秋
同治二年七月廿一日 士才 士鳳 立契

编号：fsq-10

立卖明蔡（菜）地文契人冯士才、冯士凤，为因空乏使用，只得亲身上门，将祖父遗留蔡（菜）地壹团，东抵本族地，南抵买主地，西抵汪姓地，北抵买主地，四至分明，凭中出卖与冯士龙名下。卖价足色纹银叁钱整。即日得授（受）。弟兄房族人等不得前来争论异言。如有此情，将纸赴公理论。恐人心不古，立卖契永远承照。

凭　　中　冯朝刘　冯士勤

依口代字　田有秋

同治二年七月二十一日　士才　士凤　立契

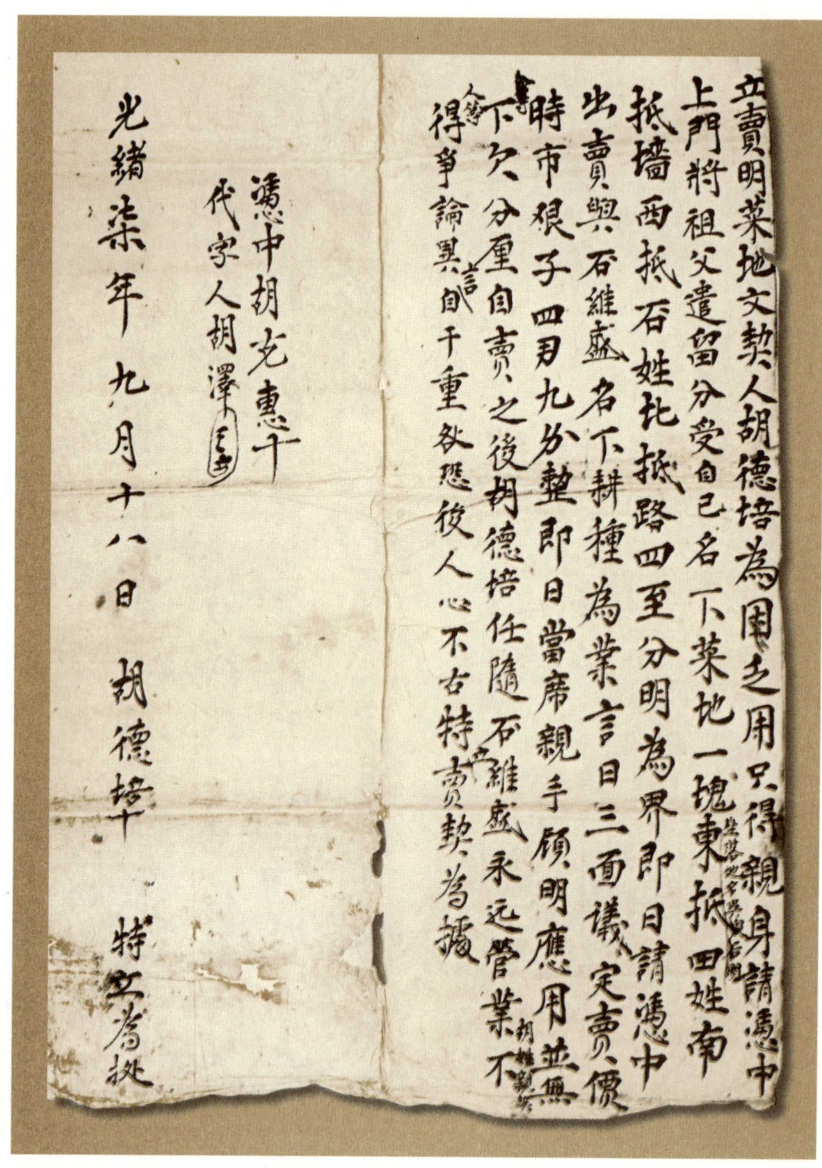

编号：sls-12

立卖明菜地文契人胡德培，为因乏用，只得亲身请凭中上门，将祖父遗留分受（授）自己名下菜地一块，坐落地名吴家后园，东抵田姓，南抵墙，西抵石姓，北抵路，四至分明为界，即日请凭中出卖与石维盛名下耕种为业。言（原）日三面议定卖价时市艰（银）子四两九钱整。即日当席亲手领明应用，并无下欠分厘。自卖之后，胡德培任随石维盛永远管业。胡姓亲族人等不得争论异言。自干（甘）重咎。恐后人心不古，特立卖契为据。

凭　中　胡克惠

代字人　胡　泽

光绪七年九月十八日　胡德培　特立为据

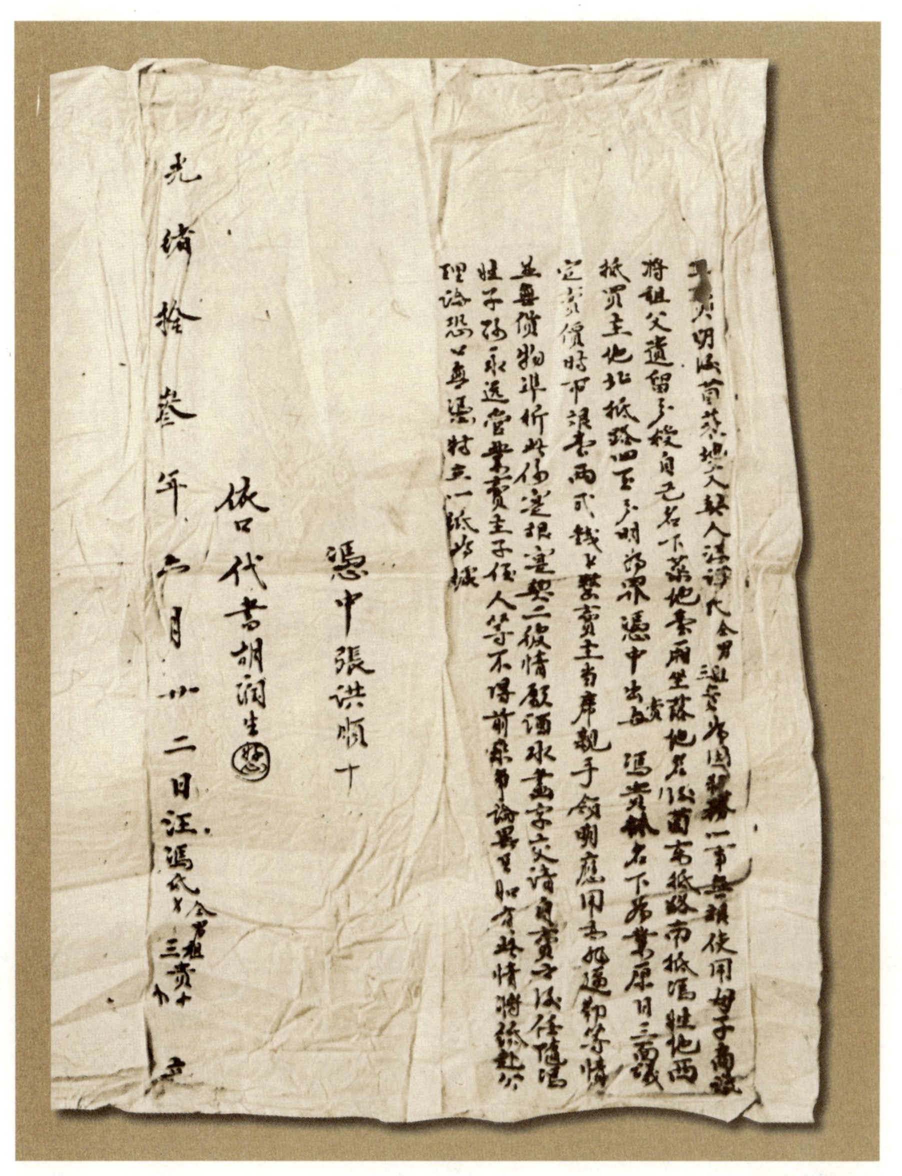

编号：wzc-4

立卖明后园菜地文契人汪□氏，同男祖贵、三贵，为因杀务一事无银使用，母子商议，将祖父遗留分授自己名下菜地壹厢，坐落地名后园，东抵路，南抵冯姓地，西抵买主地，北抵路，四至分明为界，凭中出卖与冯贵林名下为业。原日三面议定卖价时市银壹两贰钱整。卖主当席亲手领明应用，亦非逼勒等情，并无货物准折。此系实银实契。二彼情愿，酒水画字交清。自卖之后，任随冯姓子孙永远管业，卖主子侄人等不得前来争论异言。如有此情，将纸赴公理论。恐口无凭，特立一纸为据。

凭　　中　张洪顺

依口代书　胡润生

光绪十三年六月二十二日　汪冯氏　同男祖贵　三贵　立

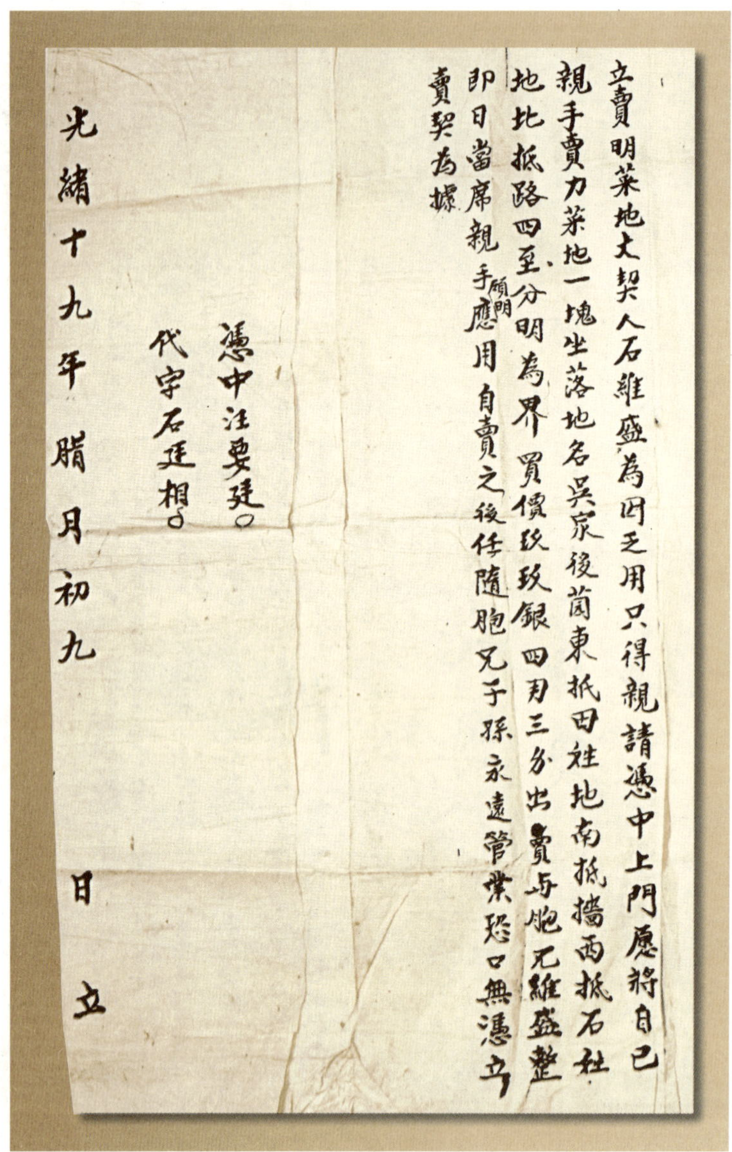
立賣明菜地文契人石維盛為因乏用只得親請憑中上門愿將自己
親手賣力菜地一塊坐落地名吳家後園東抵田姓地南抵墻西抵石姓
地北抵路四至分明為界買價玖玖銀四两三分出賣与胞兄維盛整
即日當席親手領明應用自賣之後任隨胞兄子孫永遠管業恐口無憑立
賣契為據

憑中汪要廷○
代字石廷相○

光緒十九年臘月初九日 立

编号：sls-4

立卖明菜地文契人石维盛，为因乏用，只得亲请凭中上门，愿将自己亲手卖力（立）菜地一块，坐落地名吴家后园，东抵田姓地，南抵墙，西抵石姓地，北抵路，四至分明为界，卖价玖玖银四两三分，出卖与胞兄维盛整。即日当席亲手领明应用。自卖之后，任随胞兄子孙永远管业。恐口无凭，立卖契为据。

凭中　汪要廷

代字　石廷相

光绪十九年腊月初九日　立

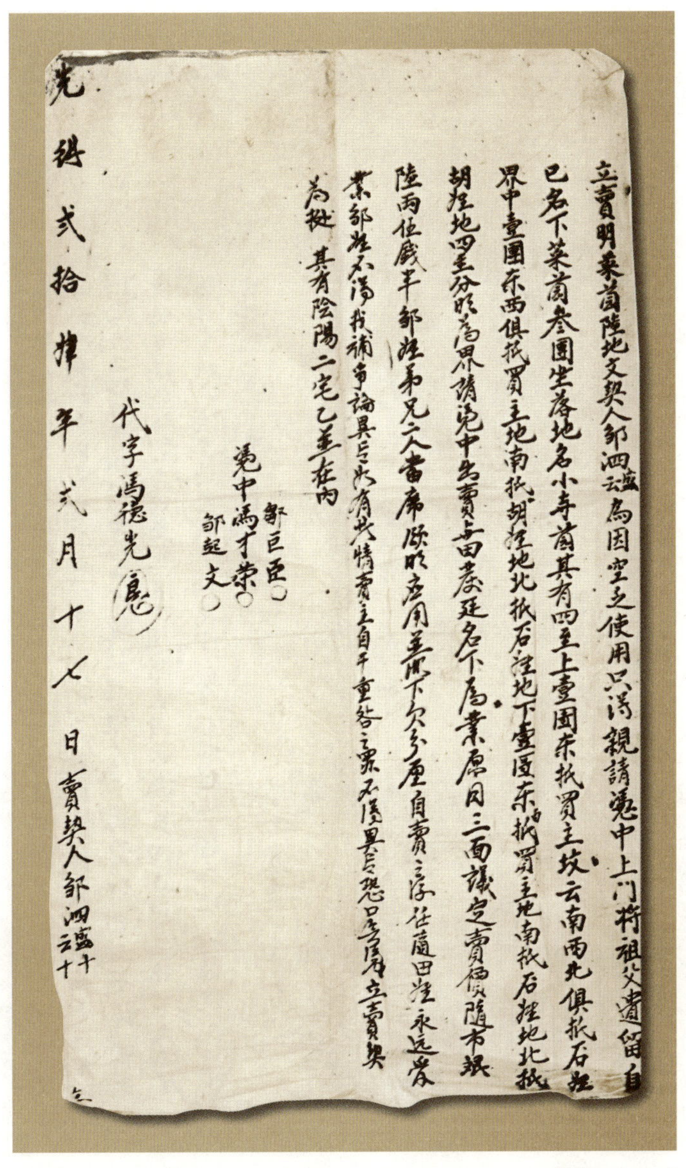

编号：tyg–1

立卖明菜园陆地文契人邹泗盛、邹泗云，为因空乏使用，只得亲请凭中上门，将祖父遗留自己名下菜园叁团，坐落地名小寺（柿）园，其有四至：上壹团东抵买主坟云（茔），南、西、北俱抵石姓界；中壹团东、西俱抵买主地，南抵胡姓地，北抵石姓地；下壹团东、西抵买主地，南抵石姓地，北抵胡姓地，四至分明为界，请凭中出卖与田庆廷名下为业。原日三面议定卖价随市银陸两伍钱半。邹姓弟兄二人当席领明应用，并无下欠分厘。自卖之后，任随田姓永远管业，邹姓不得找补争论异言。如有此情，卖主自干（甘）重咎之罪，不得异言。恐口无凭，立卖契为据。其有阴阳二宅乙（一）并在内。

凭　中　邬巨臣　冯才荣　邬起文

代　字　冯德光

光绪二十四年二月十七日　卖契人　邹泗盛　邹泗云　立

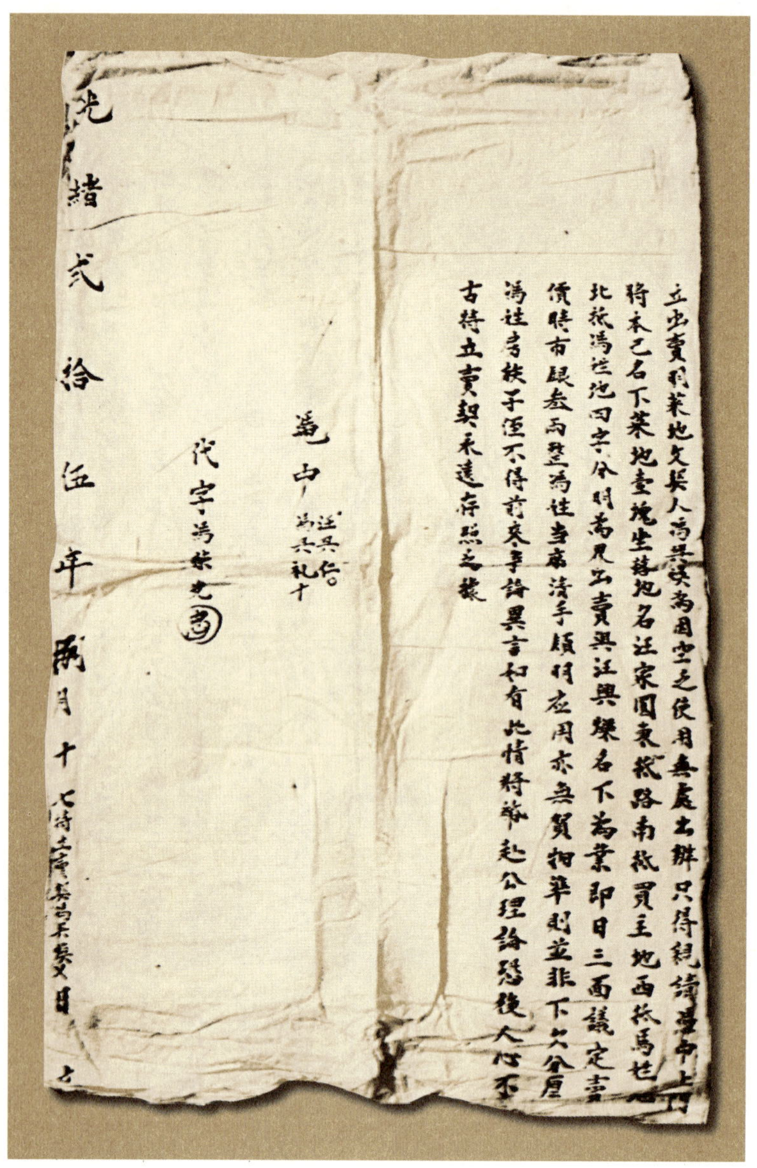

编号：wzc-78

立出卖明菜地文契人冯兴焕，为因空乏使用，无处出辨（办），只得亲请凭中上门，将本己名下菜地壹块，坐落地名汪家园，东抵路，南抵买主地，西抵马姓地，北抵冯姓地，四字（至）分明为界，出卖与汪兴灿名下为业。即日三面议定卖价时银叁两整。冯姓当席清（亲）手领明应用，亦无贺（货）物准则（折），并非下欠分厘。冯姓房族子侄不得前来争论异言。如有此情，将纸赴公理论。恐后人心不古，特立卖契永远存照为据。

凭　　中　汪兴仁　冯兴礼

代　　字　冯荣光

光绪二十五年八月十七日　特立卖契　冯兴焕　立

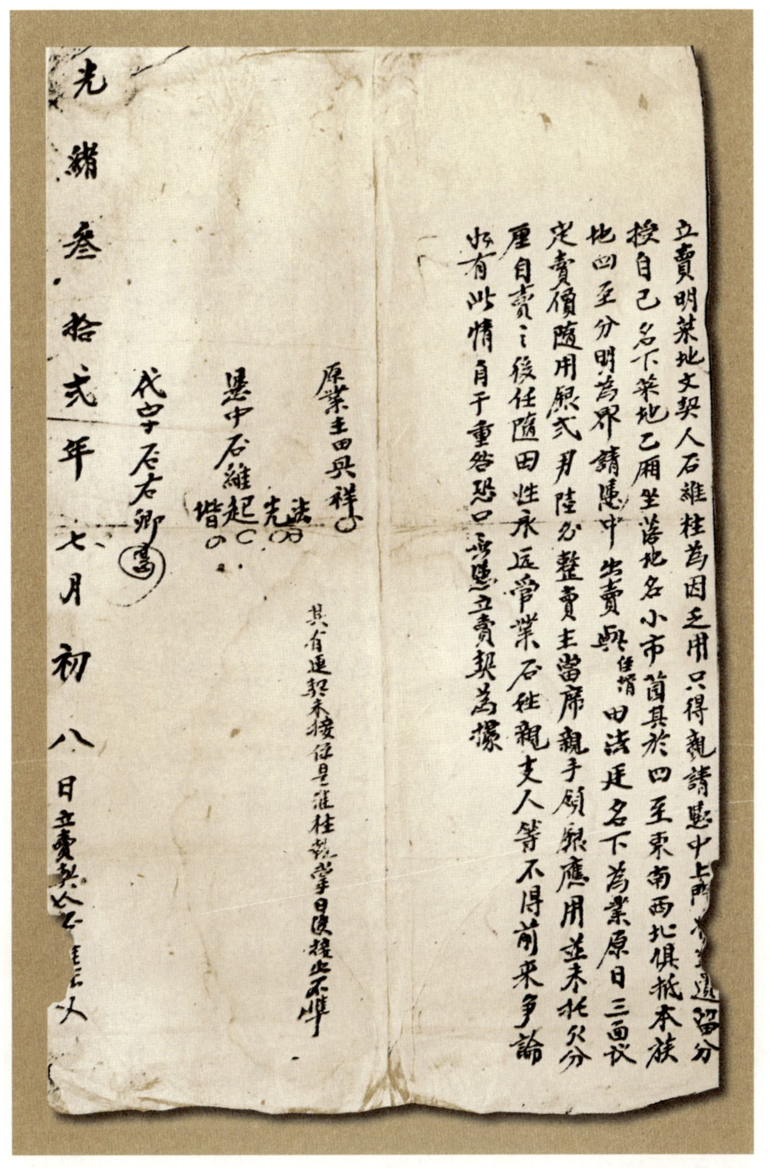

编号：tyg-9

立卖明菜地文契人石维柱，为因乏用，只得亲请凭中上门，将□遗留分授自己名下菜地乙（壹）厢，坐落地名小市（柿）园，其于（地）四至：东、南、西、北俱抵本族地，四至分明为界，请凭中出卖与侄婿田法廷名下为业。原日三面议定卖价随用银贰两陆钱整。卖主当席亲手领银应用，并未托（拖）欠分厘。自卖之后，任凭田姓永远管业，石姓亲支人等不得前来争论。如有此情，自干（甘）重咎。恐口无凭，立卖契为据。

其有连契未接，系是维柱执掌，日后接出不准。

原业主　田兴祥

凭　中　石维法　石维先　石维起　石维阶

代　字　石右卿

光绪三十二年七月初八日　立卖契人　石维柱

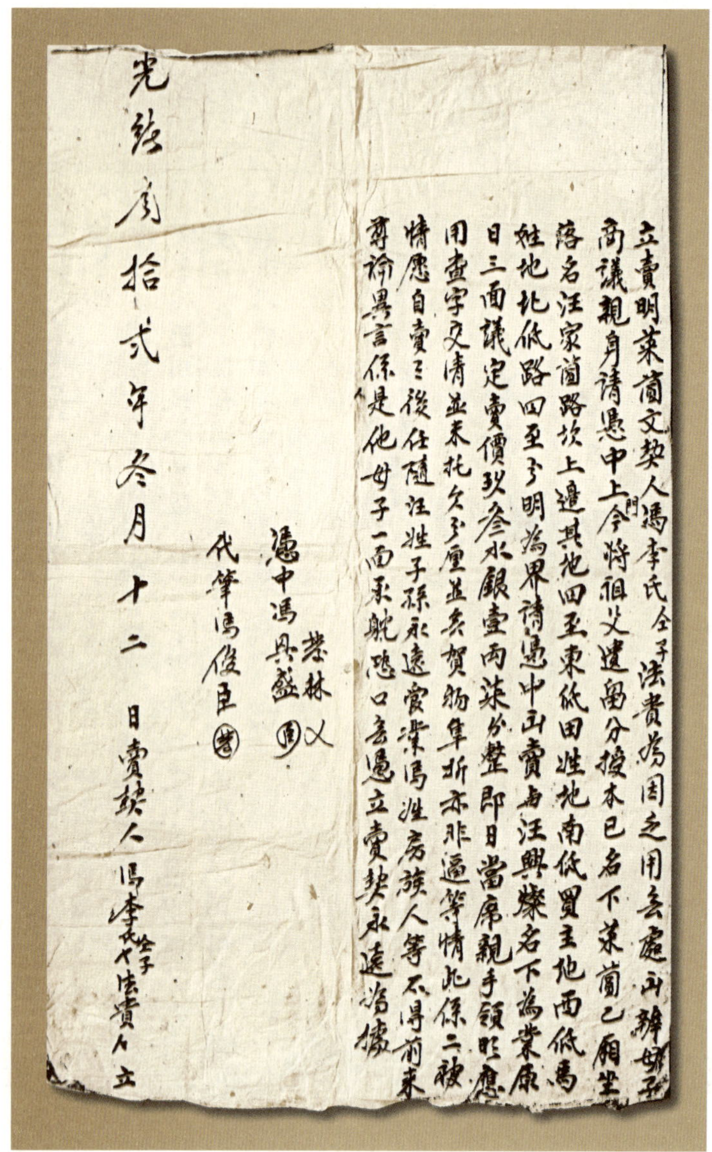

编号：wzc-39

立卖明菜园文契人冯李氏，同子法贵，为因乏用，无处出辨（办），母子商议，亲身请凭中上门，今将祖父遗留分授本已名下菜园乙（壹）厢，坐落名汪家园路坎上边，其地四至：东低（抵）田姓地，南低（抵）买主地，西低（抵）马姓地，北低（抵）路，四至分明为界，请凭中出卖与汪兴灿名下为业。原日三面议定卖价玖叁水银壹两柒钱整。即日当席亲手领明应用，画字交清，并未托（拖）欠分厘，并无贺（货）物准折，亦非逼等情，此系二被（彼）情愿。自卖之后，任随汪姓子孙永远管业，冯姓房族人等不得前来尊（争）论异言。系是他母子一面承耽（担）。恐口无凭，立卖契永远为据。

凭　中　冯茶林　冯兴盛

代　笔　冯俊臣

光绪三十二年冬月十二日　卖契人　冯李氏　同子法贵　立

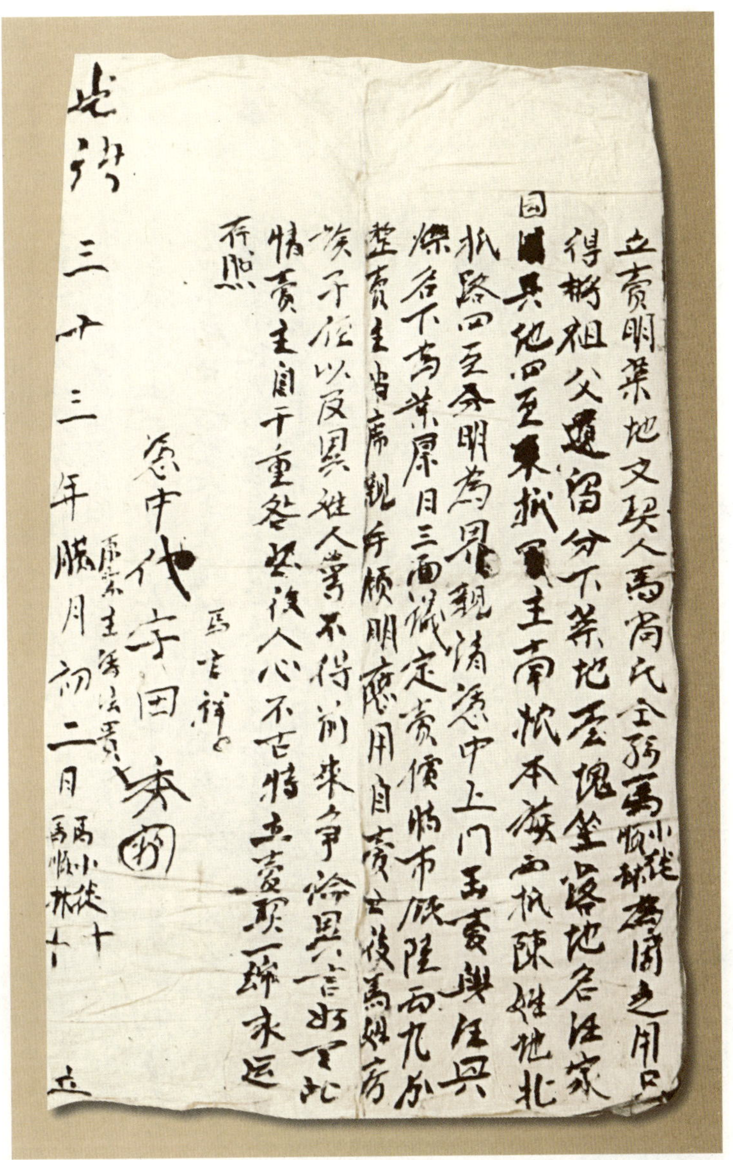

编号：wzc-79

立卖明菜地文契人马尚氏，同孙马小徒、马顺林，为因乏用，只得将祖父遗留分下菜地壹块，坐落地名汪家园，其地四至：东抵买主，南抵本族，西抵陈姓地，北抵路，四至分明为界。亲请凭中上门，出卖与汪兴灿名下为业。原日三面议定卖价时市银陆两九钱整。卖主当席亲手领明应用。自卖之后，马姓房族子侄以及异姓人等不得前来争论异言。如有此情，卖主自干（甘）重咎。恐后人心不古，特立卖契一纸永远存照。

凭中代字　马吉祥　田　秀

原 业 主　冯法贵

光绪三十三年腊月初二日　马小徒　马顺林　立

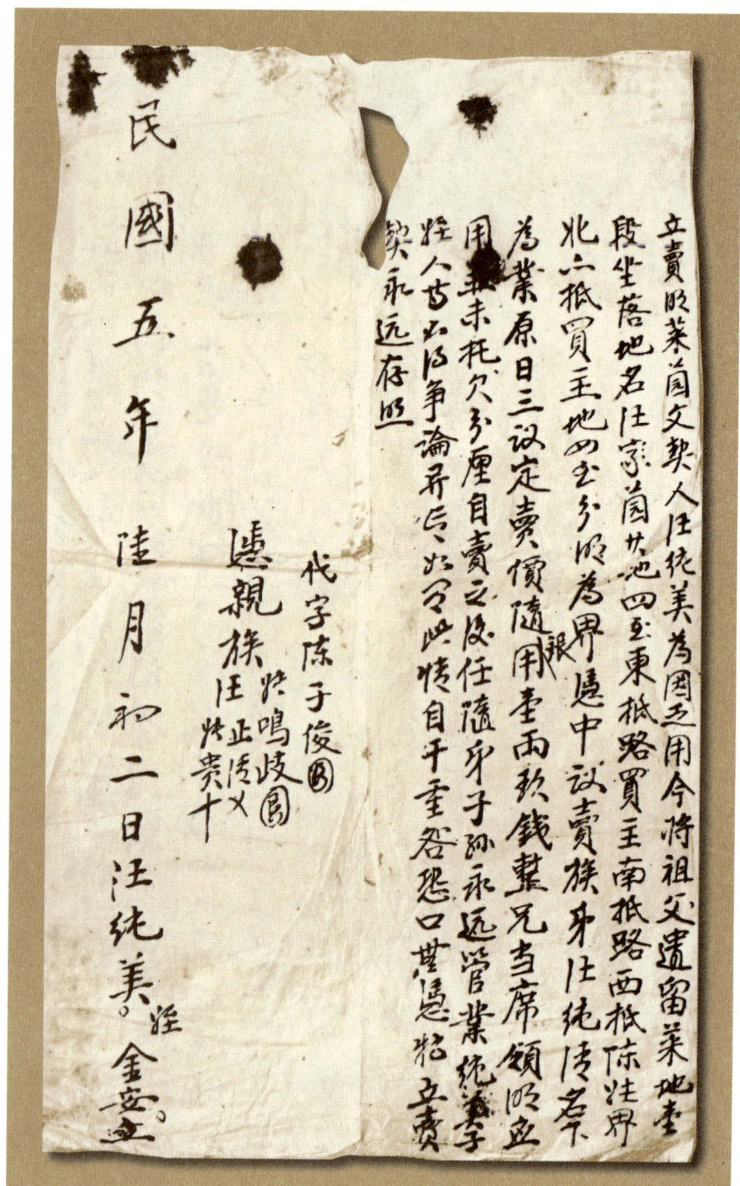

编号：wzc–55

立卖明菜园文契人汪纯美，为因乏用，今将祖父遗留菜地壹段，坐落地名汪家园，其地四至：东抵路买主，南抵路，西抵陈姓界，北亦抵买主地，四至分明为界，凭中议卖族弟汪纯清名下为业。原日三议定卖价随银用壹两玖钱整。兄当席领明应用，并未托（拖）欠分厘。自卖之后，任随弟子孙永远管业，纯美子侄人等不得争论异言。如有此情，自干（甘）重咎。恐口无凭，特立卖契永远存照。

代　字　陈子俊

凭亲族　张鸣歧　汪正清　汪张贵

民国五年六月初二日　汪纯美　侄金安　立

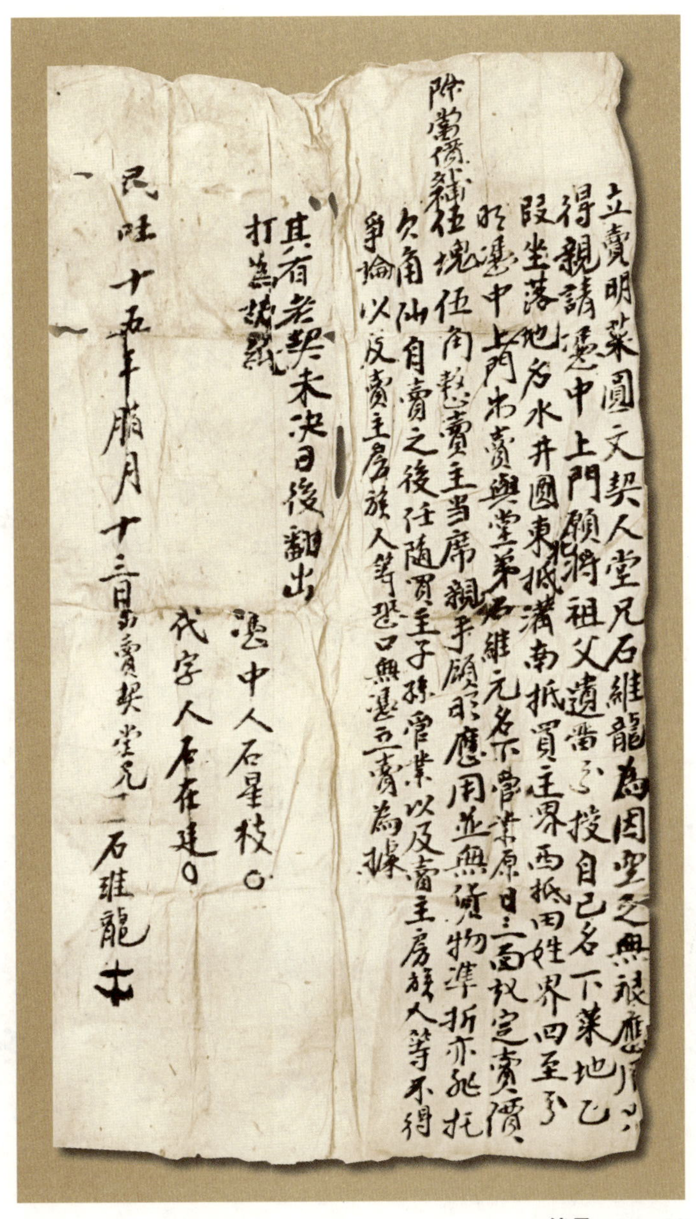

编号：srg-18

立卖明菜圆（园）文契人堂兄石维龙，为因空乏，无银应用，只得亲请凭中上门，愿将祖父遗留分授自己名下菜地乙（壹）段，坐落地名水井圆（园），东、北抵沟，南抵买主界，西抵田姓界，四至分明，凭中上门出卖与堂弟石维元名下管业。原日三面议定卖价除当价外补伍块伍角整。卖主当席亲手领明应用，并无货物准折，亦非托（拖）欠角仙。自卖之后，任随买主子孙管业，以及卖主房族人等不得争论，以及卖主房族人等。恐口无凭，立卖为据。

其有老契未决（接），日后翻出打为故纸。

凭中人　石星枝

代字人　石在廷

民国十五年腊月十三日　立卖契　堂兄石维龙

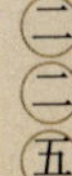

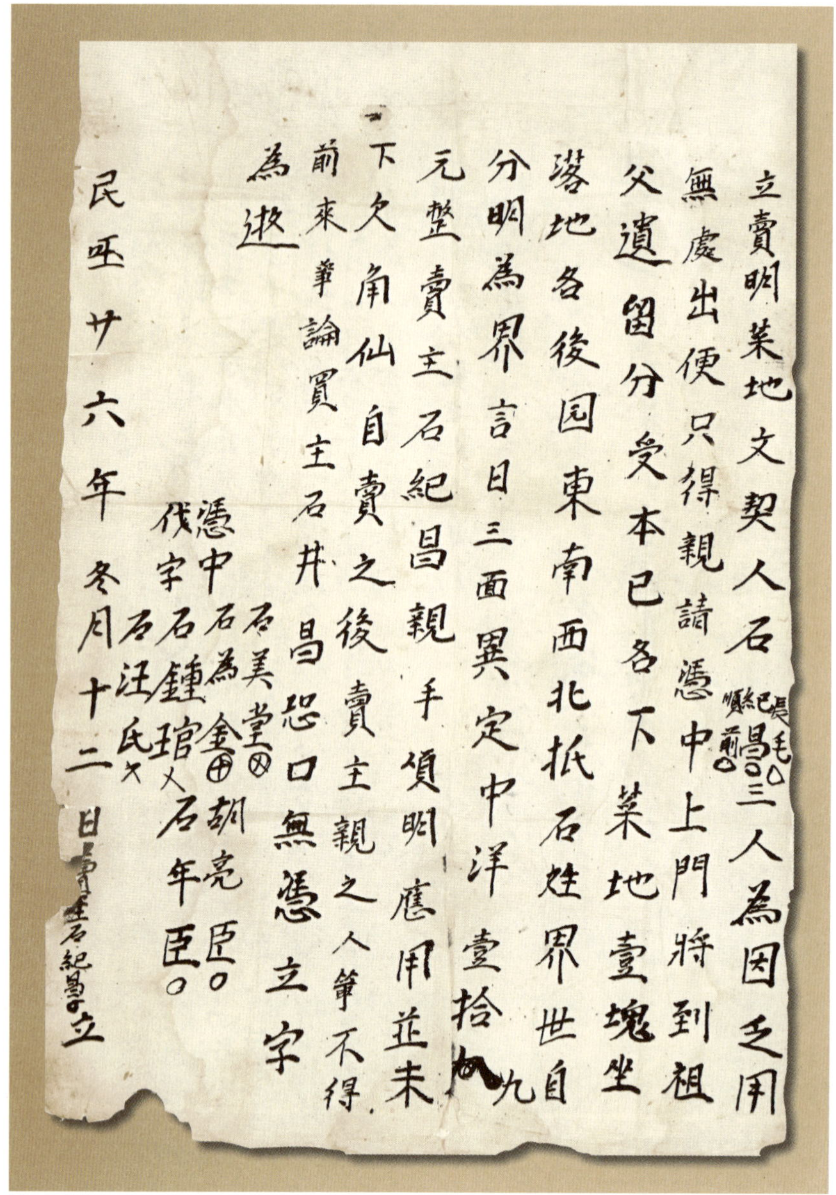

立賣明菜地文契人石長毛、紀昌、順前三人為因乏用
無處出便只得親請憑中上門將到祖
父遺留分受本已名下菜地壹塊坐
落地名後园東南西北抵石姓界世自
分明為界言日三面異定中洋壹拾九
元整賣主石紀昌親手領明應用並未
下欠角仙自賣之後賣主親之人等不得
前來爭論買主石井昌恐口無憑立字
為據

憑中代字 石美堂 石為金 石鍾琯 石汪氏 胡亮臣 石年臣

民国廿六年冬月十二日賣主石紀昌立

编号：slc-16

立卖明菜地文契人石长毛、石纪昌、石顺前三人，为因乏用，无处出便（办），只得亲请凭中上门，将到祖父遗留分受（授）本己名下菜地壹块，坐落地名后园，东、南、西、北抵石姓界。世自（四至）分明为界。言（原）日三面异（议）定中洋壹拾玖元整。卖主石纪昌亲手领明应用，并未下欠角仙。自卖之后，卖主亲之（支）人等不得前来争论买主石井昌。恐口无凭，立字为据。

凭中代字　石美堂　石为金　石钟琯　石汪氏　胡亮臣　石年臣

民国二十六年冬月十二日　卖　　主　石纪昌　立

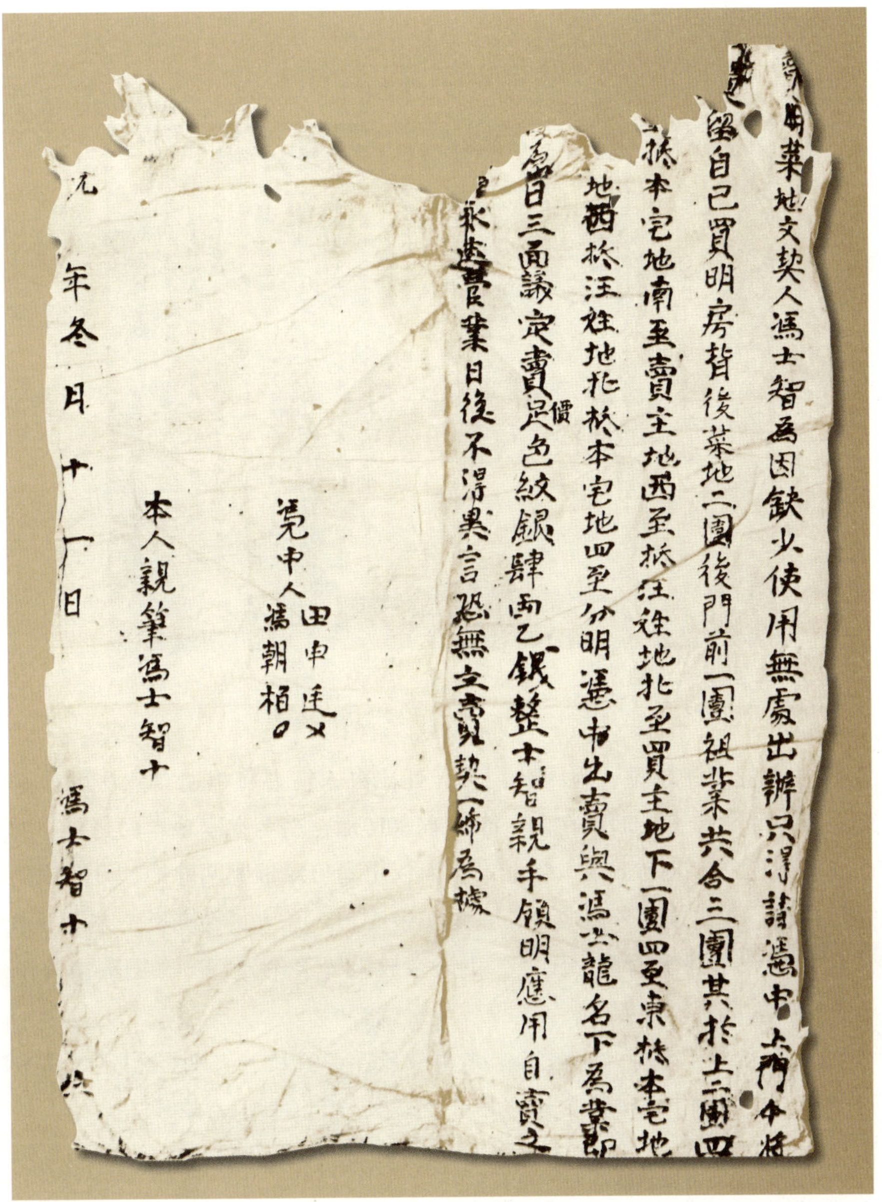

编号：fsq–7

立卖明菜地文契人冯士智，为因缺少使用，无处出办，只得请凭中上门，今将［祖父］遗留自己买明房背后菜地二团，后门前一团祖业，合三团，其于上二团四［至］：［东］抵本宅地，南至卖主地，西至抵汪姓地，北至买主地；下一团四至：东抵本宅地，［南抵］□□地，西抵汪姓地，北抵本宅地，四至分明，凭中出卖与冯士龙名下为业。即□原日三面议定卖价足色纹银肆两乙（壹）钱整。士智亲手领明应用。自卖之［后］，□□永远管业，日后不得异言。恐［口］无［凭］，立卖一纸为据。

凭 中 人　田申廷　冯朝柏

本人亲笔　冯士智

□□元年冬月十一日　冯士智　立

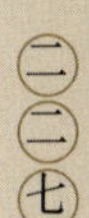

六　房屋（含地基）

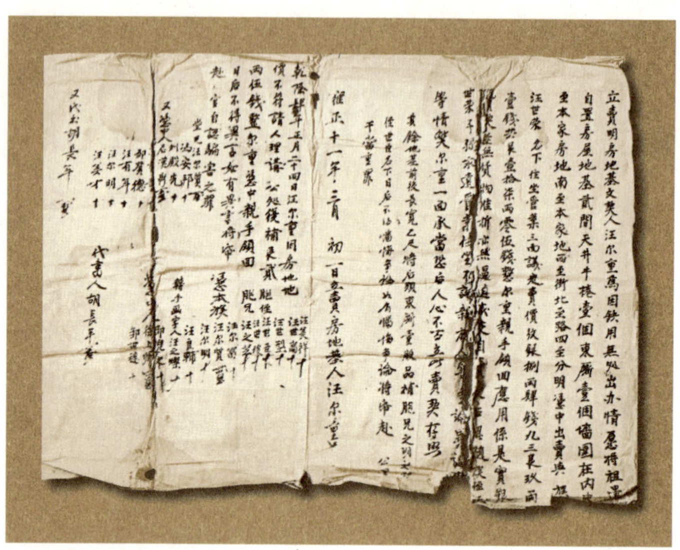

编号：wzc-92

立卖明房地基文契人汪尔重，为因缺用，无处出办，情愿将祖遗自置房屋地基贰间、天井牛棬（圈）壹个、东厮[①]壹个，墙围在内，东至本家房地，南至本家地，西至街，北至路，四至分明，凭中出卖与族侄汪世荣名下住坐管业。三面议定卖价纹银捌两肆钱、九三银玖两壹钱，共银壹拾柒两零伍钱整。尔重亲手领回应用，系是实银实契，并无货物准折，亦无逼迫成交。自卖之后，任随族侄汪世荣子孙永远管业住坐，不许亲族人等争论异言。□□等情弊，尔重一面承当。恐后人心不古，立此卖契存照。

其余地基前后长宽乙（壹）尺，将后头东厮壹股，品补胞兄之明□□侄世臣名下。日后不得憣（翻）悔争论。如有憣（翻）悔争论，将纸赴公理，干（甘）当重罪。

雍正十一年三月初一日　立卖房地基人　汪尔重
凭　本　族　胞侄汪美祥　汪世高　汪世型　汪世臣　汪世俊
胞兄汪之云　汪尔富　汪尔质　汪尔明　汪良辅
转手画字人　汪之灿
凭　中　人　邹倪之　徐上卿　邹世琏
代　书　人　胡长年

乾隆肆年五月二十四日，汪尔重因房地地价不符，请人理讲公处，后补银贰两伍钱整。尔重凭中亲手领回。日后不得异言。如有异言，将纸赴官，自认骗害之罪。

又凭中人　堂兄汪尔质　冯安邦　刘殿先　石汉鼎　冯有□
邹贤德　汪有年　汪尔明　汪美才
又　代　书　胡长年

① 东厮，或写作“东司”、“东硐”、“冬厮”，古时对厕所的称呼。下同。

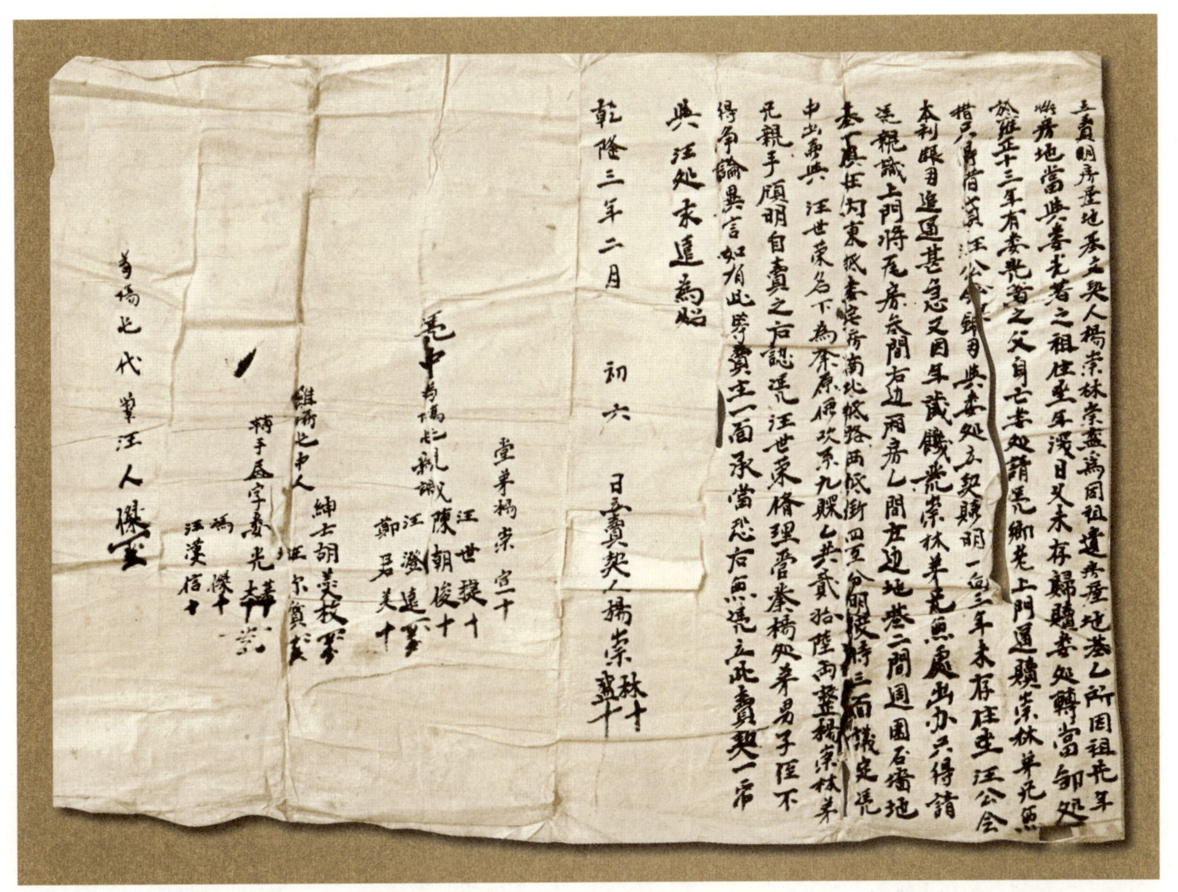

编号：wzc–37

立卖明房屋地基文契人杨崇林、崇盛，为因祖遗房屋地基乙（壹）所，因祖先年将房地当与娄光著之租住坐，年深日久未存（曾）归赎，娄处转当邹处。于雍正十三年，有娄光著之父身亡，娄处请凭乡老上门逼赎，崇林弟兄无措，只得借贷汪公会银两与娄处，立契赎明。一向三年未存（曾）住坐，汪公会本利银两追逼甚急，又因年岁饥荒，崇林弟兄无处出办，只得请凭亲识上门，将瓦房叁间、右边厢房乙（壹）间、左边地基二间，周围石墙地基一俱在内，东抵娄宅房，南、北抵路，西抵街，四至分明。彼时三面议定，凭中出卖与汪世荣名下为业。原价吹系九琛（成）乙（银）共贰拾陆两整。杨崇林弟兄亲手领明。自卖之后，认（任）凭汪世荣修理管业，杨处弟男子侄不得争论异言。如有此等，卖主一面承当。恐后无凭，立此卖契一纸与汪处永远为照。

乾隆三年二月初六日 卖　　契　　人 杨崇林　杨崇盛
凭中为杨处亲识 堂弟杨崇宣　汪世捷　陈朝俊　汪登远　郑君美
鸡 场 屯 中 人 绅士胡美枚　汪尔质
转　手　画　字 娄光著　娄光大　冯　杰　汪汉信
苟（狗）场屯代笔 汪人杰

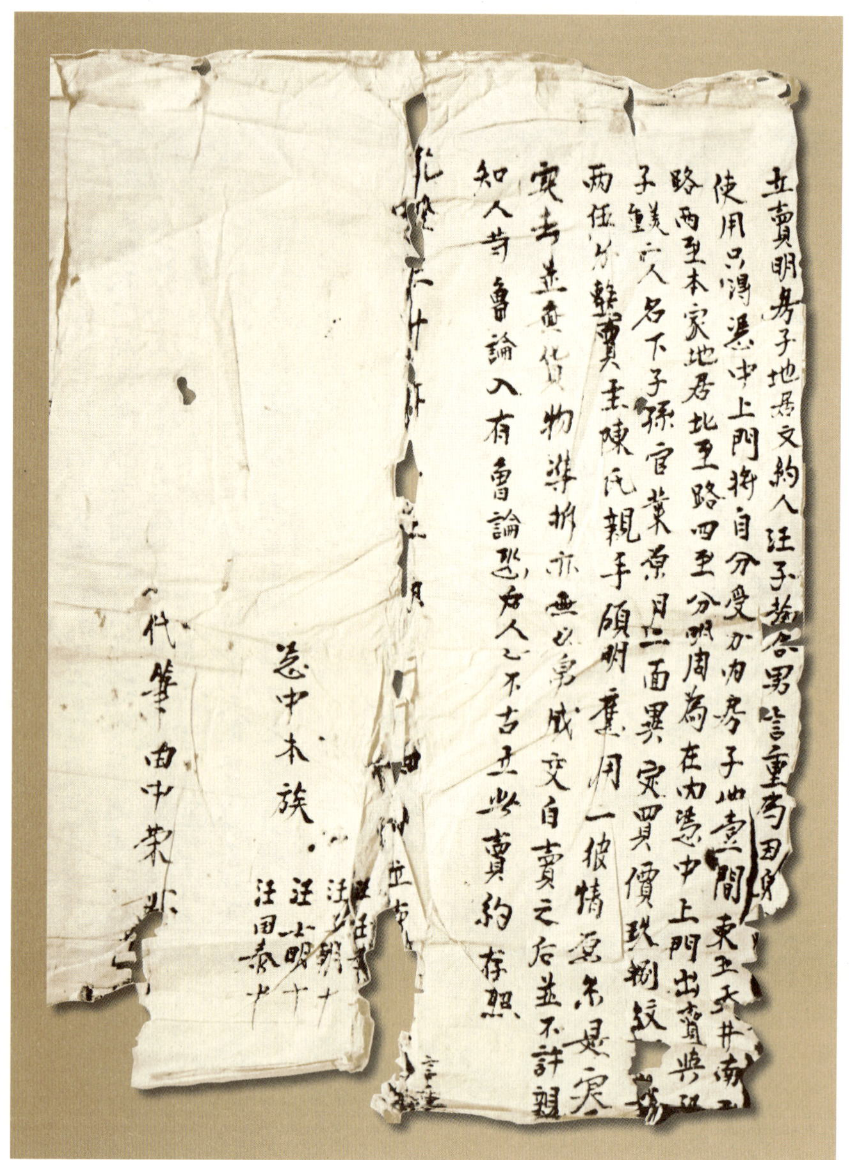

编号：wzc-72

立卖明房子地居（基）文约人汪子□，同男言重，为因身□□□使用，只得凭中上门，将自分受（授）分内房子地壹间，东至天井，南至路，西至本家地居（基），北至路，四至分明，周为（围）在内，凭中上门出卖与汪子美、子重二人名下子孙官（管）业。原日二面异（议）定买价玖捌纹银□□两伍钱整。卖主陈氏亲手领明应用。二彼情愿。系是实银实去（契），并无货物准拆（折），亦无□帛（逼迫）成交。自卖之后，并不许亲知（支）人等曾（争）论。入（如）有曾（争）论。恐后人心不古，立此卖约存照。

乾隆二十年十二月二十四日　立卖［契人　汪子□］言重

凭 中 本 族　汪玉□　汪子朝　汪士明　汪国泰

代　　　笔　田中荣

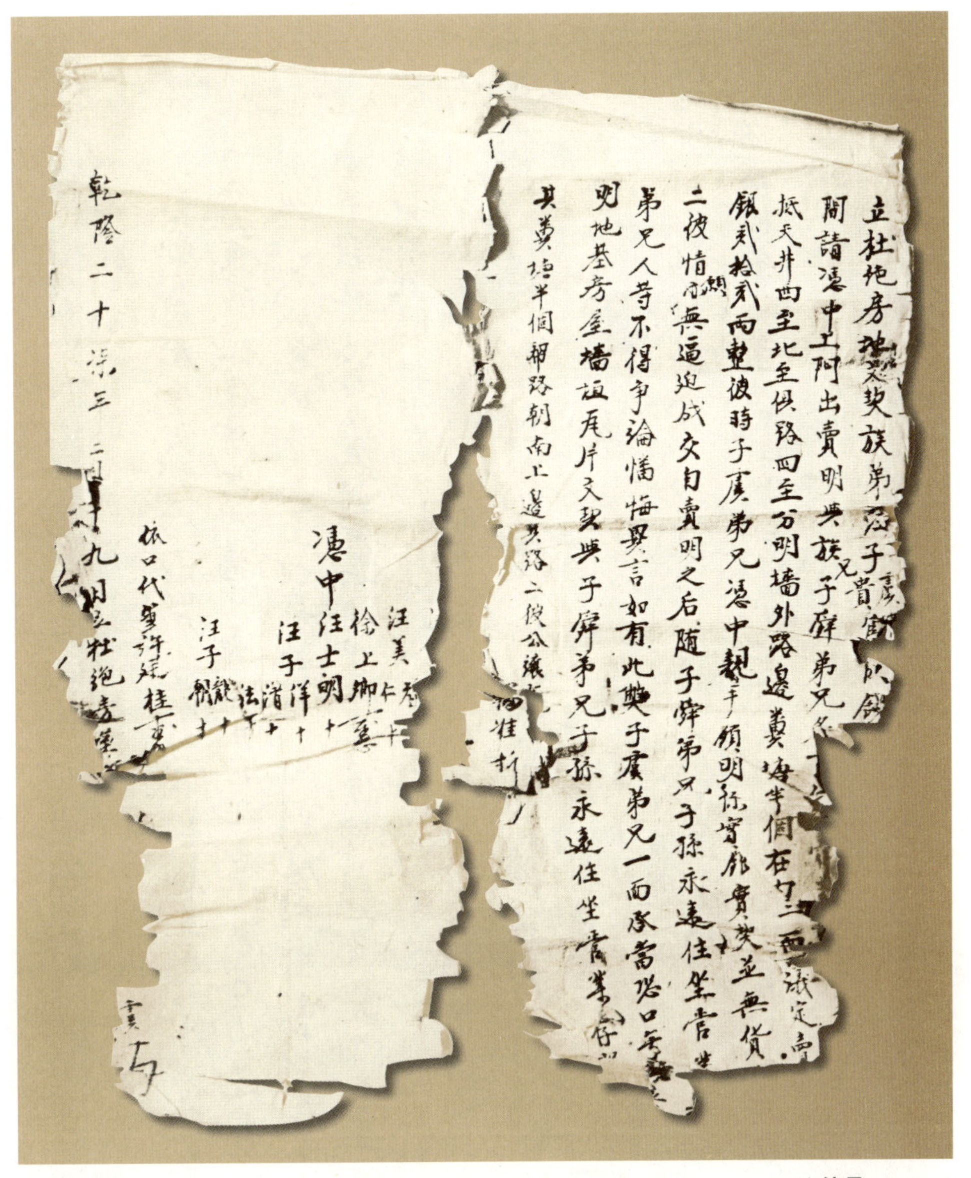

编号：wzc-3

立杜绝房地文契人族弟汪子虞、汪子贵，□□□□□□问，请凭中上门，出卖明与族兄子舜弟兄名下□□□□□□抵天井，西至北至俱路，四至分明，墙外路边粪塘半个在内，三面议定卖价银贰拾贰两整。彼时子虞弟兄凭中亲手领明，系实银实契，并无货物［准折］。［此系］二彼情愿，亦无逼迫成交。自卖明之后，随子舜弟兄子孙永远住坐管业，弟兄人等不得争论慉（翻）悔异言。如有此獘（弊），子虞弟兄一面承当。恐口无凭，□□□明地基房屋墙垣瓦片文契与子舜弟兄子孙永远住坐管业存照。其粪塘半个帮路朝南上边共路二彼公□□□□。

凭　　　中　汪□□　汪美智　汪美仁　徐上卿　汪士明

　　　　　　汪子洋　汪子清　汪子法　汪子龙　汪子朝

依口代笔　许廷桂

乾隆二十七年二月十九日　立杜绝房屋□　□□虞

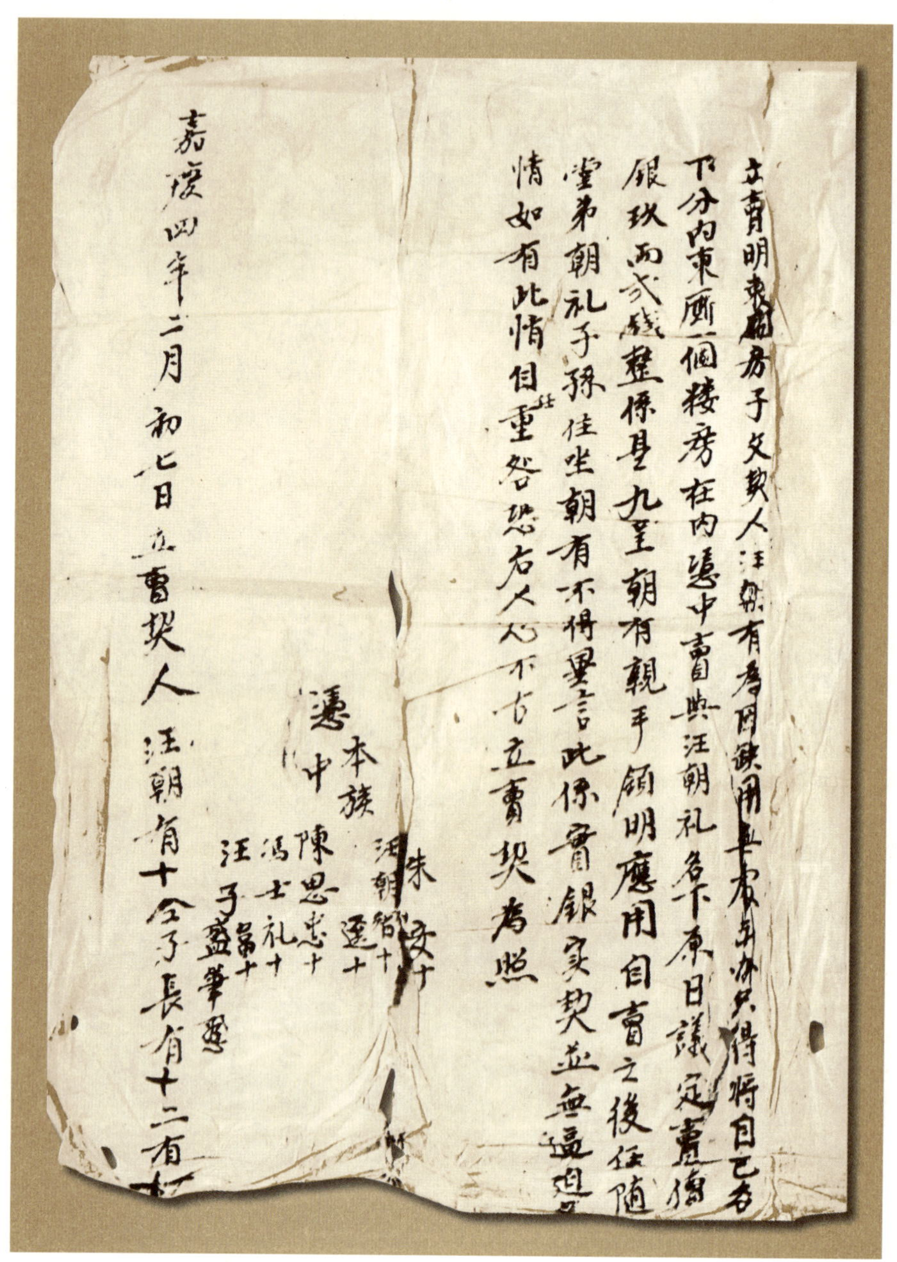

编号：wzc–85

立卖明东厮房子文契人汪朝有，为因缺用，无处出办，只得将自己名下分内东厮一个，楼房在内，凭中卖与汪朝礼名下。原日议定卖价银玖两贰钱整，系是九呈（成）。朝有亲手领明应用。自卖之后，任随堂弟朝礼子孙住坐，朝有不得异言。此系实银实契，并无逼迫等情。如有此情，自任重咎。恐后人心不古，立卖契为照。

凭中本族　朱安　汪朝智　汪朝运　陈思忠　冯士礼　汪子富
汪子盛　笔

嘉庆四年二月初七日　立卖契人　汪朝有　同子长有　二有

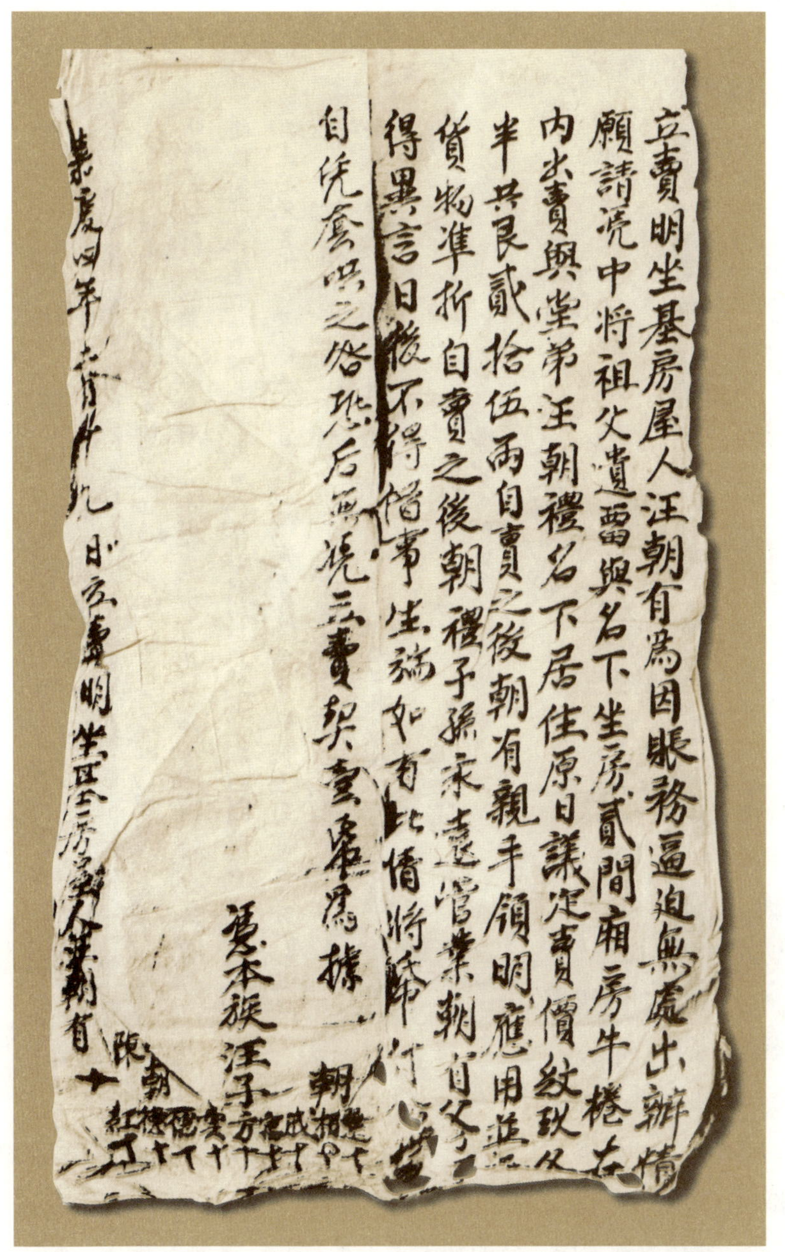

编号：wzc-90

立卖明坐基房屋人汪朝有，为因账务逼迫，无处出办，情愿请凭中将祖父遗留与名下坐房贰间，厢房牛楼（圈）在内，出卖与堂弟汪朝礼名下居住。原日议定卖价纹玖各半，共银贰拾伍两。自卖之后，朝有亲手领明应用，并无货物准折。自卖之后，朝礼子孙永远管业，朝有父子不得异言，日后不得借事生端。如有此情，将纸付（赴）公理论，自凭（认）套哄之咎。恐后无凭，立卖契壹纸为据。

凭　　本　　族　汪朝选　汪朝相　汪子成　汪子富　汪子方　汪子云　汪子德
　　　　　　　　汪朝德　陈　红

嘉庆四年二月十九日　立卖明坐基房屋人　汪朝有

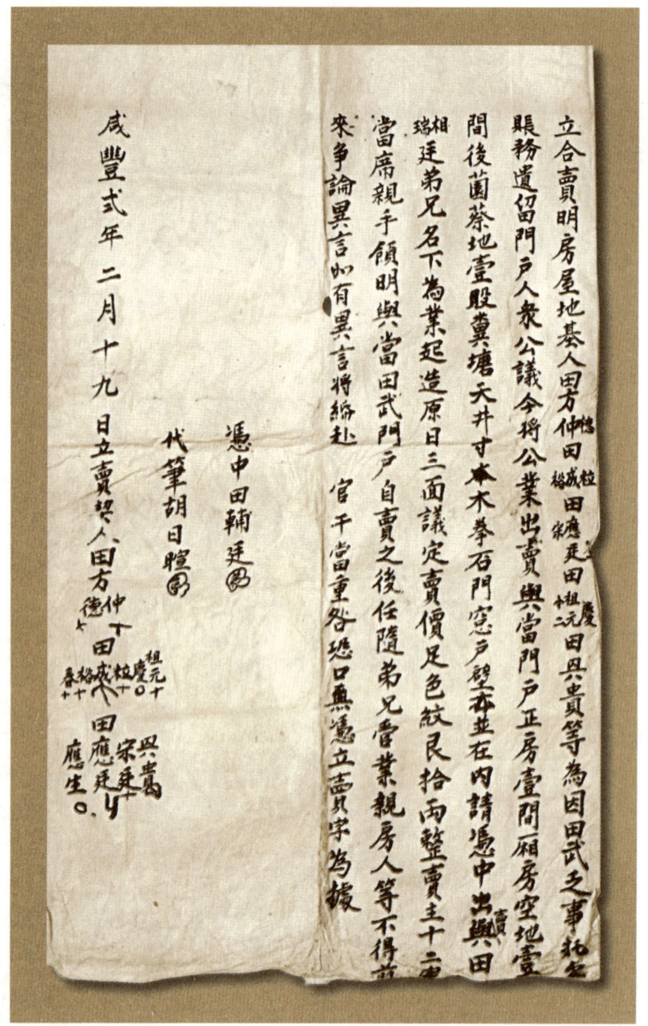

编号：tma-8

立合卖明房屋地基人田方德、田方仲、田粒、田成、田裕、田应廷、田宋廷、田庆、田祖元、田小二、田兴贵等，为因田武乏事，托（拖）欠账务遗留门户，人众公议，今将公业出卖与当门户，正房壹间、厢房空地壹间、后园蔡（菜）地壹股，粪塘天井、寸木拳石、门窗户壁亦（一）并在内，请凭中出卖与田相廷、田瑞廷弟兄名下为业起造。原日三面议定卖价足色纹银拾两整。卖主十二家当席亲手领明。与当田武门户。自卖之后，任随弟兄管业，亲房人等不得前来争论异言。如有异言，将纸赴官，干（甘）当重咎。恐口无凭，立卖字为据。

凭　　中　田辅廷

代　　笔　胡日暄

咸丰二年二月十九日　立卖契人　田方仲　田方德　田祖元

田　庆　田　粒　田　成　田　裕　田　春

田兴贵　田宋廷　田应廷　田应生

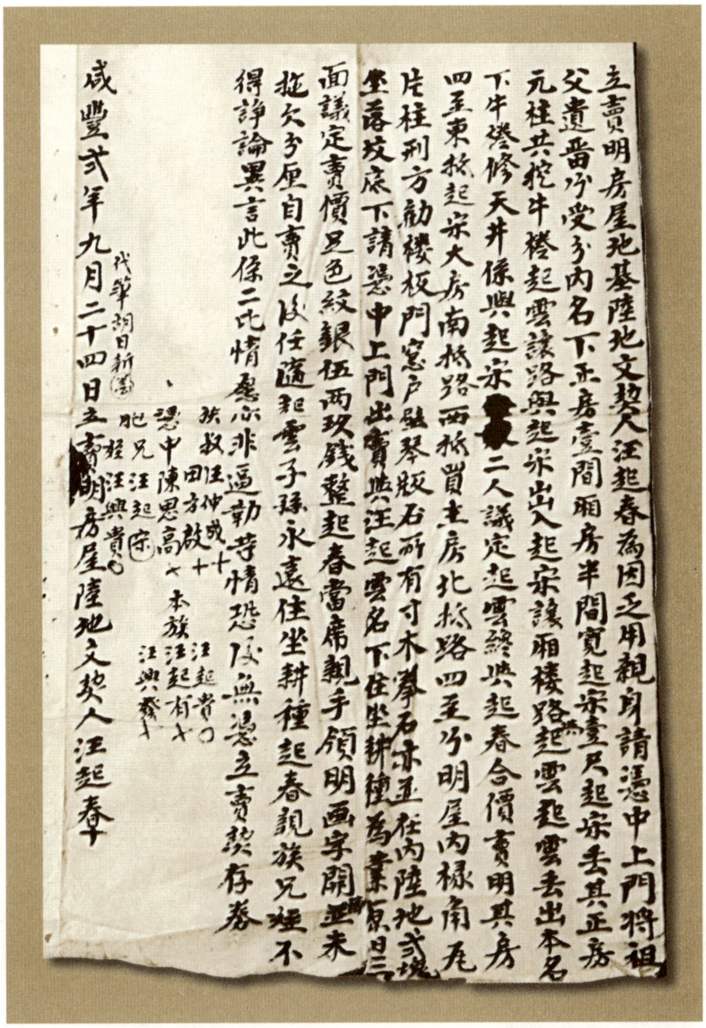

编号：wzc-10

立卖明房屋地基陆地文契人汪起春，为因乏用，亲身请凭中上门，将祖父遗留分受（授）分内名下正房壹间、厢房半间，宽起宋一尺，起宋丢其正房元柱共挖牛楼（圈），起云让路与起宋出入，起宋让厢楼路与起云，起云丢出本名下牛楼（圈）修天井。系与起宋二人议定，起云终与起春合价卖明，其房四至：东抵起宋大房，南抵路，西抵买主房，北抵路，四至分明，屋内椽角瓦片、柱刑方□、楼板、门窗户壁、琴版石、所有寸木拳石亦并在内；陆地贰块，坐落坟底下。请凭中上门出卖与汪起云名下住坐耕种为业。原日三面议定卖价足色纹银伍两玖钱整。起春当席亲手领明，画字开清，并未拖欠分厘。自卖之后，任随起云子孙永远住坐耕种，起春亲族兄侄不得争论异言。此系二比（彼）情愿，亦非逼勒等情。恐后无凭，立卖契存券。

族　叔　汪仲成　田方启
凭　中　陈思高　胞兄汪起宋　胞侄汪兴贵
本　族　汪起贵　汪起有　汪兴发
代　笔　胡日新

咸丰二年九月二十四日　立卖明房屋陆地文契人　汪起春

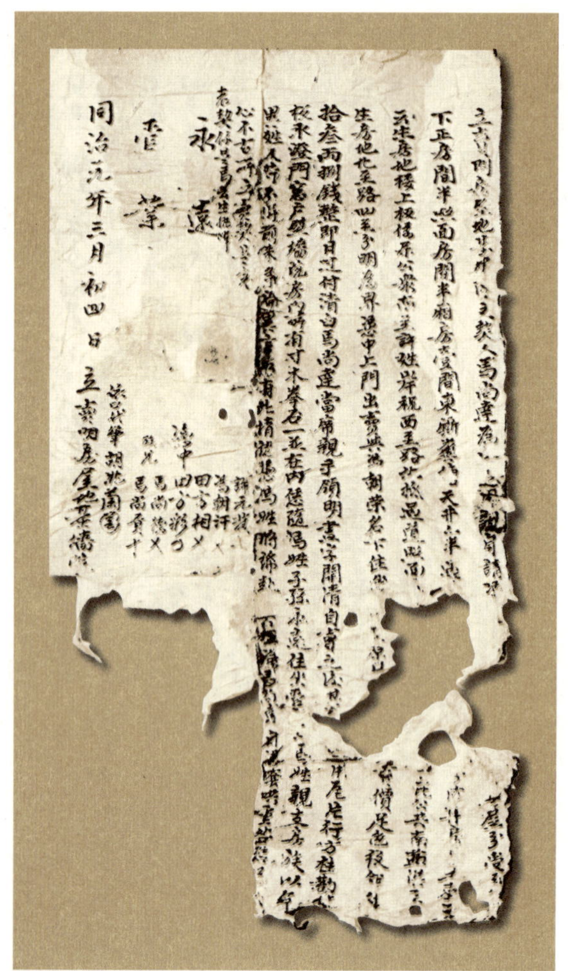

编号：crq-22

立卖明房屋地基墙院文契人马尚达，为因乏用，亲身请凭□□□□□□□房屋分受（授）□□下正房间半、照面房间半、厢房壹间、东厮粪塘天井乙（壹）半□□□□□□□分内，其房四至：东至云生房，地楼上板系□公众，南至许姓岸祝，西至路，北抵过道照面□□□□□□二比公共，南、西俱□□生房地，北至路，四至分明为界。凭中上门，出卖与冯朝荣名下住坐。原日□□卖价足色纹银□□拾叁两捌钱整，即日过付清白。马尚达当席亲手领明，画字开清。自卖之后，□□瓦片、行方柱□□□板永澄、门窗户壁、墙院房内，所有寸木拳石一并在内，任随冯姓子孙永远住坐管业，马姓亲支房族以及异姓人等不得前来争论异言。如有此情，认（任）凭冯姓将纸赴公理论，马尚达自认套哄重咎。恐后心不古，特立卖契是实。

老契系是马云生执掌。

永　远　管　业

凭　　　　　中　许元庆　冯朝汗　田方相

田方彩　族兄马尚德　马尚圣

依　口　代　笔　胡兆兰

同治元年三月初四日　立卖明房屋地基墙院

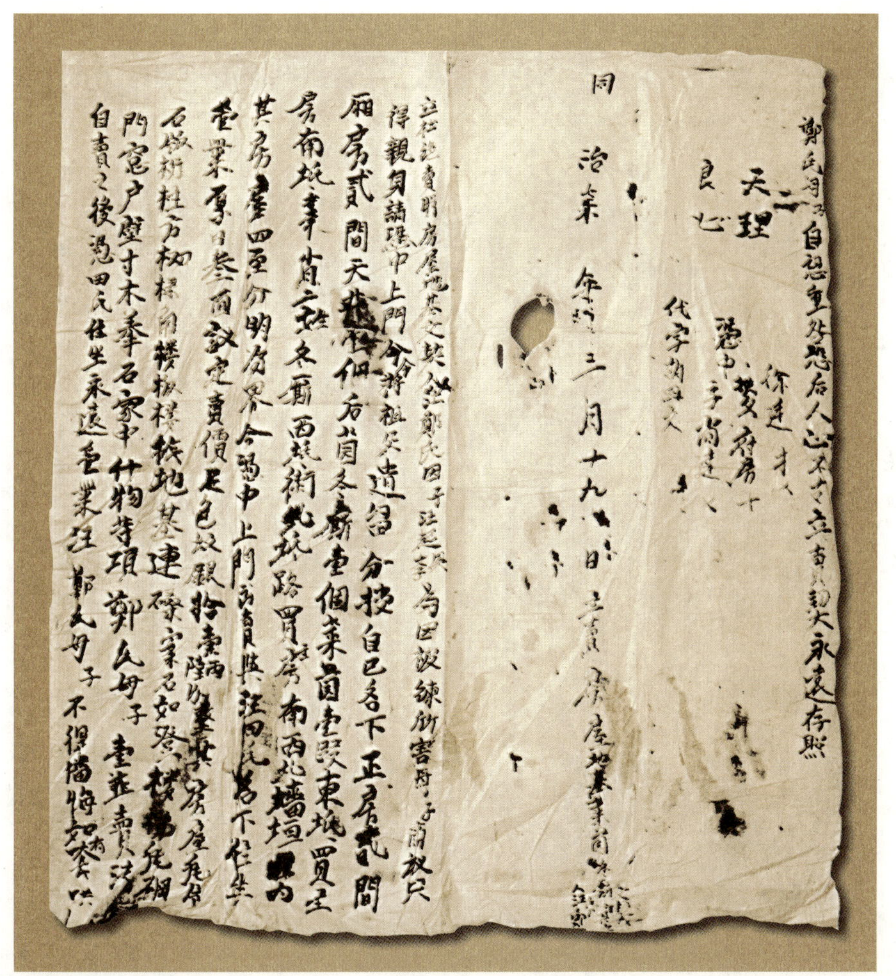

编号：wzc–71

立杜绝卖明房屋地基文契人汪郑氏，因子汪起兴、汪起学，为因被练所害，母子商议，只得亲身请凭中上门，今将祖父遗留分授自己名下正房贰间、厢房贰间、天井壹个、后园冬厮壹个、菜园壹段，东坻（抵）买主房，南坻（抵）辜肖二姓冬厮，西坻（抵）街，北坻（抵）路，买主房南西北墙垣内，其房屋四至分明为界，今凭中上门，出卖与汪田氏名下住坐管业。原日三面议定卖价足色纹银拾壹两陆钱整。其房屋瓦片、石版（板）、桁柱方□、椽角楼板、楼□地基连磉案石，如登楼梯、瓦缸、门窗户壁、寸木拳石、家中什物等项，郑氏母子壹并卖清。自卖之后，凭田氏住坐永远管业，汪郑氏母子不得播（翻）悔。如有套哄，郑氏母子自认重咎。恐后人心不古，立卖契永远存照。

天　理　良　心

凭	中	徐廷才	罗府房	高尚达
代	字	胡兴文		
同治七年三月十九日	立卖房屋地基菜园冬厮文契人	汪郑氏	汪起兴	汪起学

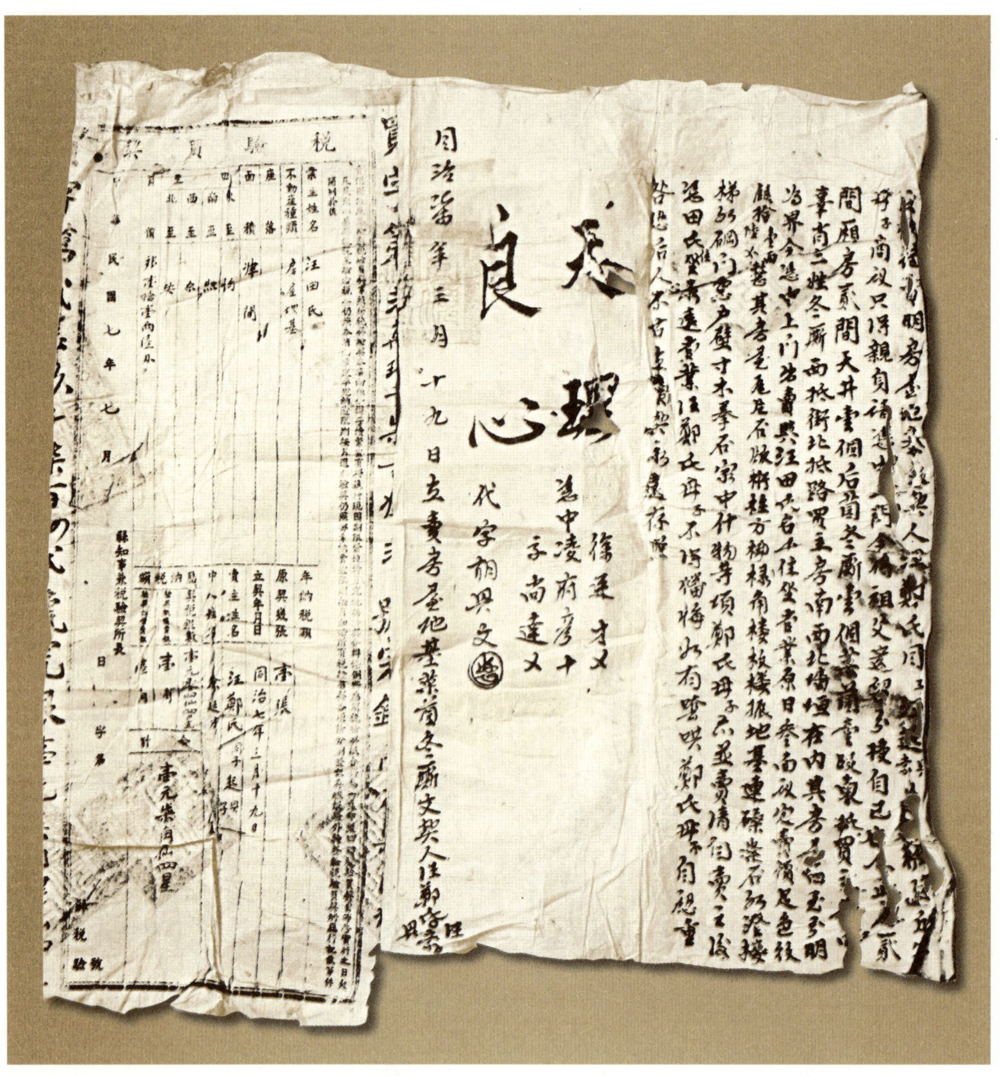

编号：wzc-80

立杜绝卖明房屋地基文契人汪郑氏，同子汪起兴、汪起学，□□□□所害，母子商议，只得亲身请凭中上门，今将祖父遗留分授自己名下房屋贰间、厢房贰间、天井壹个、后园冬厮壹个、菜园壹段，东抵买主□□辜肖二姓冬厮，西抵街，北抵路，买主房南西北墙垣在内，其房屋四至分明为界，今凭中上门，出卖与汪田氏名下住坐管业。原日叁面议定卖价足色纹银拾壹两陆钱整。其房屋瓦片、石版（板）、桁柱方□椽角楼板、楼□地基连磉案石□登楼梯、瓦缸、门窗户壁、寸木拳石、家中什物等项，郑氏母子亦（一）并卖清。自卖之后，凭田氏住坐永远管业，汪郑母子不得憣（翻）悔。如有套哄，郑氏母子自认重咎。恐后人心不古，立卖契永远存照。

天　理　良　心

	凭　　　　　中	徐廷才　凌府彦　高尚达
	代　　　　　字	胡兴文
同治七年三月十九日	立卖房屋地基菜园东厮文契人	汪郑氏　汪起兴　汪起学

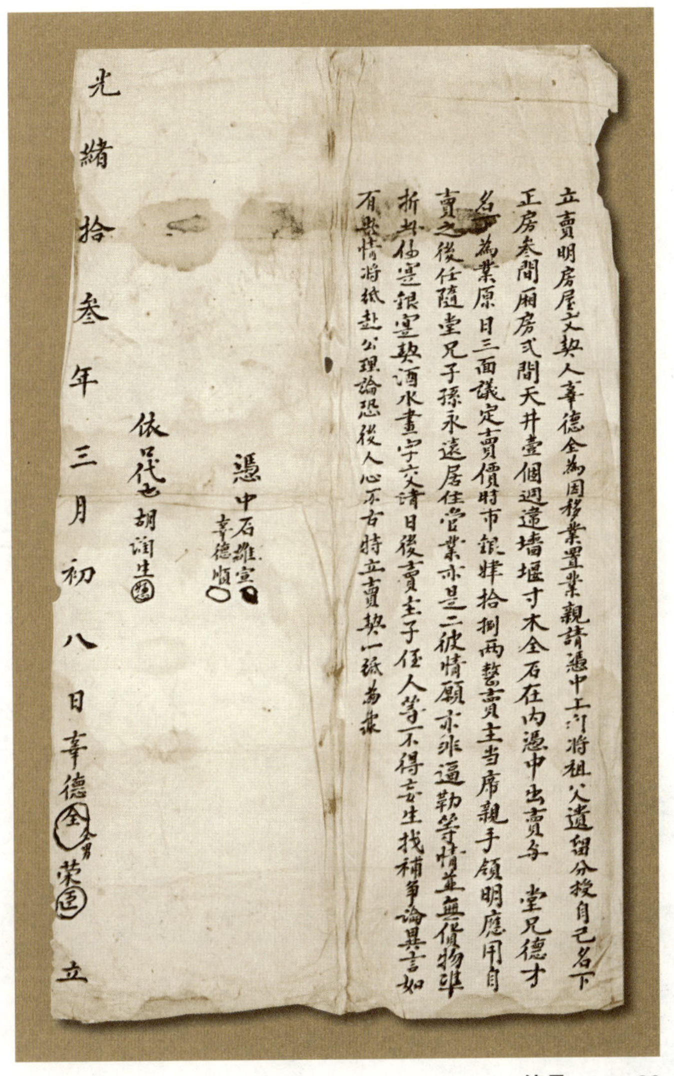

立賣明房屋文契人辜德全為因移業置業親請憑中上门將祖父遺留分授自己名下正房叁間厢房弍間天井壹個週遭墙堰寸木全石在内憑中出賣与 堂兄德才名下為業原日三面議定賣價时市銀肆拾捌两整賣主当席親手領明應用自賣之後任随堂兄子孫永遠居住管業亦是二彼情願亦非逼勒等情並無貨物準折此係实銀实契酒水畫字交清日後賣主子侄人等不得妄生找補争論異言如有此情將紙赴公理論恐後人心不古特立賣契一紙為據

憑中 石維宣 辜德順

依口代字 胡润生

光緒拾叁年三月初八日辜德全 仝男荣臣 立

编号：tyg-22

立卖明房屋文契人辜德全，为因移业置业，亲请凭中上门，将祖父遗留分授自己名下正房叁间、厢房贰间、天井壹个、周围墙堰（垣）、寸木全（拳）石在内，凭中出卖与堂兄德才名下为业。原日三面议定卖价时市银肆拾捌两整。卖主当席亲手领明应用。自卖之后，任随堂兄子孙永远居住管业。亦是二彼情愿，亦非逼勒等情，并无货物准折，此系实银实契，酒水画字交清。日后卖主子侄人等不得妄生找补、争论异言。如有此情，将纸赴公理论。恐后人心不古，特立卖契一纸为据。

凭　　中　石维宣　辜德顺

依口代字　胡润生

光绪十三年三月初八日　辜德全　同男荣臣　立

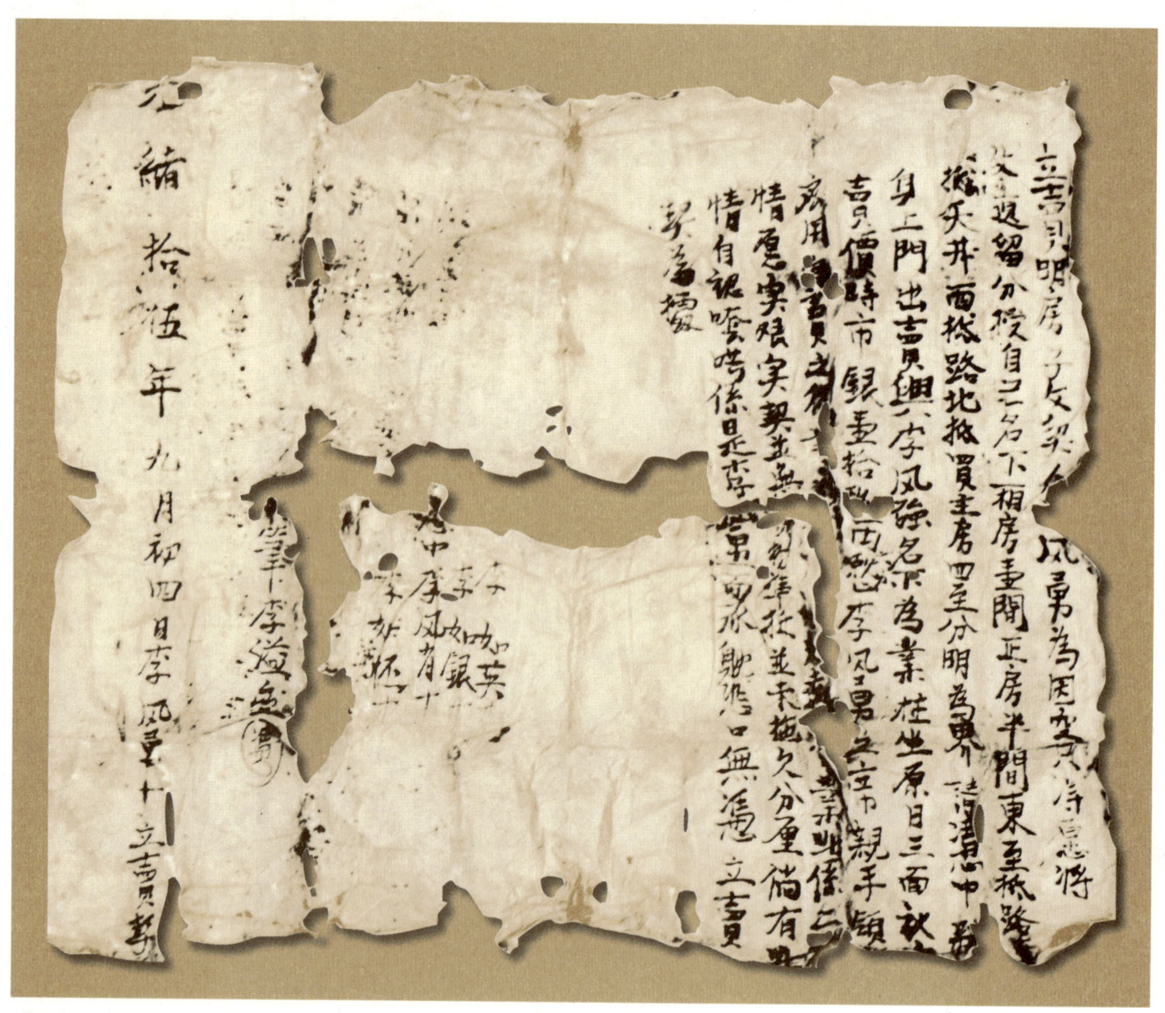

编号：crq–24

立卖明房子文契人［李］风勇，为因空［乏］，只得愿将祖父遗留分授自己名下厢房壹间、正房半间，东至抵路，南抵天井，西抵路，北抵买主房，四至分明为界，请凭中亲身上门出卖与李风强名下为业柱（住）坐。原日三面议定卖价时市银壹拾玖两六钱整。李风勇当席亲手领明应用。自卖之后，□□□□□□□□□□业。此系二彼情愿，实银实契，并无［货物］准折，并未拖欠分厘。倘有此情，自认套哄，系是李风勇一面承耽（担）。恐口无凭，立卖契为据。

凭中　李如英　李如银　李风省　李如怀

笔　李溢垒

光绪十五年九月初四日　李风勇　立卖契

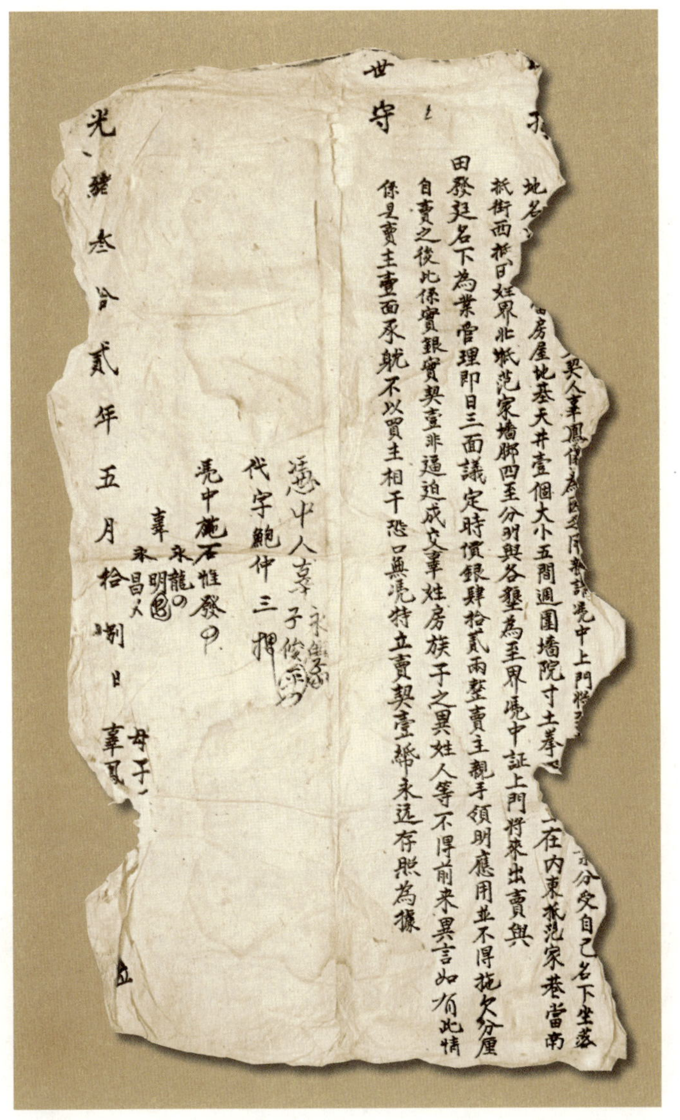

编号：tyg-48

□□□□□□□文契人辜凤仪，为因乏用，亲请凭中上门，将到□□□□分受（授）自己名下，坐落地名□□□□房屋地基、天井壹个、大小五间，周围墙院、寸土拳［石一］并在内，东抵范家巷当，南抵街，西抵田姓界，北抵范家墙脚，四至分明，与各垦为至界，凭中证上门将来出卖与田发廷名下为业管理。即日三面议定时价银肆拾贰两整。卖主亲手领明应用，并不得拖欠分厘。自卖之后，此系实银实契，壹（亦）非逼迫成交，辜姓房族子之（侄）异姓人等不得前来异言。如有此情，系是卖主壹（一）面承耽（担），不以（与）买主相干。恐口无凭，特立卖契一纸永远存照为据。

凭中人　辜永学　辜子俊

代　字　鲍仲三

凭　中　石惟发　辜永龙　辜永明　辜永昌

光绪三十二年五月十八日　辜凤仪母子　立

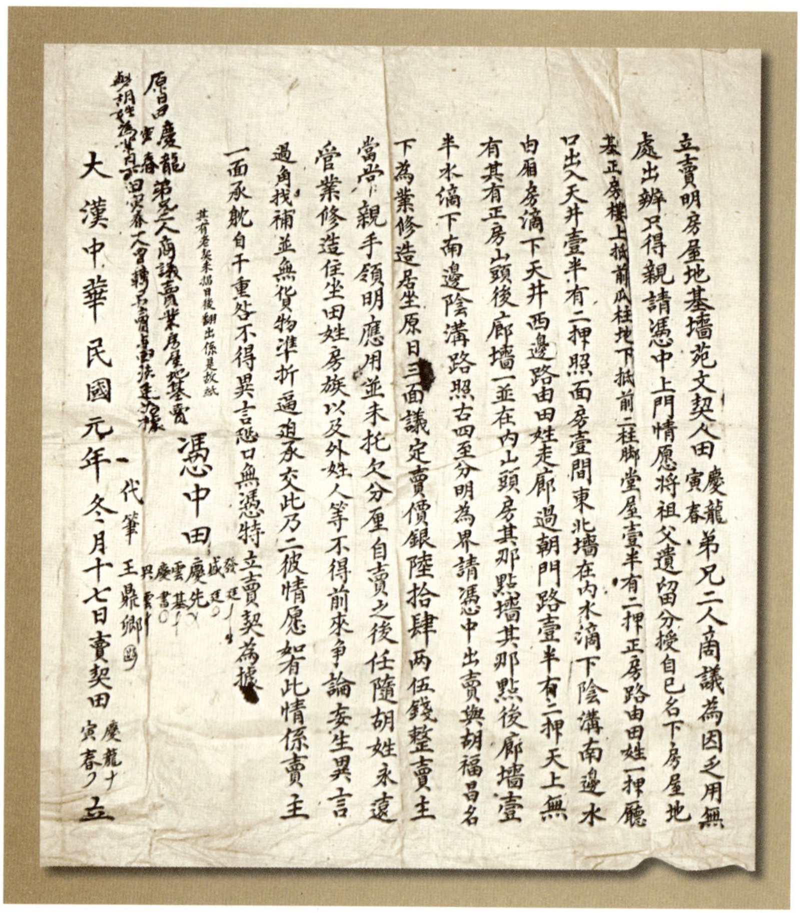

编号：tyg-42

立卖明房屋地基墙苑文契人田庆龙、田寅春弟兄二人商议，为因乏用，无处出辨（办），只得亲请凭中上门，情愿将祖父遗留分授自己名下房屋地基、正房楼，上抵前瓜柱地，下抵前二柱脚，堂屋壹半有二押，正房路由田姓一押厅口出入，天井壹半有二押，照面房壹间，东北墙在内，水滴下阴沟，南边水由厢房滴下，天井西边路由田姓走廊过，朝门路壹半有二押，天上无有其有正房，山头后廊墙一并在内，山头房其（齐）那点墙，其（齐）那点后廊墙，壹半水滴下，南边阴沟路照古，四至分明为界，请凭中出卖与胡福昌名下为业修造居坐。原日三面议定卖价银陆拾肆两伍钱整。卖主当堂亲手领明应用，并未托（拖）欠分厘。自卖之后，任随胡姓永远管业修造住坐，田姓房族以及外姓人等不得前来争论、妄生异言、过角找补。并无货物准折、逼迫承（成）交，此乃二彼情愿。如有此情，系卖主一面承耽（担），自干（甘）重咎，不得异言。恐口无凭，特立卖契为据。

其有老契未接，日后翻出系是故纸。

原日田庆龙、田寅春弟兄二人商议，卖业房屋地基卖与胡姓为业，日下田寅春大买转，另卖与田法廷为据。

凭中　田发廷　田盛廷　田庆先　田云基　田庆书　田兴云

代笔　王鼎卿

大汉中华民国元年冬月十七日　卖契　田庆龙　田寅春　立

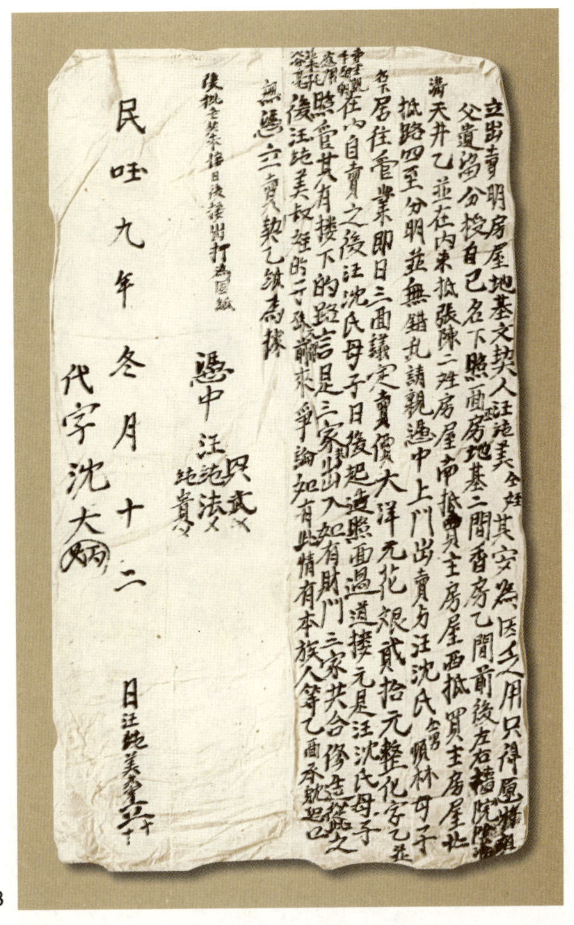

编号：wzc–93

立出卖明房屋地基文契人汪纯美，同侄其安，为因乏用，只得愿将祖父遗留分授自己名下照面正房地基二间、香（厢）房乙（壹）间，前后左右墙院阴沟天井乙（一）并在内，东抵张陈二姓房屋，南抵卖主房屋，西抵买主房屋，北抵路，四至分明，并无错乱，请亲凭中上门出卖与汪沈氏、同男顺林母子名下居住管业。即日三面议定卖价大洋元花银贰拾元整。化（画）字乙（一）并在内。自卖之后，汪沈氏母子日后起造照面，过道楼元是汪沈氏母子照管，其有楼下的路言（原）是三家共出入。如有财门，三家共合修造。从此之后，汪纯美叔侄的子孙不得前来争论。如有此情，本族人等乙（一）面承耽（担）。恐口无凭，立卖契乙（一）纸为据。卖主亲手领明应用，并未托（拖）欠分毫。

后批：老契未接，日后接出，打为固（故）纸。

凭中　汪兴武　汪纯法　汪纯贵

民国九年冬月十二日　汪纯美　其安　立

代字　沈大炳

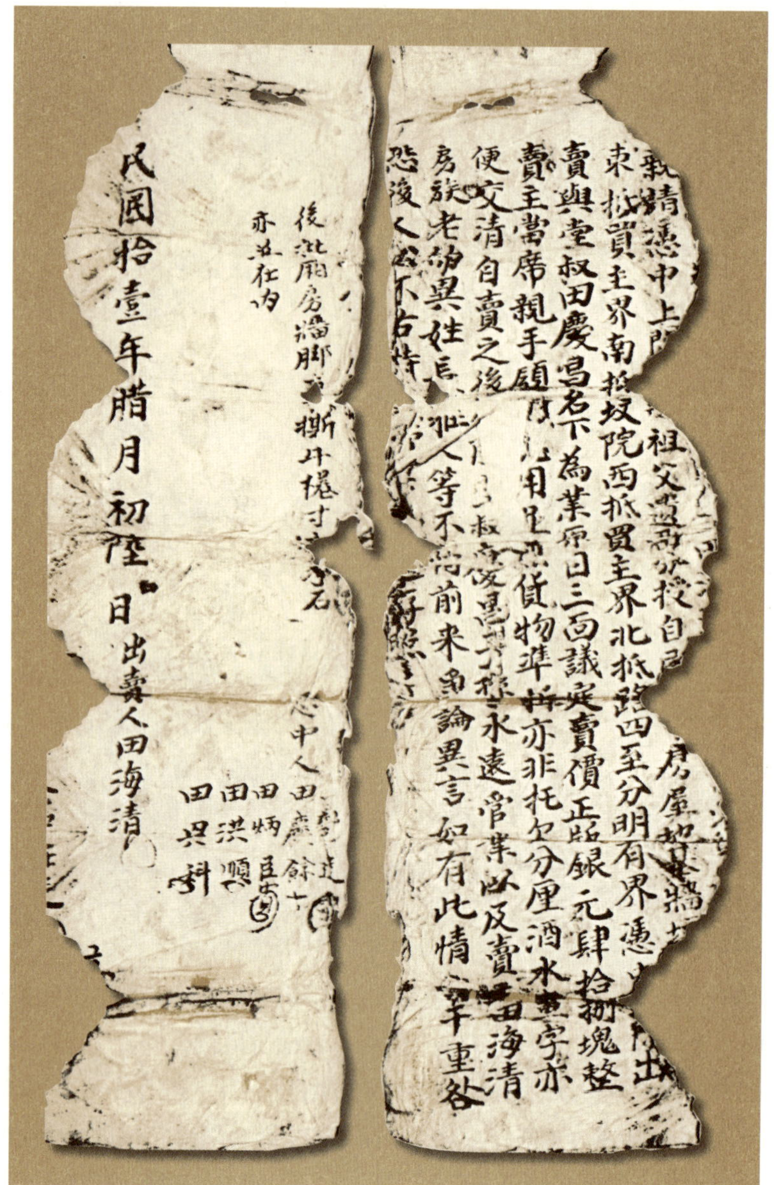

编号：tym-15-16

□□□□□□□□□□□□□□□□□□□□□□亲请凭中上门，将祖父遗留分授自己□□房屋地基墙垣□□□□□□东抵买主界，南抵坟院，西抵买主界，北抵路，四至分明有界，凭中□出卖与堂叔田庆昌名下为业。原日三面议定卖价正版银元肆拾捌块整。卖主当席亲手领明应用，并无货物准折，亦非托（拖）欠分厘。酒水画字亦便（一并）交清。自卖之后，［任随］堂叔庆昌子孙永远管业，以及卖主田海清房族老幼异姓□□人等不得前来争论异言。如有此情，自干（甘）重咎。恐后人心不古，特立卖契永远存照。

后批：厢房墙脚□撕牛棬（圈）寸木拳石亦（一）并在内。

凭中人　田庆廷　田庆余　田炳臣　田洪顺　田兴科

民国十一年腊月初六日　出卖人　田海清

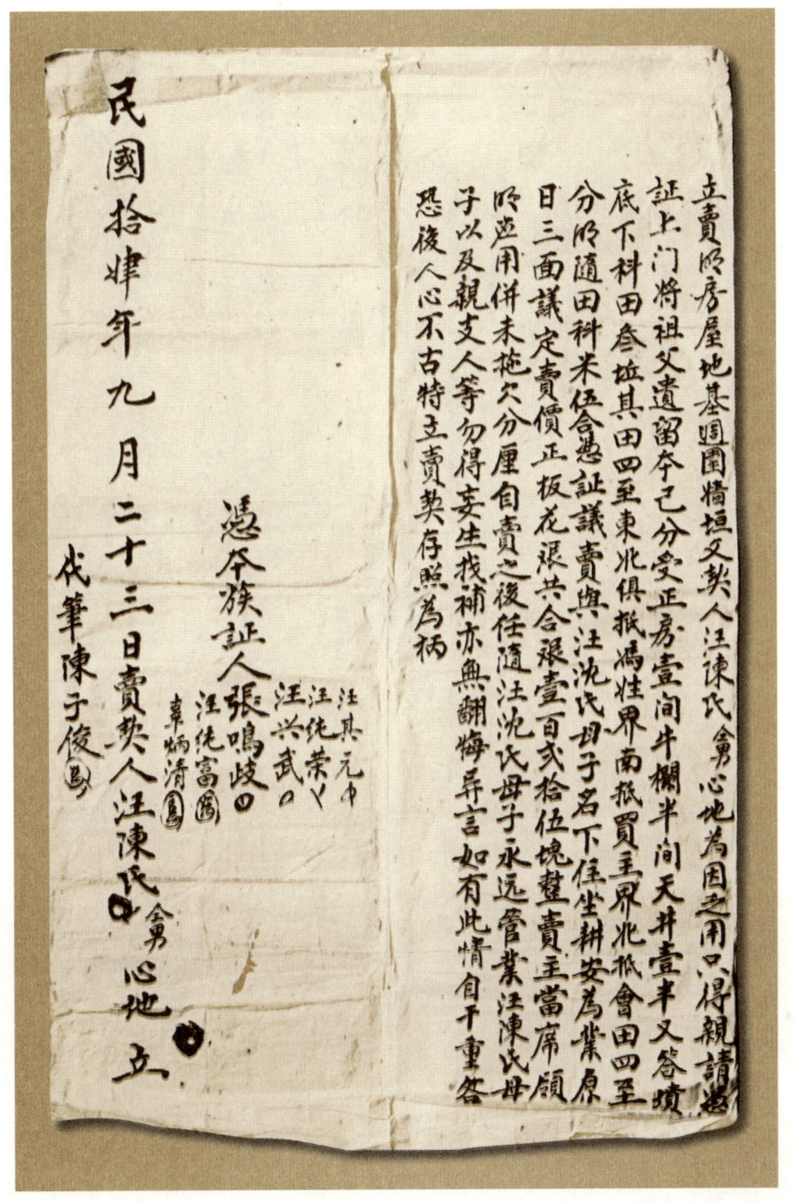

编号：wzc-52

立卖明房屋地基周围墙垣文契人汪陈氏，同男心地，为因乏用，只得亲请凭证上门，将祖父遗留本己分受（授）正房壹间、牛栏半间、天井壹半，又答（搭）坟底下科田三坵，其田四至：东、北俱抵冯姓界，南抵买主界，北抵会田，四至分明，随田科米伍合。凭证议卖与汪沈氏母子名下住坐耕安为业。原日三面议定卖价正板花银共合银壹百贰拾伍块整。卖主当席领明应用，并未拖欠分厘。自卖之后，任随汪沈氏母子永远管业。汪陈氏母子以及亲支人等勿得妄生找补，亦无翻悔异言。如有此情，自干（甘）重咎。恐后人心不古，特立卖契存照为柄。

凭本族证人　汪其元　汪纯荣　汪兴武　张鸣歧　汪纯富　辜炳清

民国十四年九月二十三日　卖　契　人　汪陈氏　同男心地　立

代　　笔　陈子俊

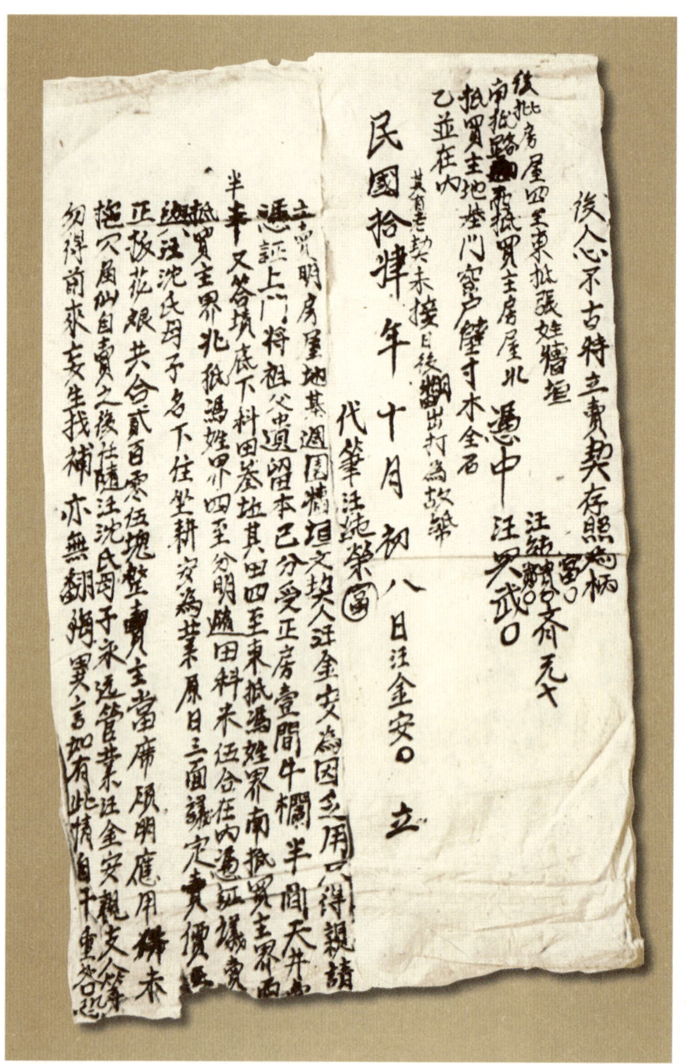

编号：wzc-51

立卖明房屋地基周围墙垣文契人汪金安，为因乏用，只得亲请凭证上门，将祖父遗留本己分受（授）正房壹间、牛栏半间、天井壹半，又答（搭）坟底下科田叁坵，其田四至：东抵冯姓界，南抵买主界，西抵买主界，北抵冯姓界，四至分明，随田科米伍合在内，凭证议卖与汪沈氏母子名下住坐耕安为业。原日三面议定卖价正板花银共合贰百零伍块整。卖主当席领明应用，并未拖欠角仙。自卖之后，任随汪沈氏母子永远管业，汪金安亲支人等勿得前来妄生找补，亦无翻悔异言。如有此情，自干（甘）重咎。恐后人心不古，特立卖契存照为柄。

后批：房屋四至，东抵张姓墙垣，南抵路，西抵买主房屋，北抵买主地基。门窗户壁、寸木全（拳）石乙（一）并在内。

其有老契未接，日后翻出打为故纸。

凭中　汪纯富　汪纯贵　汪纯郑　汪兴武　齐　元

民国十四年十月初八日　汪金安　立

代笔　汪纯荣

编号：mxq–20

立卖明房屋地基文契人马彭氏、马冯氏，为因空乏，妯娌二人商议，只得将祖父遗得授（受）名下正房壹间半、照面一间、空基箱（厢）房空基半间，天井朝门系是公众出入，坐落地明（名）周家巷，其四字（至）：东抵本族，南抵沟，西抵路，北抵许姓界，四字（至）分［明］，周围墙垣、楼房尾屋、寸木全（拳）石一并在内。亲请凭中上门，出卖与马开臣名下住坐管业。原日三面议定卖价正板大洋银陆拾元整。买主即日将价银过付清白，卖主当席领明应用，并未下欠仙星。此系二比（彼）情愿，并无货物准折，亦非逼迫等情。自买之后，任随开臣子孙永远住坐管业，卖主子侄房族人等不得前来争论异言。如有此情，自干（甘）重咎。恐口无凭，立卖契永远承（存）照。

其有箱（厢）房楼系是马小二管理，朝门楼系是开臣管理。

凭中　陶陌香　田荣臣　马小二　马炳清
　　　汪荣昌　字

民国十四年冬月二十六　马彭氏　马冯氏　同子法有　元长　立

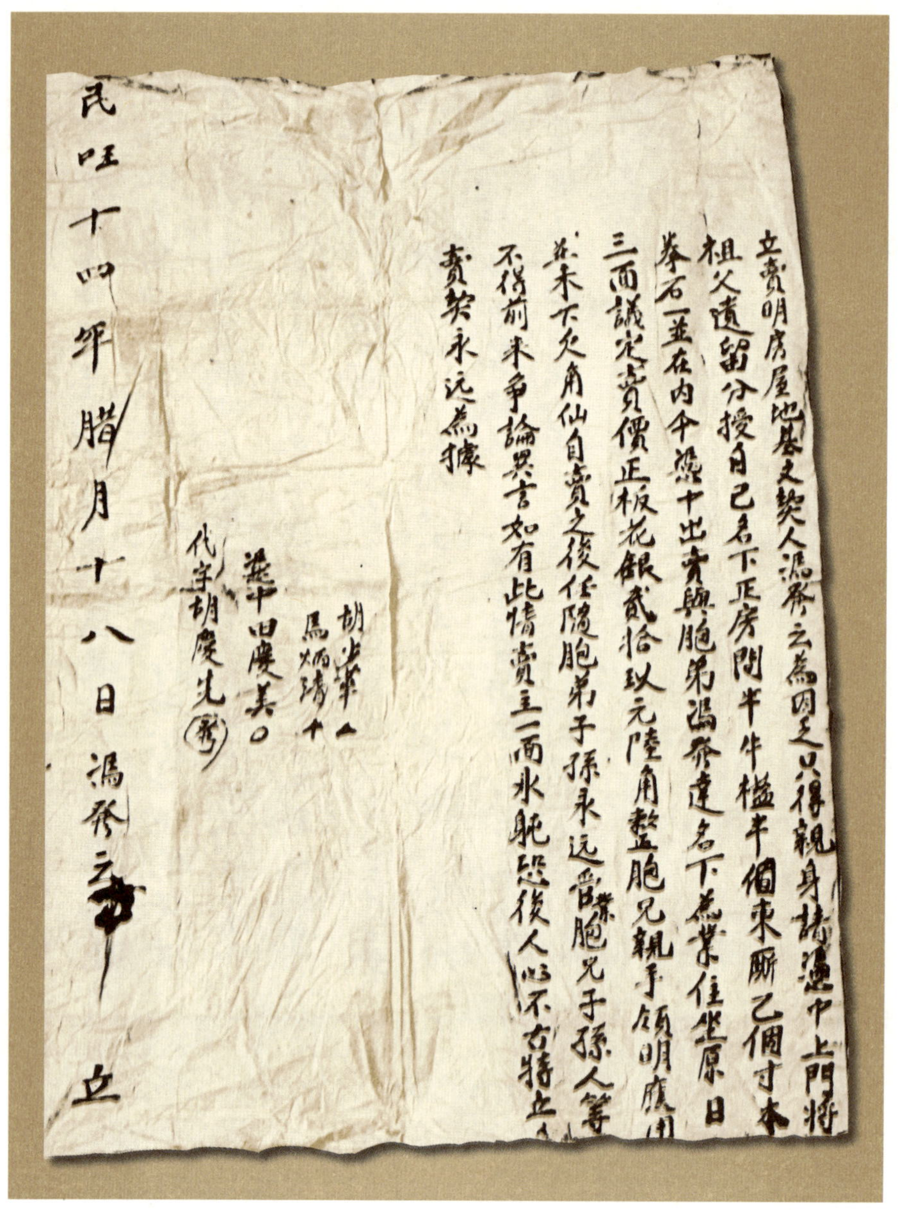

编号：crq-12

立卖明房屋地基文契人冯发云，为因乏［用］，只得亲身请凭中上门，将祖父遗留分授自己名下正房间半、牛槛半个、东厮乙（壹）个，寸木拳石一并在内，今凭中出卖与胞弟冯发达名下为业住坐。原日三面议定卖价正板花银贰拾玖元陆角整。胞兄亲手领明应用，并未下欠角仙。自卖之后，任随胞弟子孙永远管业，胞兄子孙人等不得前来争论异言。如有此情，卖主一面承耽（担）。恐后人心不古，特立卖契永远为据。

凭中　胡少华　马炳清　田庆美

代笔　胡庆先

民国十四年腊月十八日　冯发云　立

编号：mxq–52

立杜卖房屋文契人马起昌，今因正用乏，只得亲请凭中上门，愿将祖父遗留鸡昌屯房屋一所，其房大小二间，共地三间，上连楼房石板，下连地基及屋中一切器具，东抵石姓界，南抵马姓照面大岸界，西抵马许二姓，北抵田姓界，至房檐滴水、阴沟、天井、路等依古，出卖与亲叔马开臣永远为业。当日三面议定时值大洋八十六元整。洋契两交，未欠仙角。自卖之后，任凭买主居住改造，卖主不得而（来）干涉之。此系两愿，勿有异言。恐后无凭，特立此杜卖房屋文契是实。

凭中　马开文

代笔　马起华

民国二十一年十二月二十七日　马起昌　立

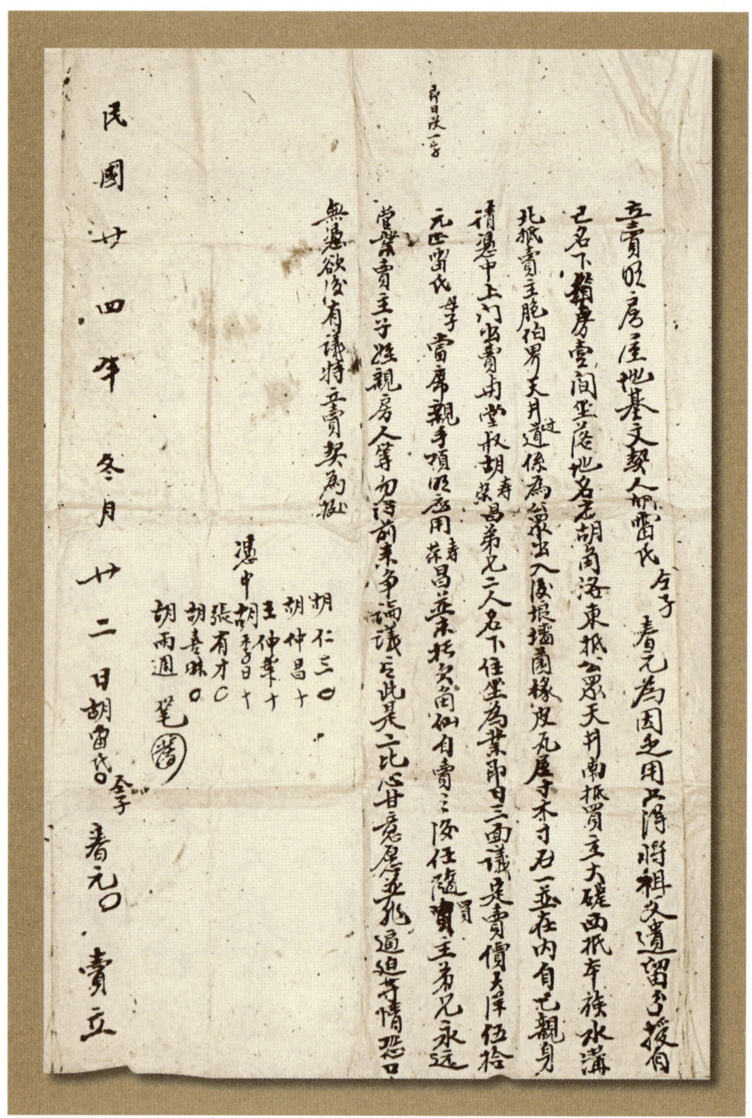

编号：hjs-3

立卖明房屋地基文契人胡雷氏，同子春元，为因乏用，只得将祖父遗留分授自己名下箱（厢）房壹间，坐落地名老胡角洛（落），东抵公众天井，南抵买主大□，西抵本族水沟，北抵卖主胞伯界，天井过道系为公众出人，后垠墙园椽皮瓦屋寸木寸石一并在内，自己亲身请凭中上门，出卖与堂叔胡寿昌、胡荣昌弟兄二人名下住坐为业。即日三面议定卖价大洋伍拾元整。雷氏母子当席亲手领明应用，寿昌、荣昌并未托（拖）欠角仙。自卖之后，任随买主弟兄永远管业，卖主子侄亲房人等不得前来争论议（异）言。此是二比（彼）心甘意愿，并非逼迫等情。恐口无凭，欲后有议，特立卖契为据。

凭中　胡仁三　胡仲昌　王仲荣　胡季日　张有才　胡喜妹

胡雨周　笔

民国二十四年冬月二十二日　胡雷氏　同子春元　卖立

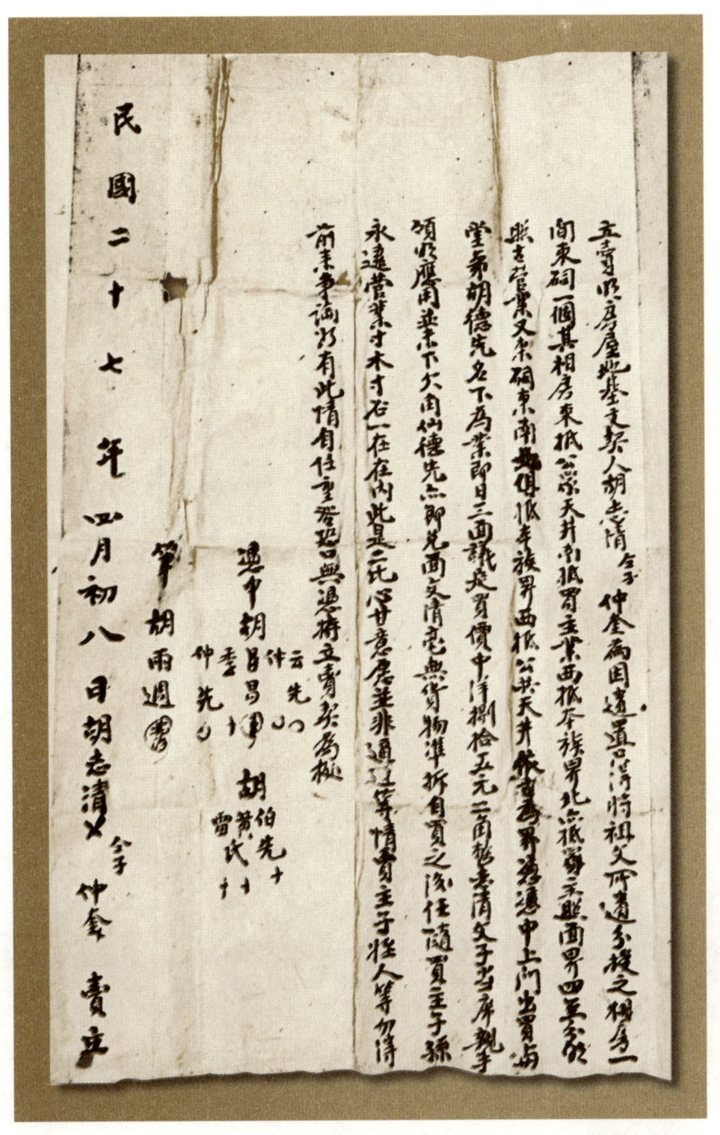

编号：hjs–5

立卖明房屋地基文契人胡志清，同子仲奎，为因遗（移）置，只得将祖父所遗分授之相（厢）房一间、东□一个，其相（厢）房东抵公众天井，南抵买主业，西抵本族界，北亦抵买主照面界，四至分明，照古管业；又东□东、南、北俱本族界，西抵公共天井，依古为界，请凭中上门出买与堂弟胡德先名下为业。即日三面议定买价中洋捌拾五元二角整。志清父子当席亲手领明应用，并未下欠角仙。德先当即兑面交清，毫无货物拆（折）。自买之后，任随买主子孙永远管业，寸木寸石一（亦）在内。此是二比（彼）心甘意愿，并非逼迫等情。卖主子侄人等不得前来争论。如有此情，自任重咎。恐口无凭，特立卖契为据。

凭中　胡云先　胡　仲　胡昌昌　胡　季　胡仲先　胡伯先　胡黄氏
　　　胡雷氏
笔　胡雨周
民国二十七年四月初八日　胡志清　同子仲奎　卖立

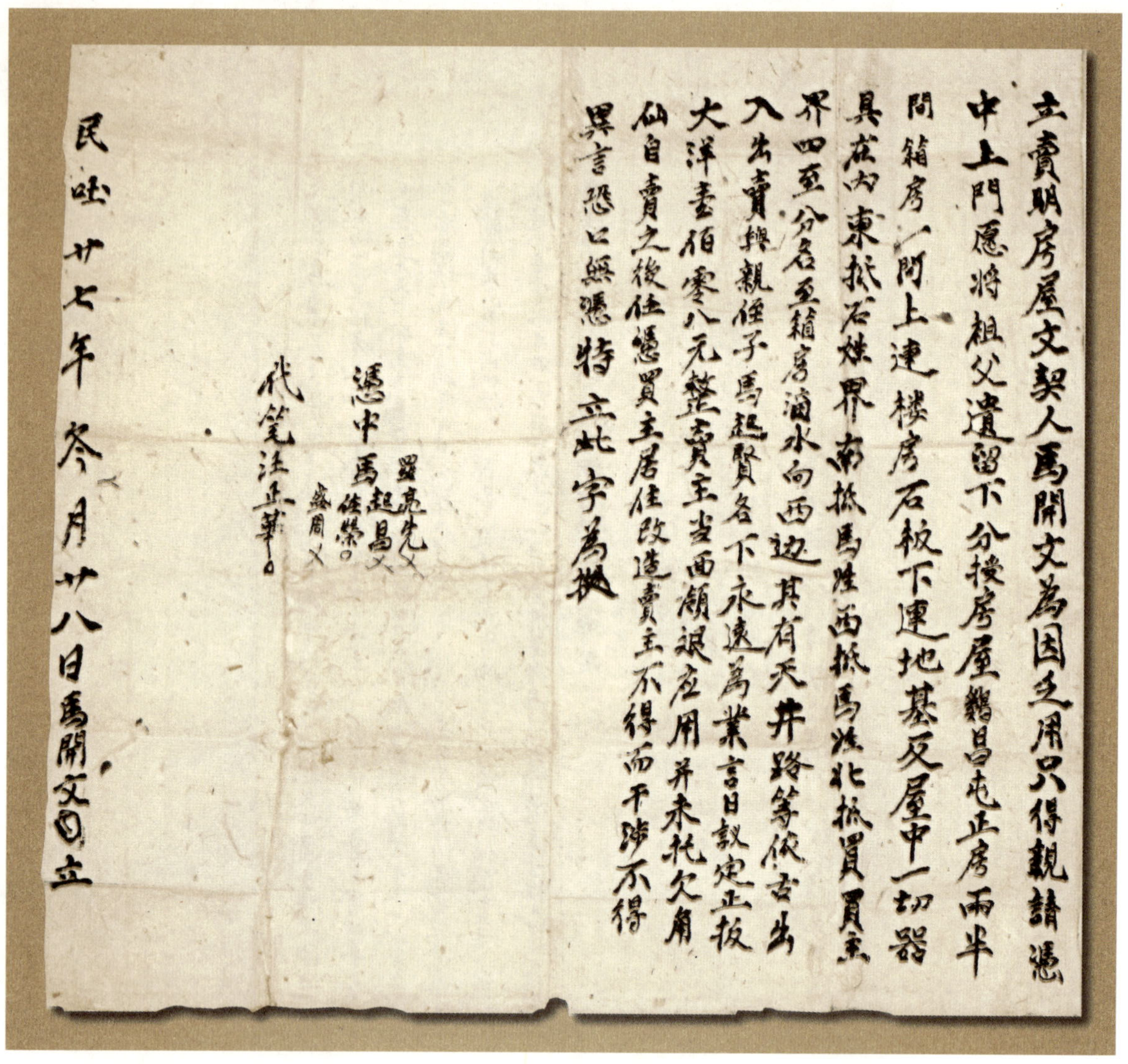

立賣明房屋文契人馬開文為因乏用只得親請憑中上門願將祖父遺留下分授房屋鷄昌屯正房兩半間箱房一間上連楼房石板下連地基及屋中一切器具在內東抵石姓界南抵馬姓西抵馬姓北抵買主界四至分名至箱房滴水向西边其有天井路等依古出入出賣與親侄子馬起賢名下永遠為業言日議定正板大洋壹佰零八元整賣主當面領銀應用并未托欠角仙自賣之後任憑買主居住改造賣主不得而干涉不得異言恐口無憑特立此字為據

憑中 羅亮先 馬起昌 馬佐榮 馬盛周

代筆汪正華

民國廿七年冬月廿八日馬開文 立

编号：mxq–56

立卖明房屋文契人马开文，为因乏用，只得亲请凭中上门，愿将祖父遗留下分授房屋鸡昌屯正房两半间、箱（厢）房一间，上连楼房石板，下连地基及屋中一切器具在内，东抵石姓界，南抵马姓，西抵马姓，北抵买主界，四至分名（明），至箱（厢）房滴水向西边，其有天井、路等依古出入，出卖与亲侄子马起贤名下永远为业。言（原）日议定正板大洋壹佰零八元整。卖主当面领银应用，并未托（拖）欠角仙。自卖之后，任凭买主居住改造，卖主不得而（来）干涉，不得异言。恐口无凭，特立此字为据。

凭中　罗亮先　马起昌　马佐荣　马盛周

代笔　汪正华

民国二十七年冬月二十八日　马开文　立

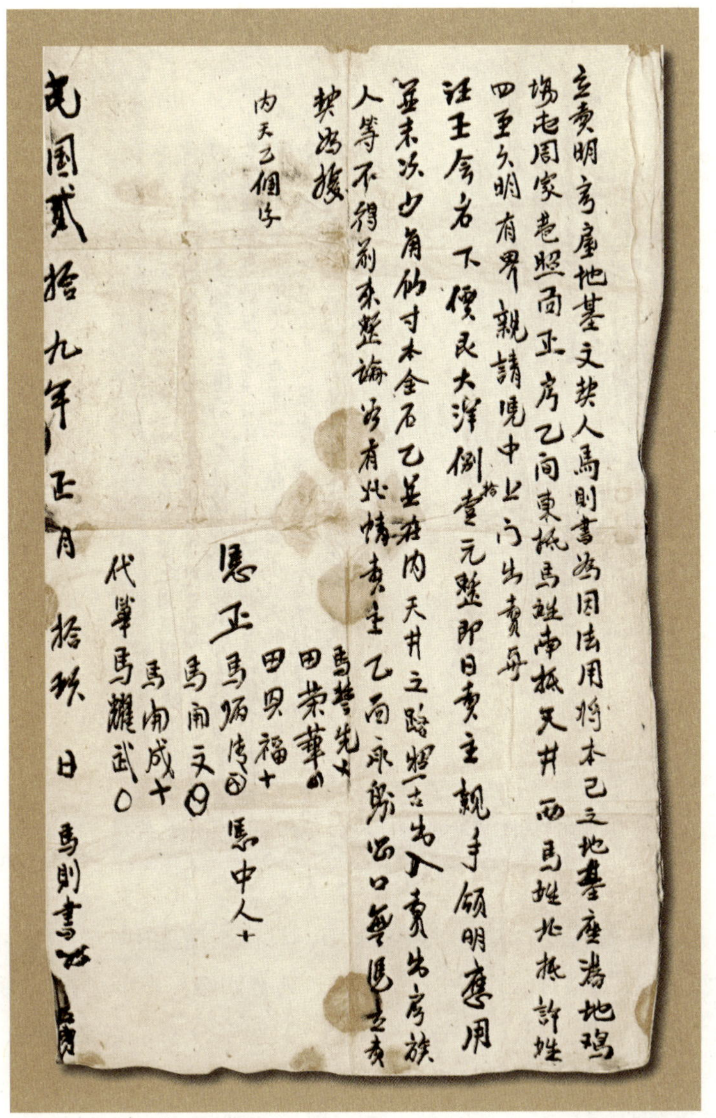

编号：mxq–30

立卖明房屋地基文契人马则书，为因法（乏）用，将本已之地基座（坐）落地鸡场屯周家巷，照面正房乙（壹）间，东抵马姓，南抵天井，西［抵］马姓，北抵许姓，四至分明有界，亲请凭中上门出卖与汪王会名下，价银大洋捌拾壹元整。即日卖主亲手领明应用，并未欠少角仙。寸本全（拳）石乙（一）并在内，天井之路照古出入。卖出房族人等不得前来整（争）论。如有此情，卖主乙（一）面承耽（担）。恐口无凭，立卖契为据。

内天（添）乙（一）个字。

凭正（证） 马整先 田荣华 田兴福 马炳清 马开文 马开成

代　　笔 马耀武

民国二十九年正月十九日 马则书 立卖

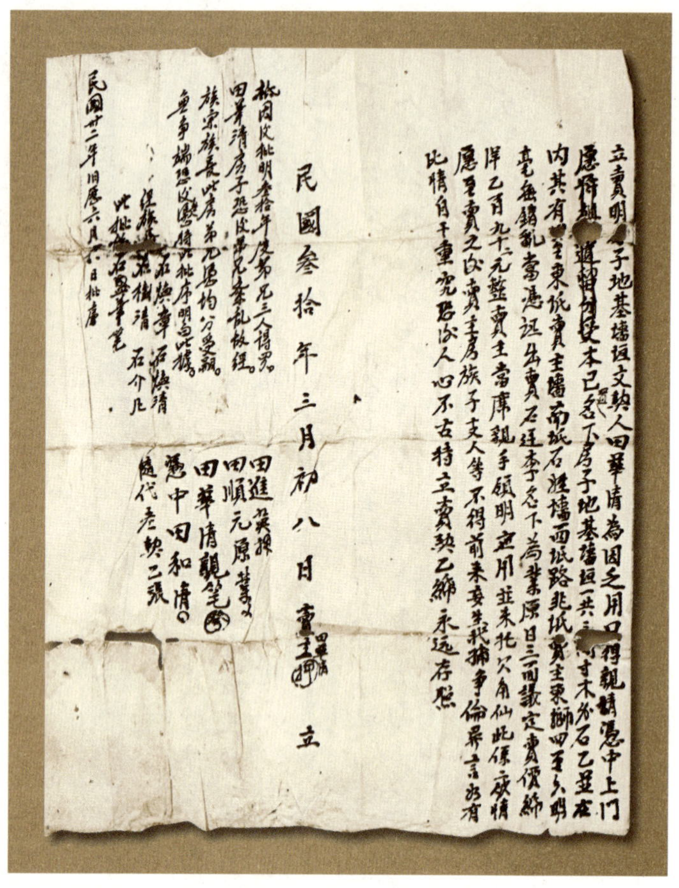

编号：srg-12

立卖明房子地基墙垣文契人田华清，为因乏用，只得亲请凭中上门，愿本已置名下房子地基墙垣一共□间，寸木钱（拳）石乙（一）并在内，其有四至：东坻（抵）卖主墙，南坻（抵）石姓墙，西坻（抵）路，北坻（抵）买主东狮（厮），四至分明，毫无错乱，当凭证出卖石廷李名下为业。原日三面议定卖价纸洋乙（一）佰九十二元整。卖主当席亲手领明应用，并未托（拖）欠角仙。此系二彼情愿，至（自）卖之后，卖主房族子支人等不得前来妄生找补、争伦（论）异言。如有此情，自干（甘）重究。恐后人心不古，特立卖契乙（一）纸永远存照。

随代（带）老契乙（一）张。

民国三十年三月初八日　卖主　田华清　立

田进英　田顺元　原业

凭中　田和清

田华清　亲笔

只因后批明：叁拾年□弟兄三人得买田华清房子，恐后弟兄紊乱，故经族宗族长，此房弟兄凭（平）均分受（授），嗣无争端。恐后无凭，特此批序明白此据。

经族长　石焕章　石焕清　石树清　石介凡

此批□　石盛华　笔

民国三十二年旧历六月十八日　批序

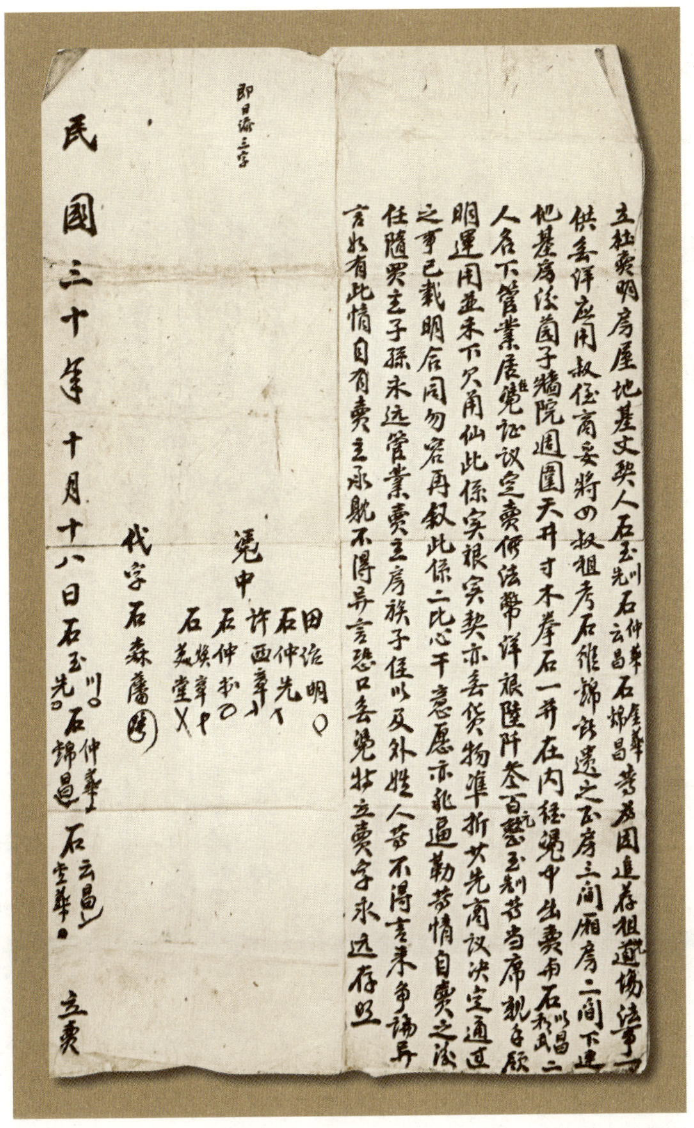

编号：sls-31

立杜卖明房屋地基文契人石玉川、石玉先、石仲华、石云昌、石金华、石锦昌等，为因追荐祖先道场法事一供无洋应用，叔侄商妥，将四叔祖考石维锦所遗之正房三间、厢房二间，下连地基、房后园子、墙院周围天井，寸木拳石一并在内，经凭中出卖与石以昌、石和武二人名下管业居住。凭证议定卖价法币洋银陆阡（仟）叁百元整。玉川、玉先等当席亲手领明运（应）用，并未下欠角仙。此系实银实契，亦无货物准折。共先商议决定通过之事已载明合同，勿容再叙。此系二比（彼）心干（甘）意愿，亦非逼勒等情。自卖之后，任随买主子孙永远管业，卖主房族侄以及外姓人等不得言（前）来争论异言。如有此情，自有卖主承耽（担），不得异言。恐口无凭，特立卖字永远存照。

即日添三字。

凭中　田治明　石仲先　许西章　石仲书　石焕章　石美堂

代字　石森藩

民国三十年十月十八日　石玉川　石玉先　石仲华　石锦昌　石云昌　石金华　立卖

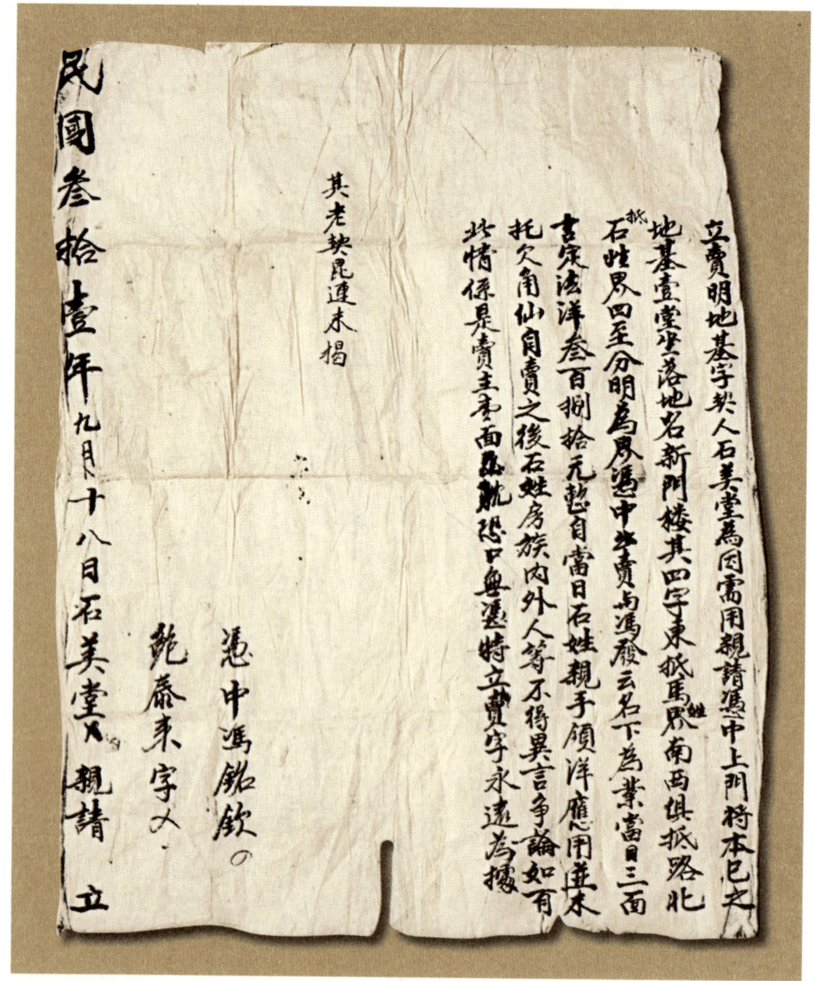

编号：crq-2

立卖明地基字契人石美堂，为因需用，亲请凭中上门，将本已之地基壹堂，坐落地名新门楼，其四字（至）东抵马姓界，南、西俱抵路，北抵石姓界，四至分明为界，凭中出卖与冯发云名下为业。当日三面言定法洋叁百捌拾元整。自当日，石姓亲手领洋应用，并未托（拖）欠角仙。自卖之后，石姓房族内外人等不得异言争论。如有此情，系是卖主壹（一）面承耽（担），恐口无凭，特立卖字永远为据。

其老契昆连未揭（接）。

凭中　冯铭钦

鲍泰来　字

民国三十一年九月十八日　石美堂　亲请　立

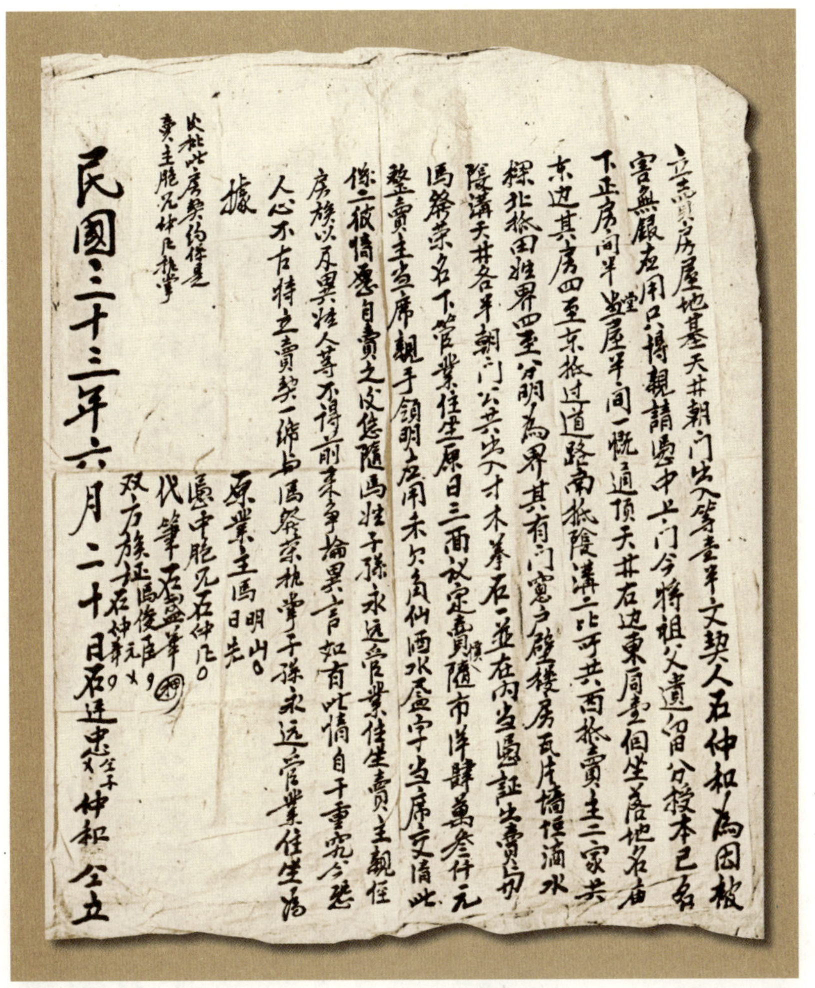

编号：crq-4

立卖房屋地基天井朝门出入等壹半文契人石仲和，为因被害，无银应用，只得亲请凭中上门，今将祖父遗留分授本己名下正房间半、堂屋半间，一慨（概）通顶天井，右边东司一个，坐落地名庙东边，其房四至：东抵过道路，南抵阴沟二比（彼）所共，西抵卖主二家共梁，北抵田姓界，四至分明为界。其有门窗户壁、楼房瓦片、墙垣、滴水阴沟，天井各半，朝门公共出入，寸木拳石一并在内，当凭证出卖与冯发荣名下管业住坐。原日三面议定卖价随市洋肆万叁仟元整。卖主当席亲手领明应用，未欠角仙，酒水画字当席交清。此系二彼情愿。自卖之后，任随冯姓子孙永远管业住坐，卖主亲侄房族以及异姓人等不得前来争论异言。如有此情，自干（甘）重究（咎）。今恐人心不古，特立卖契一纸与冯发荣执掌，子孙永远管业住坐为据。

后批：此房契约系是卖主胞兄仲凡执掌。

原业主　冯明山　冯日先

凭　　中　胞兄石仲凡

代　　笔　石盛华

双方族证　冯俊臣　石仲元　石仲华

民国三十三年六月二十日　石廷忠　同子仲和　同立

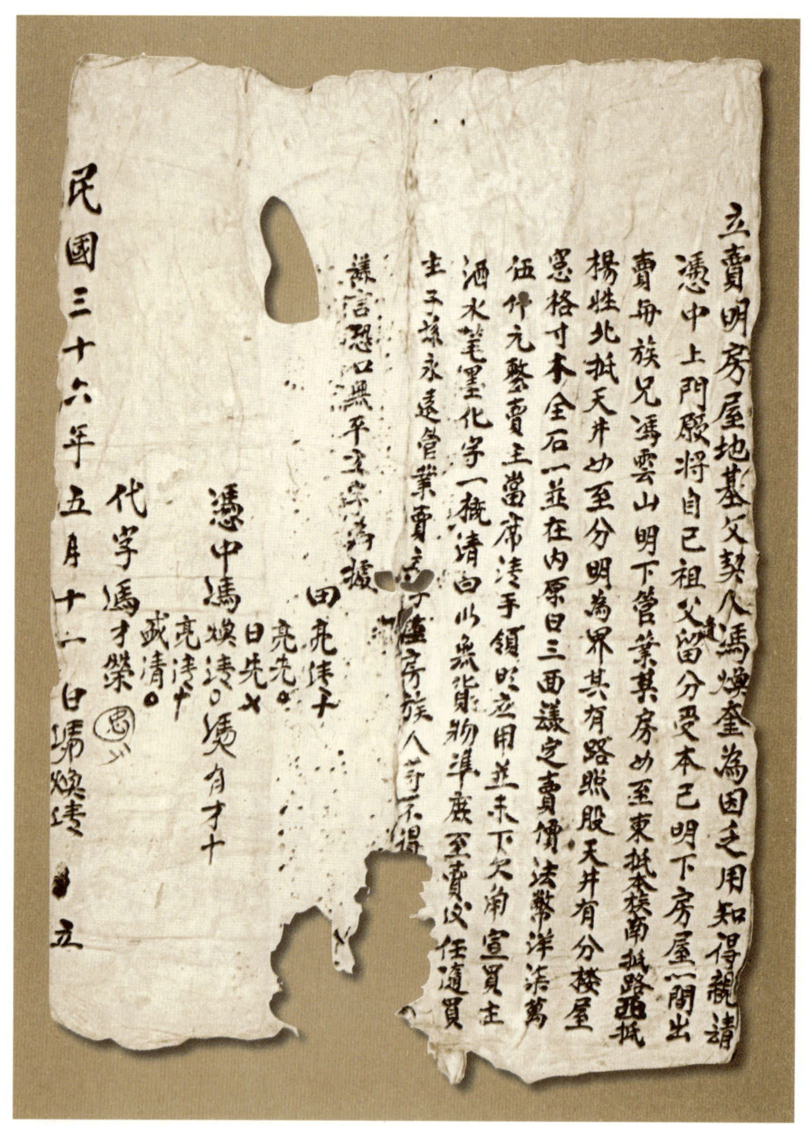

编号：fsq-17

立卖明房屋地基文契人冯焕奎，为因乏用，知（只）得亲请凭中上门，愿将自己祖父遗留分受（授）本己明（名）下房屋一间，出卖与族兄冯云山明（名）下管业。其房四至：东抵本族，南抵路，西抵杨姓，北抵天井，四至分明为界。其有路照股（古）天井有分，楼屋窗格，寸木全（拳）石一并在内，原日三面议定卖价法币洋柒万伍仟元整。卖主当席清（亲）手领明应用，并未下欠角宣（仙）。买主酒水笔墨化（画）字一概清白，以（亦）无货物准折。至（自）卖后，任随买主子孙永远管业，卖主子侄房族人等不得□□□□□议（异）言。恐口无平（凭），立字为据。

凭中　田亮清　冯亮先　冯日先　冯焕清　冯亮清　冯盛清　冯有才

代字　冯才荣

民国三十六年五月十一日　冯焕清　立

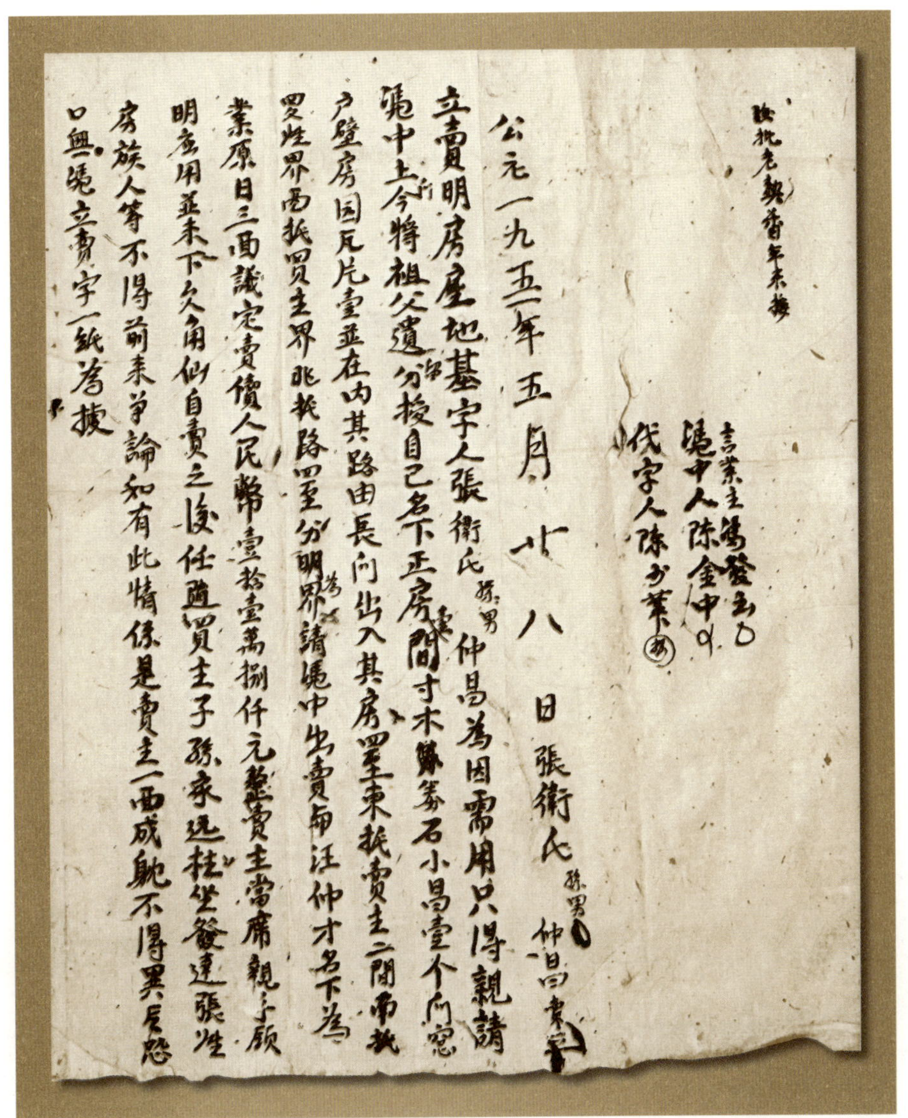

编号：wzc-107

立卖明房屋地基字人张卫氏，孙男仲昌，为因需用，只得亲请凭中上门，今将祖父遗留分授自己名下正房壹间，寸木券（拳）石，小昌壹个，门窗户壁、房园瓦片壹并在内，其路由长门出入，其房四至：东抵卖主二间，南抵罗姓界，西抵买主界，北抵路，四至分明为界，请凭中出卖与汪仲才名下为业。原日三面议定卖价人民币壹拾壹万捌仟元整。卖主当席亲手领明应用，并未下欠角仙。自卖之后，任随买主子孙永远柱（住）坐发达，张姓房族人等不得前来争论。如有此情，系是卖主一面成（承）耽（担），不得异言。恐口无凭，立卖字一纸为据。

后批：老契香年（相连）未接。

言（原）业主　冯发云

凭　中　人　陈金中

代　字　人　陈少华

公元一九五一年五月二十八日　张卫氏　孙男仲昌　卖立

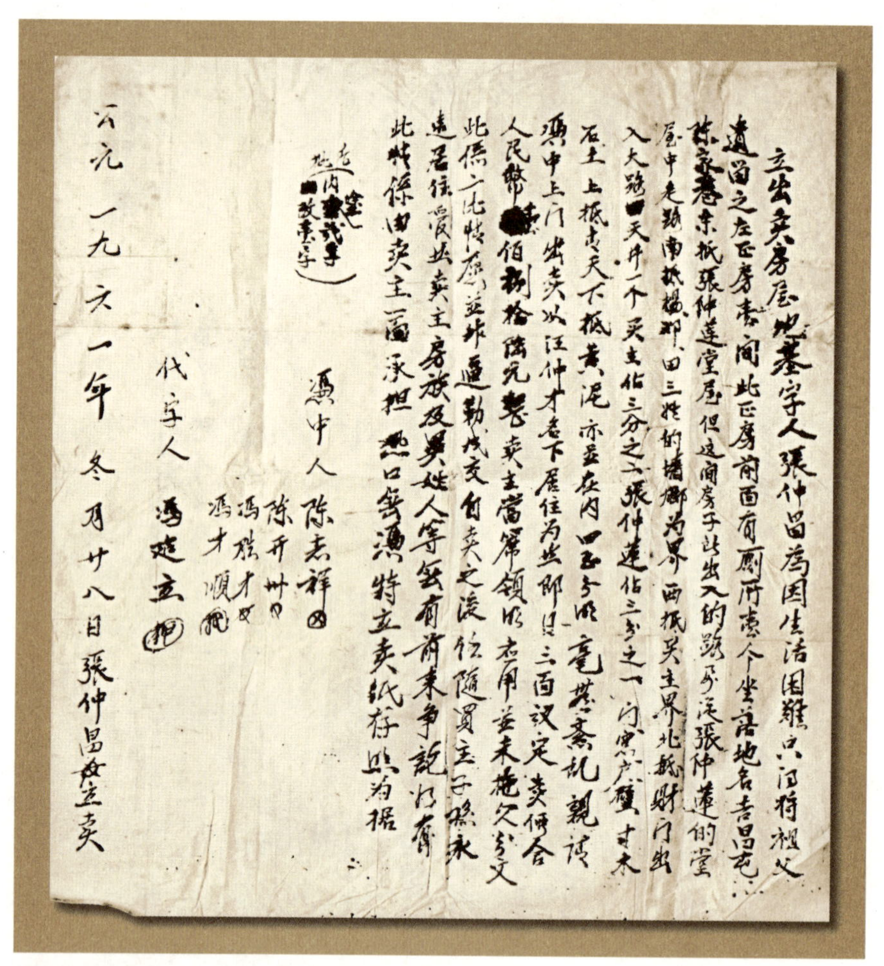

编号：wzc-106

立出卖房屋地基字人张仲昌，为因生活困难，只得将祖父遗留之左正房壹间，此正房前面有厕所壹个，坐落地名吉昌屯陈家巷，东抵张仲莲堂屋，但这间房子所出入的路要从张仲莲的堂屋中走路，南抵杨、邓、田三姓的墙脚为界，西抵买主界，北抵财门，出入大路天井一个，买主占三分之二，张仲莲占三分之一，门窗户壁、寸木石土，上抵青天，下抵黄泥，亦（一）并在内，四至分明，毫无紊乱，亲请凭中上门，出卖以（与）汪仲才名下居住为业。即日三面议定卖价合人民币壹佰捌拾陆元整。卖主当席领明应用，并未拖欠分文。此系二比（彼）情愿，并非逼勒成交。自卖之后，任随买主子孙永远居住管业，卖主房族及异姓人等无有前来争论。如有此情，系由卖主一面承担。恐口无凭，特立卖纸存照为据。

后批：内涂贰字，改壹字。

凭中人　陈志祥　陈开州　冯胜才　冯才顺

代字人　冯建立

公元一九六一年冬月二十八日　张仲昌　立卖

七　宅地/阴地

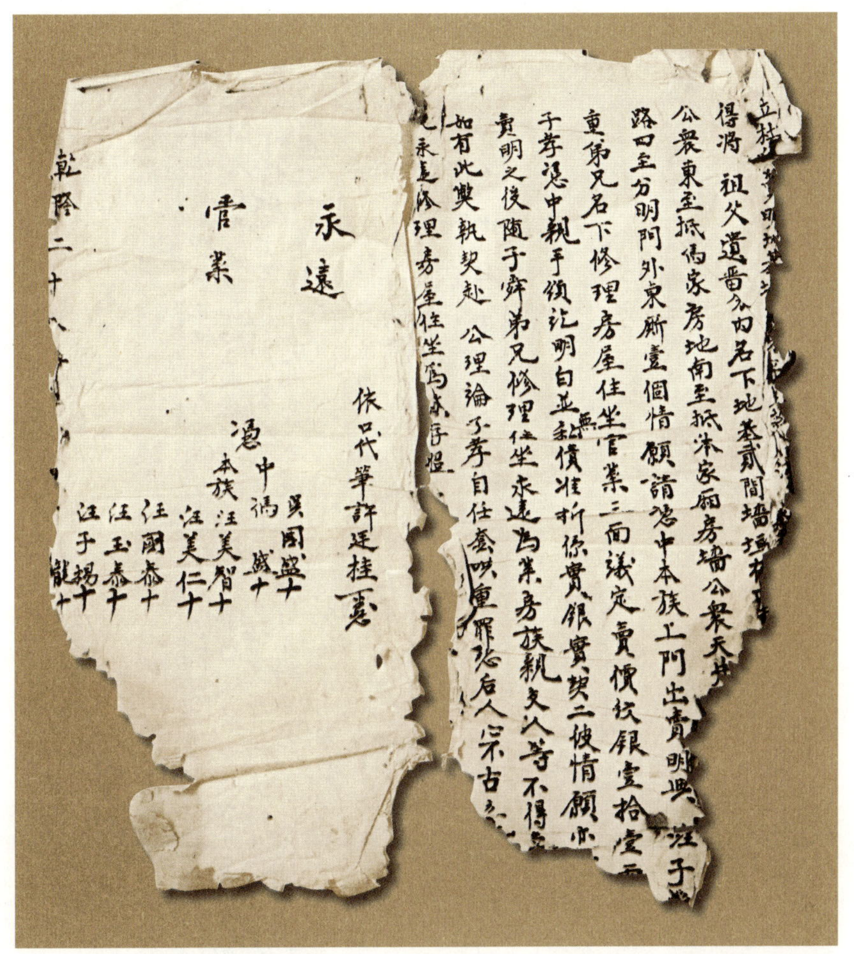

编号：wzc-74

立杜□卖明地基□□□□□□□□□□□□□□□□□□□□□得将祖父遗留分内名下地基贰间，墙垣□□□□□□□□□□□□□□□公众，东至抵冯家房地，南至抵本家厢房墙公众天井，□□□□□路，四至分明，门外东厮壹个，情愿请凭中本族上门出卖明与汪子□重弟兄名下修理房屋住坐管业。三面议定卖价纹银壹拾壹两□□□子孝凭中亲手领讫明白，并无和（货）债准折，系实银实契，二彼情愿，亦□□□。卖明之后，随子舜弟兄修理住坐永远为业，房族亲支人等不得□□□□□□如有此弊，执契赴公理论，子孝自任（认）套哄重罪。恐后人心不古，立□□□□□□永远修理房屋住坐为业存照。

永　远　管　业

依口代笔　许廷桂

凭　　中　吴国盛　冯盛

凭 本 族　汪美智　汪美仁　汪国泰　汪玉泰　汪子杨　汪子龙

乾隆二十八年□□□□□□

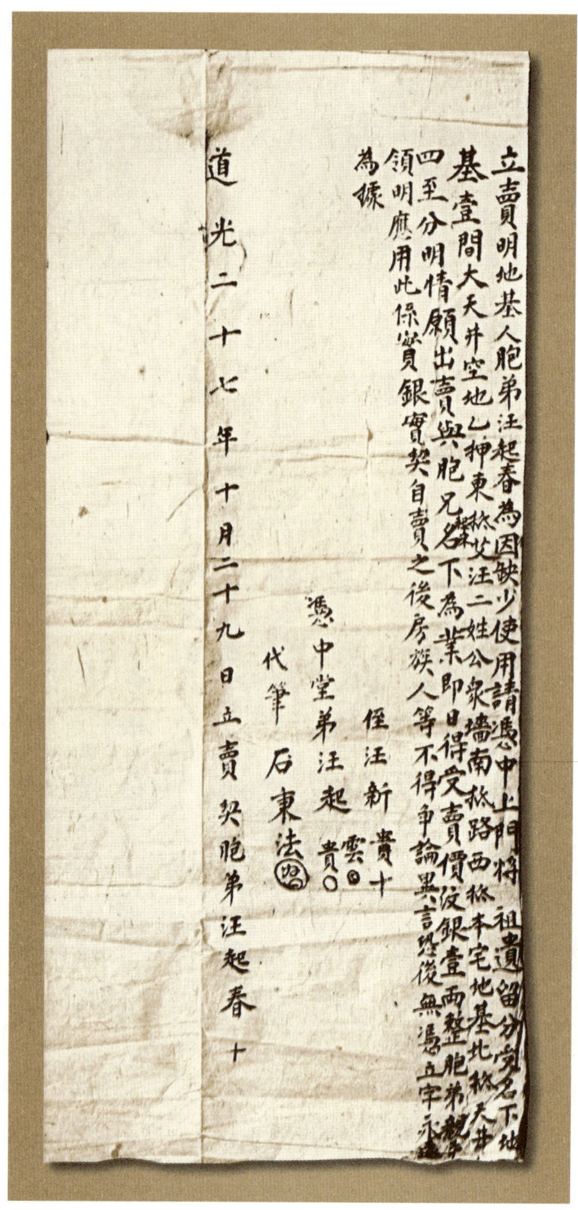

立賣明地基人胞弟汪起春為因缺少使用請憑中上門將祖遺留分受名下地
基壹間大天井空地乙押東抵艾汪二姓公衆墻南抵路西抵本宅地基北抵天井
四至分明情願出賣與胞兄起宋名下為業即日得受賣價紋銀壹兩整胞弟親手
領明應用此係實銀實契自賣之後房族人等不得争論異言恐後無憑立字永遠
為據

侄汪新貴十
憑中堂弟汪起雲
貴〇
代筆石秉法
道光二十七年十月二十九日立賣契胞弟汪起春十

编号：wzc-20

立卖明地基人胞弟汪起春，为因缺少使用，请凭中上门，将祖遗留分受（授）名下地基壹间、大天井空地乙（壹）押，东抵艾汪二姓公众墙，南抵路，西抵本宅地基，北抵天井，四至分明，情愿出卖与胞兄起宋名下为业。即日得受卖价纹银壹两整。胞弟亲手领明应用。此系实银实契。自卖之后，房族人等不得争论异言。恐后无凭，立字永远为据。

凭　中　侄汪新贵　堂弟汪起云　汪起贵

代　笔　石秉法

道光二十七年十月二十九日　立卖契　胞弟汪起春

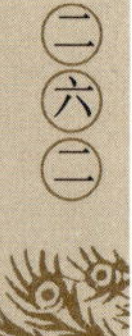

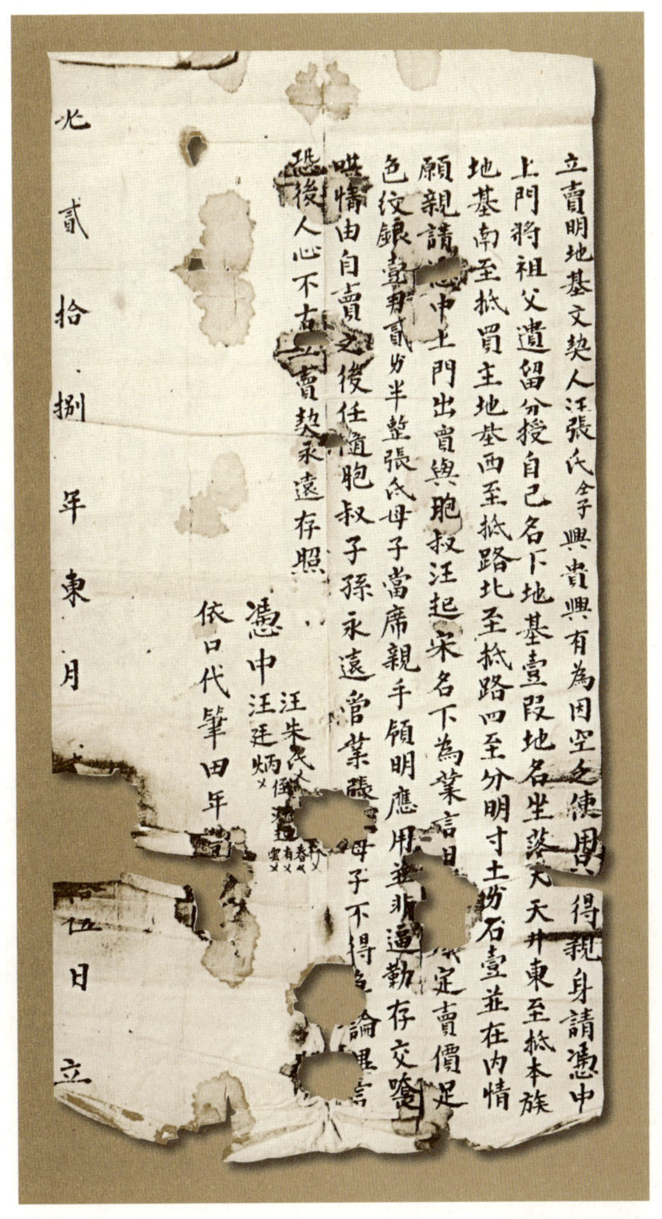

立賣明地基文契人汪張氏仝子興貴興有為因空乏使用[illegible]
得親身請憑中上門將祖父遺留分授自己名下地基壹段地名坐落大天井東至抵本族
地基南至抵買主地基西至抵路北至抵路四至分明寸土拳石壹並在內情
願親請憑中上門出賣與胞叔汪起宋名下為業言日[illegible]議定賣價足
色紋銀壹兩貳錢半整張氏母子當席親手領明應用並非逼勒存交套
哄情由自賣之後任隨胞叔子孫永遠管業張氏母子不得[illegible]論異言
恐後人心不古立賣契永遠存照

憑中 汪朱氏 汪廷炳 侄汪起林 起春 起有 起雲

依口代筆 田年[illegible]

[illegible]光貳拾捌年東月貳拾伍日 立

编号：wzc–22

立卖明地基文契人汪张氏，同子兴贵、兴有，为因空乏使用，只得亲身请凭中上门，将祖父遗留分授自己名下地基壹段，地名坐落大天井，东至抵本族地基，南至抵买主地基，西至抵路，北至抵路，四至分明，寸土钱（拳）石壹并在内，情愿亲请凭中上门，出卖与胞叔汪起宋名下为业。言（原）日［三面］议定卖价足色纹银壹两贰钱半整。张氏母子当席亲手领明应用。并非逼勒存（成）交、套哄情由。自卖之后，任随胞叔子孙永远管业，张氏母子不得争论异言。恐后人心不古，立卖契永远存照。

凭　　中　汪朱氏　汪廷炳　侄汪起林　汪起春　汪起有　汪起云

依口代笔　田年□

道光二十八年东（冬）月二十五日　立

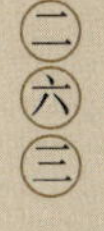

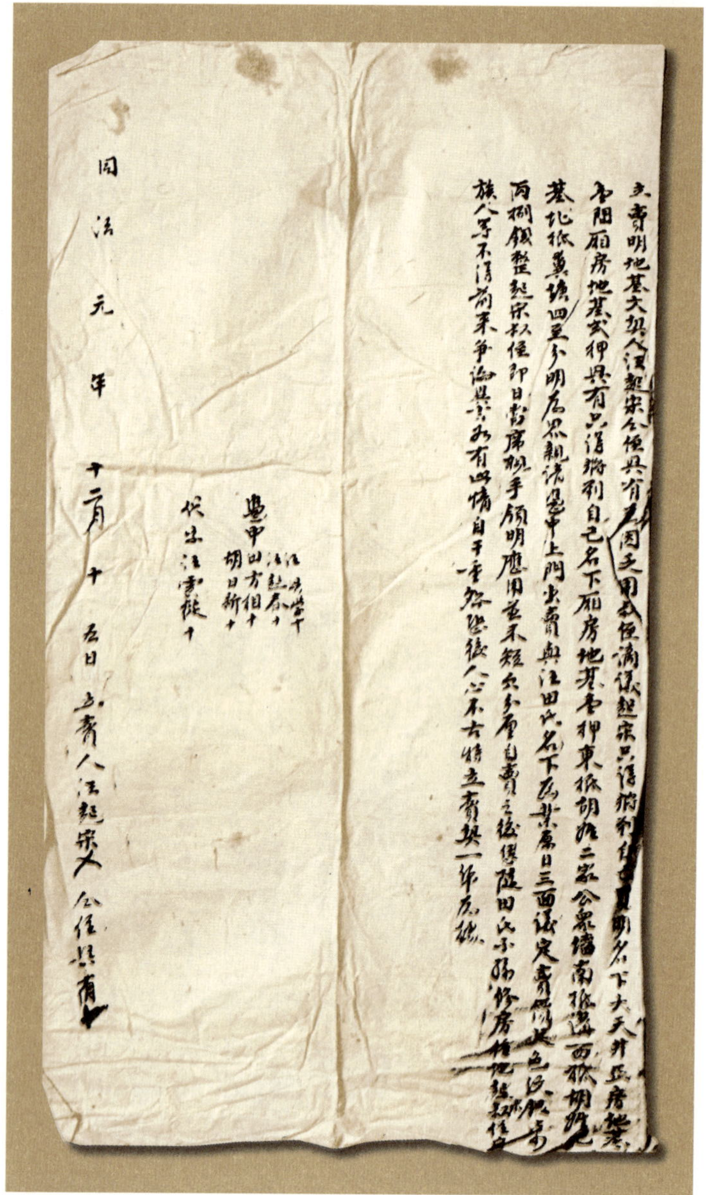

编号：wzc–65

立卖明地基文契人汪起宋，同侄兴有，为因乏用，叔侄商议，起宋只得将到自己买明名下大天井正房地基壹间、厢房地基贰押，兴有只得将列自己名下厢房地基壹押，东抵胡姓二家公众墙，南抵沟，西抵胡姓地基，北抵粪塘，四至分明为界，亲请凭中上门，出卖与汪田氏名下为业。原日三面议定卖价足色纹银柒两捌钱整。起宋叔侄当席亲手领明应用，并未短欠分厘。自卖之后，任随田氏子孙修房种地，起宋叔侄房族人等不得前来争论异言。如有此情，自干（甘）重咎。恐后人心不古，特立卖契一纸为据。

凭　中　汪兴学　汪起春　田方相　胡日新

代　字　汪云从

同治元年十二月十五日　立卖人　汪起宋　同侄兴有

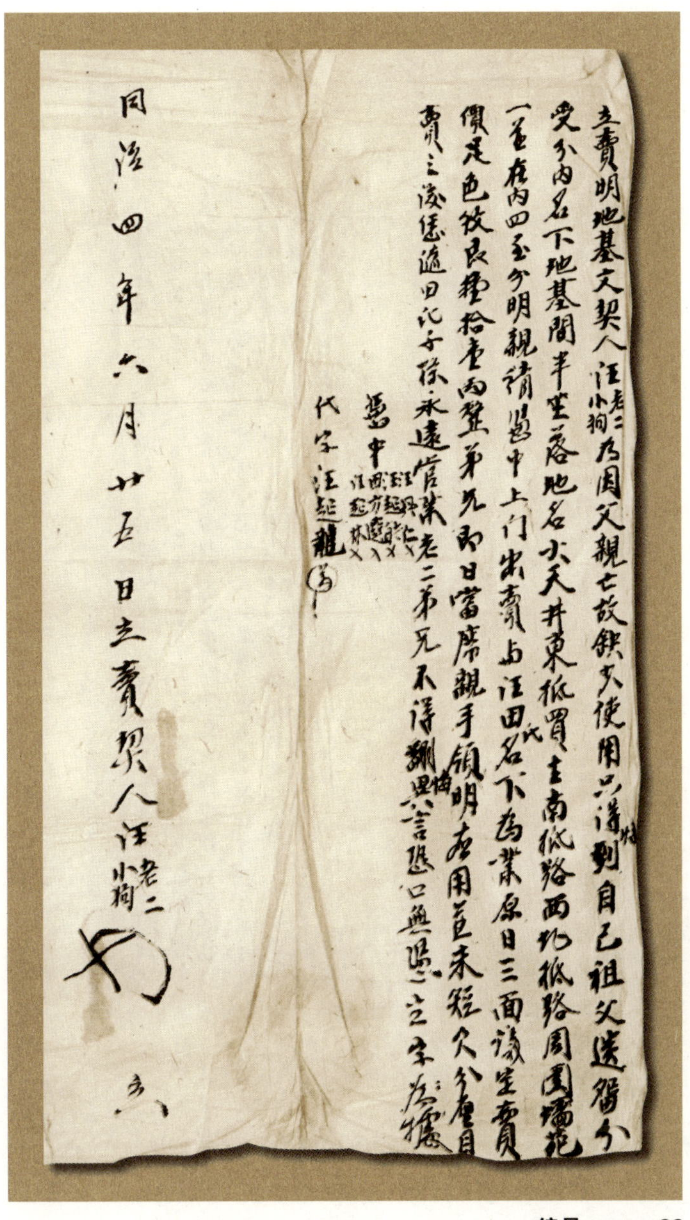

编号：wzc-99

立卖明地基文契人汪老二、汪小狗，为因父亲亡故，缺少使用，只得将到自己祖父遗留分受（授）分内名下地基间半，坐落地名大天井，东抵买主，南抵路，西、北抵路，周围墙苑（垣）一并在内，四至分明，亲请凭中上门，出卖与汪田氏名下为业。原日三面议定卖价足色纹良（银）壹拾壹两整。弟兄即日当席亲手领明应用，并未短欠分厘。自卖之后，任随田氏子孙永远管业，老二弟兄不得翻悔异言。恐口无凭，立字为据。

凭　　中　汪兴仁　汪起能　田方选　汪起林

代　　字　汪起龙

同治四年六月二十五日　立卖契人　汪老二　汪小狗　立

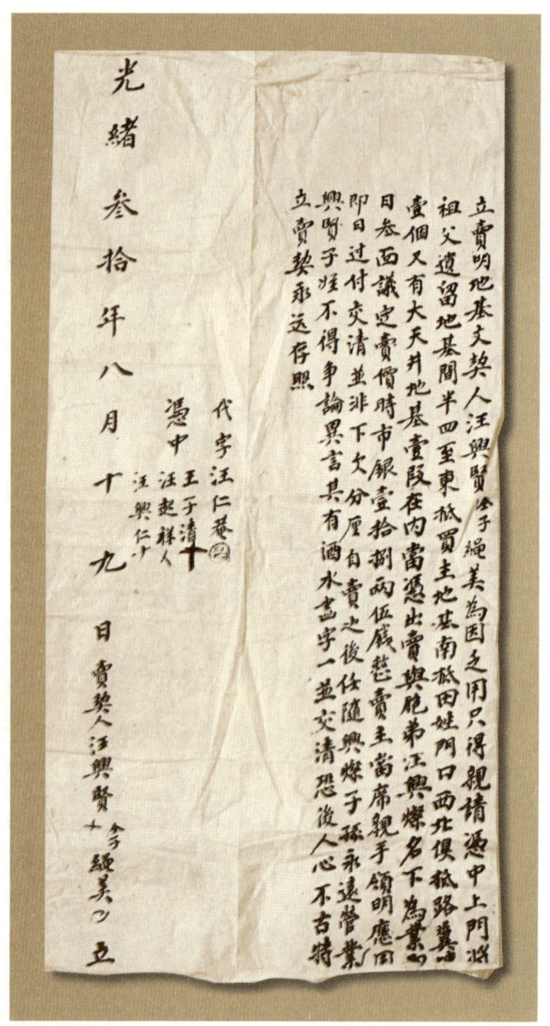

编号：wzc–63

立卖明地基文契人汪兴贤，同子绳美，为因乏用，只得亲请凭中上门，将祖父遗留地基间半，四至东抵买主地基，南抵田姓门口，西、北俱抵路；粪塘壹个；又有大天井地基一段在内。当凭出卖与胞弟汪兴灿名下为业。即日叁面议定卖价时市银壹拾捌两伍钱整。卖主当席亲手领明应用。即日过付交清，并非下欠分厘。自卖之后，任随兴灿子孙永远管业，兴贤子侄不得争论异言。其有酒水画字一并交清。恐后人心不古，特立卖契永远存照。

代　字　汪仁□

凭　中　王子清　汪起祥　汪兴仁

光绪三十年八月十九日　卖契人　汪兴贤　同子绳美　立

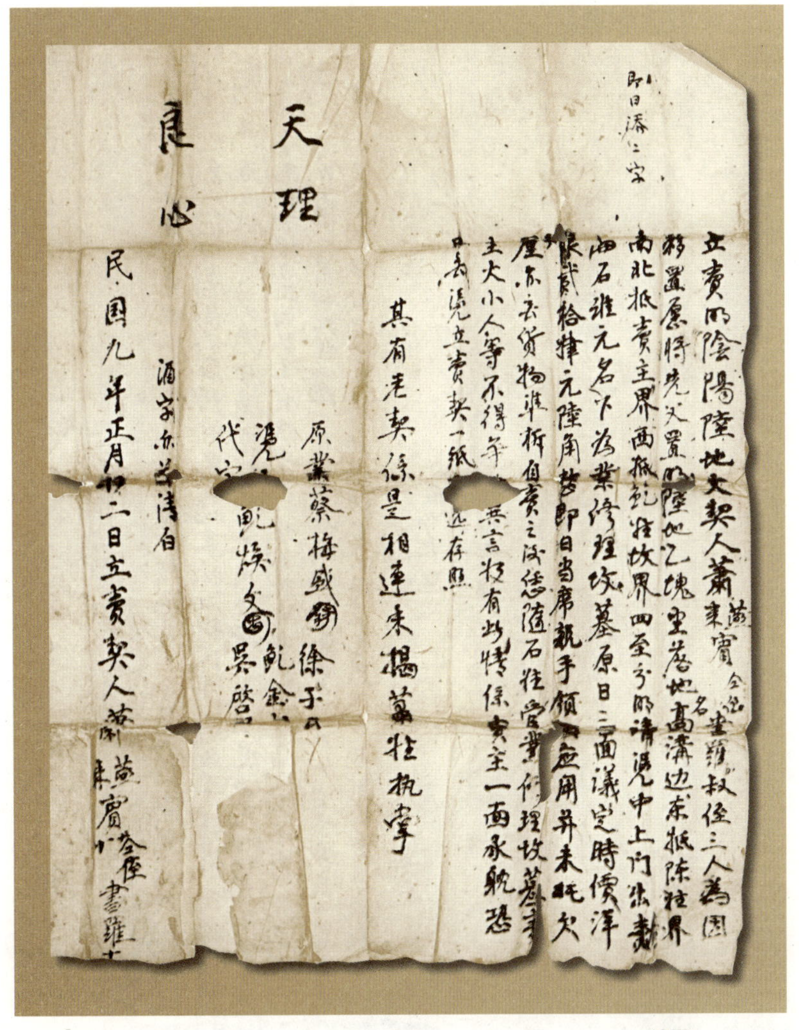

编号：srg–15

立卖明阴阳陆地文契人萧燕宝、萧来宝，同侄书罗，叔侄三人，为因移置，愿将先父置明陆地乙（壹）块，坐落地名高沟边，东抵陈姓界，南、北抵卖主界，西抵鲍姓坟界，四至分明，请凭中上门出卖与石维元名下为业修理坟墓。原日三面议定时价洋银贰拾肆元陆角整。即日当席亲手领明应用，并未托（拖）欠分厘，亦无货物准折。自卖之后，恁（任）随石姓管业修理坟墓，卖主大小人等不得争论异言。如有此情，系卖主一面承耽（担）。恐口无凭，立卖契一纸永远存照。

即日添二字。

其有老契，系是相连，未揭（接）。萧姓执掌。

酒字亦（一）并清白。

天 理 良 心

原　　业　蔡梅盛

凭中代字　鲍焕文　徐子□　鲍金□　吴启□

民国九年正月二十二日　立卖契人　萧燕宝　萧来宝　同侄书罗

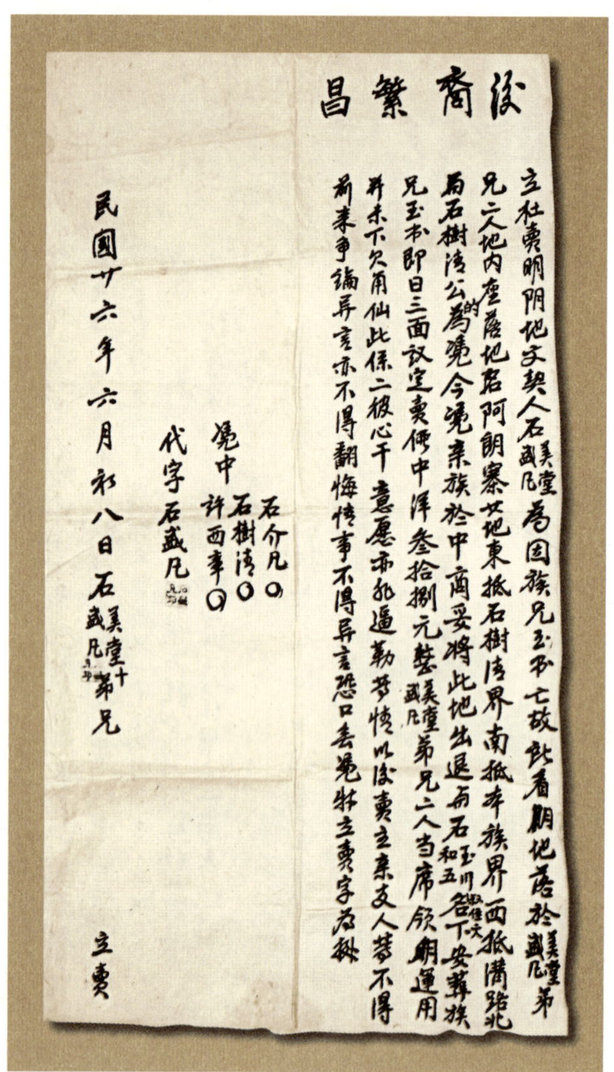

编号：sls-5

立杜卖明阴地文契人石美堂、石盛凡，为因族兄玉书亡故，所看阴地落于美堂、盛凡弟兄二人地内，座（坐）落地名阿朗寨，其地东抵石树清界，南抵本族界，西抵沟路，北与石树清公的为凭。今凭亲族于中商妥，将此地出退与石玉川、石和五叔侄二人名下，安葬族兄玉书。即日三面议定卖价中洋叁拾捌元整。美堂、盛凡弟兄二人当席领明运（应）用，并未下欠角仙。此系二彼心干（甘）意愿，亦非逼勒等情，以后卖主亲支人等不得前来争论异言，亦不得翻悔情事，不得异言。恐口无凭，特立卖字为据。

后　裔　繁　昌

凭中　石介凡　石树清　许西章

代字　石盛凡

民国二十六年六月初八日　石美堂　石盛凡弟兄　立卖

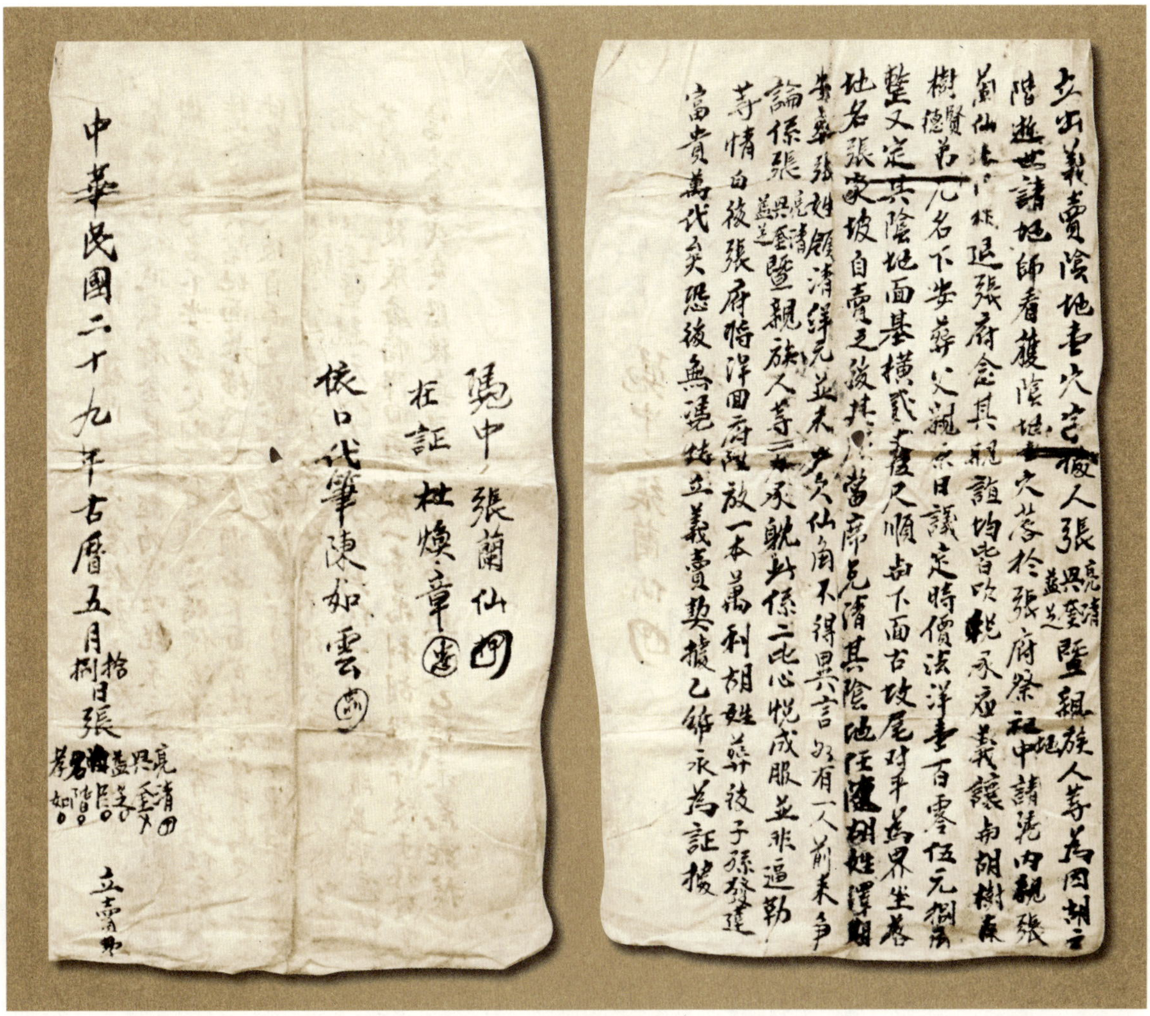

编号：hwd-1

立出义卖阴地壹穴字据人张亮清、张兴奎、张蓝芝暨亲族人等，为因胡云阶逝世，请地师看获阴地壹穴，落于张府祭祀地中，请凭内亲张兰仙上门相退张府，念其亲谊，均皆吹兑承应义让与胡树森、胡树贤、胡树德弟兄名下安葬父亲。原日议定时价法洋壹佰零伍元捌角整，又定其阴地面基（积）横贰丈伍尺、顺与下面古坟尾对平为界，坐落地名张家坡。自卖之后，其□当席兑清，其阴地任随胡姓择期安葬，张姓领清洋元，并未少欠仙角，不得异言。如有一人前来争论，系张亮清、张兴奎、张蓝芝暨亲族人等一面承耽（担）。此系二比（彼）心悦成（诚）服，并非逼勒等情。自后，张府将洋回府，□放一本万利。胡姓葬后子孙发达，富贵万代矣。恐后无凭，特立义卖契据乙（壹）纸永为证据。

凭 中 人　张兰仙
在　　证　杜焕章
依口代笔　陈如云

中华民国二十九年古历五月十八日　张亮清　张兴奎　张蓝芝　张□臣　张□阶　张孝如　立卖契

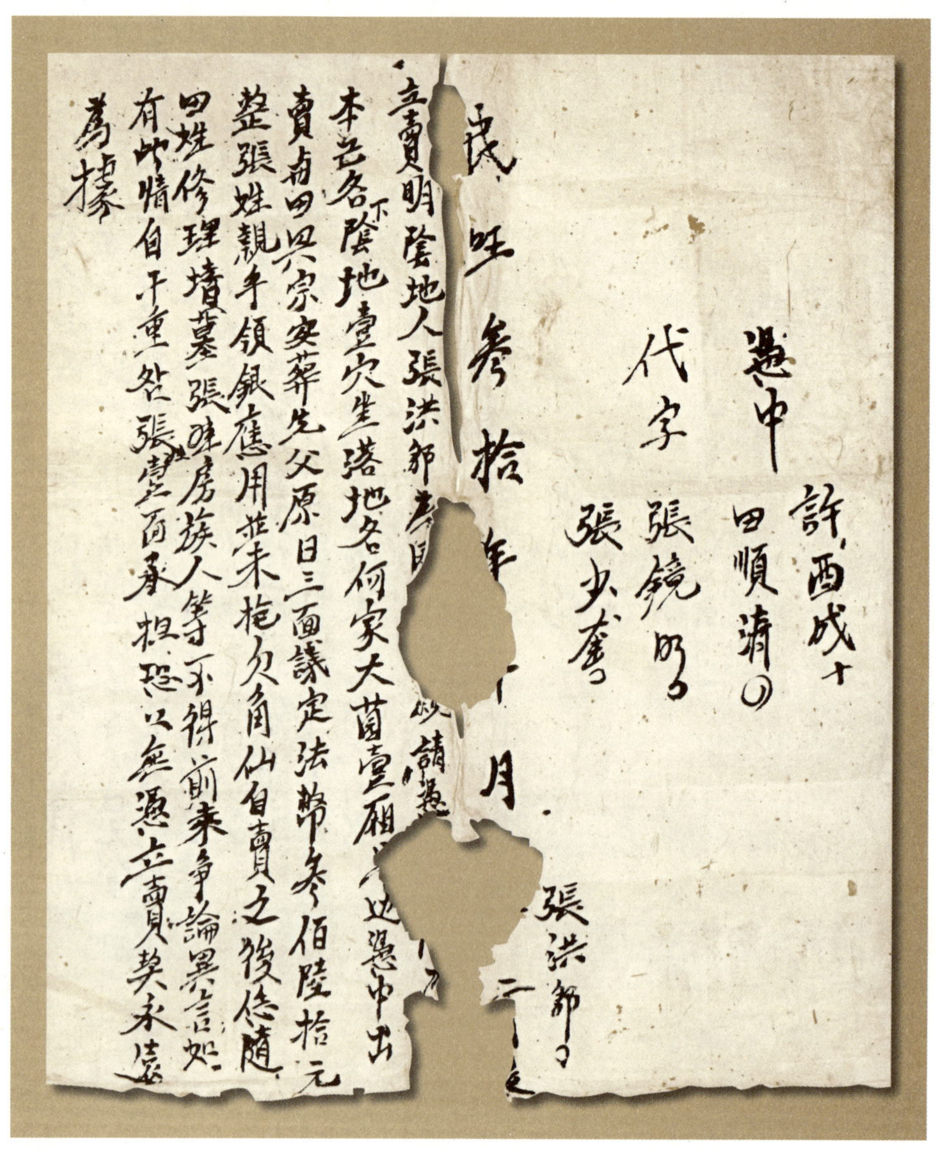

编号：tyg–43

立卖明阴地人张洪邹，为因□□，亲请凭□□□□□□本己名下阴地壹穴，坐落地名何家大园壹厢□边，凭中出卖与田兴宗安葬先父。原日三面议定法币叁佰陆拾元整，张姓亲手领银应用，并未拖欠角仙。自卖之后，任随田姓修理坟墓，张姓房族人等不得前来争论异言。如有此情，自干（甘）重咎，张姓壹面承担。恐口无凭，立卖契永远为据。

凭中　许西成　田顺清

代字　张镜明　张少奎

民国三十年十月□二日立　张洪邹

编号：mxq-51

立卖明地基文契人汪公会众会友，愿将地基一间，坐落地名邹家巷，东、南、西抵买主，北抵许姓，四至分明为界，会友面议，出卖与马起贤名下管业。原日三面议定时价银贰佰伍拾三元六角整。会首人当席领明应用，并未短少角仙。自卖之后，任随买主永远管业，众会友不得异言。恐口无凭，立字为据。

经 手 人　田仲周　马开文　田苗子　马群仙　田云华　田佐鱼

代 字 人　田　应

民国三十一年正月十九日　立文契人　马丙书

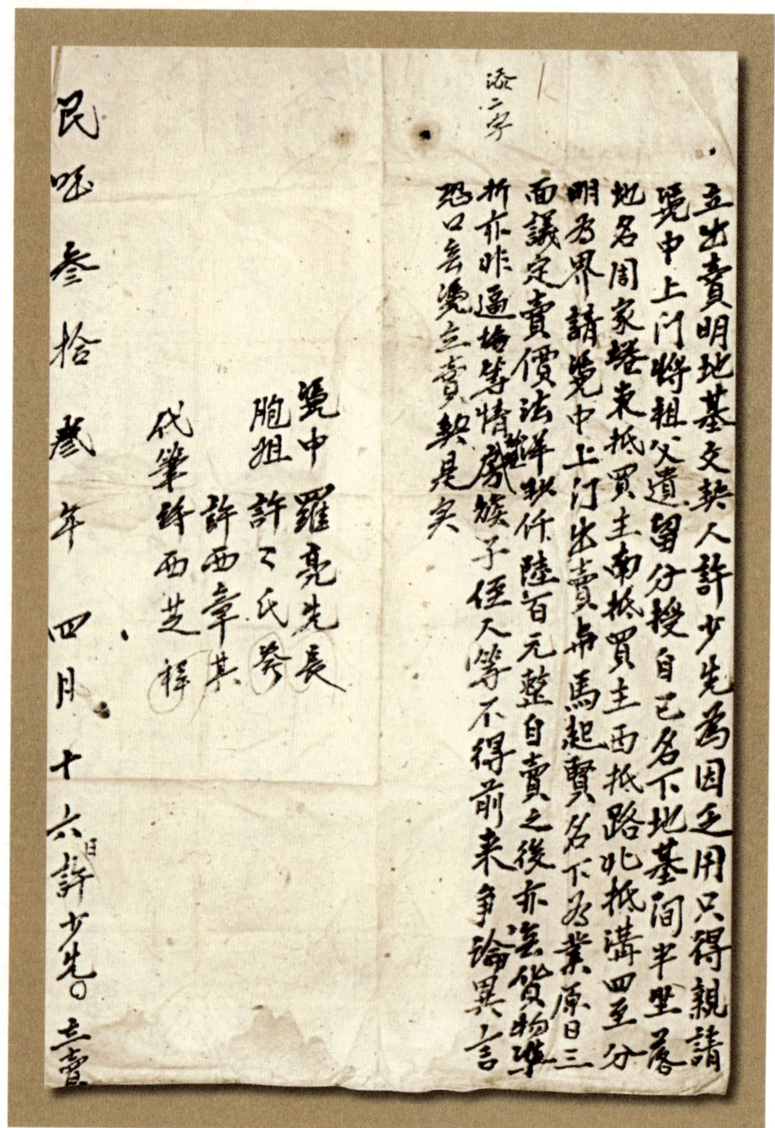

编号：mxq–48

立出卖明地基文契人许少先，为因乏用，只得亲请凭中上门，将祖父遗留分授自己名下地基间半，坐落地名周家埢，东抵买主，南抵买主，西抵路，北抵沟，四至分明为界，请凭中上门，出卖与马起贤名下为业。原日三面议定卖价法洋玖仟陆佰元整。自卖之后，亦无货物准折，亦非逼培（迫）等情，许姓房族子侄人等不得前来争论异言。恐口无凭，立卖契是实。

添二字。

凭中　罗亮先　胞姐许许氏　许西章

代笔　许西芝

民国三十三年四月十六日　许少先　立卖

八　其他

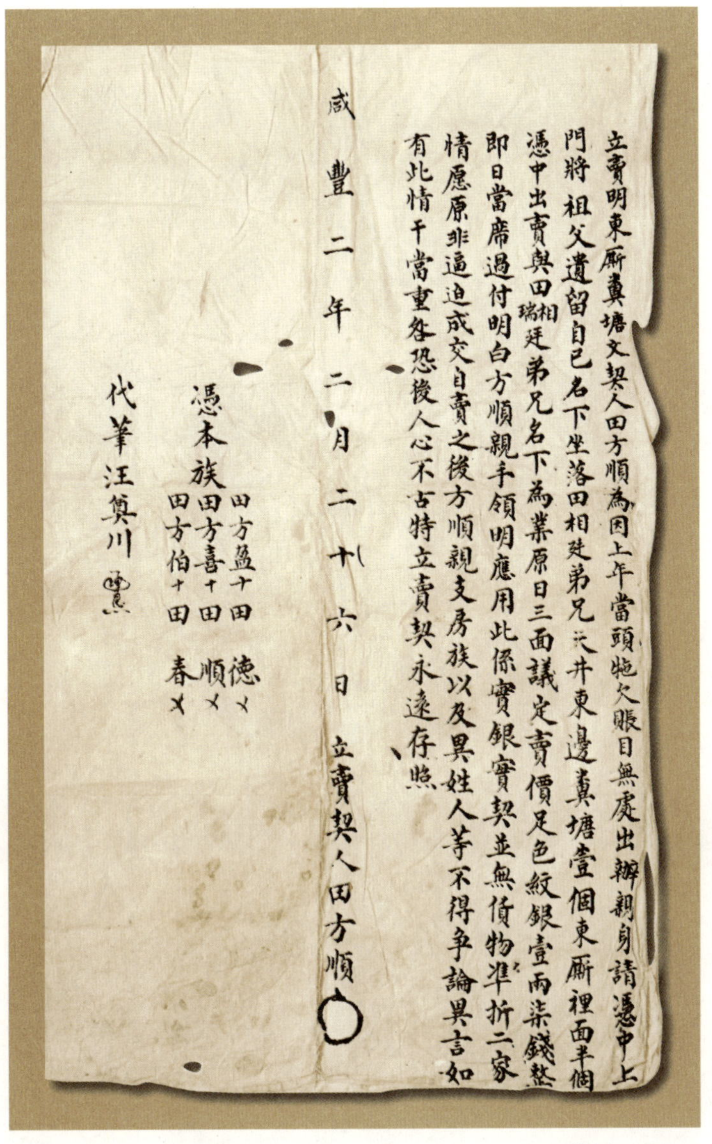

编号：tma-9

立卖明东厮粪塘文契人田方顺，为因上年当头拖欠账目，无处出办，亲身请凭中上门，将祖父遗留自己名下坐落田相廷弟兄天井东边粪塘壹个、东厮里面半个，凭中出卖与田相廷、田瑞廷弟兄名下为业。原日三面议定卖价足色纹银壹两柒钱整。即日当席过付明白。方顺亲手领明应用。此系实银实契，并无货物准折。二家情愿，原非逼迫成交。自卖之后，方顺亲支房族以及异姓人等不得争论异言。如有此情，干（甘）当重咎。恐后人心不古，特立卖契永远存照。

咸丰二年二月二十六日　立卖契人　田方顺
凭 本 族　田方盈　田方喜　田方伯　田　德　田　顺　田　春
代　　笔　汪奠川

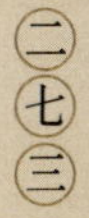

第二部分

典当契约

一　科田

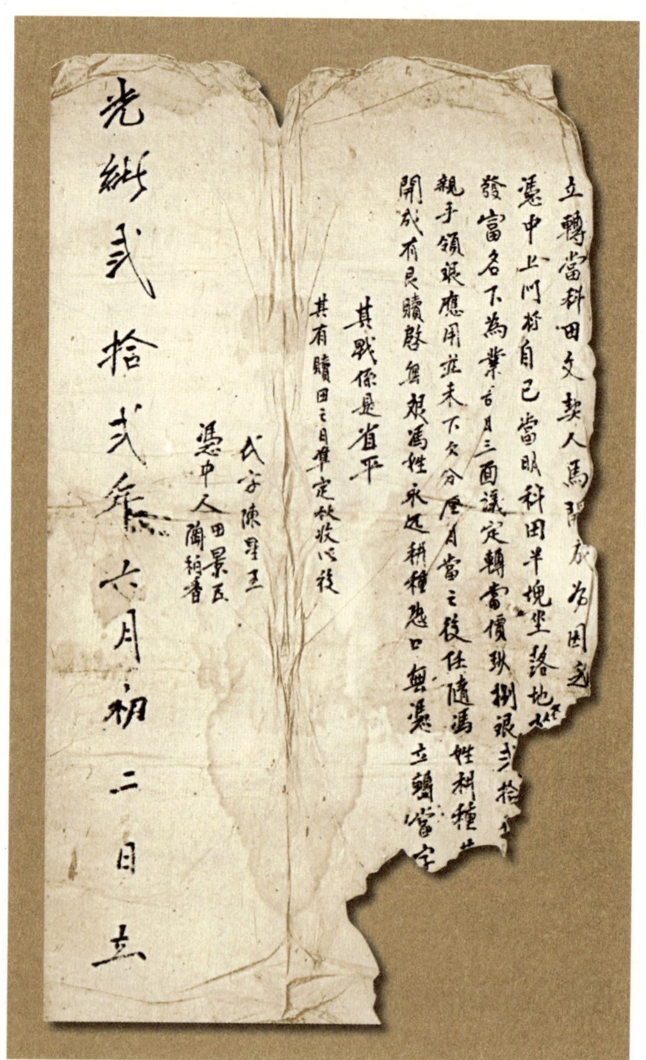

编号：tyg-21

立转当科田文契人马开成，为因乏［用］，□□□□□□□□□凭中上门，将自己当明科田半块，坐落地名□□□□□□□□□发富名下为业。言（原）日三面议定转当价玖捌银贰拾［伍］□□□，□□亲手领银应用，并未下欠分厘。自当之后，任随冯姓耕种□□□□□，开成有银赎启（取），无银冯姓永远耕种。恐口无凭，立转当字［为据］。

其戥系是省平。

其有赎田之日准定秋收以后。

代　字　陈星五

凭中人　田景臣　陶柏香

光绪二十二年六月初二日　立

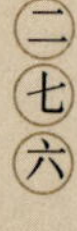

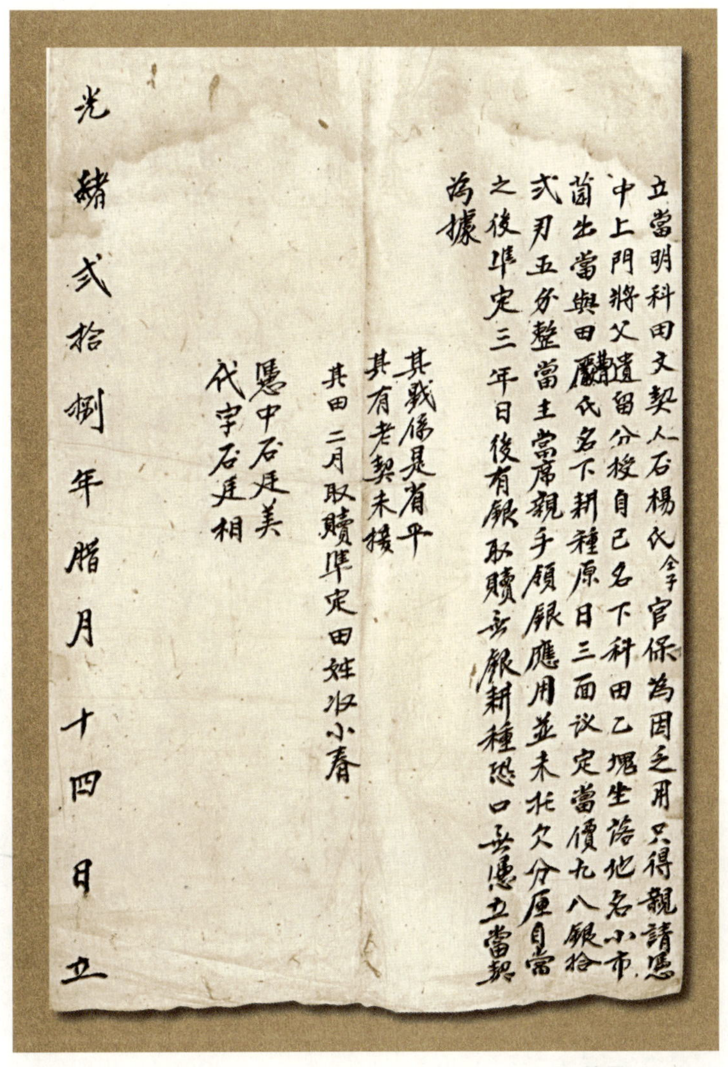

立當明科田文契人石楊氏仝子官保為因乏用只得親請憑
中上門將父遺留分授自己名下科田乙塊坐落地名小市
茴出當與田曹氏名下耕種原日三面议定當價九八銀拾
弍两五分整當主當席親手領銀應用並未扡欠分厘自當
之後準定三年日後有銀取贖无銀耕種恐口无憑立當契
為據

其戥係是省平
其有老契未接
其田二月取贖準定田姓收小春

憑中石廷美
代字石廷相

光緒弍拾捌年腊月十四日立

编号：tyg–17

立当明科田文契人石杨氏，同子官保，为因乏用，只得亲请凭中上门，将父遗留分授自己名下科田乙（壹）块，坐落地名小市（柿）园，出当与田曹氏名下耕种。原日三面议定当价九八银拾贰两五钱整。当主当席亲手领银应用。并无托（拖）欠分厘。自当之后，准定三年。日后有银取赎，无银耕种。恐口无凭，立当契为据。

其戥系是省平。

其有老契未接。

其田二月取赎，准定田姓收小春。

凭中　石廷美

代字　石廷相

光绪二十八年腊月十四日　立

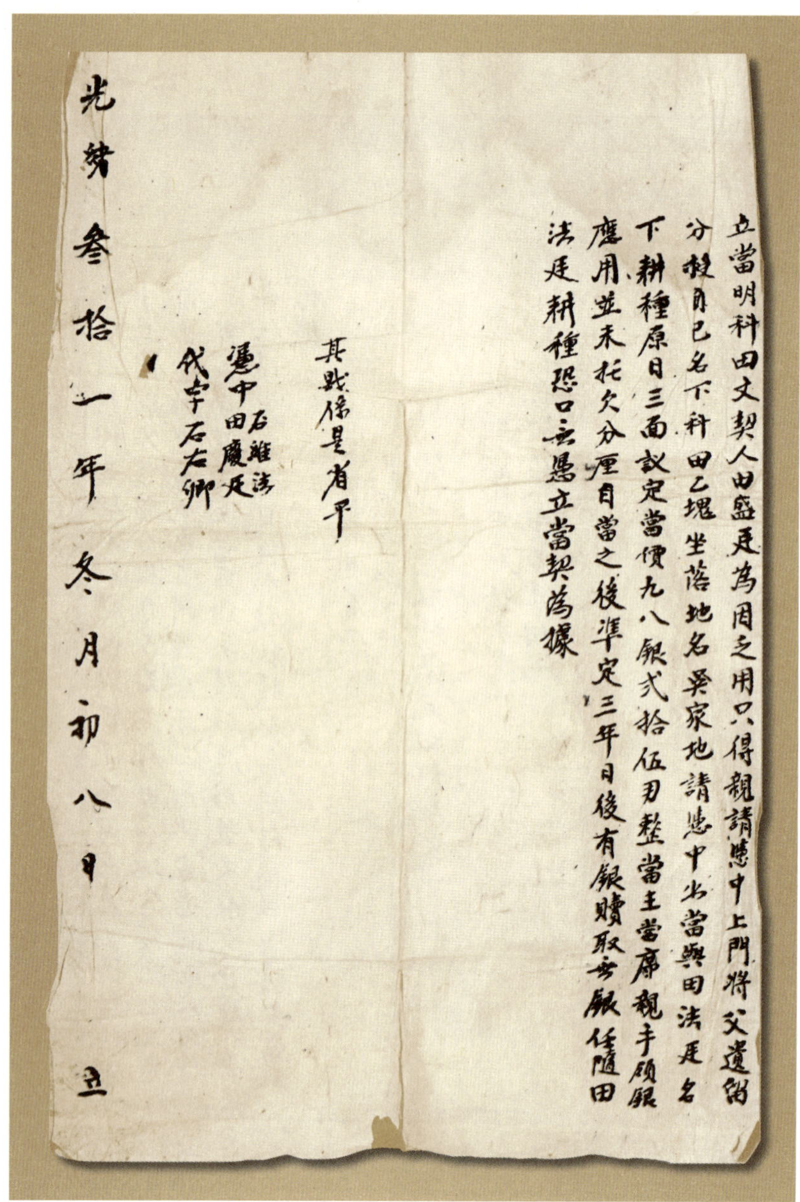

编号：tyg-2

立当明科田文契人田盛廷，为因乏用，只得亲请凭中上门，将父遗留分授自己名下科田乙（壹）块，坐落地名吴家地，请凭中出当与田法廷名下耕种。原日三面议定当价九八银贰拾伍两整。当主当席亲手领银应用，并未托（拖）欠分厘。自当之后，准定三年。日后有银赎取，无银任随田法廷耕种。恐口无凭，立当契为据。

其践系是省平。

凭中　石维法　田庆廷

代字　石右卿

光绪三十一年冬月初八日　立

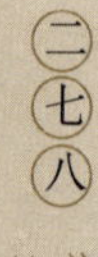

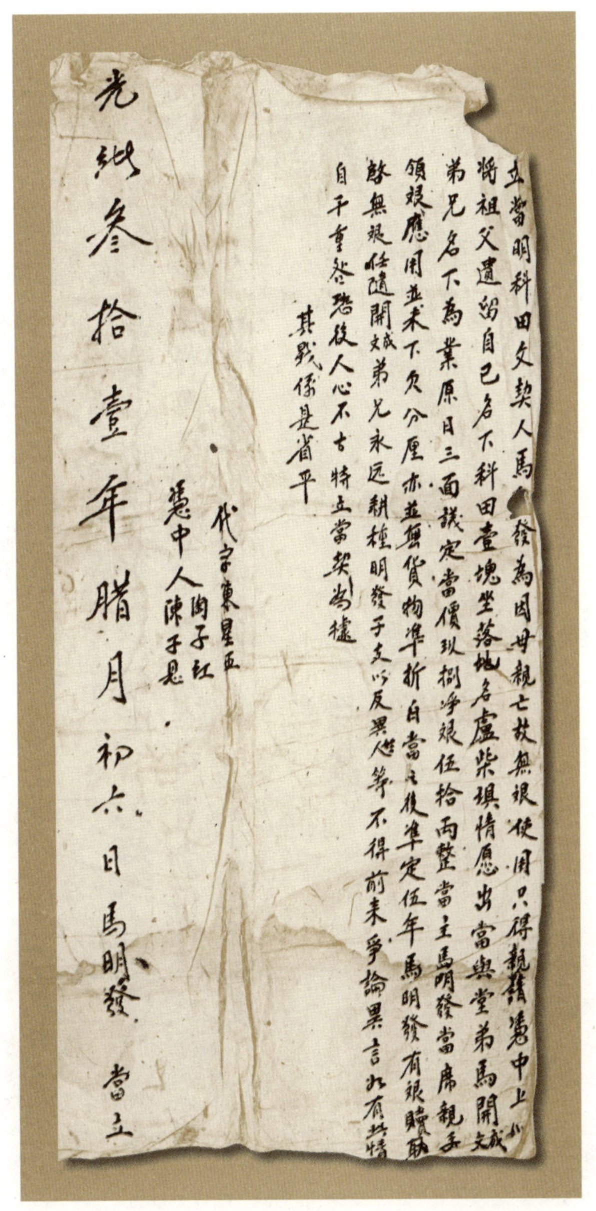

编号：tyg-12

立当明科田文契人马明发，为因母亲亡故为无银使用，只得亲请凭中上门，将祖父遗留自己名下科田壹块，坐落地名卢（芦）柴坝，情愿出当与堂弟马开成、马开文弟兄名下为业。原日三面议定当价玖捌净银伍拾两整。当主马明发当席亲手领银应用，并未下欠分厘，亦并无货物准折。自当之后，准定伍年。马明发有银赎取启，无银任随开成、开文弟兄永远耕种，明发子支以及异姓人等不得前来争论异言。如有此情，自干（甘）重咎。恐后人心不古，特立当契为据。

其戥系是省平。

代　字　陈星五

凭中人　陶子红　陈子恩

光绪三十一年腊月初六日　马明发　当立

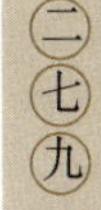

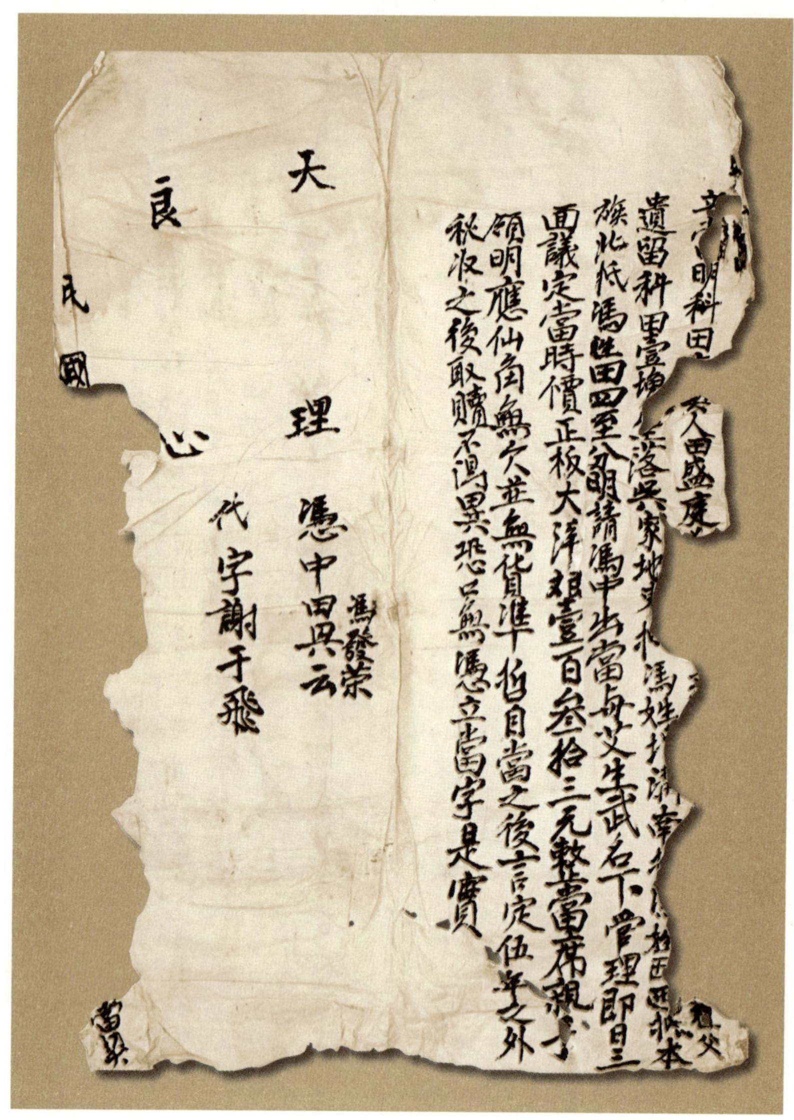

编号：tyg–35

立当明科田［文契］人田盛庭，□□□□□□□□□□□□□祖父遗留科田壹块，坐落吴家地，东抵冯姓地沟，南抵□姓田，西抵本族，北抵冯姓田，四至分明，请凭中出当与艾生武名下管理。即日三面议定当时价正板大洋银壹百叁拾三元整。当席亲手领明应［用］。仙角无欠，并无货准哲（折）。自当之后，言定伍年之外，秋收之后取赎，不得异［言］。恐口无凭，立当字是实。

天　理　良　心

凭中　冯发荣　田兴云

代字　谢于飞

民国□□□□□□□□□　当契

二　秋田

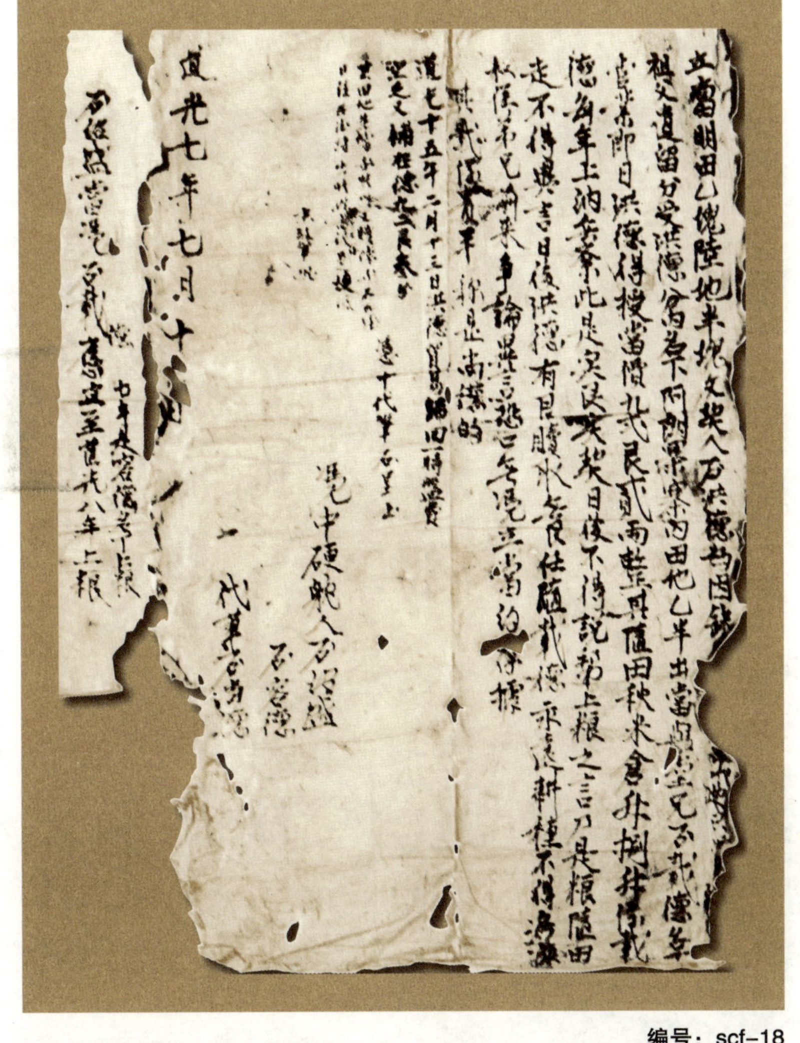

编号：scf-18

立当明田乙（壹）块、陆地半块文契人石洪德，为因缺［少使用，无处出办，只得将］祖父遗留分受（授）洪德分内名下阿朗寨内田地乙（一）半，出当与堂兄石载德名下管业。即日洪德得授（受）当价九贰良（银）贰两整。其随田秋米仓升捌升，系载德每年上纳无紊。此是实良（银）实契，日后不得说帮上粮之言，乃是粮随田走，不得异言。日后洪德有良（银）赎取，无良（银）任随载德永远耕种，不得房族叔侄弟兄前来争论异言。恐口无凭，立当约存据。

其戥系贵平称是尚德的。

道光十五年二月十三日，洪德贸易归回，一时盘费空乏，又补再德九二良（银）三钱。

其田地先当与张姓又赎当与石在（载）德。

日后在（载）德接出张姓□□□系之纸是故纸。

秉政笔批

凭中代笔　石呈玉

凭中硬耽人　石绍盛　石容德

代　　笔　石尚德

道光七年七月十二日

七年是容德名下上粮，石绍盛当凭，石载德应宜至道光八年上粮。

立出当明秋田文字人馮發魁為因空乏
使用只得親請凴中出当与汪興燦
名下為業坐落地名小山秋田乙塊
当價時市艮叁两叁钱整当席親
手領名應用出当与三年名下為業
日後有艮起續無艮任随興燦永远
耕安恐口無凴特立当約為據
凴中馮發隆
親筆代字馮發魁
光緒拾伍年十月初十日

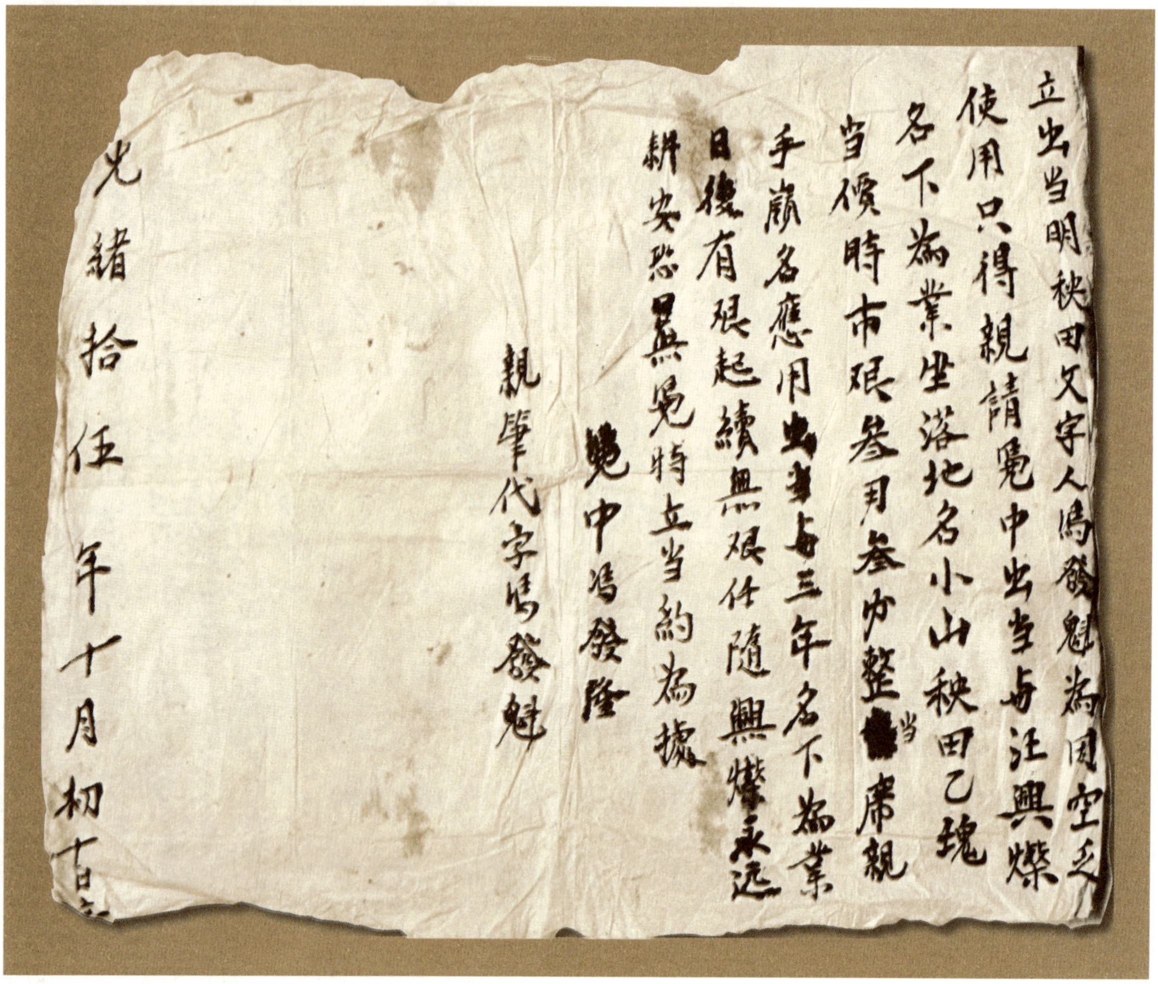

编号：wzc-40

立出当明秋田文字人冯发魁，为因空乏使用，只得亲请凭中出当与汪兴灿名下为业，坐落地名小山秧田乙（壹）块。当价时市银叁两叁钱整。当席亲手领名（明）应用。出当与三年名下为业。日后有银起续（取赎），无银任随兴灿永远耕安。恐口无凭，特立当约为据。

凭　　中　冯发隆

亲笔代字　冯发魁

光绪十五年十月初十日　立

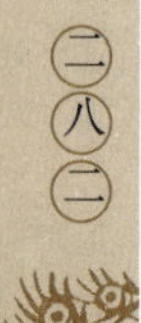

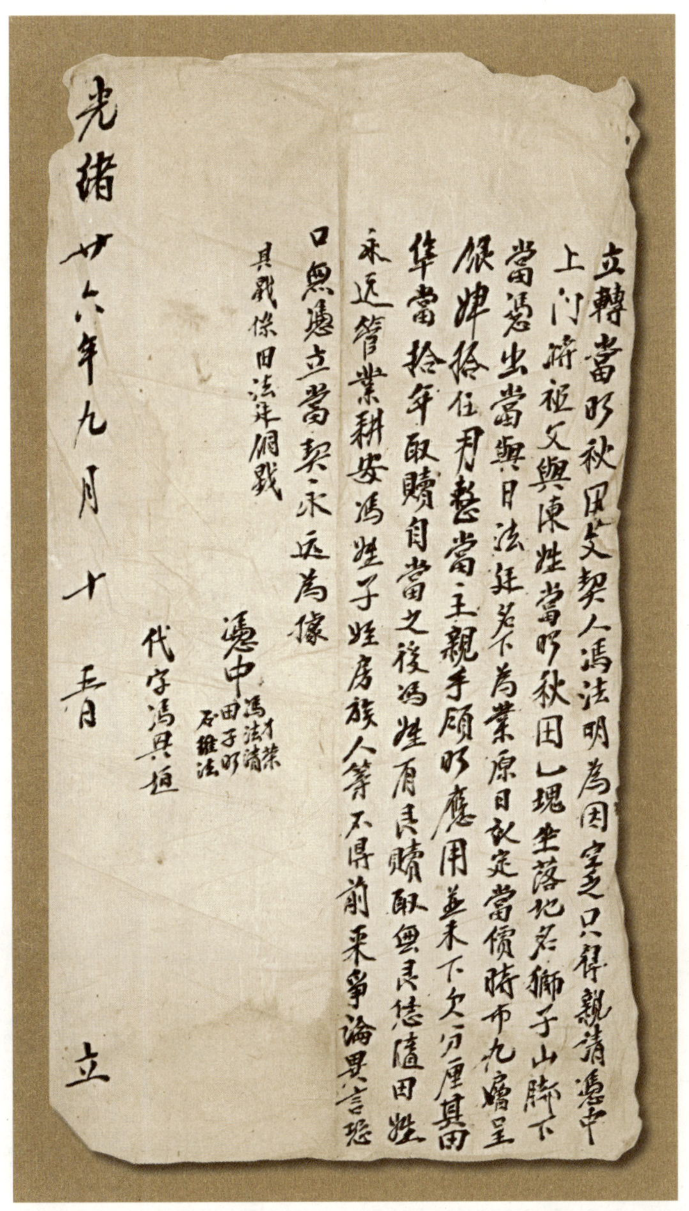
立轉當明秋田文契人馮法明為因空乏只得親請憑中
上門將祖父與陳姓當明秋田乙塊坐落地名獅子山脚下
當憑出當與田法廷名下為業原日議定當價時市九呈
銀肆拾伍兩整當主親手領明應用並無下欠分厘其田
準當拾年取贖自當之後馮姓有銀贖取無銀任隨田姓
永遠管業耕安馮姓子侄房族人等不得前來爭論異言恐
口無憑立當契永遠為據

其戳係田法廷銅戳

憑中 馮才榮 馮法清 田子明 石維法

代字 馮興垣

光緒廿六年九月十五日 立

编号：tyg–15

立转当明秋田文契人冯法明，为因空乏，只得亲请凭中上门，将祖父与陈姓当明秋田乙（壹）块，坐落地名狮子山脚下，当凭出当与田法廷名下为业。原日议定当价时市九呈（成）银肆拾伍两整。当主亲手领明应用，并无下欠分厘。其田准当拾年取赎。自当之后冯姓有银赎取，无银任随田姓永远管业耕安，冯姓子侄房族人等不得前来争论异言。恐口无凭，立当契永远为据。

其戳系田法廷铜戳。

凭中　冯才荣　冯法清　田子明　石维法

代字　冯兴垣

光绪二十六年九月十五日　立

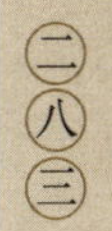

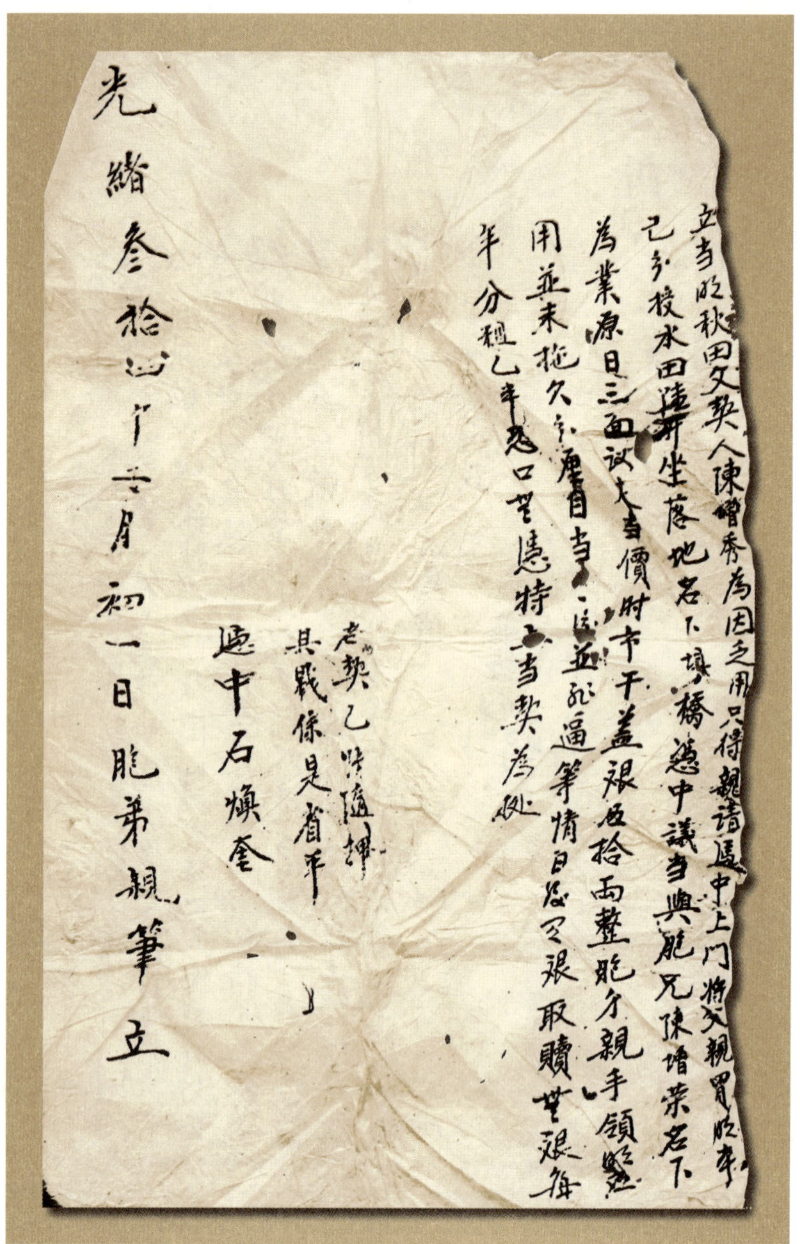

编号：srl-2

立当明秋田文契人陈增秀，为因乏用，只得亲请凭中上门，将父亲买明本己分授水田陆升，坐落地名下坝桥，凭中议当与胞兄陈增荣名下为业，原日三面议定当价时市干盖银伍拾两整。胞弟亲手领明应用，并未拖欠分厘。自当之后，并非逼等情。日后有银取赎，无银每年分粗（租）乙（壹）半。恐口无凭，特立当契为据。

老契一张随押。

其戥系是省平。

凭中　石焕奎

光绪三十四年二月初一日　胞弟亲笔　立

编号：tym-32-33

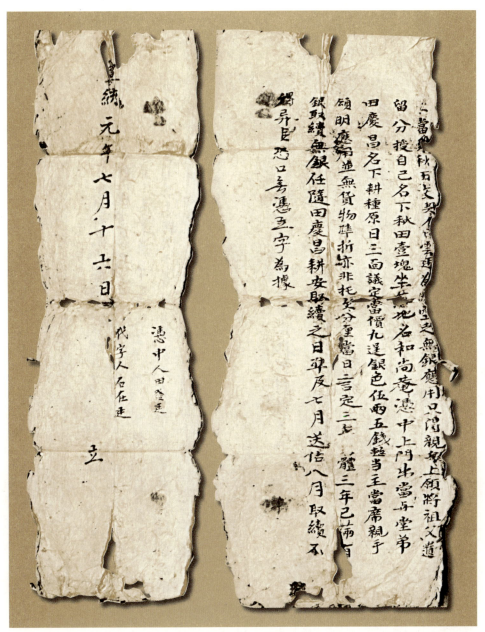

立当［明］秋田文契人田云廷，为因空乏无银应用，只得亲身上，愿将祖父遗留分授自己名下秋田壹块，坐落地名和尚庵，凭中上门出当与堂弟田庆昌名下耕种。原日三面议定当价九逞（成）银色伍两五钱整。当主当席亲手领明应用，并无货物准折，亦非托（拖）欠分厘。当日言定三□□体。三年已满，有银取赎，无银任随田庆昌耕安。取赎之日准及七月送信八月取赎，不得异言。恐口无凭，立字为据。

凭中人　田发廷

代字人　石在廷

宣统元年七月十六日　立

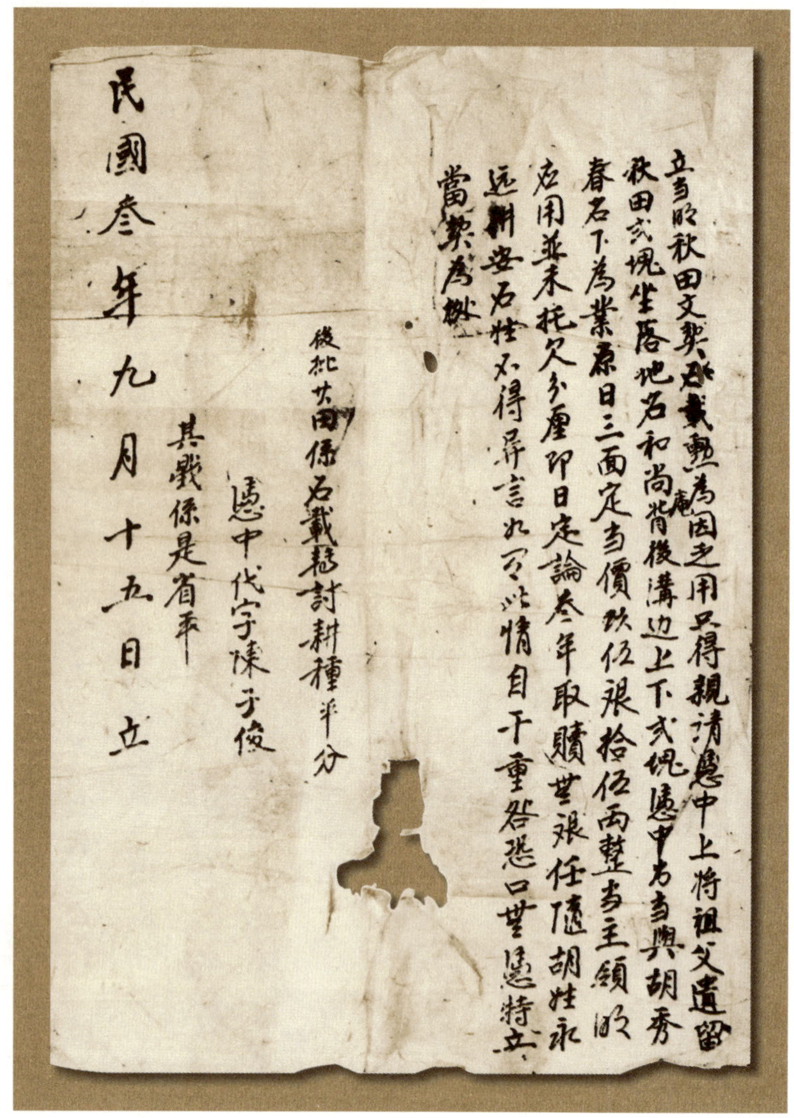

编号：slc-10

立当明秋田文契人石载动，为因乏用，只得亲请凭中上门，将祖父遗留秋田贰块，坐落地名和尚庵背后沟边上下贰块，凭中出当与胡秀春名下为业。原日三面定当价玖伍银拾伍两整。当主领明运用，并未托（拖）欠分厘。即日定论叁年取赎，无银任随胡姓永远耕安，石姓不得异言。如有此情，自干（甘）重咎。恐口无凭，特立当契为据。

后批：其田系石载□讨耕种平分。

其戥系是省平。

凭中代字　陈子俊

民国三年九月十五日　立

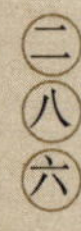

三　水田 / 秧田

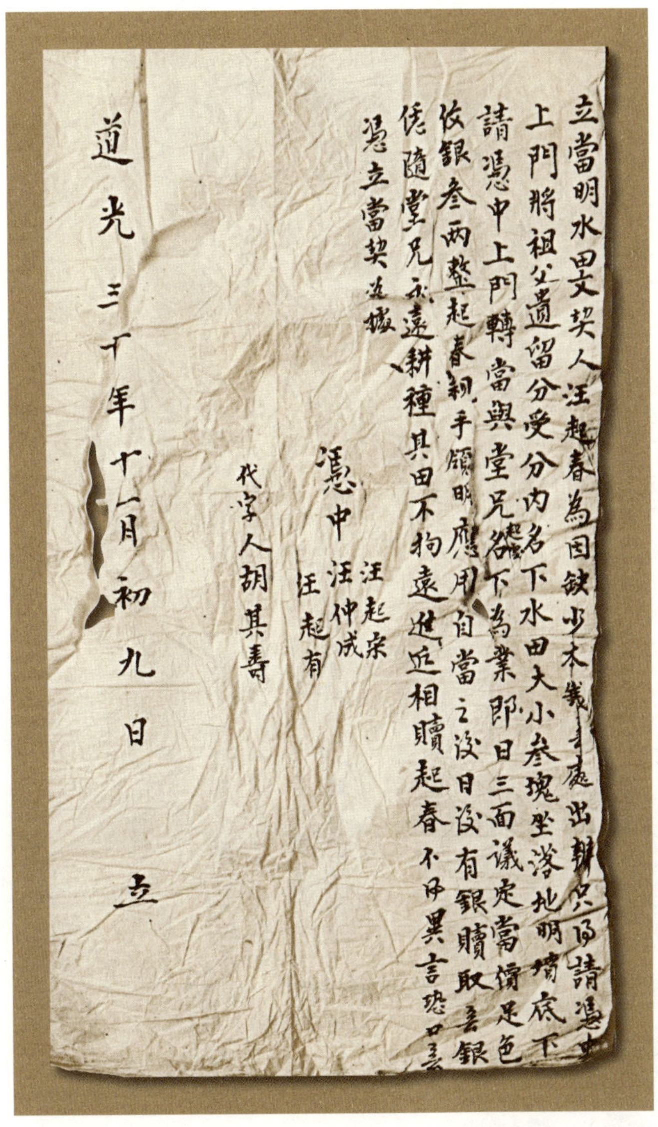

立當明水田文契人汪起春為因缺少本錢無處出辦只得請憑中上門將祖父遺留分受分內名下水田大小叁塊坐落地明墳底下請憑中上門轉當與堂兄起云名下為業即日三面議定當價足色紋銀叁兩整起春親手領明應用自當之後日後有銀贖取無銀任隨堂兄永遠耕種其田不拘遠近相贖起春不得異言恐口無憑立當契為據

憑中 汪起宋 汪仲成 汪起有

代字人 胡其壽

道光三十年十一月初九日 立

编号：wzc-44

立当明水田文契人汪起春，为因缺少本钱，无处出辨（办），只得请凭中上门，将祖父遗留分受（授）分内名下水田大小叁块，坐落地明（名）坟底下，请凭中上门，转当与堂兄起云名下为业。即日三面议定当价足色纹银叁两整。起春亲手领明应用。自当之后，日后有银赎取，无银任随堂兄永远耕种。其田不拘远近相赎，起春不得异言。恐口无凭，立当契为据。

凭　中　汪起宋　汪仲成　汪起有

代字人　胡其寿

道光三十年十一月初九日　立

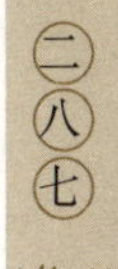

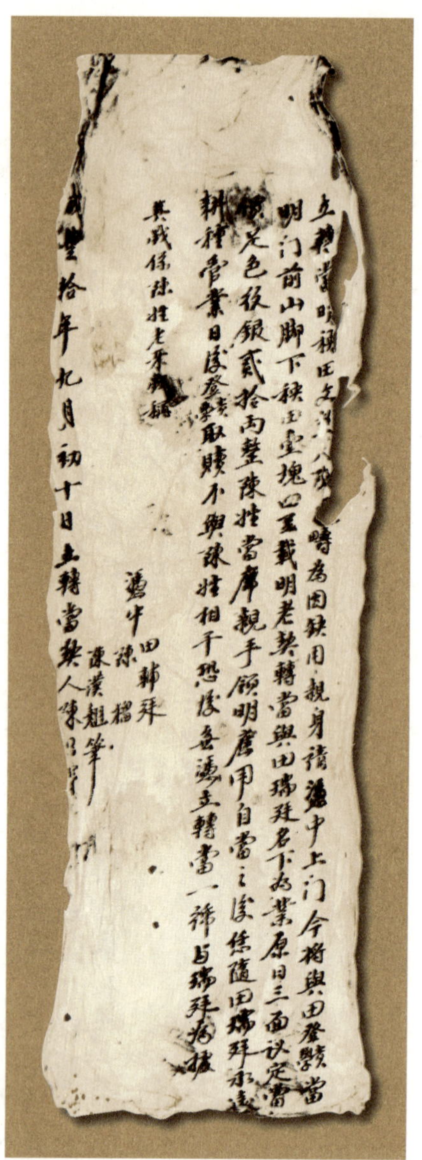

编号：tma-16

立转当明秧田文契人陈□畴，为因缺用，亲身请凭中上门，今将与田登贵、田登学当明门前山脚下秧田壹块，四至载明老契，转当与田瑞廷名下为业。原日三面议定当价足色纹银贰拾两整。陈姓当席亲手领明应用。自当之后，任随田瑞廷永远耕种管业。日后登贵、登学取赎不与陈姓相干。恐后无凭，立转当一纸与瑞廷为据。

其戥系陈姓老牙戥称。

凭　中　田辅廷　陈　榴

陈汉翘　笔

咸丰十年九月初十日　立转当契人　陈□□

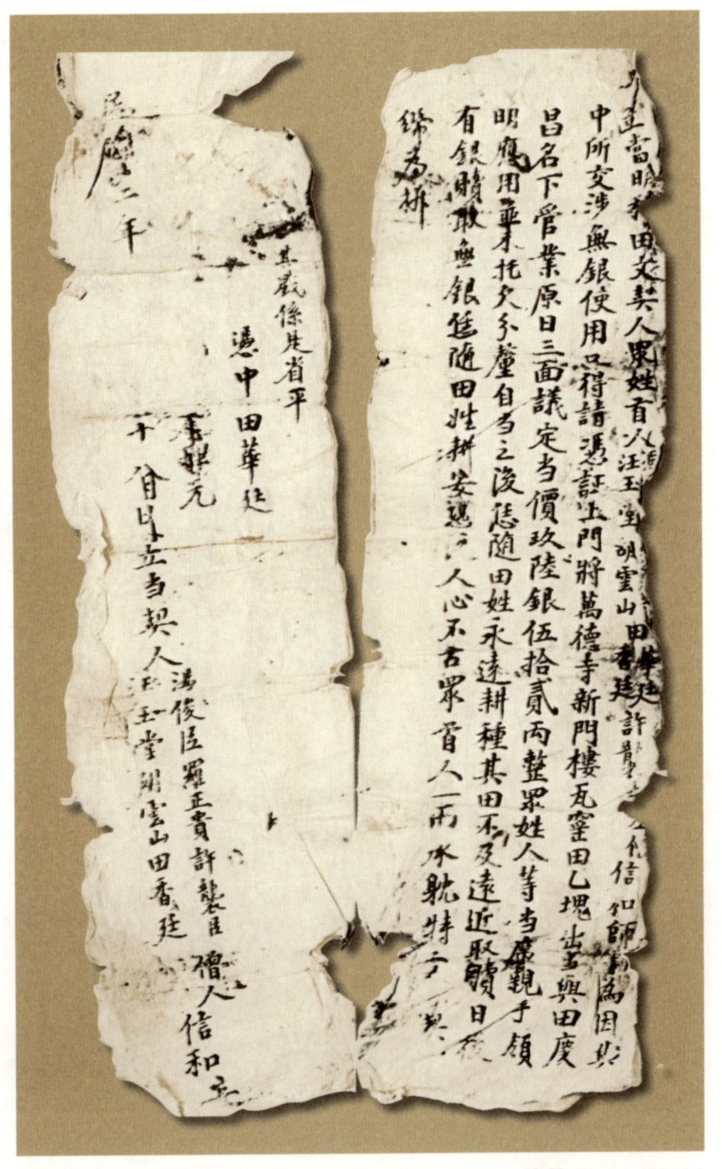

编号：tym-10-11

立当明［秋］田文契人众姓首人冯［俊臣］、汪玉堂、［罗正贵］、胡云山、田华廷、田香廷、许袭臣、僧人信和师傅，为因与中所交涉，无银使用，只得请凭证上门，将万德寺新门楼瓦窑田乙（壹）块，出当与田庆昌名下管业。原日三面议定当价玖陆银伍拾贰两整。众姓人等当席亲手领明应用，并未托（拖）欠分厘。自当之后，任随田姓永远耕种。其田不及（拘）远近取赎，日后有银赎取，无银任随田姓耕安。恐后人心不古，众首人一面承耽（担），特立当契一纸为据。

其戬系是省平。

凭　　中　田华廷　石理元

民国二年十月八日　立当契人　冯俊臣　罗正贵　许袭臣　汪玉堂　胡云山　田香廷

僧人信和　立

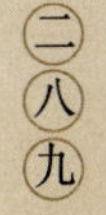

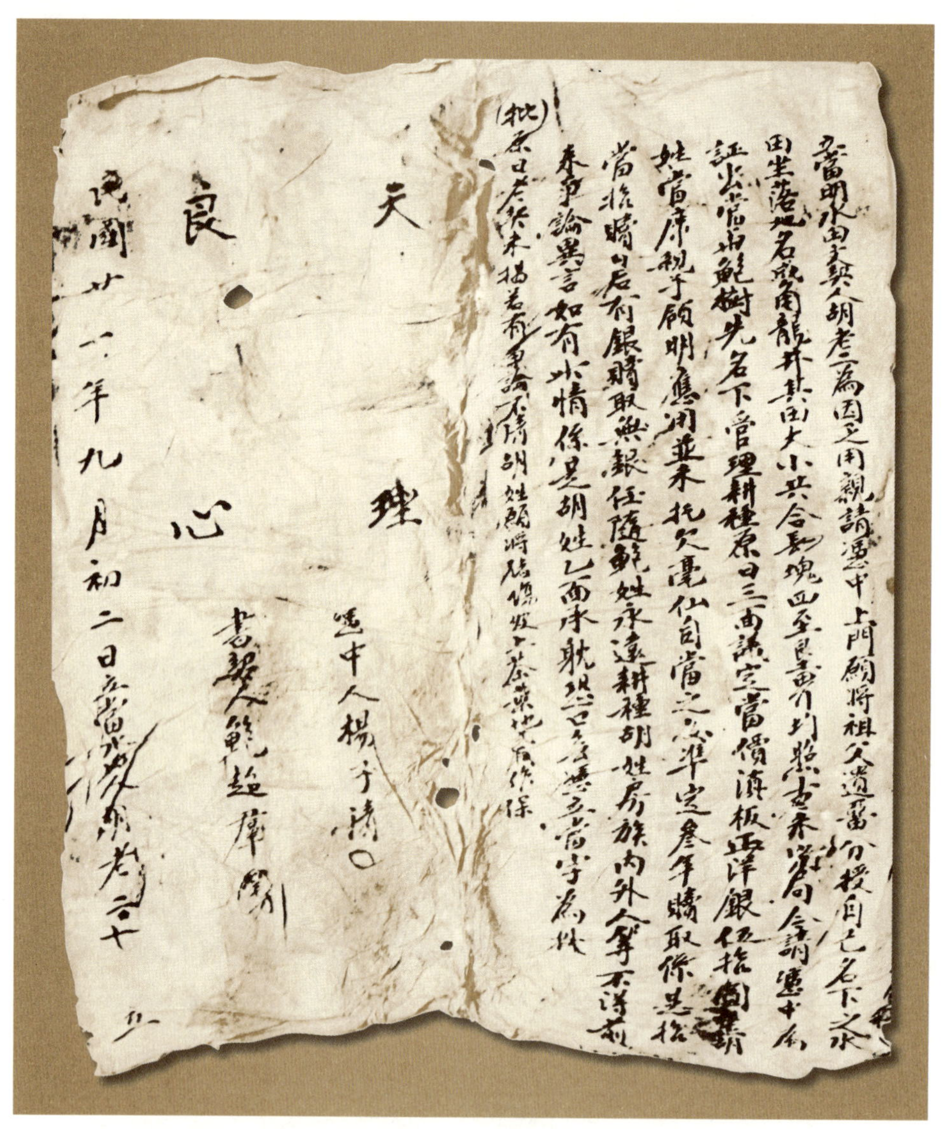

编号：crq-20

立当明水田文契人胡老二，为因乏用，亲请凭中上门，愿将祖父遗留分授自己名下之水田，坐落地名成角龙井，其田大小共合肆块，四至垦界均照古，未定局。今请凭中为证出当与鲍树先名下管理耕种。原日三面议定当价滇板正洋银伍拾圆整。胡姓当席亲手领明应用，并未托（拖）欠毫仙。自当之后，准定叁年赎取。系是拾（实）当拾（实）赎，日后有银赎取，无银任随鲍姓永远耕种，胡姓房族内外人等不得前来争论异言。如有此情，系是胡姓乙（一）面承耽（担）。恐口无凭，立当字为据。

（批）原日老契未揭（接），若有争论不清，胡姓愿将猪场坡上茶叶地贰厢作保。

天 理 良 心

凭　　中　杨子清

书 契 人　鲍超群

民国二十一年九月初二日　立当水田人　胡老二　立

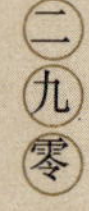

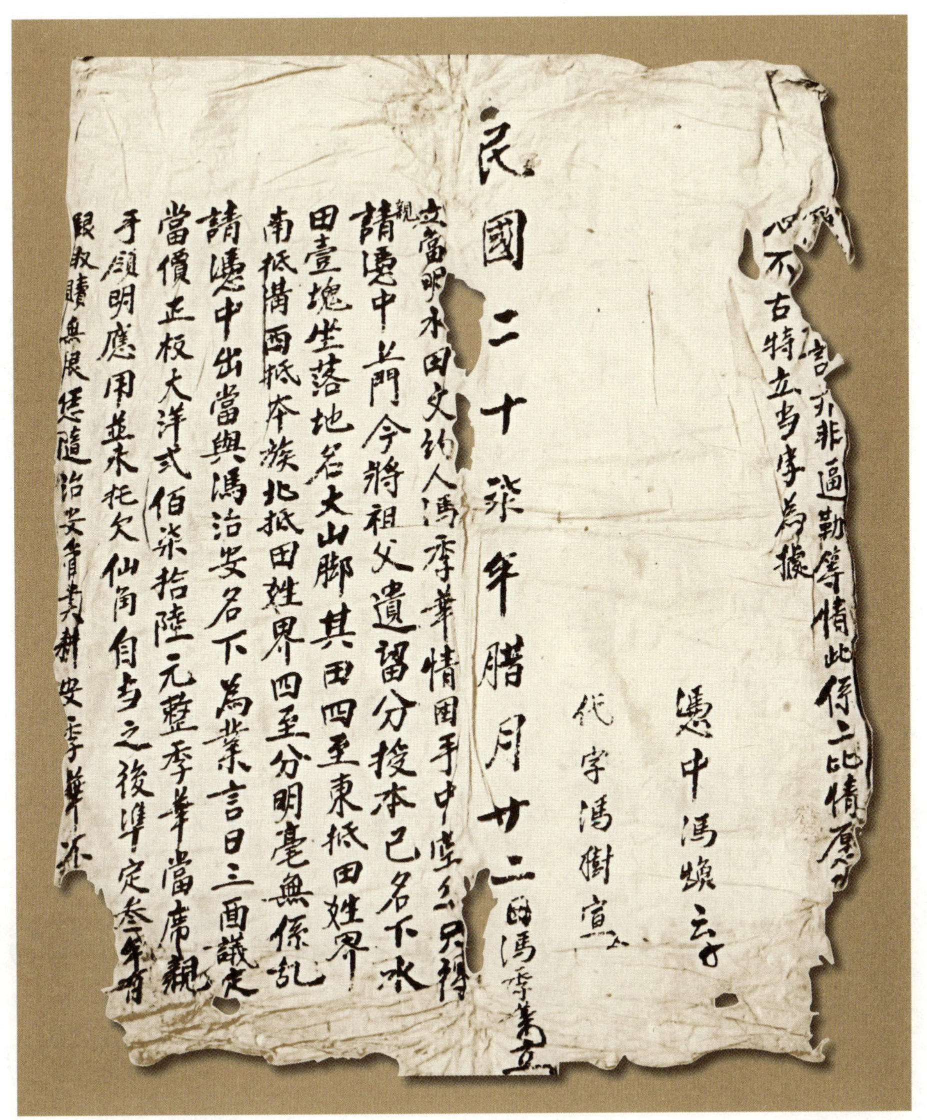

编号：fsq-15

立当明水田文约人冯季华，情因手中空乏，只得亲请凭中上门，今将祖父遗留分授本己名下水田壹块，坐落地名大山脚，其田四至：东抵田姓界，南抵沟，西抵本族，北抵田姓界，四至分明，毫无系（紊）乱，请凭中出当与冯治安名下为业。言（原）日三面议定当价正板大洋贰佰柒拾陆元整。季华当席亲手领明应用，并未托（拖）欠仙角。自当之后，准定叁年，有银取赎，无银任随治安管业耕安，季华不□□□□□□□言。亦非逼勒等情，此系二比（彼）情愿。恐后人心不古，特立当字为据。

凭中　冯焕云

代字　冯树宣

民国二十七年腊月二十二日　冯季华　立

立当明秧田文契人羅齐洲為因乏用只得親請憑中
上门愿将本己名下秧田壹块坐落地名小坝上其田四至東抵
田姓界南抵河西抵許北抵羅姓界四至分明為界当憑中出当以
石志奎名下為業言日三面議定当價市用法洋肆佰伍拾元整
自当之後任随当主耕安羅姓房族人等不得異言如有此情
齐洲一面承耽其田老契未接恐口無憑特立当約永远為
據

其田言定三年对月来起贖

憑忠田炳中
羅齐洲親笔押
民國三十年八月十八日羅親〇立

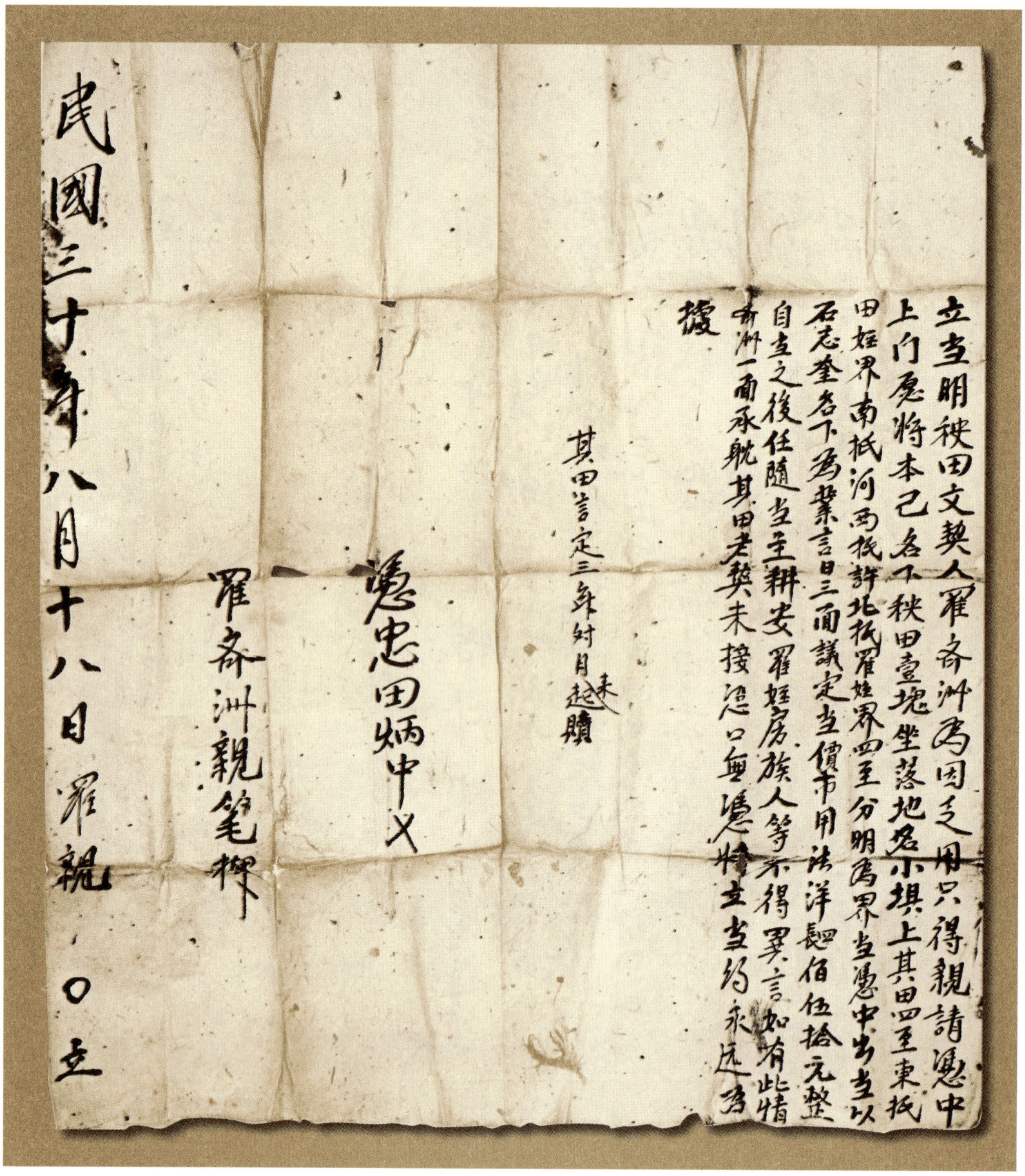

编号：srg-14

立当明秧田文契人罗齐洲，为因乏用，只得亲请凭中上门，愿将本己名下秧田壹块，坐落地名小坝上，其田四至：东抵田姓界，南抵河，西抵许，北抵罗姓界，四至分明为界，当凭中出当以（与）石志奎名下为业。言（原）日三面议定当价市用法洋肆佰伍拾元整。自当之后，任随当主耕安，罗姓房族人等不得异言。如有此情，齐洲一面承耽（担）。其田老契未接。恐口无凭，特立当约永远为据。

其田言定三年对月来起（取）赎。

凭忠（中） 田炳中
罗齐洲 亲笔
民国三十年八月十八日 罗 亲立

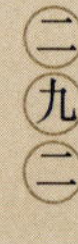

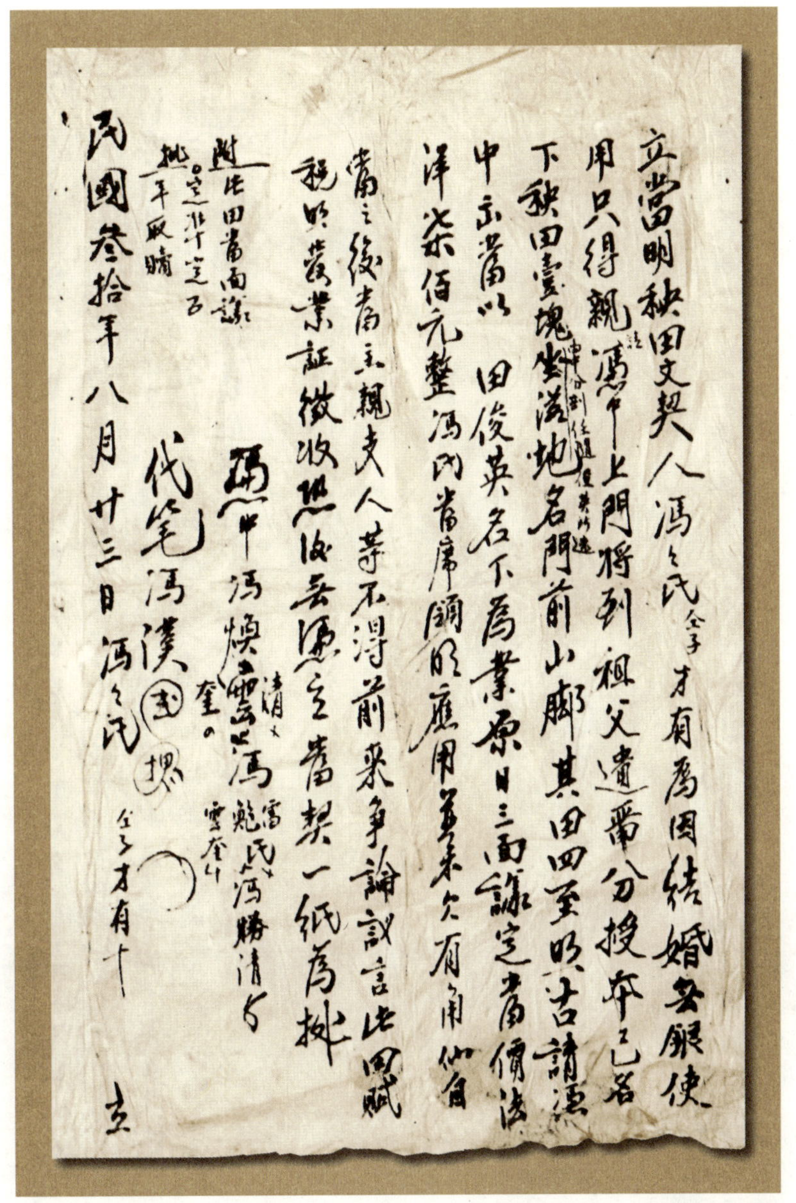

编号：crq-6

立当明秧田文契人冯冯氏，同子才有，为因结婚无银使用，只得亲请凭中上门，将到祖父遗留分授本己名下秧田壹块，由中分剖，任随俊英所选，坐落地名门前山脚，其田四至照古，请凭中出当以（与）田俊英名下为业。原日三面议定当价法洋柒佰元整。冯氏当席领明应用，并未欠有角仙。自当之后，当主亲支人等不得前来争论议（异）言。此田赋税照管业证征收。恐后无凭，立当契一纸为据。

附批：此田当面议定准定五年取赎。

凭中　冯焕清　冯焕云　冯焕奎　冯雷氏　冯鲍氏　冯云奎　冯胜清

代笔　冯汉国

民国三十年八月二十三日　冯冯氏　同子才有　立

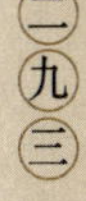

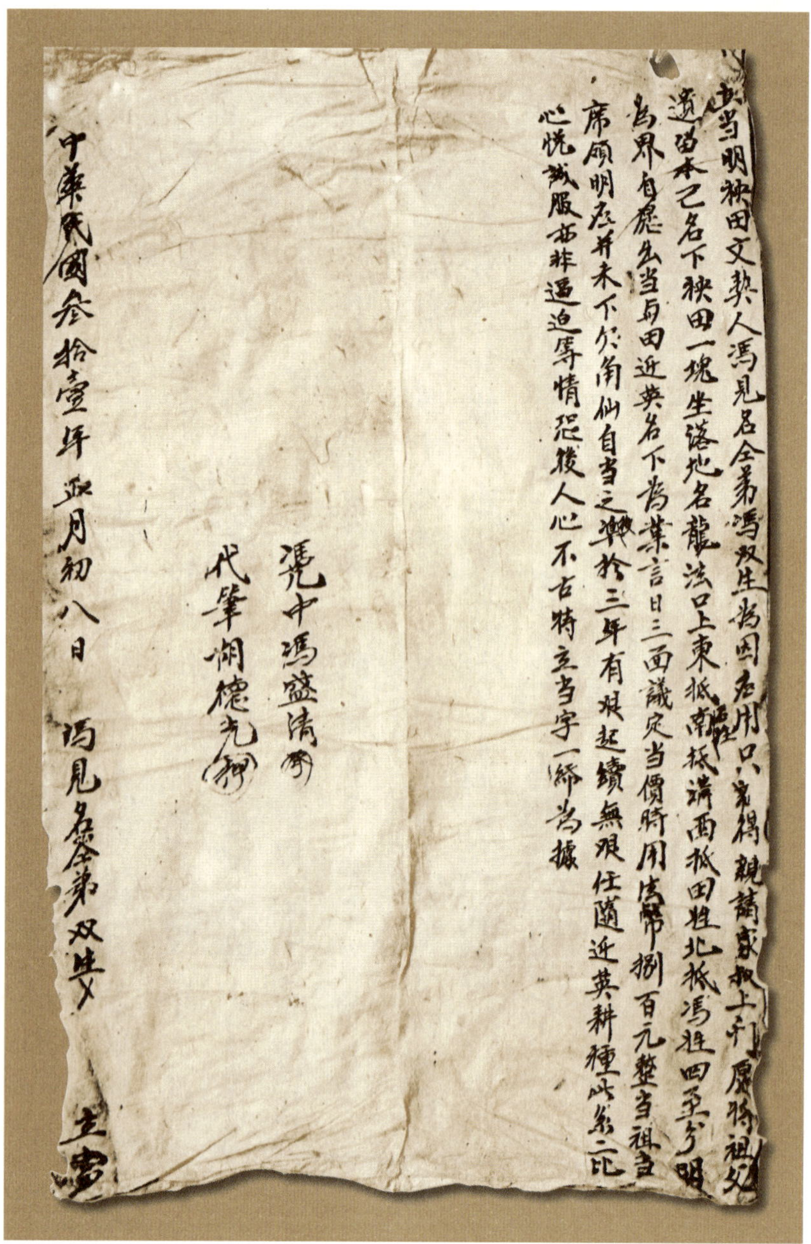

编号：fsq-11

立当明秧田文契人冯见名，同弟冯双生，为因应用，只得亲请家叔上门，愿将祖父遗留本己名下秧田一块，坐落地名龙法口上，东抵石姓，南抵沟，西抵田姓，北抵冯姓，四至分明为界，自愿出当与田近英名下为业。言（原）日三面议定当价时用法币捌百元整。当祖（主）当席领明应［用］，并未下欠角仙。自当之后，准于三年，有银起（取）续（赎），无银任随近英耕种。此系二比（彼）心悦诚服，亦非逼迫等情。恐后人心不古，特立当字一纸为据。

凭中　冯盛清

代笔　胡德光

中华民国三十一年正月初八日　冯见名　同弟双生　立当

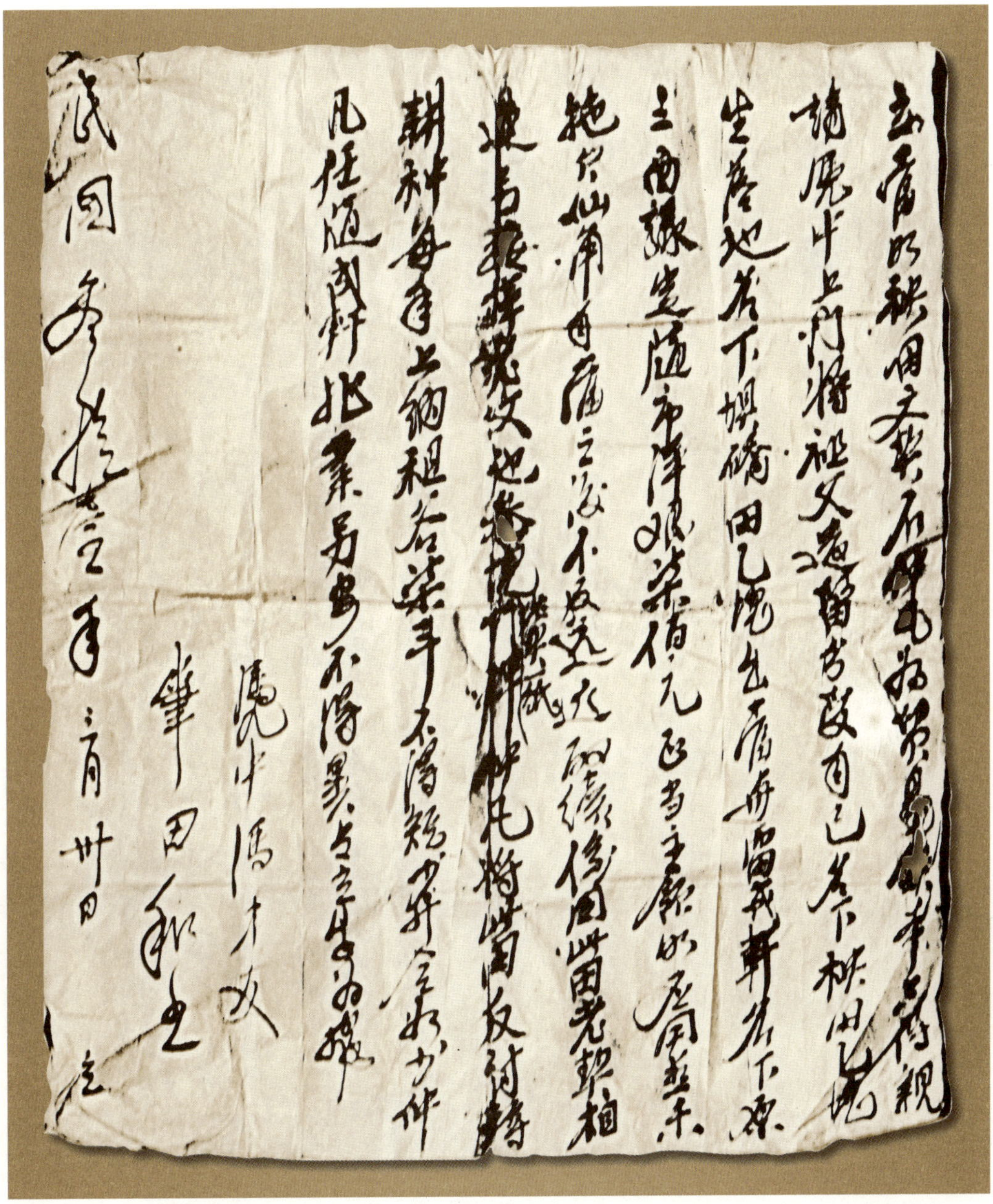

编号：crq-14

立当明秧田文契石仲凡，为贸易缺本，只得亲请凭中上门，将祖父遗留分受（授）自己名下秧田乙（壹）块，坐落地名下坝硚（桥），田乙（壹）块，出当与雷成轩名下。原三面议定随市洋银柒佰元整。当主领明应用，并未拖欠仙角。自卖之后，不及（拘）远近取续（赎）。系因此田老契相连，另接仡佬坟地叁块，老契一纸，仲凡将此田反付转耕种，每年上纳租谷柒斗，不得短少升合。如少，仲凡任随成轩扯业另安。不得异言，立字为据。

凭中　冯才友

笔　田和光

民国三十一年三月三十日　立

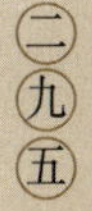

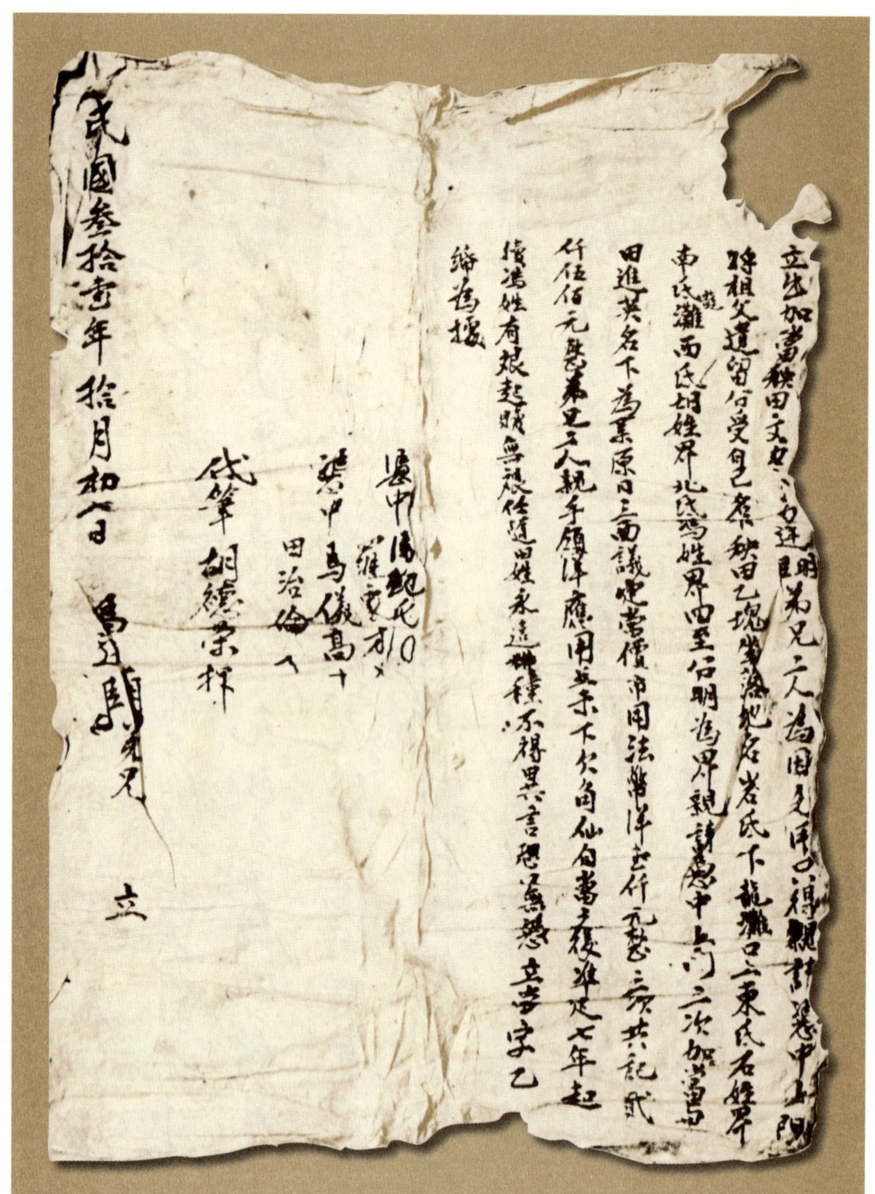

编号：fsq-2

立出加当秧田文契人冯廷明、冯廷臣弟兄二人，为因乏用，只得亲请凭中上门，将祖父遗留分受（授）自己名下秧田乙（壹）块，坐落地名岩氏（底）下龙滩口上，东氏（抵）石姓界，南氏（抵）龙滩，西氏（抵）胡姓界，北氏（抵）冯姓界，四至分明为界，亲请凭中上门，三次加当与田进英名下为业。原日三面议定当价市用法币壹仟元整。三次共记贰仟伍佰元整。弟兄二人亲手领洋应用，并未下欠角仙。自当之后，准定七年起（取）续（赎）。冯姓有银起（取）赎，无银任随田姓永远耕种，不得异言。恐口无凭，立当字乙（壹）纸为据。

凭中　冯鲍氏　罗众才　马仪高　田治伦

代笔　胡德荣

民国三十一年十月初八日　冯廷明　冯廷臣弟兄　立

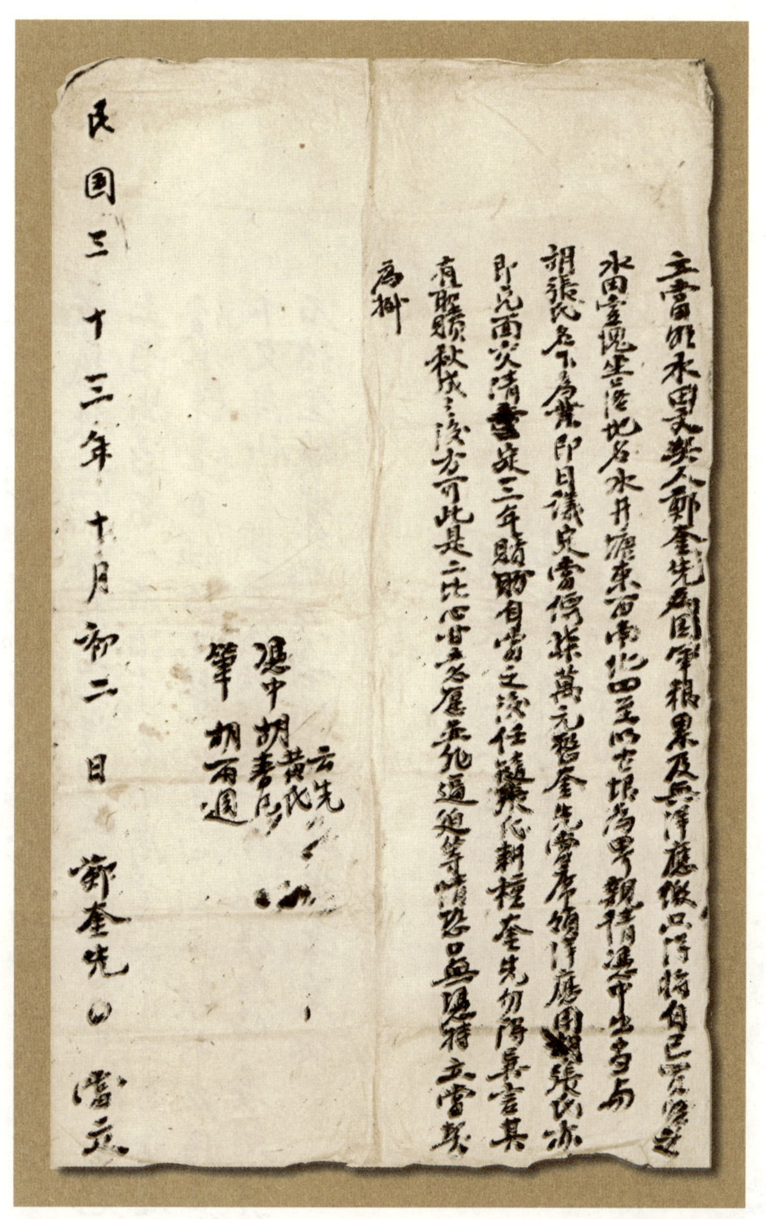

编号：hjs-7

立当明水田文契人郑奎先，为因军粮累及，无洋应缴，只得将自己买明之水田壹块，坐落地名水井塘，东西南北四至照古垠为界，亲请凭中出当与胡张氏名下为业。即日议定当价柒万元整。奎先当席领洋应用，胡张氏亦即兑（对）面交清。言定三年赎取。自当之后，任随张氏耕种，奎先勿得异言。其有取赎，秋成之后方可。此是二比（彼）心甘意愿，并非逼迫等情。恐口无凭，特立当契为据。

凭中　胡云先　胡黄氏　胡春凡

笔　胡雨周

民国三十三年十月初二日　郑奎先　当立

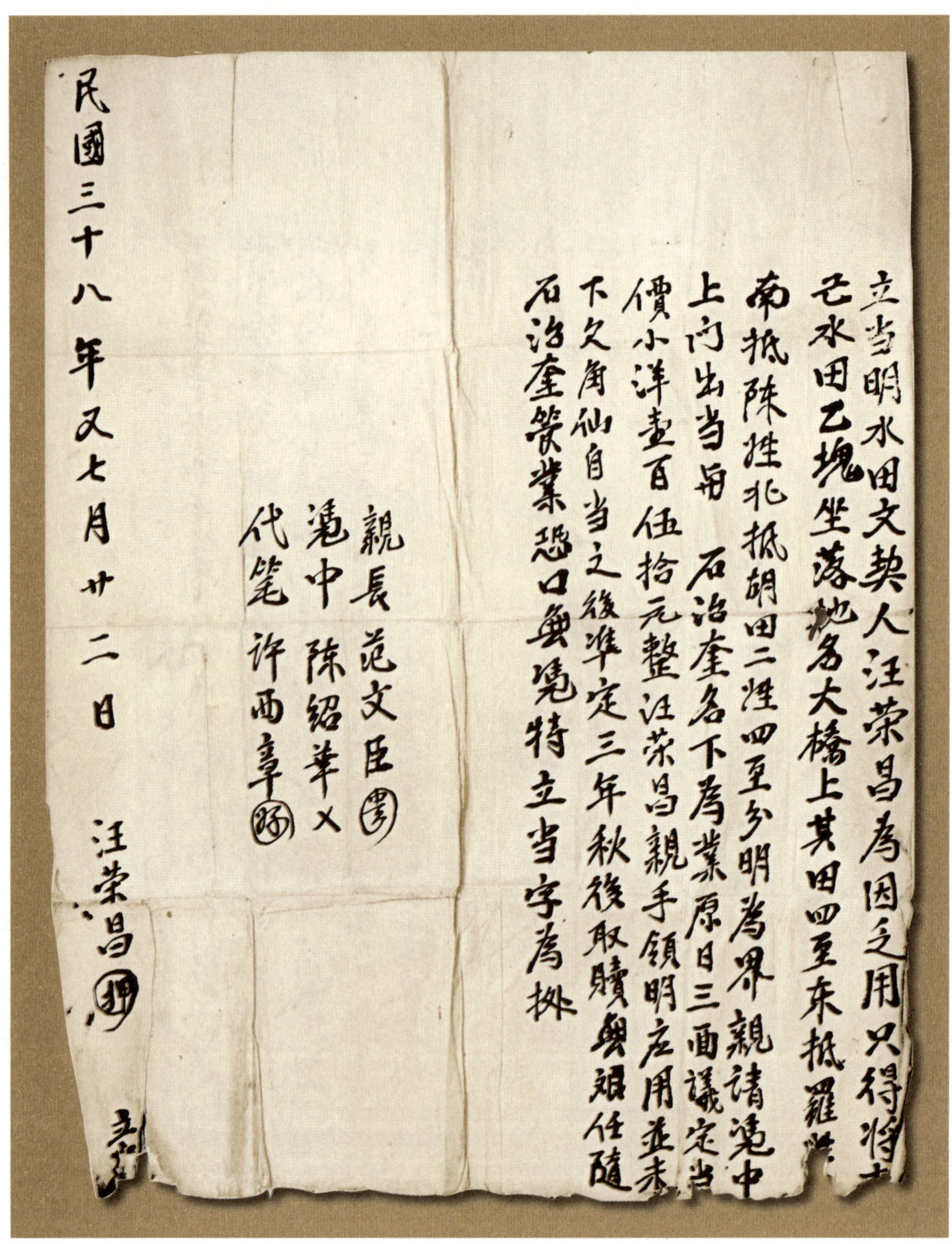

编号：srg-13

立当明水田文契人汪荣昌，为因乏用，只得将本己水田乙（壹）块，坐落地名大桥上，其田四至：东抵罗姓，南抵陈姓，北抵胡田二姓，四至分明为界，亲请凭中上门，出当与石治奎名下为业。原日三面议定当价小洋壹百伍拾元整。汪荣昌亲手领明应用，并未下欠角仙。自当之后，准定三年，秋后取赎，无银任随石治奎管业。恐口无凭，特立当字为据。

凭中亲长　范文臣　陈绍华

代　　笔　许西章

民国三十八年又七月二十二日　汪荣昌　立当

四　陆地 / 旱地

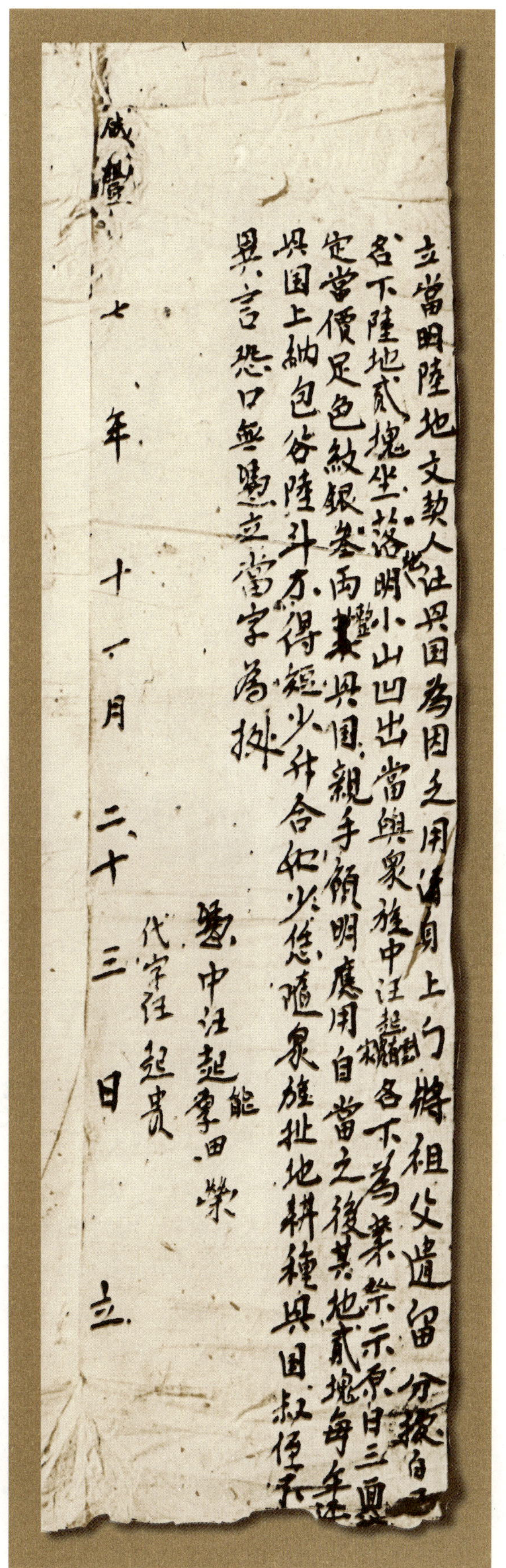

立当明陆地文契人汪兴国，为因缺用，请（亲）身上门，将祖父遗留分授自己名下陆地贰块，坐落地明（名）小山凹，出当与众族中汪起云、汪起有、汪起贵、汪起宋名下祭示（祀）。原日三面议定当价足色纹银叁两整。兴国亲手领明应用。自当之后，其地贰块每年还兴国上纳包谷陆斗，不得短少升合。如少，恁（任）随家族扯地耕种。兴国叔侄不得异言。恐口无凭，立当字为据。

凭中　汪起能
　　　汪起厚
　　　田　荣
代字　汪起贵

咸丰七年十一月二十三日　立

编号：wzc-11

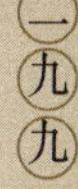

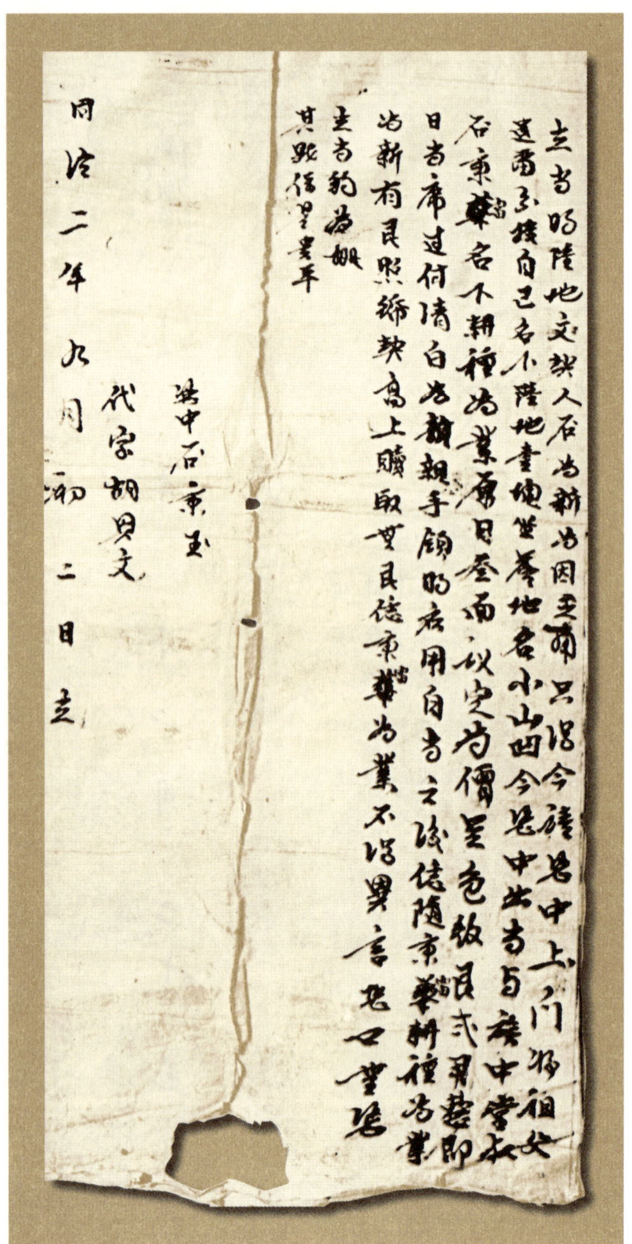

编号：scf-16

立当明陆地文契人石为新，为因乏用，只得今请凭中上门，将祖父遗留分授自己名下陆地壹块，坐落地名小山凹，今凭中出当与族中堂叔石秉富名下耕种为业。原日叁面议定当价足色纹银贰两整。即日当席过付清白。为新亲手领明应用。自当之后，任随秉富耕种为业，为新有艮（银）照纸契高上赎取，无艮（银）任秉富为业，不得异言。恐口无凭，立当约为据。

其戥系是贵平。

凭中　石秉玉

代字　胡兴文

同治二年九月初二日　立

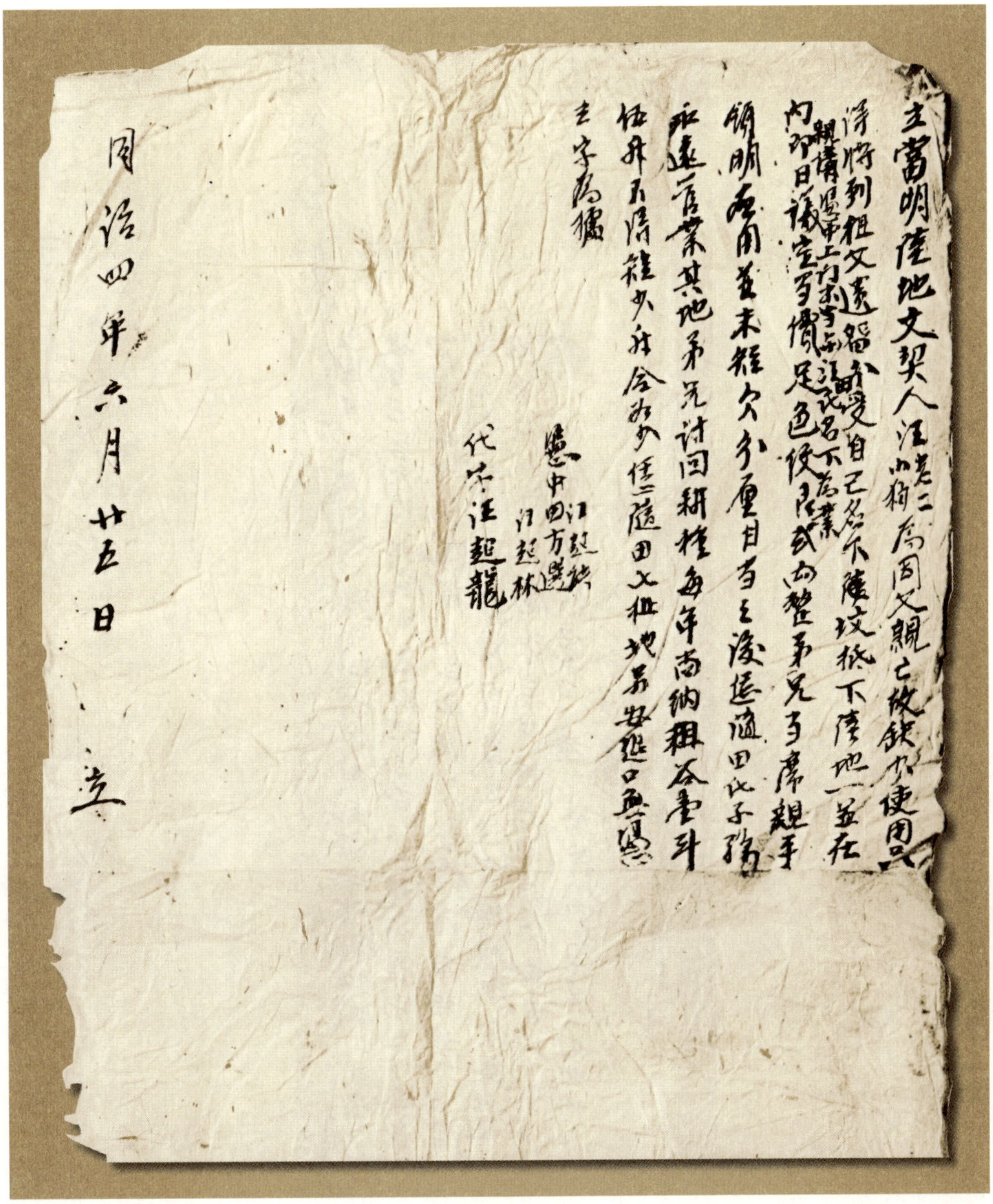

编号：wzc-15

立当明陆地文契人汪老三、汪小狗，为因父亲亡故，缺少使用，只得将列祖父遗留分受（授）自己名下坟抵（底）下陆地一并在内，亲请凭中上门，出当与汪田氏名下为业。即日议定当价足色纹艮（银）贰两整。弟兄当席亲手领明应用，并未短欠分厘。自当之后，任随田氏子孙永远管业。其地弟兄讨回耕种，每年尚（上）纳租谷壹斗伍升，不得短少升合。如少，任随田氏扯地另安。恐口无凭，立字为据。

凭中　汪起能　田方选　汪起林

代字　汪起龙

同治四年六月二十五日　立

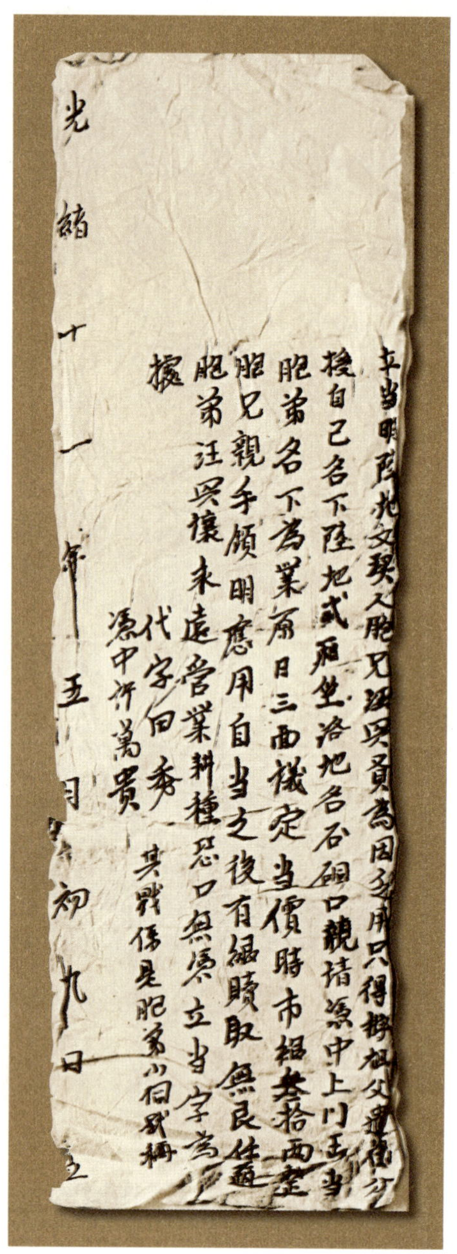

编号：wzc–75

立当明陆地文契人胞兄汪兴贤，为因乏用，只得将祖父遗留分授自己名下陆地贰厢，坐洛（落）地名石硐口，亲请凭中上门，出当胞弟名下为业。原日三面议定当价时市银叁拾两整。胞兄亲手领明应用。自当之后，有银赎取，无艮（银）任随胞弟汪兴让永远管业耕种。恐口无凭，立当字为据。

其戥系是胞弟小同（铜）戥称。

代字　田　秀

凭中　许万贵

光绪十一年五月初九日　立

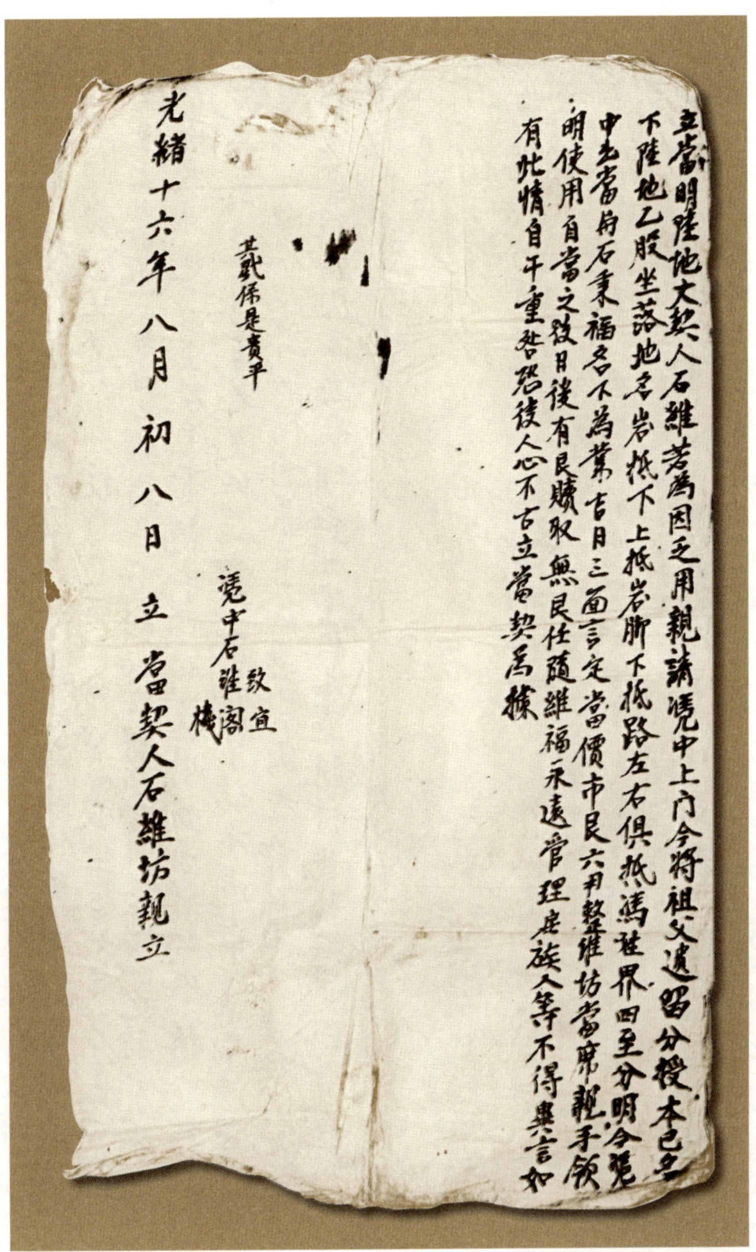

编号：sls-27

立当明陆地文契人石维芳，为因乏用，亲请凭中上门，今将祖父遗留分授本己名下陆地乙（壹）股，坐落地名岩抵（底）下，上抵岩脚，下抵路，左右俱抵冯姓界，四至分明，今凭中出当与石秉福名下为业。吉（即）日三面言定当价市银六两整。维坊当席亲手领明使用。自当之后，日后有艮（银）赎取，无艮（银）任随维福永远管理，房族人等不得异言。如有此情，自干（甘）重咎。恐后人心不古，立当契为据。

其戥系是贵平。

凭　　中　石致宜　石维阁　石维机

光绪十六年八月初八日　立当契人　石维坊　亲立

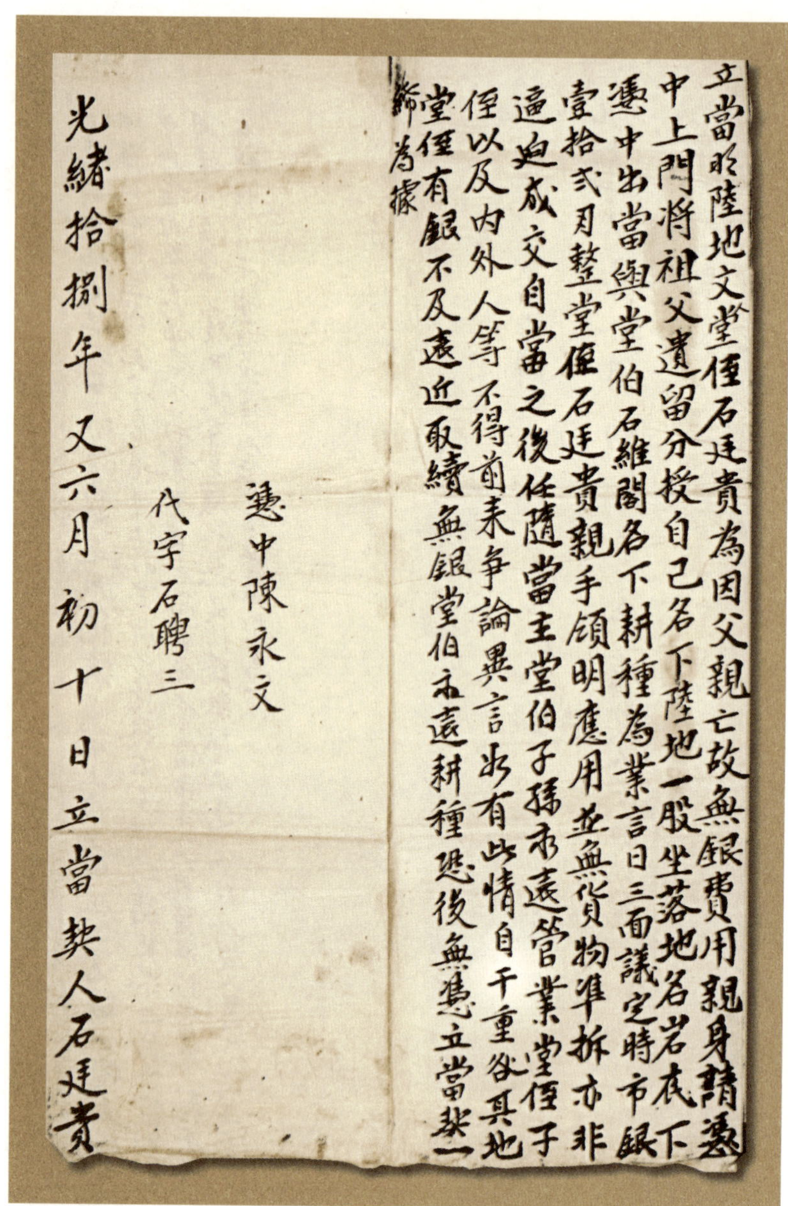

立當明陸地文堂侄石廷貴為因父親亡故無銀費用親身請憑中上門將祖父遺留分授自己名下陸地一股坐落地名岩底下憑中出當與堂伯石維閣名下耕種為業言日三面議定時市銀壹拾弍两整堂侄石廷貴親手領明應用並無貨物準拆亦非逼迫成交自當之後任隨當主堂伯子孫永遠管業堂侄子侄以及內外人等不得前來争論異言如有此情自干重咎其地堂侄有銀不及遠近取續無銀堂伯永遠耕種恐後無憑立當契一紙為據

憑中陳永文

代字石聘三

光緒拾捌年又六月初十日立當契人石廷貴

编号：sls-3

立当明陆地文人堂侄石廷贵，为因父亲亡故，无银费用，亲身请凭中上门，将祖父遗留分授自己名下陆地一股，坐落地名岩底下，凭中出当与堂伯石维阁名下耕种为业。言（原）日三面议定时市银壹拾贰两整。堂侄石廷贵亲手领明应用，并无货物准拆（折），亦非逼迫成交。自当之后，任随当主堂伯子孙永远管业，堂侄子侄以及内外人等不得前来争论异言。如有此情，自干（甘）重咎。其地堂侄有银不及远近取续（赎），无银堂伯永远耕种。恐后无凭，立当契一纸为据。

凭　　中　陈永文

代　　字　石聘三

光绪十八年又六月初十日　立当契人　石廷贵

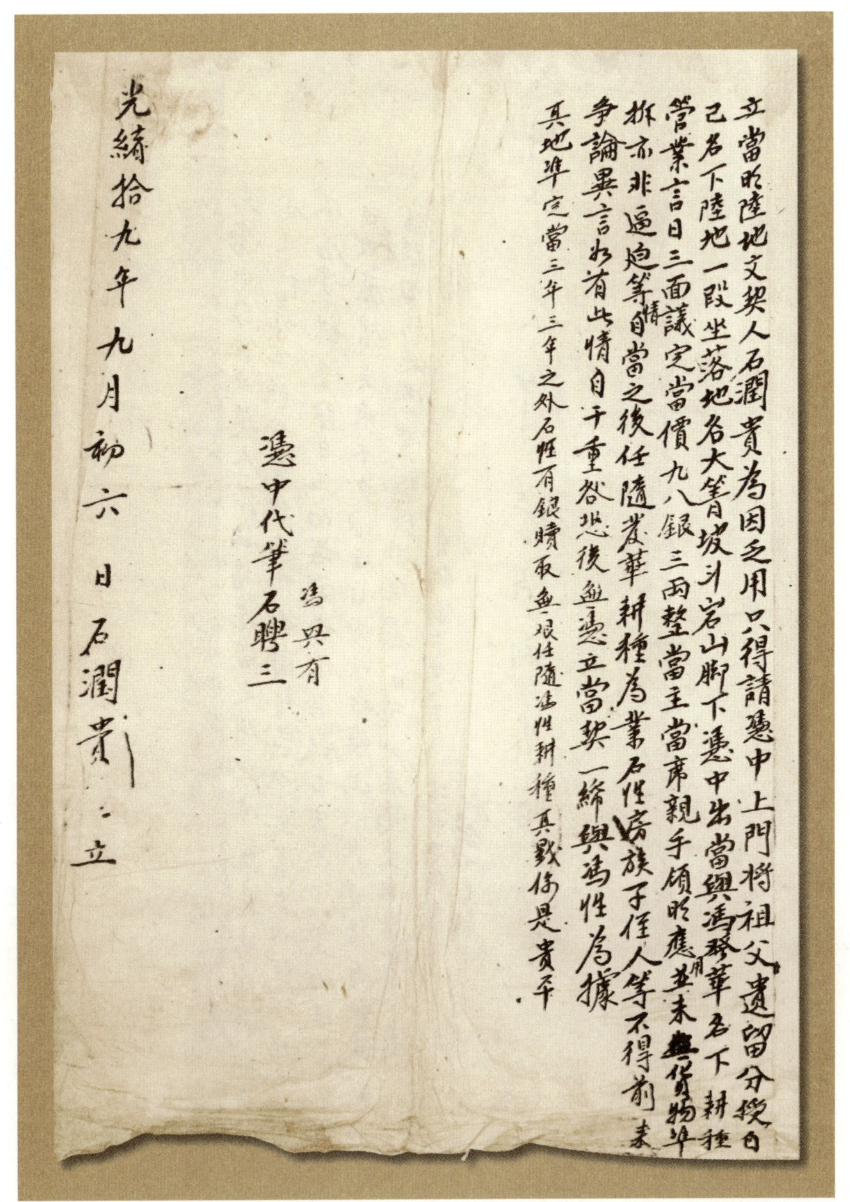

编号：tyg–8

立当明陆地文契人石润贵，为因乏用，只得请凭中上门，将祖父遗留分授自己名下陆地一股，坐落地名大箐坡斗岩山脚下，凭中出当与冯发华名下耕种管业。言（原）日三面议定当价九八银三两整。当主当席亲手领明应用，并无货物准拆（折），亦非逼迫等情。自当之后，任随发华耕种为业。石姓房族子侄人等不得前来争论异言。如有此情，自干（甘）重咎。恐后无凭，立当契一纸与冯姓为据。

其地准定当三年。三年之外，石姓有银赎取，无银任随冯姓耕种。其戥系是贵平。

凭中代笔　冯兴有　石聘三

光绪十九年九月初六日　石润贵　立

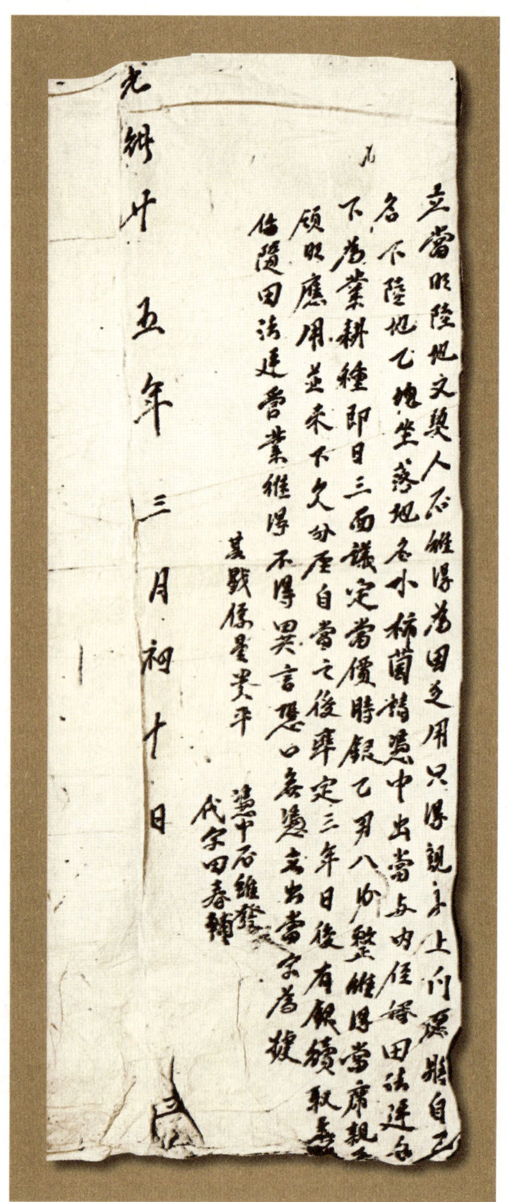

编号：tyg–6

立当明陆地文契人石维得，为因乏用，只得亲身上门，愿将自己名下陆地乙（壹）块，坐落地名小柿园，请凭中出卖与内侄婿田法廷名下为业耕种。即日三面议定当价时银乙（壹）两八钱整。维得当席亲手领明应用，并未下欠分厘。自当之后，准定三年。日后有银赎取，无银任随田法廷管业，维得不得异言。恐口无凭，立出当字为据。

其戥系是省平。

凭中　石维发

代字　田春辅

光绪二十五年三月初十日　立

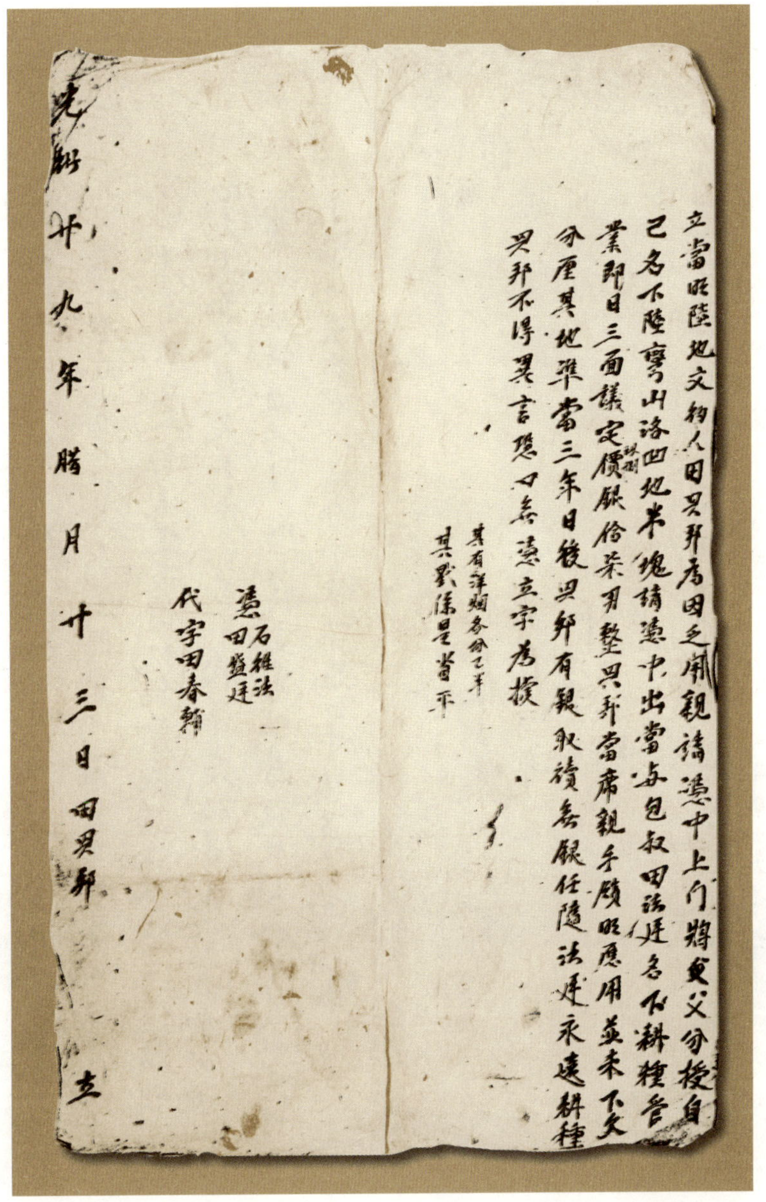

编号：tyg–7

立当明陆地文约人田兴邦，为因乏用，亲请凭中上门，将义父分授自己名下陆弯（湾）山洛凹地半块，请凭中出当与包（胞）叔田法廷名下耕种管业。即日三面议定价玖捌银拾柒两整。兴邦当席亲手领明应用，并未下欠分厘。其地准当三年，日后兴邦有银取赎，无银任随法廷永远耕种，兴邦不得异言。恐口无凭，立字为据。

其有洋烟各分乙（一）半。

其戥系是省平。

凭　石维法　田盛廷

代字　田春辅

光绪二十九年腊月二十三日　田兴邦　立

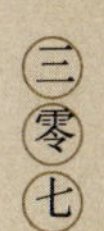

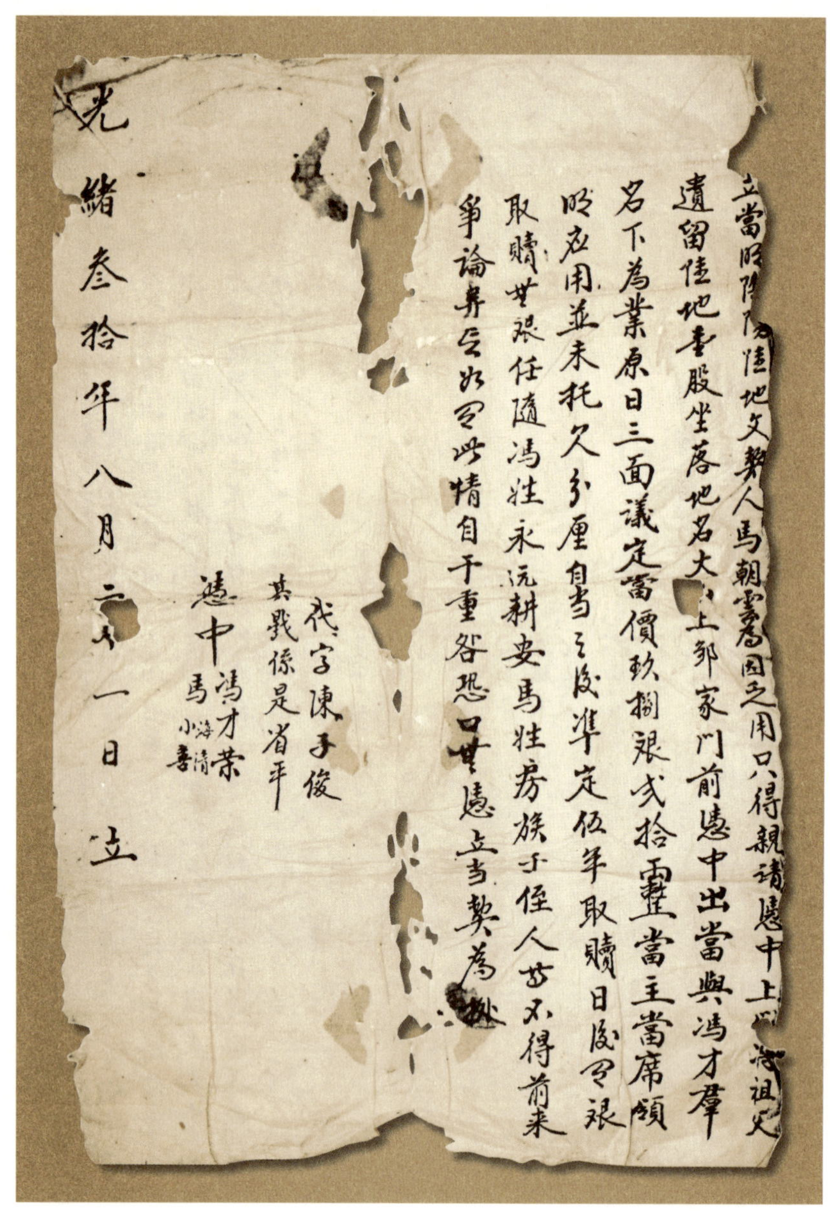

编号：mxq-40

立当明阴阳陆地文契人马朝云，为因乏用，只得亲请凭中上门，将祖父遗留陆地壹股，坐落地名大□上邹家门前，凭中出当与冯才群名下为业。原日三面议定当价玖捌银贰拾两整。当主当席领明应用，并未托（拖）欠分厘。自当之后，准定伍年取赎，日后有银取赎，无银任随冯姓永远耕安。马姓房族子侄人等不得前来争论异言。如有此情，自干（甘）重咎。恐口无凭，立当契为据。

其戏系是省平。

代字　陈子俊

凭中　冯才荣　马海清　马小喜

光绪三十年八月二十一日　立

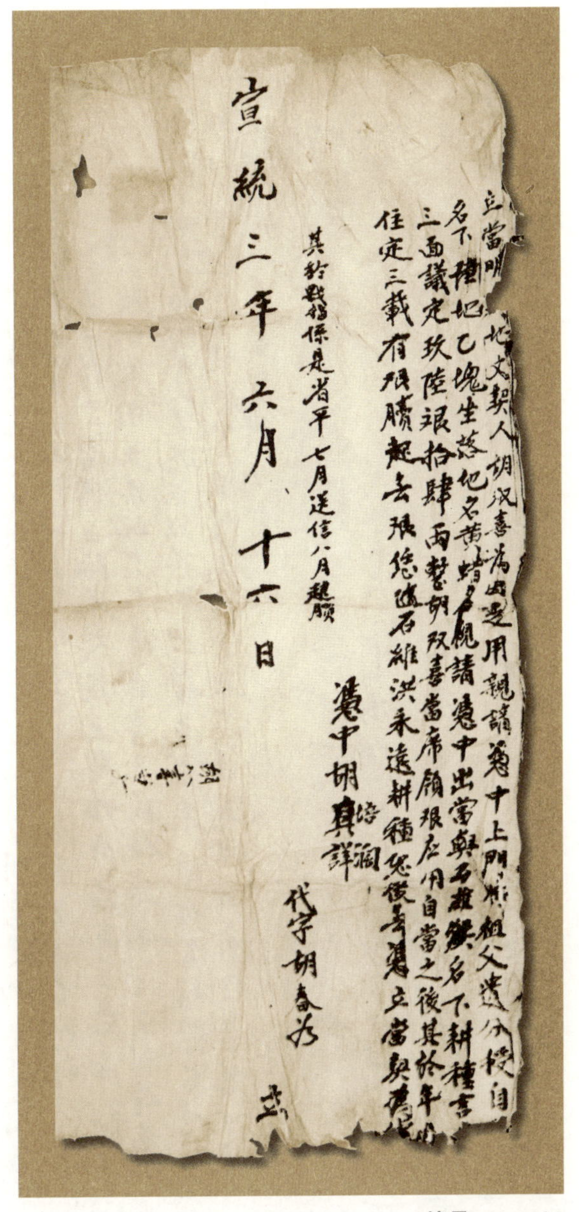

编号：srg–21

立当明□地文契人胡双喜，为因乏用，亲请凭中上门，将祖父遗留分授自［己］名下陆地乙（壹）块，坐落地名黄蜡□，亲请凭中出当与石维洪名下耕种。言（原）日三面议定玖陆银拾肆两整。胡双喜当席领银应用。自当之后，其于年□住定三载。有银赎起（取），无银任随石维洪永远耕种。恐后无凭，立当契为据。

其于（余）戥指（子）系是省平。七月送信，八月起（取）赎。

凭中　胡培阔　胡真祥

代字　胡春为

宣统三年六月十六日　立

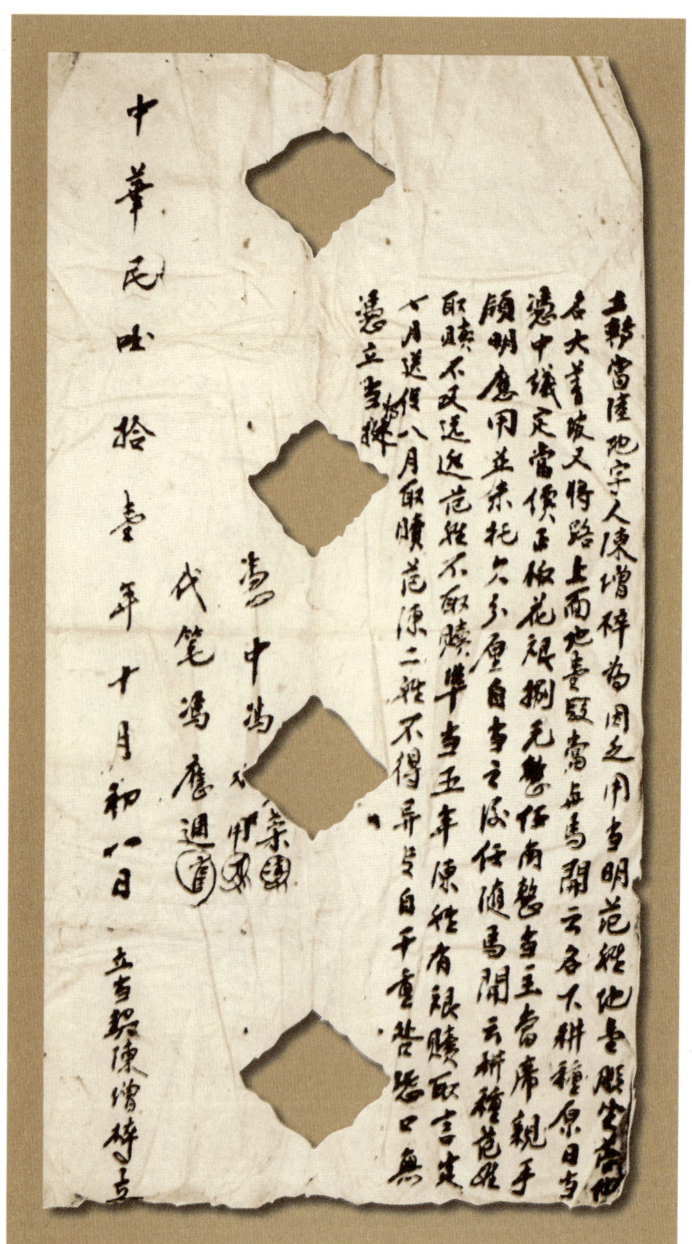

编号：mxq–29

立转当陆地字人陈增梓，为因乏用，当明范姓地壹股，坐落地名大箐坡，又将路上面地壹股，当与马开云名下耕种。原日当凭中议定当价正板花银捌元伍角整。当主当席亲手领明应用，并未托（拖）欠分厘。自当之后，任随马开云耕种，范姓取赎不及远近。范姓不取赎，准当五年，陈姓有银赎取，言定七月送传，八月取赎。范陈二姓不得异言。自干（甘）重咎。恐口无凭，立当为据。

凭　中　冯□荣　冯□用

代　笔　冯应周

中华民国十一年十月初八日　立当契　陈增梓　立

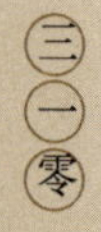

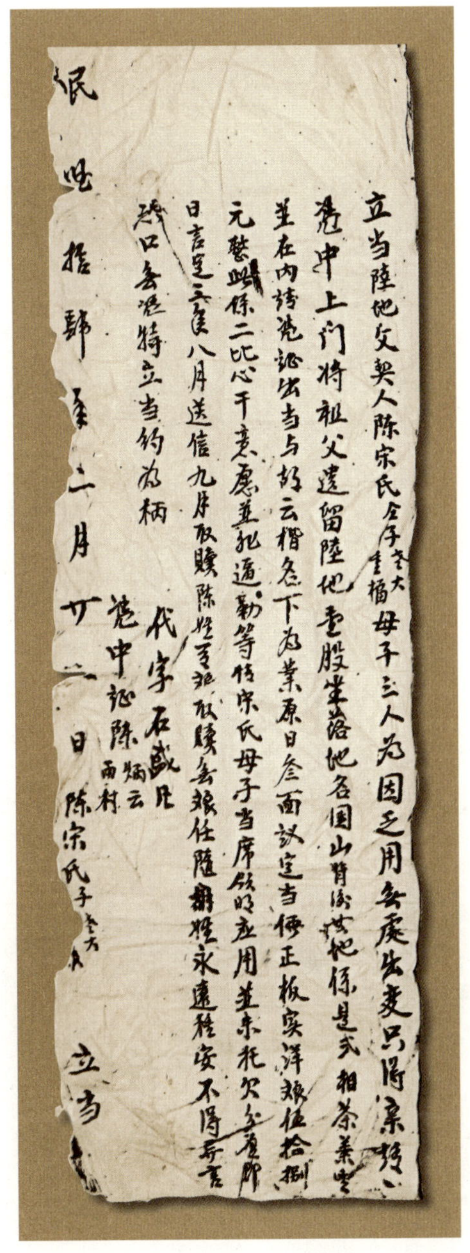

编号：mxq–31

立当陆地文契人陈宋氏，同子老大、重福，母子三人，为因乏用，无处出变（办），只得亲请凭中上门，将祖父遗留陆地壹股，坐落地名团山背后，其地系是贰相（厢），茶叶壹并在内，请凭证出当与胡云楷名下为业。原日叁面议定当价正板实洋银伍拾捌元整。此系二比（彼）心干（甘）意愿，并无逼勒等情。宋氏母子当席领明应用，并未托（拖）欠分厘。即日言定三年，八月送信，九月取赎。陈姓有银取赎，无银任随胡姓永远耕安，不得异言。恐口无凭，特立当约为柄。

代　字　石盛凡

凭中证　陈炳云　陈雨村

民国十四年二月二十二日　陈宋氏　［同］子老大　重福　立当

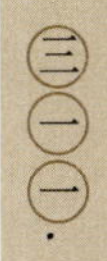

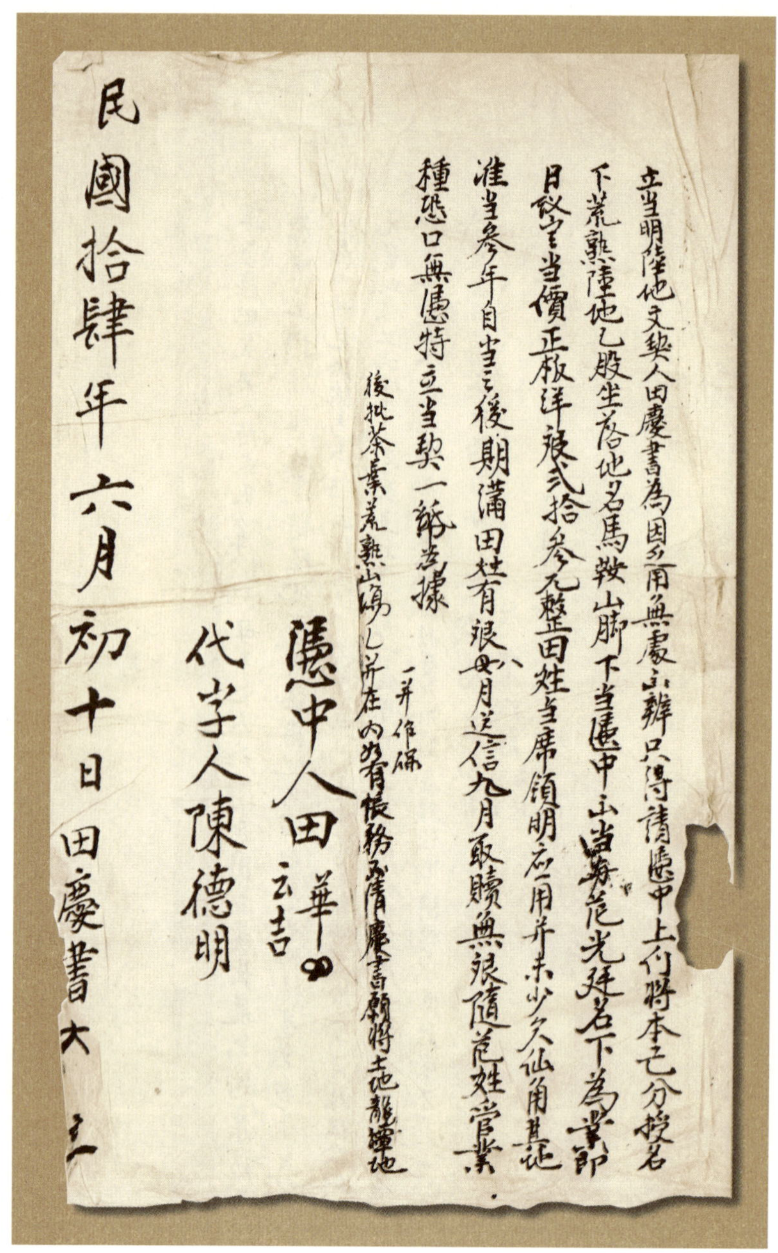

编号：tyg-41

立当明陆地文契人田庆书，为因乏用，无处出辨（办），只得请凭中上门，将本己分授名下荒熟陆地乙（壹）股，坐落地名马鞍山脚下，当凭中出当与范光廷名下为业。即日议定当价正板洋银贰拾叁元整。田姓当席领明应用，并未少欠角仙。其地准当叁年。自当之后期满，田姓有银八月送信，九月取赎，无银随范姓管业种。恐口无凭，特立当契一纸为据。

后批：茶叶荒熟山场乙（一）并在内，如有帐务不清，庆书愿将土地龙潭地一并作保。

凭中人　田　华　田云吉

代字人　陈德明

民国十四年六月初十日　田庆书　立

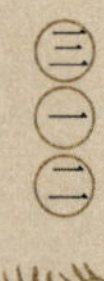

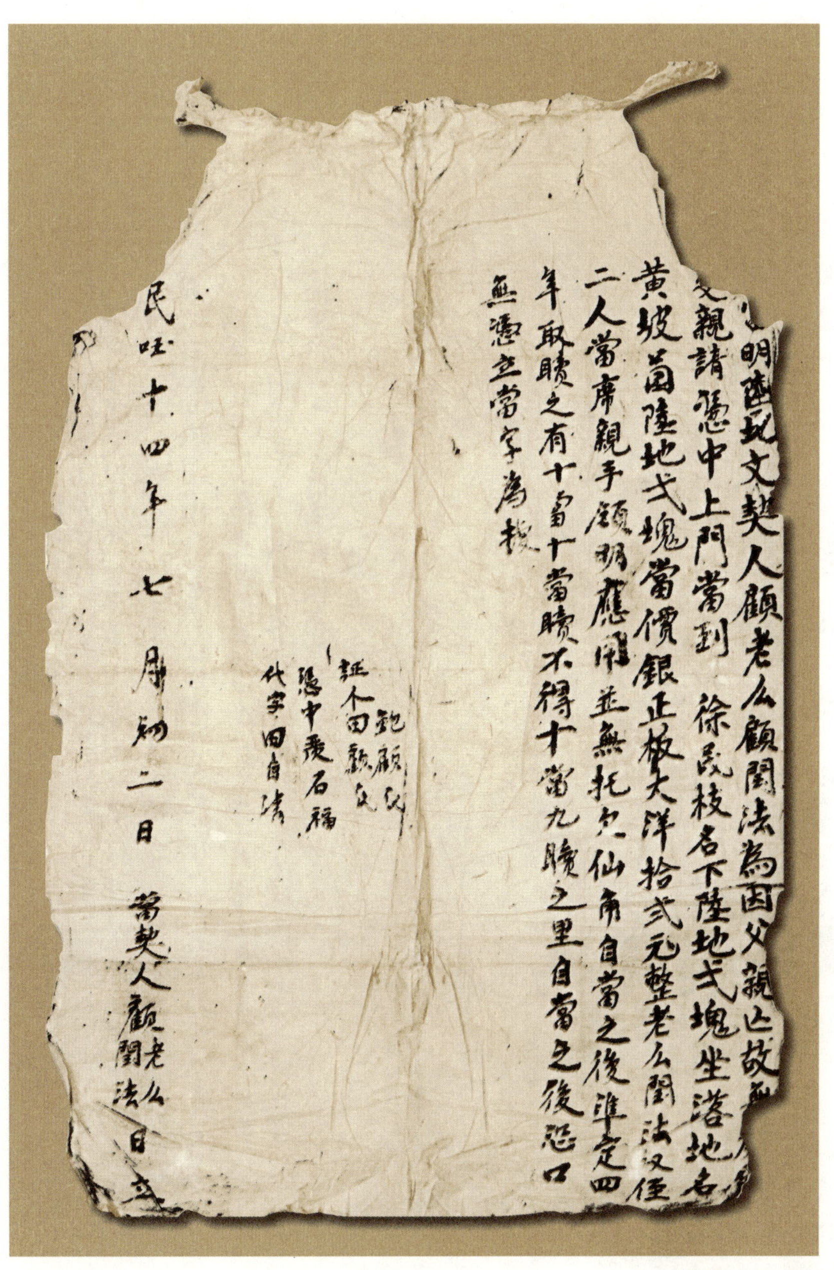

编号：tyg–45

［立当］明陆地文契人顾老么、顾闰法，为因父亲亡故，无□□□，亲请凭中上门，当到徐民枝名下陆地贰块，坐落地名黄坡园，陆地贰块，当价银正板大洋拾贰元整。老么、闰法叔侄二人当席亲手领明应用，并无托（拖）欠仙角。自当之后，准定四年取赎。之（只）有十当十当赎，不得十当九赎之里（理）。自当之后，恐口无凭，立当字为据。

证　人　鲍顾氏　田顾氏
凭　中　严石福
代　字　田自清

民国十四年七月初二日　当契人　顾老么　顾闰法　日立

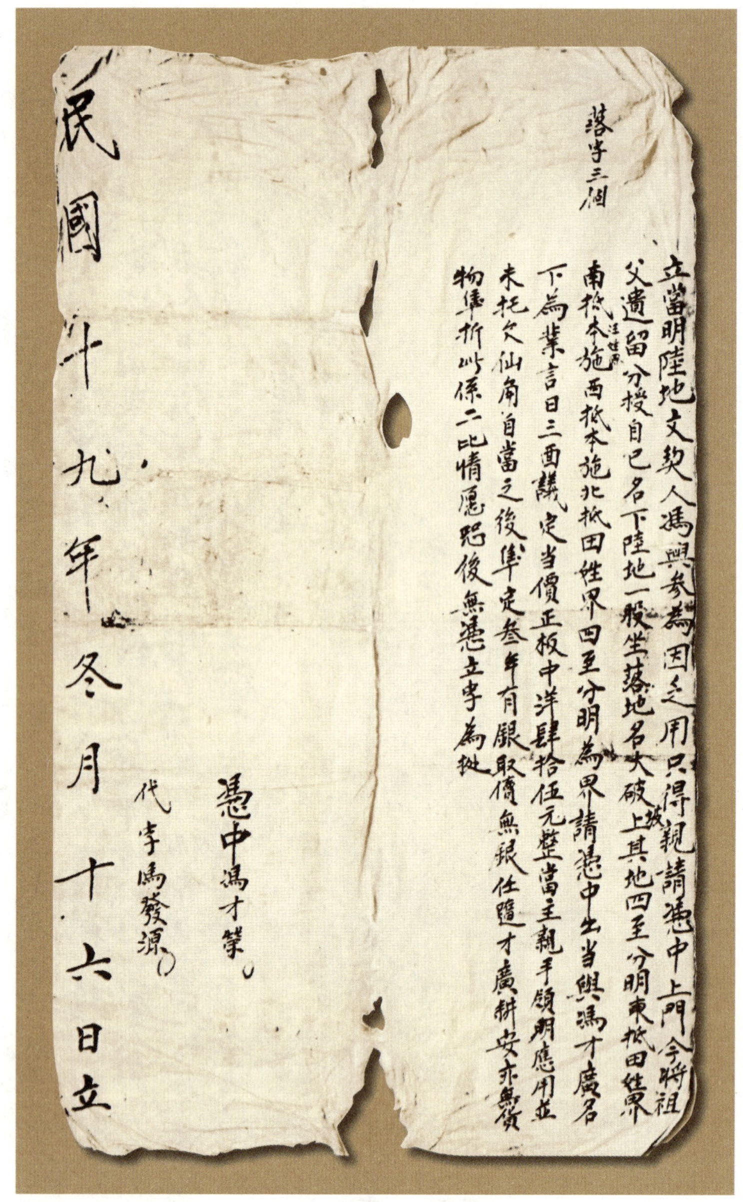

编号：fsq–20

立当明陆地文契人冯兴参，为因乏用，只得亲请凭中上门，今将祖父遗留分授自己名下陆地一股，坐落地名大破（坡）上，其地四至分明，东抵田姓界，南抵汪姓界本施（族），西抵本施（族），北抵田姓界，四至分明为界，请凭中出当与冯才广名下为业。言（原）日三面议定当价正板中洋肆拾伍元整。当主亲手领明应用，并未托（拖）欠仙角。自当之后，准定叁年，有银取续（赎），无银任随才广耕安。亦无货物准折。此系二比（彼）情愿。恐后无凭，立字为据。

落字三个。

凭中　冯才荣

代字　冯发源

民国十九年冬月十六日　立

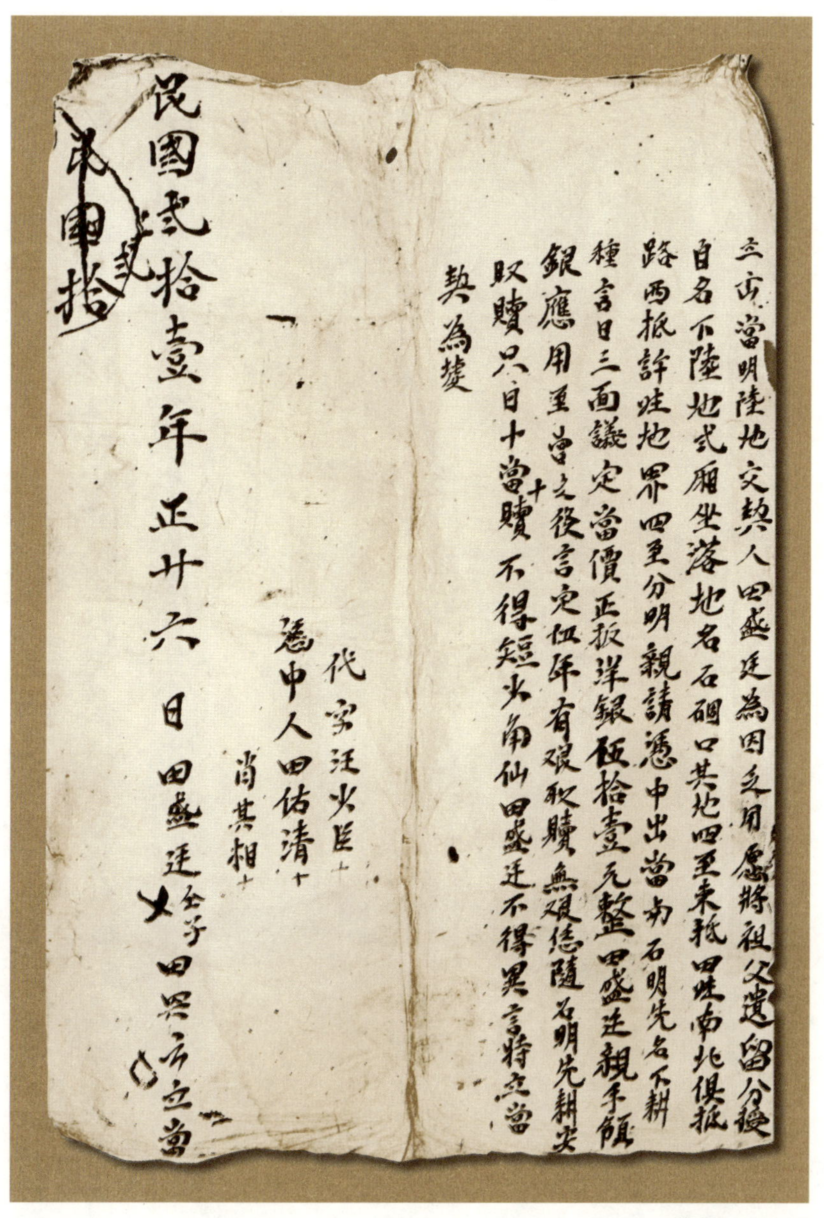

编号：tyg-39

立出当明陆地文契人田盛廷，为因乏用，愿将祖父遗留分授自［己］名下陆地贰厢，坐落地名石硐口，其地四至：东抵田姓，南、北俱抵路，西抵许姓地界，四至分明，亲请凭中出当与石明先名下耕种。言（原）日三面议定当价正板洋银伍拾壹元整。田盛廷亲手领银应用。至（自）当之后，言定伍年，有银取赎，无银任随石明先耕安。取赎只（之）日十当十赎，不得短少角仙。田盛廷不得异言。特立当契为据。

代　字　汪少臣

凭中人　田佑清　肖其相

民国二十一年正［月］二十六日　田盛廷　同子田兴云　立当

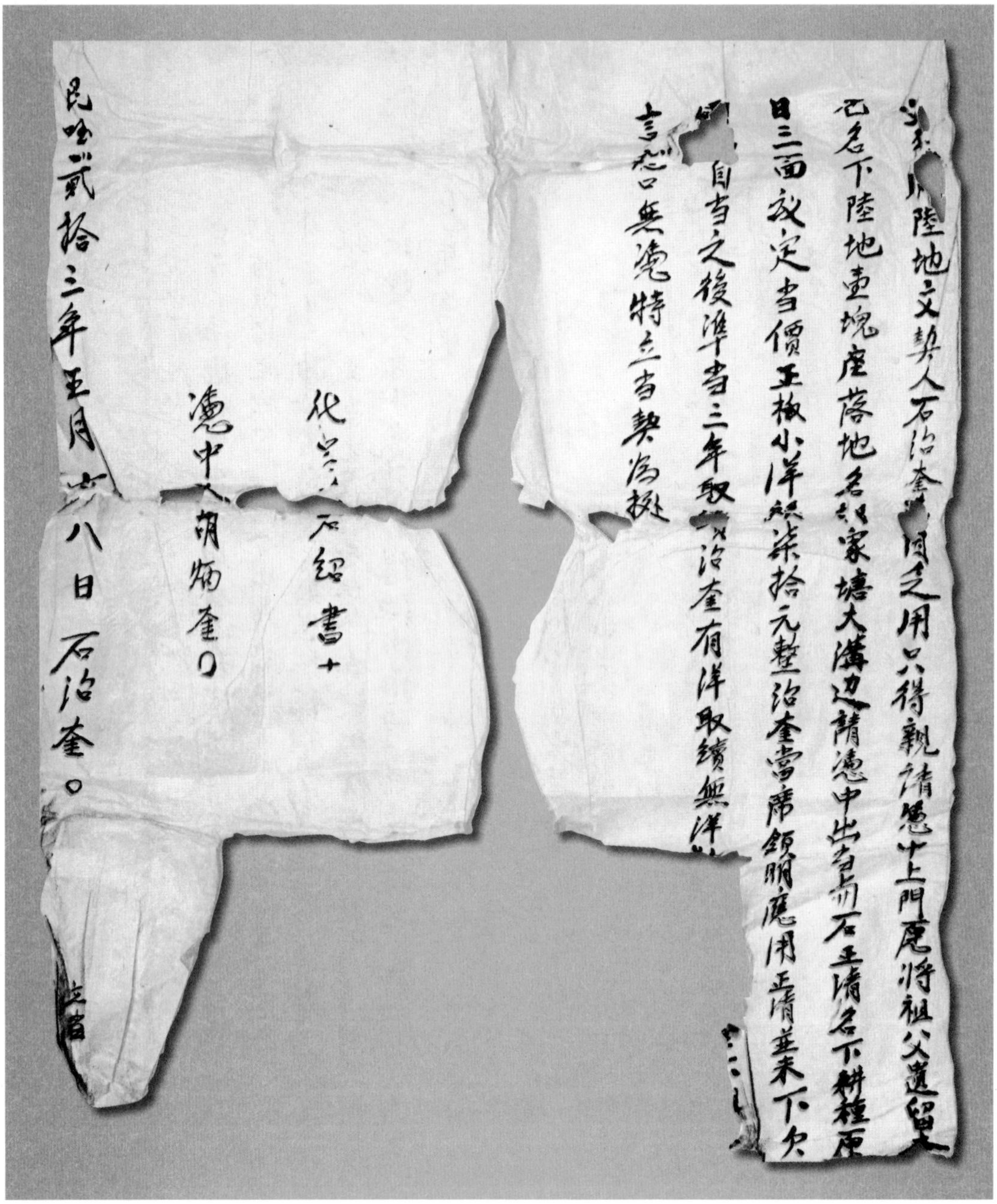

编号：srg-10

［立当明］陆地文契人石治奎，为因乏用，只得亲请凭中上门，愿将祖父遗留本己名下陆地壹块，座（坐）落地名胡家塘大沟边，请凭中出当与石正清名下耕种。原日三面议定当价正板小洋银柒拾元整。治奎当席领明应用，正清并未下欠□□。自当之后，准当三年取续（赎）。治奎有洋取续（赎），无洋□□□□□□□□□□言。恐口无凭，特立当契为据。

代字人　石绍书

凭中人　胡炳奎

民国二十三年五月十八日　石治奎　立当

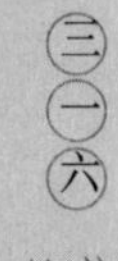

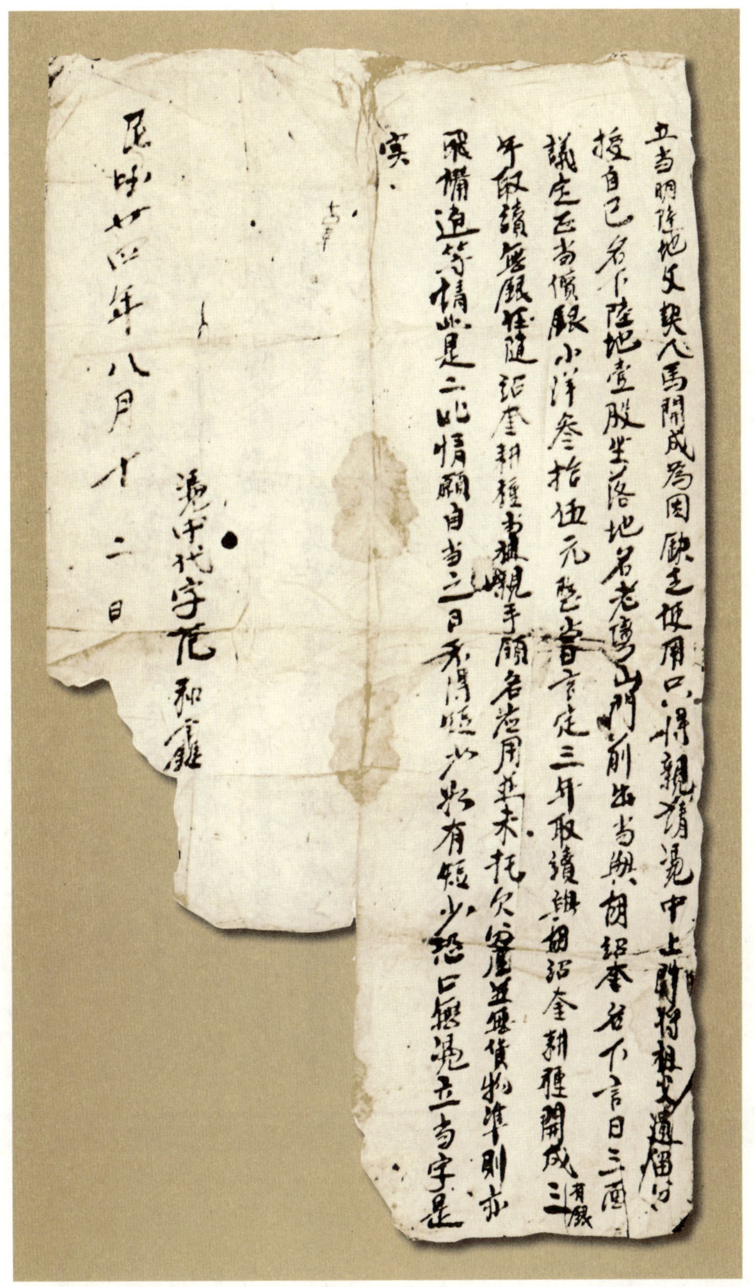

编号：mxq–8

立当明陆地文契人马开成，为因缺乏使用，只得亲请凭中上门，将祖父遗留分授自己名下陆地壹股，坐落地名老湾山门前，出当与胡绍奎名下。言（原）日三面议定正当价银小洋叁拾伍元整。当日言定三年取续（赎）与胡绍奎耕种。开成有银三年取续（赎），无银任随绍奎耕种。当祖（主）亲手领名（明）应用，并未托（拖）欠分厘，并无货物准则（折），亦飞（非）被迫等情。此是二比（彼）情愿，自当之日，不得短少。如有短少，恐口无凭，立当字是实。

凭中代字　范和鑫

民国二十四年八月十二日

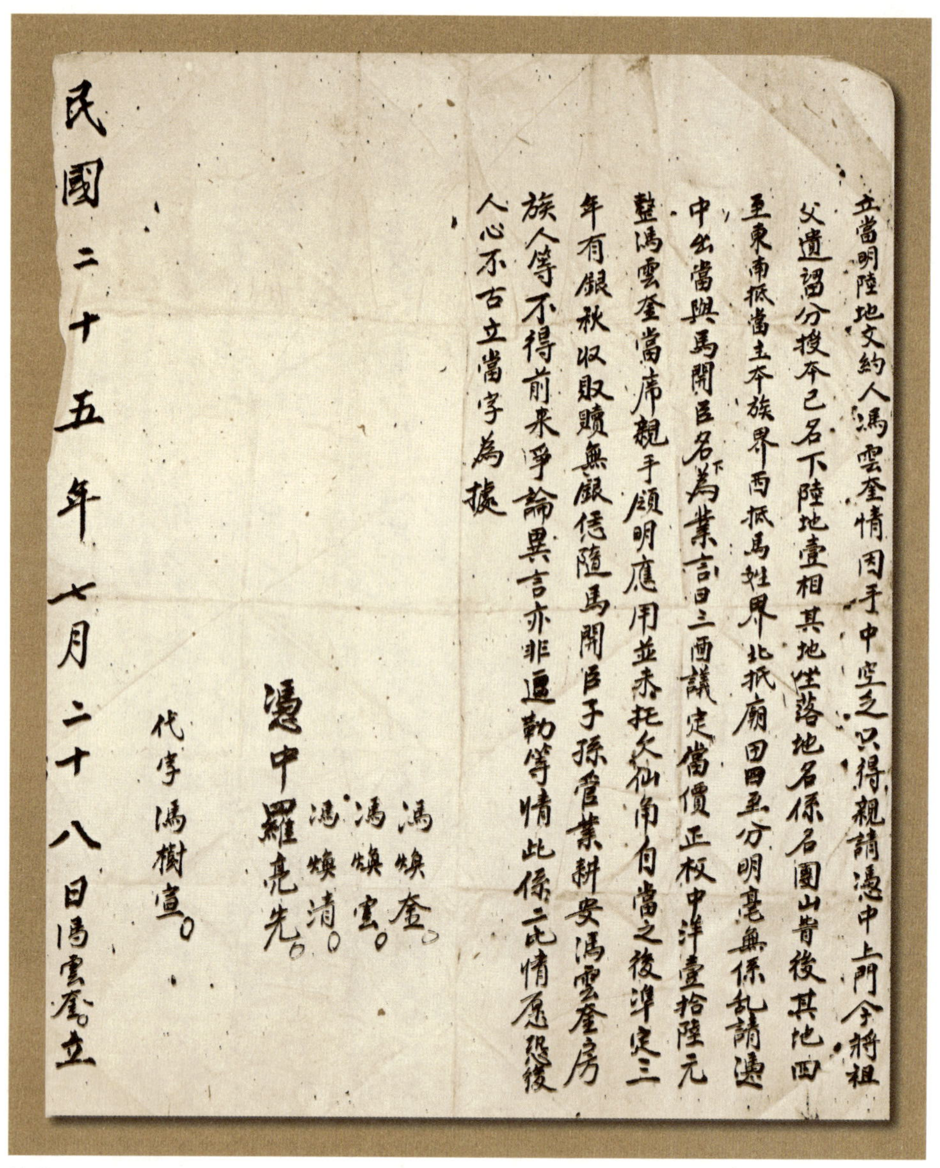

立當明陸地文約人馮雲奎情因手中空乏只得親請憑中上門今將祖父遺留分授本己名下陸地壹相其地坐落地名係名团山背後其地四至東南抵當主本族界西抵馬姓界北抵廟田四至分明毫無係乱請憑中出當與馬開臣名下為業言日三面議定當價正板中洋壹拾陸元整馮雲奎當席親手領明應用並未托欠仙角自當之後準定三年有銀秋收取贖無銀任隨馬開臣子孫管業耕安馮雲奎房族人等不得前來爭論異言亦非逼勒等情此係二比情愿恐後人心不古立當字為據

憑中 馮煥奎 馮煥雲 馮煥清 羅亮先

代字 馮樹宣

民國二十五年七月二十八日馮雲奎立

编号：mxq–3

立当明陆地文约人冯云奎，情因手中空乏，只得亲请凭中上门，今将祖父遗留分授本己名下陆地壹相（厢），其地坐落地名系名团山背后，其地四至：东、南抵当主本族界，西抵马姓界，北抵庙田，四至分明，毫无系（紊）乱，请凭中出当与马开臣名下为业。言（原）日三面议定当价正板中洋壹拾陆元整。冯云奎当席亲手领明应用，并未托（拖）欠仙角。自当之后，准定三年，有银秋收取赎，无银任随马开臣子孙管业耕安，冯云奎房族人等不得前来争论异言。亦非逼勒等情，此系二比（彼）情愿。恐后人心不古，立当字为据。

凭中　冯焕奎　冯焕云　冯焕清　罗亮先

代字　冯树宣

民国二十五年七月二十八日　冯云奎　立

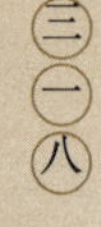

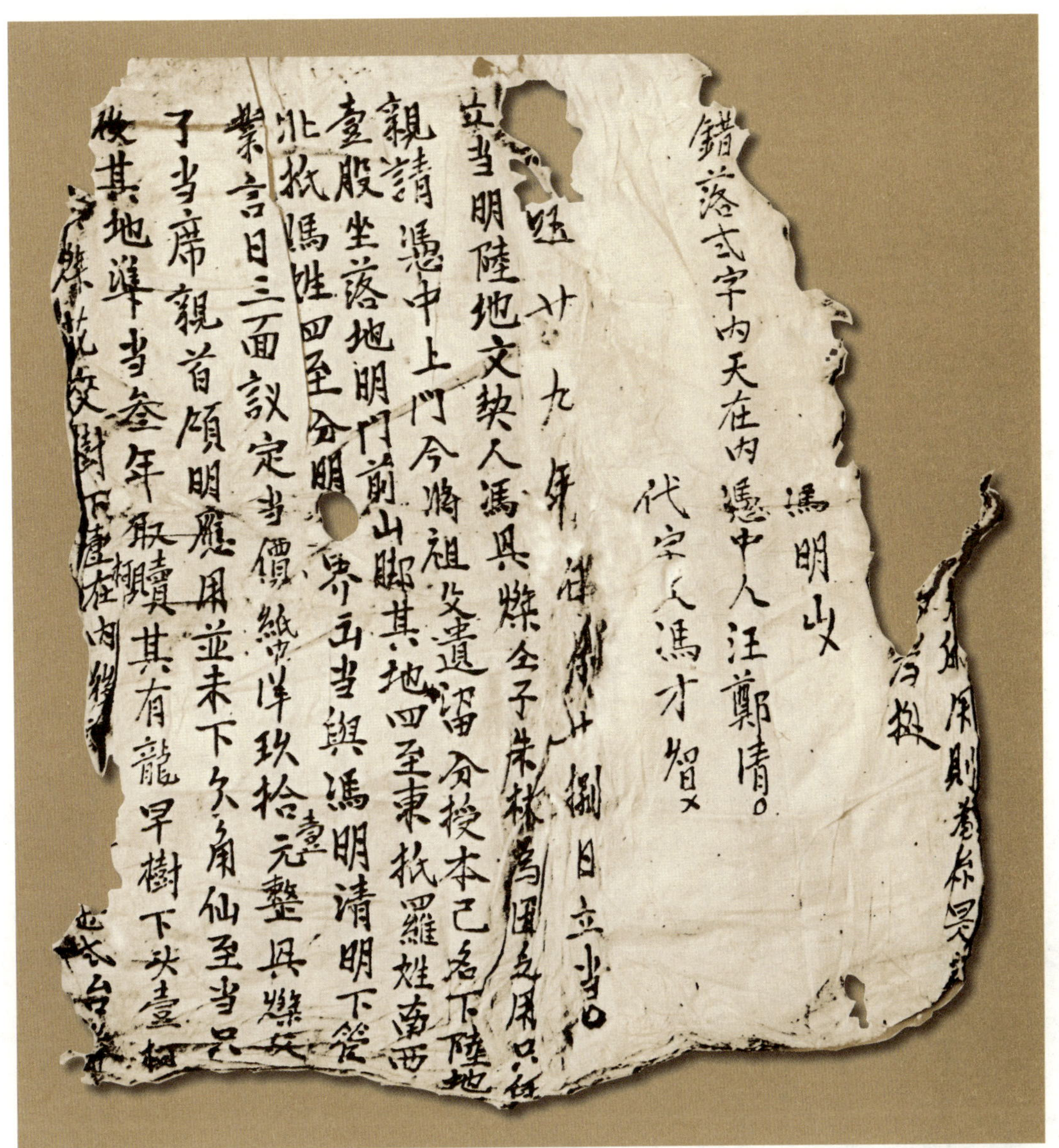

编号：fsq-6

立当明陆地文契人冯兴灿，同子朱林，为因乏用，只得亲请凭中上门，今将祖父遗留分授本已名下陆地壹股，坐落地明（名）门前山脚，其地四至：东抵罗姓，南、西、北抵冯姓，四至分明为界，出当与冯明清明（名）下管业。言（原）日三面议定当价纸洋玖拾壹元整。兴灿父子当席亲首（手）领明应用，并未下欠角仙。至（自）当只（之）后，其地准当叁年取赎。其有龙早（枣）树下头壹柯（棵）、□兴灿花交（椒）树下壹柯（棵）在内。后□□□□贰台□□□□□□□□□□□□□所用则为系是□□□□□□□□□为据。

错落贰字，内天（添）在内。

凭中人　冯明山　汪郑清

代字人　冯才智

民国二十九年五月二十八日　立当

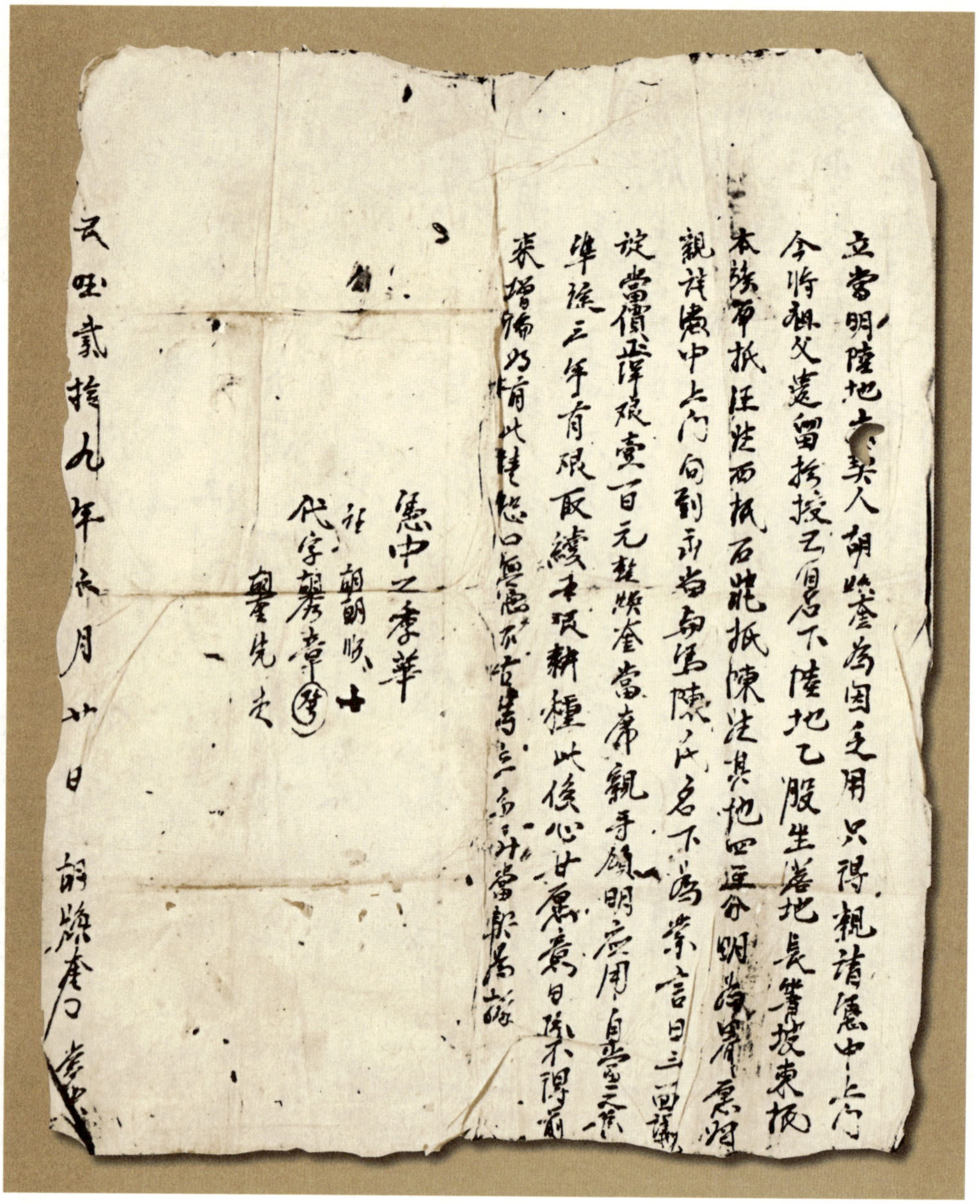

编号：slc-20

立当明陆地文契人胡焕奎，为因乏用，只得亲请凭中上门，今将祖父遗留分授自己名下陆地乙（壹）股，坐落地名长箐坡，东抵本族，南抵汪姓，西抵石姓，北抵陈姓，其地四至分明为界，愿将亲请凭中上门，问到出当与冯陈氏名下为业。言（原）日三面议定当价正洋银壹百元整。焕奎当席亲手领明应用。自当之后，准定三年，有银取续（赎），无银耕种。此系心甘愿意，日后不得前来增（争）论。如有此情，恐口无凭不古，特立壹纸当契为据。

凭中　石季华

证　胡朝顺

代字　胡秀章　胡奎先

民国二十九年六月二十日　胡焕奎　当契

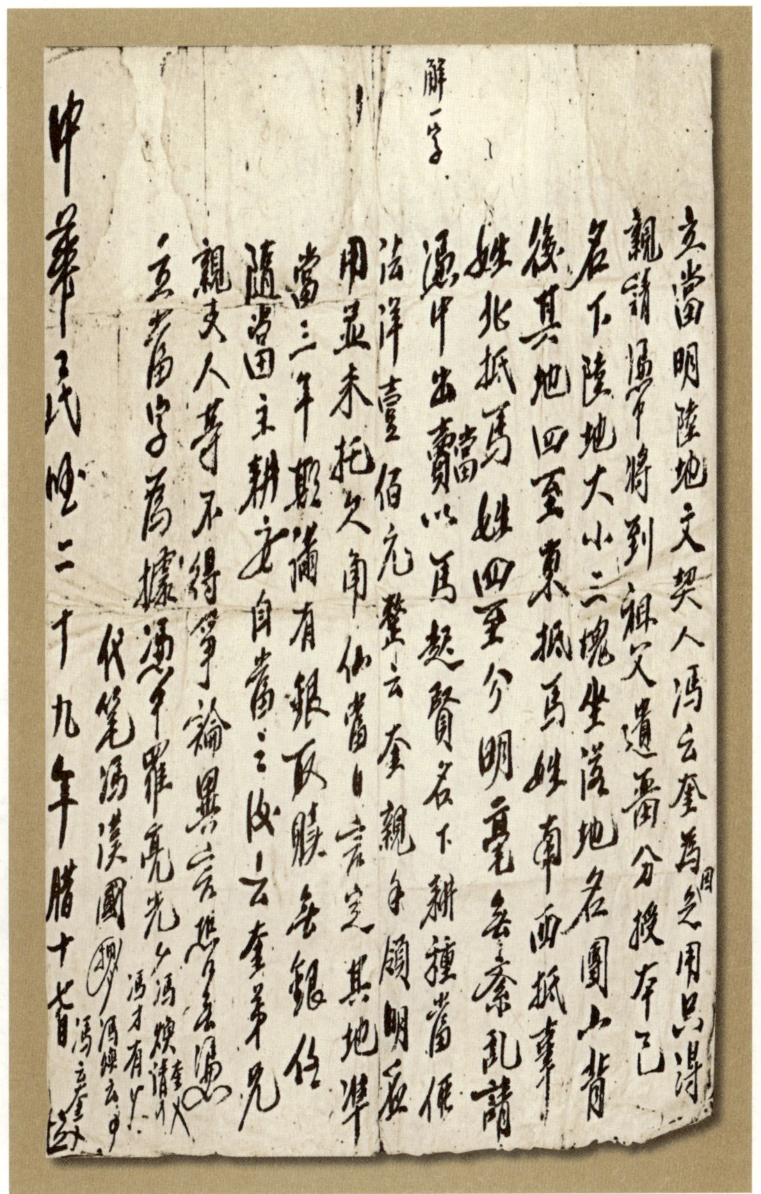

编号：mxq–32

立当明陆地文契人冯云奎，为因乏用，只得亲请凭中，将到祖父遗留分授本己名下陆地大小三块，坐落地名团山背后，其地四至：东抵马姓，南、西抵辜姓，北抵马姓，四至分明，毫无紊乱，请凭中出当以（与）马起贤名下耕种，当价法洋壹佰元整。云奎亲手领明应用，并未托（拖）欠角仙。当日言定其地准当三年，期满有银取赎，无银任随当主耕安。自当之后，云奎弟兄亲支人等不得争论异言。恐口无凭，立当字为据。

解一字。

凭中　罗亮光　冯焕奎　冯焕清　冯才有　冯焕云　冯云奎

代笔　冯汉国

中华民国二十九年腊（月）十七日　立

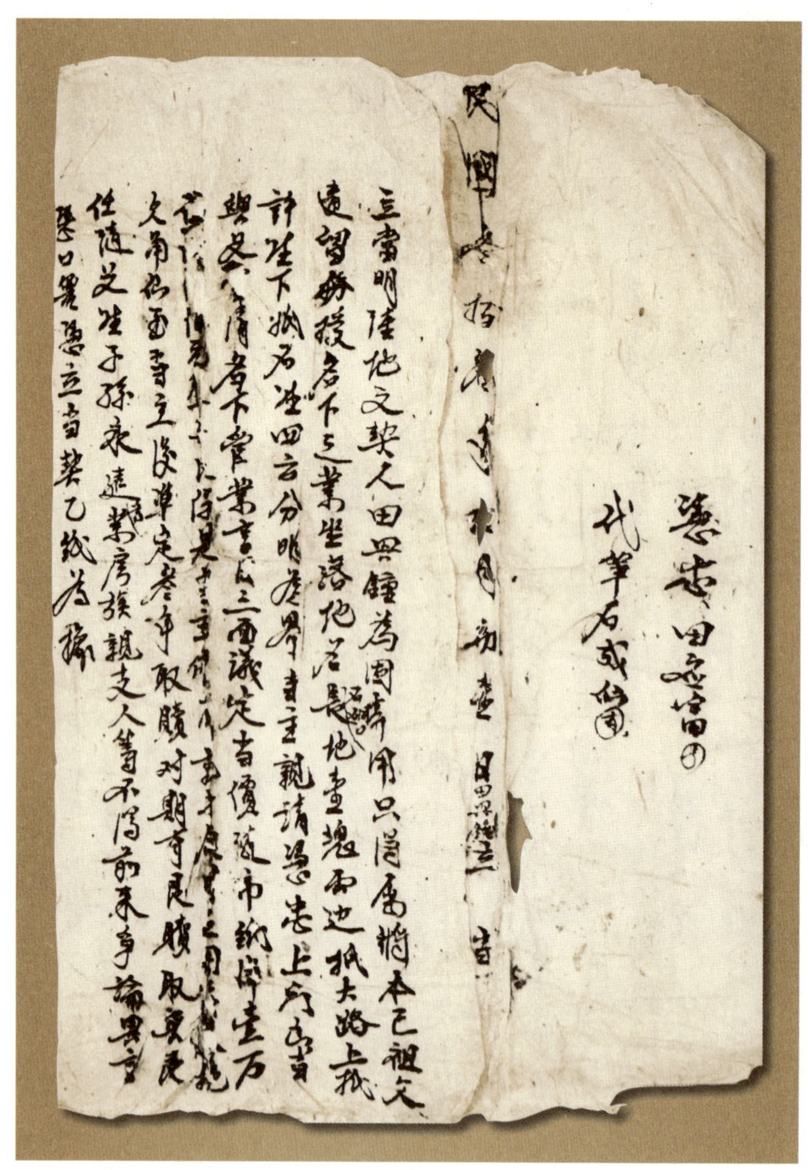

编号：tyg-37

立当明陆地文契人田兴钟，为因需用，只得愿将本己祖父遗留分授名下之业，坐落地名石硐口长地壹块，西边抵大路，上抵许姓，下抵石姓，四至分明为界，当主亲请凭忠（中）上门出当与□□清名下管业。言（原）日三面议定当价随市纸洋壹万□□□佰元□□□□是当主□□亲手领□应用，并未拖欠角仙。至（自）当之后，准定叁年取赎。对期有艮（银）赎取，无艮（银）任随□姓子孙永远管业，房族亲支人等不得前来争论异言。恐口无凭，立当契乙（一）纸为据。

凭忠（中） 田应富

代　　笔 石成仙

民国三十三年九月初一日 田兴钟 立当

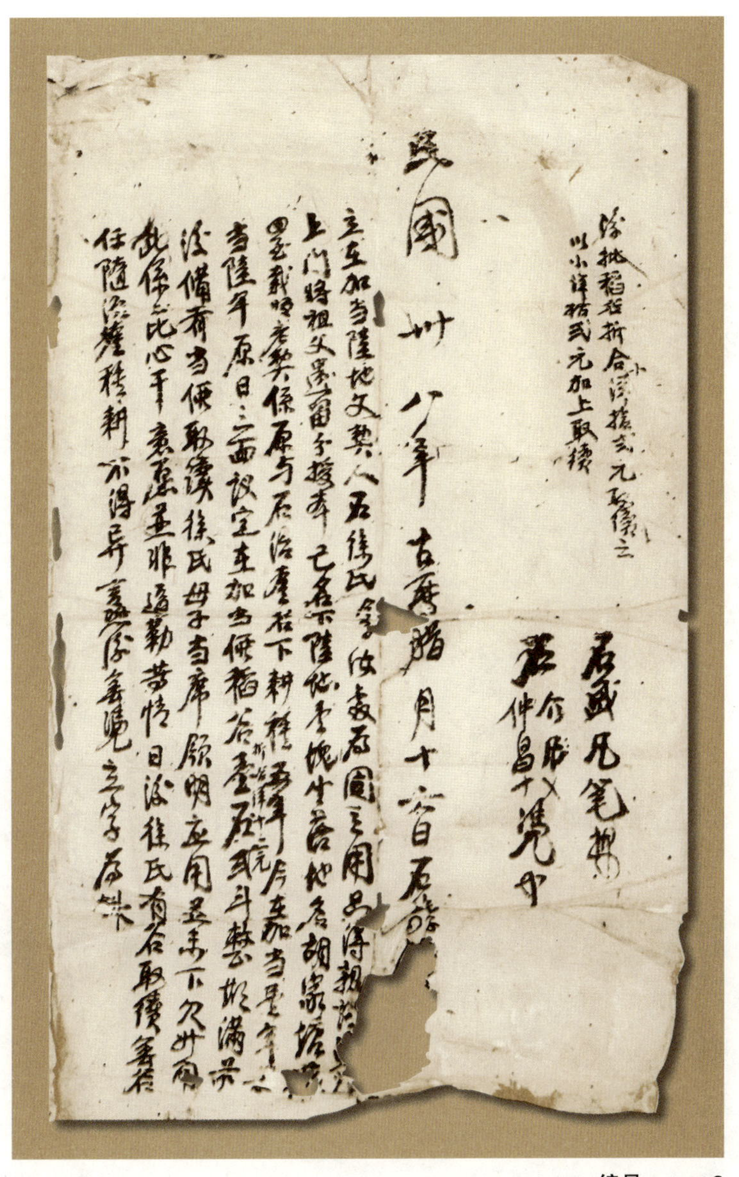

编号：srg–8

立在（再）加当陆地文契人石徐氏，同子汝□，为因乏用，只得亲请［凭中］上门，将祖父遗留分授本己名下陆地壹块，坐落地名胡家塘□，四至载明老契，系原与石治奎名下耕种五年，今在（再）加当壹年，［准］当陆年。原日三面议定在（再）加当价稻谷壹石贰斗整，折谷洋十二元。期满□后，备有当价取续（赎）。徐氏母子当席领明应用，并未下欠□角。此系二比（彼）心干（甘）意愿，并非逼勒等情。日后徐氏有谷取续（赎），无谷任随治奎种耕，不得异言。恐后无凭，立字为据。

后批：稻谷折合小洋拾贰元，取续（赎）之以小洋拾贰元加上取续（赎）。

石盛凡　笔

石介凡　石仲昌　凭

民国三十八年古历腊月十六日　石徐氏

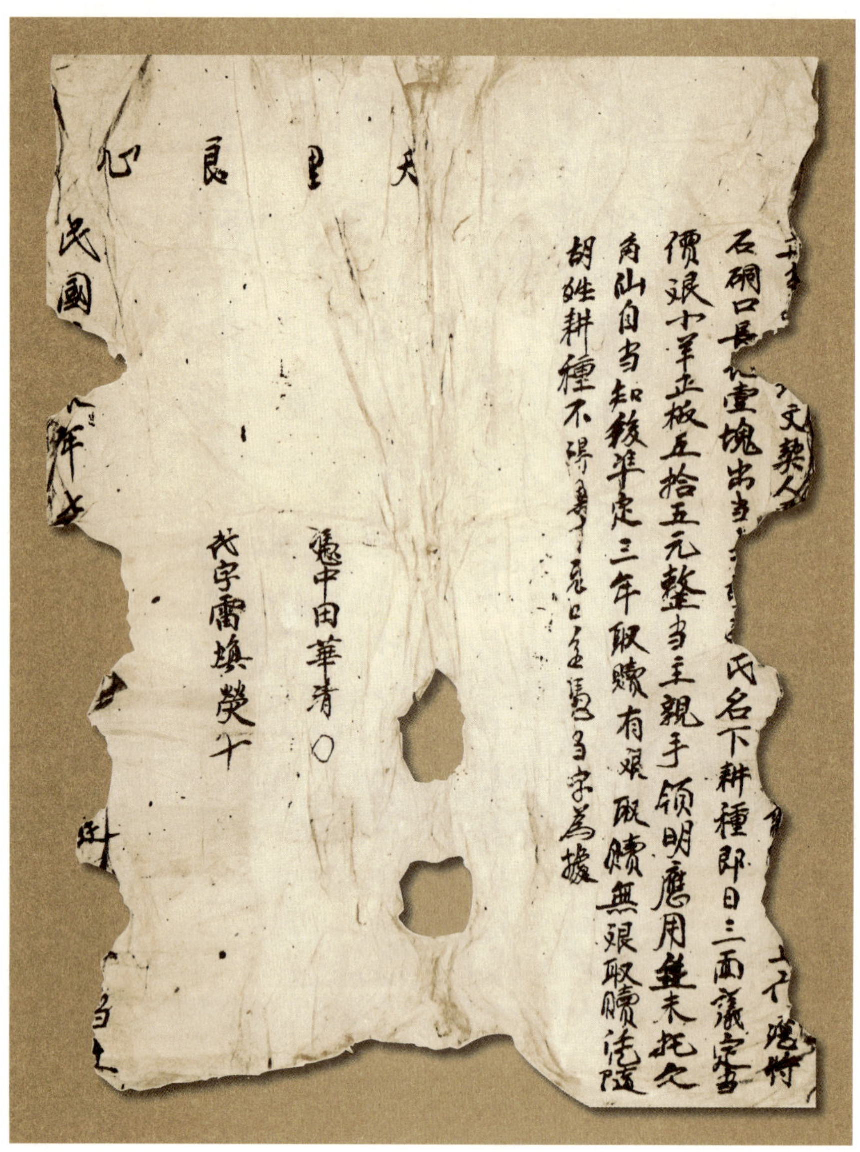

编号：tyg–46

立当□□□文契人□□□□□□□□□□□□□□上门□将石硐口长地壹块，出当与胡□氏名下耕种。即日三面议定当价银小羊（洋）正板五拾五元整。当主亲手领明应用，并未托（拖）欠角仙。自当知（之）后，准定三年取赎。有银取赎，无银取赎凭随胡姓耕种，不得异言。恐口无凭，当字为据。

天　理　良　心

凭中　田华清

代字　雷焕荧

民国□□年七□□□□□□□□□□□□□□□□□　当立

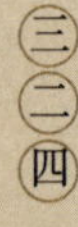

五　菜地 / 草场

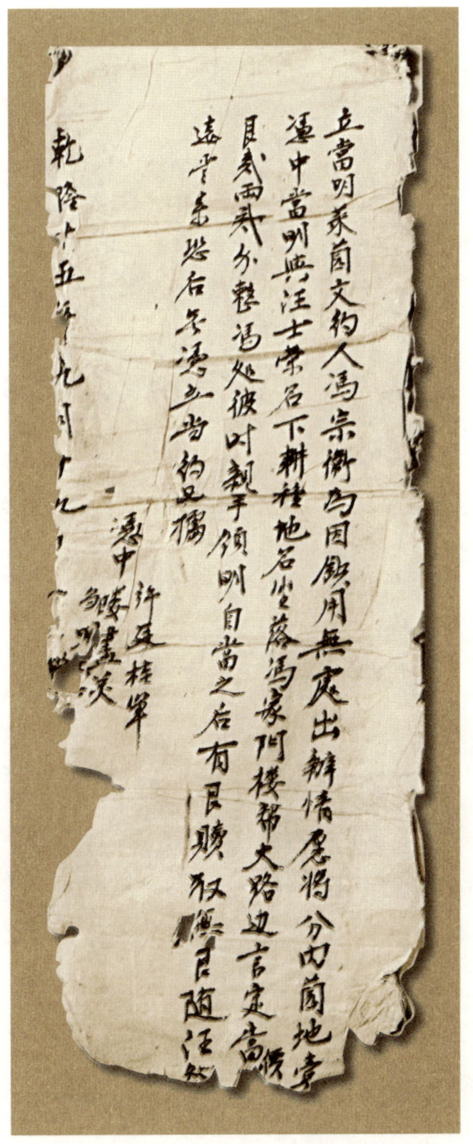

编号：wzc-30

立当明菜园文约人冯宗卫，为因缺用，无处出办，愿将分内园地壹□，凭中当明与汪士荣名下耕种。地名坐落冯家门楼帮大路边。言定当价艮（银）贰两贰钱整。冯处彼时亲手领明。自当之后，有艮（银）赎取，无艮（银）随汪处永远管业。恐后无凭，立当约为据。

许廷桂　笔

凭中　娄书美　邹□□

乾隆十五年九月十九日　□□□

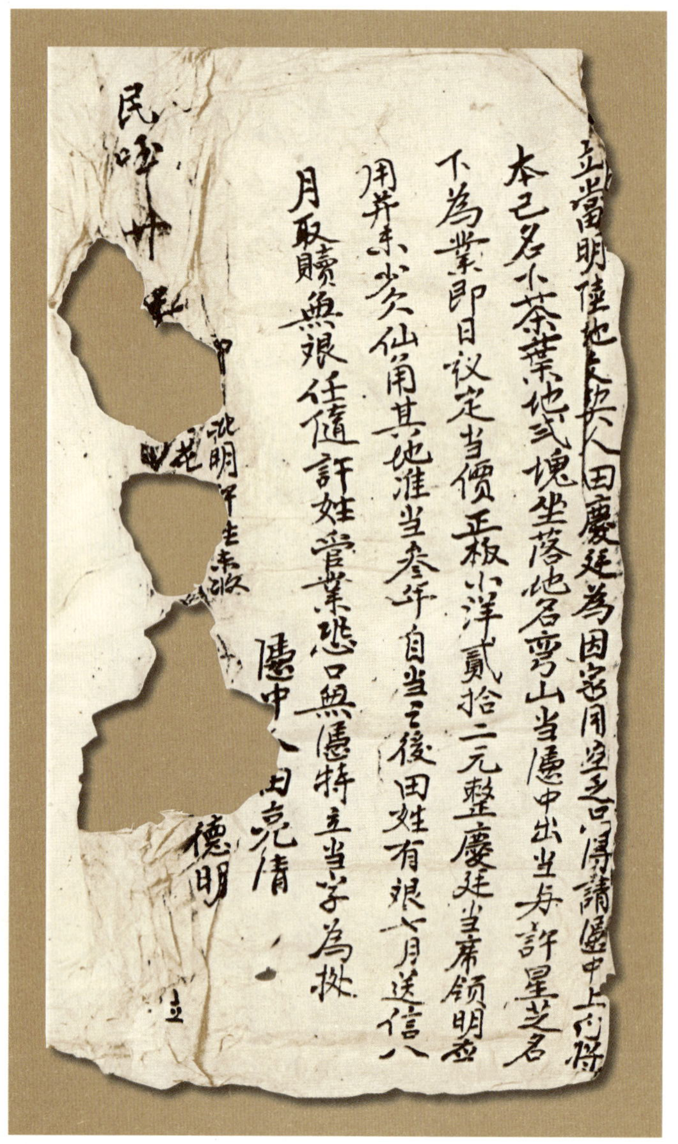

编号：tyg–44

立当明陆地文契人田庆廷，为因家用空乏，只得请凭中上门，将本己名下茶叶地贰块，坐落地名弯（湾）山，当凭中出当与许星芝名下为业。即日议定当价正板小洋贰拾二元整。庆廷当席领明应用，并未少欠仙角。其地准当叁年。自当之后，田姓有银七月送信，八月取赎，无银任随许姓管业。恐口无凭，特立当字为据。

□□□□明□□未收。

凭中人　田亮清

□□□□德明

民国二十□□□□□□□□□　立

六 房屋（含地基）

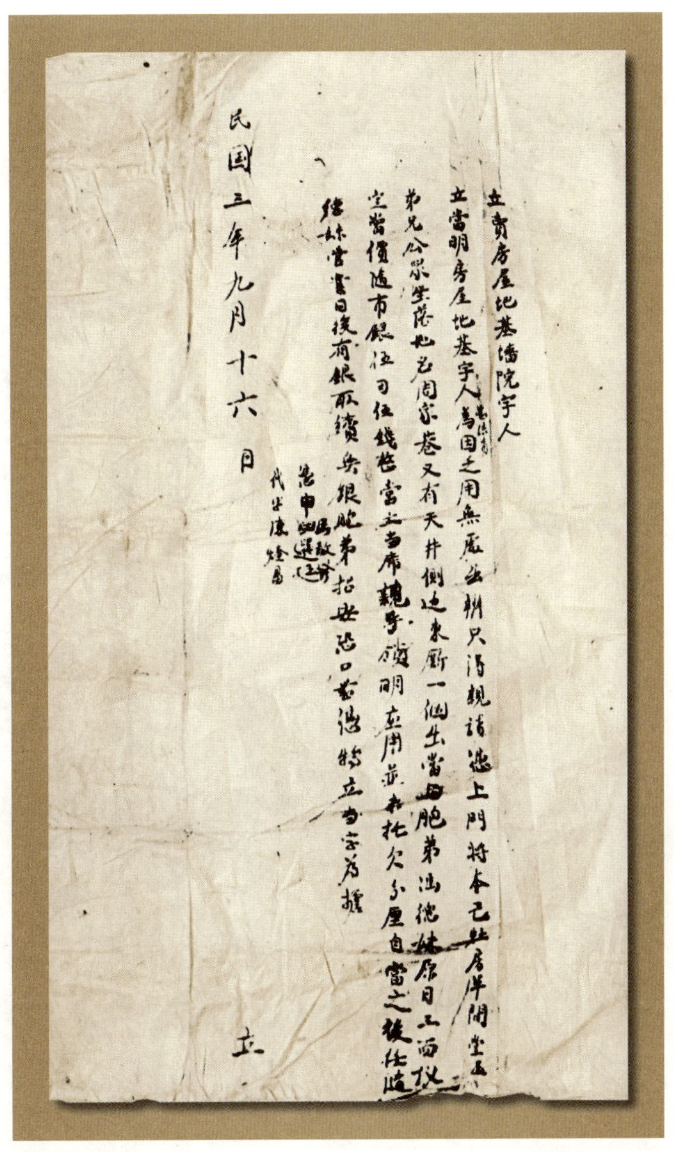

编号：crq-8

立卖房屋地基墙院字人

立当明房屋地基字人冯德贵，为因乏用，无处出辨（办），只得亲请凭［中］上门，将本己灶房半间，堂屋弟兄公众，坐落地名周家巷，又有天井侧边东断一个，出当与胞弟冯德妹。原日三面议定当价随市银伍两伍钱整。当主当席亲手领明应用，并未托（拖）欠分厘。自当之后，任随德妹管业。日后有银取续（赎），无银胞弟招安。恐口无凭，特立当字为据。

凭中　马敢发　田选廷

代字　陈奎昌

民国三年九月十六日　立

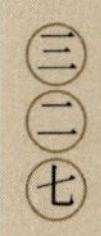

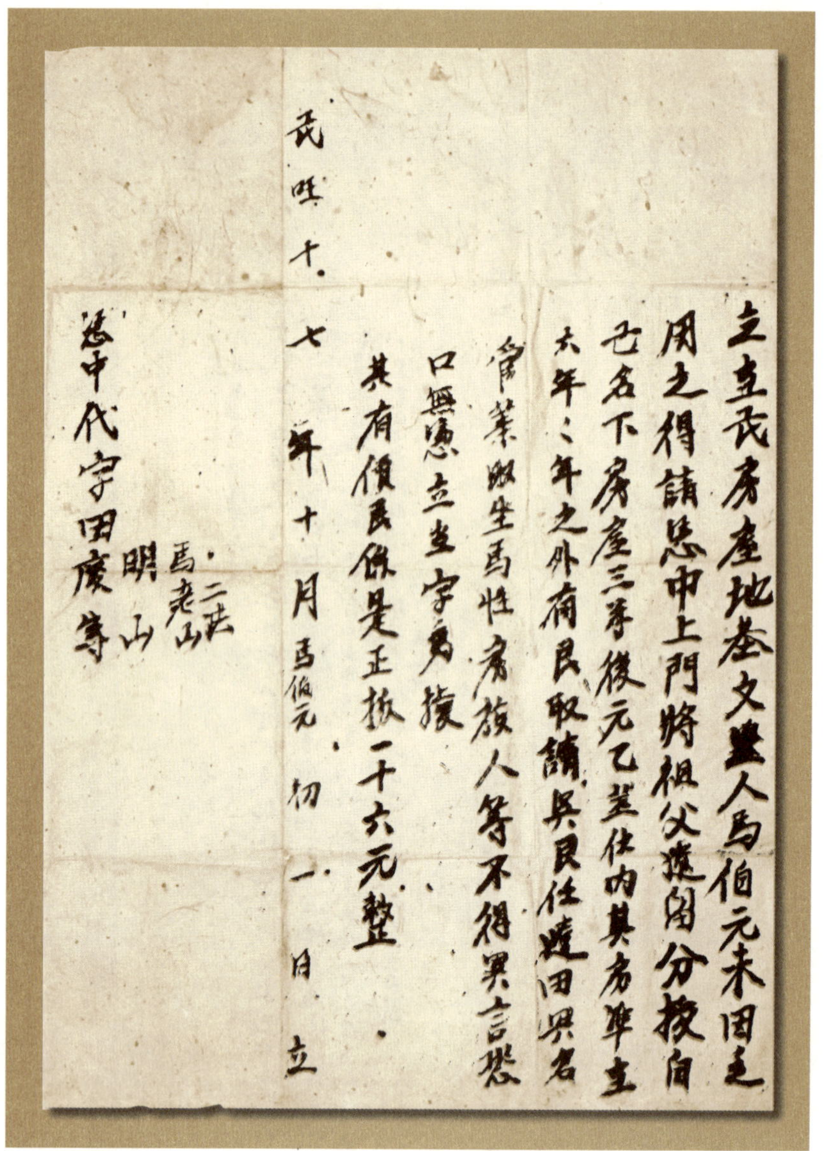
立当民房屋地基文契人馬伯元未因乏
用之得請恁中上門將祖父遺留分授自
己名下房屋三等後元乙並仕內其房準当
六年六年之外有艮取讀無艮任隨田興名
管業住坐馬性房族人等不得異言恐
口無憑立当字為據
其有價艮係是正扳一十六元整
民國十七年十月 馬伯元 初一日 立
憑中代字 馬二法 馬老山 田明山 田慶壽

编号：mxq-47

立当民（明）房屋地基文契人马伯元，未（为）因乏用，之（只）得请凭中上门，将祖父遗留分授自己名下房屋三等，后元（园）乙（一）并仕（在）内，其房准当六年，六年之外有艮（银）取读（赎），无艮（银）任随田兴名管业住坐，马性（姓）房族人等不得异言。恐口无凭，立当字为据。其有价艮（银）系是正扳（板）一十六元整。

民国十七年十月初一日　马伯元　立

凭中代字　马二法　马老山　田明山　田庆寿

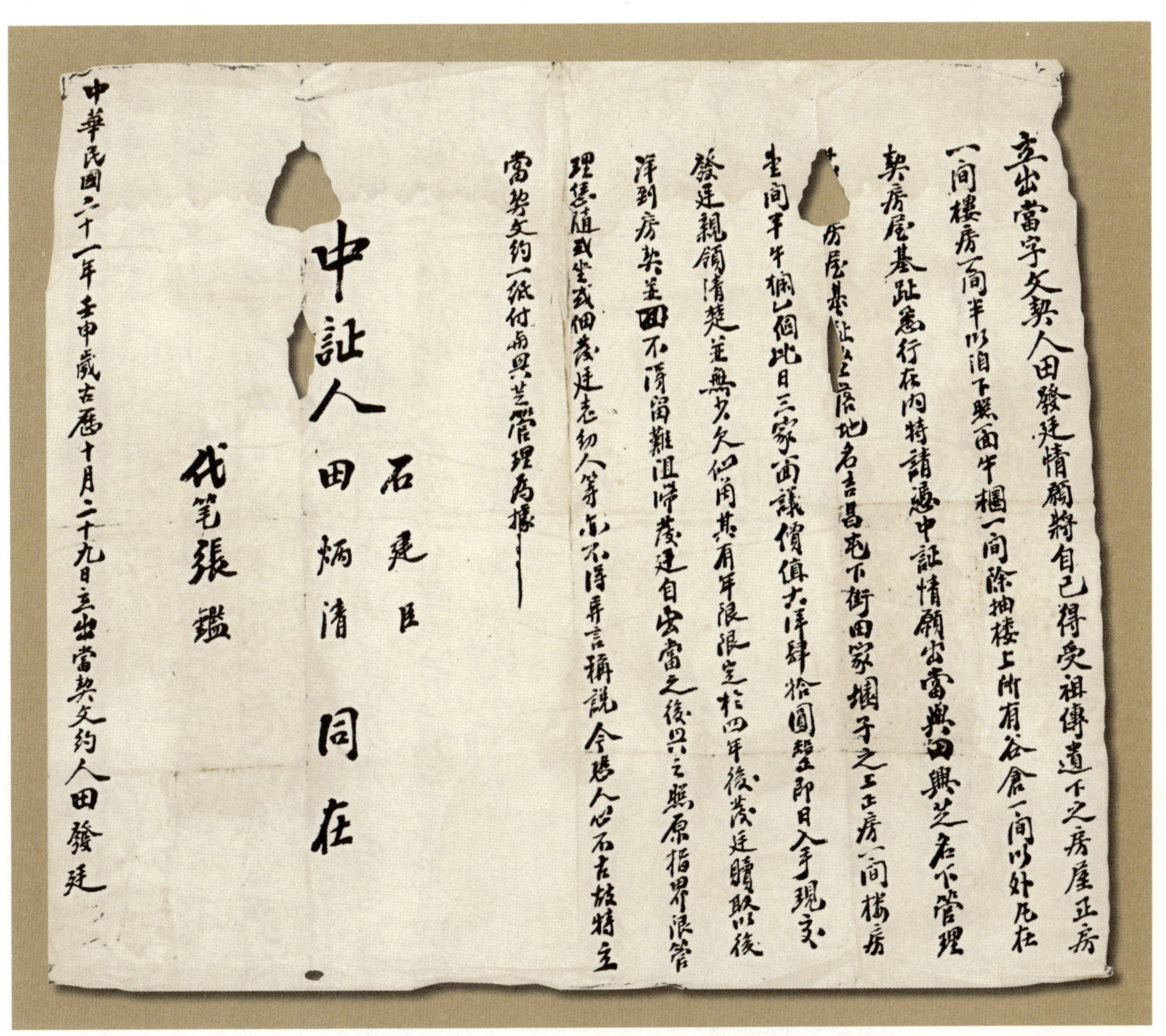
立出當字文契人田發廷情願將自己得受祖傳遺下之房屋正房一間樓房一間半以泊下照面牛棚一間除抽樓上所有谷倉一間以外凡在契房屋基趾悉行在內特請憑中証情願出當與田興芝名下管理□□房屋基址坐落地名吉昌屯下街田家园子之上正房一間樓房壹間半牛欄乙個比日三家面議價值大洋肆拾圓整即日入手現交發廷親領清楚並無少欠仙角其有年限限定於四年後發廷贖取以後洋到房契並回不得留難阻滯發廷自出當之後興之照原指界限管理任隨或坐或佃發廷老幼人等亦不得异言稱說今恐人心不古故特立當契文約一紙付與興芝管理為據

中証人 石建臣 田炳清 同在

代笔張鍵

中華民國二十一年壬申歲古歷十月二十九日立出當契文約人田發廷

编号：tyg-47

立出当字文契人田发廷，情愿将自己得受祖传遗下之房屋正房一间、楼房一间半、以泊下照面牛圈一间，除抽楼上所有谷仓一间以外，凡在契房屋基趾（址）悉行在内，特请凭中证，情愿出当与田兴芝名下管理。□□房屋基址坐落地名吉昌屯下街田家园子之上。正房一间，楼房壹间半，牛栏乙（壹）个。比（彼）日三家面议价值大洋肆拾圆整。即日入手现交，发廷亲领清楚，并无少欠仙角。其有年限限定于四年后发廷赎取，以后洋到，房契并回，不得留难阻滞。发廷自出当之后，兴之照原指界限管理，任随或坐或佃，发廷老幼人等亦不得异言称说。今恐后人心不古，故特立当契文约一纸付与兴芝管理为据。

中　证　人　石建臣　田炳清　同在

代　　　笔　张　键

中华民国二十一年壬申岁古历十月二十九日　立出当契文约人　田发廷

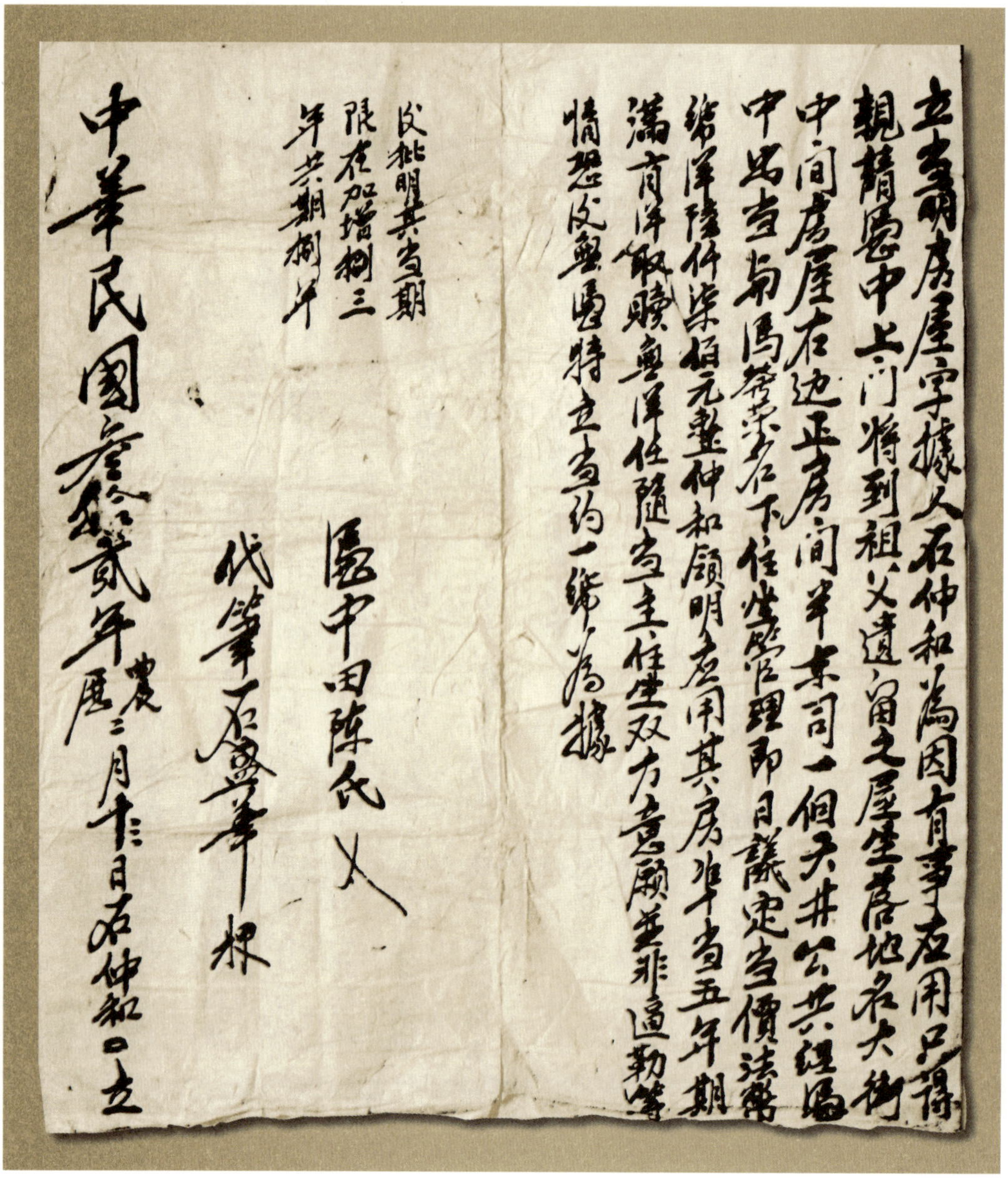

编号：crq–1

立当明房屋字据人石仲和，为因有事应用，只得亲请凭中上门，将到祖父遗留之屋，坐落地名大街中间房屋右边正房间半、东司一个，天井公共，经凭中出当与冯发荣名下住坐管理。即日议定当价法币纸洋陆仟柒佰元整。仲和领明应用，其房准当五年。期满有洋取赎，无洋任随当主住坐。双方意愿，并非逼勒等情。恐后无凭，特立当约一纸为据。

后批明：其当期限在（再）加增三年，共期捌年。

凭中　田陈氏

代笔　石盛华

中华民国三十二年农历二月十三日　石仲和　立

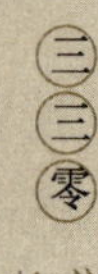

立加当字人石仲和为因被害无洋应用只得亲请
凭中上门原将中大街正房贰间堂屋壹半均凭中
加当与冯法云名下居住原日三面议定当价市用洋
叁仟叁佰元整自加当后任随冯姓住坐石姓亲手领
明应用并未下欠角仙此系二比意愿并非逼迫等情
恐后无凭故立加字为据
再后批明此房准许加当伍年为限此致
凭中田绍清
代笔石盛华
中华民国卅二年腊月十六日石仲和立

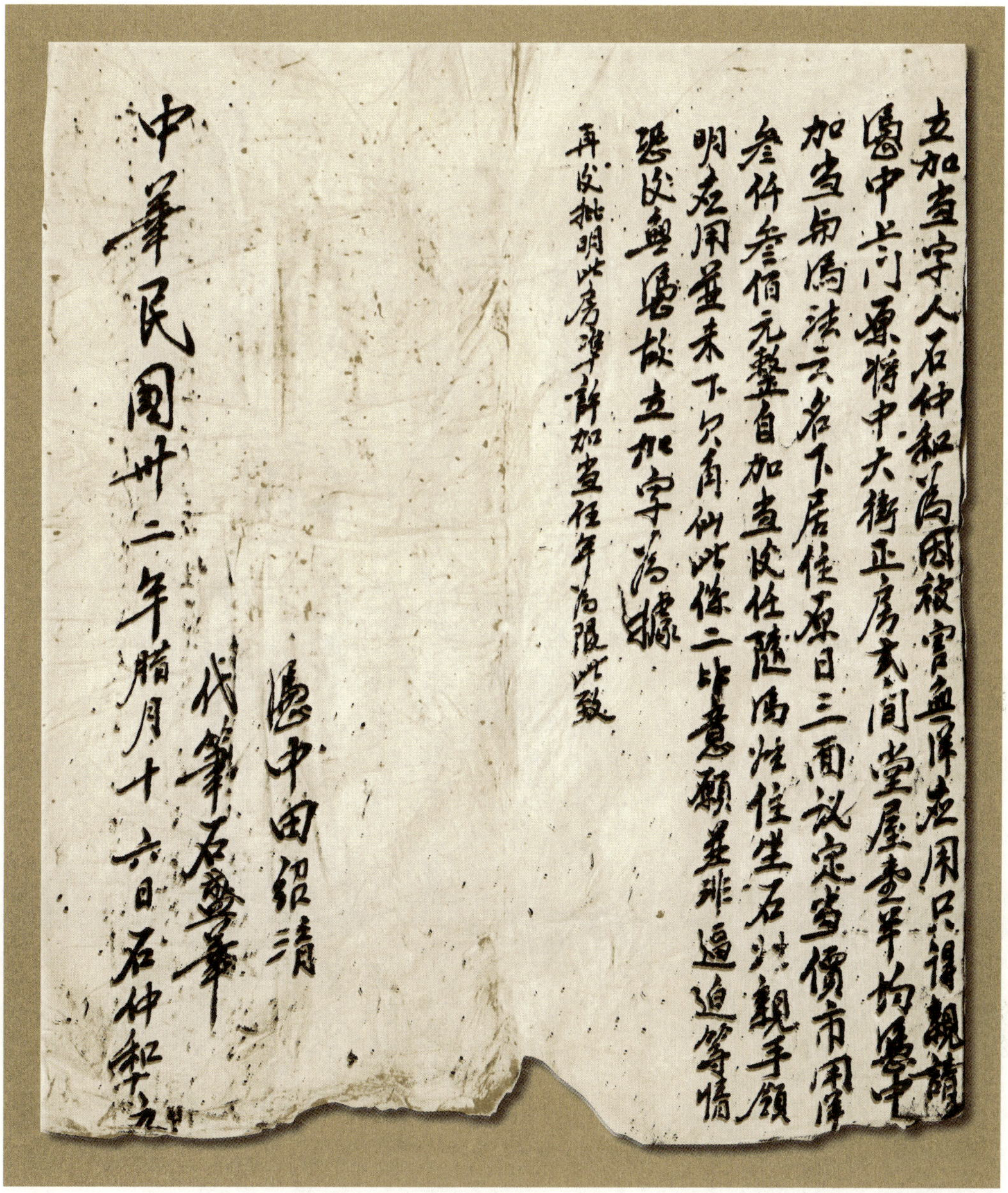

编号：crq-5

立加当字人石仲和，为因被害，无洋应用，只得亲请凭中上门，原（愿）将中大街正房贰间、堂屋壹半，均（经）凭中加当与冯法云名下居住。原日三面议定当价市用洋叁仟叁佰元整。自加当后，任随冯姓住坐。石姓亲手领明应用，并未下欠角仙。此系二比（彼）意愿，并非逼迫等情。恐后无凭，故立加字为据。

再后批明：此房准许加当伍年为限。此致。

凭中　田绍清

代笔　石盛华

中华民国三十二年腊月十六日　石仲和　立

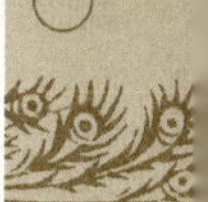

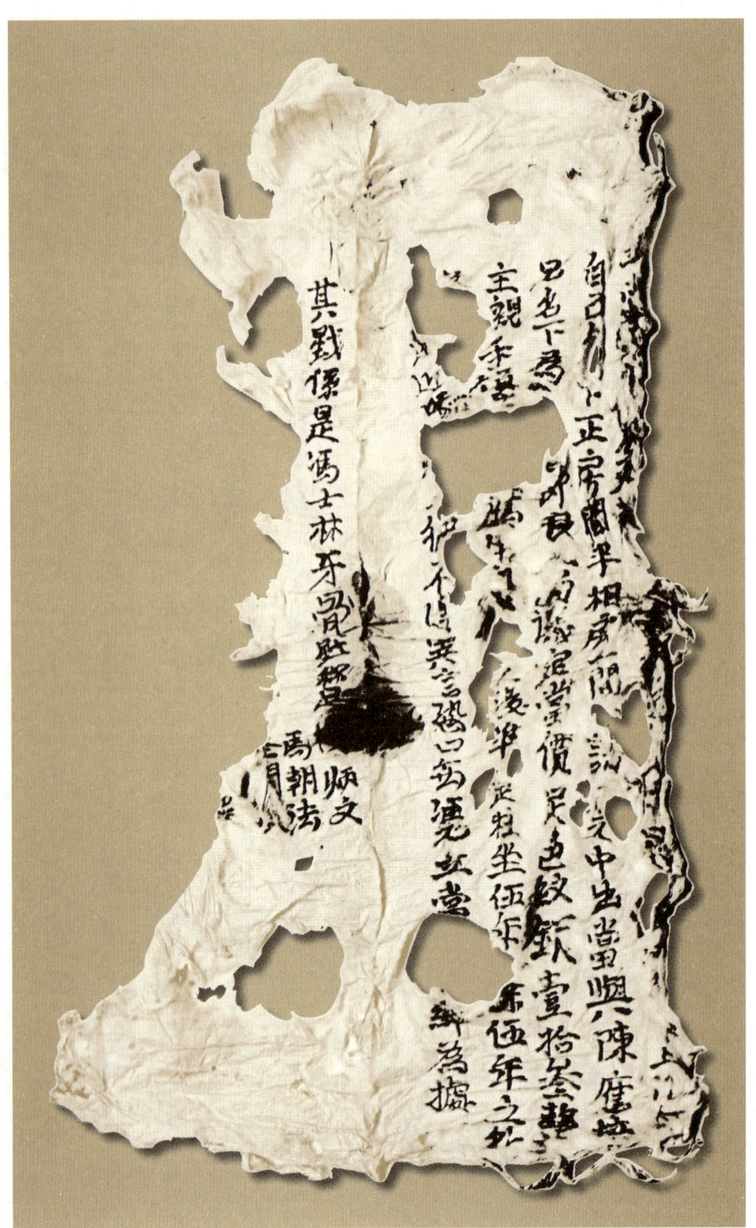

编号：crq-25

□□□□□□□□□□□□□□□□□□□□□□□□□自己名下正房间半、相（厢）房一间□请凭中出当与陈应□□名下为□□□□面议定当价足色纹银壹拾叁整□主亲手领□□□□□□□柱（住）坐伍年□□伍年之外□□□□□□□□□不得异言。恐口无凭立当□□纸为据。

其戥系是冯士林牙骨戥称足。

陈炳文　马明法　□□□

□□□□□□□□□□□

七　其他

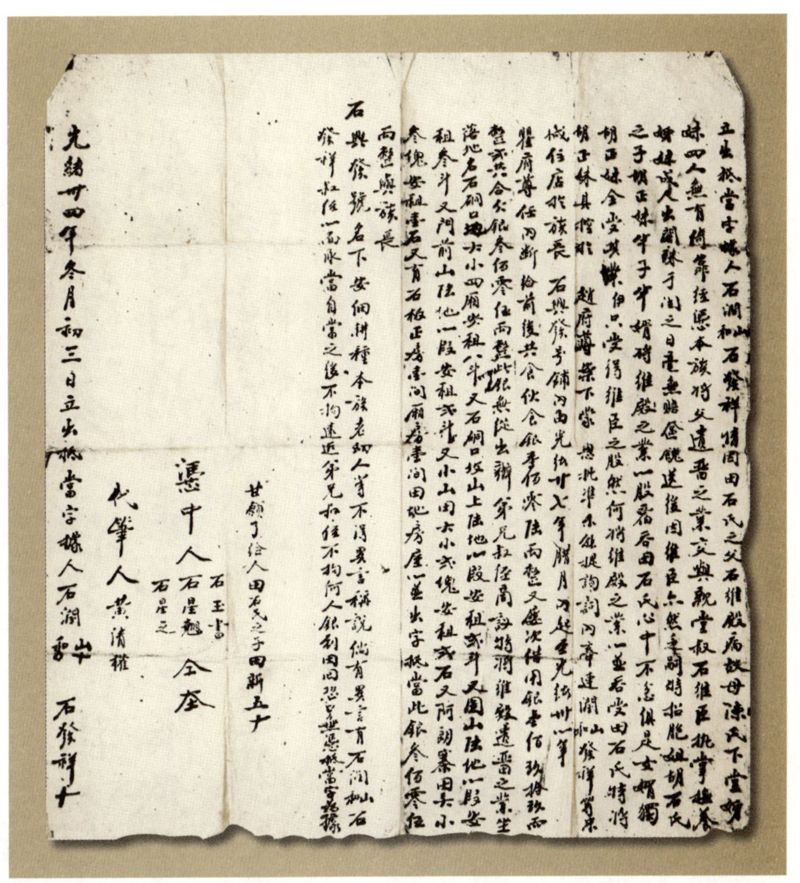

编号：sls-13

立出抵当字据人石润山、石润和、石发祥，情因田石氏之父石维殿病故、母陈氏下堂姊妹四人无有倚靠，经凭本族，将父遗留之业交与亲堂叔石维臣执掌，抚养姊妹成人出阁。殊于闺之日毫无赔（陪）奁馈送，后因维臣尔然乏嗣，特招胞姐胡石氏之子胡正妹半子半婿，将维殿之业一股□吞。田石氏心中不忿，俱是女婿独。胡正妹全受其业，伊只受得维臣之股。然何将维殿之业一并吞受，田石氏特将胡正妹具控于赵府尊案下，蒙恩批准，未能提询。词内牵连润山、润和、发祥等，来城住店于族长石兴发号铺内，由光绪廿七年腊月内起至光绪卅一年，瞿府尊任内断，给前后共食伙食银壹佰零陆两整，又屡次借用银壹佰玖拾玖两整，贰共合欠银叁佰零伍两整。此银无从出辨（办），弟兄叔侄商议，特将维殿遗留之业，坐落地名石硐口，地大小四厢，安租八斗；又石硐口坟山上陆地一段，安租贰斗；又团山陆地一段，安租叁斗；又门前山陆地一段，安租贰斗；又小山田大小贰块，安租贰石；又阿朗寨田大小叁块，安租壹石；又有石板正房壹间、厢房壹间、田地房屋一并出字，抵当此银叁佰零伍两整与族长石兴发号名下安佃耕种。本族老幼人等不得异言称说，倘有异言，有（由）石润山、石润和、石发祥叔侄一面承当。自当之后，不拘远近，弟兄叔侄不拘何人，银到田回。恐口无凭，抵当字为据。

甘愿了给人田石氏之子田新五。

凭　　中　　人　石玉书　石星翘　石星之

代　　笔　　人　黄清权

光绪三十四年冬月初三日　立出抵当字据人　石润山　石润和　石发祥

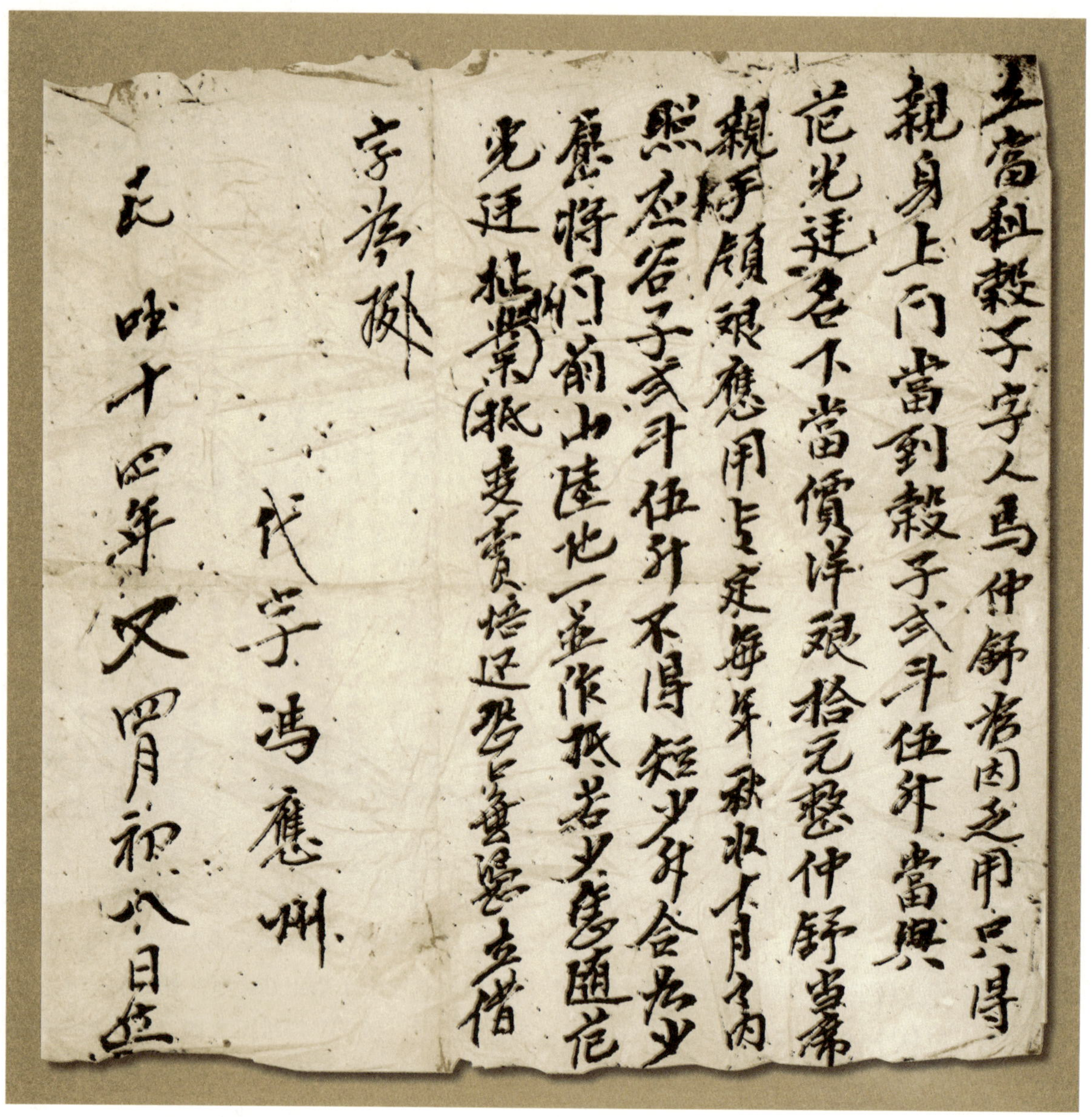

编号：mxq-25

立当租谷子字人马仲舒，为因乏用，只得亲身上门，当到谷子贰斗伍升，当与范光廷名下。当价洋银拾元整。仲舒当席亲手领银应用，议定每年秋收十月之内照应谷子贰斗伍升，不得短少升合。如少，愿将门前山陆地一并作抵。若少，任随范光廷扯拆抵业变卖培（赔）还。恐口无凭，立借字为据。

代字　冯应州

民国十四年又四月初八日　立

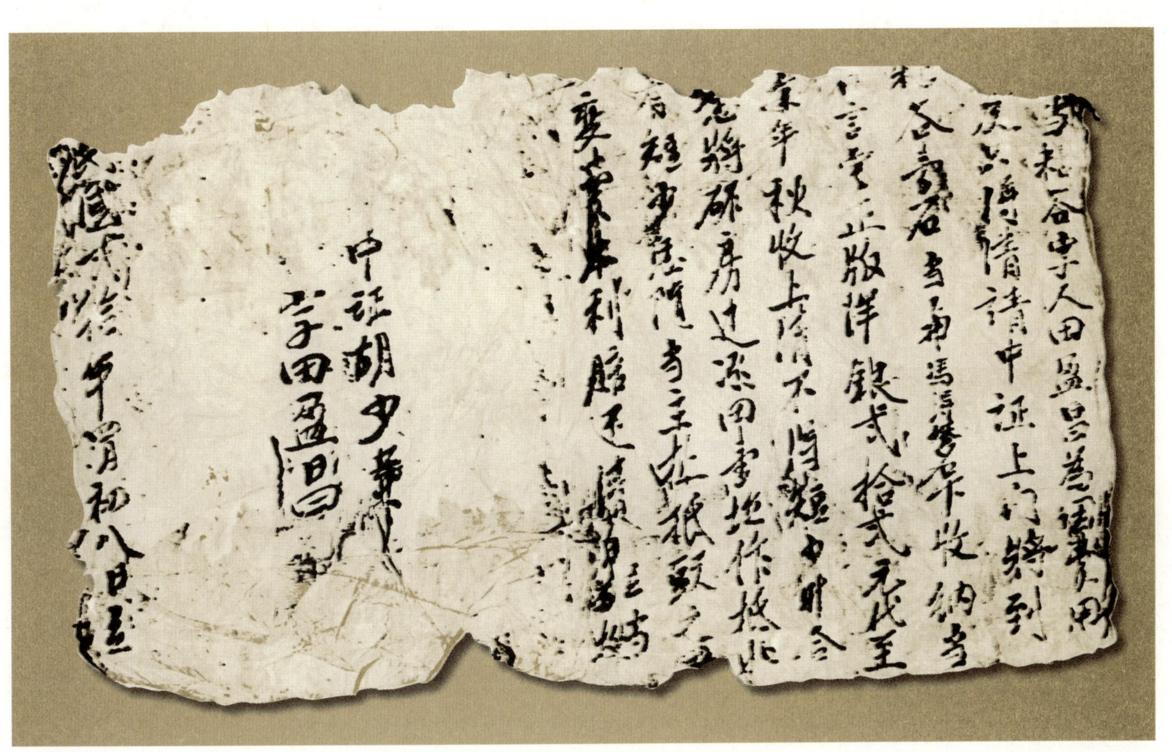

编号：crq-23

［立］当粘谷字人田盈昌，为因其乏用，□□及只得清（亲）请中证上门，将到粘谷壹石，当与冯冯氏名下收纳，当日言定正版（板）洋银贰拾贰元。代至每年秋收上清，不得短少升合。□将碾房边泓田壹坵作抵。如有短少，任随当主扯抵□之□变卖，本利赔还清白。立当为据。

中证　胡少华
字　田盈昌

民国二十年四月初八日　立

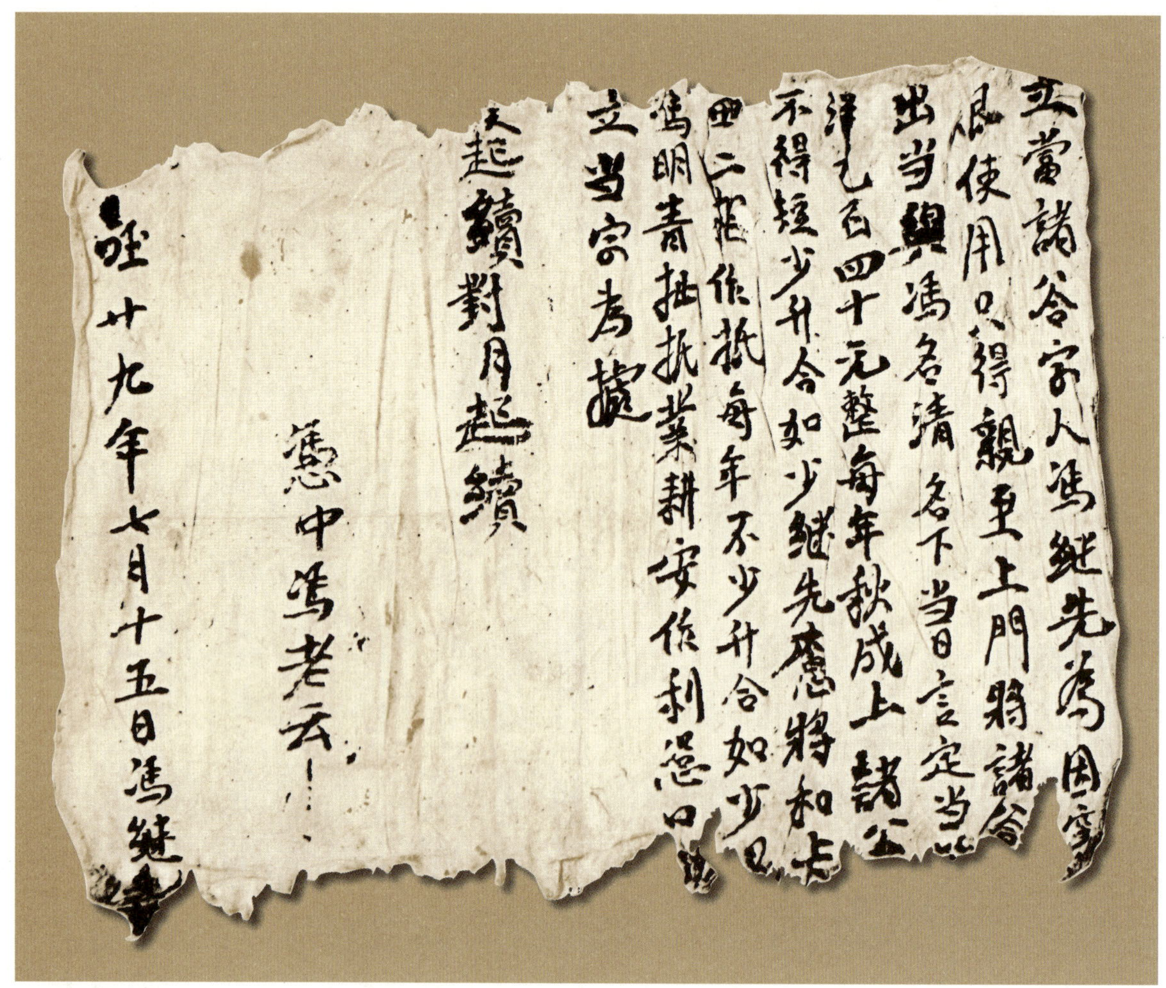

编号：fsq-18

立当诸谷字人冯继先，为因空艮（银）使用，只得亲至（自）上门，将诸谷出当与冯名（明）清名下。当日言定当［价］洋乙（一）百四十元整，每年秋成上诸谷，不得短少升合。如少，继先应将和上（尚）田二相（厢）作抵，每年不少升合。如少□冯明青（清）扯抵业耕安作利。恐口无凭，立当字为据。

□□起续（赎），对月起续（赎）。

凭中　冯老云

民国二十九年七月十五日　冯继先　立

第三部分

租借契约

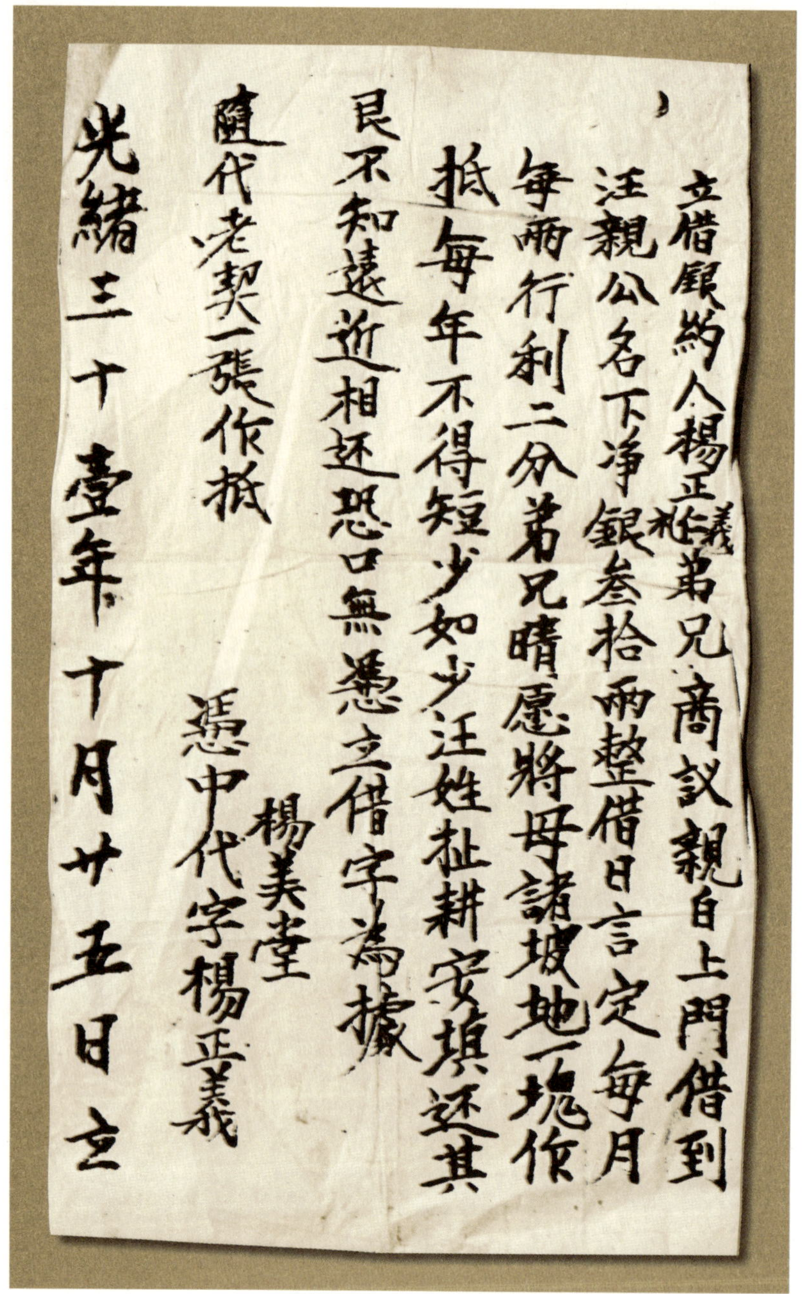

立借銀約人楊正義仁禮弟兄商議親自上門借到
汪親公名下淨銀叁拾兩整借日言定每月
每兩行利二分弟兄晴愿將母諸坡地一塊作
抵每年不得短少如少汪姓扯耕安填还其
艮不知遠近相还恐口無憑立借字為據
隨代老契一張作抵
楊美堂
憑中代字楊正義
光緒三十壹年十月廿五日立

编号：wzc-96

立借银约人杨正义、杨正仁、杨正礼弟兄商议，亲自上门，借到汪亲公名下净银叁拾两整。借日言定每月每两行利二分，弟兄晴（情）愿将母诸（猪）坡地一块作抵，每年不得短少，如少，汪姓扯耕安填还其艮（银）。不知远近相还。恐口无凭，立借字为据。

随代老契一张作抵。

凭中　杨美堂

代字　杨正义

光绪三十一年十月二十五日　立

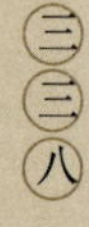

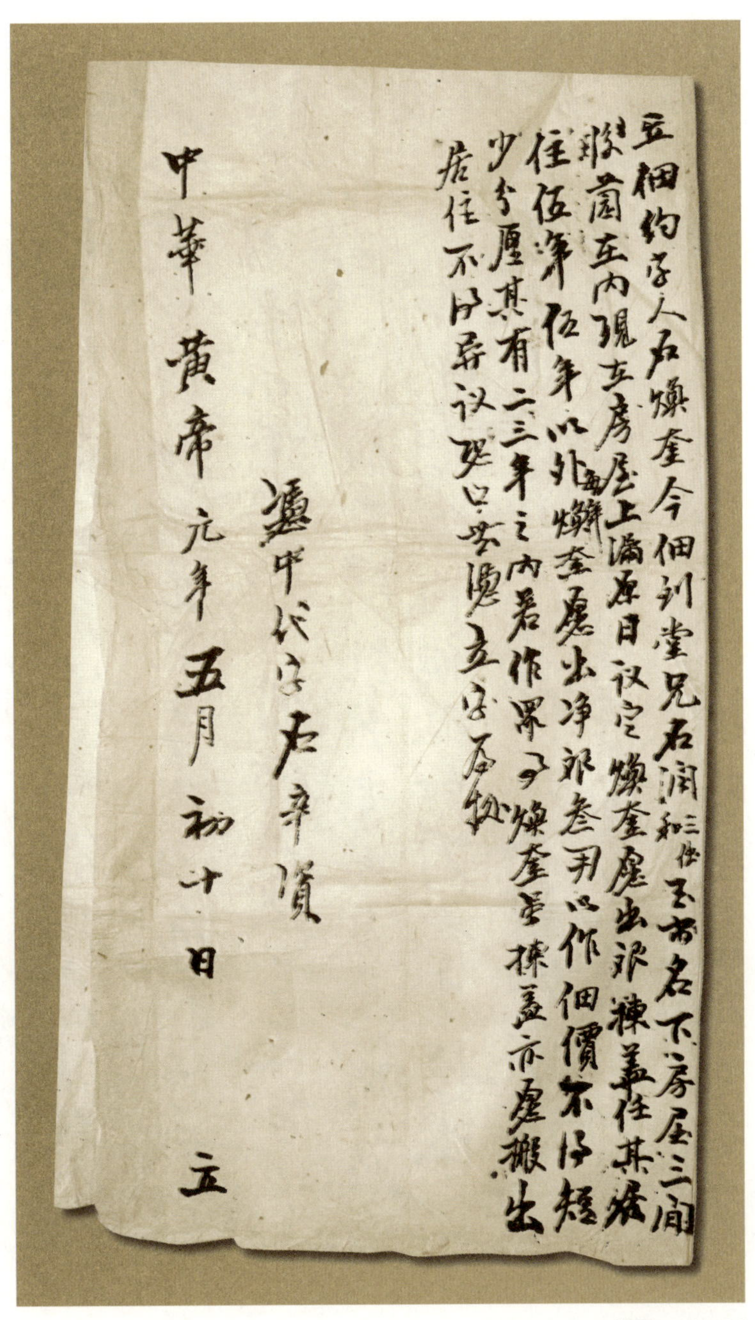

编号：sls-26

立佃约字人石焕奎，今佃到堂兄石润三、石润和、侄玉书名下房屋三间，后园在内，现在房屋上漏，原日议定焕奎愿出银拣盖，任其居住伍年，伍年以外，每年焕奎愿出净银叁两以作佃价，不得短少分厘。其有二三年之内若作众事，焕奎虽拣盖亦愿搬出居住，不得异议。恐口无凭，立字为据。

凭中代字　石辛资

中华黄帝元年五月初十日　立

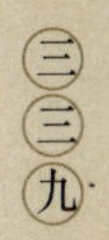

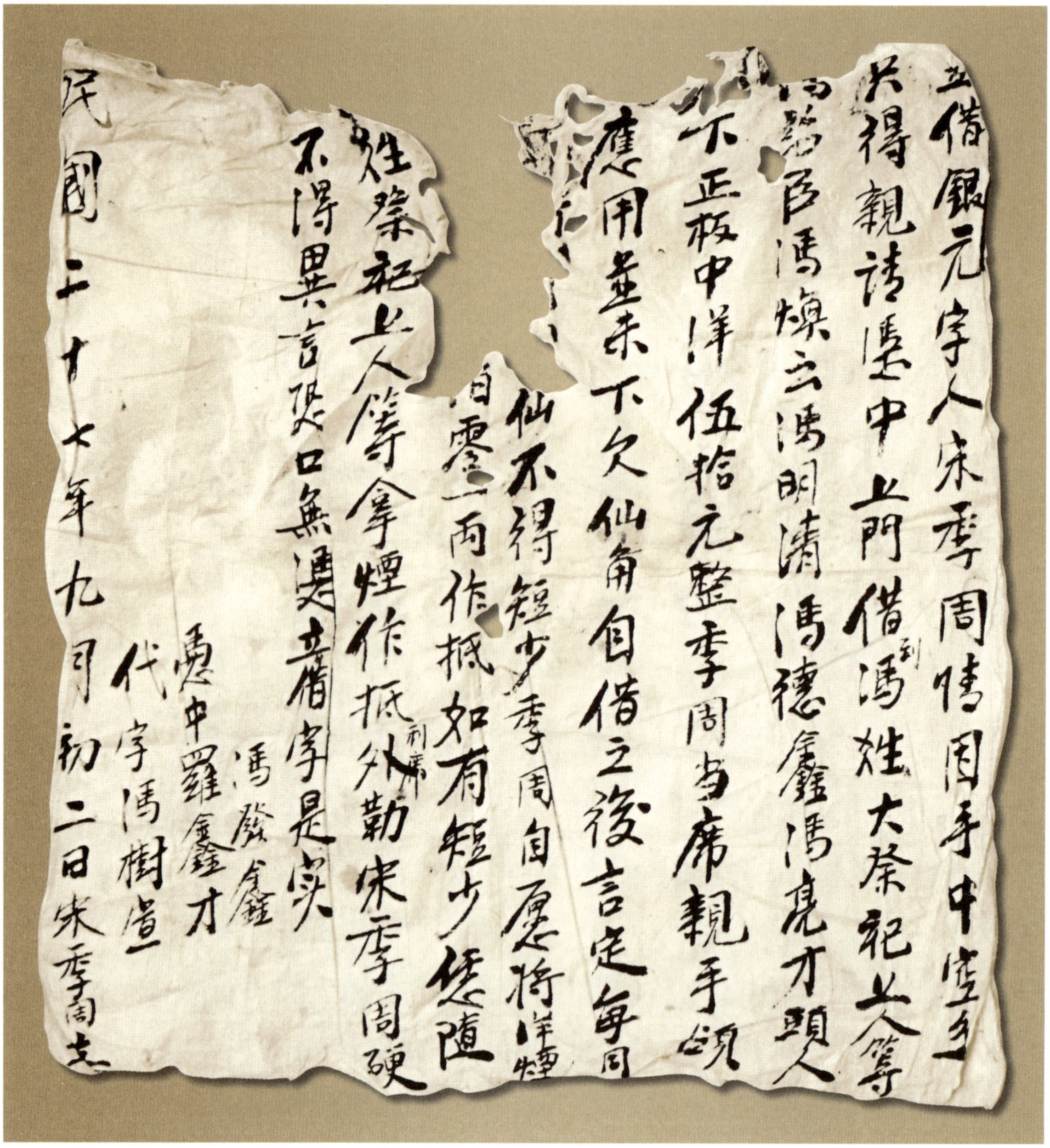

编号：fsq–3

立借银元字人宋季周，情因手中空乏，只得亲请凭中上门，借到冯姓大祭祀上人等冯治臣、冯焕云、冯明清、冯德鑫、冯亮才头人［名］下正板中洋伍拾元整。季周当席亲手领［明］应用，并未下欠仙角。自借之后，言定每月□□□□□仙不得短少。季周自愿将洋烟□□□□佰零一两作抵。如有短少，恁（任）随［冯］姓祭祀上人等拿烟作抵利席（息）。外勒宋季周硬（应）□不得异言。恐口无凭，立借字是实。

凭中　冯发鑫　罗鑫才

代字　冯树宣

民国二十七年九月初二日　宋季周　立

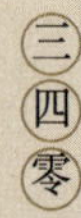

第四部分

分关契约

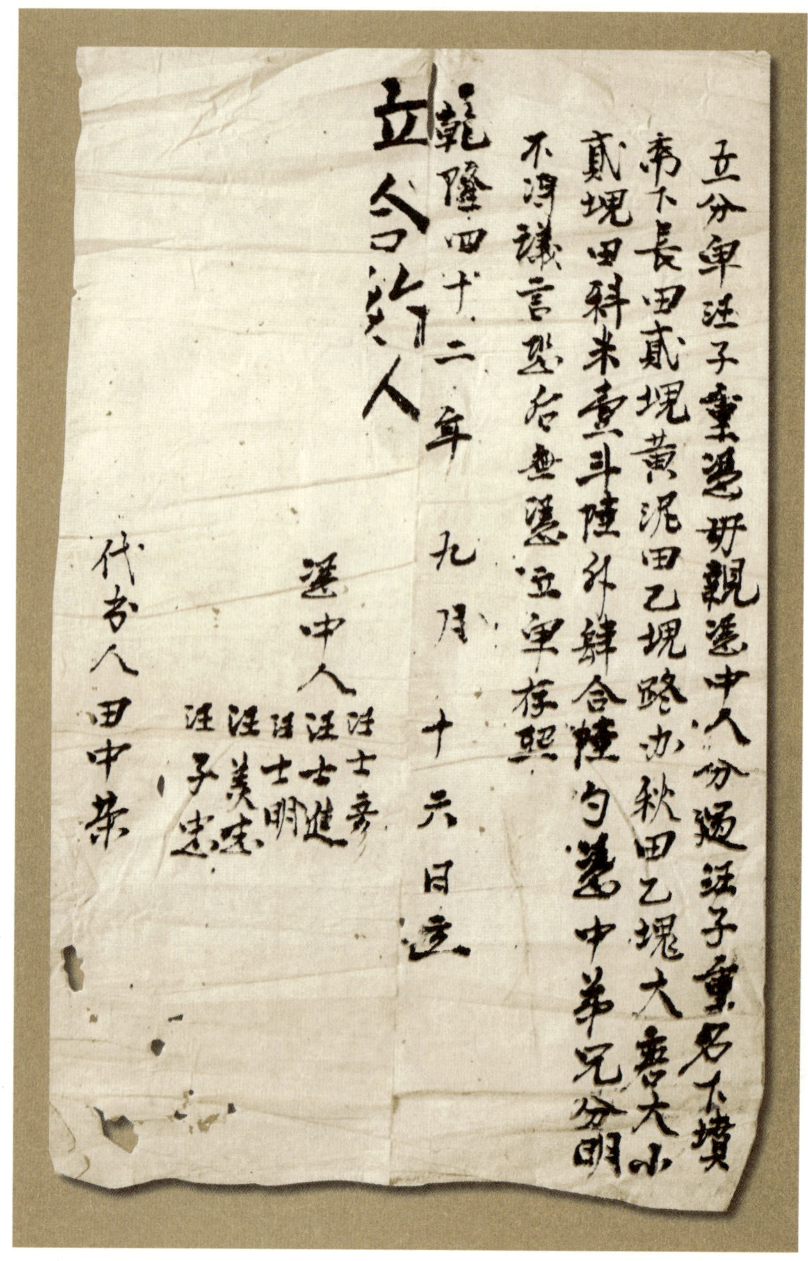

编号：wzc-46

立分卑汪子重，凭母亲凭中人，分过汪子重名下坟帝（底）下长田贰块、黄泥田乙（壹）块、路办（边）秋田乙（壹）块、大唐（塘）大小贰块田、科米壹斗陆升肆合陆勺。凭中弟兄分明，不得议（异）言。恐后无凭，立卑存照。

［半书］ 立合约人

乾隆四十二年九月十六日　立

凭中人　汪士彦　汪士进　汪士明　汪美志　汪子忠

代书人　田中荣

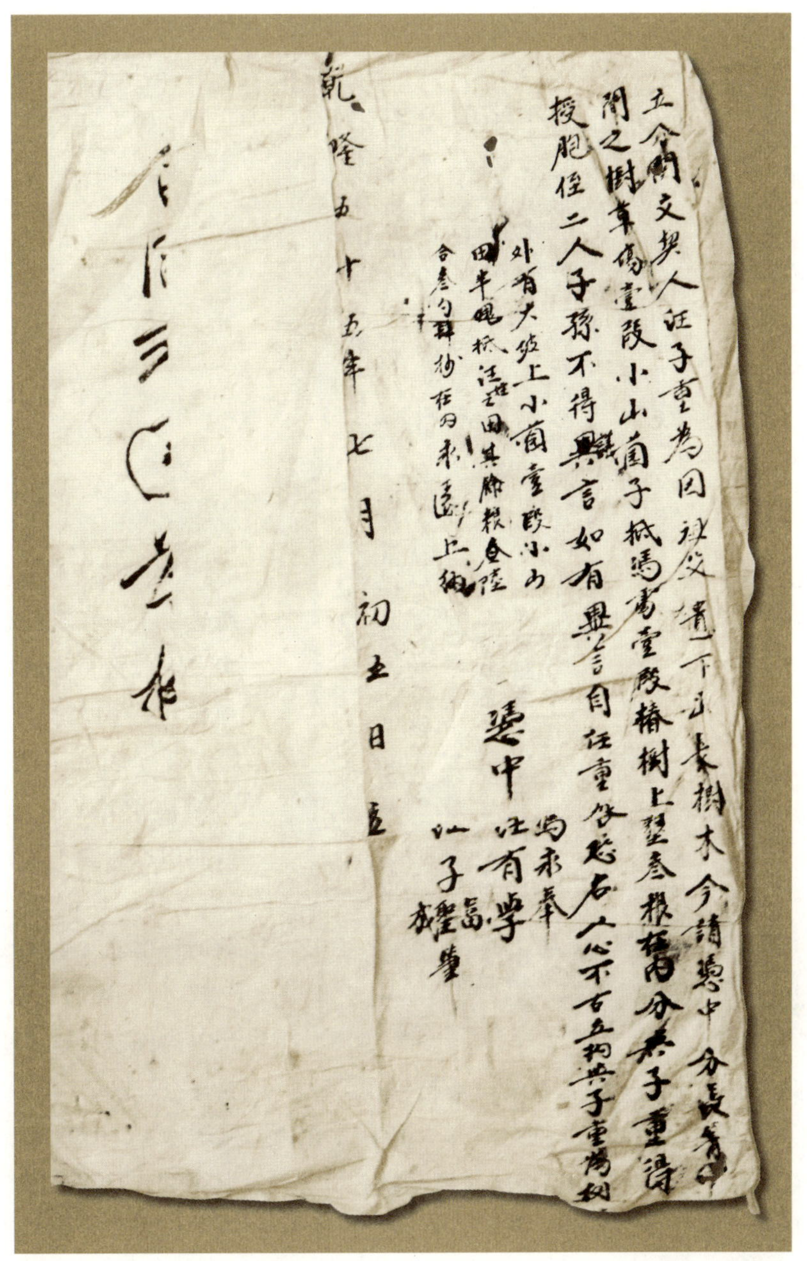

编号：wzc-95

立分关文契人汪子重，为因祖父遗下山长（场）树木，今请凭中分长箐□间之树草场壹段，小山园子抵冯处壹段，椿树上垦三根在内，分与子重得授（受），胞侄二人子孙不得议（异）言。如有异言，自任重咎。恐后人心不古，立约与子重为据。

外有大坡上小园壹段、小山田半块抵汪姓之田，其余粮陆合叁勺肆抄在内，永远上纳。

［半书］ 合同永远为据

凭中　冯永奉　汪有学　汪子富　汪子成

汪子圣　笔

乾隆五十五年七月初五日　立

编号：wzc-50

立遗属（嘱）分关人汪廷柏，所生二子，长子汪起云、次子汪起贵长大成人，各成其室，将房屋田地等项一概均分。次子汪起贵得授（受）坟底下长田乙（壹）块、白蜡树田乙（壹）块、小山路边黄泥田乙（壹）块、小山面前田乙（壹）块、白泥田乙（壹）块、老豹河秧田乙（壹）块、大坝上田乙（壹）块、坟底下水井边田乙（壹）块、湾田乙（壹）块、石头旮旯大田乙块、大塘路边田乙（壹）块、石硐口地乙（壹）块、大凹地乙（壹）块，大坡背后跟长菁（箐）坡地亦（一）并在内、小山园地乙（壹）块树木在内、燕子地乙（壹）块、坟底下地右边茶园中间乙（壹）块、房屋上头房后腔地东厮系属起贵分内，其余起云只得东厮楼上起贵内。凭人分清，对神拈阄，各管各业，并无紊乱。自分之后，系弟兄二人情愿，并无翻悔。如有不依者，神灵不佑。恐后无凭，立分关存照。

其余各人随田上粮，其黄泥田系由起云大田过水。同日批。

大天井南方空地厢房乙（壹）间、汪廷炳墙脚东厮乙（壹）个系属起贵管业。八月初一日凭马祀先、陈秉、陈灼文、陈杰笔批。

［半书］ 分关为凭

凭　　中　俟（姨）父江子元　母舅田士洪　汪廷炳　邱学礼　汪起有

依口代笔　胡日新

道光二十四年五月十三日　立

编号：wzc-6

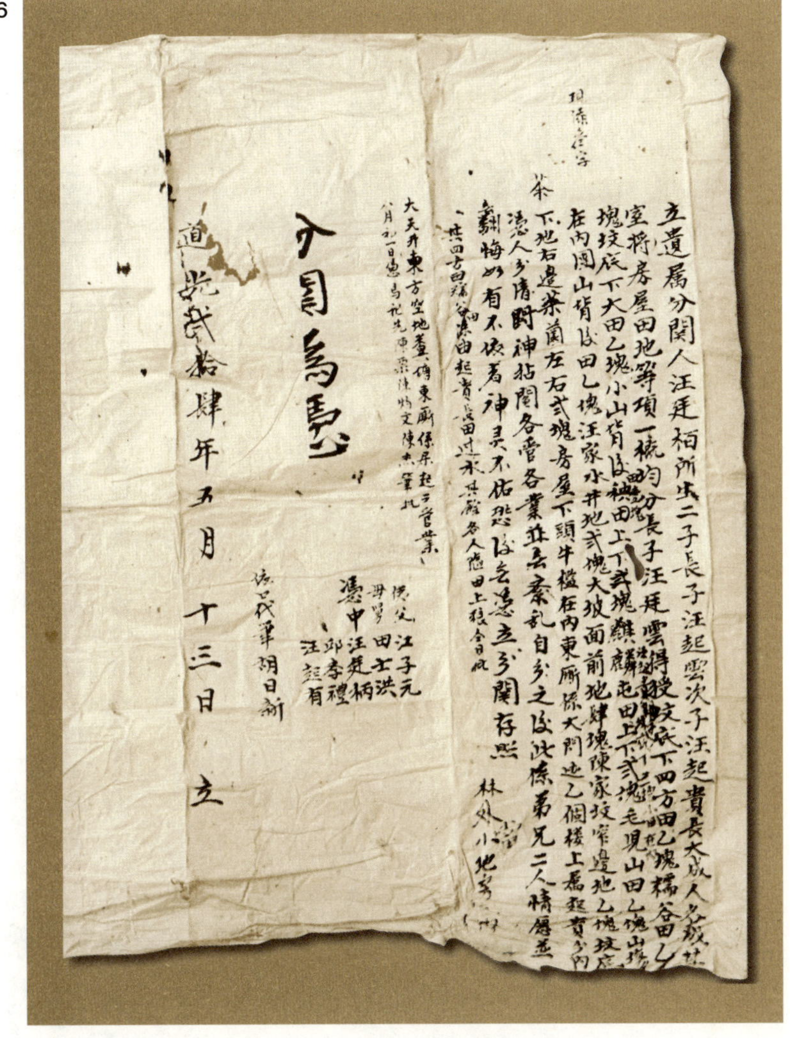

立遗属（嘱）分关人汪廷柏，所生二子，长子汪起云、次子汪起贵长大成人，各成其室，将房屋田地等项一概均分。长子汪廷云得授坟底下四方田乙（壹）块、糯谷田乙（壹）块、坟底下大田乙（壹）块、小山背后田壹块、秧田上下贰块、麒麟屯田坟底下三块小田在内上下贰块、毛儿山田乙（壹）块山场在内、团山背后田乙（壹）块、汪家水井地贰块、大坡面前地肆块、陈家坟窄边（旁边）地乙（壹）块、坟底下地右边茶园左右贰块、房屋下头牛槛在内，东厮系大门边乙（壹）个，楼上属起贵分内。凭人分清，对神拈阄，各管各业，并无紊乱。自分之后，此系弟兄二人情愿，并无翻悔。如有不依者，神灵不佑。恐后无凭，立分关存照。

现添叁字。

其四方田糯谷田系由起贵长田过水，其余各人随田上粮。同日批。

林外小地房在内。

大天井东方空地粪塘东厮系属起云管业。八月初一日凭马祀先、陈栗、陈灼文、陈杰笔批。

［半书］ 分关为凭

凭　　中　侇（姨）父江子元　母舅田士洪　汪廷柄　邱学礼　汪起有

依口代笔　胡日新

道光二十四年五月十三日　立

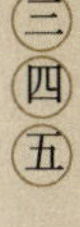

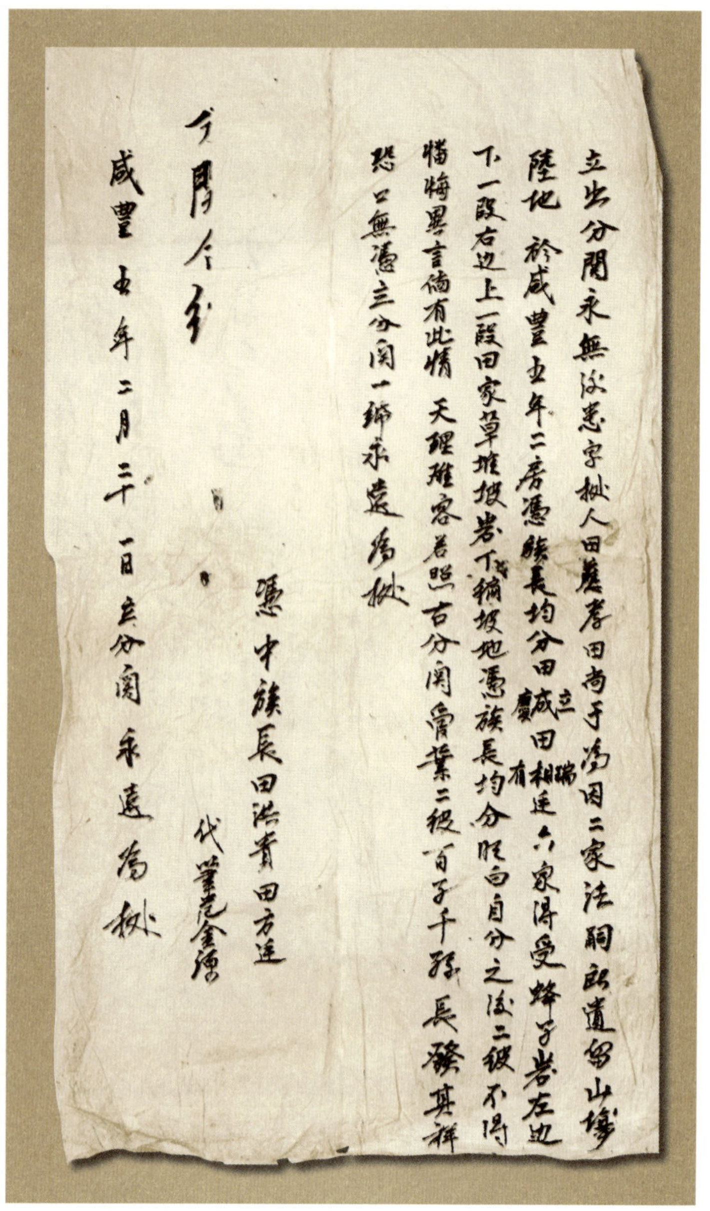

编号：tma-18

立出分关永无后患字据人田应孝、田尚于，为因二家法嗣所遗留山场陆地于咸丰五年二房凭族长均分，田立、田成、田庆、田瑞廷、田相廷、田有廷六家得受蜂子岩左边下一段，右边上一段、田家草堆坡、岩下偏坡地凭族长均分明白。自分之后，二彼不得幡（翻）悔异言。倘有此情，天理难容。若照右分关管业，二彼百子千孙长发其祥。恐口无凭，立分关一纸永远为据。

［半书］ 分关合约

凭中族长　田洪贵　田方廷

代　　笔　范金源

咸丰五年二月二十一日　立分关永远为据

编号：wzc-81

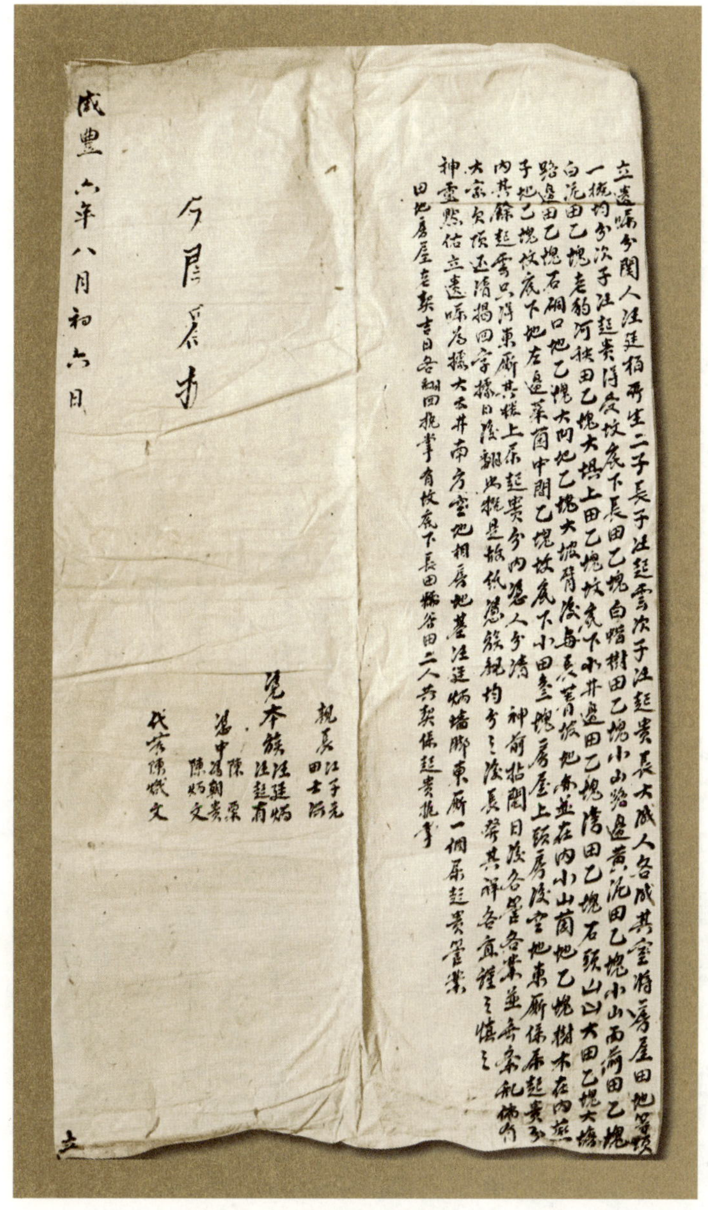

立遗嘱分开人汪廷柏，所生二子，长子汪起云、次子汪起贵长大成人，各成其室，将房屋田地等项一概均分。次子汪起贵得受坟底下长田乙（壹）块、白蜡树田乙（壹）块、小山路边黄泥田乙（壹）块、小山面前田乙（壹）块、白泥田乙（壹）块、老豹河秧田乙（壹）块、大坝上田乙（壹）块、坟底下水井边田乙（壹）块、湾田乙（壹）块、石头旮旯大田乙（壹）块、大塘路边田乙（壹）块、石硐口地乙（壹）块、大凹地乙（壹）块，大坡背后与长菁（箐）坡地亦（一）并在内、小山园地乙（壹）块树木在内、燕子地乙（壹）块、坟底下地左边菜园中间乙（壹）块、坟底下小山田叁块、房屋上头房后空地东断系属起贵分内，其余起云只得东断，其楼上属起贵分内。凭人分清，神前拈阄。日后各管各业，并无紊乱。倘有大家欠项，还清揭（接）回字据，日后翻出概是故纸。凭族亲均分之后，长发其祥，各宜谨之慎之，神灵默佑。立遗嘱为据。大天井南方空地相（厢）房地基汪廷炳墙脚东断一个属起贵管业。

田地房屋老契吉日各翻回执掌。有坟底下长田糯谷田二人共契系起贵执掌。

［半书］ 分关为据

亲　长　江子元　田士洪
凭本族　汪廷炳　汪起有
凭　中　陈　栗　冯朝贵　陈炳文
代　笔　陈灿文

咸丰六年八月初六日

编号：wzc-82

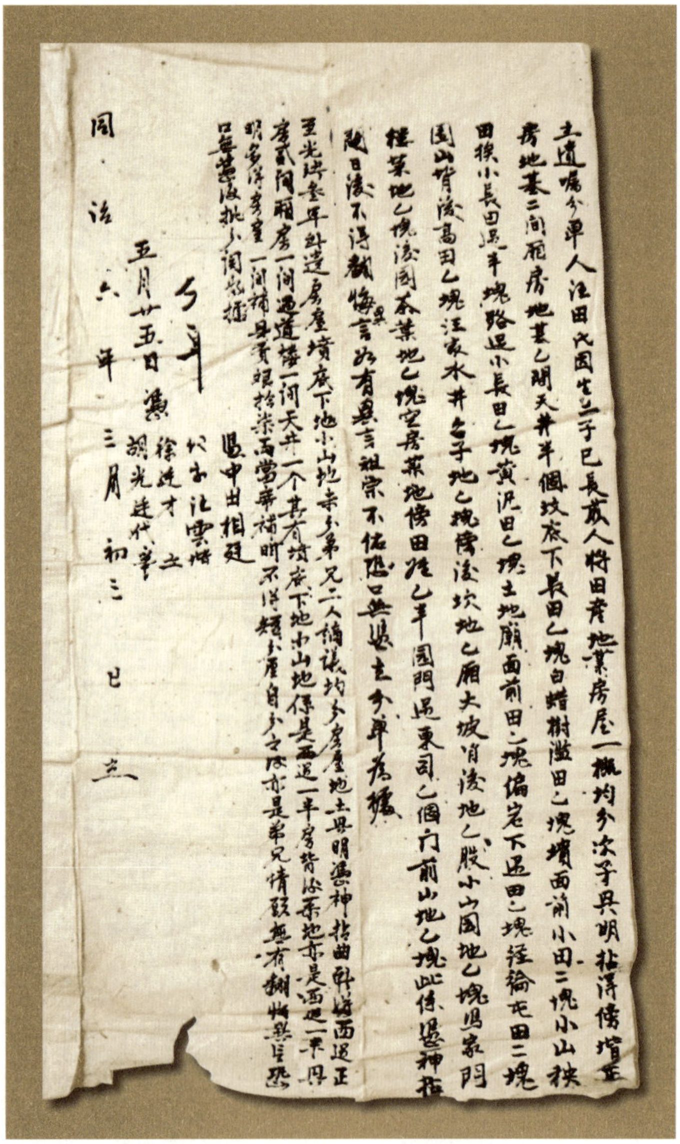

立遗嘱分单人汪田氏，因生二子已长成人，将田产地业房屋一概均分，次子兴明拈得傍阶正房地基二间、厢房地基乙（壹）间、天井半个、坟底下长田乙（壹）块、白蜡树滥田乙（壹）块、坟面前小田二块、小山秧田挨小长田边半块、路边小长田乙（壹）块、黄泥田乙（壹）块、土地庙面前田乙（壹）块、偏岩下边田乙（壹）块、经纶屯田二块、团山背后高田乙（壹）块、汪家水井名子地乙（壹）块、傍后坎地乙（壹）厢、大坡背后地乙（壹）股、小山园地乙（壹）块、马家门楼菜地乙（壹）块、后园茶业地乙（壹）块、空房菜地傍田姓乙（壹）半、园门边东司乙（壹）个、门前山地乙（壹）块。此系凭神拈阄，日后不得翻悔异言。如有异言，祖宗不佑。恐口无凭，立分单为据。

［半书］ 分单

凭中　田相廷

代字　汪云阶

同治六年三月初三日　立

至光绪叁年，所遗房屋、坟底下地小山地未分，弟兄二人商议，均分房屋地土，兴明凭神拈曲所得西边正房贰间、厢房一间、过道楼一间、天井一个，其有坟底下地系是西边一半，房背后菜地亦是西边一半，兴明多得房屋一间，补兴贤银拾柒两，当席补明，不得短分厘。自分之后，亦是弟兄情愿，无有翻悔异言。恐口无凭，后批分关为据。

五月二十五日　凭　徐廷才立

胡光廷　代字

编号：tyg–11

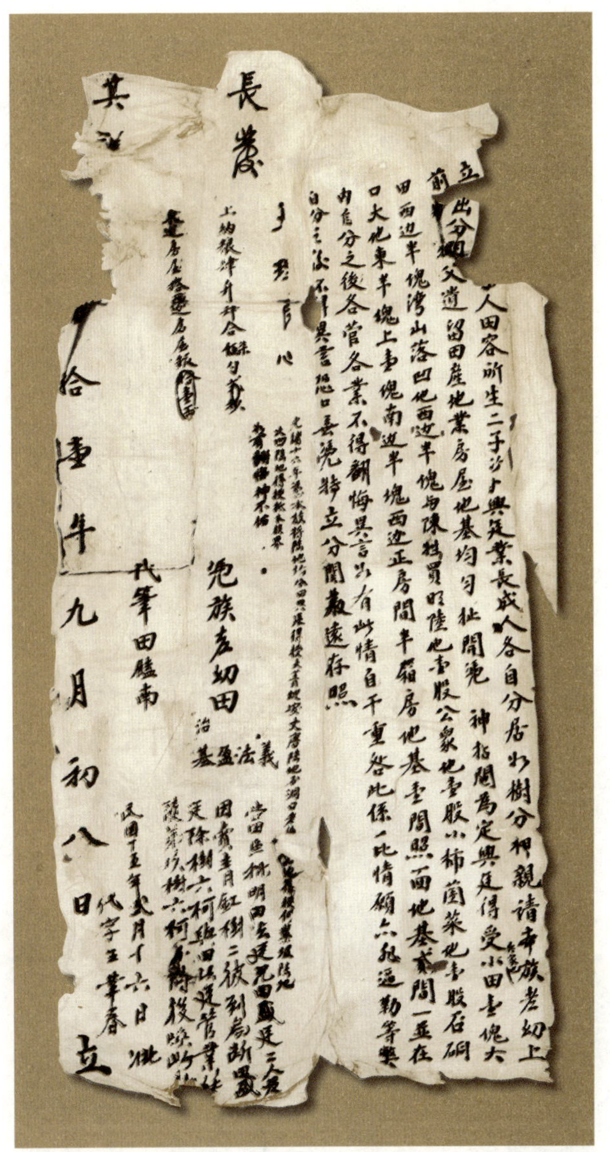

立出分关［字］人田容，所生二子，次子兴廷业长成人，各自分居，如树分�（桠），亲请本族老幼上前，［将祖］父遗留田产地业房屋地基均匀扯开，凭神拈阄为定。兴廷得受吴家地小田壹块、大田西边半块、湾山落凹地西边半块、与陈姓买明陆地壹股、公众地壹股、小柿园菜地壹股，石硐口大地东半块、上壹块、南边半块、西边正房间半、厢房地基壹间、地基壹间、照面地基贰间一并在内。自分之后，各管各业，不得翻悔异言。如有此情，自干（甘）重咎。此系二比情愿，亦非逼勒等弊。自分之后，不得异言。恐口无凭，特立分关永远存照。

上纳粮肆升肆合柒勺。

东边房屋搭西边房屋银拾壹两。

长　发　其　祥

［半书］　天理良心

凭族老幼　田　义　田　法　田　盈　田治基

代　　笔　田様南

［光绪］十一年九月初八日　立

光绪十六年，凭本族将陆地均分，田兴廷得授（受）大箐坡安丈唐陆地、石洞（硐）口老□□地，得授（受）何叶坡陆地大凹陆地，得授（受）抵本族界。如有翻悔，神不佑。

当面批明田法廷、兄田盛廷二人为因卖青缸树，二彼到局断，田盛廷除树六柯（棵）与田法廷管业，任随弟坎树六柯（棵）。不得后唤（患）。此据。

民国十五年十二月十六日　批

代字　王华春

编号：sls-8

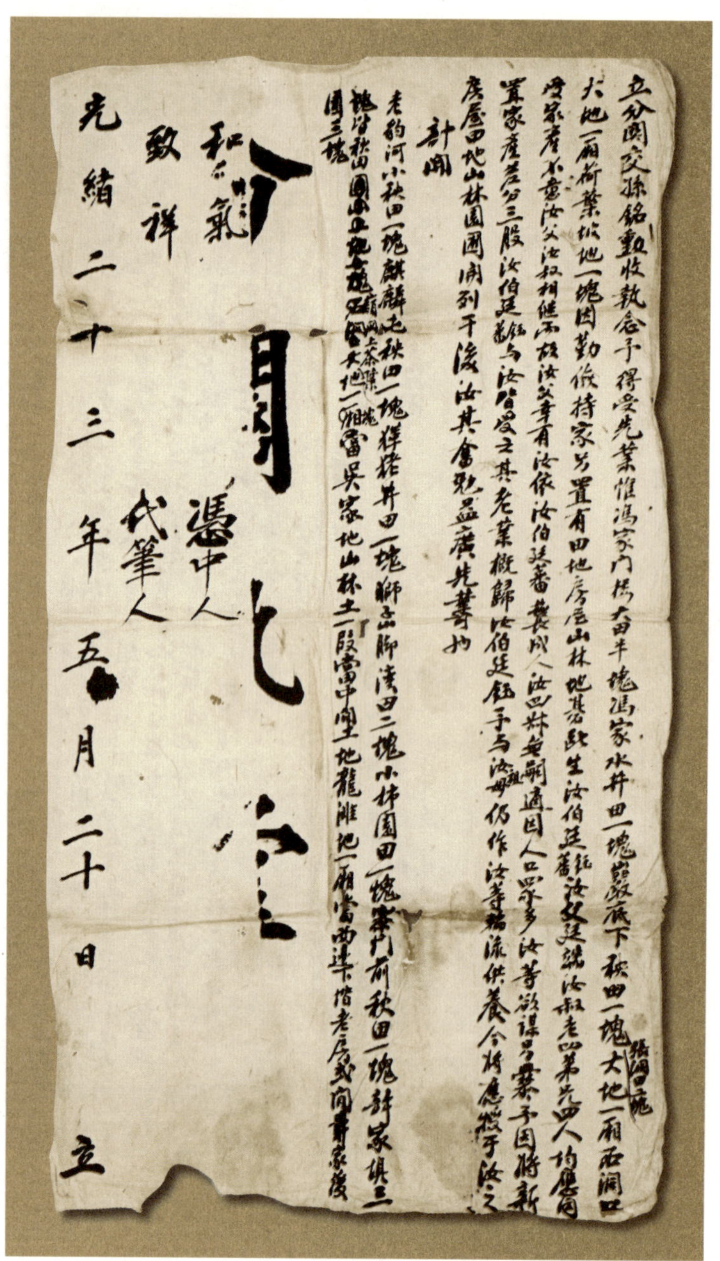

立分关交孙铭动收执。念予得受先业，惟冯家门楼大田半块、冯家水井田一块、岩底下秧田一块、张洞田二块、大地一厢、石洞（硐）口大地一厢、荷业坡地一块，因勤俭持家，另置有田地、房屋、山林、地基。所生汝伯廷钰、廷蕃，汝父廷端，汝叔老四弟兄四人均应同受家产，不意汝父、汝叔相继而故，汝父幸有汝，依汝伯廷蕃抚长成人，汝四妹无嗣，适因人口众多，汝等欲谋另□，予因将新置家产差分三股，汝伯廷钰、廷蕃与汝皆受之，其老业概归汝伯廷钰，予与汝祖母仍作汝等轮流供养，今将应授于汝之房屋、田地、山林、园圃开列于后，汝其奋勉，益广先业可也。

计开：老豹河小秧田一块，麒麟屯秧田一块，仡佬井田一块，狮子山脚湾田二块，小柿园田一块，寨门前秧田一块，许家坝三块皆秋田，岭冈上茶叶地一块，吴家地山林土一段，当中间土地龙滩地一厢，当西边下阶老房贰间，□家后园三块。

和 气 致 祥

［半书］ 分关执掌

凭中人

代笔人

光绪二十三年五月二十日 立

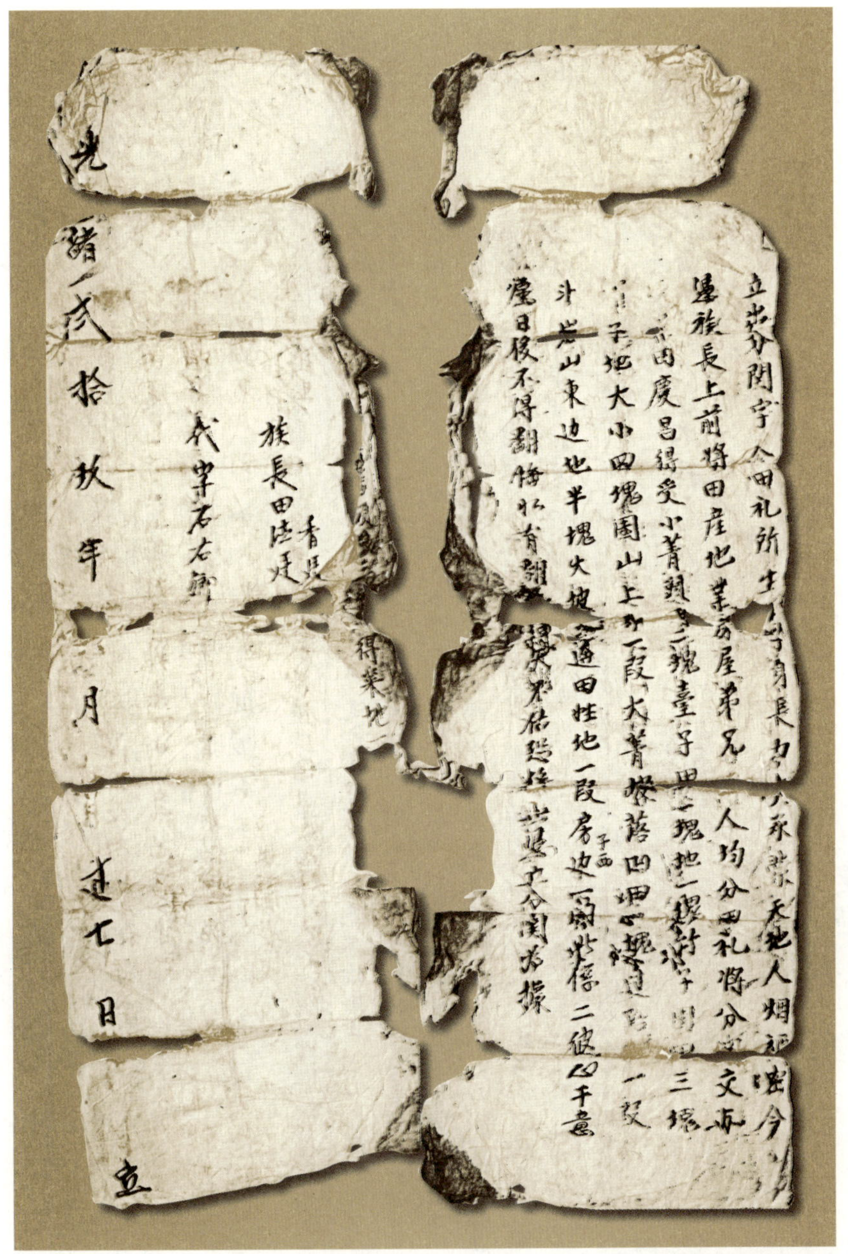

编号：tym-21-22

立出分关字人田礼所生□子身长力大，承蒙天地人烟稠密，今凭族长上前，将田产地业房屋弟兄二人均分，田礼将分□交与□□，田庆昌得受小箐头□二块、台子田壹块、地壹块、竹子园田三块、□子地大小四块、团山上地一段、大箐坡落凹田一块、过路地一段、斗岩山东边地半块、大坡□边田姓地一段、房子西边一间。此系二彼心干（甘）意愿，日后不得翻悔，如有翻悔，□天不佑。恐口无凭，立分关为据。

族长　田香廷　田法廷

代字　石右卿

光绪二十九年六月二十七日　立

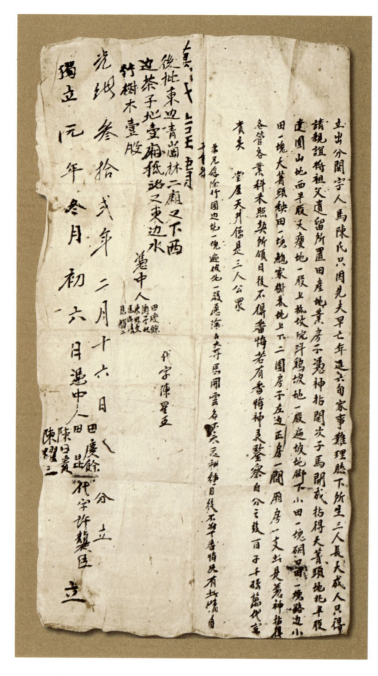

编号：mxq-26

立出分关字人马陈氏，只因先夫早亡，年近六旬，家事难理，膝下所生三人长大成人，只得请亲谊，将祖父遗留所置田产地业房子凭神拈阄，次子马开臣拈得大箐头地北半股，远团山地西半股，大瘦地一股，上抵坟院斗鸡坡地一股，遍坡地脚下小田一块，硐口田一块，路边小田一块，大箐头秧田一块，鲍家树林地上下二团，房子左边正房一间、厢房一支。此是凭神拈得，各管各业，科米照契所领，日后不得番（翻）悔。若有番（翻）悔，神灵鉴察。自分之后，百子千孙万代富贵矣。

堂屋天井系是三人公众。

弟兄愿除竹园边地一块、遍坡地一股，愿除与大哥马开云名下永远耕种。日后不准番（翻）悔，如有此情，自干（甘）重咎。

［半书］ 万代富贵

凭中人 田庆余 陶子红 陈灿文 马海清 陈耀二
代 字 陈星五
光绪三十二年二月十六日 分立

后批：东边青岗林二厢，又下西边茶子地壹厢抵路，又东边水竹树木壹股。
独立元年冬月初六日 立
凭中人 田庆余 田 昆 陈日贵 陈耀三
代 字 许袭臣

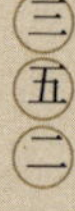

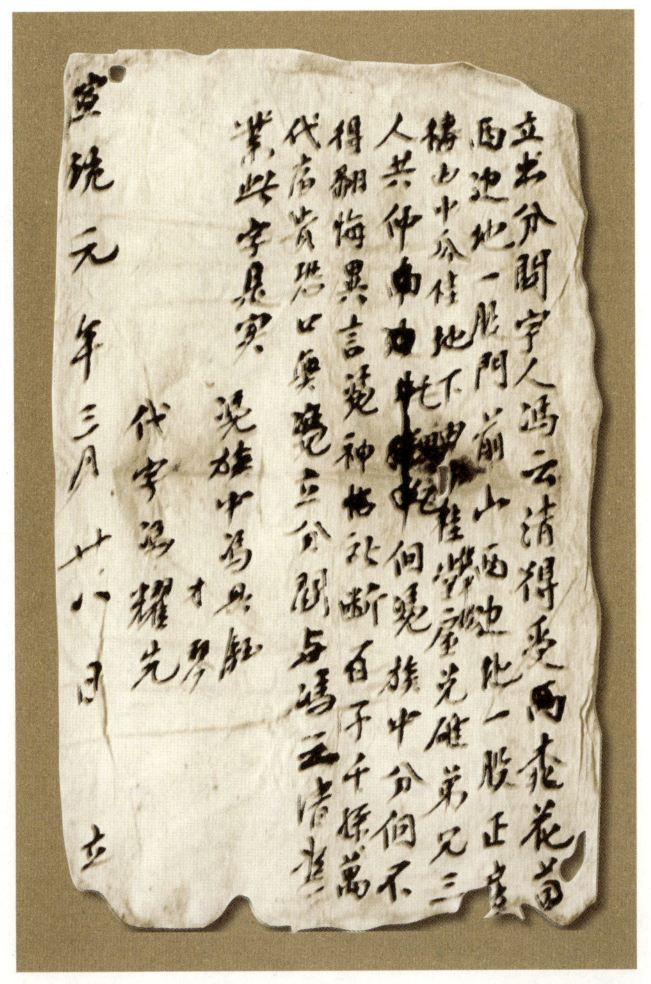

编号：crq–17

立出分关字人冯云清，得受桃花园西边地一股、门前山两边地一股、正房楼内中瓜桂地下由少桂后半棬（圈），堂屋兑碓弟兄三人共仲，毛思（茅厕）乙（一）个，凭族中分个，不得翻悔异言。凭神所断，百子千孙，万代富贵。恐口无凭，立分关与冯云清为业，此字是实。

凭族中　冯兴钰　冯才琴

代　字　冯耀先

宣统元年三月二十八日　立

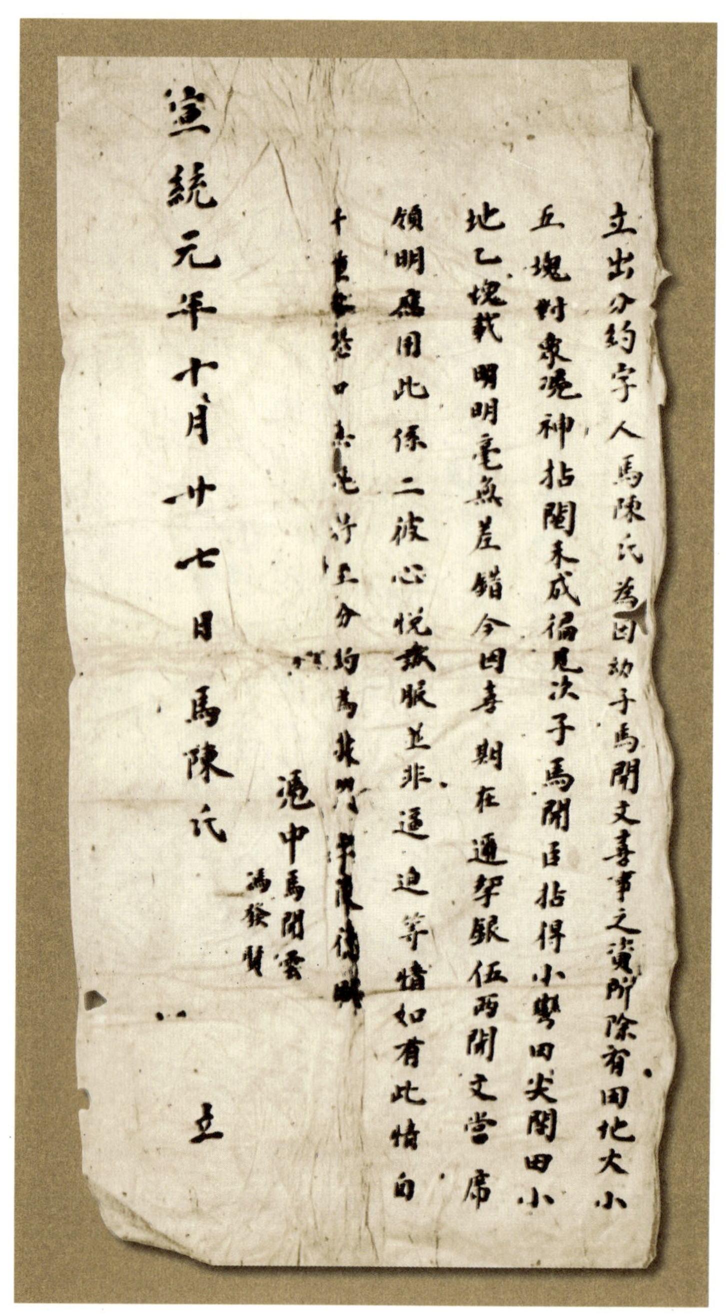

编号：mxq-28

立出分约字人马陈氏，为因幼子马开文喜事之资，所除有田地大小五块，对象凭神拈阄，未成（存）偏见，次子马开臣拈得小弯（湾）田尖阁田小地乙（壹）块，载明毫无差错，今因喜期在逼，挐银伍两，开文当席领明应用。此系二彼心悦诚服，并非逼迫等情。如有此情，自干（甘）重咎。恐口无凭，特立分约为据。

代字　陈德明

凭中　马开云　冯发贤

宣统元年十月二十七日　马陈氏　立

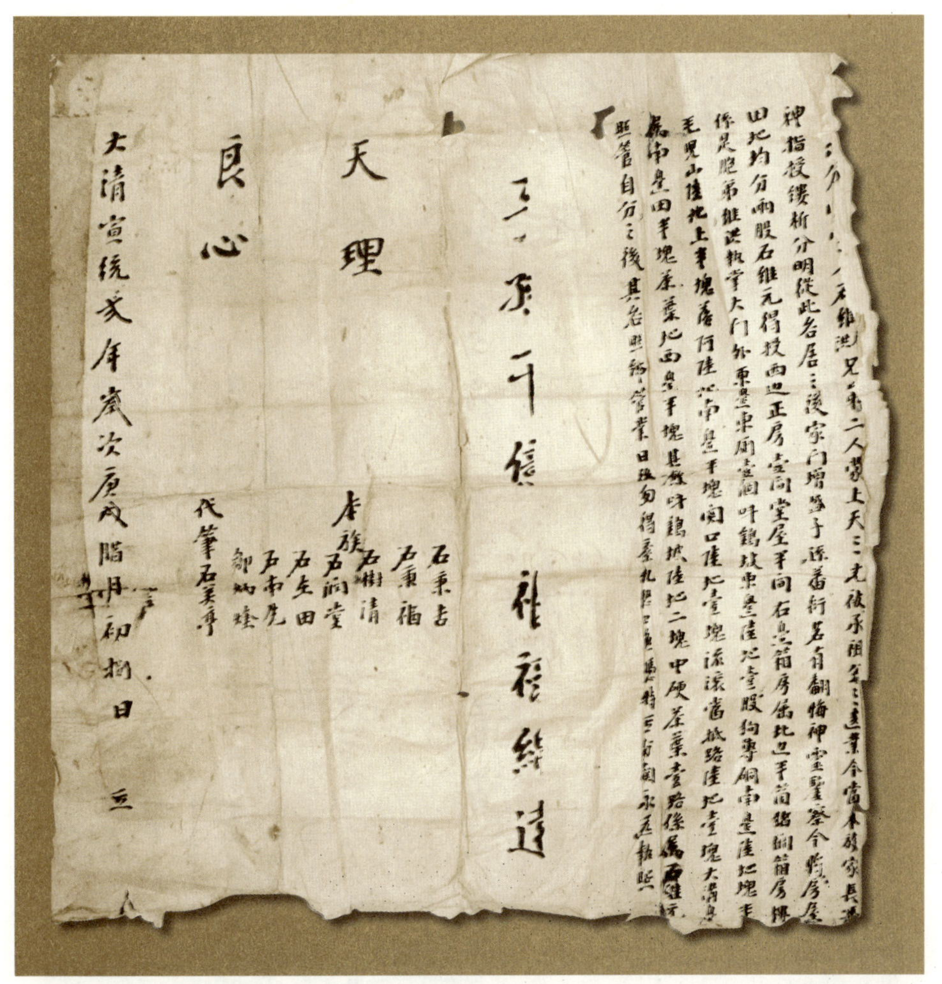

编号：srg-6

［立出分关字人］石维元、石维洪兄弟二人，蒙上天之光，被承祖父之遗业，今当本族家长，凭神指授，缕析分明，从此各居之后，家门增盛，子孙番（繁）衍，若有翻悔，神灵鉴察。今将房屋田地均分两股，石维元得授（受）西边正房壹间、堂屋半间、右边箱（厢）房属北边半个，猪栏、箱（厢）房楼系是胞弟维洪执掌，大门外东边东厕壹个、叫鸡坡东边陆地壹股、狗专（钻）硐南边陆地块半、毛儿山陆地上半块、落何陆地南边半块、关口陆地壹块、流（牛）滚当（凼）抵路陆地壹块、大沟边属南边田半块、茶叶地西边半块、其余叫鸡坡陆地二块、中硬茶叶壹路系属石维元照管。自分之后，其各照纸管业，日后勿得紊乱。恐口无凭，特立分关永远执照。

天　理　良　心

［半书］ 子孙千亿　福禄绵远

本族　石秉吉　石秉福　石树清　石润堂
石在田　石南先　邹炳奎
代笔　石美亭

大清宣统二年岁次庚戌腊月初八日　立

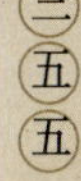

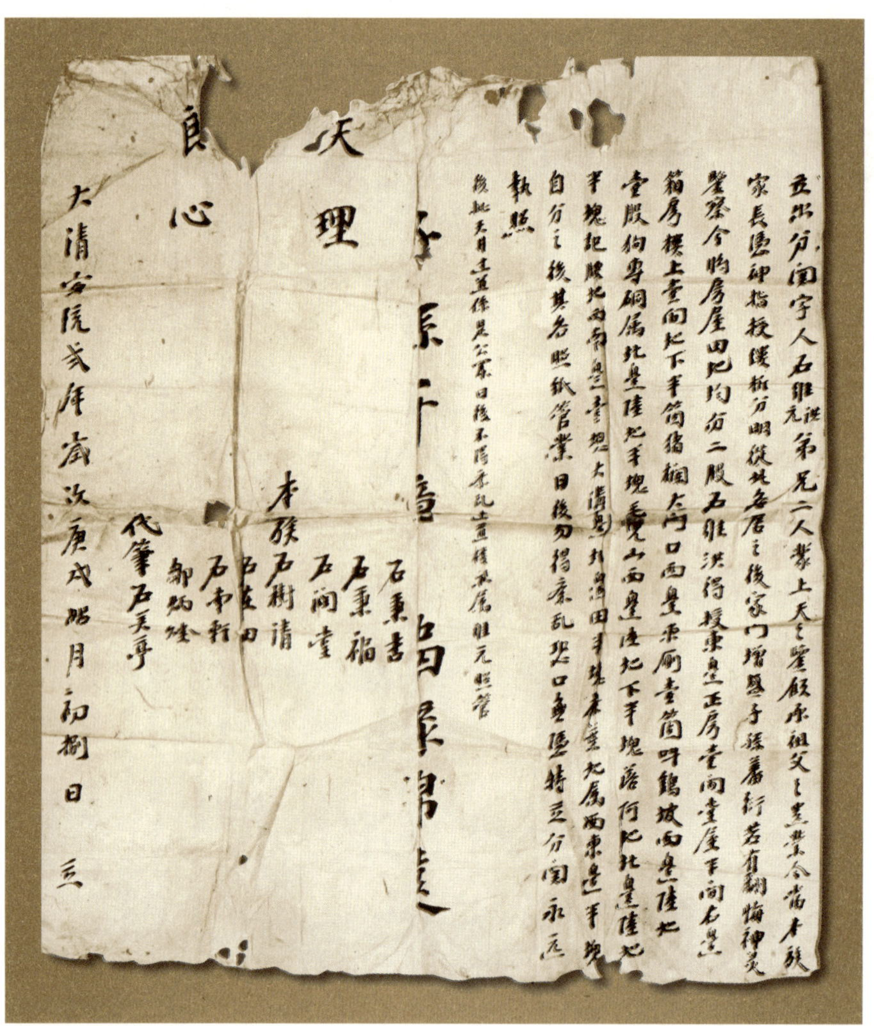

编号：srg–5

立出分关字人石维洪、石维元弟兄二人，蒙上天之鉴（眷）顾，承祖父之遗业，今当本族家长凭神指授，缕析分明，从此各居之后，家门增盛，子孙蕃（繁）衍，若有翻悔，神灵鉴察。今将房屋田地均分二股，石维洪得授（受）东边正房壹间，堂屋半间，右边箱（厢）房楼上壹间、地下半个，猪栏、大门口西边东厕壹个，叫鸡坡西边陆地壹股，狗专（钻）硐属北边陆地半块，毛儿山西边陆地下半块，落何地北边陆地半块，记腰地西南边壹块，大沟边北边田半块，茶叶地属东边半块。自分之后，其各照纸管业，日后勿得紊乱。恐口无凭，特立分关永远执照。

后批：天井过道系是公众，日后不得紊乱。土道楼亦属维元照管。

天　理　良　心

［半书］子孙千亿　福禄绵远

本族　石秉吉　石秉福　石润堂　石树清

石在田　石南轩　邹炳奎

代笔　石美亭

大清宣统二年岁次庚戌腊月初八日　立

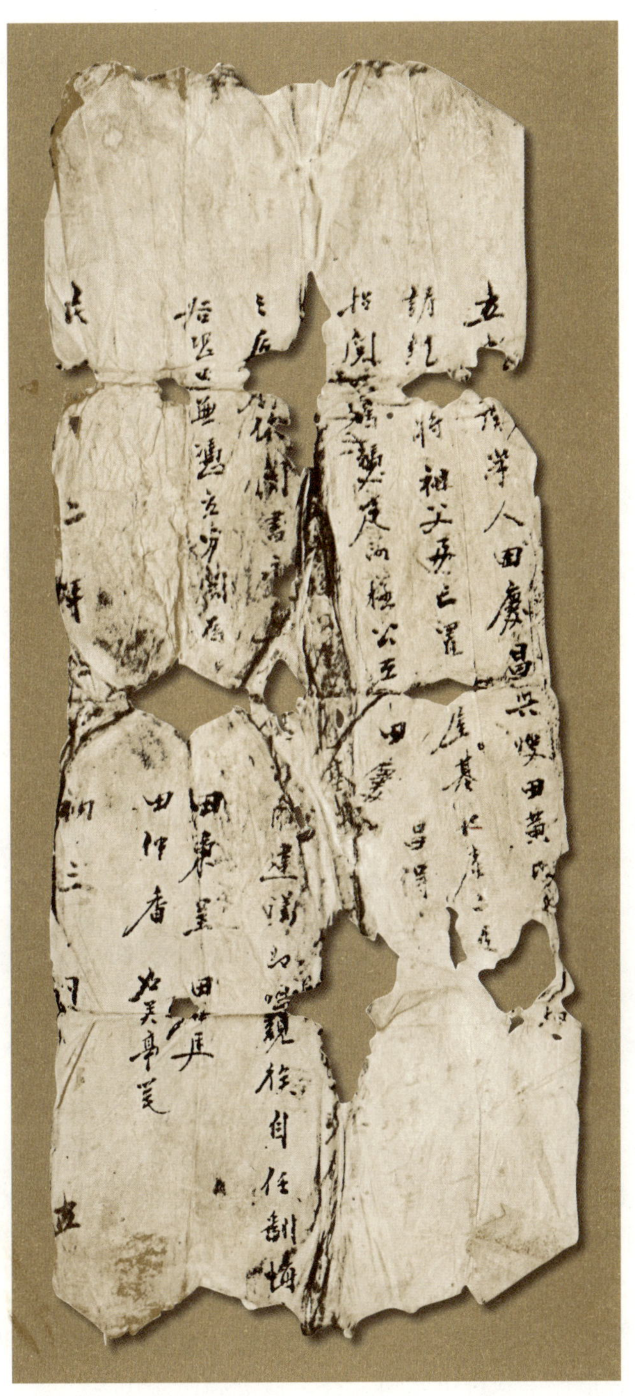

编号：tym–34

立□关等人田庆昌、兴□、田黄氏□□□请［凭中］将祖父及已置（房）屋基地产二屋□□□□□□□□□□拈阄凭定的极公至□田庆昌得□□□□□□□□□□□□□□□□□□□□□□□□□□□□□□□□□□□□亲族自认翻悔□□咎恐口无凭，立分关为［据］。

［凭中］　田秉呈　田仲香　田□廷　石美亭　笔

民国二年二［月］初三日　立

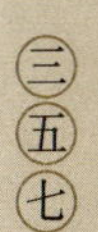

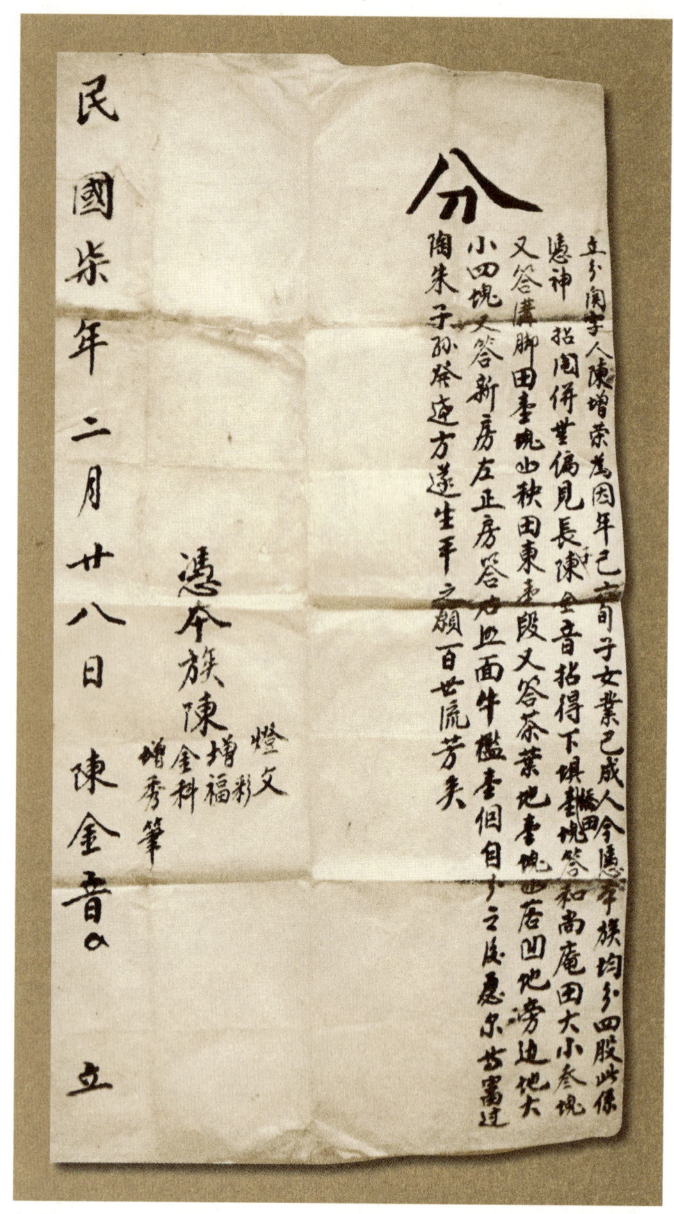

编号：cyc-1

立分关字人陈增荣，为因年已六旬，子女业已成人，今凭本族均分四股，此系凭神拈阄，并无偏见，长子陈金音拈得下坝桥田壹块，答（搭）和尚庵田大小叁块，又答（搭）沟脚田壹块，□秧田东一段，又答（搭）茶叶地壹块，□落凹地旁边地大小四块，又答（搭）新房左正房，答（搭）右照面牛槛壹个。自分之后，愿尔等富过陶朱，子孙发达，方遂生平之愿百世流芳矣。

［半书］ 分

凭本族　陈灯文　陈增彩　陈增福　陈金科
　　　　陈增秀　笔
民国七年二月二十八日　陈金音　立

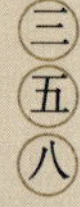

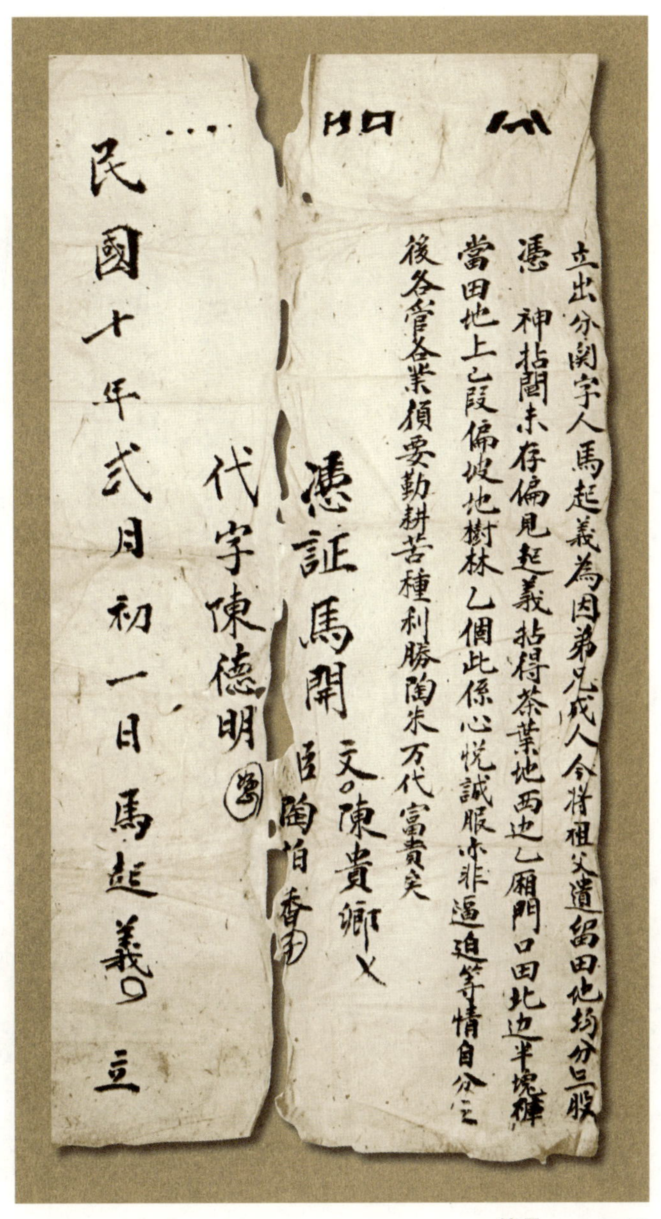

编号：mxq-36

立出分关字人马起义，为因弟兄成人，今将祖父遗留田地均分三股，凭神拈阄，未存偏见。起义拈得茶叶地西边乙（壹）厢、门口田北边半块、裤当（裆）田地上乙（壹）段、偏坡地树林乙（壹）个。此系心悦诚服，亦非逼迫等情。自分之后，各管各业，须要勤耕苦种，利胜陶朱万代富贵矣。

［半书］ 分关

凭证　马开文　马开臣　陈贵卿　陶柏香

代字　陈德明

民国十年二月初一日　马起义　立

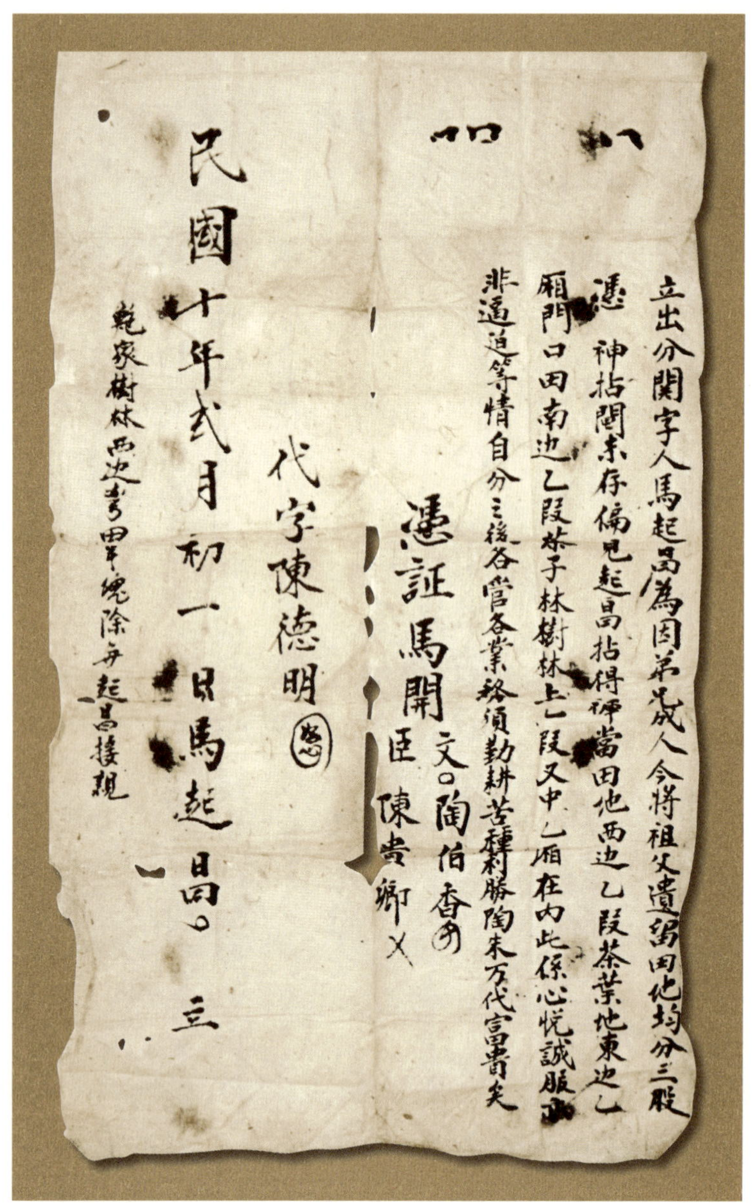

立出分関字人馬起昌為因弟兄成人今將祖父遺留田地均分三股
憑神拈鬮未存偏見起昌拈得裤當田地西边乙段茶葉地東边乙
廂門口田南边乙段茶子林樹林上乙段又中乙廂在內此係心悅誠服亦
非逼迫等情自分之後各管各業務須勤耕苦種利勝陶朱万代富貴矣
憑証馬開文 陶伯香
馬開臣 陳貴卿
代字陳德明
民國十年弍月初一日馬起昌 立
鮑家樹林西边弯田半塊除与起昌接親

编号：mxq-44

立出分关字人马起昌，为因弟兄成人，今将祖父遗留田地均分三股，凭神拈阄，未存偏见，起昌拈得裤当（裆）田地西边乙（壹）段、茶叶地东边乙（壹）厢、门口田南边乙（壹）段、茶子林树林上乙（壹）段又中乙（壹）厢在内。此系心悦诚服，亦非逼迫等情。自分之后，各管各业，务须勤耕苦种，利胜陶朱万代富贵矣。

鲍家树林西边弯田半块除与起昌接亲。

［半书］ 分关

凭证　马开文　马开臣　陶伯香　陈贵卿

代字　陈德明

民国十年二月初一日　马起昌　立

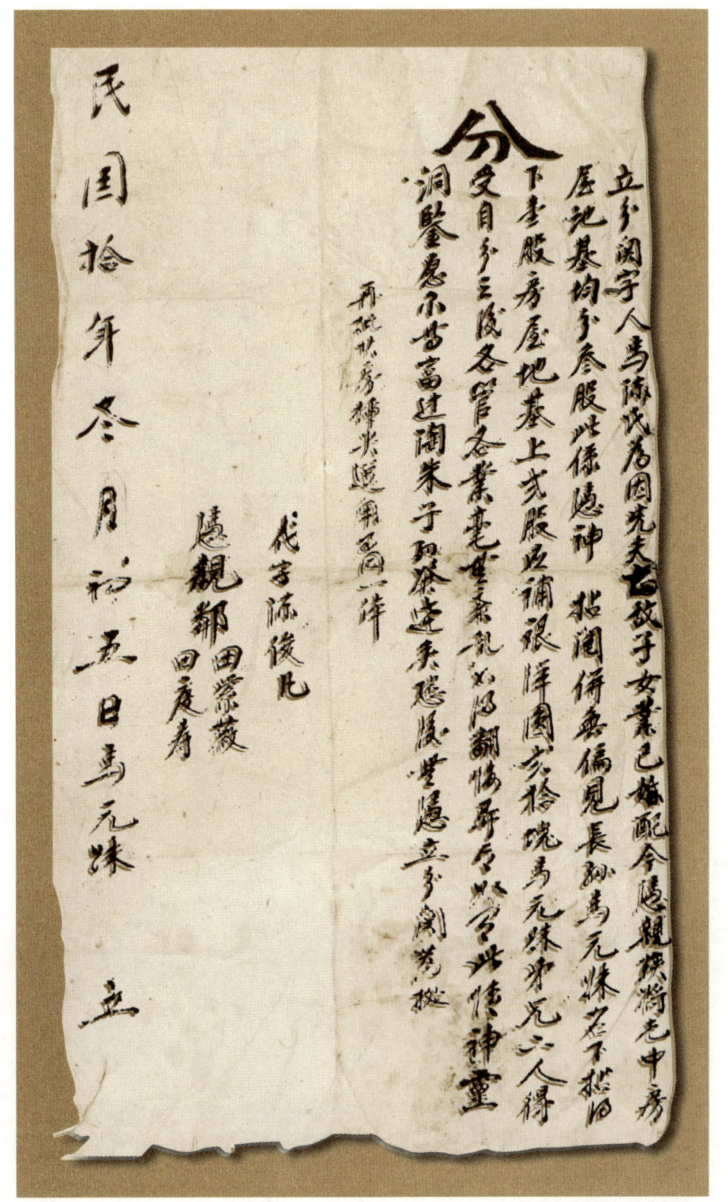

编号：mxq-14

立分关字人马陈氏，为因先夫亡故，子女业已婚配，今凭亲族将屯中房屋地基均分叁股，此系凭神拈阄，并无偏见。长孙马元妹名下拈得下壹股、房屋地基上贰股，应补银洋圆贰拾块。马元妹弟兄二人得受，自分之后，各管各业，毫无紊乱，不得翻悔异言。如有此情，神灵洞鉴。愿尔等富过陶朱，子孙发达。恐后无凭，立分关为据。

再批：其房插尖逗角等同一体。

［半书］ 分

代　字　陈俊凡

凭亲邻　田紫薇　田庆寿

民国十年冬月初五日　马元妹　立

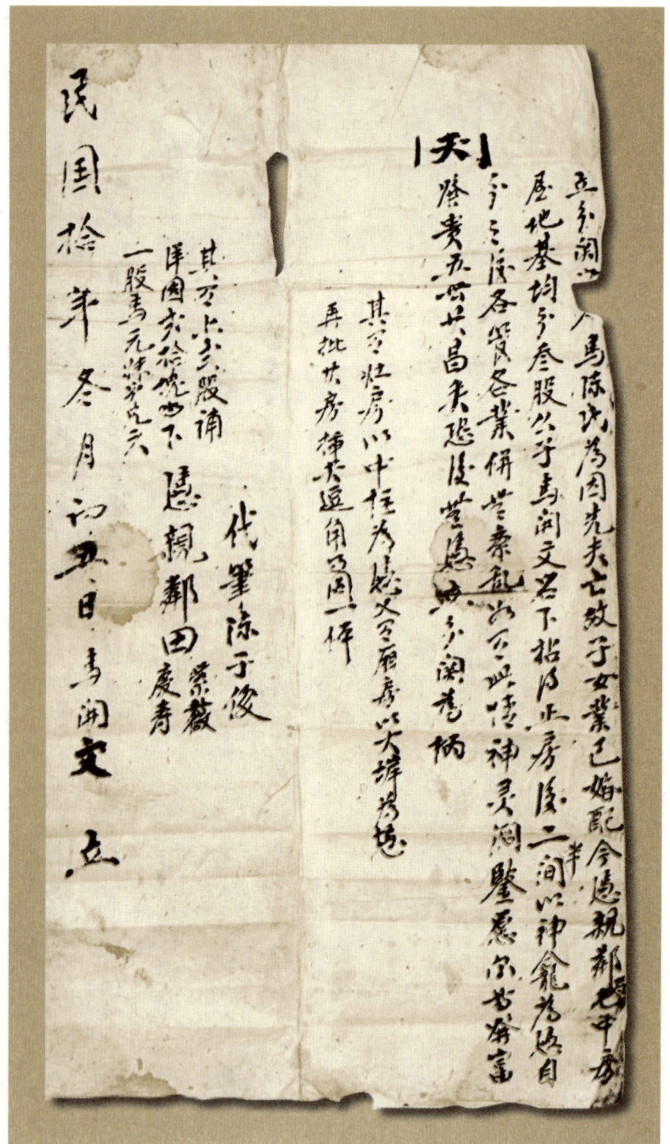

编号：mxq-15

立分关［字人］马陈氏，为因先夫亡故，子女业已婚配，今凭亲邻，将屯中房屋地基均分三股，幺子马开文名下拈得正房后二半间，以神龛为凭。自分之后，各管各业，并无紊乱。如有此情，神灵洞鉴。愿尔等发富发贵，五世兴昌。夫恐后世无凭，立分关为柄。

其分灶房以中柱为凭，又分厢房以大岸为凭。

再批：其房插尖逗角等同一体。

其分上贰股补洋圆贰拾块□下一股马元妹弟兄二人。

［半书］关

代　笔　陈子俊

凭亲邻　田紫薇　田庆寿

民国十年冬月初五日　马开文　立

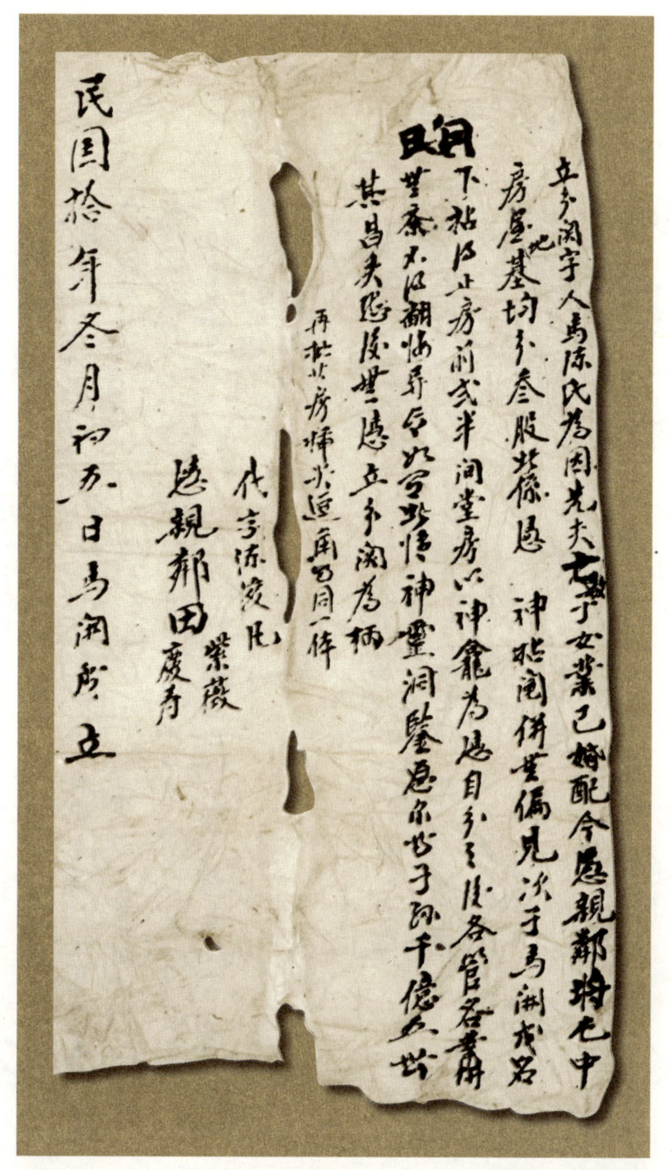

编号：mxq-45

立分关字人马陈氏，为因先夫亡故，子女业已婚配，今凭亲邻，将屯中房屋地基均分叁股，此系凭神拈阄，并无偏见。次子马开成名下拈得正房前贰半间堂屋，以神龛为凭。自分之后，各管各业，并无紊，不得翻悔异言。如有此情，神灵洞鉴。愿尔等子孙千亿，五世其昌。夫恐后无凭，立分关为柄。

再批：其房插尖逗角等同一体。

［半书］关

代　字　陈俊凡

凭亲邻　田紫薇　田庆寿

民国十年冬月初五日　马开成　立

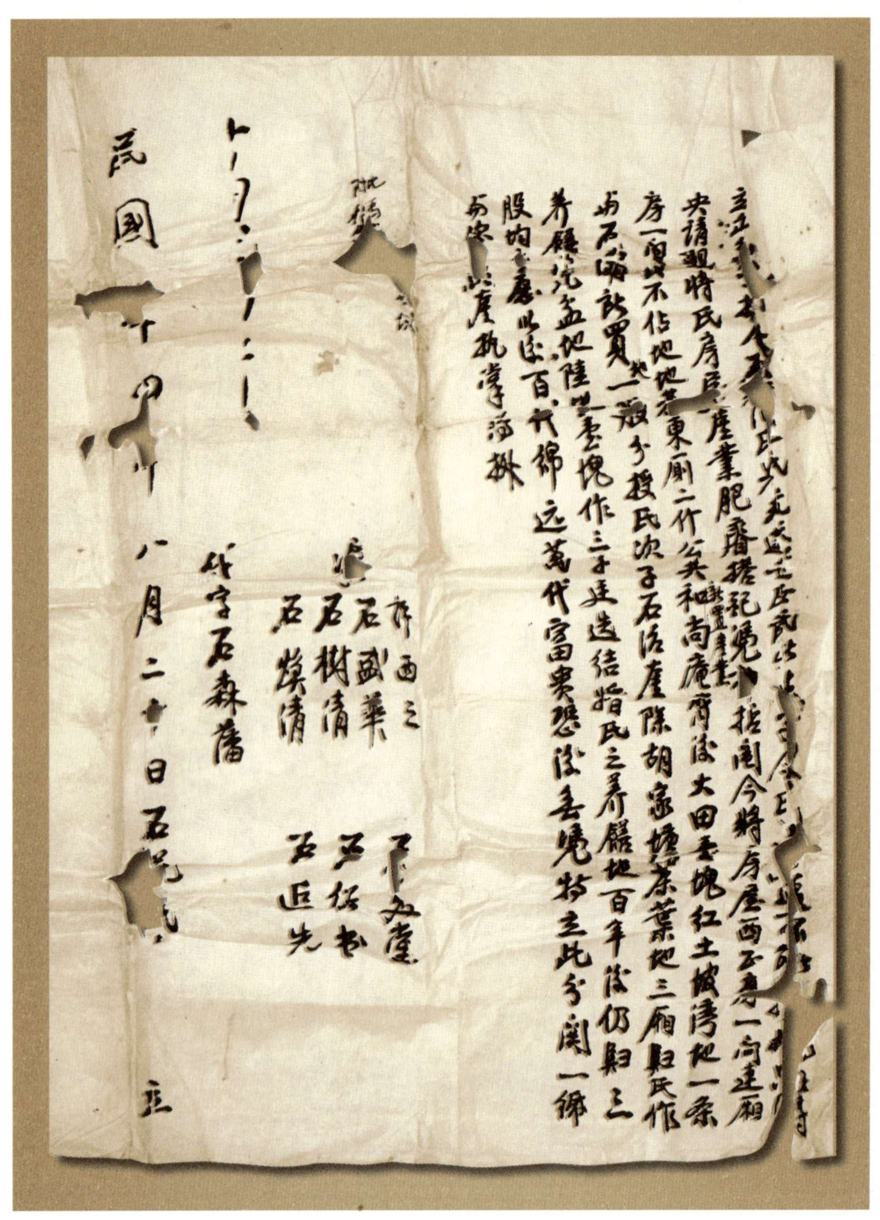

编号：srg–7

立出□□□□□氏，□□□□□□□□□□□只得央请□将氏房屋产业肥瘦搭配，凭神拈阄，今将房屋西正房一间连厢房一间，□不占地，地基东厕二个，公共新置产业、和尚庵背后大田壹块，红土坡湾地一条，与石□所买地一股，分授氏次子石治奎，除胡家塘茶叶地三厢，□氏作养膳□，盆地陆地壹块作三子廷选结婚。氏之养膳地百年后仍□三股均分。愿以后百代绵远，万代富贵。恐后无凭，特立此分关一纸与次子治奎执掌为据。

［半书］ □□□□

凭　许西之　石盛华　石树清　石焕清　石□堂　石□书　石□先

代字　石森藩

民国十四年八月二十日　石□氏　立

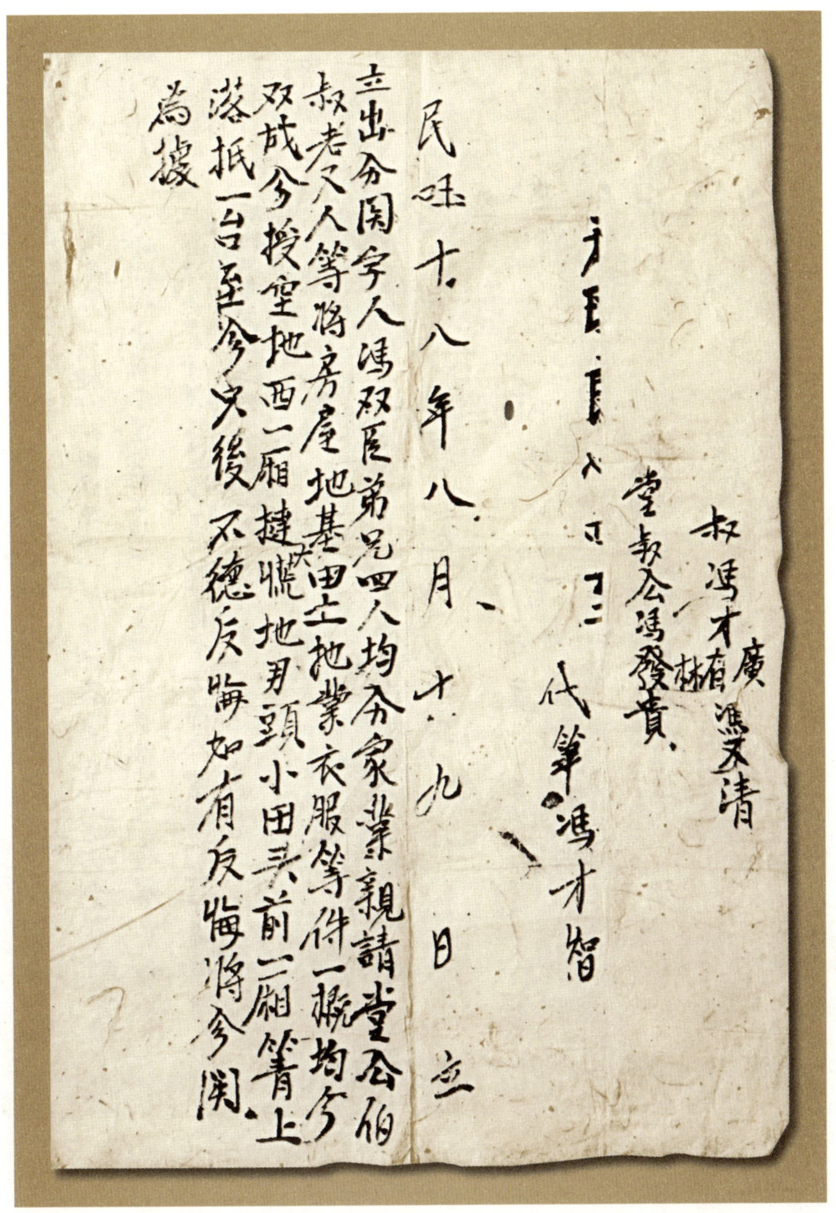

编号：wzc–45

立出分关字人冯双臣弟兄四人，均分家业，亲请堂公伯叔老又（幼）人等，将房屋地基田土地业衣服等件一概均分。双成分授空地西一厢，挞（搭）大慌（荒）地两头，小田头前一厢，箐上落抵一台。至（自）今只（之）后，不德（得）反悔。如有反悔，将分关为据。

［半书］ 天理良心□□

叔　冯才广　冯才有　冯才林　冯又清

堂叔公冯发贵

代笔　冯才智

民国十八年八月十九日　立

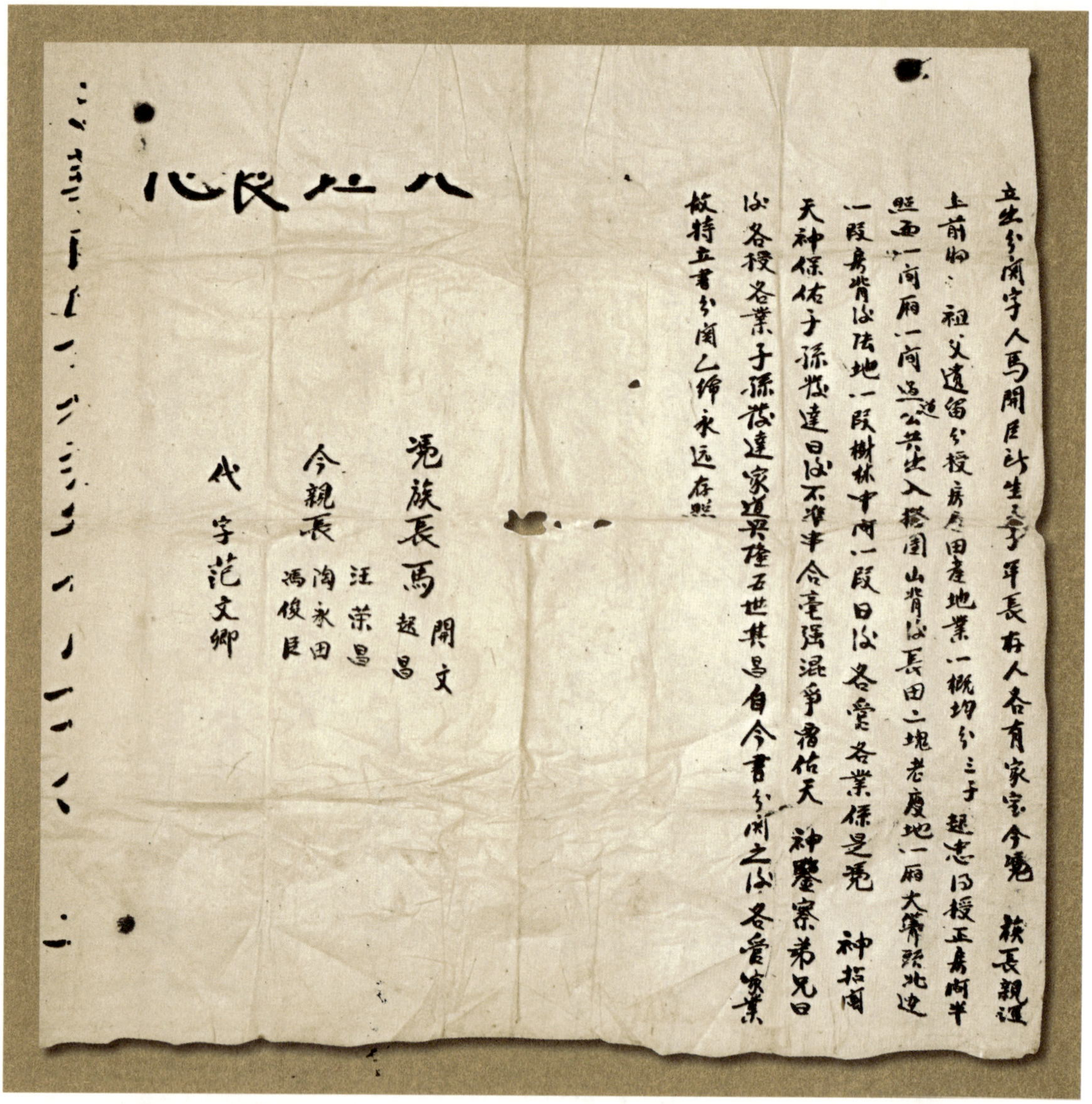

编号：mxq-16

立出分关字人马开臣，所生三子年长存（成）人，各有家室，今凭族长亲谊上前，将祖父遗留分授房屋田产地业一概均分，三子起忠得授（受）正房间半、照面一间、厢一间，过道公共出入，搭团山背后长田二块、老瘦地一厢、大箐头北边一段、房背后陆地一段、树林中间一段。日后各管各业。系是凭神拈阄，天神保佑，子孙发达。日后不准串合毫强，混争霸占。天神鉴察。弟兄日后各授各业，子孙发达，家道兴隆，五世其昌。自今书分关之后，各管家业。故特立书分关乙（一）纸永远存照。

［半书］ 天理良心

凭族长　马开文　马起昌

今亲长　汪荣昌　陶永田　冯俊臣

代　字　范文卿

大中华民国二十二年九月二十八日　立

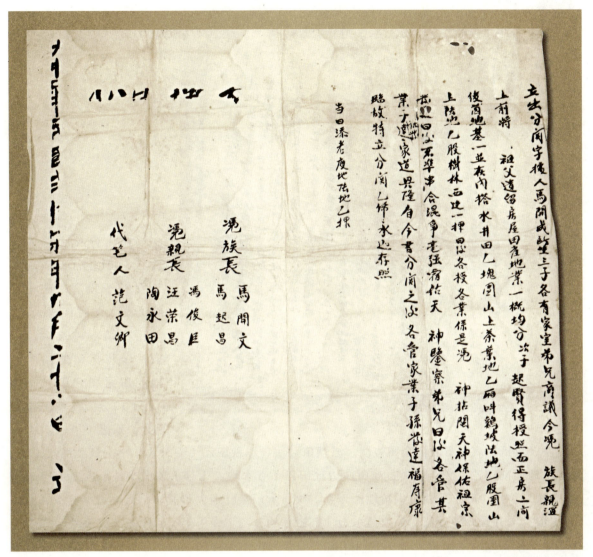

编号：mxq–41

立出分关字据人马开成，所生三子各有家室，弟兄商议，今凭族长亲谊上前，将祖父遗留房屋田产地业一概均分，次子起贤得授（受）照面正房二间，后园地基一并在内，搭水井田乙（壹）块、团山上茶叶地乙（壹）厢、叫鸡坡陆地乙（壹）股、团山上陆地乙（壹）股、树林西边一押。日后各授各业。系是凭神拈阄，天神保佑，祖宗□□。日后不准串合混争、毫强霸占。天神鉴察。弟兄日后各管其业，子孙发达，家道兴隆。自今书分关之后，各管家业，子孙发达，福寿康临。故特立分关乙（一）纸永远存照。

当日添老瘦地陆地乙（壹）押。

凭 族 长　马开文　马起昌

凭族亲长　冯俊臣　汪荣昌　陶永田

代 笔 人　范文卿

大中华民国二十二年九月二十八日　立

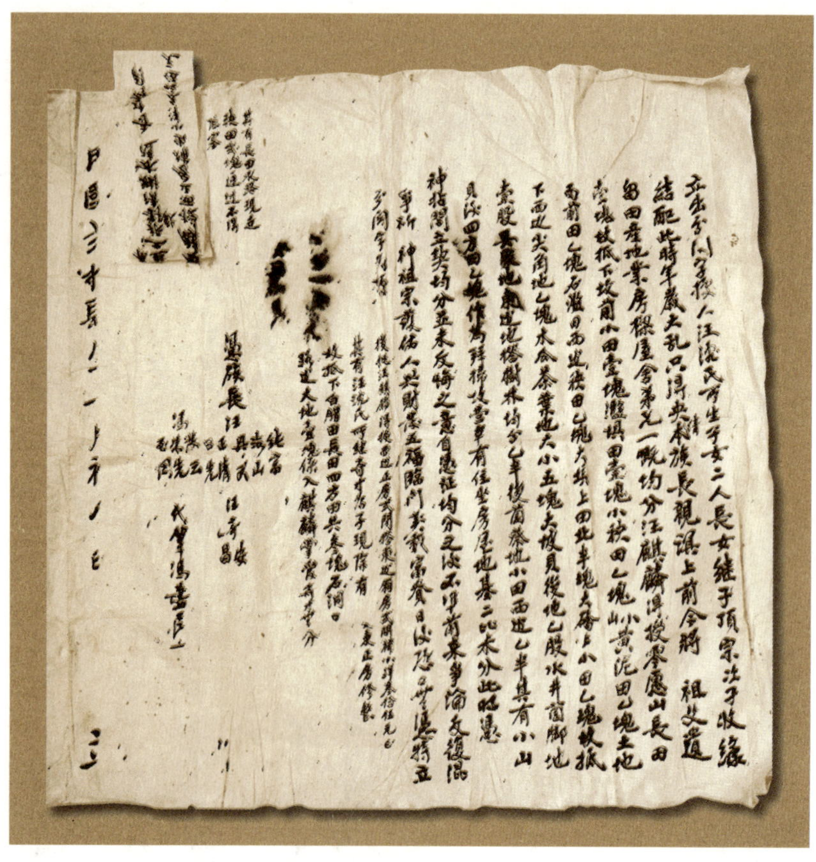

编号：wzc-104

立出分关字据人汪沈氏，所生子女二人，长女继子顶宗，次子收缘结配。此时年岁大乱，只得央请本族长亲谊上前，今将祖父遗留田产地业房梁屋舍弟兄一慨（概）均分。汪麒麟得授（受）零愿（灵验）山长田壹块、坟抵（底）下坟前小田壹块、滥坝田壹块、小秧田乙（壹）块、小山黄泥田乙（壹）块、土地面前田乙（壹）块、石滥田西边秧田乙（壹）块、大坝上田北半块、大砾上小田乙（壹）块、坟抵（底）下西边尖角地乙（壹）块、木瓜茶叶地大小五块、大坡贝（背）后地乙（壹）股、水井园脚地壹股、吴家地东边地搭树林均分乙（壹）半、后园蔡（菜）地小田西边乙（壹）半，其有小山贝（背）后四方田乙（壹）块作为拜扫坟营（茔）。其有住坐房屋地基二比（彼）未分，此时凭神拈阄，立契均分，并未反悔之意。自凭证均分之后，不准前来争论、反复混争。祈神祖宗护佑子孙人兴财发，五福临门，万载富贵。日后恐口无凭，特立分关字为据。

后批：汪麒麟得授（受）西边正房贰间，搭东边厢房贰间，补出小洋叁拾伍元整，入东正房修整。

其有汪沈氏所继奇才为子，现除有坟抵（底）下白腊田、长田、四方田共叁块，石洞（硐）口路边大地壹块系入麒麟掌管，奇才无分。

其有长田水路现走秧田贰块通过，不得阻塞。

凭族长　汪纯富　汪海山　汪兴武　汪正清　汪日先

汪奇安　汪奇昌　冯发云　冯荣先　冯至周

代　笔　冯书臣

民国二十四年十月初八日　立

编号：wzc-102

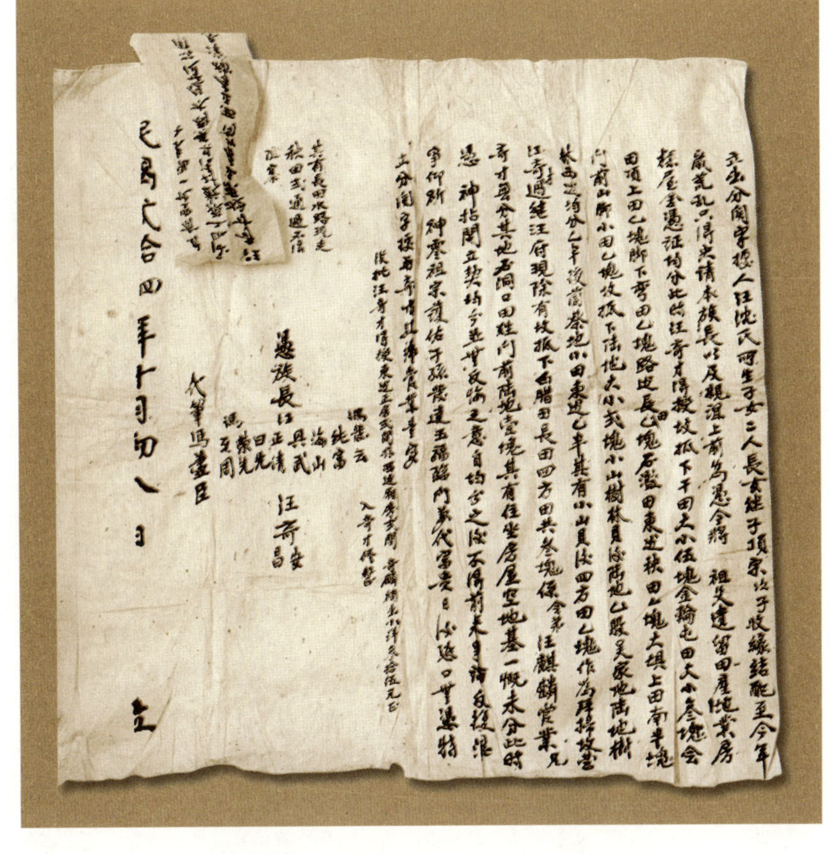

立出分关字据人汪沈氏，所生子女二人，长女继子顶宗，次子收缘结配。至今年岁荒乱，只得央请本族长以及亲谊上前为凭，今将祖父遗留田产地业房梁屋舍凭证均分。此时汪奇才得授（受）坟抵（底）下干田大小伍块、金轮屯田大小叁块、会田顶上田乙（壹）块、脚下弯田乙（壹）块、路边长田乙（壹）块、石滥田东边秧田乙（壹）块、大坝上田南半块、门前山脚小田乙（壹）块、坟抵（底）下陆地大小贰块、小山树林贝（背）后陆地乙（壹）股、吴家地陆地树林西边均分乙（壹）半、后园蔡（菜）地小田东边乙（壹）半，其有小山贝（背）后四方田乙（壹）块作为拜扫坟营（茔）。汪奇才过继汪府，现除有坟抵（底）下白腊田、长田、四方田共叁块系令弟汪麒麟管业，兄奇才无分。其地石洞（硐）口田姓门前陆地壹块，其有住坐房屋空地基一慨（概）未分。此时凭神拈阄，立契均分，并无反悔之意。自均分之后，不得前来争论、反复混争。仰祈神零（灵）祖宗护佑子孙发达，五福临门，万代富贵。日后恐口无凭，特立分关字据与奇才照纸管业是实。

后批：汪奇才得授（受）东边正房贰间，搭西边厢房贰间，奇（麒）麟补出小洋叁拾伍元整入奇才修整。

其有长田水路现走秧田贰通过，不得阻寨（塞）。

补：汪奇才授东正房贰间，西正房补小洋三拾伍元正。日后取土银数对清。其有树木任随所用。其有空地一慨（概）未分。

凭族长　冯发云　汪纯富　汪海山　汪兴武　汪正清

　　　　汪日先　冯荣先　冯至周　汪奇安　汪奇昌

代　笔　冯书臣

民国二十四年十月初八日　立

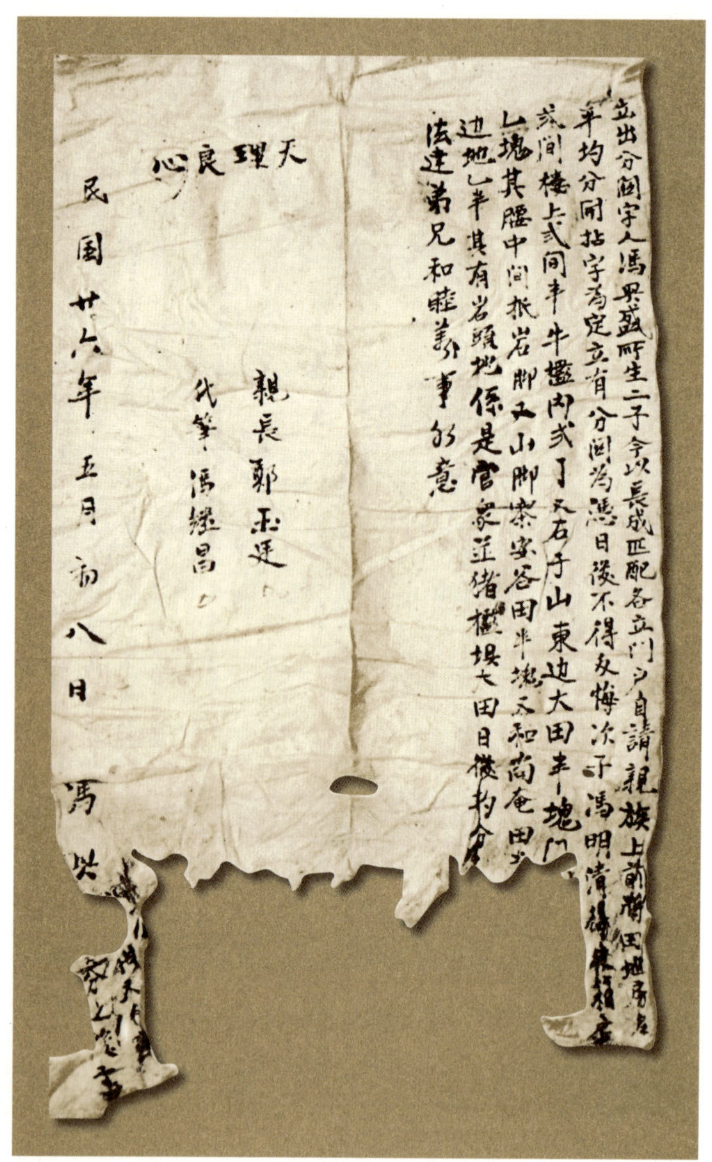

编号：fsq-8

立出分关字人冯兴盛，所生二子今以（已）长成匹配，各立门户，自请亲族上前，将田地房屋平均分开，拈字为定，立有分关为凭，日后不得反悔。次子冯明清得后箱（厢）房贰间、楼上贰间半、牛槛内贰丁、又石子山东边大田半块、门□□□□□地乙（壹）块，其腰中间抵岩脚、又山脚寨安谷田半块、又和尚奄（庵）田半□□□□边地乙（壹）半，其有岩头地系是管众，并猪槛坝大田，日后均分□□□□□法（发）达，弟兄和睦，万事如意。

天　理　良　心

亲长　郑玉廷

代笔　冯继昌

民国二十六年五月初八日　冯兴盛□□□分立□子□

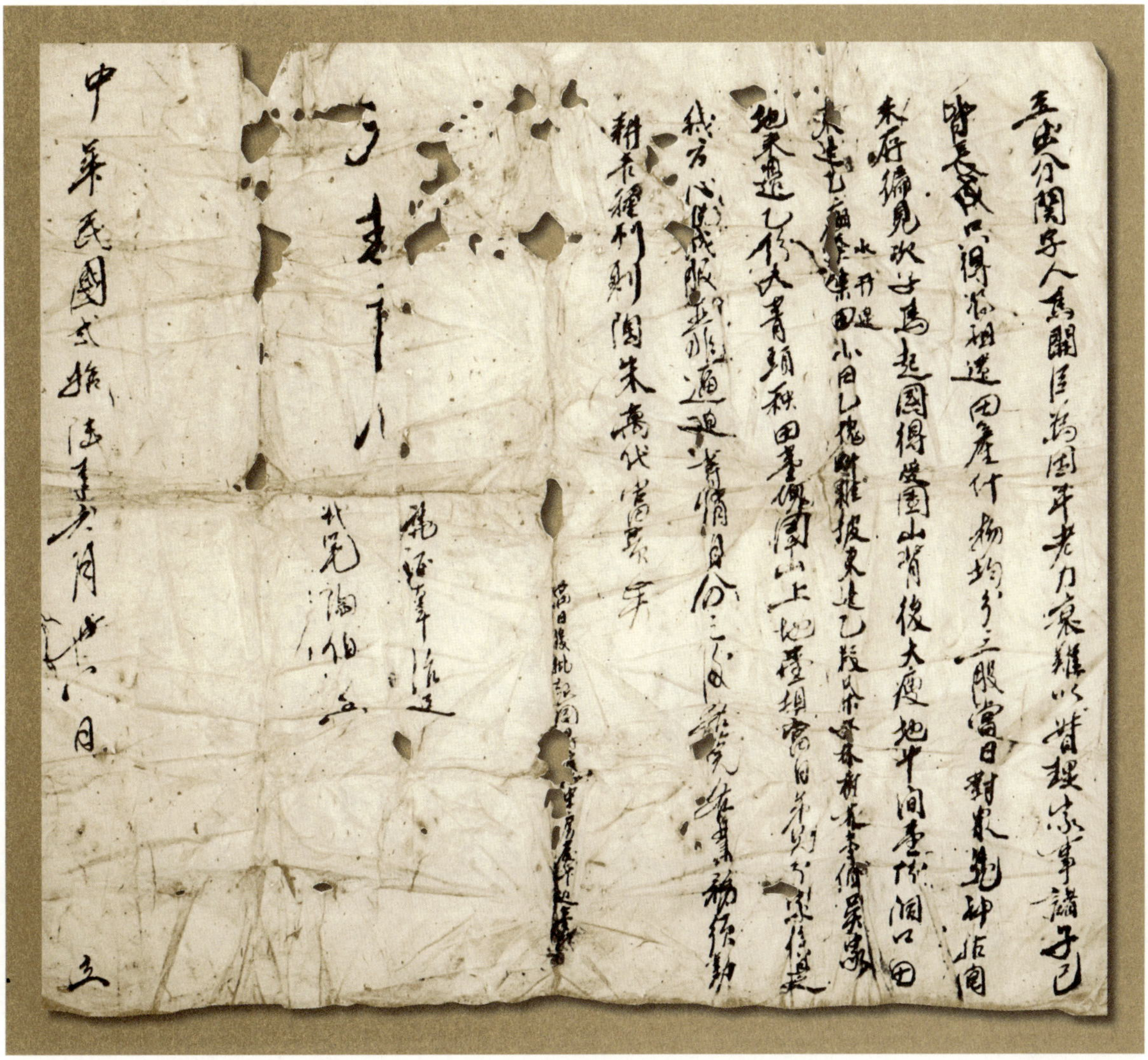

编号：mxq-4

立出分关字人马开臣，为因年老力衰，难以管理家事，诸子已皆长成，只得将祖遗田产什物均分三股，当日对众凭神拈阄，未存偏见。次子马起国得受团山背后大瘦地中间壹份、洞口田东边乙（壹）亩、水井边小田乙（壹）块、叫鸡坡东边乙（壹）段、茶业（叶）林树□壹个、吴家地东边乙（壹）份、大青（箐）头秧田壹块、团山上地壹坝。当日弟兄分家系是几方心悦诚服，并非逼迫等情。自分之后，各管各业，务须勤耕善种，利剩（胜）陶朱，万代富贵矣。

当日后批：起国□□□房屋下边壹所。

［半书］ 天理良心

凭证　辜治廷

代笔　陶伯香

中华民国二十六年六月二十八日　立

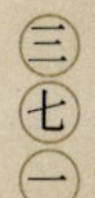

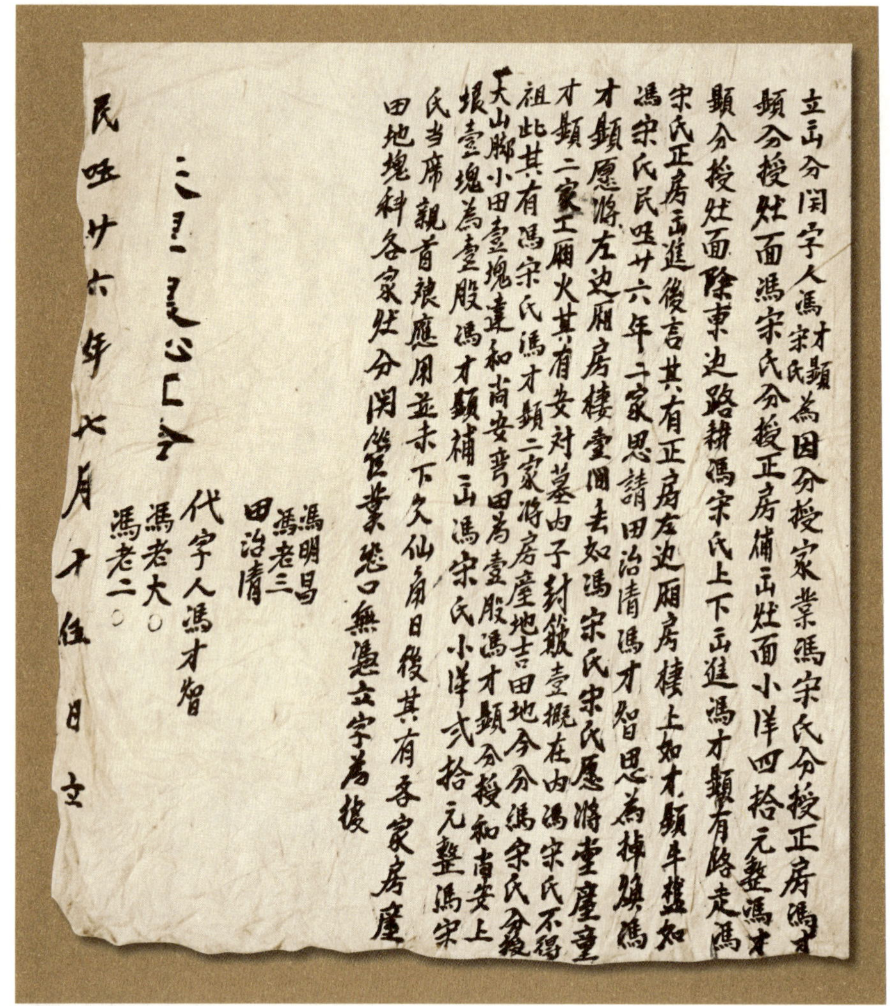

编号：fqx-1

立出分关字人冯才显、冯宋氏，为因分授家业，冯宋氏分授正房，冯才显分授灶面。冯宋氏分授正房补出灶面小洋四拾元整。冯才显分授灶面除东边路耕。冯宋氏上下出进。冯才显有路走冯宋氏正房出进。后言其有正房左边厢房楼上如（入）才显，牛槛如（入）冯宋氏。民国廿六年，二家思请田治清、冯才智思为掉焕（调换），冯才显愿将左边厢房楼壹间丢如（入）冯宋氏，宋氏愿将堂屋童（同）才显二家工（共）厢（香）火。其有安对墓内子封簸壹概在内，冯宋氏不得祖此（阻止）。其有冯宋氏、冯才显二家将房产地吉（基）田地今（均）分，冯宋氏分授大山脚小田壹块，达（搭）和尚安（庵）弯田为壹股，冯才显分授和尚安（庵）上垠壹块为壹股。冯才显补出冯宋氏小洋贰拾元整，冯宋氏当席亲首（手）银应用，并未下欠仙角。日后其有各家房屋田地块科，各家灶（照）分关管业。恐口无凭，立字为据。

［半书］ 天理良心□□

冯明昌　冯老三　田治清　冯老大　冯老二

代字人　冯才智

民国二十六年七月十五日　立

编号：mxq–7

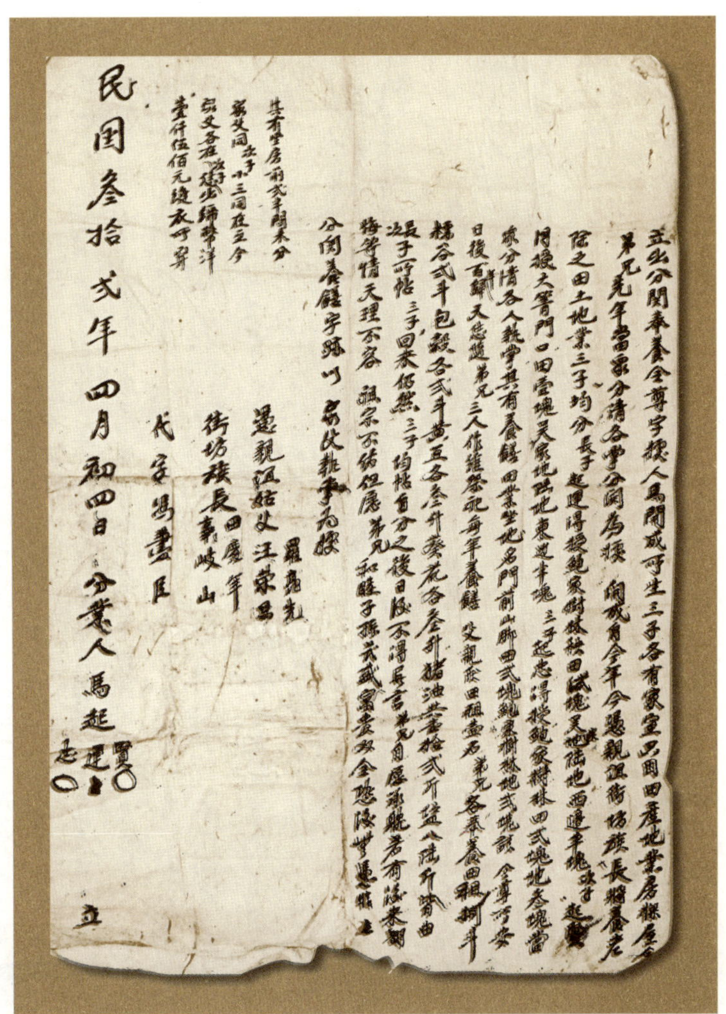

立出分关奉养令尊字据人马开成，所生三子各有家室，只因田产地业房梁屋舍弟兄先年当众分清，各掌分关为据。开成自今年今凭亲谊街坊族长，将养老除之，田土地业三子均分，长子起运得授（受）鲍家树林秧田贰块、吴家地陆地西边半块，次子起贤得授（受）大箐门口田壹块、吴家地陆地东边半块，三子起忠得授（受）鲍家树林田贰块、地三块。当家分清，各人执掌。其有养膳田业，坐地名门前山脚，田贰块，鲍家树林地贰块，谅令尊所安，日后百年归天，任随弟兄三人作维（为）祭祀。每年养膳父亲，除田租壹石，弟兄各奉养田租捌斗、糯谷贰斗、包谷各贰斗、黄豆各叁升、葵花各叁升、猪油共壹拾贰斤、盐八（巴）陆斤，皆由长子、次子所帖（贴），三子回来仍然三子均帖（贴）。自分之后，日后不得异言，弟兄自愿承耽（担）。若有后来翻悔等情，天理不容，祖宗不佑。但愿弟兄和睦，子孙长盛，富贵双全。恐后无凭，特立分关养膳字迹（据）以（与）家父执掌为据。

其有坐房前贰半间未分，家父同次子小三同在，至今家父各在次子恁出纸币洋壹仟伍佰元缝衣所穿。

凭 亲 谊　罗亮先　姑父汪荣昌
街坊族长　田庆年　辜岐山
代　　字　冯尽臣
民国三十二年四月初四日　分 业 人　马起贤　马起运　马起忠　立

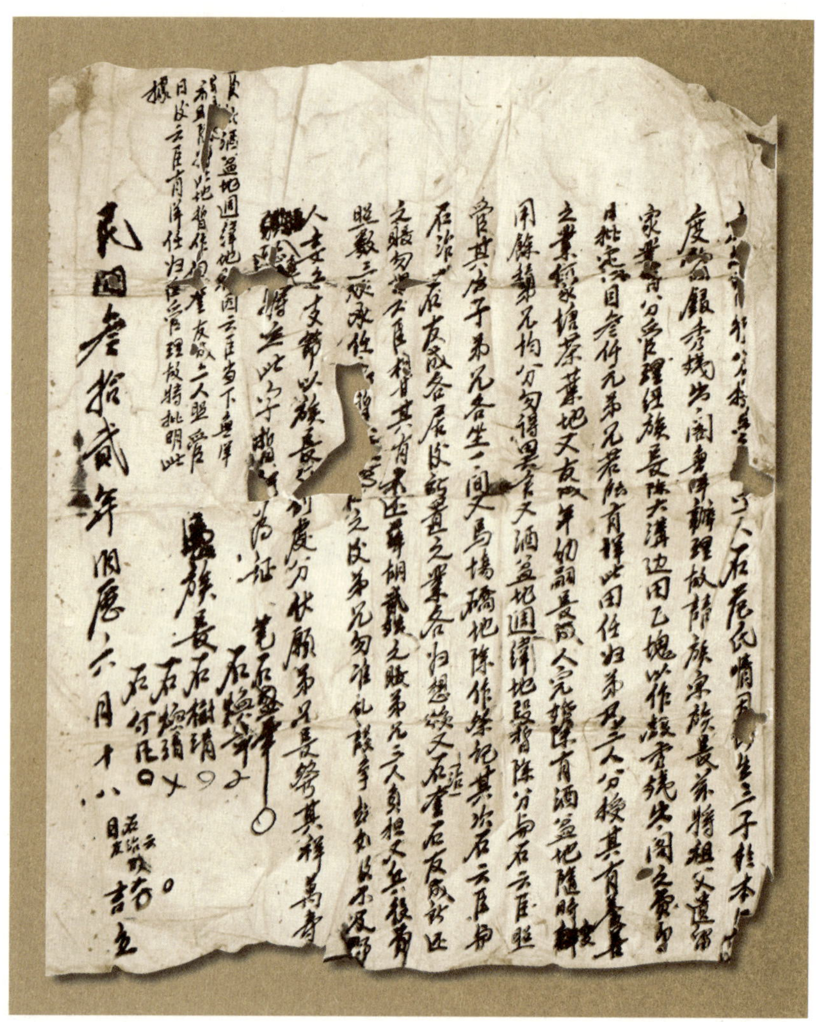

编号：srg-2

立□□□□□□［文契］人石范氏，情因［所］生三子于本□□度□□银秀□出阁，无洋办理，故请族宗族长并将祖父遗留家业□分管理。经族长除大沟边田乙（壹）块以作银秀□出阁之费，即日批定□目叁仟元，弟兄若能有洋，此田任归弟兄三人分授。其有养善（膳）之业何家塘茶叶地，又友成年幼，嗣长成人完婚，除有酒盆地随时变用，余积弟兄均分，勿得异言。又酒盆地周纬（围）地段暂除分与石云臣照管，其房子弟兄各坐一间。又马场硚地除作祭祀，其次石云臣与石治□、石友成各居后所置之业各归想授。又石治奎、石友成所还之账勿□云臣相甘（干），其有未还□胡贰姓之账，弟兄三人负担。又兵役费照数，三□承任□□□□，之后弟兄勿准乱谈争□□，如□不及□人妄□支（枝）节，以族长□□处分，伏愿弟兄长发其祥，万寿□□。特立此字哲为证。

后批：酒盆地周纬（围）地□因云臣当下无洋补□□□□□地暂作□奎友成二人照管，日后云臣有洋任归□管理。故特批明此据。

笔　石盛华

凭族长　石焕章　石树清　石焕清　石介凡

民国三十二年旧历六月十八日　石友成　石云成　石治成　吉　立

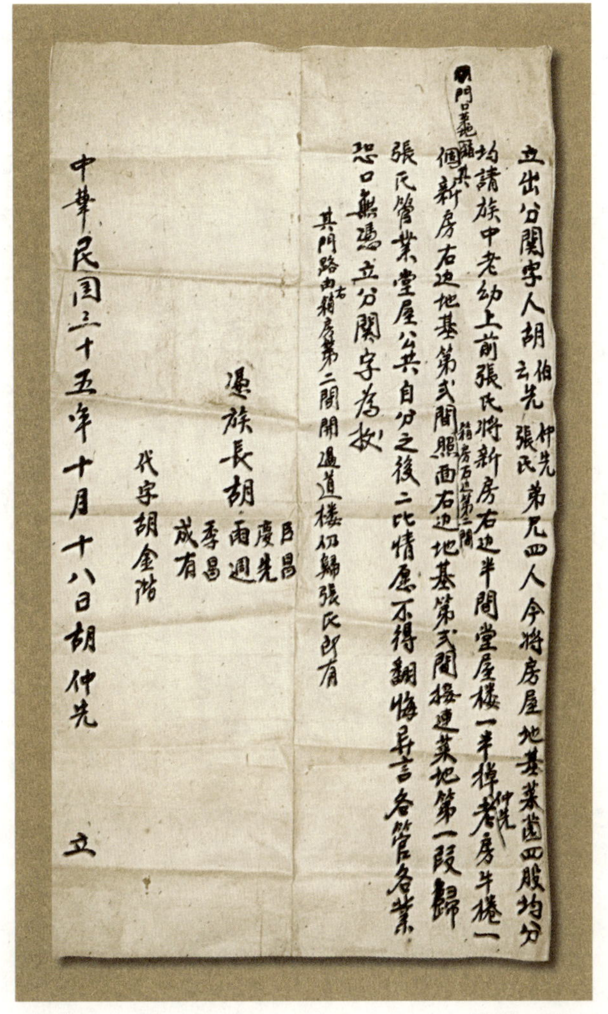

编号：hjs-8

立出分关字人胡伯先、胡云先、胡仲先、胡张氏弟兄四人，今将房屋地基菜园四股均分，均请族中老幼上前，张氏将新房右边半间、堂屋楼一半，掉（调）仲先老房牛棬（圈）一间、门口菜地一箱（厢），其新房右边地基第贰间、箱（厢）房右边第二间、照面右边地基第贰间，接连菜地第一段，归张氏管业。堂屋公共。自分之后，二比（彼）情愿，不得翻悔异言。各管各业。恐口无凭，立分关字为据。

其门路由右箱（厢）房第二间开，过道楼仍归张氏所有。

凭族长　胡臣昌　胡庆先　胡雨周　胡季昌　胡成有
代　字　胡金阶
中华民国三十五年十月十八日　胡仲先　立

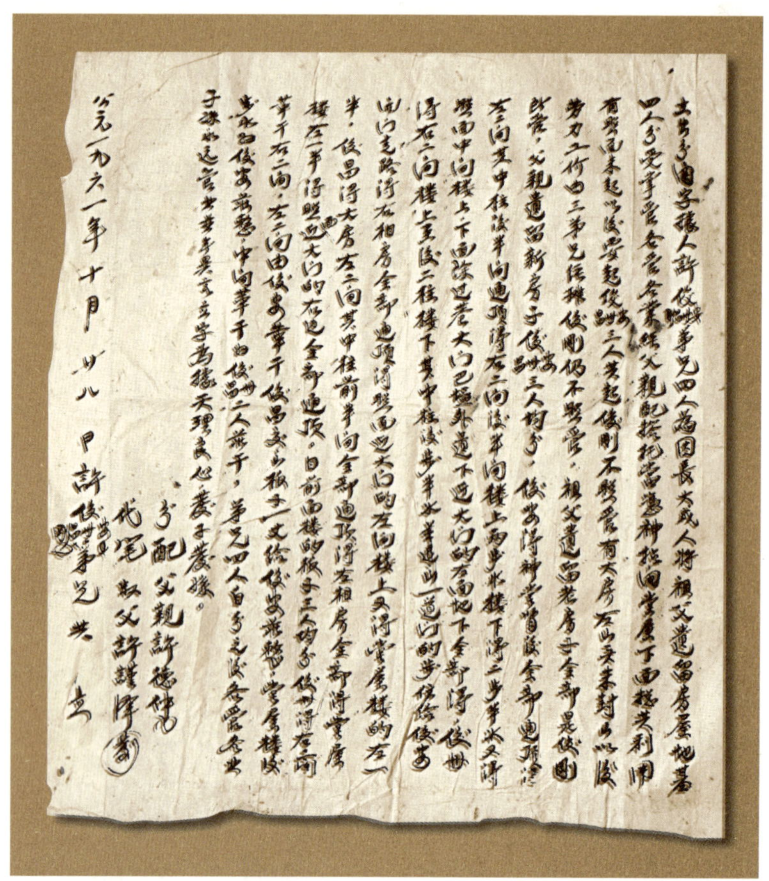

编号：xq–1

立出分关字据人许俊安、许俊州、许俊昌、许俊刚弟兄四人，为因长大成人，将祖父遗留房屋地基四人分受（授）掌管，各管各业，经父亲配搭托（妥）当，凭神拈阄。堂屋下面总共利用，有照面未起，以后要起，俊安、俊州、俊昌三人共起，俊刚不照管。有大房左山头未封山，以后劳力工价由三弟兄经（均）摊，俊刚仍不照管。祖父遗留老房子全部是俊刚所管。父亲遗留新房子俊安、俊州、俊昌三人均分。俊安得神堂背后全部通顶，得左二间其（齐）中柱后半间通顶，得右二间、后半间，楼上两步水，楼下得二步半水，又得照面中间楼上，下面除过巷大门巴墙外，遗下近大门的左面地下全部得。俊州得右二间、楼上至后二柱、楼下其（齐）中柱后步半水，并退出一道门的步位给俊安开门走路，得右相（厢）房全部通顶，得照面近大门的左间楼上，又得堂屋楼的左一半。俊昌得大房左二间，其（齐）中柱前半间全部通顶，得左相（厢）房全部，得堂屋楼左一半，得照面近大门的右边全部通顶。目前面楼的板子三人均分，俊州得右二间革干右二间，左二间由俊安革干，俊昌交出板子一丈给俊安装整，堂屋楼后步水归俊安装整，中间革干归俊州、俊昌二人装干。弟兄四人自分之后，各管各业，子孙永远管业，并未异言。立字为据。天理良心，发子发孙。

分配　父亲许德仲

代笔　叔父许谨泽

公元一九六一年十月二十八日　许俊安　许俊州　许俊昌　许俊刚弟兄　共立

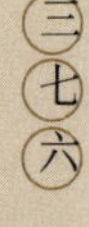

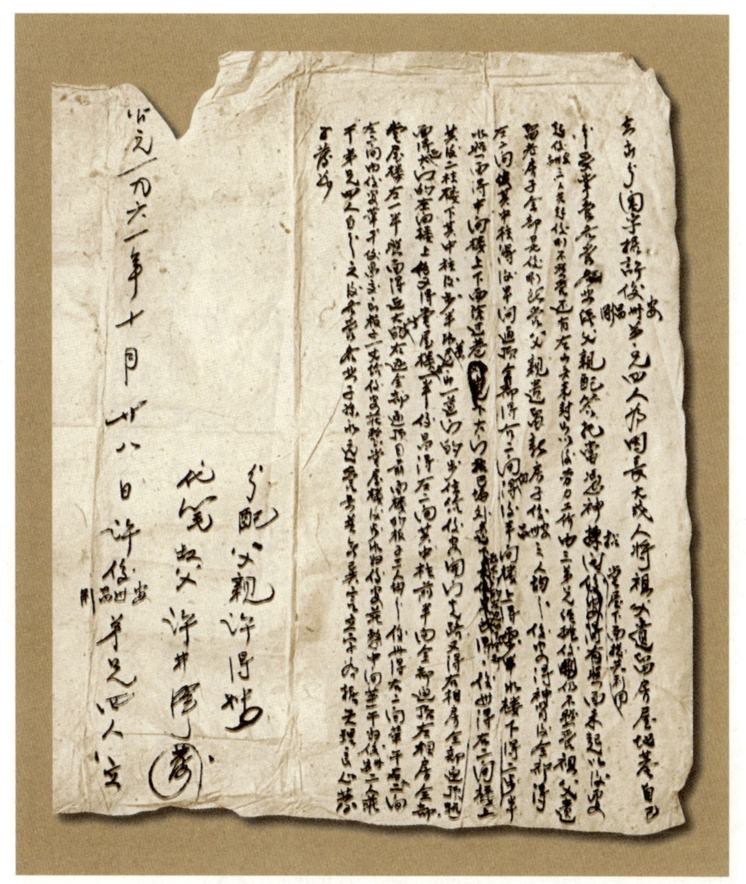

编号：xq-2

立出分关字据许俊安、许俊州、许俊昌、许俊刚弟兄四人，为因长大成人，将祖父遗留房屋地基自己分受（授）掌管，各管各业，系父亲自己配答（搭）托（妥）当，凭神拈阄。堂屋下面楼共利用，有照面未起，以后要起，俊安、俊州、俊昌三人共起，俊刚不照管。还有左山头未封山，以后劳力工价由三弟兄经（均）摊，俊仍不照管。祖父遗留老房子全部是俊刚所管。父亲遗留新房子俊安、俊州、俊昌三人均分。俊安得神背后全部，得左二间其（齐）中柱后半间通顶，得右二间仍得后半间，楼上得两步水，楼下得二步半水，照面得中间楼上，下面除过巷下大门巴墙外遗下近大门的左边地下全部。俊州得右二间，楼上其（齐）后二柱，楼下其（齐）中柱，后步半水并退出一道门的步位给俊安开门走路，又得右相（厢）房全部通顶，照面得近大门的左间楼上，又得堂屋楼右一半。俊昌得左二间，其中柱前半间全部通顶，左相（厢）房全部，堂屋楼左一半，照面得近大门的右边全部通顶。目前面楼的板子三人均分，俊州得右二间革干右二间，左二间由俊安革干，俊昌交出板子一丈给俊安装整，堂屋楼后步水归俊安装整，中间革干归俊州、俊昌二人装干。弟兄四人自分之后，各管各业，子孙永远管业，并无异言。立字为据。天理良心，发子发孙。

分配　父亲许得仲

代笔　叔父许井泽

公元一九六一年十月二十八日　许俊安　许俊州　许俊昌　许俊刚弟兄四人　立

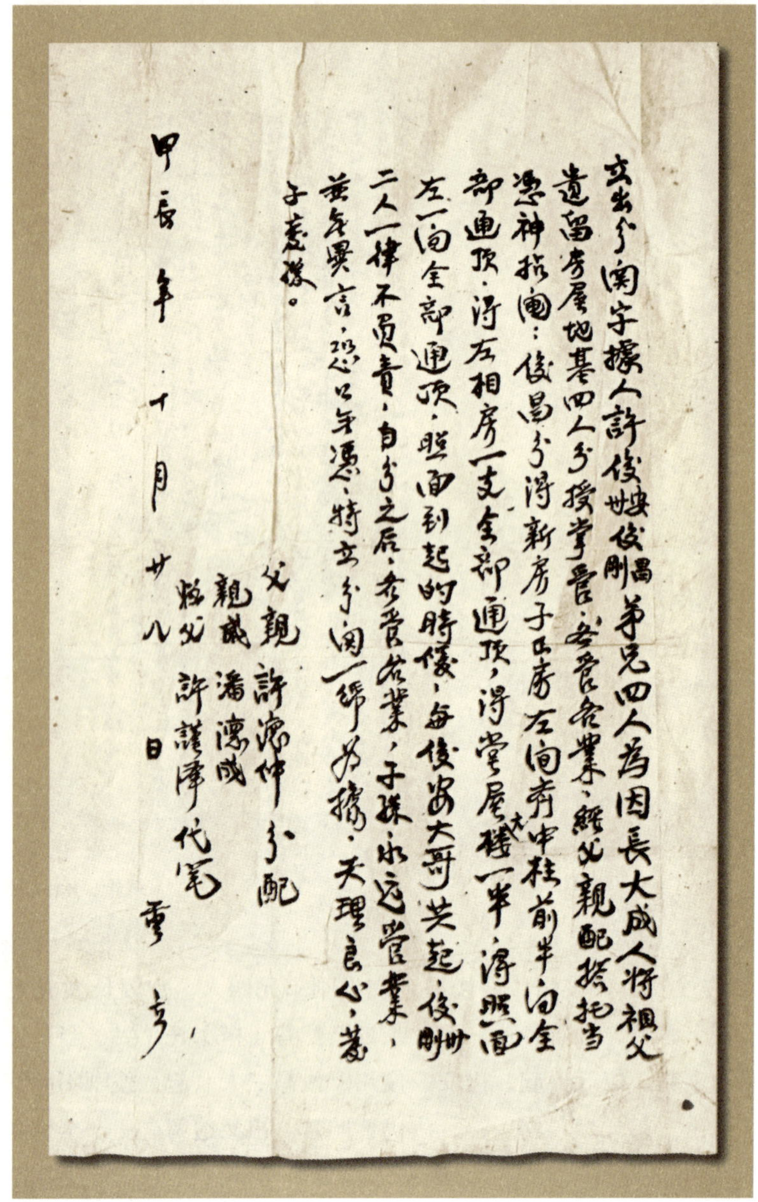

编号：xq–3

立出分关字据人许俊安、许俊州、许俊昌、许俊刚弟兄四人，为因长大成人，将祖父遗留房屋地基四人分授掌管，各管各业。经父亲配搭托（妥）当，凭神拈阄，俊昌分得新房子正房左间前中柱前半间全部通顶，得左相（厢）房一支全部通顶，得堂屋大楼一半，得照面左一间全部通顶，照面到起的时候，与俊安大哥共起，俊州、俊刚二人一律不负责。自分之后，各管各业，子孙永远管业，并无异言。恐口无凭，特立分关一纸为据。天理良心。发子发孙。

父亲许德仲　分配

亲戚潘德成

叔父许谨泽　代笔

甲辰年十月二十八日　重立

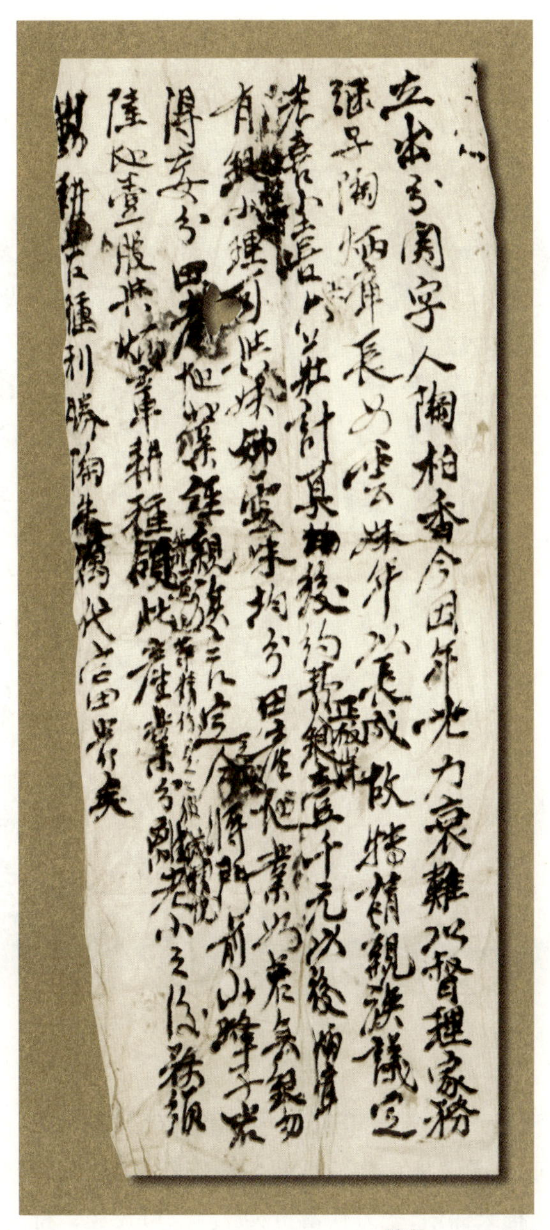

编号：mxq–33

立出分关字人陶柏香，今因年老力衰，难以督理家务，继子陶炳章、长女云妹年以（已）长成，故特请亲族议定，老喜小喜共六庄，计其后约费正板洋银壹千元。以后炳章有银办理，可与妹姊云妹均分田产地业；如若无银，勿得妄分田产地业。经亲族言定，今将门前山（峰蜂）子岩陆地壹股与炳章耕种。并非逼迫等情，系是二彼心诚情悦。领此产业，分离老小之后，务须勤耕苦种，利胜陶朱，万代富贵矣。

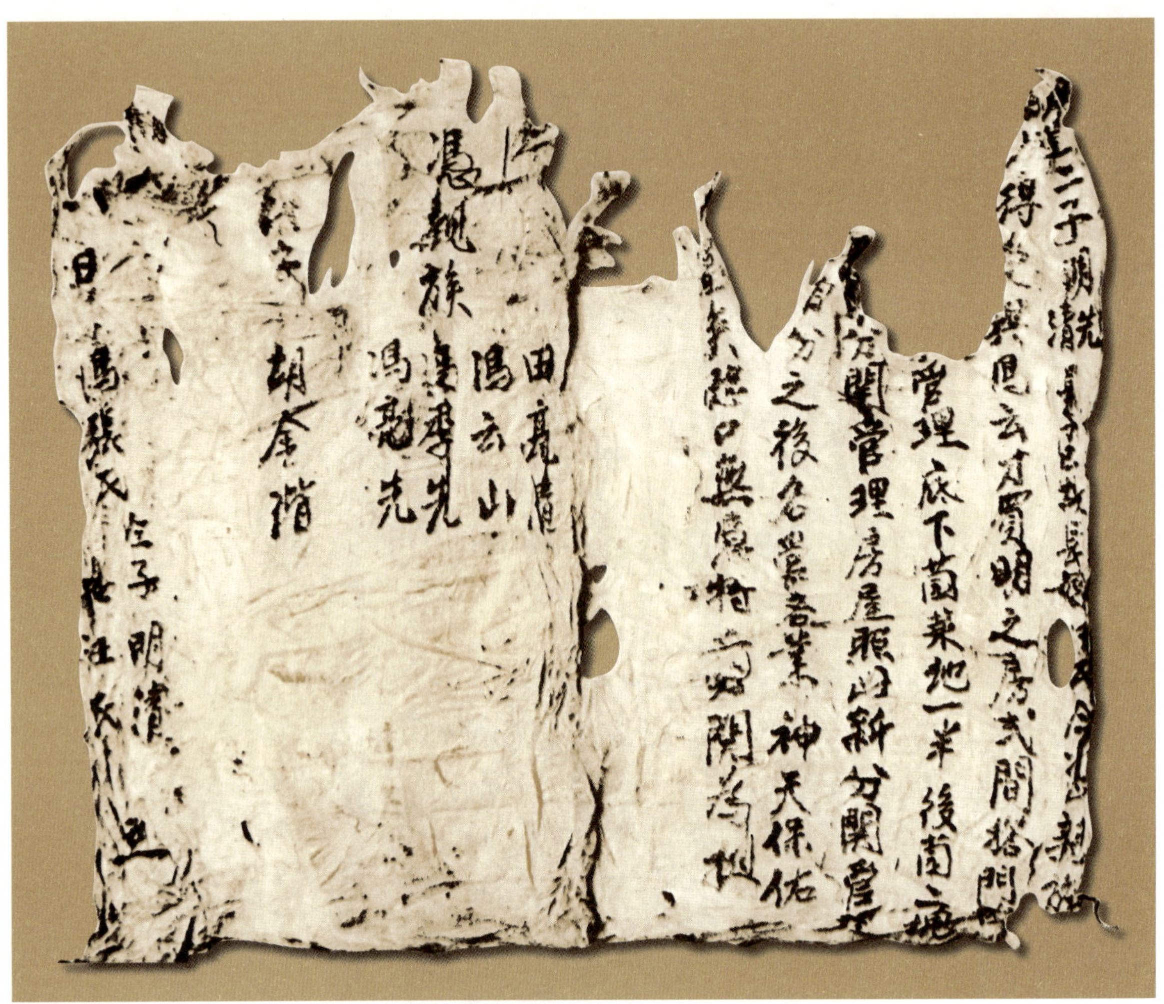

编号：fsq-5

□□□二子明先、明清贰子已成长□□□，今凭亲族□□得受与冯云才买明之房贰间，搭门□□□□□□□□□管理底下园菜地一半、后园二块□□□□□分开管理，房屋照旧新分开管理。自分之后，各管各业，神天保佑，[万代富贵矣]。恐口无凭，特立分关为据。

凭亲族　田亮清　冯云山　冯季先　冯亮先
代　字　胡金阶
□□□□□□□□日　冯张氏　同子明清　□汪氏　立

第五部分

其他杂契

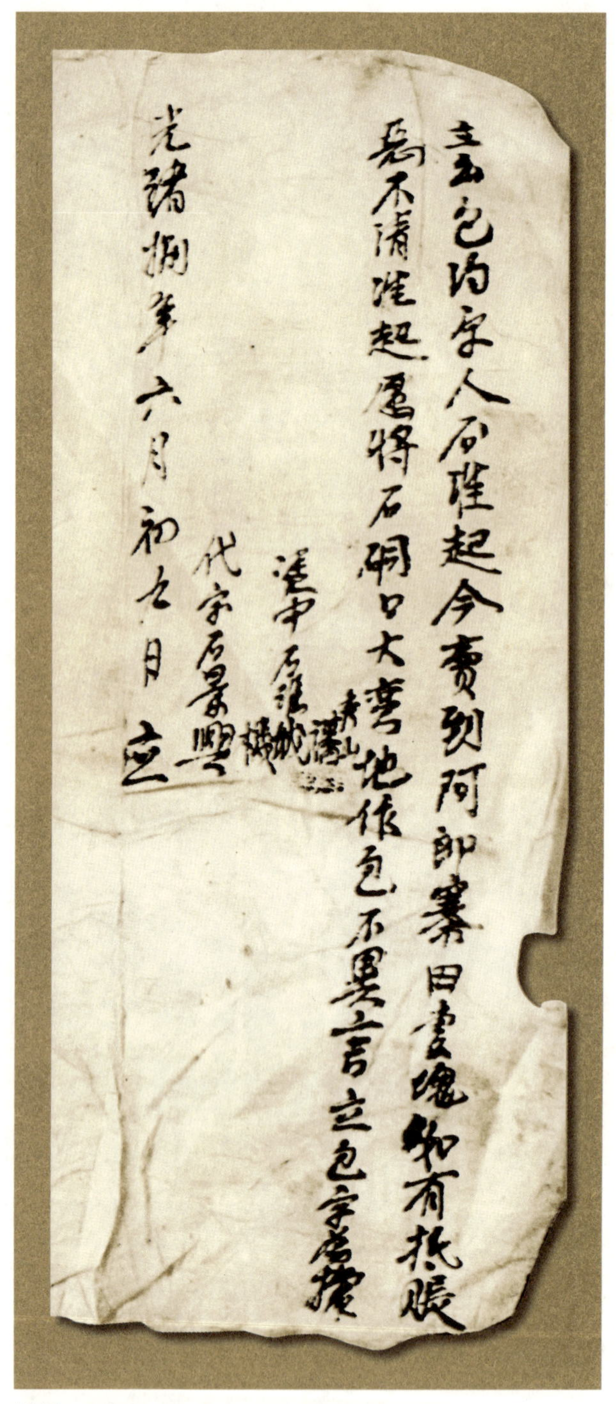

编号：scf-6

立出包约字人石维起，今卖到阿郎寨田壹块，如有抵账恶不清，维起愿将石硐口大弯地作包。不异言，立包字为据。

凭中　石秀山　石维藩　石维城　石维机

代字　石景兴

光绪八年六月初九日　立

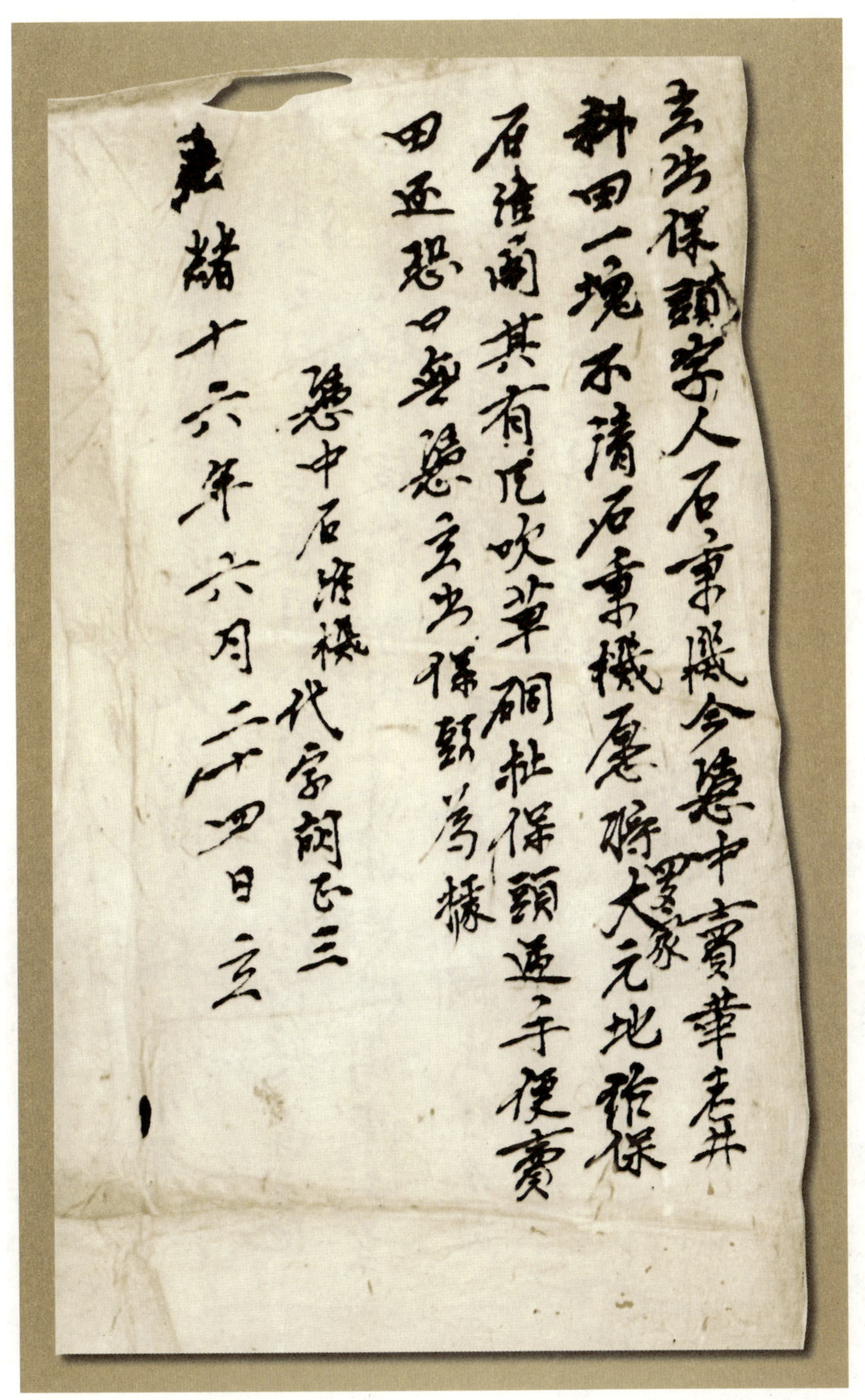

编号：sls-18

立出保头字人石秉机，今凭中卖革老（仡佬）井科田一块，不清，石秉机愿将罗家大元地作保，石维阁其有风吹草硐（动），扯保头过手便卖田还。恐口无凭，立出保头为据。

凭中　石维机

代字　胡正三

光绪十六年六月二十四日　立

立出保約字人馬陳氏為因每本族所当炉
車塓之田尤恐賬目不清明法愿将大菁之地
乙并作保日後又将所当之田出賣与田姓馬陳氏当
價一概收清保約失落未接日後翻出係為故
紙恐口無憑特立此約為據
代字陳德明
宣統三年三月廿八日 立

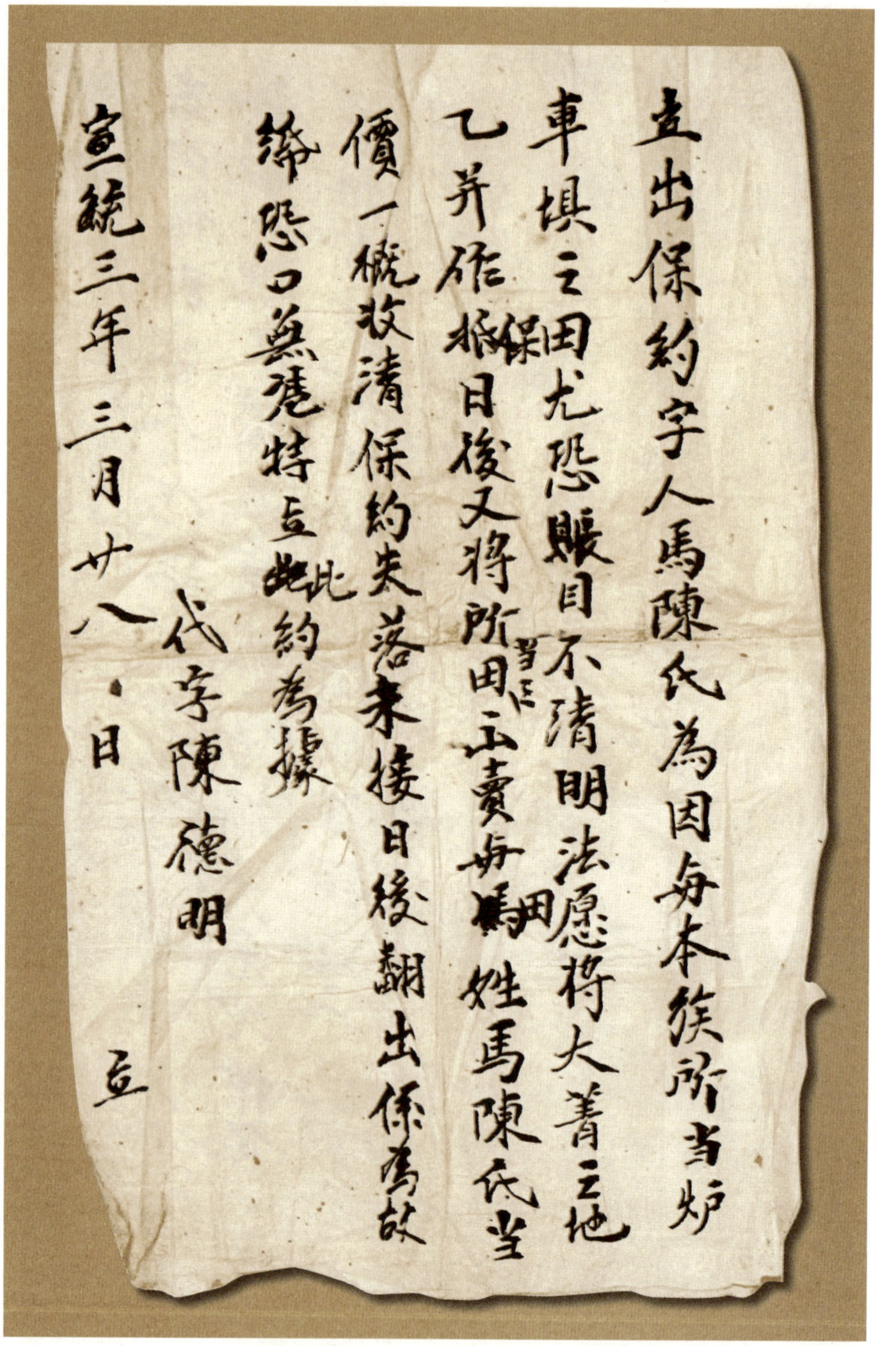

编号：mxq-24

立卖出保约字人马陈氏，为因与本族所当炉（芦）车（柴）坝之田，尤恐账目不清，明法愿将大箐之地乙（一）并作保，日后又将所当之田出卖与田姓，马陈氏当价一概收清，保约失落未接，日后翻出系为故纸。恐口无凭，特立此约为据。

代字　陈德明

宣统三年三月二十八日　立

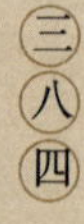

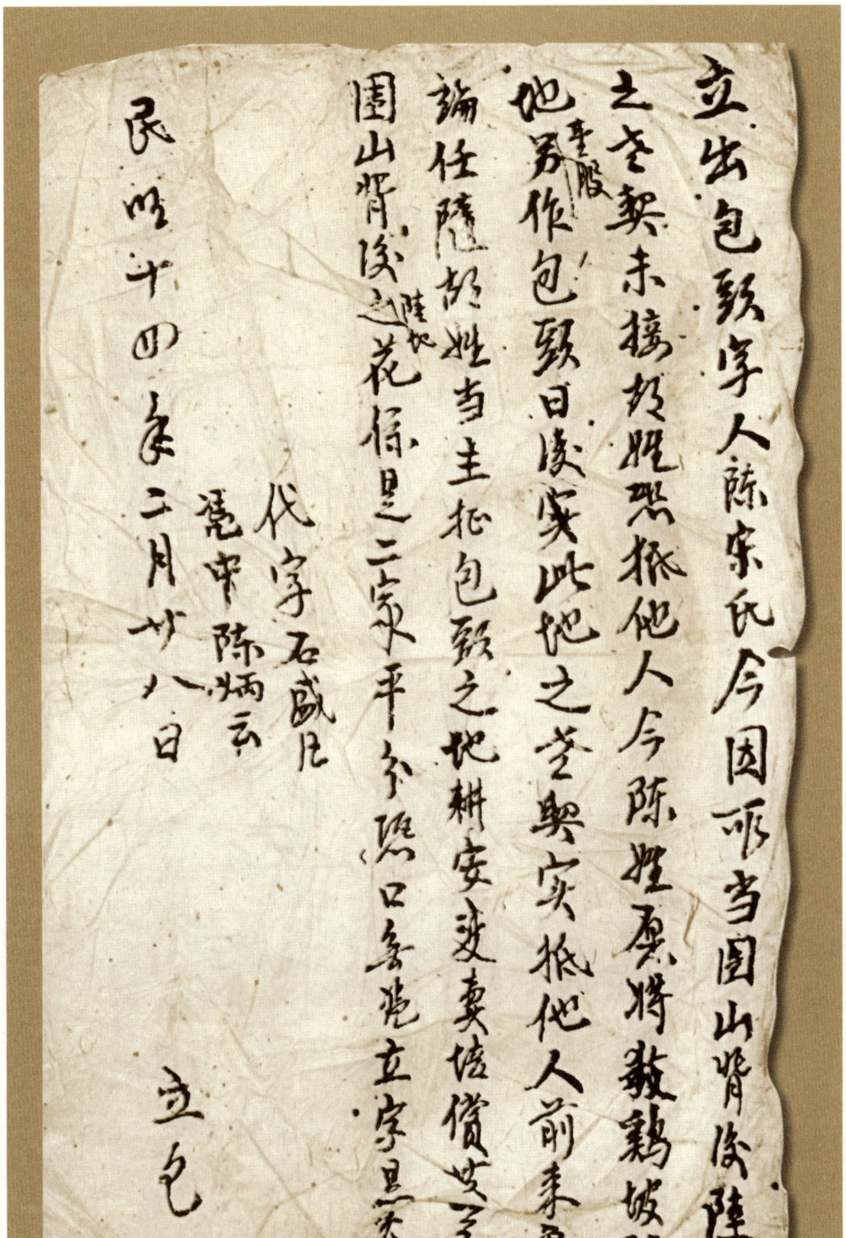

编号：mxq-57

立出包头字人陈宋氏，今因所当团山背后陆地之老契未接，胡姓恐抵他人，今陈姓愿将杀鸡坡陆地壹股另作包头，日后此地之老契实抵他人，前来争论，任随胡姓当主扯包头之地耕安、变卖培（赔）偿共□。团山背后陆地之花系是二家平分。恐口无凭，立字是大。

代字　石盛凡

凭中　陈炳云

民国十四年二月二十八日　立包

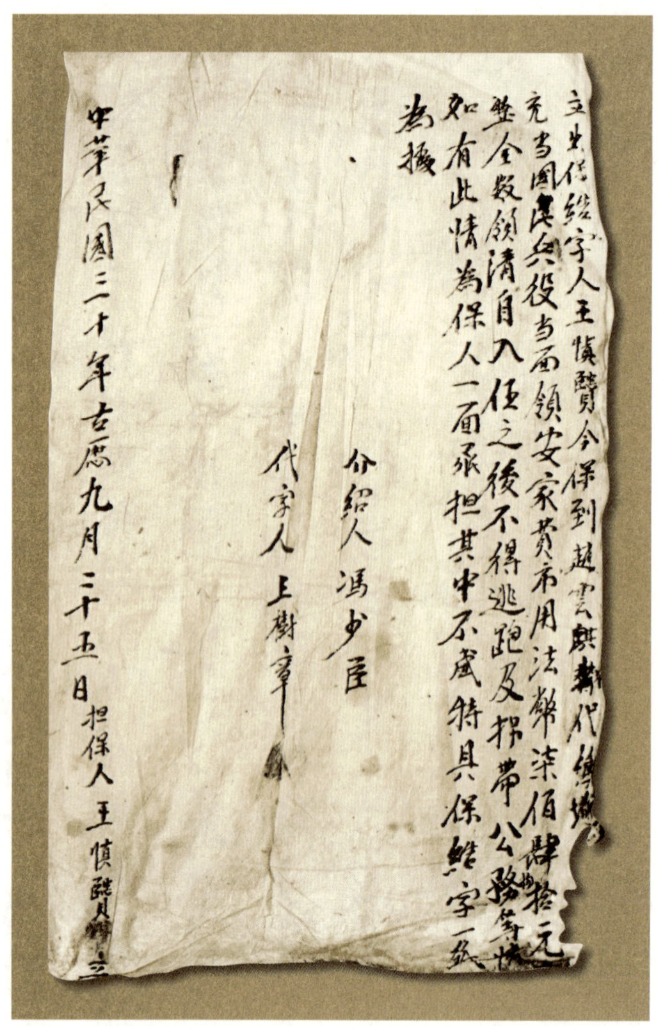

编号：fsq–19

立出保结字人王慎贤，今保到赵云麒代□□□□□充当国民兵役，当面领安家费市用法币柒佰肆拾元整，全数领清，自入伍之后，不得逃跑及拐带公务（物）等情，如有此情，为保人一面承担，其中不成，特具保结字一纸为据。

介绍人　冯少臣
代字人　王树章
中华民国三十年古历九月二十五日　担保人　王慎贤　立

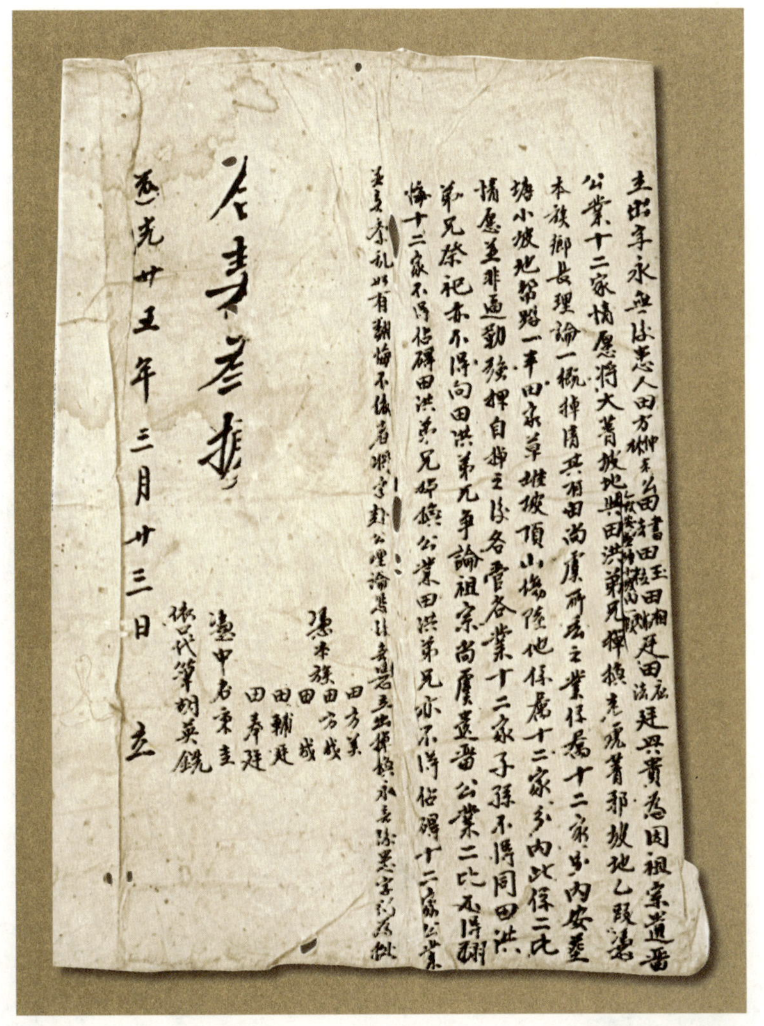

编号：tma-20

立出字永无后患人田方仲、田方林，老么田书、田法、田玉、田粒、田相廷、田瑞廷、田应廷、田法廷、田兴贵，为祖宗遗留公业，十二家情愿将大菁（箐）坡地一段、安葬塘小坡一段与田洪弟兄掉换，老虎菁（箐）邪（斜）坡地乙（一）股，凭本族乡长理论，一概掉清。其有田尚虞所丢之业，系属十二家分内。安葬塘小坡地帮路一半、田家草堆坡顶山后陆地系属十二家分内。此系二比（彼）情愿，并非逼勒强押。自掉之后，各管各业。十二家子孙不得同田洪弟兄祭祀，亦不得向田洪弟兄争论祖宗尚虞遗留公业。二比（彼）不得翻悔。十二家不得占碍田洪弟兄掉换公业，田洪弟兄亦不得占碍十二家公业。亦无紊乱。如有翻悔不依者，将字赴公理论。恐后无凭，立出掉换永无后患字约为据。

［半书］ 合契为据

凭本族　田方美　田方成　田　成　田辅廷　田奉廷
凭　中　石秉圭
依口代笔　胡英铣

道光二十五年三月二十三日　立

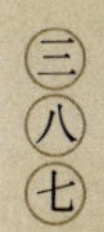

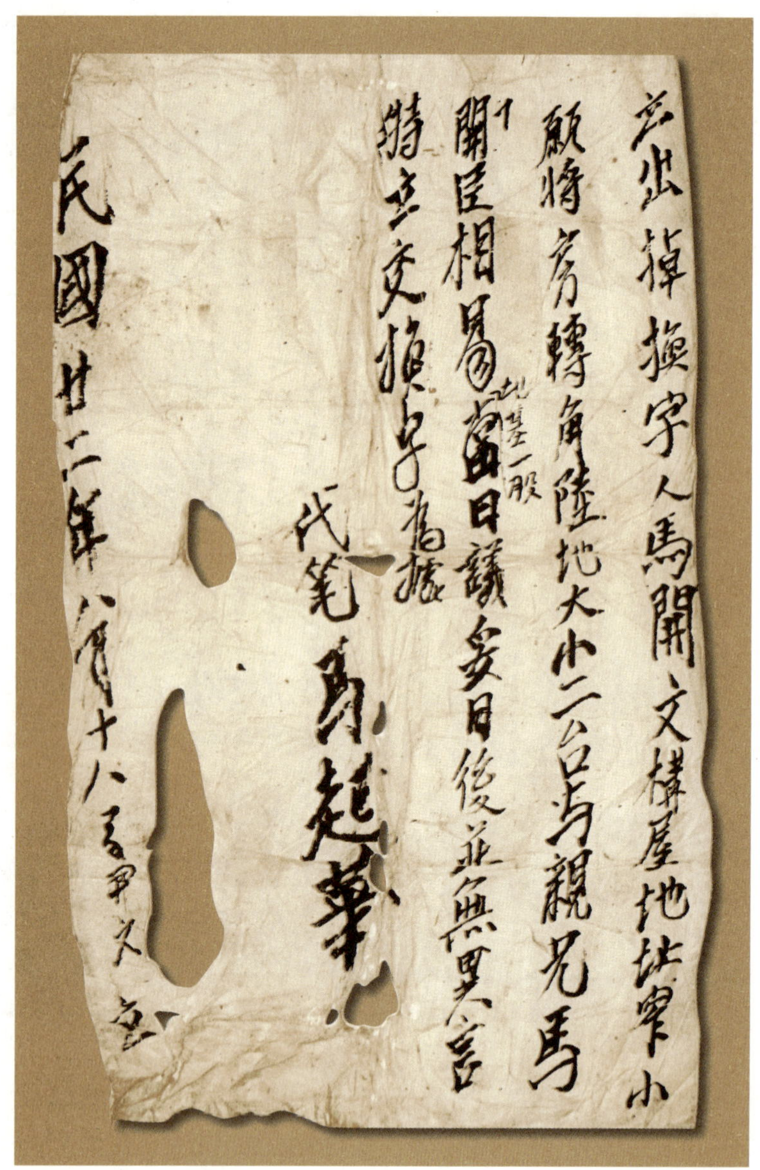

立出掉換字人馬開文構屋地址窄小
願將房轉角陸地大小二台與親兄馬
開臣相易地基一股當日議妥日後並無異言
特立交換字為據
代筆 馬起華
民國廿二年八月十八日 馬開文 立

编号：mxq–50

立出掉换字人马开文，构屋地址窄小，愿将房转角陆地大小二台与亲兄马开臣相易地基一（壹）股，当日议妥，日后并无异言，特立交换字为据。

代笔　马起华

民国二十二年八月十八日　马开文　立

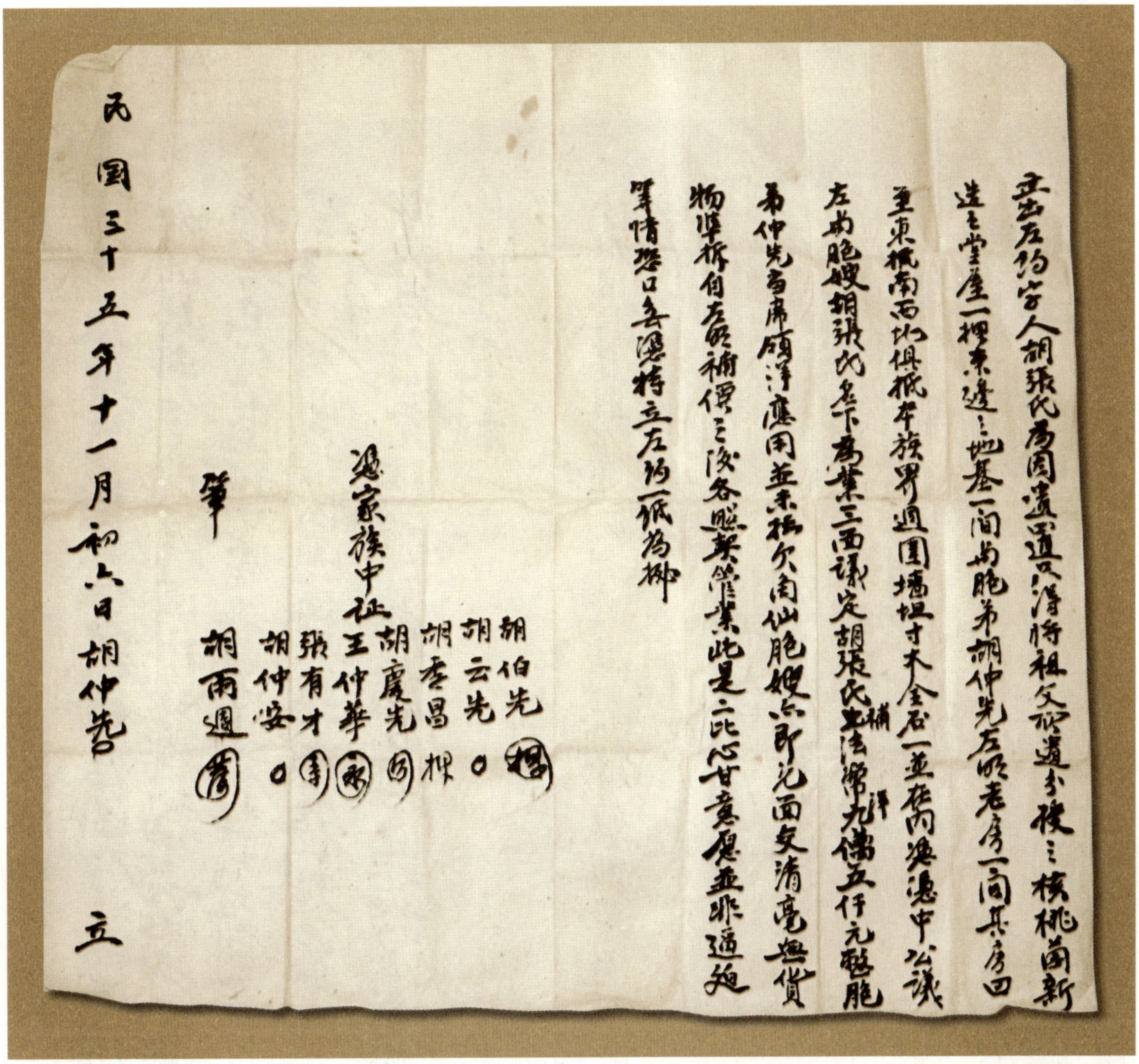

编号：hjs–4

立出左约字人胡张氏，为因遗（移）置，只得将祖父所遗分授之核桃园新造之堂屋一押、东边之地基一间，与胞弟胡仲先左明。老房一间，其房四至，东、南、西、北俱抵本族界，周围墙坦（垣）寸木全（拳）石一并在内，凭凭中公议左与胞嫂胡张氏名下为业。三面议定胡张氏补出法币洋九万五仟元整。胞弟仲先当席领洋应用，并未拖欠角仙，胞嫂亦即兑（对）面交清，毫无货物准拆（折）。自左明补价之后，各照契管业。此是二比（彼）心甘意愿，并非逼迫等情。恐口无凭，特立左约一纸为据。

凭家族中证　胡伯先　胡云先　胡季昌　胡庆先

王仲华　张有才　胡仲安

笔　胡雨周

民国三十五年十一月初六日　胡仲先　立

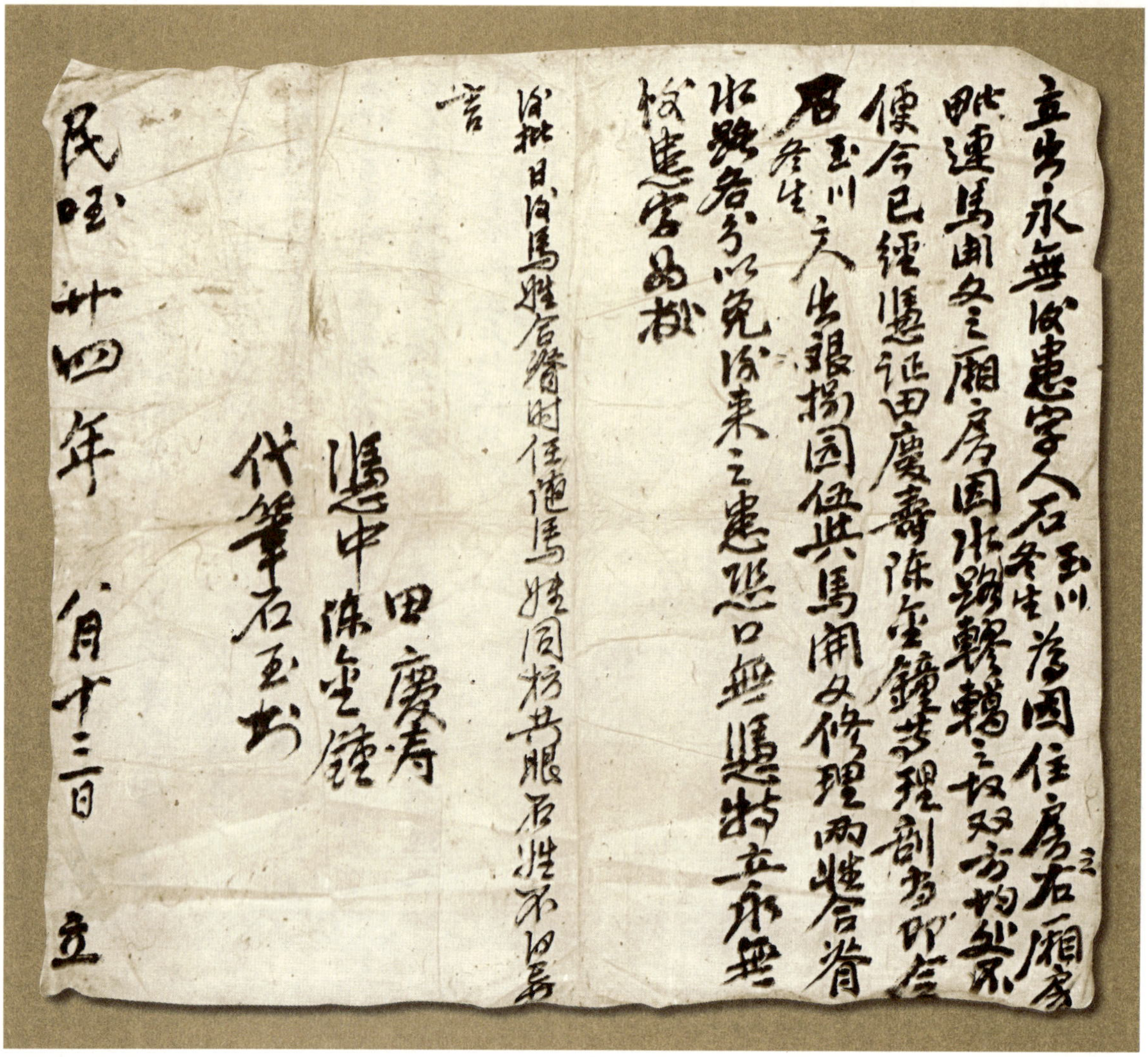

编号：mxq–43

立出永无后患字人石玉川、石冬生，为因住房之右厢房毗连马开冬厢房，因水路轇轕之故，双方均处不便，今已（计）经凭证田庆寿、陈金钟等理剖，当即令石玉川、石冬生各出银捌园（元）伍与马开文修理两姓合脊，水路各分，以免后来之患。恐口无凭，特立永无后患字为据。

后批：日后马姓合脊时任随马姓同枋共眼，石姓不得异言。

凭中　田庆寿　陈金钟

代笔　石玉书

民国二十四年八月十三日　立

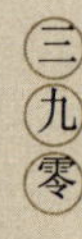

立出字吉馮法云為因民國十伍年岳父去世法
來安葬叁个小箐有馮興貴等馮亮先馮法科馮亮云馮亮奎馮伯昌
馮有才人明共合祭祀民國叁拾弍年祭祀人明團
提借話相送馮法云安葬岳父馮法云當席人明个
要當席馮治安為憑人日後馮法云本人也有祭祀么
求人明永無後患之準陰地壹穴為提恐口無
憑立之送約為據

馮俊榮 馮少成 馮日先 馮請美
憑証人治安
代字人馮才智
國叁拾弍年四月初日立馮興貴 馮法科

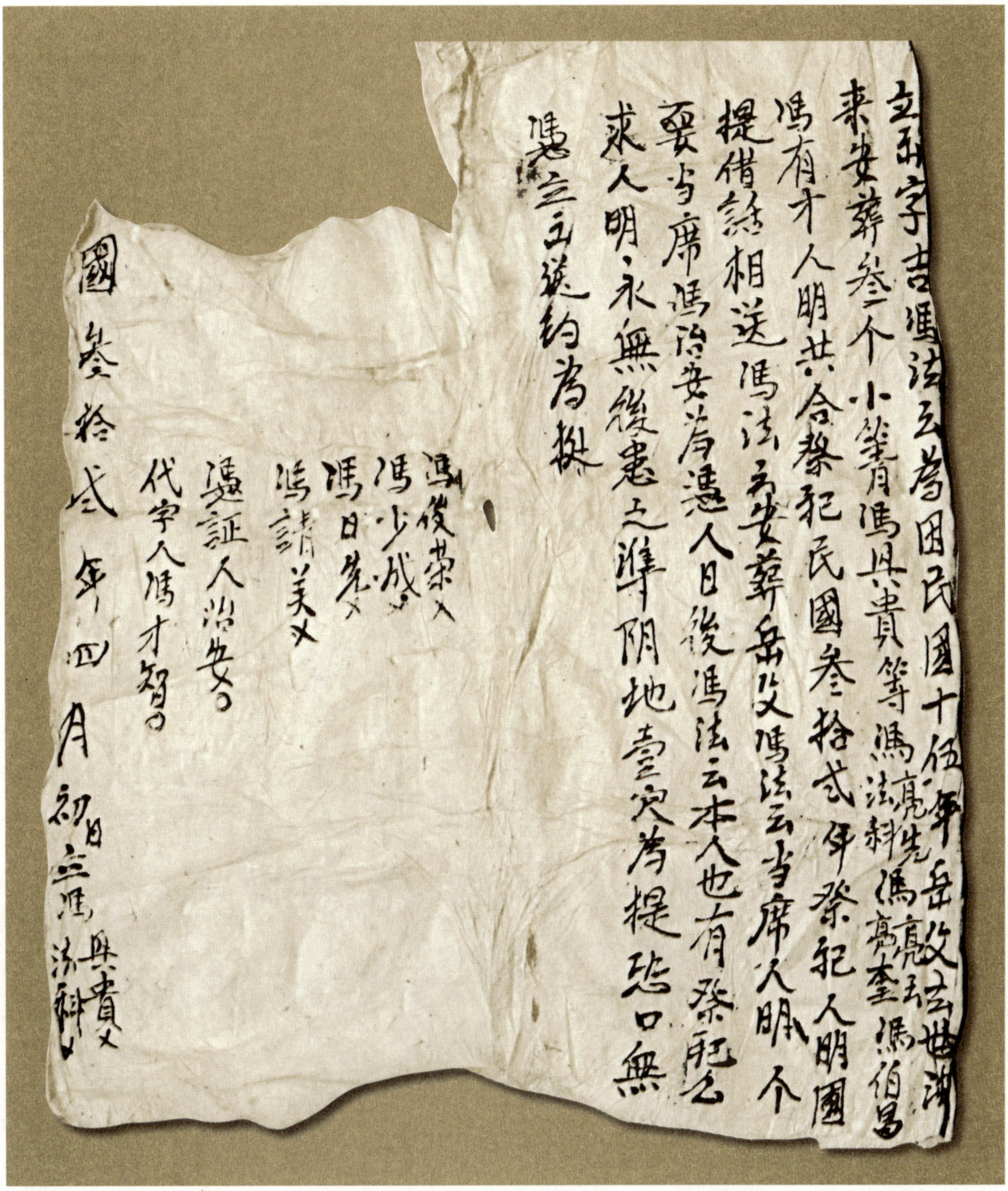

编号：crq-11

立出字吉（据）冯法云，为因民国十伍年岳父去世，法来安葬，叁个小箐冯兴贵等，冯亮先、冯法科、冯亮云、冯亮奎、冯伯昌、冯有才人明共合祭祀，民国叁拾贰年祭祀人明团提借话相送，冯法云安葬岳父，冯法云当席人明个要，当席冯治安为凭人。日后冯法云本人也有祭祀么求人明，永无后患之准，阴地壹穴为提。恐口无凭，立之送约为据。

冯俊荣　冯少成　冯日先　冯请美

凭证人　　治安

代字人　冯才智

［民］国三十二年四月初日　　立　　冯兴贵　冯法科

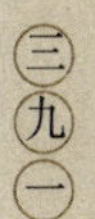

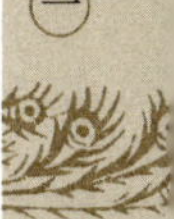

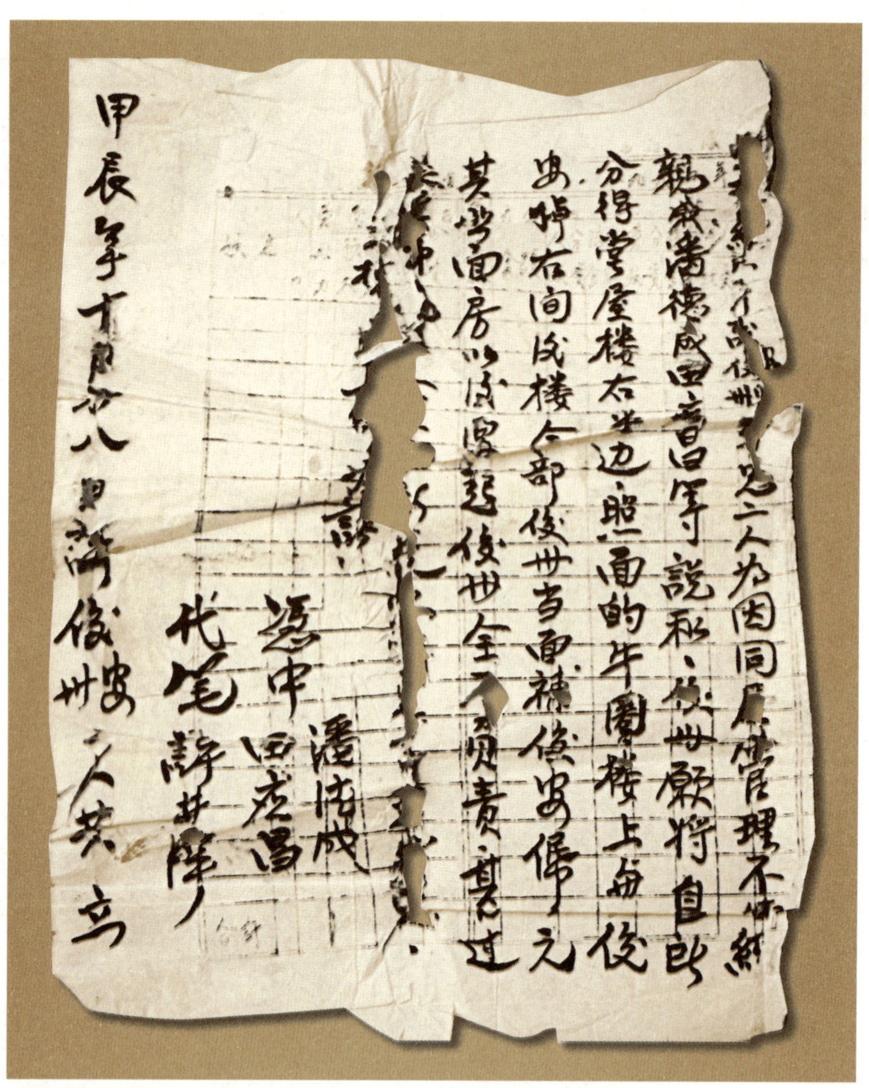

编号：xq-5

□□□□□□□□□兄二人，为因同□管理不□，经亲戚潘德成、田应昌等说和，俊州愿将自所分得堂屋楼右半边、照面的牛圈楼上与俊安掉右间及楼全部。俊州当面补俊安□元。其当面房以及□起俊州全□负责，其过□□□□□□□□□□□□□□□□□□□□□□□□□□□为据。

凭中　潘德成　田应昌

代笔　许井泽

甲辰年十月二十八日　许俊安　许俊州　二人共立

编号：wzc-47

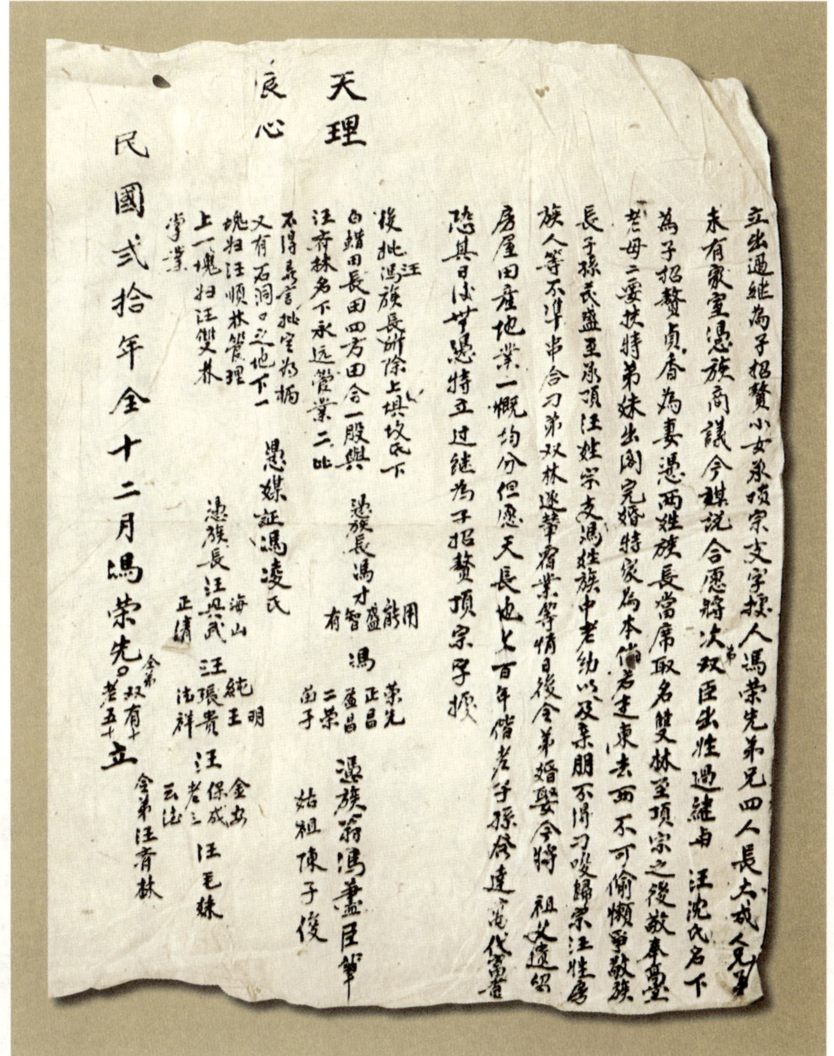

立出过继为子招赘小女承顶宗支字据人冯荣先，弟兄四人长大成人，兄弟未有家室，凭族商议，今（经）媒说合，愿将次弟双臣出姓过继与汪沈氏名下为子，招赘贞香为妻，凭两姓族长当席取名双林，至顶宗之后，敬奉高堂老母，二要扶持弟妹出阁完婚，持家为本，倘若走东去西，不可偷懒，争（尊）敬族长，子孙茂盛，至承顶汪姓宗支，冯姓族宗老幼以及亲朋不得刁唆归宗，汪姓房族人等不准串合刁弟双林逐辇宿业等情。日后令弟婚娶，今将祖父遗留房屋田产地业一概均分。但愿天长地久，百年偕老，子孙发达，万代富贵。恐其日后无凭，特立过继为子招赘顶宗字据。

后批：汪冯族长所除上坝、坟底下、白蜡田、长田、四方田合一股与汪齐林名下永远管业，二比（彼）不得异言，批定为柄。又有石洞（硐）口之地下一块归汪顺林管理，上一块归汪双林掌业。

天　理　良　心

凭族长　冯才用　冯才能　冯才盛　冯才智　冯才有　冯荣先　冯正昌
　　　　冯盈昌　冯二荣　冯苗子
凭媒证　冯凌氏
凭族长　汪海山　汪兴武　汪正清　汪纯明　汪纯王　汪张贵　汪德祥
　　　　汪金安　汪保成　汪老三　汪云德　汪毛妹　令弟汪其林
凭族翁　冯盖臣笔　姑祖陈子俊
民国二十年全十二月　冯荣先　同弟双有　老五　立

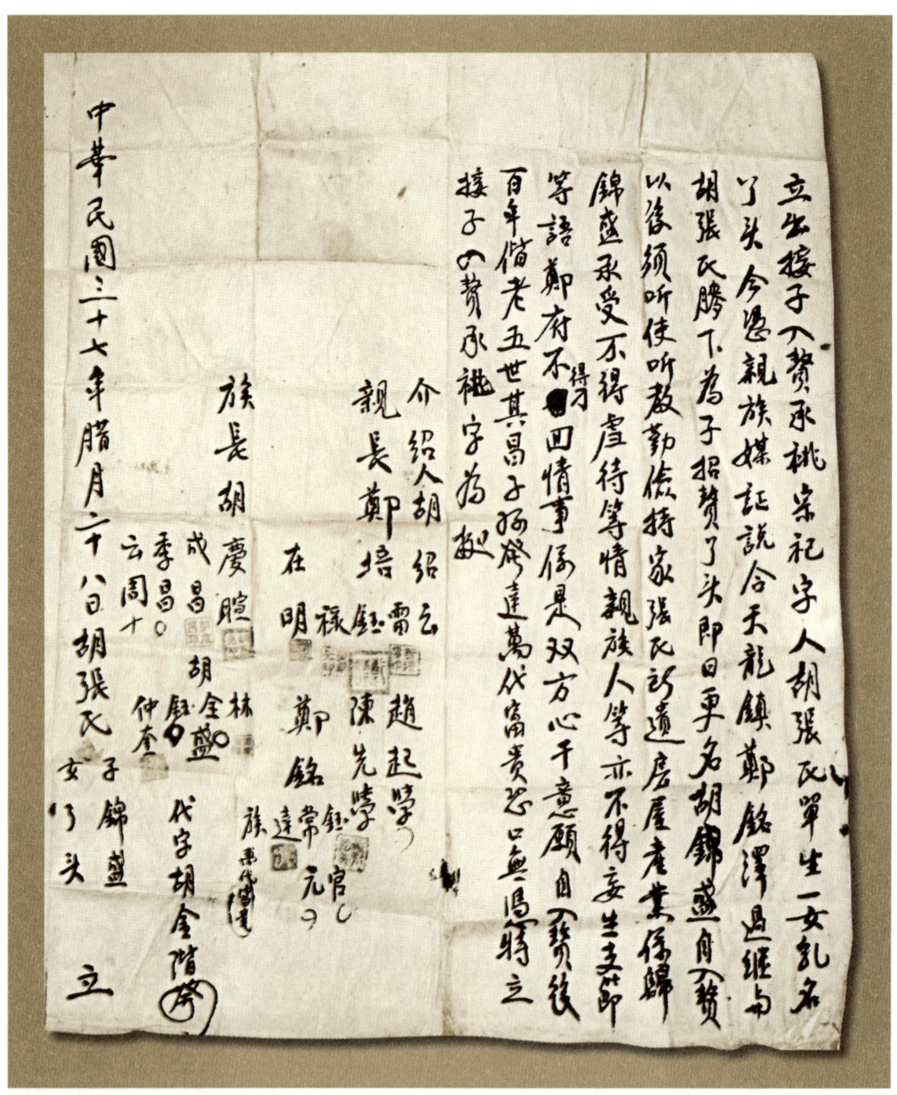

编号：hjs–2

立出接子入赘承祧宗祀子人胡张氏，单生一女，乳名了头，今凭亲族媒证，说合天龙镇郑铭泽过继与胡张氏膝下为子，招赘了头，即日更名胡锦盛，自入赘以后，须听使听教，勤俭持家，张氏所遗房屋产业系归锦盛承受，不得虐待等情。亲族人等亦不得妄生支（枝）节等语，郑府不得刁回情事。系是双方心干（甘）意愿。自入赘后，百年偕老，五世其昌，子孙发达，万代富贵。恐口无凭，特立接子入赘承祧字为据。

介绍人　胡绍云
亲　长　郑培雷　郑培钰　郑培禄　郑在明　赵起学
　　　　陈先学　郑铭钰　郑铭常　郑铭达　郑铭族
族　长　胡庆暄　胡成昌　胡季昌　胡云周　胡林盛
　　　　胡全盛　胡钰盛　胡仲奎
代　字　胡金阶
中华民国三十七年腊月二十八日　胡张氏　子锦盛　女了头　立

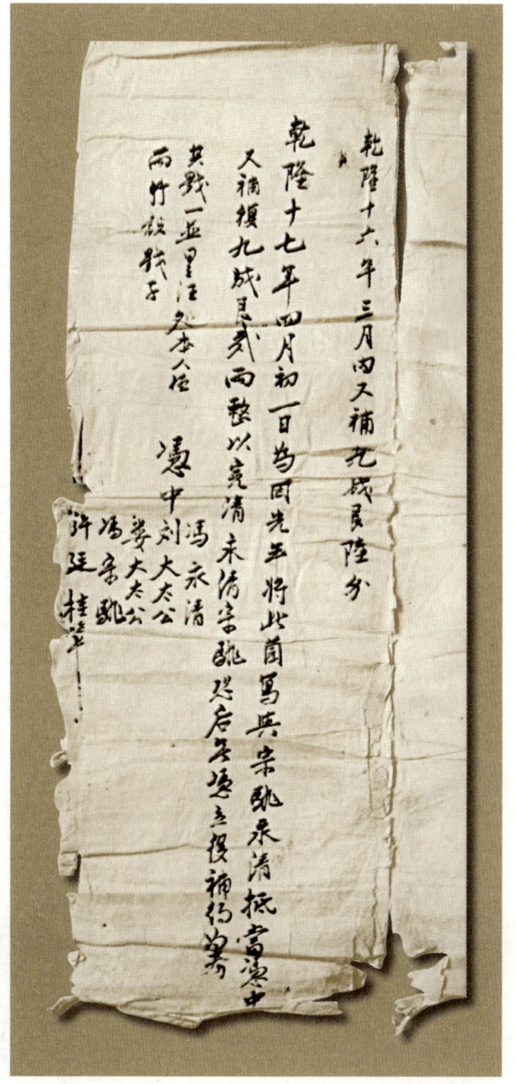

编号：wzc-16

乾隆十六年三月内又补九成艮（银）陆钱

乾隆十七年四月初一，为因先年将此园写与宗骁永清抵当，凭中又补复九成艮（银）贰两整以完清未清宗骁。恐后无凭，立后补约为券。

其戥一并是汪处本人伍两竹壳戥子。

凭中　冯永清　刘大太公　娄大太公　冯宗骁

许廷桂　笔

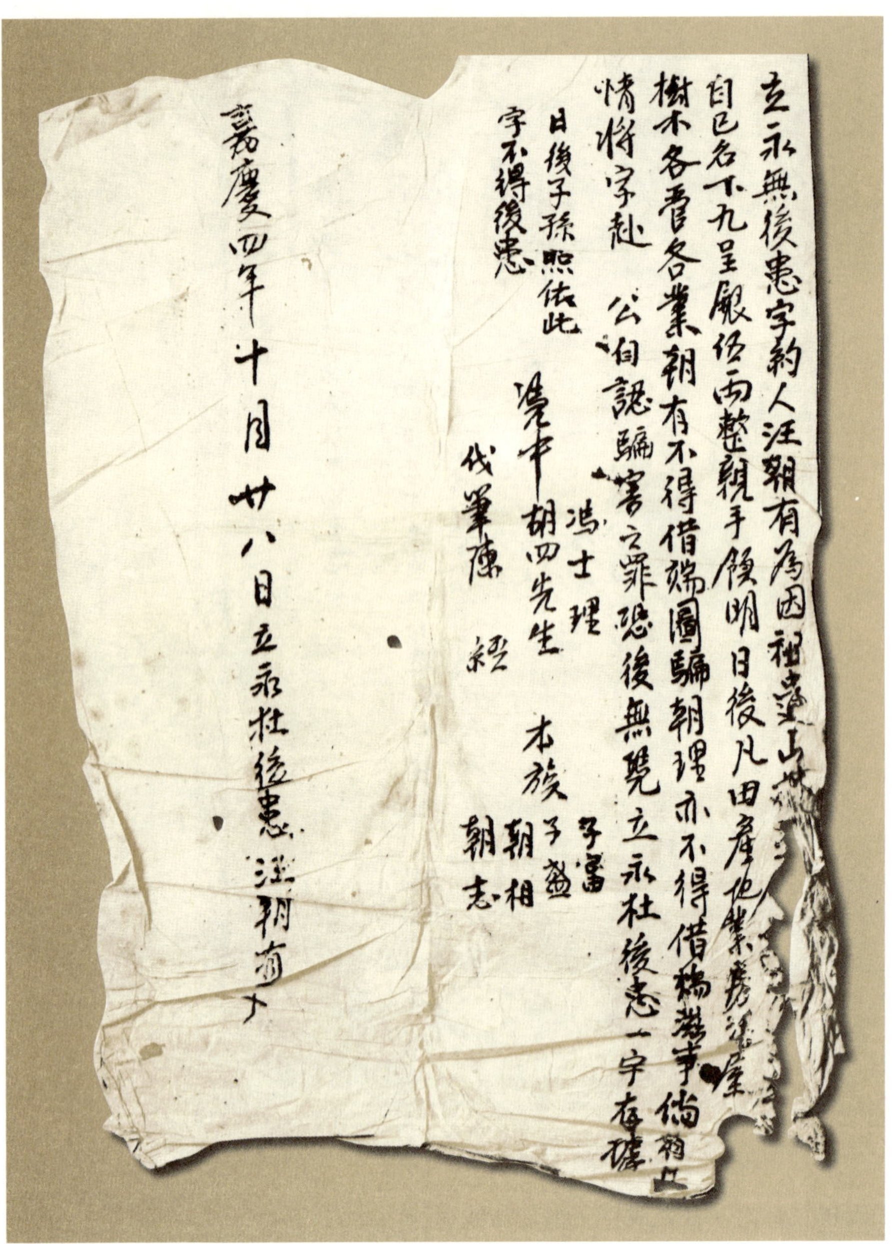

编号：wzc–27

立永无后患字约人汪朝有，为因祖遗山林□□□□□□□□□□□自己名下九呈（成）银伍两整，亲手领明。日后凡田产地业房□屋□□树木各管各业。朝有不得借端图骗，朝理亦不得借端滋事。倘有此情，将字赴公，自认骗害之罪。恐后无凭，立永杜后患一字存据。

日后子孙照依此字，不得后患。

凭　　中　冯士理　胡四先生

本　　族　子富　子盛　朝相　朝志

代　　笔　陈　经

嘉庆四年十月二十八日立　永杜后患　汪朝有

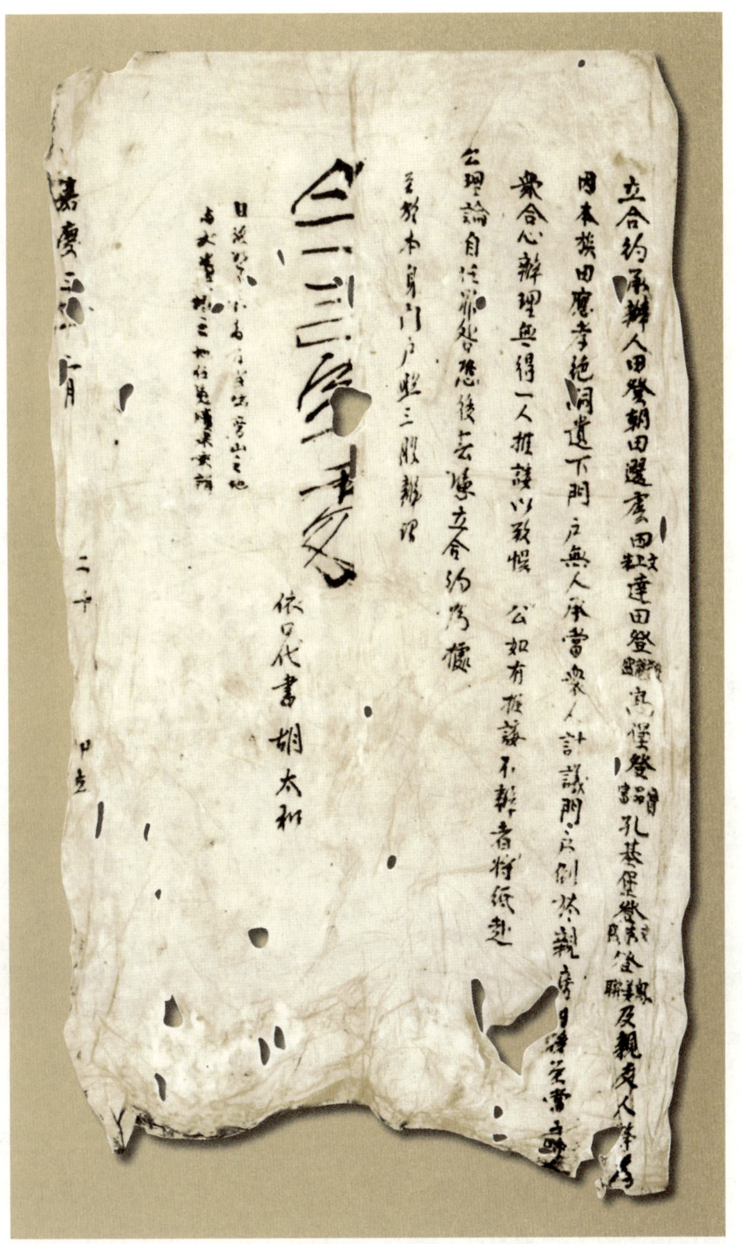
编号：tma-12

立合约承办人田登朝、田选云、田文达、田卫达、田先达、田登发、田登彦、田登龙、田登盛，高堡登宝、登品、登富，孔基堡登文、登第、登盛、登□、登美、登联及亲支人等，为因本族田应孝绝嗣，遗下门户无人承当，众人计议，门户倒于亲房，日后至当□□众合心办理，无得一人推诿以至误公。如有推诿不办者，将纸赴公理论，自任罪咎。恐后无凭，立合约为据。

至于本身门户照三股办理。

日后如不□者，□当出穹（湾）山之地与大□□之地任凭赎来□□。

依口代书　胡太和

嘉庆三年二月二十日　立

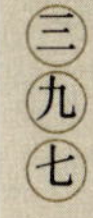

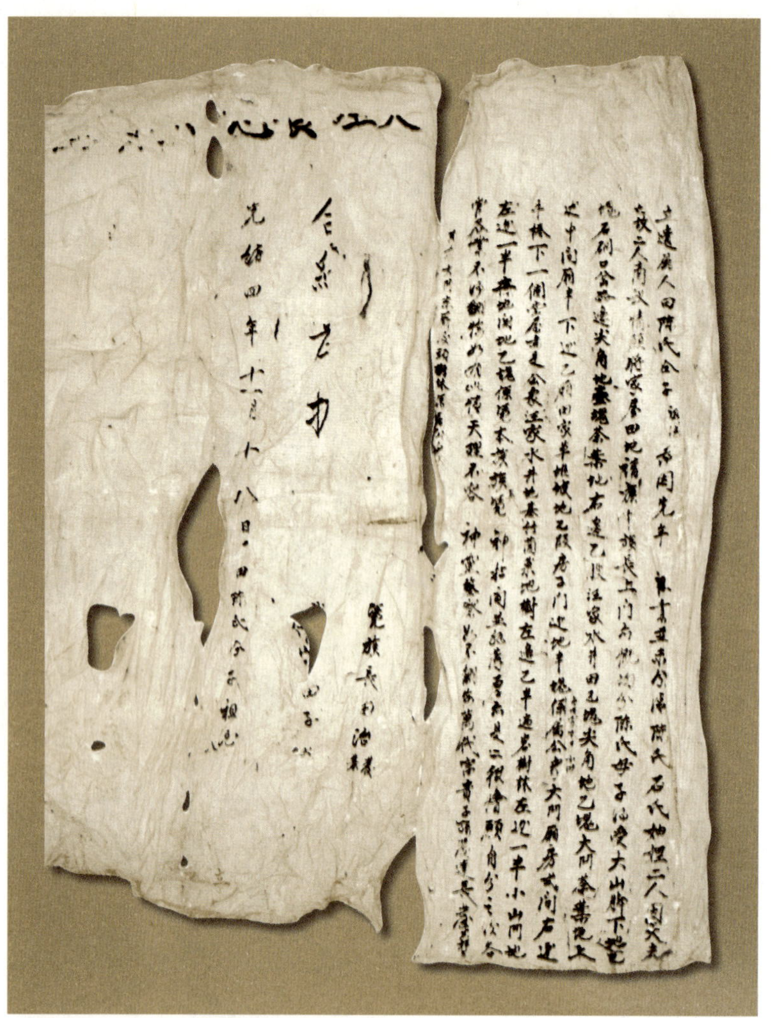

编号：tma-19

立遗属（嘱）人田陈氏，同子祖德，为因先年祖业并未分清，陈氏、石氏妯娌二人因丈夫亡故，二人商议，情愿将家屋田地请族中族长上门，亦慨（一概）均分，陈氏母子得受大山脚下地乙（壹）块，石硐口岔路边尖角地壹块，茶叶地右边乙（壹）股，汪家水井田乙（壹）块，尖角地乙（壹）块、大凹茶叶地上边中间厢半、下边乙（壹）厢，田家草堆坡地乙（壹）段，房子门边地半块与汪家水井小田系属公众，大门厢房贰间、右边牛棬（圈）下一个堂屋亦是公众，汪家水井地基、竹园菜地树左边乙（壹）半、边岩树林左边一半、小山门地左边一半、土地关地乙（壹）块。系凭本族族长凭神拈阄，并非薄厚，亦是二彼情愿。自分之后，各管各业，不得翻悔。如有此情，天理不容，神灵鉴察。如不翻悔，万代富贵，子孙发达，长发其祥矣。

其有大门东厮后头树林系属公众。

［半书］ 天理良心　和约为据

凭族长　田治发　田治基

代　字　田子□

光绪四年十一月十八日　田陈氏　同子祖德　立

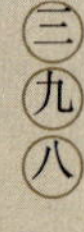

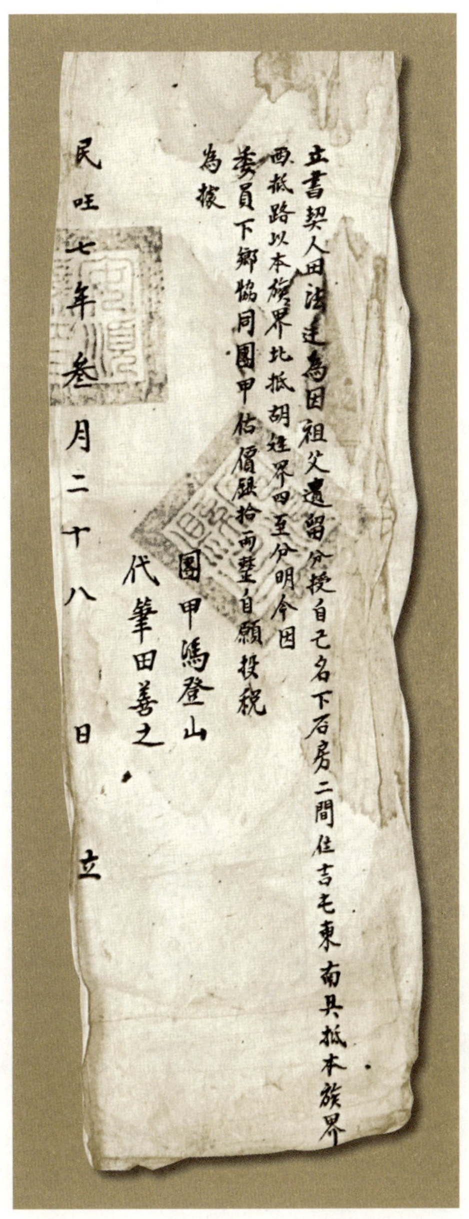
立書契人田法廷為因祖父遺留分授自己名下石房二間住吉屯東南具抵本族界
西抵路以本族界北抵胡姓界四至分明今因
委員下鄉協同團甲估價銀拾兩整自願投稅
為據
團甲馮登山
代筆田善之
民國七年叁月二十八日 立

编号：tyg–40

立书契人田法廷，为因祖父遗留分授自己名下石房二间，住吉屯，东、南具（俱）抵本族界，西抵路以（与）本族界，北抵胡姓界，四至分明。今因委员下乡，协同团甲，估价银拾两整，自愿投税为据。

团甲　冯登山

代笔　田善之

民国七年三月二十八日　立

钤“安顺县印”

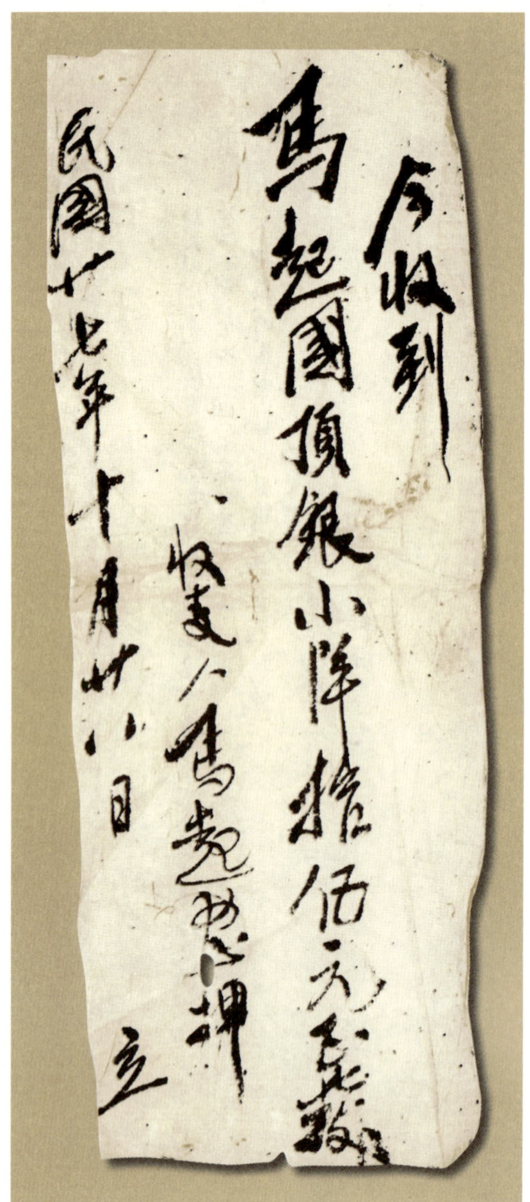
今收到
馬起國頂銀小洋拾伍元整
收支人馬起國押
民國廿七年十月廿八日 立

编号：mxq-58

今收到马起国顶银小洋拾伍元整。此据。

收支人　马起国

民国二十七年十月二十八日　立

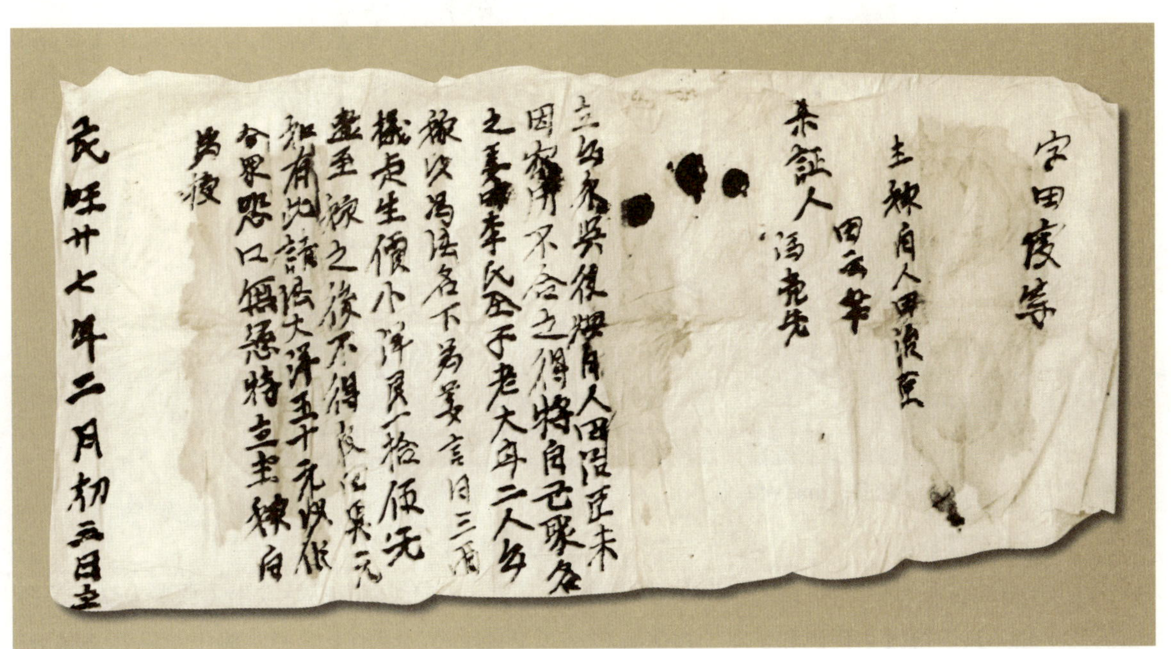

编号：crq-10

字　　　田庆□

主□自（字）人　田治臣

□　证　人　田云华　冯亮先

立出永无后焕（患）自（字）人田治臣，未（为）因农历不合，之（只）得将自己聚（娶）名（明）之萋（妻）李氏同子老大□二人乡（相）嫁以（与）冯法名下为萋（妻）。言日三面议定生价小洋银一拾伍元整。至（自）嫁之后，不得反回（悔）异元（言）。如有此请（情），法（罚）大洋五十元以作公众。恐口无凭，特立主嫁自（字）为据。

民国二十七年二月初三日　立

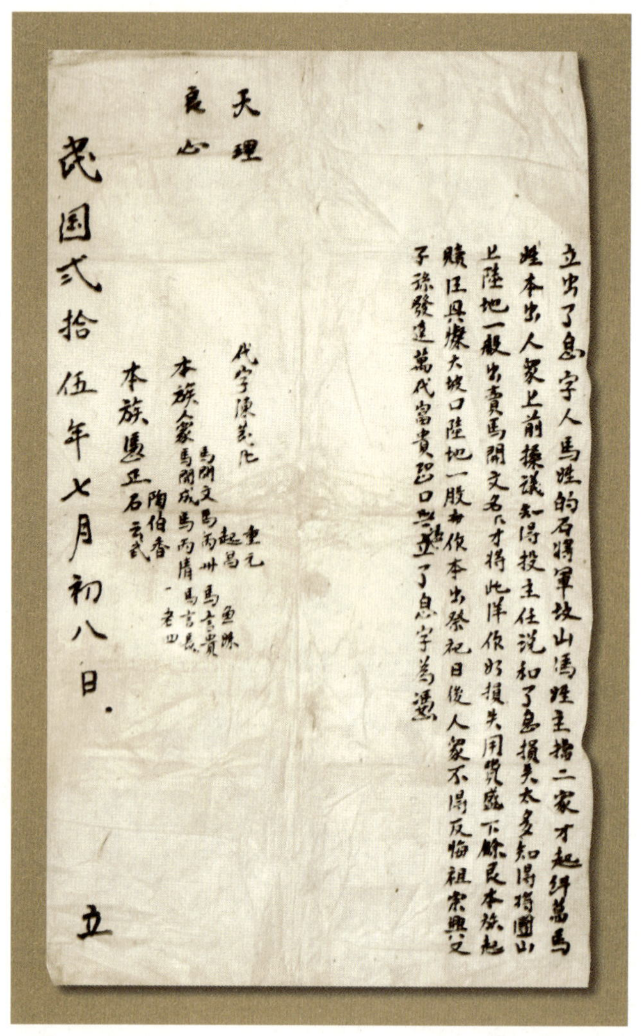

编号：mxq-42

立出了息字人马姓的石将军坟山冯姓主（阻）挡，二家才起纠葛，马姓本出（族）人众上前搡（商）议，知（只）得投主任说和了息，损失太多，知（只）得将团山上陆地一股出卖马开文名下，才将此洋作为损失用费，盛（剩）下余艮（银）本族起赎。汪兴灿大坡口陆地一股与作本出（族）祭祀，日后人众不得反悔。祖宗兴又子孙发达，万代富贵。恐口无凭，立了息字为凭。

天　理　良　心

代　　字　陈茂凡

本族人众　马开文　马开成　马重元　马起昌　马丙州　马丙清　马鱼妹　马言贵　马言长　马老四

本族凭正（证）　陶伯香　石云武

民国二十五年七月初八日　立

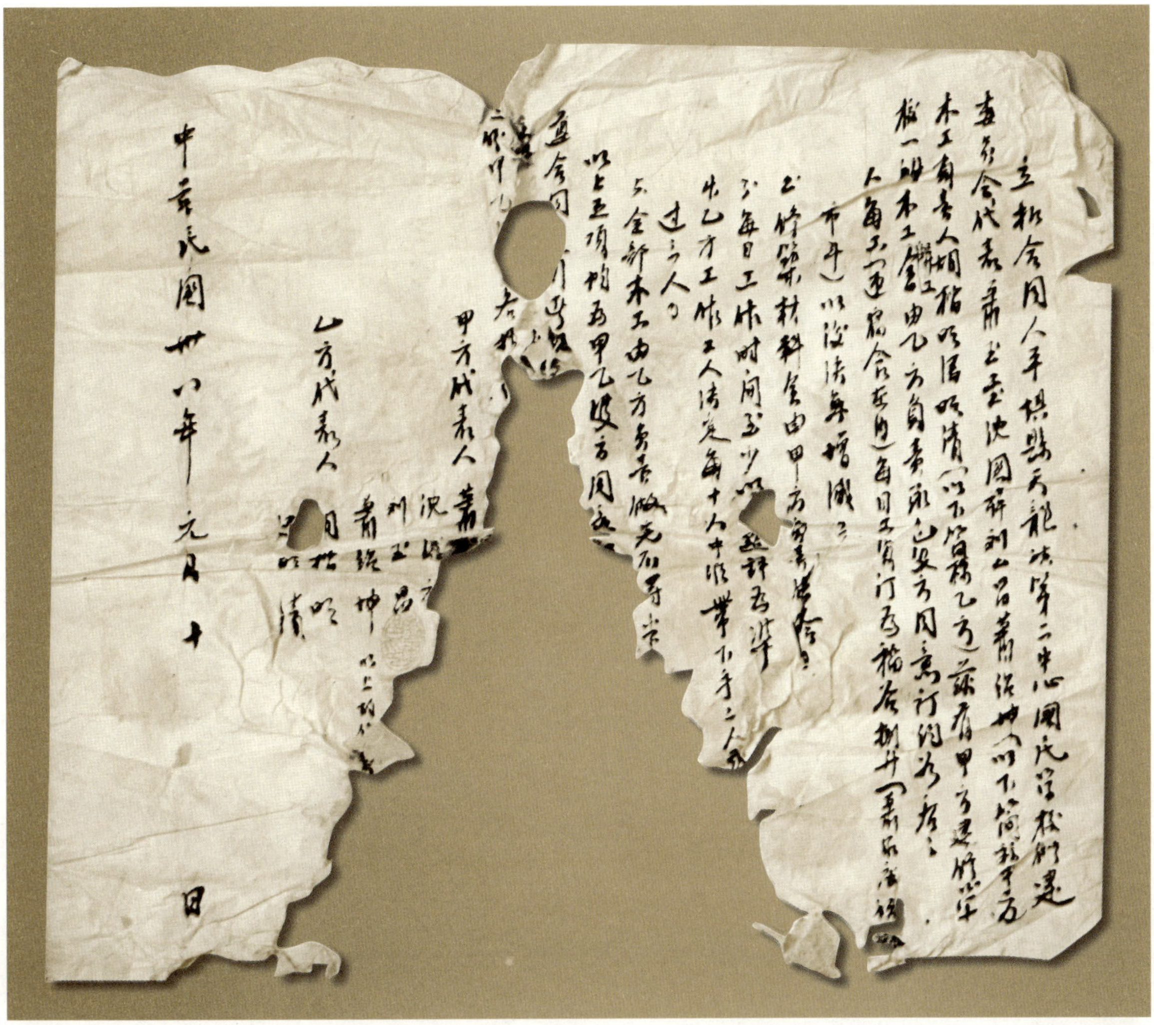

编号：fsq-1

立□合同人平坝县天龙镇第二中心周氏学校修建委员会代表萧玉书、沈国祥、刘玉昌、萧绍坤（以下简称甲方），木工负责人胡楷明、冯明清（以下简称乙方），兹有甲方建修学校一所，木工□工全由乙方负责承包，双方同意订约为据。

1. 每工（连宿食在内）每日工资订为稻谷捌升（萧家□□市斗）以后决无增减□□。

2. 修筑材料全由甲方负责供给。

3. 每日工休时间至少以□点钟为准。

4. 乙方工作工人□定每十人中准带下手二人或□过三人。

5. 全部木工由乙方负责做完，不得□□□。

以上五项均为甲乙双方同意□□遵合同□□□□□□甲乙双方各执□□。

甲方代表人　萧玉书　沈国祥　刘玉昌　萧绍坤

乙方代表人　胡楷明　冯明清

中华民国三十八年元月十日

第六部分

汪公会记录

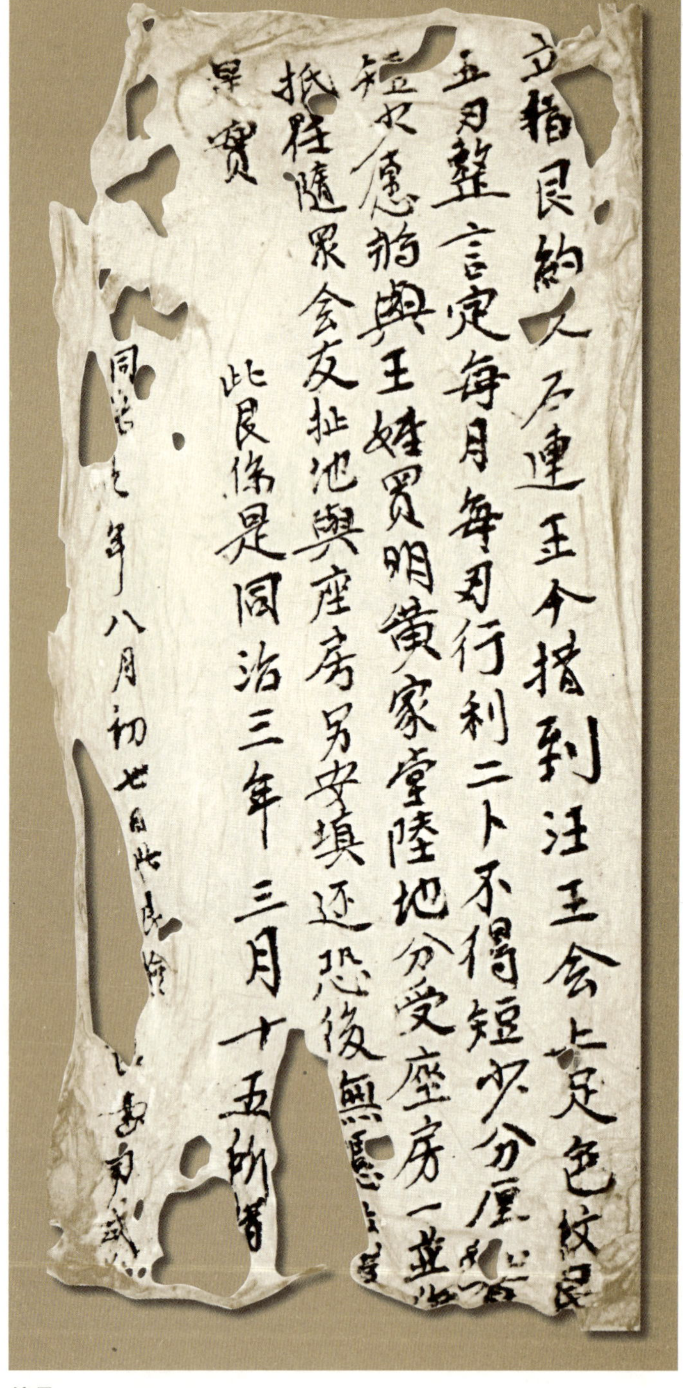

编号：tma-21

立借艮（银）约人石连玉，今措到汪王会上足色纹艮（银）五两整，言定每月每两行利二卜，不得短少分厘。如有短少，愿将与王姓买明黄家堂陆地分受（授）座房一并作抵，任随众会友扯地与座房另安填还。恐后无凭，□□是实。

此艮（银）系是同治三年三月十五所借。

同治九年八月初七日此艮（银）□□□两贰钱。

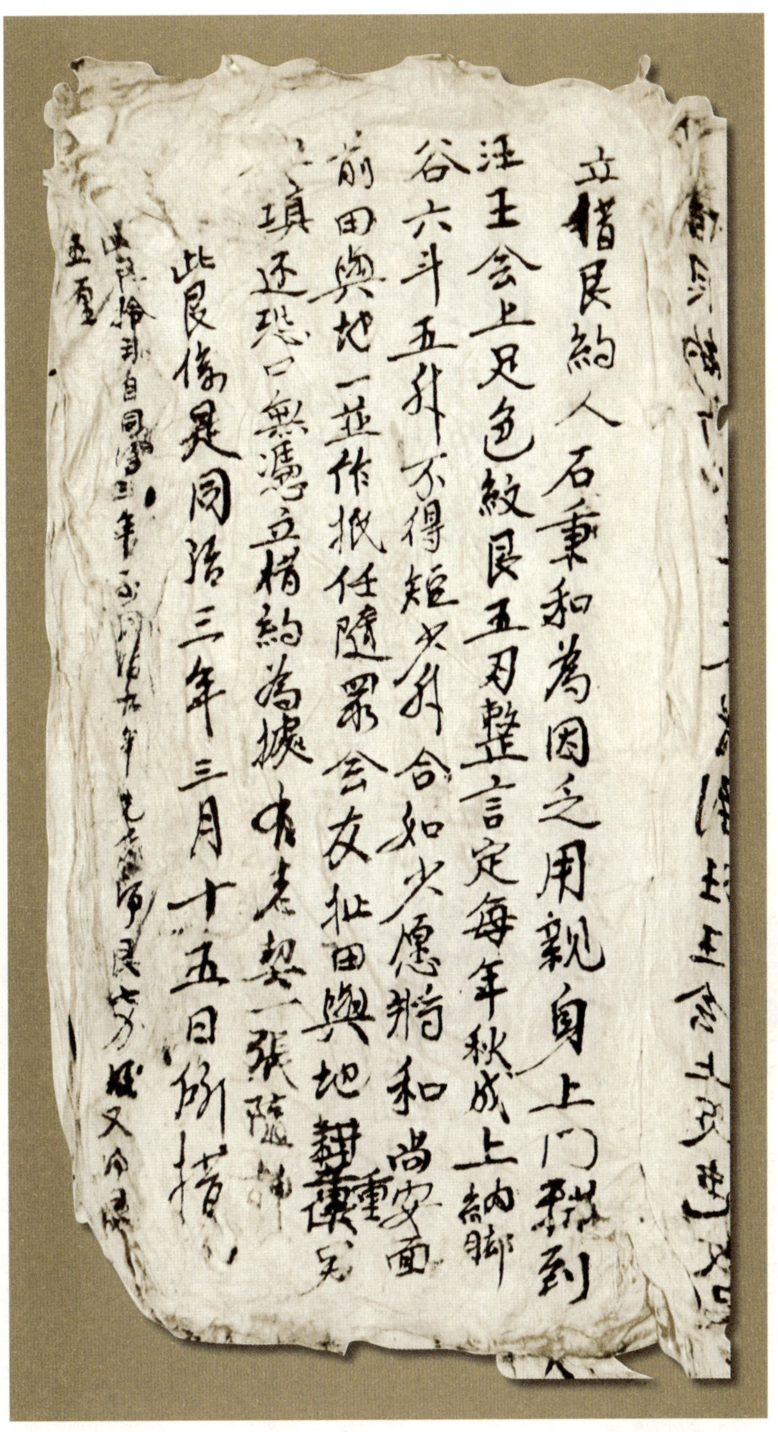

编号：tma-22

立借（艮）银约人石秉和，为因乏用，亲身上门，□到汪王会上足色纹银五两整。言定每年秋成上纳脚谷六斗五升，不得短少升合。如少，愿将和尚安（庵）面前田与地一并作抵，任随众会友扯田与地耕重（种），另安填还。恐口无凭，立借约为据。有老契一张随押。

此艮（银）系是同治三年三月十五日所措（借）。

此艮（银）拾两自同治三年□同治九年□□艮（银）七钱及又□□□□□□□五厘。

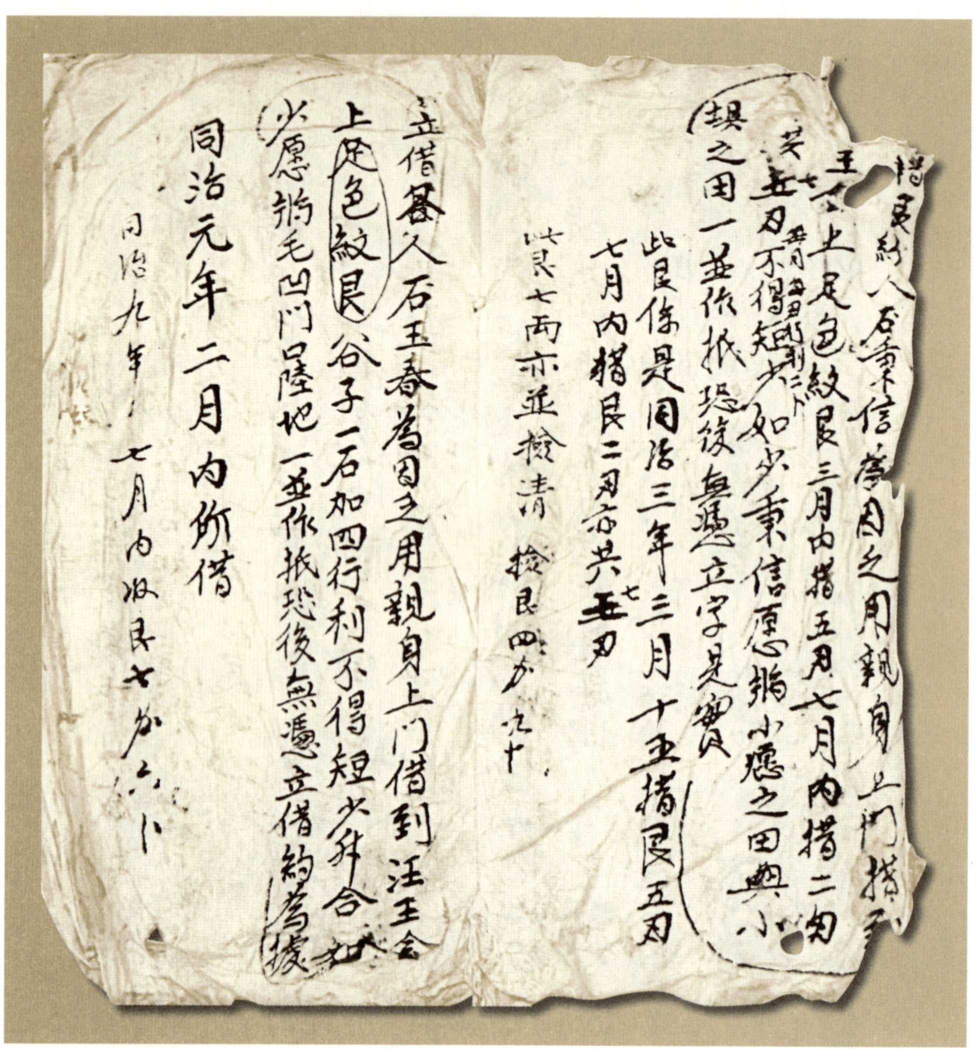

编号：tma-23

立借艮（银）约人石秉信，为因乏用，亲身上门，措到汪王会上足色纹艮（银），三月内措五两，七月内措二两，共七两，每月每两行利二卜，不得短少。如少，秉信愿将小愿（园）之田与小坝之田一并作抵。恐后无凭，立字是实。

此艮（银）系是同治三年三月十五措银五两，七月内措银二两，亦（一）共七两。

此银七两亦（一）并捡清，捡银四钱九卜。

立借谷人石玉春，为因乏用，亲身上门借到汪王会上谷子一石，加四行利，不得短少升合。如少，愿将毛凹门口陆地一并作抵。恐后无凭，立借约为据。

同治元年二月内所借

同治九年七月内收银七钱六分

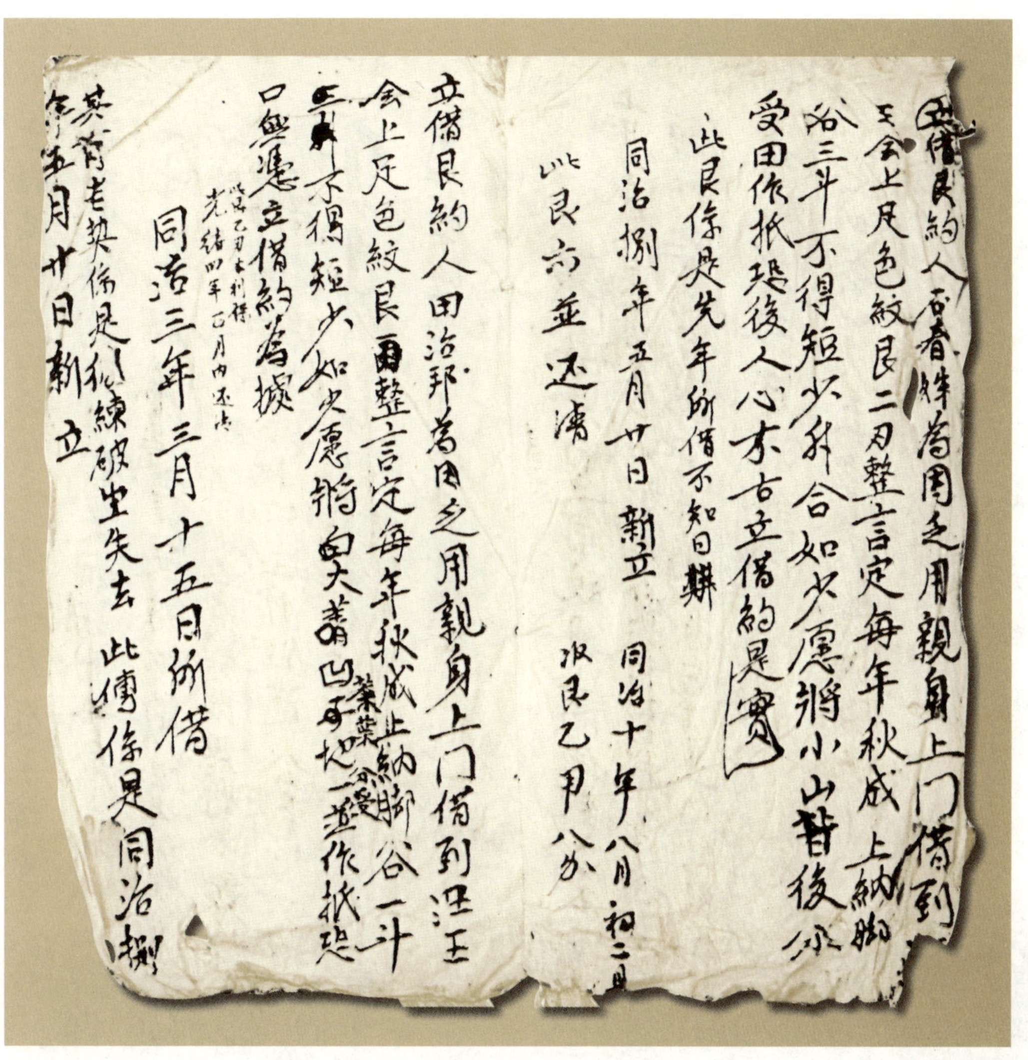

编号：tma-24

立借艮（银）约人石春姝，为因乏用，亲身上门，借到汪王会上足色纹艮（银）二两整。言定每年秋成上纳脚谷三斗，不得短少升合。如少，愿将小山背后分受（授）田作抵。恐后人心不古，立借约是实。

此银系是先年所借，不知日期，同治捌年五月廿日新立。此银亦（一）并还清。

同治十年八月初二日收银乙（壹）两八钱。

立借艮（银）约人田治邦，为因乏用，亲身上门，借到汪王会上足色纹银一两整，言定每年秋成上纳脚谷一斗三升，不得短少。如少，愿将白大菁（箐）凹茶叶地分受（授）一并作抵。恐口无凭，立借约为据。

此银乙（壹）两本利系光绪四年正月内还清。

同治三年三月十五日所借

其有老契系是□练破□失去，此传系是同治捌年五月廿日新立。

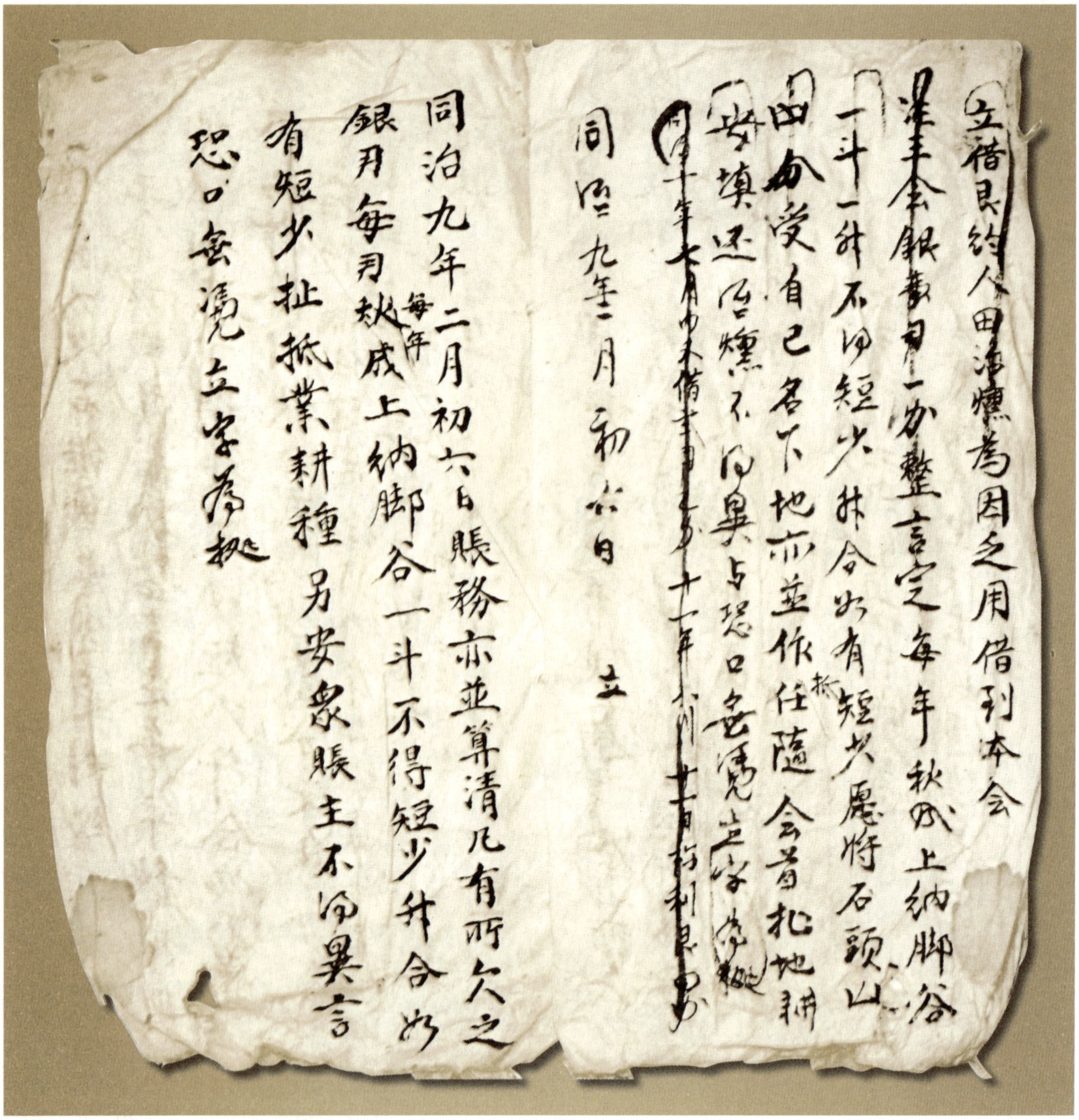

编号：tma-25

立借艮（银）约人田治熏，为因乏用，借到本会汪王会银壹两一钱整，言定每年秋成上纳脚谷一斗一升，不得短少升合。如有短少，愿将石头旮旯分受（授）自己名下地亦（一）并作抵，任随会首扯地耕安填还。治熏不得异言。恐口无凭，立字为据。

同治十年七月内又借贰两乙（壹）钱，十一年八月十一日称利艮（银）四钱。

同治九年二月初六日　立

同治九年二月初六日，账务亦（一）并算清，凡有所欠之银两，每两每年秋成上纳脚谷一斗，不得短少升合，如有短少，扯抵业耕种另安，众账主不得异言。恐口无凭，立字为据。

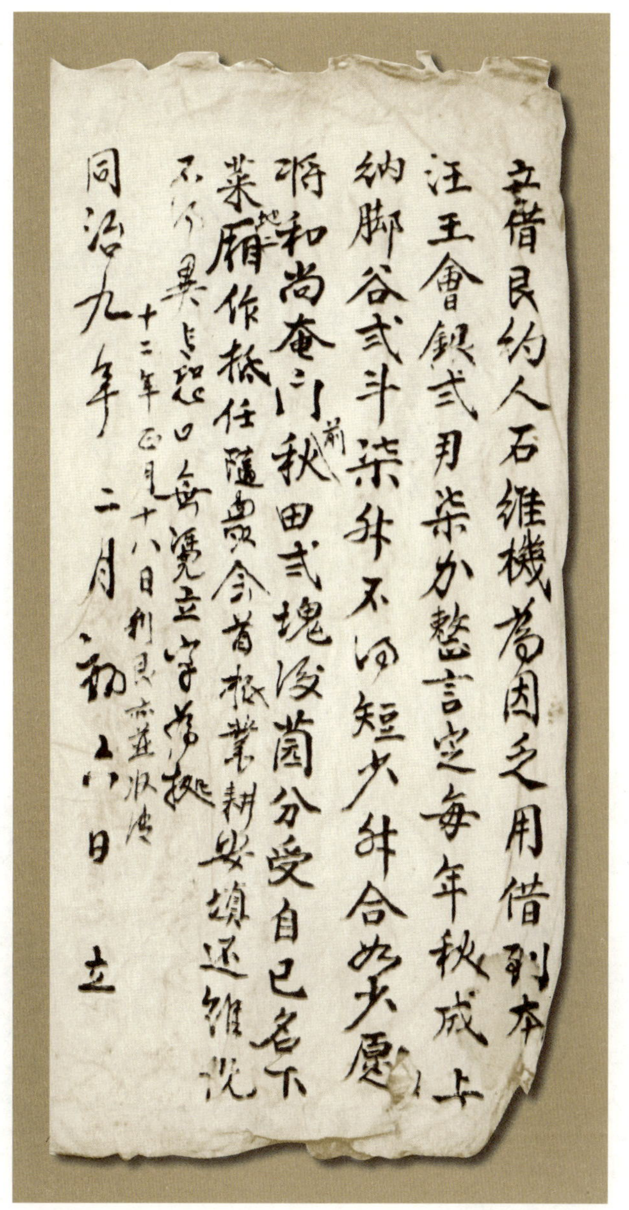

编号：tma-26

立借艮（银）约人石维机，为因乏用，借到本□汪王会银贰两柒钱整，言定每年秋成上纳脚谷贰斗柒升，不得短少升合。如少，愿将和尚奄（庵）门前秋田贰块、后园分受（授）自己名下菜地二厢作抵，任随众会首抵业耕安填还。维机不得异言。恐口无凭，立字为据。

十二年正月十八日利银亦（一）并收清。

同治九年二月初六日　立

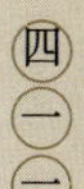

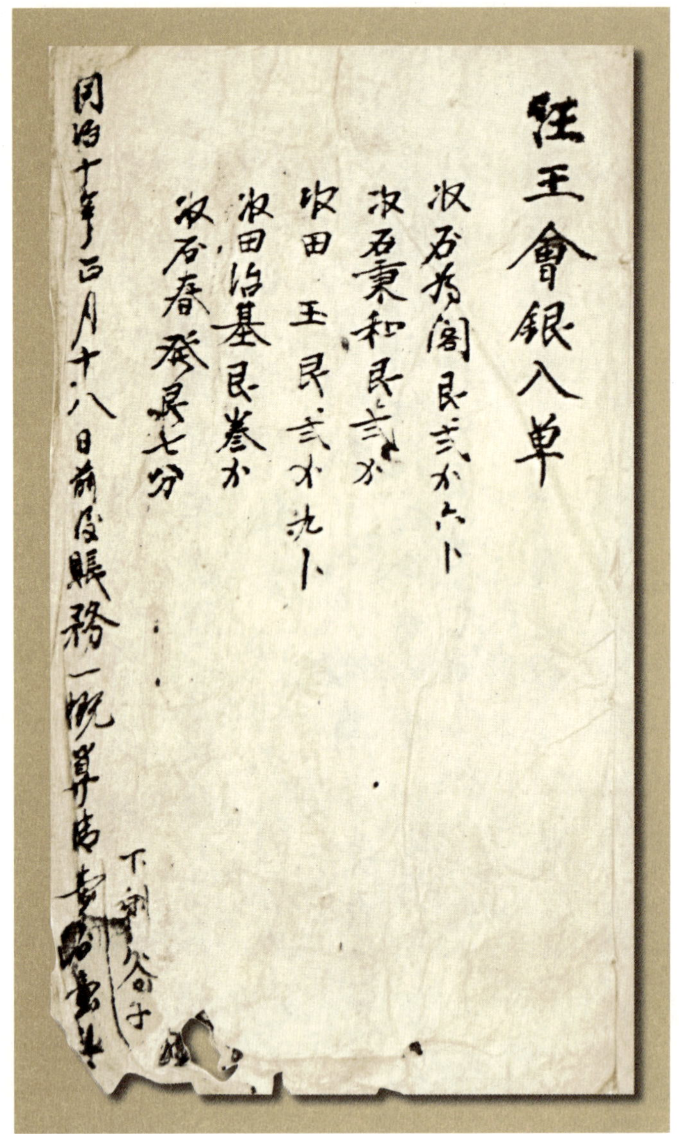

编号：tma-27

汪王会银入单

收石为阁艮（银）贰钱六卜

收石秉和艮（银）贰钱

收田玉艮（银）贰钱九卜

收田治基艮（银）叁钱

收石春发艮（银）七分

同治十年正月十八日前后账务一概算清，下剩谷子壹石壹斗。

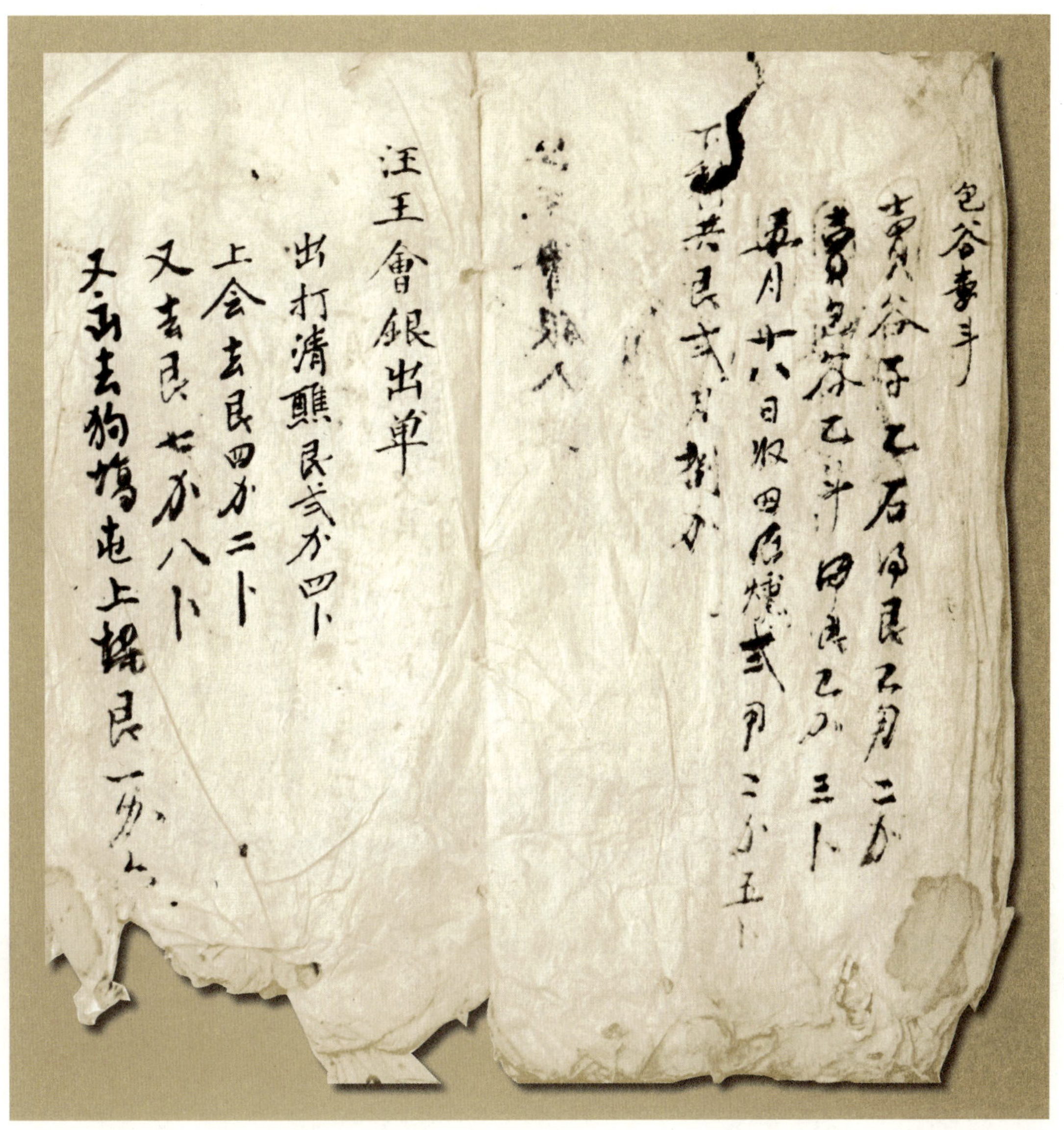

编号：tma-28

包谷壹斗

卖谷子乙（一）石得艮（银）乙（一）两二钱

卖包谷乙（一）斗得艮（银）乙（一）钱三卜

五月十八日收田治熏贰两二钱五卜

下剩共艮（银）贰两捌钱

汪王会银出单

出打清醮艮（银）贰钱四卜

上会去艮（银）四钱二卜

又去艮（银）七钱八卜

又出去狗场屯上墚银一钱六□

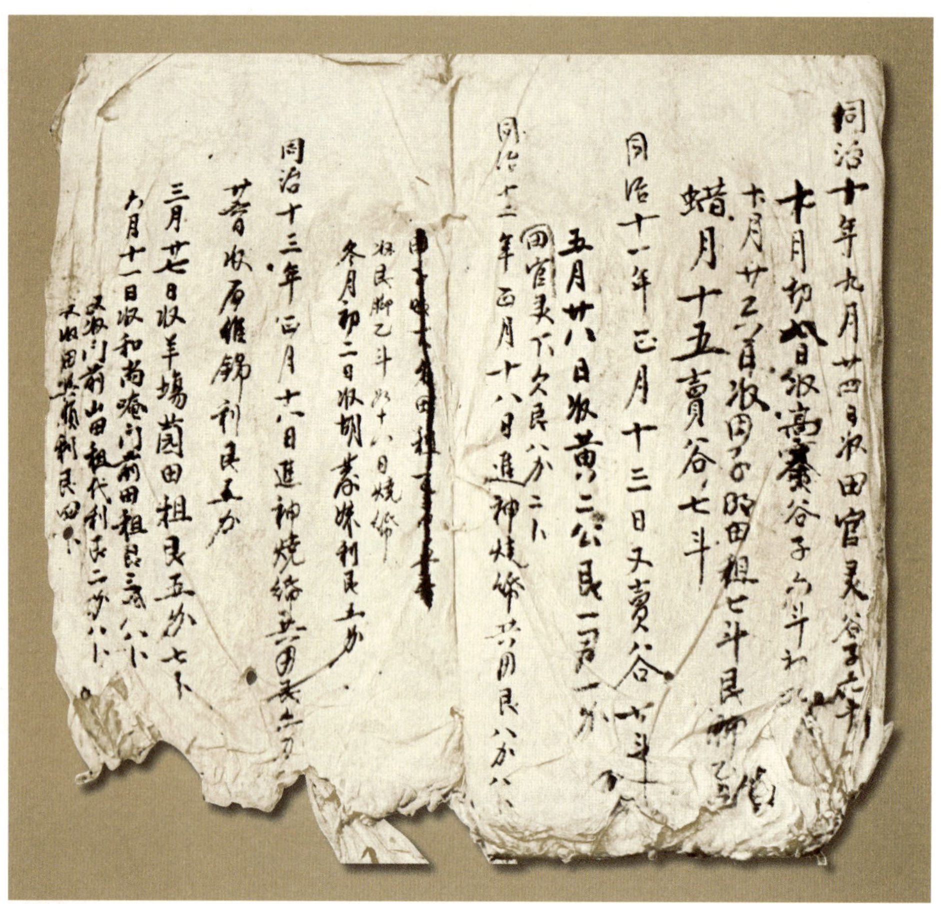

编号：tma-29

同治十年九月廿四日收田官灵谷子九斗六□

十月初八日收高寨谷子六斗初□□

十月廿六日收田子明田租七斗银脚乙□

蜡（腊）月十五卖谷子七斗

同治十一年正月十三日又卖谷七斗

五月廿八日收黄二公艮（银）一两一钱

田官灵下欠艮（银）八钱二卜

同治十二年正月十八日进（敬）神烧纸共用艮（银）八钱八卜

收艮（银）脚乙（一）斗如（入）十八日烧纸

冬月初二日收胡发妹利艮（银）五钱

同治十三年正月十八日进（敬）神烧纸共两艮（银）六钱

廿六日收石维锦利艮（银）五钱

三月廿七日收羊场园田租艮（银）五钱七卜

六月十一日收和尚唵（庵）门前田租艮（银）三钱八卜

又收门前山田租代利艮（银）二钱八卜

又收田兴顺利艮（银）四卜

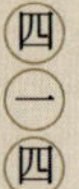

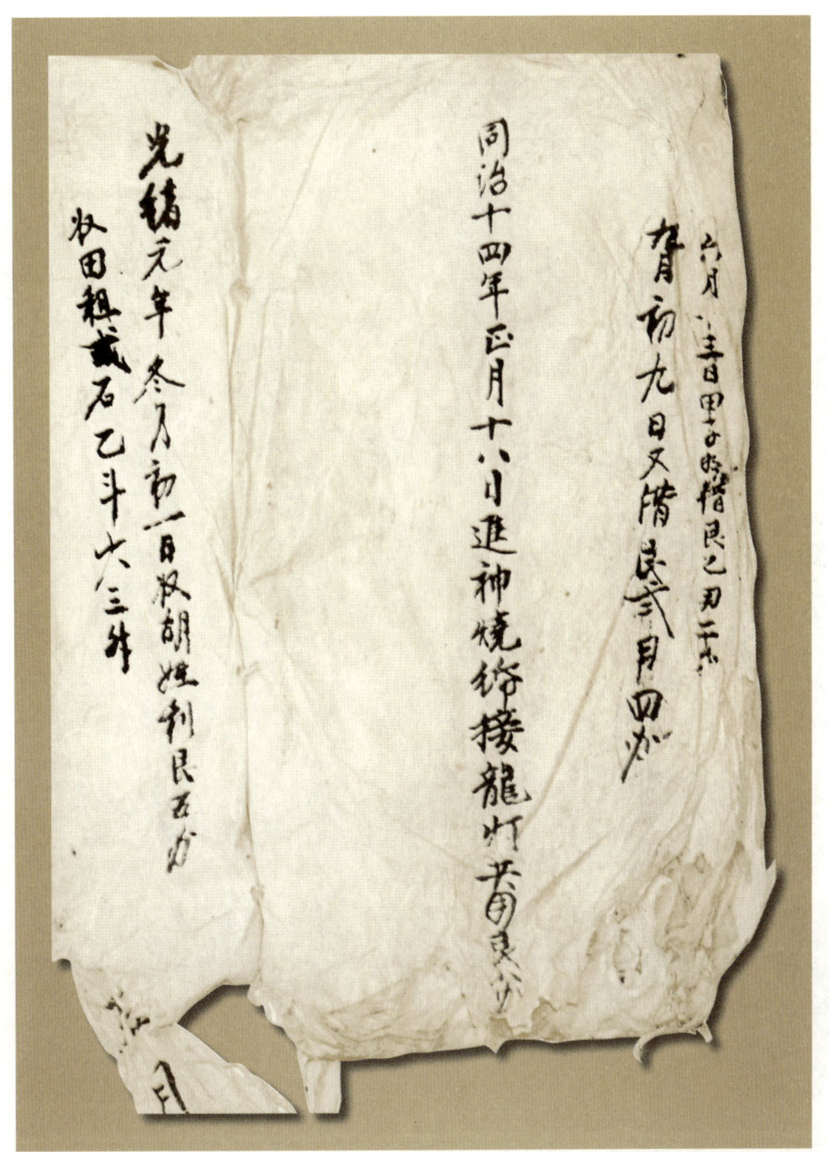

编号：tma-30

六月十三日田子明借艮（银）乙（壹）两二钱

九月初九日又借艮（银）贰两四钱

同治十四年正月十八日进（敬）神烧纸接龙灯共用艮（银）八钱

光绪元年冬月初一日收胡姓利艮（银）五钱

收田租贰石乙（壹）斗大三升

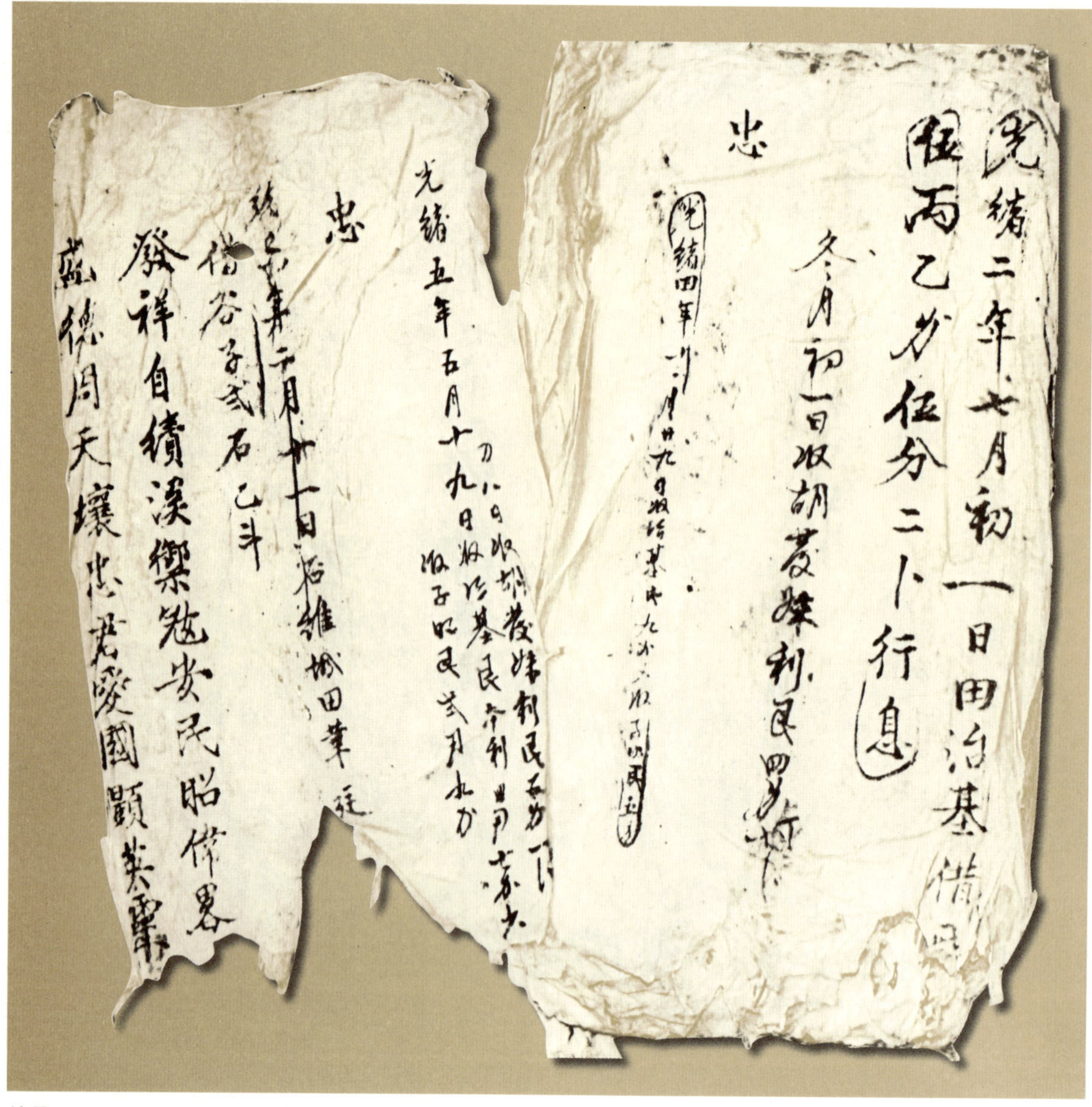

编号：tma–31

光绪二年七月初一日田治基借艮（银）伍两乙（壹）钱伍分二卜行息

冬月初一日收胡发妹利艮（银）四钱□□

光绪四年十一月廿九日收治基艮（银）九钱又收子明艮（银）五钱

光绪五年五月八日收胡发妹利艮（银）五钱一卜

十九日收治基艮（银）本利四两七钱六□□

收子明艮（银）贰两九钱

光绪六年二月十一日石维城田华廷借谷子贰石乙（壹）斗

发祥自绩溪，御寇安民昭伟略；盛德周天壤，忠君爱国显英灵。

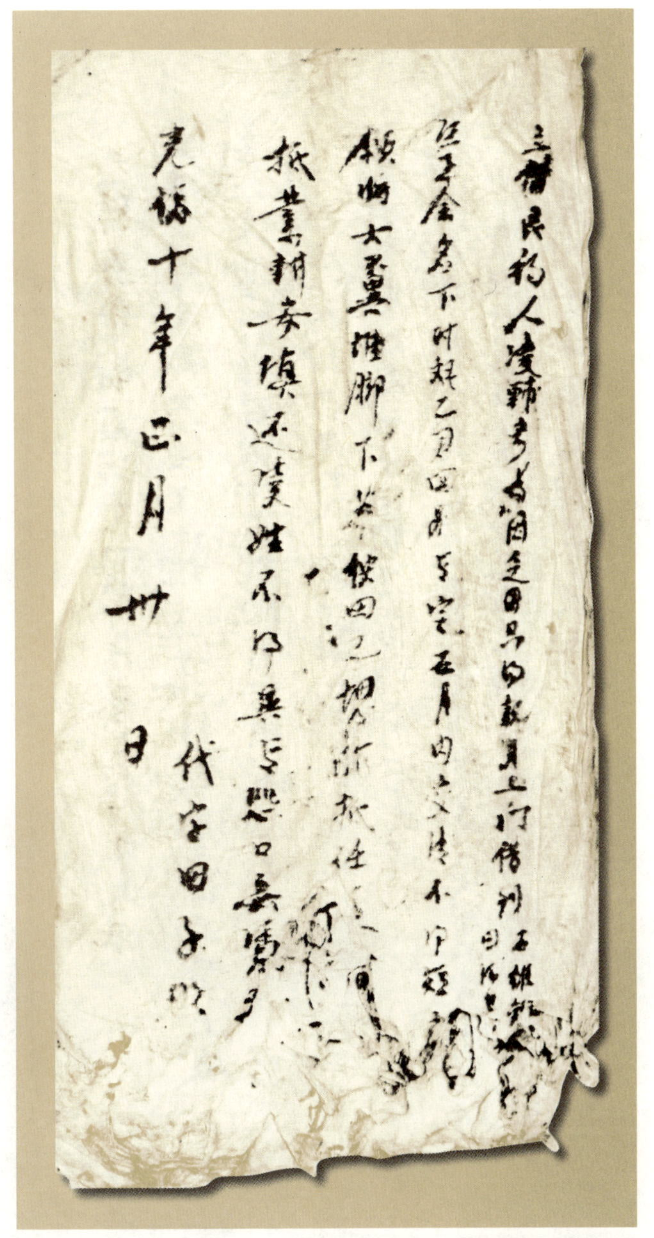

编号：tma-32

立借艮（银）约人凌辅彦，为因乏用，只得亲身上门，借到石维□、田□□汪王会名下时银乙（壹）两四钱，言定五月内交清，不得短□□，愿将大粪堆下□□秧田乙（壹）块作抵，任□□□□抵业耕安填还。凌姓不得异言。恐口无凭，□□□□。

代字　田子明

光绪十年正月三十日　立

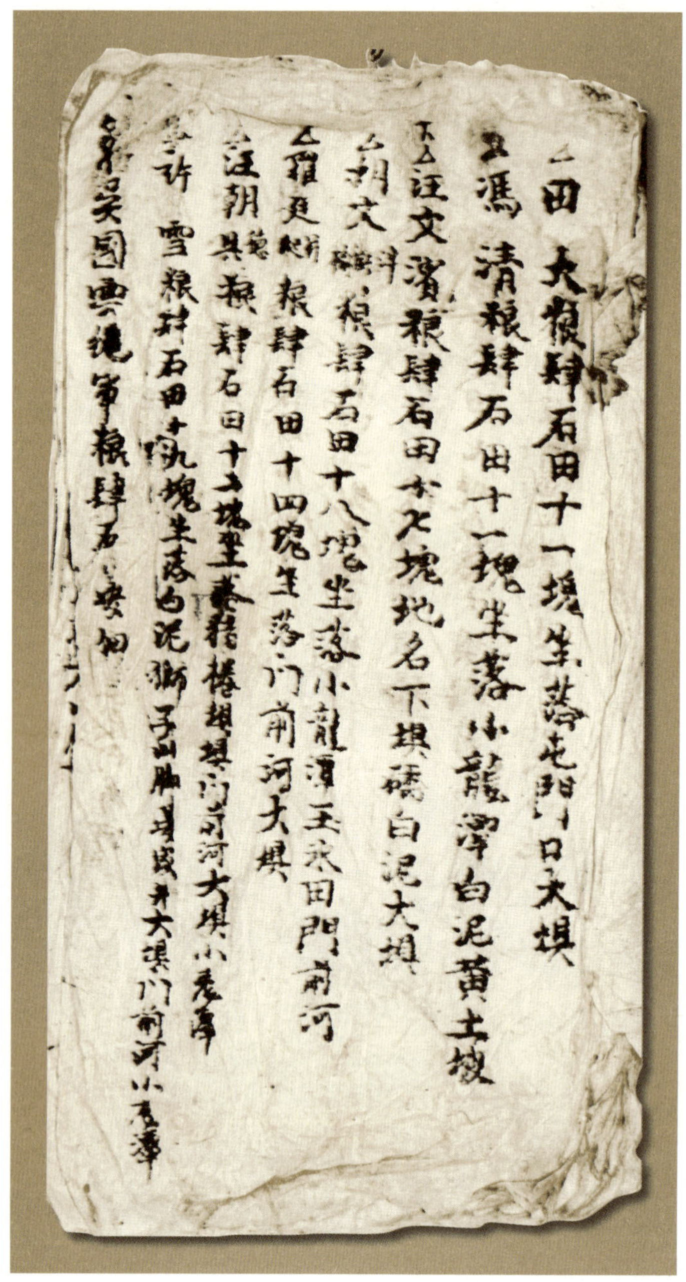

编号：tma–33

田大，粮肆石，田十一块，坐落屯门口大坝

冯清，粮肆石，田十一块，坐落小龙潭、白泥、黄土坡

汪文滨，粮肆石，田十七块，地名下坝桥、白泥、大坝

胡文科、胡文树、胡文榆，粮肆石，田十八块，坐落小龙潭、玉水田、门前河

罗廷升、罗廷起，粮肆石，田十四块，坐落门前河、大坝

汪朝德、汪朝兴，粮肆石，田十二块，坐落猪棬（圈）坝坝门前河、大坝、小龙潭

许雪，粮肆石，田十九块，坐落白泥、狮子山脚、晏家井、大坝、门前河、小龙潭

吴国云，绝军粮肆石，安佃

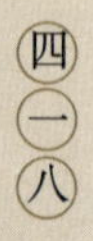

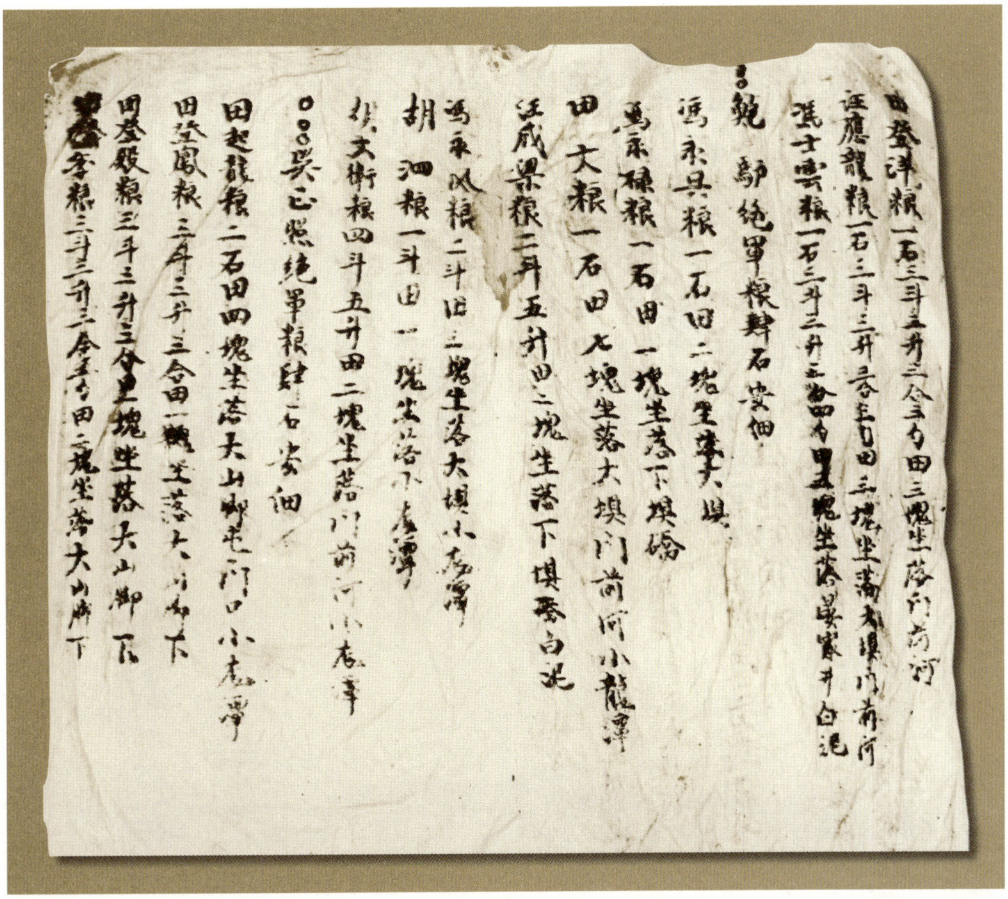

编号：tma-34

田登洋，粮一石三斗三升三合三勺，田三块，坐落门前河

汪应龙，粮一石三斗三升三合三勺，田三块，坐落大坝、门前河

冯士云，粮一石三斗三升三合四勺，田五块，坐落晏家井、白泥

鲍驴，绝军粮肆石，安佃

冯永兴，粮一石，田二块，坐落大坝

冯永禄，粮一石，田一块，坐落下坝磅

田文，粮一石，田七块，坐落大坝、门前河、小龙潭

汪成梁，粮二斗五升，田二块，坐落下坝磅、白泥

冯永风，粮二斗，田三块，坐落大坝、小龙潭

胡泗，粮一斗，田一块，坐落小龙潭

胡文衡，粮四斗五升，田二块，坐落门前河、小龙潭

吴正照，绝军粮肆石，安佃

田起龙，粮二石，田四块，坐落大山脚下、屯门口、小龙潭

田登凤，粮三斗三升三合，田一块，坐落大山脚下

田登发，粮三斗三升三合，田一块，坐落大山脚下

田登学，粮三斗三升三合五勺，田二块，坐落大山脚下

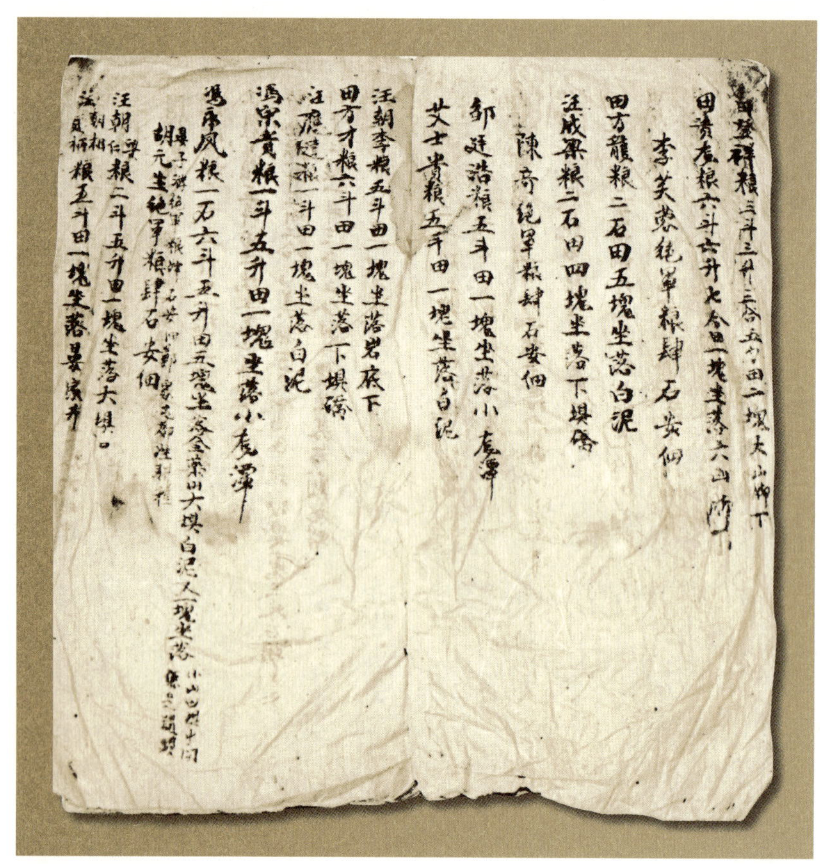

编号：tma-35

田登祥，粮三斗三升三合五勺，田二块，大山脚下

田贵龙，粮六斗六升七合，田一块，坐落大山脚下

李芙蓉，绝军粮肆石，安佃

田方龙，粮二石，田五块，坐落白泥

汪成梁，粮二石，田四块，坐落下坝桥

陈□，绝军粮肆石，安佃

邹廷浩，粮五斗，田一块，坐落小龙潭

艾士贵，粮五斗，田一块，坐落白泥

汪朝李，粮五斗，田一块，坐落岩底下

田方才，粮六斗，田一块，坐落下坝桥

汪应达，粮一斗，田一块，坐落白泥

冯宗贵，粮一斗五升，田一块，坐落小龙潭

冯永风，粮一石六斗五升，田五块，坐落金叶山、大坝、白泥，又一块坐落小山田坝中间系是□□

晏子游，绝军粮肆石，安佃，郑家屯郑姓耕种

胡元生，绝军粮肆石，安佃

汪朝梁、汪朝仁，粮二斗五升，田一块，坐落大坝

汪朝相、汪廷柄，粮五斗，田一块，坐落晏家井

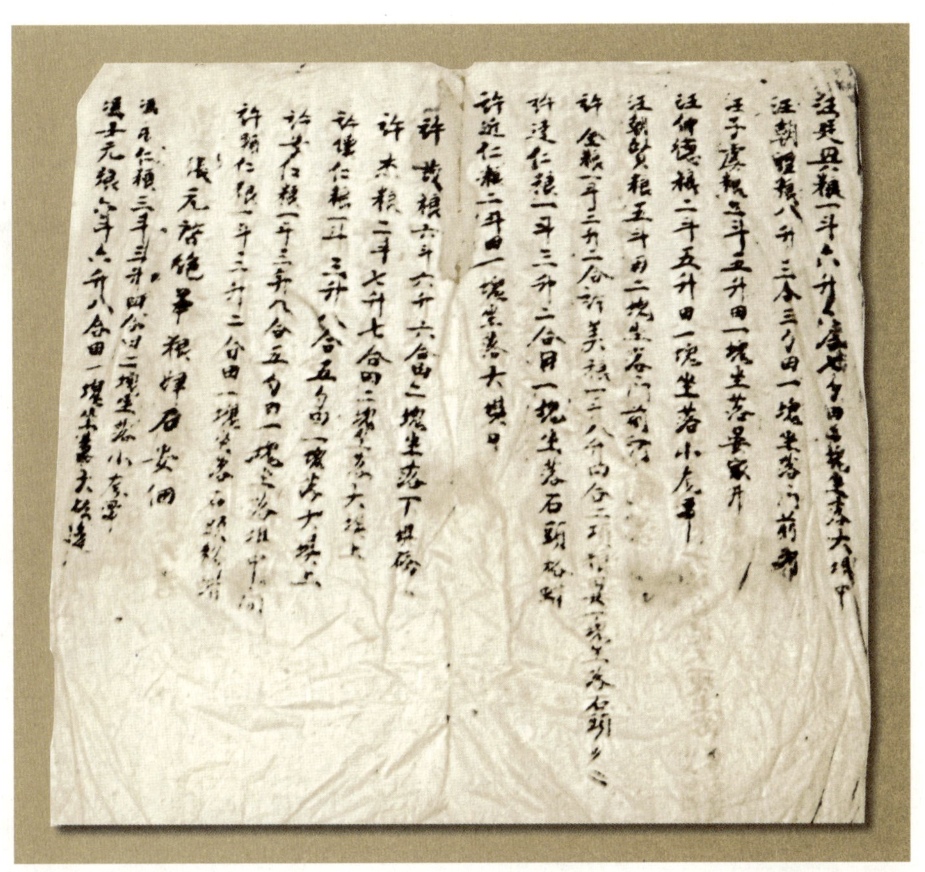

编号：tma-36

汪廷兴，粮一斗六升六合七勺，田二块，坐落大坝中
汪朝礼，粮八升三合三勺，田一块，坐落门前河
汪子虞，粮三斗五升，田一块，坐落晏家井
汪仲德，粮二斗五升，田一块，坐落小龙潭
汪朝贤，粮五斗，田二块，坐落门前河
许金，粮一斗三升二合；许美，粮一斗八升四合，二项粮田共一块，坐落石头格拉
许达仁，粮一斗三升二合，田一块，坐落石头格蜡
许近仁，粮二斗，田一块，坐落大坝口
许茂，粮六斗六升六合，田二块，坐落下坝桥
许杰，粮二斗七升七合，田二块，坐落大坝上
许怀仁，粮一斗三升八合五勺，田一块，坐落大坝上
许安仁，粮一斗三升八合五勺，田一块，坐落坝中间
许辅仁，粮一斗三升二合，田一块，坐落石头格蜡
张元启，绝军粮肆石，安佃
冯□仁，粮三斗三升四合，田二块，坐落小龙潭
冯士元，粮六斗六升八合，田一块，坐落大桥边

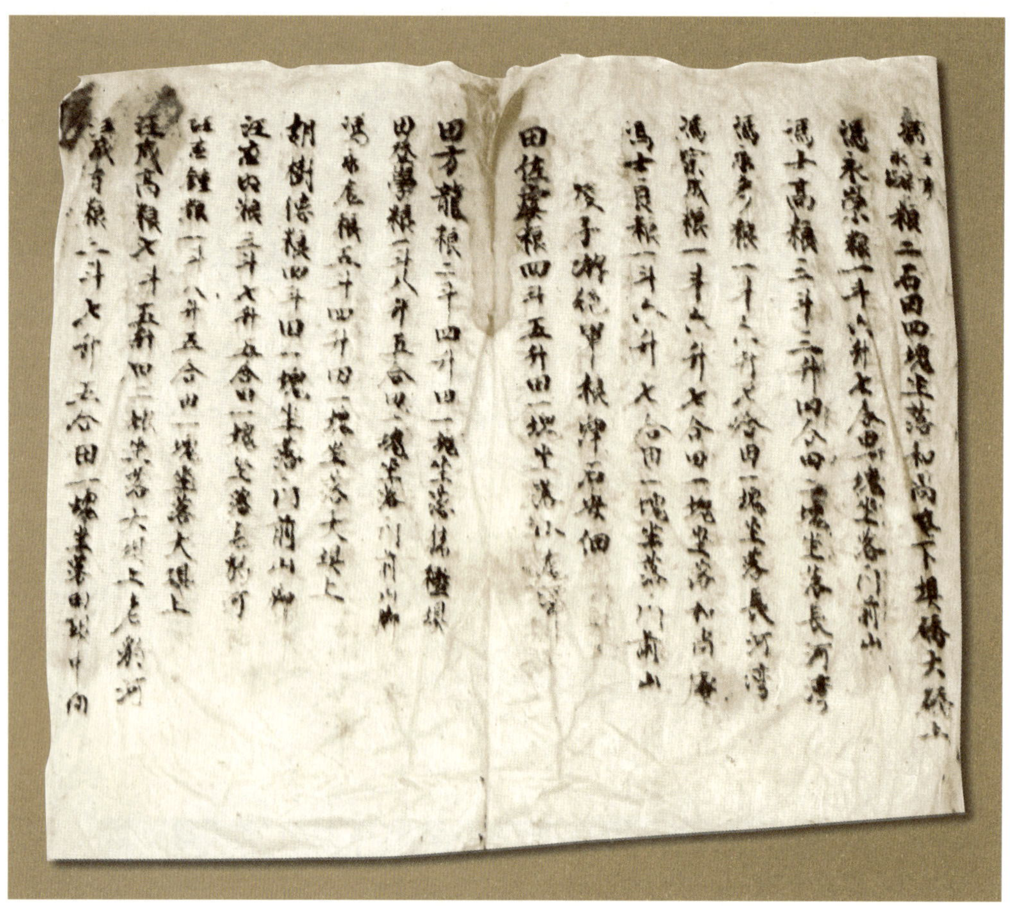

编号：tma-37

冯士贵、冯永禄、冯永龙，粮二石，田四块，坐落和尚奄（庵）、下坝桥、大桥上

冯永崇，粮一斗六升七合，田一块，坐落门前山

冯士高，粮三斗三升四合，田二块，坐落长河湾

冯永彦，粮一斗六升七合，田一块，坐落长河湾

冯宗成，粮一斗六升七合，田一块，坐落和尚庵

冯士良，粮一斗六升七合，田一块，坐落门前山

凌子游，绝军粮肆石，安佃

田佐虞，粮四斗五升，田一块，坐落小龙潭

田方龙，粮二斗四升，田一块，坐落猪槛坝

田登学，粮一斗八升五合，田一块，坐落门前山脚

冯永龙，粮五斗四升，田一块，坐落大坝上

胡树德，粮四斗，田一块，坐落门前山脚

汪应明，粮三斗七升五合，田一块，坐落老豹河

汪应钟，粮一斗八升五合，田一块，坐落大坝上

汪成高，粮七斗五升，田二块，坐落大坝上、老豹河

汪成有，粮三斗七升五合，田一块，坐落田坝中间

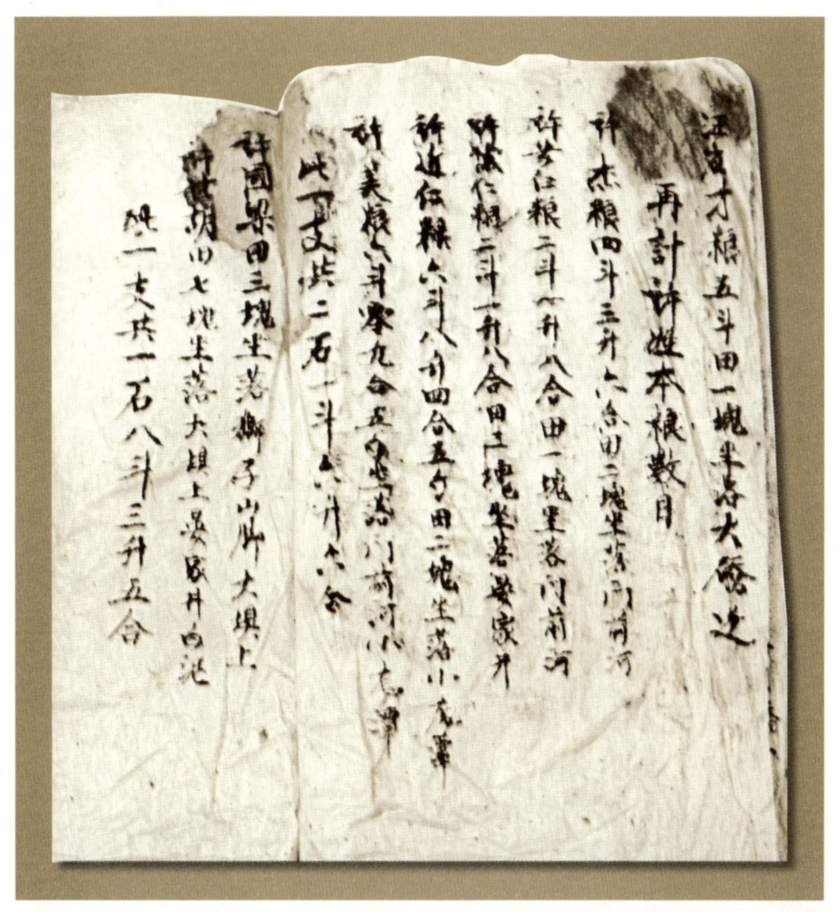

编号：tma–38

汪应才，粮五斗，田一块，坐落大桥边

再计许姓粮数目：

许杰，粮四斗三升六合，田二块，坐落门前河

许芳仁，粮二斗一升八合，田一块，坐落门前河

许怀仁，粮二斗一升八合，田三块，坐落晏家井

许近仁，粮六斗八升四合五勺，田二块，坐落小龙潭

此一支共二石一斗六升六合。

许国梁，田三块，坐落狮子山脚下、大坝上

许世胡，田七块，坐落大坝上、晏家井、白泥

此一支共一石八斗三升五合。

第七部分 附录

附录一　其他文书

一　管业执照

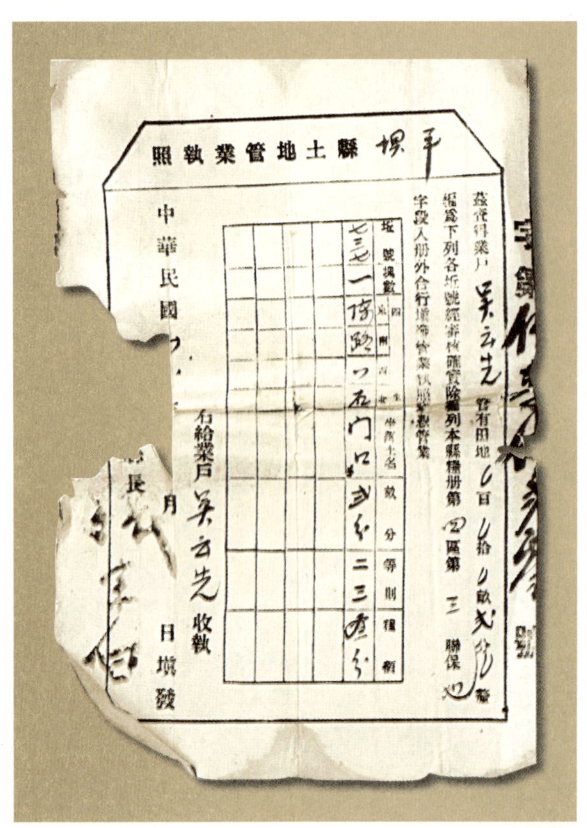

縣土地管業執照

茲查得業戶 吳玄先 管有田地 畝 分 釐

經為下列各坵號經詳核確實除編列本縣糧冊第 四 區第 三 聯保

字段入冊外合行填發管業執照以憑管業

坵號	坵數	四至	坐落土名	畝分	等則	糧額
七三七	一	依路	一五门口	弍分	二三	壹分

右給業戶 吳玄先 收執

中華民國　年　月　日填發

縣長

编号：slc-21

二　土地所有权状

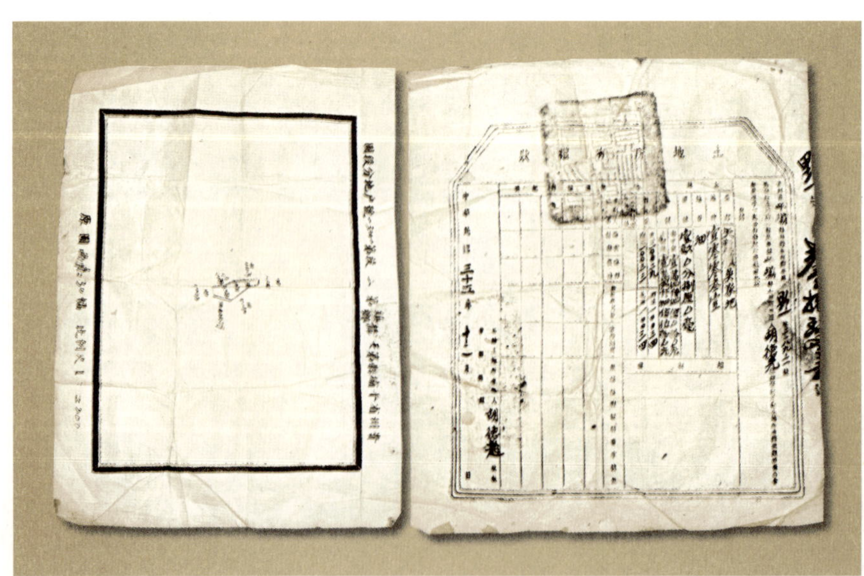

编号：mxq-59

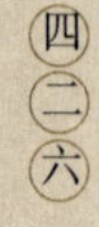

三　土地房产所有证

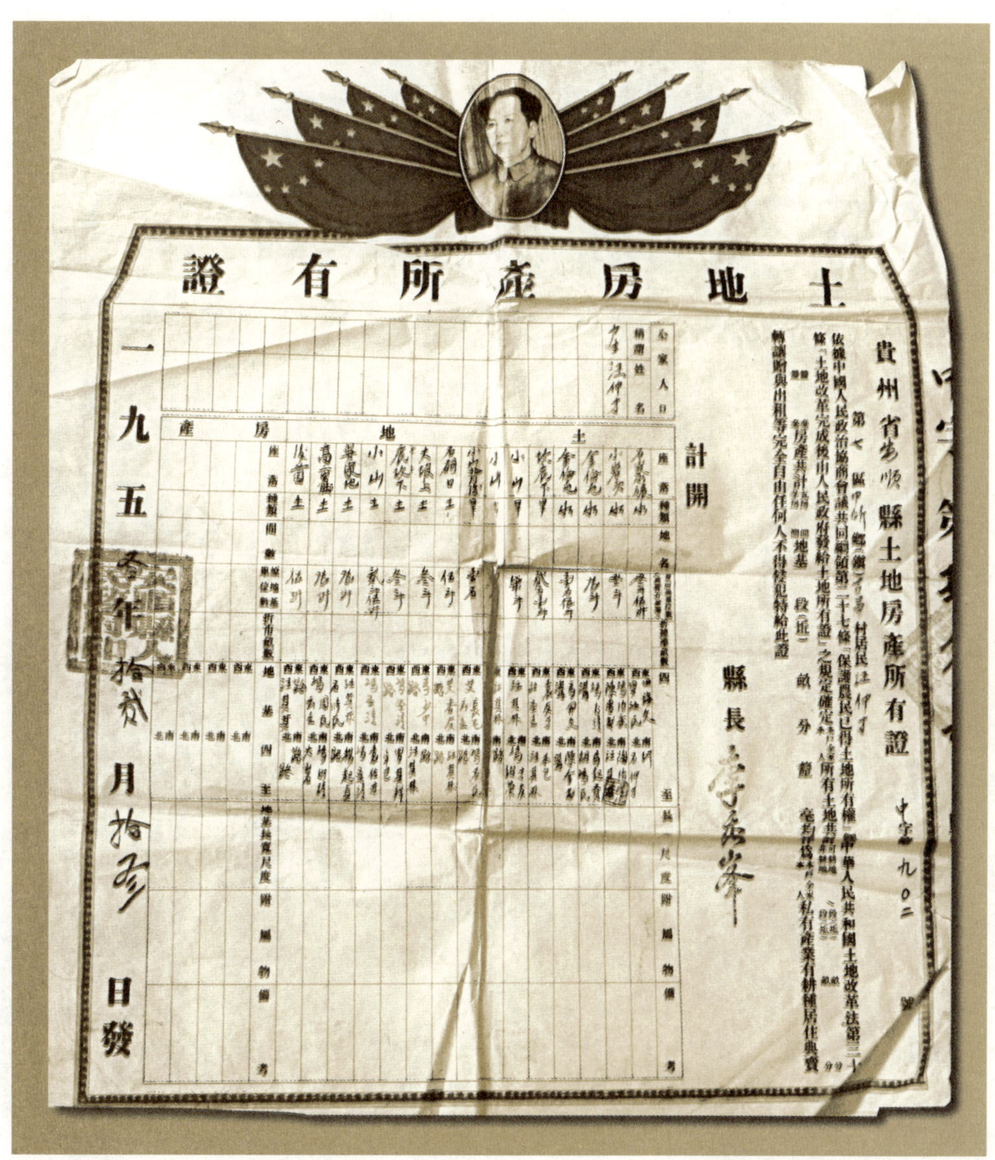

土地房產所有證

貴州省安順縣土地房產所有證　中字第九〇二號

第七區　鄉(鎮)　村居民汪仲才

依據中國人民政治協商會議共同綱領第二十七條「保護農民已得土地所有權」和中華人民共和國土地改革法第三十條「土地改革完成後由人民政府發給土地所有證」之規定確定本戶全家人所有土地共　段(坵)　畝　分　釐　毫　房產共計　地基　段(坵)　畝　分　釐　毫均作為本戶全家人私有產業有耕種居住典賣轉讓贈與出租等完全自由任何人不得侵犯特給此證

計開

全家人口	土地 座落 種類 地名	四至	房產	地基四至	附屬物	備考

縣長

一九五　年　月　日發

编号：wzc-1

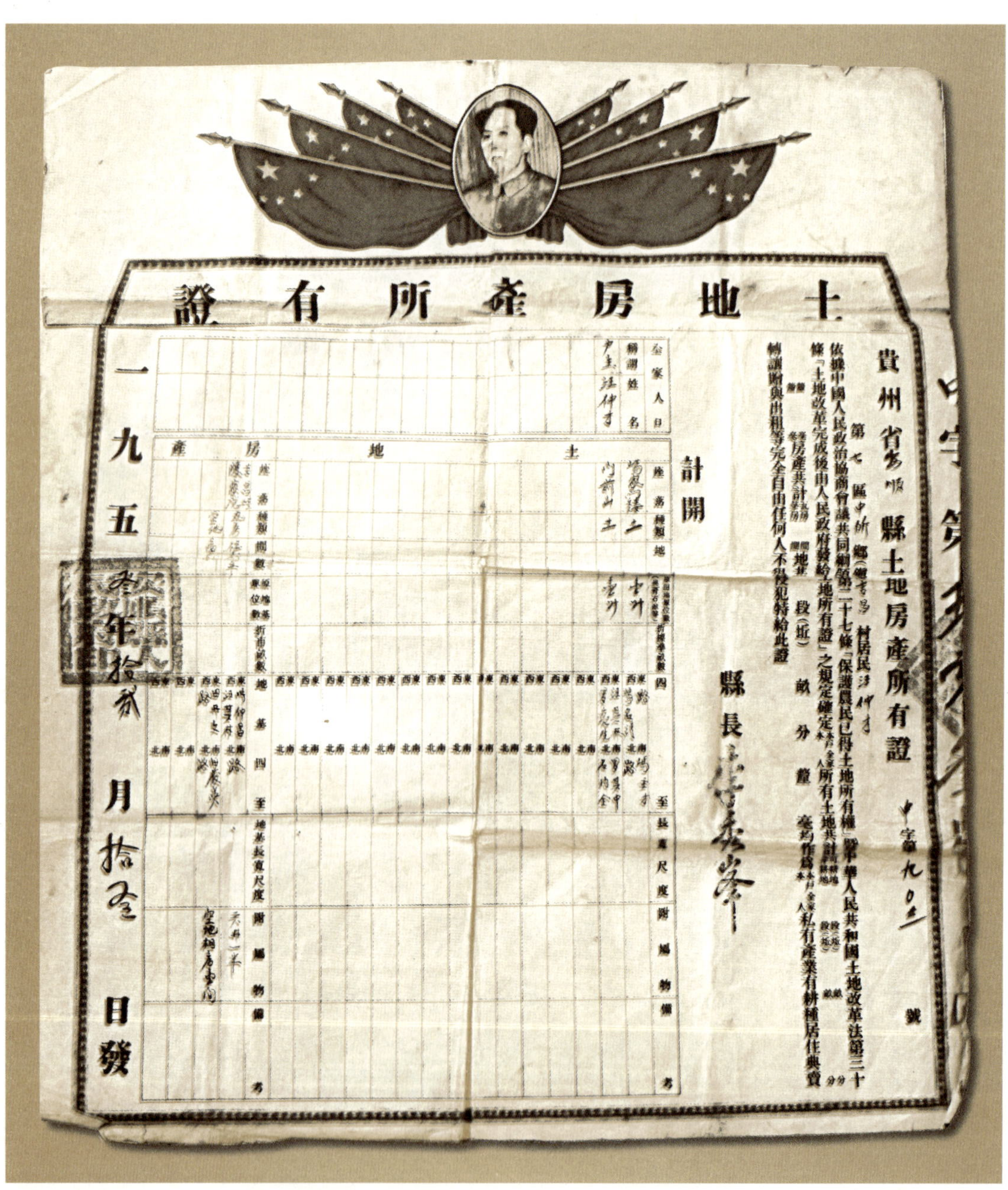

土地房產所有證

貴州省　縣土地房產所有證　字第　號

第七區　鄉　村居民　依據中國人民政治協商會議共同綱領第二十七條「保護農民已得土地所有權」暨中華人民共和國土地改革法第三十條「土地改革完成後由人民政府發給土地所有證」之規定確定本戶全家所有土地共計　段　畝　分　釐　毫，房產共計　間　地基　段（坵）　畝　分　釐　毫，均作為本戶全家私有產業，有耕種、居住、典賣、轉讓、贈與、出租等完全自由，任何人不得侵犯，特給此證。

計開

縣長

全家人口	稱謂姓名
	户主

土地	座落	種類	地畝	折標準畝數	四至	長寬尺度	附屬物	備考
房產	座落	種類	間數	地基畝數	四至	長寬尺度	附屬物	備考

一九五　年　月　日發

编号：wzc-2

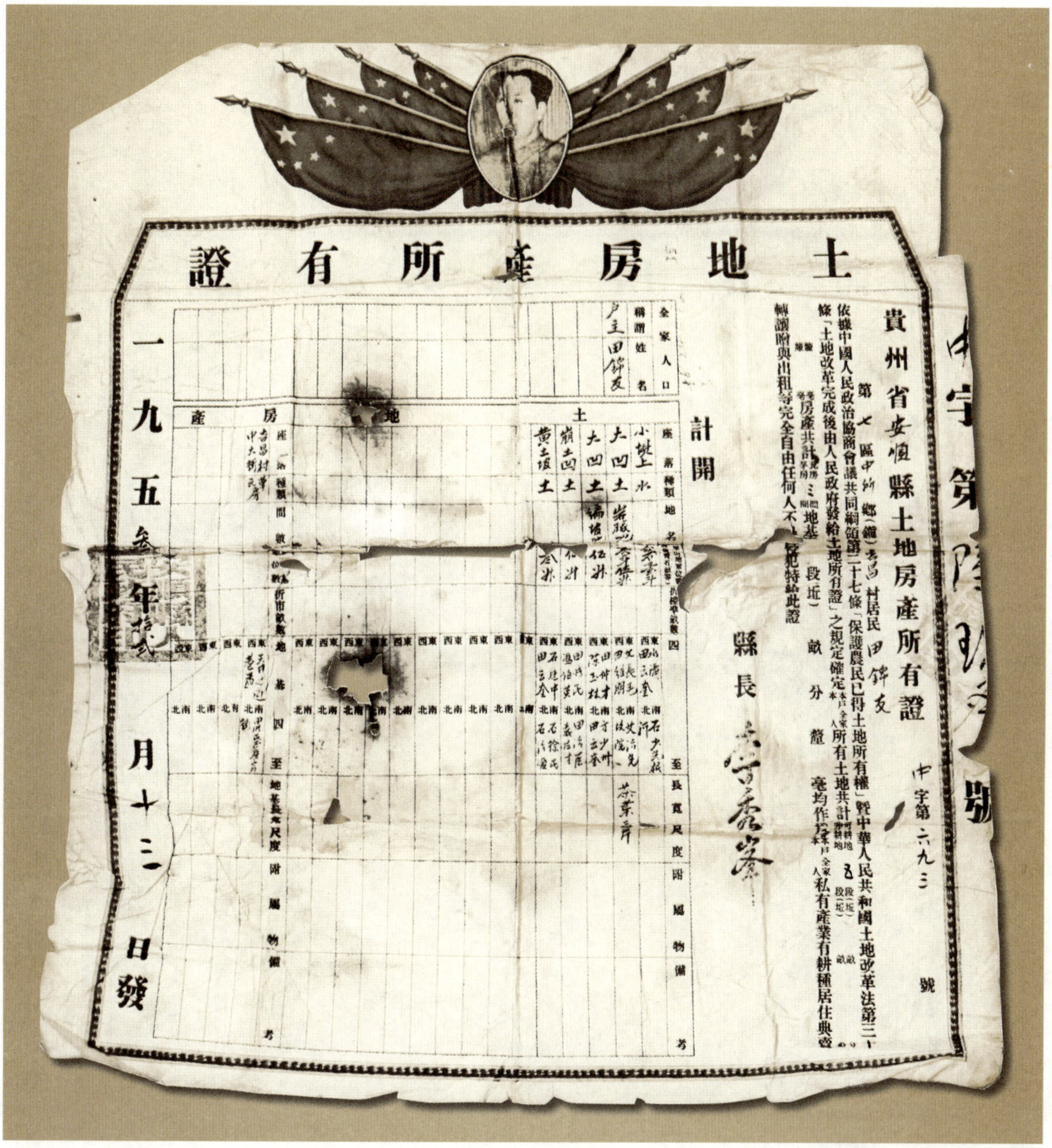

土地房產所有證

貴州省安順縣土地房產所有證　中字第六九三號

第七區中所鄉(鎮)麦岛村居民田錦友依據中國人民政治協商會議共同綱領第二十七條「保護農民已得土地所有權」暨中華人民共和國土地改革法第三十條「土地改革完成後由人民政府發給土地所有證」之規定確定本戶全家人所有土地共計五段(坵)　畝　房產共計三間　地基　段(坵)　畝　分　釐　毫均作為本戶全家人私有產業有耕種居住典賣轉讓贈與出租等完全自由任何人不得侵犯特給此證

縣長

計開

全家人口　稱謂姓名　户主　田錦友

土地　產別種類地名：小壩上　水；大四土；大四土；嶺土四土；黄土坡土

房產

一九五一年　月十三日發

编号：tma-14

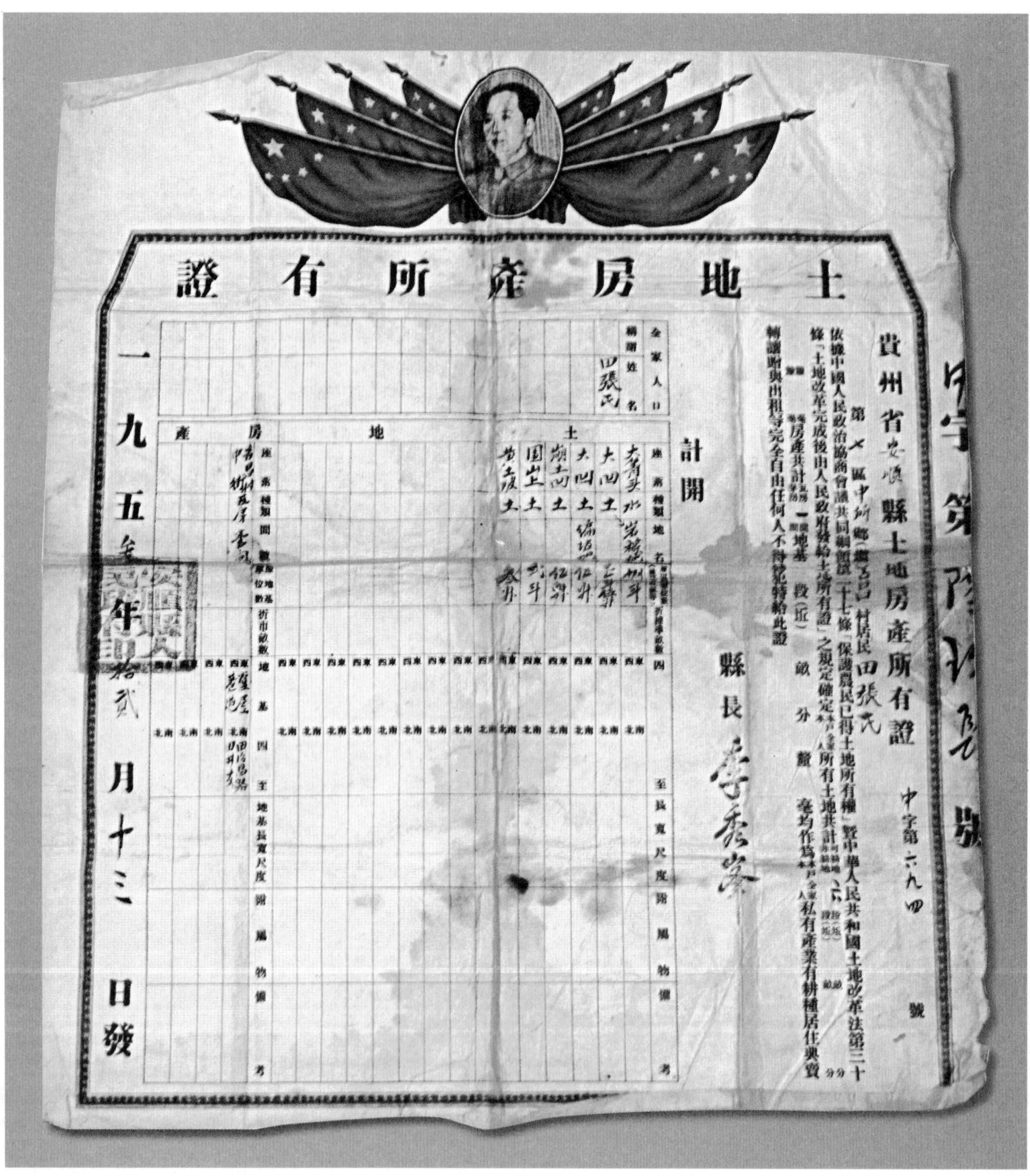

土地房產所有證

貴州省安順縣土地房產所有證　中字第六九四號

第七區中所鄉（鎮）吉昌村居民田張氏

依據中國人民政治協商會議共同綱領第二十七條「保護農民已得土地所有權」暨中華人民共和國土地改革法第三十條「土地改革完成後由人民政府發給土地所有證」之規定確定本戶全家人所有土地共計　段（坵）　畝　分　釐　毫　房產共計　間　地基　段（坵）　畝　分　釐　毫均作為本戶全家人私有產業有耕種居住典賣轉讓贈與出租等完全自由任何人不得侵犯特給此證

縣長

計開

全家人口　耕讀姓名　田張氏

土地房產

一九五二年拾貳月十三日發

編號：tma-15

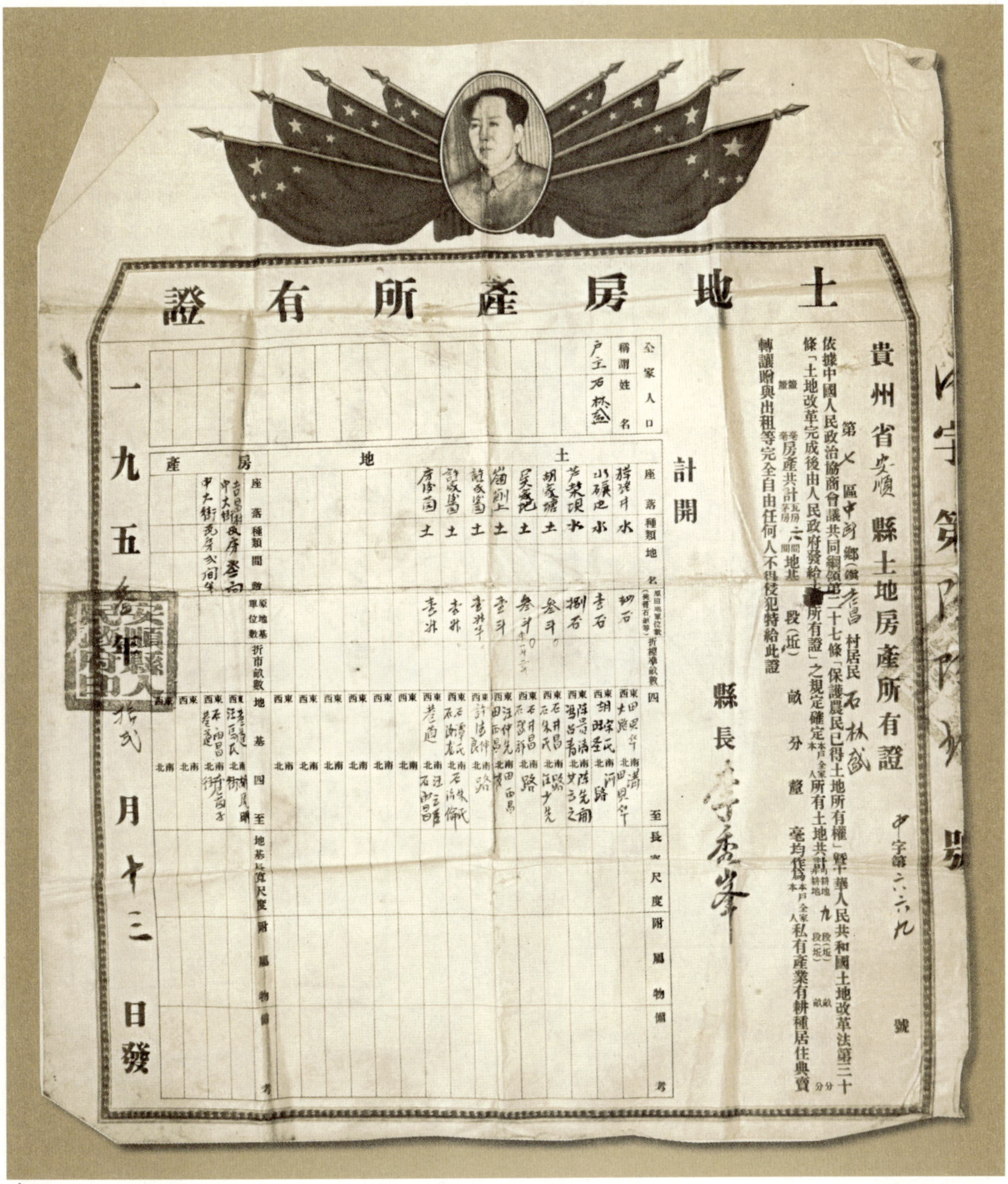

土地房產所有證

貴州省安順縣土地房產所有證

中字第二六六九號

依據中國人民政治協商會議共同綱領第二十七條「保護農民已得土地所有權」暨中華人民共和國土地改革法第三十條「土地改革完成後由人民政府發給土地所有證」之規定確定第七區中所鄉（鎮）老昌村居民石林盛本戶全家所有土地共計耕地九段（坵）　畝　分　釐非耕地　段（坵）　畝　分　釐房產共計瓦房、茅房六間地基　段（坵）　畝　分　釐　毫均作為本戶全家私有產業有耕種居住典賣轉讓贈與出租等完全自由任何人不得侵犯特給此證

縣長

計開

全家人口	
稱謂	姓名
户主	石林盛

產別	座落	種類	地名	單位數	折合市畝數	四至	長寬尺度	附屬物	備考
土地						東 西 南 北			
房產			間數			東 西 南 北			

一九五二年　月十三日發

安順縣人民政府印

編号：sls-24

四　卖契税收据

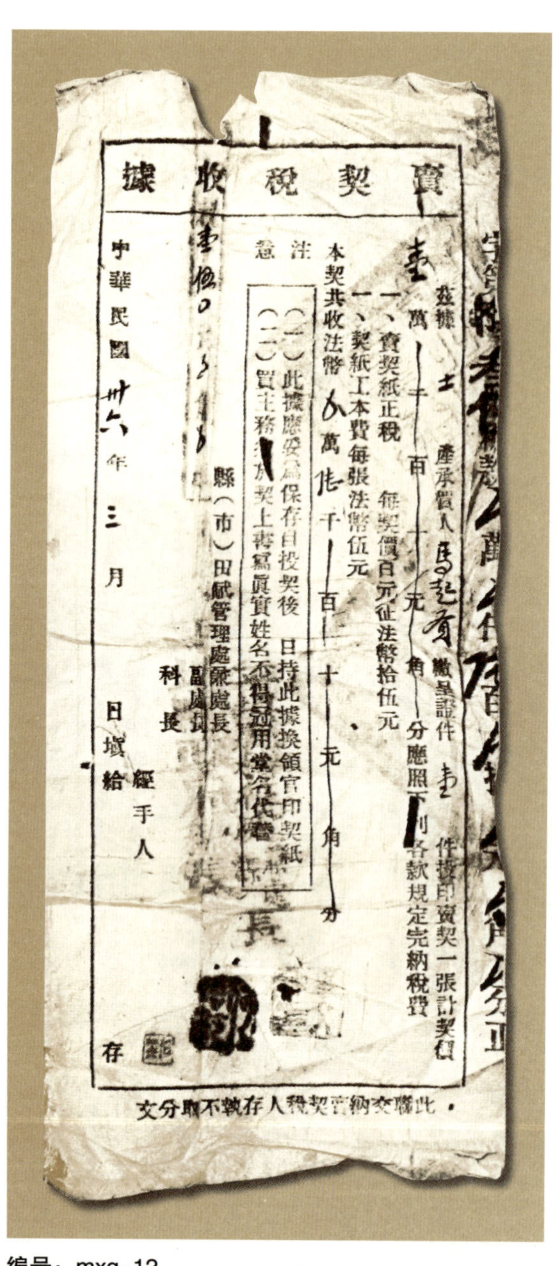

賣契稅收據

茲據 土 產承買人 馬起貴 繳呈證件 壹 件按照賣契一張計契價 壹 萬 十 百 十 元 角 分應照下列各款規定完納稅費

一、賣契紙正稅　每契價百元征法幣拾伍元

一、契紙工本費每張法幣伍元

本契共收法幣 萬 千 百 十 元 角 分

注意

（一）此據應妥為保存自投契後 日持此據換領官印契紙

（二）買主務於契上書寫真實姓名不得冠用堂名代替

縣（市）田賦管理處處長

副處長

科長

中華民國卅六年三月 日填給　經手人

存

此聯交納賣契稅人存執不取分文

编号：mxq-12

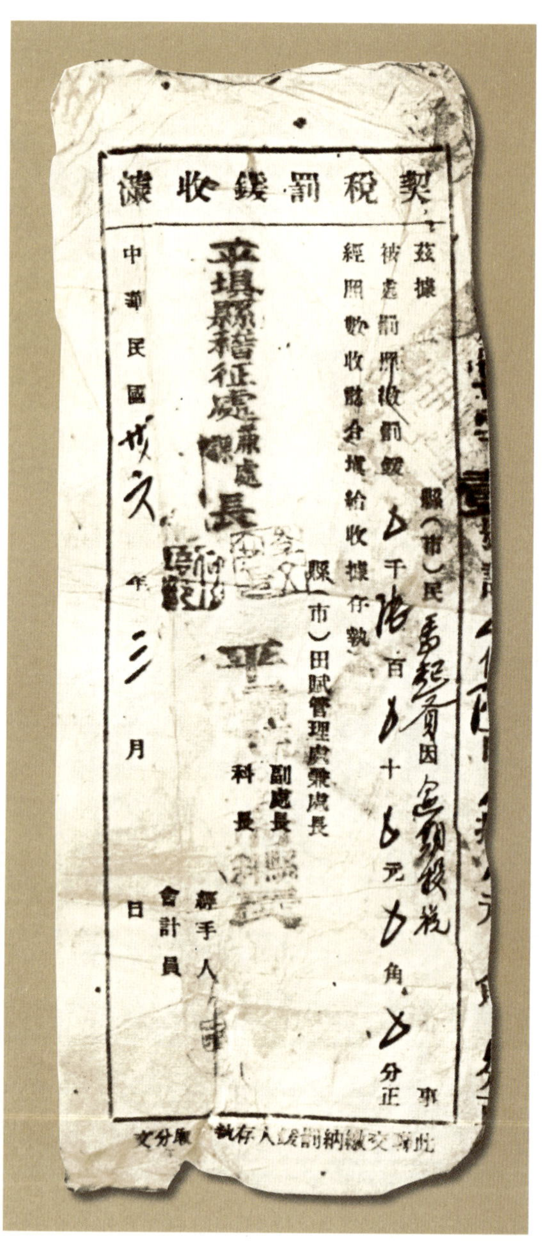

契稅罰錢收據

茲據 縣（市）民 馬起貴 因 稅事

被處罰繳罰鍰 千 百 十 元 角 分正

經照數收訖合填給收據存執

平壩縣稽征處處長

縣（市）田賦管理處處長

副處長

科長

經手人

會計員

中華民國卅六年三月 日

此聯交繳納罰錢人存執不取分文

编号：mxq-13

五　花户执照

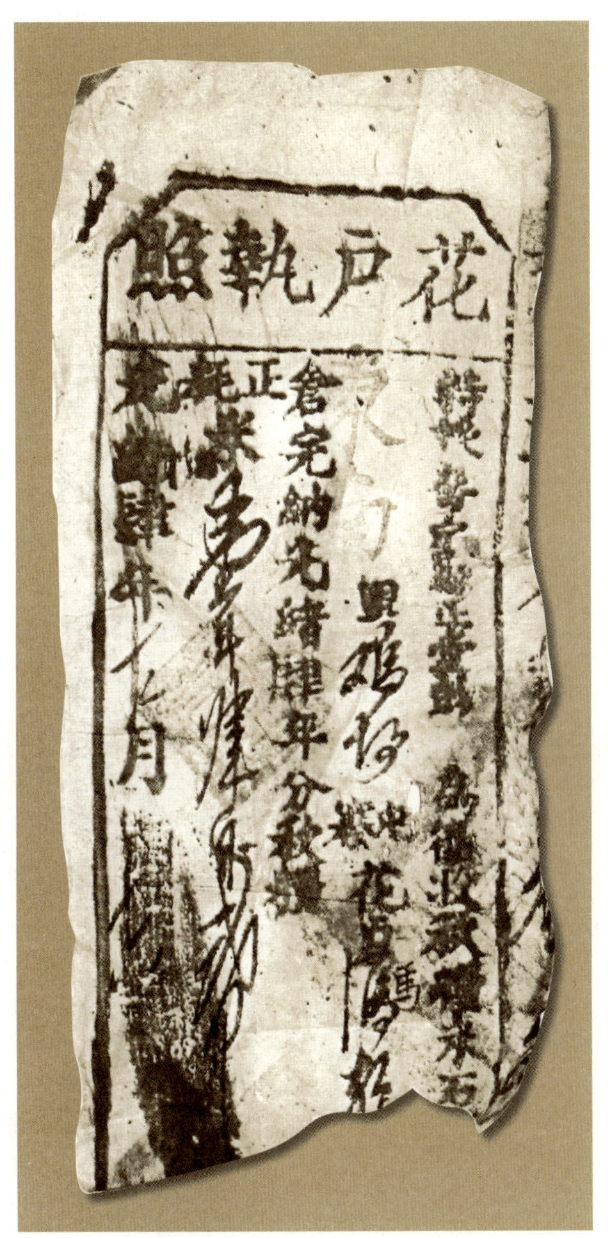

花户執照

特授普定縣正堂　為徵收秋糧米石

里　寨　屯　花户

倉完納光緒肆年分秋糧

正米

耗

光緒肆年　月

编号：mxq-10

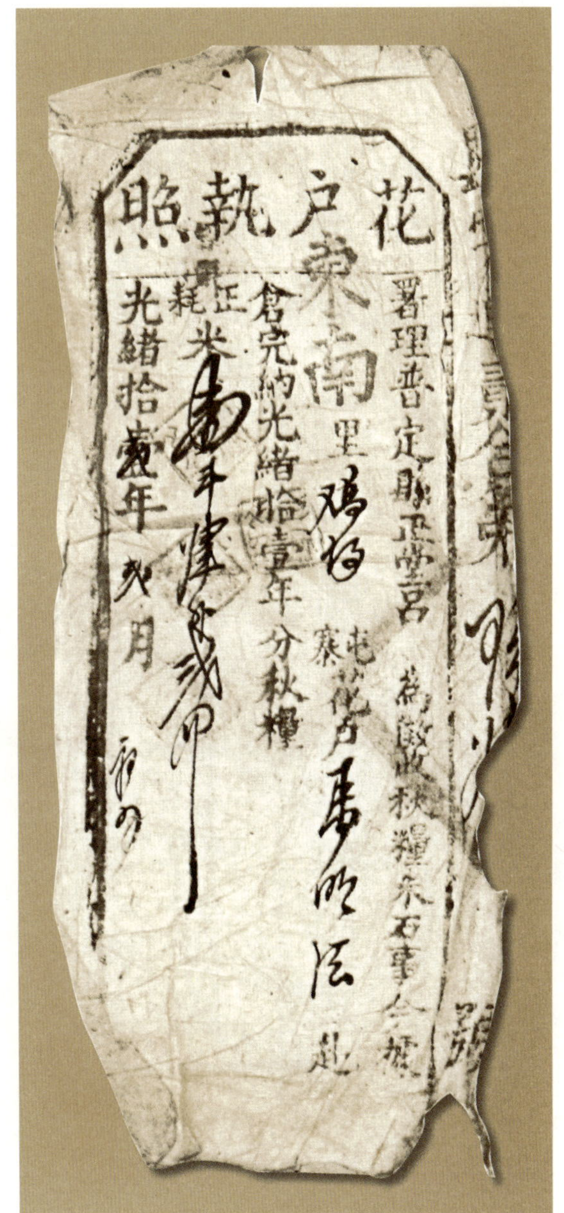

花户執照

署理普定縣正堂　為徵收秋糧米石事今據

南　里　寨　屯花户　起

倉完納光緒拾壹年分秋糧

正米

耗

光緒拾壹年　月

编号：mxq-11

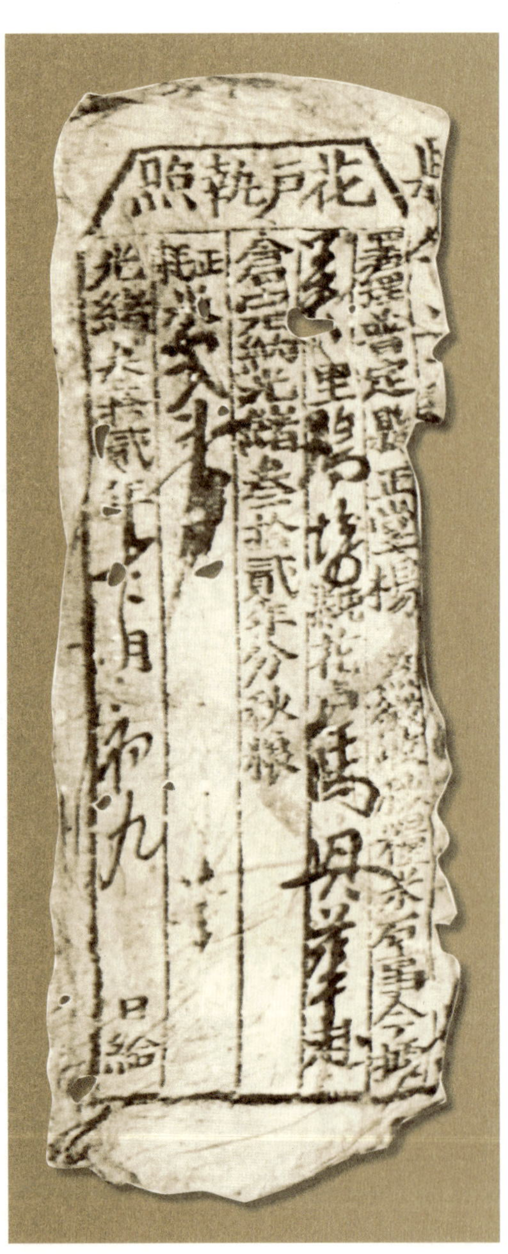

编号：crq-27

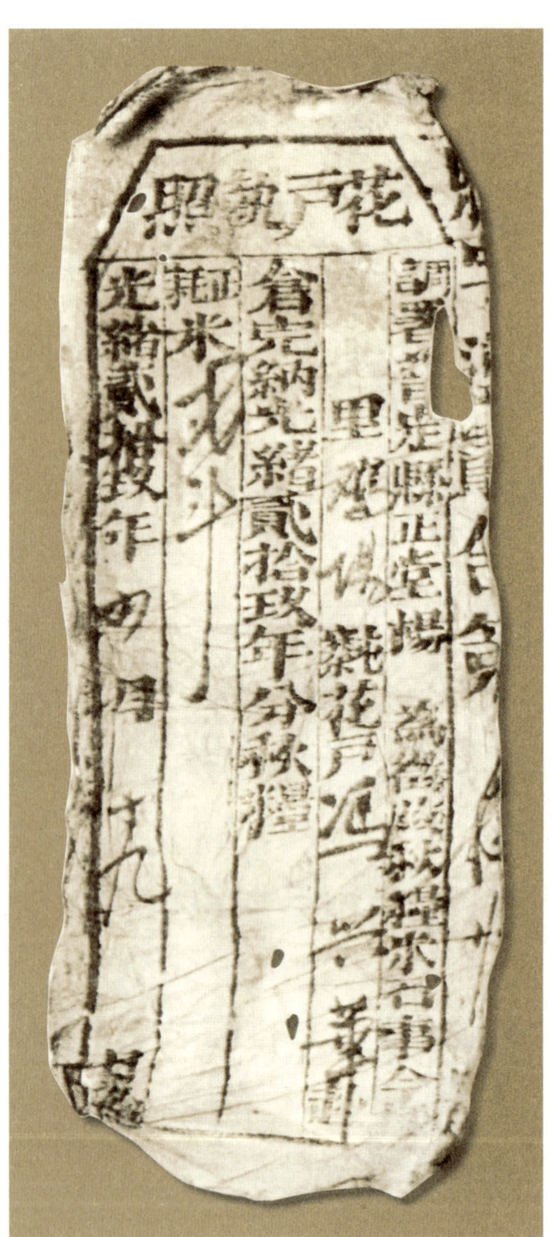

编号：crq-28

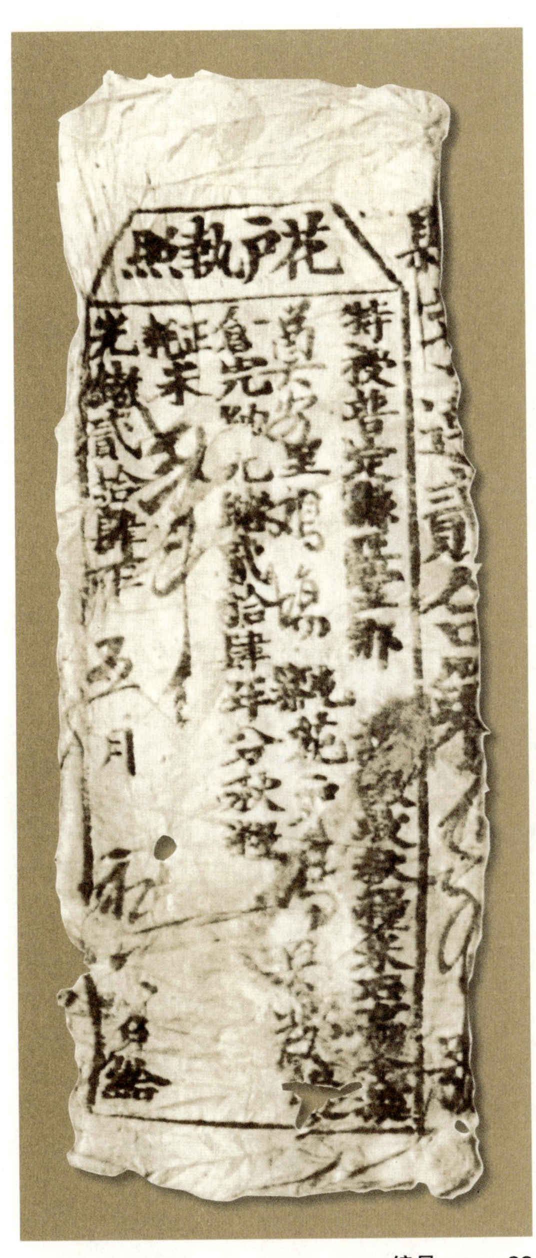

花户執照

特授普定縣正堂 為徵收秋糧米石事

里 寨花户

倉完納光緒貳拾肆年分秋粮

正耗米

光緒貳拾肆年 五 月 日給

编号：crq-29

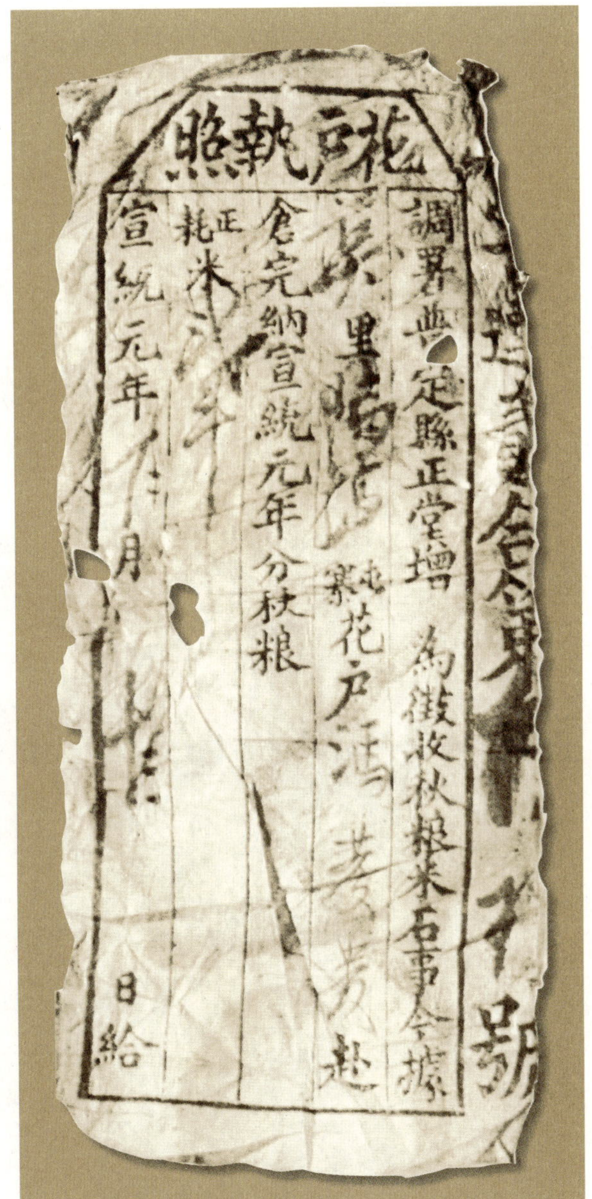

花户執照

調署普定縣正堂增 為徵收秋粮米石事 今據

里 寨花户馮 赴

倉完納宣統元年分秋粮

正耗米

宣統元年 月 日給

编号：crq-30

六　纳税凭单

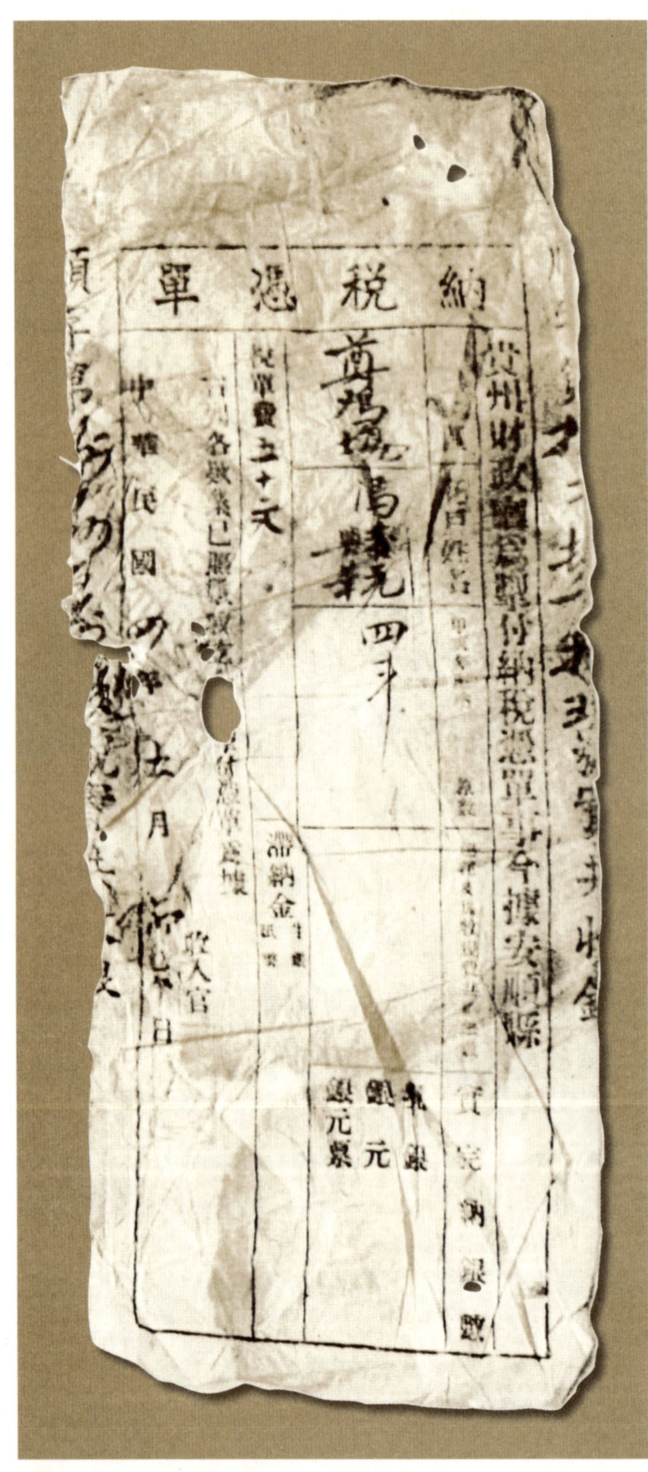

納税憑單

貴州財政廳[illegible]付納税憑單[illegible]據安順縣

[illegible]姓名　黄鴉塲　馮[illegible]

四[illegible]

實完納銀數　[illegible]銀　銀元　銀元　元

税單費五十文

中華民國　年　月　日　收入官

编号：crq-31

七　1990年代以来订立的契约文书

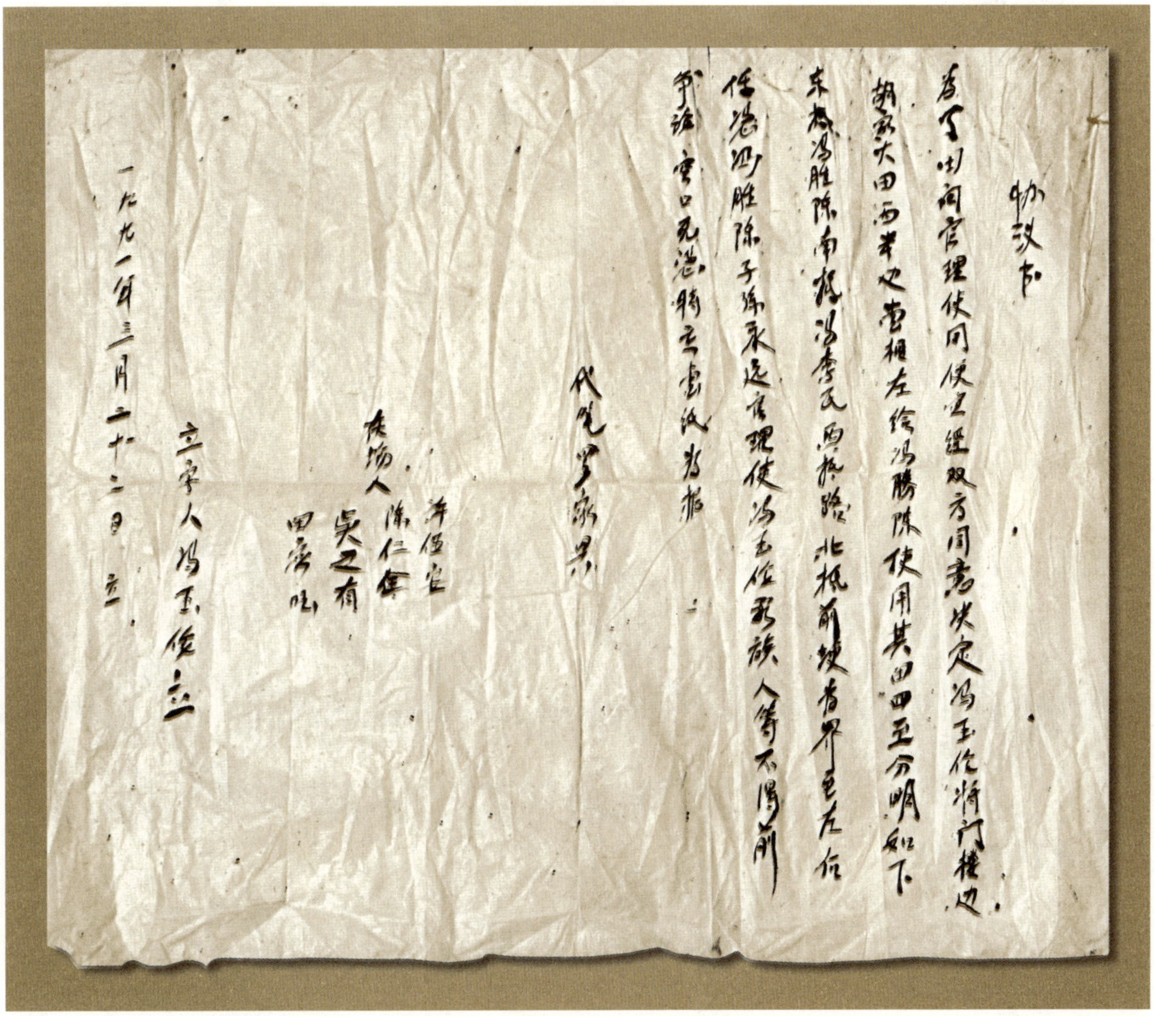

编号：crq–16

协　议　书

为了田间管理使用便宜，经双方同意决定，冯玉伦将门楼边胡家大田西半边壹相（厢）左给冯胜陈使用。其田四至分明如下：东抵冯胜陈，南抵冯李氏，西抵路，北抵前埂为界至。左后任凭冯胜陈子孙永远管理使，冯玉伦亲族人等不得前争论。空口无凭，特立壹纸为据。

代　笔　罗家兴

在场人　许伍安　陈仁全　吴之有　田应国

立字人　冯玉伦　立

一九九一年三月二十二日　立

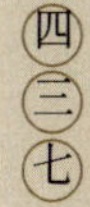

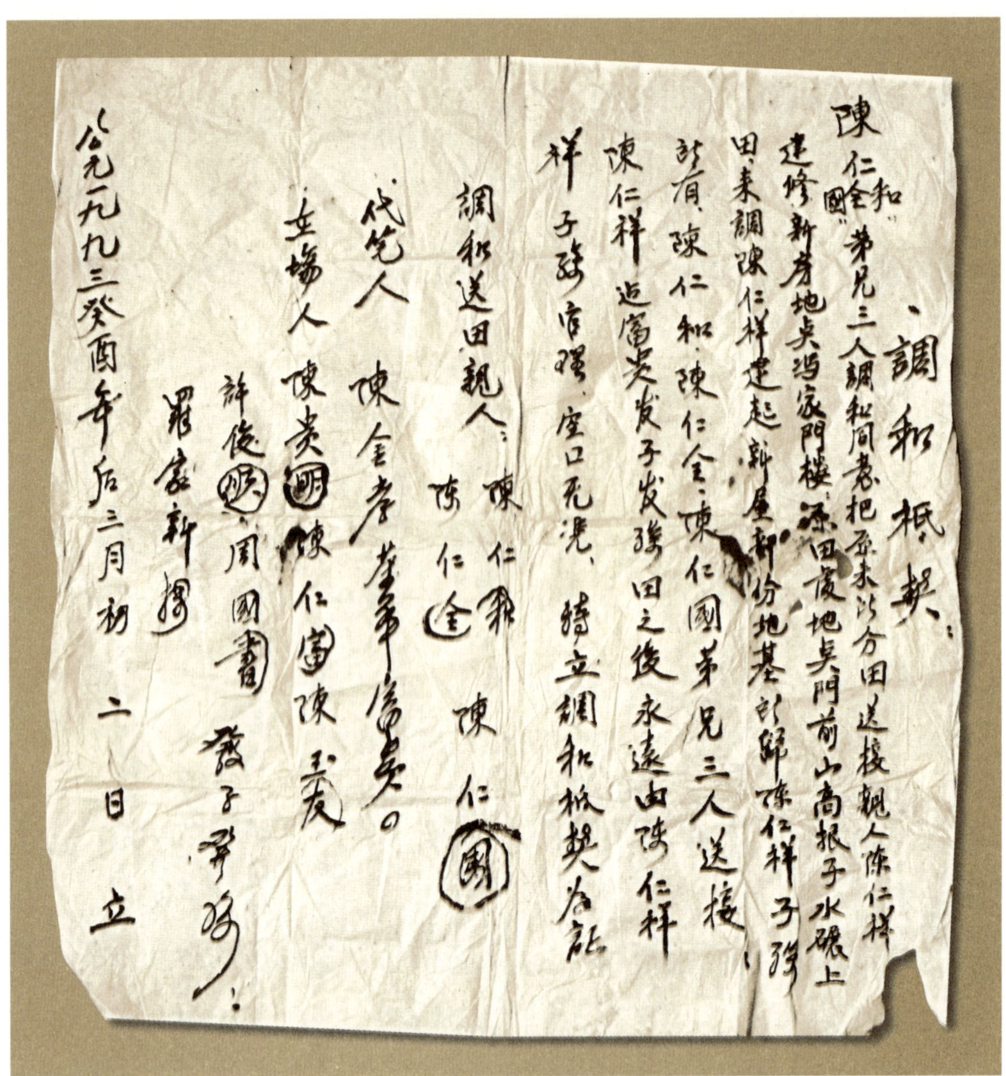

调和柢契

陳仁和 仁全 仁國 弟兄三人調和同意把原來所分田送接親人陳仁祥建修新房地点馮家門樓，原田處地点門前山高根子水碾上田來調陳仁祥建起新屋，部份地基所歸陳仁祥子孫所有。陳仁和、陳仁全、陳仁國弟兄三人送接陳仁祥建富貴發子發孫田之後，永遠由陳仁祥祥子孫管理。空口无凭，特立調和柢契為証

調和送田親人：陳仁和 陳仁全 陳仁國

代笔人 陳金孝 發子發孫

在場人 陳貴明 陳仁富 陳玉友 許俊順 周國書 羅家新 發子發孫

公元一九九三癸酉年后三月初二日 立

编号：crq-13

调 和 纸 契

陈仁和、陈仁全、陈仁国弟兄三人调和，同意把原来所分田送接亲人陈仁祥建修新房，地点冯家门楼，原田处地点门前山高根子水碾上田来调陈仁祥建起新屋，部分地基所归陈仁祥子孙所有。陈仁和、陈仁全、陈仁国弟兄三人送接陈仁祥建富贵发子发孙田之后，永远由陈仁祥祥子孙管理。空口无凭，特立调和纸契为证。

发 子 发 孙

调和送田亲人 陈仁和 陈仁全 陈仁国

代 笔 人 陈金孝

在 场 人 陈贵明 陈仁富 陈玉友 许俊顺 周国书 罗家新

公元一九九三癸酉年后三月初二日 立

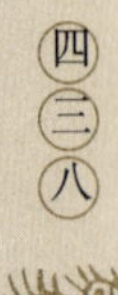

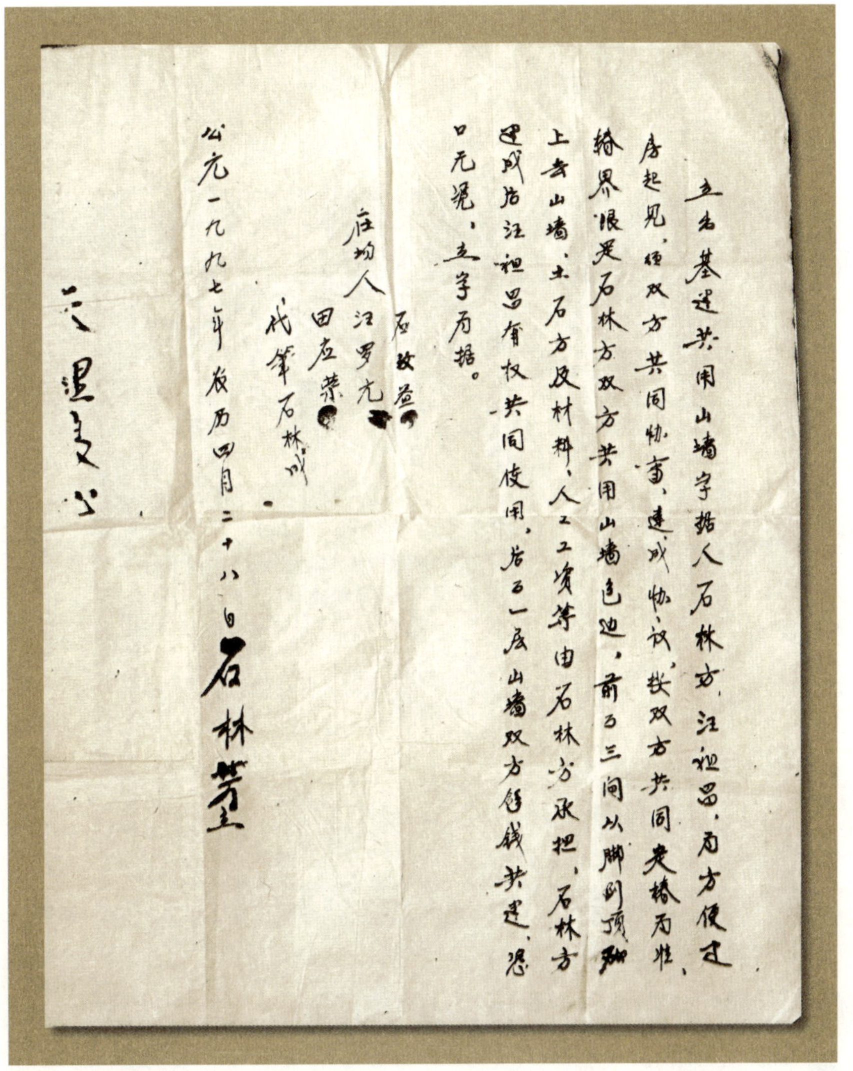

编号：wzc-100

立出基建共享山墙字据人石林方、汪祖昌，为方便建房起见，经双方共同协商，达成协议，按双方共同定椿为准，椿界限是石林方双方共用山墙包边，前面三间从脚到顶砌上去山墙，土石方及材料、人工工资等由石林方承担，石林方建成后汪祖昌有权共同使用，后面一层山墙双方拿钱共建。恐口无凭，立字为据。

［半书］ 天理良心

在场人　石汝益　汪罗元　田应荣

代　笔　石林成

公元一九九七年农历四月二十八日　石林芳　立

八　其他文书

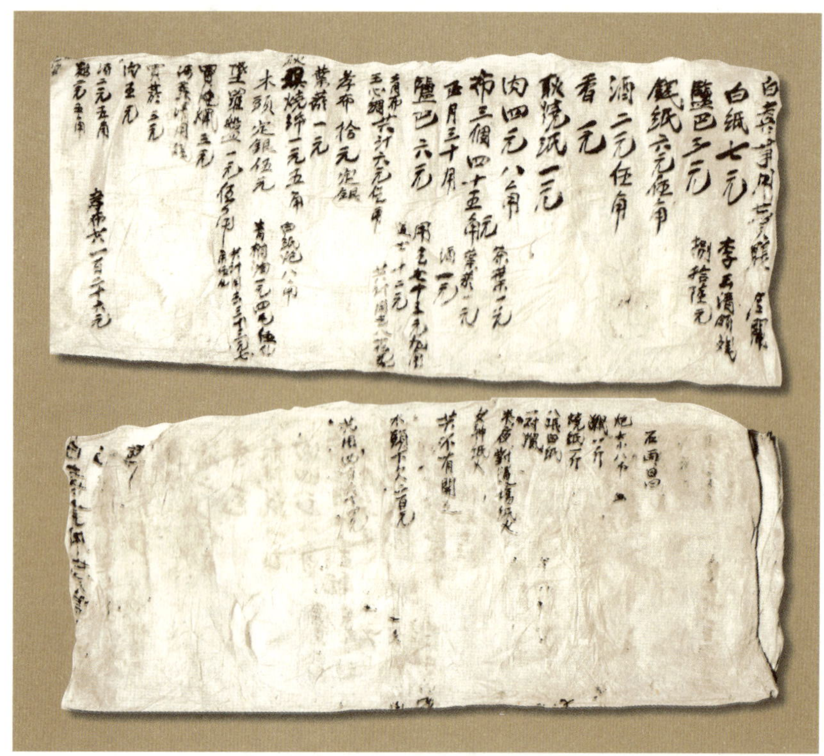

编号：crq-15

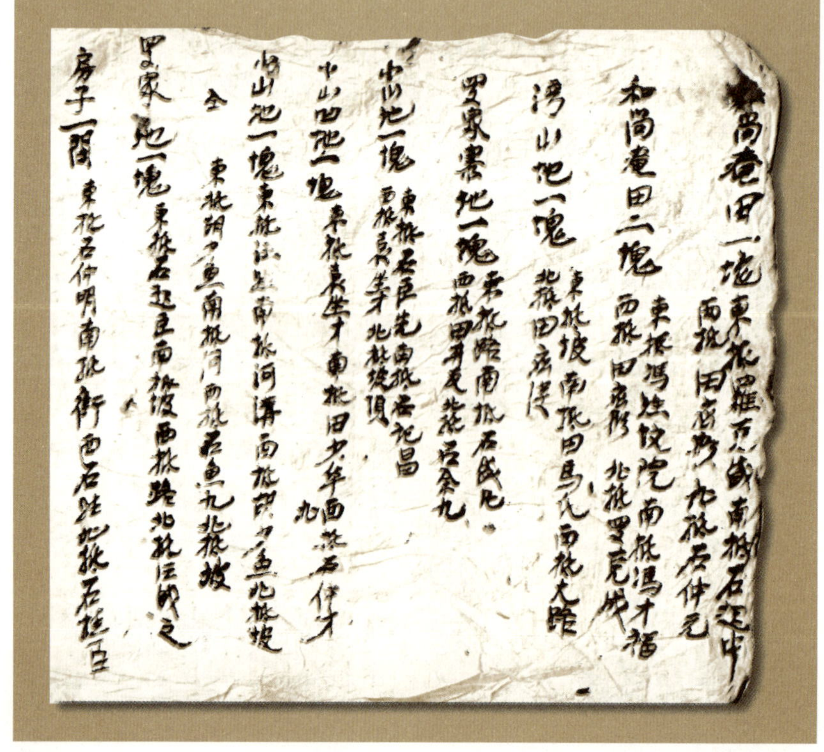

编号：scf-9

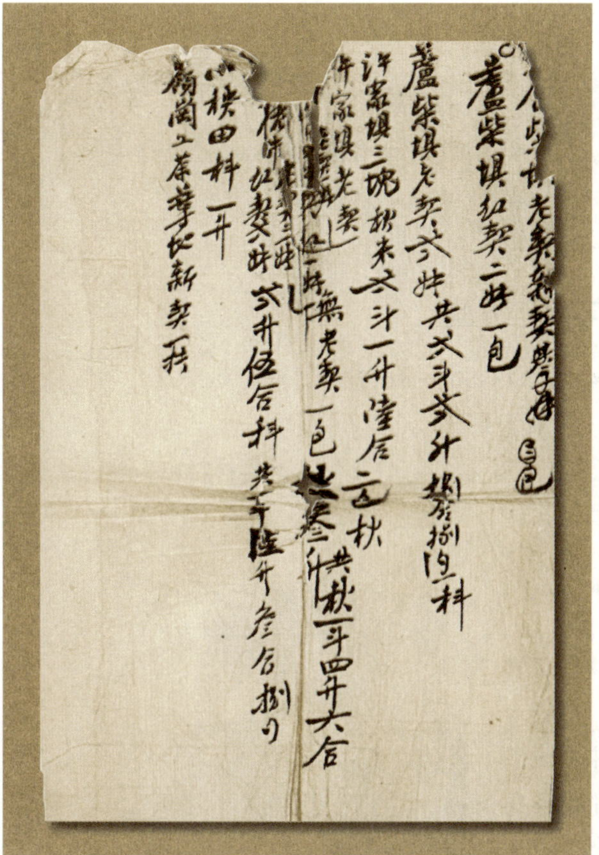

[illegible]老契[illegible]契[illegible]

蘆柴堰紅契二紙一包

蘆柴堰老契弍紙共弍斗弍升[illegible]科

許家堰三塊秋米弍斗一升[illegible]秋

許家堰老契[illegible]

[illegible]無老契一包[illegible]叁升 共秋一斗四升六合

[illegible]紅契[illegible]紙弍升伍合科 共[illegible]升叁合[illegible]

[illegible]田科一升

[illegible]崗上茶[illegible]新契一[illegible]

编号：sls–23

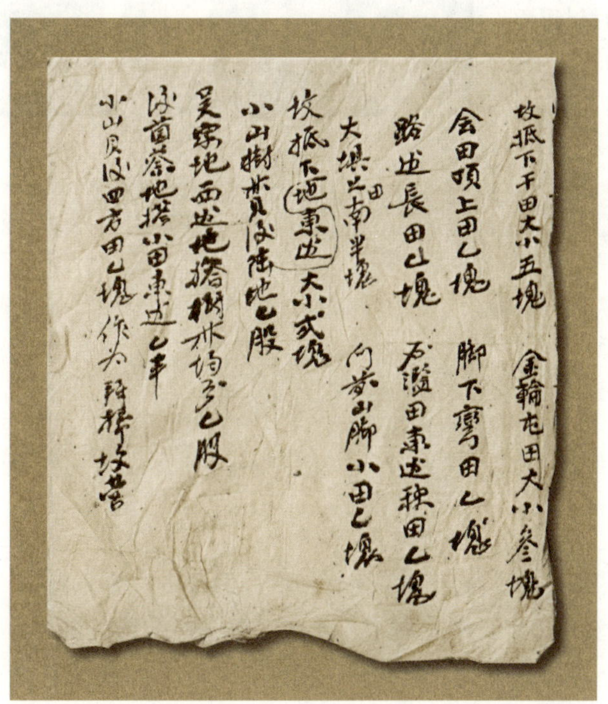

坟坻下干田大小五塊 金輪屯田大小叁塊

会田頭上田乙塊 脚下灣田乙塊

路邊長田乙塊 [illegible]田東邊秧田乙塊

大堰上南半塊 [illegible]山脚小田乙塊

坟坻下地東邊大小弍塊

小山樹林[illegible]陸地乙股

吳家地西邊地搭樹林[illegible]乙股

[illegible]茶地搭小田東邊乙半

小山[illegible]田方田乙塊 [illegible]

编号：wzc–32

附录二　访谈

一　吉昌土地改革回忆访谈

访谈时间： 2009-04-04　13:50～16:20

访谈地点： 田应宽宅二楼客厅

被 访 人： 陈贵民，男，79岁，初小文化，吉昌村村民，曾任农会主席、村长等职

访 谈 人： 孙兆霞

（一）农会情况介绍

刚解放时我20岁，任农会主席。当时我们7个农民代表去参加安顺县里的会议下来，便参加了村里的选举。通过群众选举，7个人中被选上4个，一个担任村长，一个任副村长，一个任农会主席，另一个任副主席。那时没有会计，因为当时村里不像现在有什么收入。当时4个当选人员的具体情况如下：

姓　名	当时年龄（岁）	职　业	文化程度	家庭成分	职　务
田应更	23	务　农	小学三年级	贫　农	村　长
田应明	27	务　农	未读书	贫　农	副村长
陈贵民	20	务　农	小学二年级	贫　农	农会主席
石汝农	23	务　农	初　小	贫　农	农会副主席

（二）祖父辈情况

我们是李改陈，是闯王的后裔。以前爷爷有地，但不多。原来良田产量多，因吃大烟，解放前四几年时田全部被卖出去了，刚刚剩下一斤多的包谷地交给我们，大概2.5亩地。卖之前家里的田地有30多亩，是爷爷的爷爷（老祖公）创下来的田产。爷爷的爷爷是初小文化，祖上有点大小洋，因父亲陈金家1938年左右开始吃大烟，吃到1946年他把大、小洋都搞出去，甚至连家产都卖完了。老父亲、老母亲都是（20 世纪）70 年代过世。过世前和我们一起住，我们没有分家，是合住的。

（三）被访人姊妹情况

我有四姊妹。一个姐姐（大姐），嫁到雷屯，前年 84 岁时去世，长我几岁；我排行第二，妻子是二铺下来的杨家关人；第三个是兄弟（弟弟），叫陈贵正，一直在吉昌务农，60 多岁去世，已有几年了，这会儿要是在的话也 65 岁了；还有妹子陈玉芬，读到一二年级，嫁到天龙大山坝，今年 62 岁。

（四）在村任职情况

我当农会主席直到 1958 年，1959 年开始当副大队长 10 年，下来当副支书几年，当村长又是几年，一直当到 1990 年，既当支书，又当村长，我说自己都厌了，再也不想当了，再当下去我的负担又重，不找点活路不行，我又没存得一分钱，收入也没那么多。因自己坚决不干才下来的。

（五）吉昌地主情况

土改时吉昌划出地主 6 户：

陈金福，有 200 多亩土地，收 300 多石“水租”（谷子）。他家的地是老的留下来的，租滚租，卖粮的钱又买地，只要有人卖，他就买。他家的地是他上手三辈人发展起来的，不知开始是怎样发展起来的。他没有当过保长，自己哪样都不做，只靠人家做田地，田地收租，供三个儿子读书。国民党时期，他的第二个儿子在天津当交通队长。

陈西堂，务农，他家土地本村不多，有 10～20 亩土地，但外面有田地，在平坝县肖家庄过去一点的一个地方——芒种，是少数民族的夷族地区，有 15 石租地，约 12 亩地。田地不多，但他做生意，放高利贷，家里没人当官。

胡金介，他家在本村有 12～13 亩田，地不多，3～4 亩，有一个碾房、一个榨房，还开一个卖纸烟的小商店。他家请短工多。当时划分地主的标准：8 个短工当一个长工，有两个长工划为地主，剥削人家劳动的算地主，剥削率达 50% 以上算。他家的田地也是自己慢慢攒出来的，有钱就买点儿。他的第二个儿子就不算地主，读书后当教书的。

石美堂，又叫石汝国，他家只有 10 亩田，2 石多收成，地也不多，七八亩。因他当过保长，管过公堂（汪公殿的经堂），就被划为地主。当时只要管过经堂的，都算地主。过去他人枉道，其实田地达不到划地主，被人们当地主恶霸，这些田地也是老的遗留下来的。

罗书凡，他家田地最多，一斗二的租子，有十七八亩田，30 多亩地。他爷爷我们不认得，田地是一代一代传下来的，产量多了，余下的又买点，慢慢滚来的，他也不做生意。

还有一个地主，我想不起他的名字了，好像是冯姓。

（六）土改时地契等收缴情况

土改的时候，叫大家交纸契、牌位，只要不主动交，工作队查到的就要斗争。把你祖宗牌

位拿来，要看上头写有祖宗名字没有，中间加上祖宗名字的要遭骂，要拿去斗争，当时是这个政策嘛。那时工作组武工队的拿起就去斗。当时我们这个干部小组都是枪里头挖来的，我们是被逼到干的。工作队人的功夫真的厉害嘛，他们是武工队，山东人，最凶了，一讲不好，就拿枪挖一把过来。那个时候我们当干部是被逼的。当时地方上又乱，我们这片区有一百三十几个人当土匪，我都被土匪勒过两道（次）。有一次我在大队门口，他们勒我，我想我要是跑到大门口去喊，他们肯定后门也有人。这回我改变主意，我晓得他家那个小厢房里那个小叶，我猛跑去一脚“砰”地把她家的门给踢开了，就上了她家的大楼。我一开开那个厢房的窗子看天、看底下，看到一个人在里头，这个人我晓得，叫汪其国，因为他是一个土匪头子，后来政策宽大，他拿那一百三十几个匪寇来评产，交了后就搞了个队长。结果评到的这个队呢，他来时有家人报自己家田三升，他说岂止，别人讲怕有四升，他就说你报自己田只有三升，你看人家都讲的是四升。他讲你工作中不老实，所以他把我们全队的产量增高了。我是在下头那几个队，把这几个队的情况都搞清楚了。群众他跟我讲他报的是三升，而汪其国说是四升，我说汪其国，你可以在其他事情上来提高，不能在这个产量上来搞，你把我们这个产量搞高了，大家吃不上饭，大家都是做点农业嘛。（自己报的只要有人说不对，少了，就被工作队的抓来斗。）因这个我说了他，他抓过我两次。赶后来工作队叫我出来干，我说：“你给我杆手枪还差不多，要不在门前我都不来。你们要拿我去安顺判刑都可以。我们哪是你们嘛，我们要保护我们的生命。我们是水，你们是岸。我是经常在村子里头打交道，你们来的时候三个人一个小队、两个人一个小队，你们都要回去。”

当时查到哪个家地契不交就拿出去斗，就拿起打，其实收地契这些，是他怕以后你来反攻倒算，所以他不会放纸契在你手里头的。当时田应刚他们还小，你想他短我 20 岁呢，他们不懂。当时把地主家的地契全部收来烧了，连他的房子、家产都拿来分掉，先赔了他的经济，然后又按贫下中农的份额来摊，他们也和我们一样，一个人得 6 分田、5 分地来领土改证。

（七）地契得以保存的原因

现在留下来的地契，是当时他说交了、烧了的。1953 年发土改证，当时的土改证中间是毛主席像，两边是红旗，1958 年进高级社，1959 年转人民公社时收土改证，也有人家不交土改证的，我们去问的时候，他们说交了或烧了，于是就留下来了。比如他家的房子有点扯皮的、田地有点疑问的，他就把地契都保留下来了。（田应宽：清楚的才拿出来交和烧。）当时那个政策还模糊，没有谁揭发谁，除非你这个人讨厌，只有人缘不好的几个人才被人揭发。

（八）当地干部的工作态度

当地干部当面糊弄，他叫你咋个做，你就咋个做，背下各自想怎么做就怎么做。当时工作组来的人年轻，小我一岁，他们才十八九岁，管我叫哥哥。他们是到东北参军，到贵州后才搞成工作队，这伙人又冲又年轻。那个孙指导员，夹一支派克钢笔，他住中所，叫我们去中所开会的时候，问我们这儿的公粮哪一天完成，我们讲是要半个月。他说限你三天，我说完不成，他拽出钢笔来，摔在桌子上，断成几截，还说三天完不成你就要问这支枪响不响，拿出枪来指着我们，他就是这样的。结果呢，田应更出来到田坝头蹲下发急，我就说管他三天还是五天，怕是要群众能拿得出来，群众拿得出来我就去交，拿不出我就去顶到，他拿我去派出所蹲到就蹲到。一开始给我们村的任务是 8 万斤，后来加 8 万，变成 16 万，又一次加 8 万，达到 24 万斤。后头我到县里去反映，就减下 8 万，又变成 16 万斤，这样大家才算安静下来。我跟他们讲，算好大家每个要交多少，大家就交了粮食算了，免得麻烦，于是大家才交上了。后来地主、土匪回来悔过，原来都是要拿出去枪毙的，后来办过一次半个月的宽大政策学习班，当时 137 个土匪中宽大了一大批。马启忠是这里的，当大头子，因为宽大政策他们就不被枪毙了，只判刑，20 年、18 年、15 年。

（曹婕根据孙兆霞笔记、张建录音整理）

二　关于吉昌村“四清”[①] 运动情况的访谈（节选）

访谈时间：2009-04-04　22:30～23:40

访谈地点：田应宽宅二楼客厅

被 访 人：田应国（照片中间白发者），男，70岁，吉昌村村民，未读过书，部队退伍，后进厂当工人

访 谈 人：孙兆霞

（一）“四清”的情况介绍

我今年70岁，从一八三厂退休十多年了，我没有读过书，当兵在部队才学了几个字，搞过“十八会”四年，当过副会长，现在不搞了。

1959年12月当兵，在云南大理、下关一带的十四军，1964年回乡。1965年开始“四清”，我就参加搞“四清”。当时县里从各个村寨抽积极分子去县里面培训，后分到各个大队，到村里面查账目。查清楚后，为了搞大集体，就小队变大队，26个生产小队并成13个大队，走大集体。以穷队、富队拉平并，一些生产搞得好点，一些生产搞得差点，有些生产队里人要懒点，有的人要勤快点。当时穷队、富队、勤快队、懒队之分主要与各个队人的性子不同（主要是人的因素大）。穷队的人爱搞投机倒把，不团结；富队的人团结得好，生产搞得好。穷队的人历史上经商多，搞副业的多，小商小贩多；历史上富队的人搞农业生产多，对生产队忠诚点，田搞得好点。这样富队可以带起穷队的人搞生产。当时“四清”工作队有十几个人员，一个生产队有一个队长和一个副队长，开会，给村里面会计查账，团结起来搞好这些事情，把生产队的人安排好，该做生意的做生意，该做副业的做副业，该交钱回来的要交钱，该做农业的做好农业。队长、副队长都是本村选举出来的。上面来的人当“四清”工作队队长，一个生产队有两个，一个队长和一个副队长，共十多个人。他们来时，穷队、富队闹矛盾，就强制将他们并起，当时我们那个生产队比现在这个要好点，这个要差点，本来不愿意并的，工作队来时被强制并起，所有集体的东西都归并起一起用，你不得的也用。并好后他们做生意的、做布的就得交钱给生产队，当时一个人出去做一天活路，才得3块钱，必须要交回生产队1块钱，1块钱算伙食费，自己得1块。1块钱算10个工分，可分粮，它是人7劳3（人占7，劳动占3）。

① “四清”运动：是指1963～1966年中共中央在全国城乡开展的社会主义教育运动。运动的内容，一开始在农村中是“清工分、清账目、清仓库和清财物”，后期在城乡中表现为“清思想、清政治、清组织和清经济”。

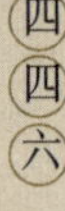

（二）“四清”破“四旧”时地契的收缴情况

“四清”破“四旧”时，先从学校读书的小学生开始。老师必须告诉这些学生，家里有地契、土改证等老的东西，要拿去交给老师一起去交给工作队的人，一起收去烧。当时土改证、地契、祖宗牌都要收。开大会时跟大人们讲。爱搞投机倒把、不重视生产的这些人是整治的重点，如大队生产队有账目、贪污行为的人，还有原来的地主反动（地富反坏）分子。当时他从几方面动员，收得多，烧得也多。有的是学生交的，有的是家里大人交的。比如，我家里头的娃儿是学生，他就拿出去交了，这在学校是分配有任务的。现在家里有地契的人，是旧社会的富裕中农以上的家庭，贫下中农，加到一个雇农，一样都不得，顾都顾不上来，贫下中农还有点地拿来做一做，所以他们都不太重视他家的地契。你看现在拿地契出来的都是家里头好点的，中农、富农以上的人家了，因为他们对这个地契管得比较紧，目的是万一哪天政策变化，公家拿田，我可以拿出纸契来，哪家是哪家的。贫下中农中也有纸契的，认为这田地没有用钱买，是政府分地主的地，顾虑大，所以连土改证都拿去烧了。而富点的人家想留有地契，怕政策变，用以证明这些田地是自己家的东西，觉得土改证要不要也没关系，抱有这种心理。他们就是留点证据，证明土改的田是自己的。他们认为这个就是我的，我拿纸契出来看，这些田地都是我们的，你们没得话讲。心想土改你没用钱买，分了我的。

我们这里的田都是土改改的，政策是大包的、小包的，大包指土地大队包给我们种的，意思是我们只得使用权，没得处理权，只得管理权。根据现在这个你能挣几十块钱，比如，你这个土地归三级所有，国家所有、集体所有、个人所有，到你个人所有，你只得使用，没得管理权，不得处理权，你的地归国家处理。我们的地都是土改时分给我们的，政策规定虽然土地归政府所有，但穷的人则认为，我们做的是共产党的过路田地，不敢拿纸契说是我自己的，自己没有用钱买，所以心里不是太有底气。大家都有一种心理顾虑。包括现在我们做的承包田，还在讲“原立主”是谁家的，农村的田地总是要扯点矛盾，那就要问原立主是哪家的。包括现在为了解决这种群众矛盾，也要问原立主，因为只有原立主才晓得它的本角（情况）。我们这田地已经分了二三十年了，现在原立主还耕种他的大田，我们才分他的一半。

“四清”主要有两次：第一次是 1965 年，第二次是 1966 年。1965 年是面上“四清”，查得比较松，只查生产队的劳动工分、账目；1966 年是点上“四清”，查得比较紧，查地契等。我们这个算点上“四清”。第二次“四清”运动还没搞完，“文化大革命”就接着开始了。

（曹婕根据孙兆霞笔记、张建录音整理）

三　石林勤[①] 地契来源及保存经历

访谈时间：2009-04-05　10:00～11:05

访谈地点：田应宽宅二楼客厅

被 访 人：石林勤，男，63 岁，初小文化，部队退伍，现吉昌村村民

访 谈 人：孙兆霞

（一）祖父辈情况

我爷爷的爷爷叫石维阁，迄今 200 年左右，爷爷迄今 140 年左右。石维阁务农带经商，家传祖爷爷兄弟的田产多是他置的。他有四个儿子。我爷爷的父亲 20 岁左右去世，我祖奶奶就和叔叔在一起过，不久爷爷出生，是独生子。爷爷的爷爷供孙子——我爷爷读私塾，考起秀才。他在农村以教书为生。爷爷名叫石玉书，又名石铭绛。爷爷的爷爷的第三个儿子是个武秀才，叫石廷玉，最小的儿子石廷潘夭折，这些我给你们拍照的分家纸契上都有写。奶奶是雷屯人，奶奶的母亲姓谢，王家院人。母亲是吉昌街上胡家人。

（二）纸契地产来源

这些纸契上的田产都是爷爷的爷爷置下的。从纸契上看，这些田产是放账来的，就是有点本钱，因还不起钱用田地还。我们上辈有几座碑没有立，因贫富关系，无钱不写名字。维阁弟兄四个，其他的穷一点，他收了别人的田地。这是我估计的。

我家的地契产业主要是爷爷的爷爷置下的，爷爷和父亲都没有置下新地。爷爷的爷爷的田地分为三股，我们是其中一股，爷爷的母亲和小叔一起生活。父亲有俩兄弟，父亲的兄弟小时候受过伤，头脑有些不清，后来结婚，因二奶奶生活不下去，便离家出走。

（三）被访人家庭情况

我们有四个兄弟。

一个大哥石林盛，70 岁时去世，已经四年多了。他读了两年书，认识字，但写不了，在吉昌务农，赶点小场。大嫂大山坝人。

二哥石林达，小时候读了一点书，初小毕业，在部队当兵，还当过几年撰写文书，后回来务农。二嫂小寨鲍家人。

石林松是三哥，今年 67 岁，旧州中学毕业，在家务农，主要搞建筑。三嫂关口寨张姓人。

① 石林勤与石林松为两兄弟，共同保管契约。

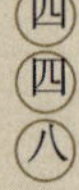

我排行老四，今年63岁，属狗，初小毕业，在昆明当驾驶兵5年，1969年八九月份回来。妻子石板房人。

妹妹石林芬读了一两年书，出嫁到高寨。

我现在开一个农用小车，主要在农村收点庄稼，拉石头、沙等东西。我基本不做农活，田全部是废的。老婆是教师，现在还在上班。家里有三个孩子，大儿子31岁，在云峰教书，今年结婚，媳妇是头铺人，也是教师。二女儿也在云峰教书，30岁，未成婚。三儿子二十七八岁，安顺一个学校毕业后，在移动公司上班，媳妇刘官人，也在移动公司工作。

父亲是独儿，国民党派去修安顺飞机场时，他没去，村里就叫他们留在村里修石板路。

大哥、二哥、三哥没当过干部。二哥做茶叶生意，跑兰州，“四清”时被当做投机倒把参加过学习班，当时大队还将二哥的一个大柜子抬到大队，现在还在大队。二哥当兵回来后就结婚了，他的老丈人是富家。

（四）地契保存情况

地契原来是由爷爷保管。1932年，大哥只有三岁时，爷爷去世。爷爷去世时把地契交给我父母保管，父亲1950年因生病去世，父亲过世后交给母亲保管。我家当时成分划为中农，大概有1斗3升多田（约2升半一亩），约5.5亩田，估计有10亩地，另有山林半亩。土改时，我家里的田地都没有出入，不多不少，还分到地主的一个盆（钵钵）。

土改时地契没有藏过，也没有人重视我们家。“文化大革命”时抄过一次家，虽然不显眼，但我三哥那时二十八九岁，是宣传头头，还没有成家，派人来抄家，抄走我自己从部队拾的飞机皮——铝皮做的一把匕首。“四清”时我在部队，地契家里怎样保存下来我不太清楚。现在三兄弟还在，也不认为这是一笔财富。上次你们来拍照，是我三哥和我去的。

地契一直由母亲保管到1999年她去世。母亲一直都和我住，农村的习惯是母亲和幺儿住。母亲去世后地契就由我保管。母亲保管时为了防潮，用烂棉絮包裹好，放在柜子里。因为我们是很平常的一家人，也没有说留下来起什么作用，家人也不重视，也不故意抵触，所以也没拿出去交。四兄弟虽然也知道叫交，但不关心这个事情，觉得无所谓，这当时是一个认识问题。说句心里话，我本人也认识不到当时的政策，认为交与不交都无所谓。

（五）保存地契的意义

作为我本人来讲，这东西留下来一是因为写的字好，虽然我本人不会写字，但我可以模仿“恐口无凭，立字为据”、“亲戚朋友无权干涉”等这些言辞、这种写法。有时人家要做这些事，写字要喊你，叫你签个字，表示你在场，会写。二是可以简单地谈一谈家里的历史，就只能在纸契上找，不然有些找不到，否则不知道爷爷的爷爷有四个儿子，通过分家纸契，知道有一个已经不在了。

爷爷是秀才，一直不干活儿，但是教书是很劳累的事情，可能是磨劳伤了，吐血死的。当时65岁，是上上孝。奶奶后期纺织、纺纱。父亲主要务农，这点田够他一个人忙的。母亲一直务农。

村里的公益活动我十回有十回参加，只是不承头，集体的事情要参加，出钱，车子也拿来用。喜欢出义务工。

（2009年4月8日曹婕根据孙兆霞笔记整理）

四　田应刚祖父辈家庭结构及地契保存情况

访谈时间： ① 2009-04-04　19:40～20:20
　　　　　　② 2009-10-07　16:16～16:40

访谈地点： ①田应宽宅二楼客厅
　　　　　　②吉昌村屯堡旅游协会、老年协会办公室

被 访 人： 田应刚，男，72 岁，初中文化，吉昌村村民，曾任村长、“十八会”负责人，现吉昌村屯堡旅游协会骨干成员

访 谈 人： 孙兆霞

（一）祖父辈家庭结构情况

家产全部是从爷爷辈遗留下来的。爷爷的父亲有四个兄弟，有个大老祖公只有一个女孩，最后招婿在家。爷爷的父亲是老四，大概是光绪年间（我是根据纸契上来判断的），国税皇粮重，爷爷的爷爷家每年收的粮食都不够上国家的公粮，那时上不了国家的皇粮要拿去坐牢。爷爷的爷爷就被抓去坐牢，爷爷的父亲接替他父亲去坐牢，他父亲从牢房出来以后也想不到办法。后来他说只要有人要，他愿意请人吃顿酒，要用已有田土去送人，把这个税上了（就是由接种这田的人去上粮），结果最后坐牢的老祖公死在牢里了。祖奶奶不姓田，就改嫁了，留下两个儿子。于是招婿来的大老祖公就扶持他家兄弟的两个孩子——我家爷爷和大爷爷，也就是伯爷扶持侄儿子。

我家老祖公是最小的，叫田荣，那个老祖公叫田洪，是大哥。另外两个老祖公是田颐和田顺，两个下紫云，有一个老祖公专门做铁货，有点好赌，在下面躲到找了一点钱，整了些棉花，叫兄弟下去挑棉花，另一个老祖公去接他，找到花江那里就没回来，剩下的一个就不敢回家。于是他们四兄弟只剩田荣和田洪，只有我家老祖公田荣生有我家爷爷田法廷和大爷爷田奋廷两个儿子。田荣因为坐牢死得早，田洪就来照顾这两个侄儿子，他们兄弟的四份家产实际上由两个侄儿子平均分（纸契上两个的分关都有的）。田洪老祖公也由田奋廷、田法廷两个送老归终。

后来与紫云这两个老祖公断线了，联络不上了。修家谱以后，找到紫云方向有一个老祖公存在，另一个死了。现在只要紫云方向的亲戚来能讲出爷爷们的名字来，我们就认他们是我家的亲戚。

（二）祖父辈置业情况

据说我们当时住在老祖公的房子大凹的大闹地。分家产并把田洪老祖公送老归天后，因奋

廷大我爷爷法廷约 18 岁，大爷爷已成家，我爷爷分家后单身一个人住，老人家很勤劳，就给别人挑纸货担下贵阳，结婚以后，各立门户。我爷爷结的也是本地石家媳妇，大爷爷也结石家的，她们是亲堂两姊妹做田家媳妇。我爷爷只大侄儿子 7 岁。我爷爷一个人奋斗后就搬进吉昌屯田家巷，不会做生意，通过挖土巴、种田、种地将田家老始祖的房产收买下来，并买了地契上的所有田地。大爷爷田奋廷生有两个儿子、一个女儿。爷爷田法廷名下 5 个女儿，母亲排行第三，留在家。我父亲从小寨程家来田法廷家上门做儿子，父亲程家有一个哥哥，也是务农，在旧社会被抓去当兵，解放后进入朝鲜，属于俘虏军。回国后愿意回家的才放回家来。伯爷回家后重新结一个伯娘，生有一个儿子。

父亲民国 18 年上门后，生了 8 个小孩，活下来 4 个弟兄，结果只剩 2 个弟兄。我家那个大姐属牛的，今年应该 72 岁了。我是排在第四个，有两个兄弟死了，1949 年时（大兄弟）小二伯死了，1958 年时一个兄弟在大食堂吃饭被人毒死了。解放前，我的上手死了一个姐姐、两个哥哥，下手（指弟弟）死了三个兄弟。父亲过来后也一直务农，房产、田产全部是我爷爷遗留下来的，父亲一点也没有留下什么、新创造什么。临解放时，1953 年土地改革时父亲划成分为富农。母亲的大姑奶出嫁到肖家庄，二姑奶出去在吉昌屯汪家，四姑奶是在大西桥的张家，五姑奶因原来的姑爷爷被抓去当兵，音信无回，没有回来，就下贵阳去帮人家（谋生），后来就在贵阳成家，嫁个搞建筑的湖南湘乡人，家在贵阳沙冲路。姑奶还健在，今年 88 岁。

（三）目前家庭情况

爷爷死后，家由母亲管，父亲是老好人，只管种地。母亲 92 岁，现还在，脑子清楚得很，有时我都讲不过她。我妻子是天龙陈家人，没读过书，朝山拜佛。名下有三个小孩。大女儿今年 37 岁，原来是师范毕业，后来进修本科，现在新场完小教书；丈夫本村人，轻工学校毕业，先在毛巾厂工作，毛巾厂垮台后在四川“康师傅”工作。二儿子在贵阳电大英语系，现在石板房中学教书；媳妇是石板房人，安顺卫校毕业，在石板房一家医院工作。三儿子民中高中毕业后未考上大学，到广州去打工，在垭普搞电焊，回来结婚后又转回去打工，已去两年了；媳妇是安顺和尚庄人，现在小两口在外打工，两个小孩我们带。

（四）地契保留情况

土改时没有收过地契，发了土改证，原地契不收。“破四旧、立四新”，就是“四清”运动时才收的地契。我家地契是母亲保管。父亲没文化，母亲也没文化，那时我从安顺四中初中一年级回来，多少有点文化，听到这个消息，心想这是老辈留下的东西，就把它保留下来，当时也没得哪样想法。我用油纸把它包好，藏在厕所里。当时对我们家收得紧一些，因为对地富分子管得严，他们来抄家但没抄走。对一般人家只是喊他们交，来收时能收到就收，没收到就算了。当时是由大队干部带着上面来的“四清”工作组来收。兄弟小我 6 岁，那时才十三四岁，虽然读了几年书，但文化也不高，不懂事。母亲在家后（指结婚，父亲上门），爷爷的遗产全部交给她管。爷爷死后，解放后 1952 年卖了小柿园处 1.2 亩田，因那几年受水灾，生活困难，卖了 72 万元人民币，1 万元等于 1 元（现在），相当于现在的 70 元，这已经是土改后的地。

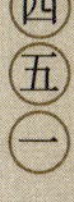

（五）对保存、搜集地契的态度

生活过得这么好，我把地契留下来，心里头没其他想法。我只是想把地契留下来给娃娃看，让他们知道这些房产是哪个老祖公留下来的，做个纪念嘛。这次把地契拿出来拍照，我很乐意的，现在政策都这么开放了，我本身又是一个党员，不会计较这些的。我 1991 年入的党，先任过“十八会”负责人，还在村里任过 4 届村干部，从 1989 年到 1998 年 12 月一直当村长。

（六）前辈人对公益事业的态度

爷爷等几辈人都不会跳地戏，这些都是有传统性的。田法廷爷爷爱好这些，在修汪公庙时请他去抬扇，就是蹬柱头。我父亲老实，不靠拢这些。我爷爷对集体的，不管大会、小会全部主动站出来。

（曹婕根据孙兆霞笔记、张建录音整理）

五　田应敏祖辈置业、自身经历与新中国成立前土地持有情况

访谈时间：① 2009-04-04　08:25 ～ 10:30

② 2009-10-07　17:15 ～ 17:40

访谈地点：①田应宽宅二楼客厅

②吉昌村屯堡旅游协会、老年协会办公室

被 访 人：田应敏，男，69 岁，村民，初小文化，有木工、木雕手艺，是吉昌村屯堡旅游协会骨干成员

访 谈 人：孙兆霞

（一）祖父辈置业情况

我只知道爷爷田庆昌相当勤快，一生以务农为主，没得哪样嗜好，不吃酒、不赌，整个家业是他白手起家置起来的。在他之前，以现在来说，家里分给他的只是“下中农”的田地。在他的手里，比如今年收了 30 石，吃 10 石，剩 20 石卖掉，换成钱买田地，这样换来换去，换出来的。爷爷会杀猪这门手艺，忙时生产，闲时杀猪、经商。老祖爷田礼丰也是搞这一行的。爷爷名下有三个孩子，父亲独子，两个姑妈。两个姑妈嫁到下九溪，一个是地主，一个是富裕中农。

父亲田兴华年轻时读书，1926 年从安顺黔江中学毕业，后上四川崇武学校读书，是最后一期，毕业后分到湖南国民党军需处当军需官，戴大军帽、吊战刀，“文化大革命”、“四清”时，把他的书和物品全烧了。（20 世纪）30 年代初，抗战以前，八路军（红军）将他俘虏，他不干就回乡了，后到印江县当县秘书。按说他的官级要是在抗战以后，国民党的军官应属四类分子、十八种人，但他是抗战以前的，不属于那十八种人。“四清”时候工作组来，他就和他们争辩，说他是抗战前的，是国共合作时期的官，不是抗日战争以后，因此，他没被划成“四类分子”。他大概 1938 年返乡，整天游手好闲，卖了许多家产，常常是父亲卖了，母亲买回。按说我母亲挣的家产解放时够划地主了，但经父亲卖后，才划成富裕中农。父亲一生过得潇洒，就我母亲辛苦点儿。

父亲有三姊妹：他和两个姑妈。我父亲顾家人，在姑妈的出嫁地给她们买地修房子。在姑妈出嫁地跟别人打官司，赢了一块菜叶地，将地分给两个姑妈家，一人一半，老辈都讲这都是舅爷爷买来送给她们的。解放时我家有四支枪，当时拿来保家的。土改时从父亲名下交两支枪，拿到下九溪给姑妈交两支，因为她家被划为地主，又拿不出枪来交，就从我家拿去交。父亲曾花 300 大洋，在安顺顾府街买了一座小四合院，我母亲不想去，后父亲转给姨爹谢兴之。

父亲在村里为人处世好。每年冬月年关，贫寒点的人家遇到过年过不去了，他就说你拿个口袋来，快去拿、快去拿，送人家口粮。我们家有许多山林，贫寒的人家有人去世，一跪下，他

就喊别人快到我家山上去放木材。送人木料做的棺材起码有 20 多合。

我有两个母亲：大母亲是从天龙来的；我母亲是小的，四川人，她相当勤劳，会犁田、抽水，闲时煮酒，是村里的名人，勤劳一生。家产是爷爷和两个母亲留下的。两个母亲和奶奶管家，大母亲操持家务，我母亲基本上是经商。当时美国人在天龙开办一家酒精厂收酒精，我母亲一天两蒸两烤。母亲烤的酒很赚钱，就送到酒精厂，一蒸一烤可赚一斗，值半块大洋，两蒸两烤一天可赚一块大洋。我母亲真是英雄一世。（田应宽：她比一个男的都狠，个子高大，真是女中豪杰。）在水井打水不放扁担的。她 1976 年去世，享年 65 岁。

（二）被访人家庭情况

我们有六姊妹，大哥田应齐是 1961 年的高中生，返乡务农，做生意（田应宽：做黄金、白银生意几十年，是单线联系，以前不能讲的），前年去世。大嫂是平坝县肖家庄人。大姐嫁到马场，没读过书。二姐现在在威宁，高小生，做生意去的威宁，后来几姊妹搭伙搞建筑，现在是威宁县首富。老四是我，妻子是中所人，读到小学二年级。

我有四个小孩，两个儿子、两个姑娘。大儿子 42 岁，初中生，在本村搞建筑，现在也在做生意。大儿媳是中所人，是他的中学同学，做小百货生意。二儿子 38 岁，也是初中毕业，搞运输。媳妇是中所人，卖小百货。大女儿 34 岁，安顺卫校毕业，在新寨定点医院当医生，丈夫开车。二女儿财校毕业，现在安顺打工，丈夫开大客车。

（三）被访人的经历

我从小受影响，做生意。我本人一生坎坷。“四清”以前，1963 年，我十三四岁时做茶叶生意，没有伴儿，一个人跑威宁、昆明、大理和宣威。我先将狗场屯、江河的茶叶 1.2 块买来，3.5 块卖出去，转从云南收全国粮票回来，当时云南的粮食比贵州充足，收 3 角 1 斤，到贵阳 3 角 5 分卖出去。我一直搞到 1974 年才改行。

我办（当地话，指参加）过 5 次投机倒把学习班。第一次是“四清”后期，可能是 1964 年下半月，我为大洋办过一次学习班。我同云峰一个朋友从宣威带大洋回来，我的到安顺时卖了。朋友的我带回来，介绍他卖给我一个堂哥田应福，有 300 大洋。他是地方土财主，运动不来还好，来就会把他逮来。“四清”时，抄他家搜出大洋，他坦白说是我卖给他的。从此，办学习班我回回在，办过 4 次投机倒把学习班，办到七几年。一年一次，都在公社办，最长的一次办 28 天，最短的个把星期，当时是斗私和批修。另外还办了一次地下包工头学习班。1972 年我在凤阳厂打洞、拌混凝土，干了 11 天，没有在公社打证明，就成了地下包工头。这本来应由集体包工，交 30 块钱回来，1 块钱计 10 工分。我虽然也交副业钱回来，但没有开证明，也算“地下包工头”。从 1974 年起，我就改行搞建筑，到水城姐夫家公司参加搞建筑。直到 1998 年，我才回来搞木工。木工我从小就会，是自己学的，雕刻是我的爱好。

（四）地契保存情况

我们父子相当投缘。因母亲去世得早，两个兄弟小，由我带起兄弟，父亲信任些。父亲对我说，地契这些东西要保留好，把它当历史看，从中可以看到前人是怎样做的，知道家庭的兴与

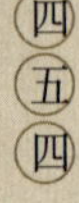

衰。你自己以后要奔这个家，你向前人学，后人向你学，心里要有个信念，有个追求。所以，我要把它留下来经常看看。一个家庭的兴与衰，他们如何拼搏，一看就知道，也能给我们以启发。

“四清”时，我家一般的古书都烧了。家里有 4 大角篮古书全烧完了，只藏了地理五经。当时公社来的工作队中有一个叫杨胜明，1963 年时住我家，借我家的书看过，知道我家有书，带人来收走了。地契藏在我家宅院后面的一个老围墙里，在里面挖一个洞，放了三年左右才取出来。因为多的（指“古书”）抬出去烧了，他就晓得没多少了，藏起点也没什么。你想连大角篮都被抬出去烧了，也就无所谓了。当时我家是上中农，管得不紧，只要拿点去交个愿心（表示听指挥）就没什么了。当时其实是我们胆子小，想到要拿点出去才行。

你想当时第一次办学习班的时候，我妈、爹、大哥和我，一家人都在，只剩十多岁的两个小兄弟在家。我们不怕办学习班，因为我家从我小时候起家庭情况就不好，要生存嘛，虽然祖上爷爷没遗留多少，但到父亲这一辈儿也是个地主，整完了，所以我们来基本上都是白手起家。我们家的房子是吉昌屯最宽的，屯头那边有个老房子，这边有个老汪家。以人口来算，大家以为我家富裕，因为我家房屋相当多，但是我家仅仅是那点房子，其他没什么家产。我家老房子是上三间两边四厢房，下三间一个右厢房，后面有大厕所、牛圈，再后头有个 100 多平方米的大菜园。临解放时，我家有 30 石糯谷田、20 多石谷子田，约 60 亩田。地比较少，只有 12 亩地，都没被土改出去。

解放初期，父亲因文化好，武工队请他参加土改，是农会的一个成员，自己救济穷人，没有民愤，就过关了。我父亲主要是为人好，连棺材都送人 20 多合，（20 世纪）50 年代还在送人。村里的另外一个石美堂家，田地还少一点，因为有民愤被划为地主。

（五）对本次地契搜集拍摄的看法

我自己放起这些地契，只是作为家族的一种见证。你们来搞这个，一是为了我们寨上好，二是它就是一种历史的见证。大家不提供出来，你们就不好搞这个。只要是对人有利的，我保留起来又起什么作用。真正如你们讲的那样，如果国家档案用，我可以支持，讲到钱，我就要自己留着。

我前几天去问中所邻近的另一个屯堡村的亲戚，见到他家有三四张地契。中所的田契上没有写“科田”，只有“立卖水田一块”等字句，其他的一样的写法。还有一个从这儿搬到平坝那边去的人家也有地契，我看到了，上面的时间有 100 多年了。

（六）吉昌屯上粮历史情况

村里从邹家巷抵到中间水井为界，上面的粮交到平坝，下面的粮交到二铺。田是下面的好，下面田的面积多，灌溉水源也是下面的好。现在地契上所写的科田、秋田好像上面、下面都有。

（七）被访人参加村里活动情况

村里“抬汪公”28 年，我搞纸扎 28 年，一起的有七八个师傅，但只有三个主要成员。我比较喜欢这些事情，不喜欢不行啊，田应宽这些大哥喊，不去不行，得衬头。纸扎也是一门艺术啊。

（曹婕根据孙兆霞笔记、张建录音整理）

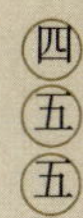

六　汪祖昌祖父辈置业情况及契书保存

访谈时间： 2009-04-08　20:00 ～ 21:03

访谈地点： 田应宽宅

被 访 人： 汪祖昌，男，66 岁，高小文化，吉昌村村民

访 谈 人： 孙兆霞

参与访谈人： 田应宽，男，67 岁，吉昌村屯堡旅游协会负责人

（一）被访人的基本情况

我 1944 年出生，66 岁了，在吉昌和中所读了 8 年书，只读到四年级，1958 年便回家搞生产。16 岁时开始赶马车，赶了 30 年马车，做了 15 年马贩子。直到现在，我还做马贩子。我有 6 个娃儿，4 个男孩，2 个女孩，都结婚了，共有 10 个孙子。家里的地原来是由老太婆做，现在地都分给儿子们做。我没有当过大队和生产队干部，是屯堡协会会员。我很积极地出工出力。（田应宽：他很积极，任劳任怨，无偿地去看山，保护屯军山。）

我家有四姊妹：姐姐属狗，大我十岁，出嫁到花溪湖巢，搞农业；二姐属兔，做农业，娃儿有工作，现在贵阳花溪；我是老三；妹妹出嫁到平坝高寨，搞农业。

（二）被访人祖父辈置业情况

爷爷一直是搞生产的，爷爷死时 34 岁。丢下我妈和一个叔叔。我父亲是吉昌冯家上汪家门。当时，汪家算吉昌屯的中上等家庭，田地又多，临解放时有 5 斗多田，按 2 升半一亩计算，约 25 亩田、30 亩地，是汪家两兄弟（指父亲与汪家的一个儿子）共有的田产。汪家原有一小儿子，由父亲供养长大，分财产的时候就他们两个平分。临解放时我家幺叔划为富裕中农，我家是上中农。汪家一直务农，找点钱就买点田地，慢慢积累起来的。1951 年时我父亲还在买地。

父亲 1910 年出生，没读过书。父亲小时候帮人，姨公在四川当兵，父亲 12 岁就帮他养马，1922 ～ 1926 年干了 4 年得 40 块大洋。养马 4 年后回到家，父亲转来又帮本村冯才广家。这个老人家好，一年给 40 块大板（洋），帮了 4 年，主要是帮他家做农活、家务，属于长工型的。1930 年，父亲 20 岁时到汪家来。到汪家后，父亲农忙做农活，闲时赶马买米来卖，赶杨武、双堡，一直到解放后几年都是做这个。

母亲没读过书，有三姊妹，一个幺叔和妹子（孃孃）。我家孃孃嫁到了平坝肖家庄。母亲 1902 年生，孃孃 1904 年生，1924 年左右结婚。幺叔 1908 年出生，属马的，1930 年左右结婚。幺婶也是本村人，姓陈。幺叔结婚前在本村读过私塾，结婚后搞农业，1956年初级社时当保管员，一直干到 1964 年。

爷爷奶奶现都不在了。奶奶1966年去世，爷爷1996年去世。爷爷奶奶活着时都和我一起生活。临解放时，我父亲有长五间（三间正房、两间厢房），归两兄弟分。家里的地主要是汪家传下来的，老父亲挣的钱也置了一些地。1951年老父亲买了1.5亩，算是增加的。地契上买卖的都是汪家的地。

（三）地契保存情况及态度

地契是老人遗留下来的，两兄弟的地契都在我这边保管。由于奶奶住我家，地契由父亲保管，幺叔结婚前的地契也由父亲保管，分关的部分归幺叔自己保管。民国18年父亲才和幺叔分关，他小时候是父亲养他，结婚即分家了，分关纸契上还记有时间。我没把纸契拿来，因为年限短，年限短的我还有几张。

“四清”时，上面来收过几次，他们来问我父亲要，我父亲一字不识，不清楚，只把祖宗牌位收去烧了。他们认为父亲是上门的，没有地契，所以没有收。老父亲没有过问，也没人要，所以没拿去交。如果当时有人晓得他有这东西，问他要，他会交出去的。我家地契就放在大柜子里头。父亲过世时也没有交代过什么，死后就由我继续保管。几年前我都看过，觉得没什么用，准备拿去烧掉，后又想，父亲保管这么多年，它又不占什么地方，干脆放那里了，于是又保存下来。（田应宽：他家父亲不识字，不偷不枉道，为人好，所以没人揭发他，找他麻烦。）

（四）参加村里活动情况

汪祖昌：汪公像经他的手雕了三次，1985年最后“抬汪公”是他们承头搞的，70块钱起本“抬汪公”。雕脸子还是他承头的，他们在外面请人来雕的。现在的这个汪公也是他承头的。虽然他不识字，但记得到。

田应宽：1981年吉昌屯“抬汪公”也是他承头。

汪祖昌：父亲上头冯家老祖公、祖太不到30岁就死了，留下父亲，家境比较贫寒。外家又不管他。父亲汪仲才为人好，但家庭负担重，去赶场，没时间学跳地戏、玩，但热心公益，关心集体做的事情。

我清楚家里地契上的地块在哪儿。1958年高级社时我14岁，对家里哪块田、哪块地都清楚，90多张地契全部是我家的。卖地的没得纸契，买地的才有纸契，因为这田是买家的嘛。

田应宽：严格地讲应该是两家的纸契。当时人家认为来上门的，讲点儿不好听的，你自己没得能力，本家的都瞧不起你。

田应宽：吉昌的风俗跟其他地方不一样，有点特殊。比如你接一个媳妇来家不生男孩生女孩，你就得不到上坟，得不到祭祀，解放后才打破这个习俗。

汪祖昌：我给你讲一下。比如你是本家的一个哥子，我是来上门的，有20亩田土的家产，你要占15亩，我才占5亩。上门女婿只得到本家家产的三分之一，所以，人们还以为汪家的财产在幺叔那儿。幺叔要好一点，1956年禁烟禁土时，幺叔还被喊去交大烟。大家认为我父亲没什么钱。我家6个人，父亲负担重，不识字，母亲一年做不到什么事，在外赶场找钱，所以存下来这些地契。

（曹婕根据孙兆霞笔记、张建录音整理）

附录三　课题组在吉昌村座谈的会议记录整理（部分）

本课题组在课题开展过程中，先后 7 次赴吉昌村，共进行了 10 次座谈，我们选择了其中的一部分，附于此。

一　与老年协会、"十八会"、屯堡研究会、屯堡旅游协会主要成员的座谈

时　　间：2009 年 4 月 1 日下午

地　　点：老年协会办公室①

参加人员：老年协会成员胡维东、胡维猛、田汝一、田应宽、田应敏、田应刚、田应国、胡进友等约 20 人，课题组全体成员（孙兆霞、吴羽、李立洪、张建、曹婕、陈斌、彭华）

孙兆霞（课题组负责人）："我给你们汇报一下我们这次来的目的。上次从这里回去后，我先给安顺市宣传部的领导讲了一下，他们觉得这事很好，让我们赶快抢救。我跟他们讲，想在安顺这边立项，申请一个课题，但是今年安顺市的财政太困难。我就到民院申请。

"建设部的考察组这次虽然只去了鲍屯和天龙②，但是他们批的是大屯堡的概念。一旦以大屯堡进行开发，吉昌会进入首期开发的。因为这里的屯军山、'抬汪公'是一个硬件，所以地契搜集这一块儿得加快。黔东南的苗族和侗族种植杉树，从明朝开始就形成一套种植经营方式，到民国达到高潮，其在历史上留传下来的契约有 10 多万件。贵州的研究人员杨有赓，从 20 世纪 60 年代发现并搜集了一部分，有 800 多份，到 80 年代发表了一些文章。日本的研究机构看到部分文章后，邀请他去日本，并在日本把这一部分契约整理出版了。这在国内引起了震动。因为我们以前只知道安徽的徽契，而在贵州这样的西部边远的落后山区，发现这些东西非常难得。后来虽然引起了国内的重视，但是最近两年才开始立项整理。大家都知道这件事，我们学院的院长（校长）也是个内行，在我给他说了吉昌这里发现的情况后，他同意了我们这个课题的立项。

"这个非常重要，它能够证明中国的屯田制，对屯堡的开发也可以起一个先导者的作用。所以我们暂时停下了正在从事的国家课题的工作，先来吉昌做契约文书的搜集工作。

"这次来，我们估计要待七八天时间。趁你们在，把这些契约文书一份一份地搞清楚，全部录入到计算机中。"

田应宽（屯堡旅游协会负责人，原"十八会"负责人）："我再去慢慢挖掘。也去中所看看。"

胡维猛："那边没有。'文化大革命'干部住那边，有的话抄家拿出来全部烧了。'四清'时有一种惧怕，说你拿这个纸契，是要变天吗。好多人因此就拿出来烧了。"

① 吉昌村老年协会、"十八会"、屯堡研究会、屯堡旅游协会几个组织的主要人员基本相同，办公室在同一地点。

② 2009 年 3 月 3 日，由中国风景名胜区协会副会长曹南燕带队的住房和城乡建设部国家级风景名胜区申报考评组一行就安顺屯堡申报国家级风景名胜区进行现场踏勘。

田应敏："那时候确实是这样，好多都被烧了，好不容易保存下来的，也不轻易拿出来。"

孙兆霞："现在拿出来不一样了。我们在这里想请老人家们跟大家讲清楚，这些东西对屯堡的旅游开发大有好处，是屯堡的历史厚重感的一种证明。从个人和家庭来讲，能把这些东西保存下来，显示了他的胆识。这次我们来，先把能找到的找到，进行拍照，能录入的都录入。拍照时，我们到他们家去，或者把他们一个一个地请到某个地方来。我们只拍照，不会把大家的契约带走的，也不会给他们造成任何损失，拍完了我们还要给他们每个人补一点信息采集费。我们的主要目的就是尽快把村里现在还保持着的契约进行抢救性的发掘整理，这是一项很重要的工作。"

田应宽："我请他们来，就到我家里去，我家清静，地方也还算宽，老师们好工作。你们拍的时候我守在旁边，我还去找几个人来帮忙，他们自己也看着，拍完后由他本人拿回去。这样他也放心。"

胡维东："这样好，只要没有把他们的东西拿走，大家都还是愿意拿出来的。"

张建："我们在录的时候如果有什么不明白的，比如不认识的字、不知道的地点，都还要请老伯们给我们帮一下忙。"

孙兆霞："拍完照后，我们还要对持有者做一个访谈，了解一下他们是怎样能够把这些契约保存下来的。回去之后，我们通过整理和统计分析，就会知道这些地契的田地大概在哪些范围，再回来请老人们带我们去现场勘察，就会看到这些土地覆盖吉昌多大面积。如果全部覆盖了或者基本覆盖了，就说明从清朝开始屯堡的科田就已经买卖了。但这和《安顺府志》上记录的有点不一样，上面记载民国以后安顺屯堡上粮，还是有屯粮、科粮和秋粮三种，那就是说屯田应该还在。根据我的估计，更大的可能是，没有覆盖你们的屯田，它是不准买卖的，可能可以租佃。"

胡维猛："像孙教授讲的，我们就要请一个人作一幅地图。我们都还记得，这个寨子还有围墙，前面是一片园子，然后才是外面那条路，路的边缘还是围墙，围墙下面有一片地，现在都盖满房子了。过去买卖的地契大部分是那片园子。"

田应宽："这不难作，你们先画草图，我们在上面标出城墙、护城河、园子，我们这些老的都还知道它们的位置。"

胡进友："我们年轻的时候好多都还在的，后来寨子大了，起房子这些就把以前老的东西都毁了。"

孙兆霞："安顺学院有一位老师，我们一直合作做这方面的研究。我们提供信息，他作图，效果很好，到时候请他来帮忙。这次我们帮你们作出一幅图来，并把田地的图也作出来。"

二　课题组与吉昌村支两委、屯堡研究会成员座谈

时　　间：2009 年 4 月 5 日下午

地　　点：吉昌屯堡研究会办公室

参加人员：吉昌村支两委、屯堡研究会部分成员，课题组成员

孙兆霞："我们已经来了五天了，工作暂时告一段落。下面我把工作的情况向各位村领导、老人家们作一个汇报。

"深得各位的支持，我们的工作开展得很顺利，成绩可喜，比预想的搜集得还要多。我们预计的是 200 份左右，现在实际收到 300 多份。我们这些天的工作分两步进行，一方面是录入，将

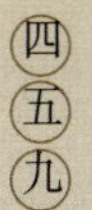

搜集到的契约拍照后，把契约的内容录入计算机；另一方面是对各位契约保存者的访谈，尽可能地向他们了解本人及家庭是如何保存这些契约的，特别是‘四清’、土改、‘文化大革命’期间。这些情况对于研究中国的社会生活史和社会变迁史是极有帮助的。目前这两方面的工作已基本完成，回去以后我们还会继续工作，将契约中的重要信息统计出来。针对目前发现的清朝多科田，民国多陆地、水田这样一些现象，我们将进一步研究其背后的原因。下一步，我们会根据契约上的信息，请相关地理专家实地绘制吉昌村地图。这幅图既可以作为学术研究之用，也会对吉昌村的旅游开发起到宣传作用。你们村的历史是厚重的，文化是丰富的。现在有了契约文书这一看得见、摸得着的历史实物的支撑，会更加具有说服力。

“我们原计划是给契约提供者一点信息采集费，给老人们一点误工补贴，但大家不同意，我们打算换个方式：课题组给村里及屯堡研究会送一面锦旗，或其他能保存下来、有纪念意义的东西[①]，给每家契约保存人洗一套照片，今后如果来人想看，就可以拿照片出来给他看，免得多次翻折，损坏了原件，这样他们就可以更好地保存这些契约文书。”

张建：“我们在拍照的时候就看到很多契约文书都已经损毁得非常厉害了，太可惜了，暂时又还想不到一个比较好的办法来保护，所以还是要尽量减少翻动。”

孙兆霞：“我们还会给村里提供一份地图。下次来的时候，还要请老伯们帮忙，一起到田地里绘图。”

田应宽：“请孙老师有机会时向上级有关部门和领导多美言我们吉昌几句。领导不重视，我们的工作就没法开展。给屯保研究会一件纪念品，给提供契约的农户一套照片，也算是我们对课题组的要求吧。”

胡维东（屯堡研究会会长）：“欢迎课题组多来我们村搞调查研究，把我们吉昌推出去。这些契约文书，放着也是一堆废纸，有研究意义你们就干，我们尽力支持，不用说什么感谢之类的话，你们来了就是对我们最大的报答。”

田应敏：“我们一直都知道有纸契这个东西，但是还从来不知道它们有多大的价值，这次孙老师你们来，也让我们增长了见识，明白了这些东西的重要性，以后大家会更好地保护这些文物。以前土改、‘四清’、破‘四旧’的时候，这些纸契被烧了很多，有些当时没烧的，后来家里起新房子，搬家的时候也烧得差不多了，要是你们这次不来搞这个研究，恐怕再过几年又不知道有多少被烧掉了。”

田应宽：“有些人家我原来以为他们有的，后来一去问，都烧了，就是前两年烧的。”

吴羽：“而且现在你们这些老伯们都还在，对村里的好多情况都还是清楚的，我们现在来做，你们也正好可以帮我们，我们做起来就要容易多了。”

胡维猛（村支书）：“我讲三点。一是感谢，感谢孙老师及民院领导对我们吉昌的重视，对我们屯堡文化的挖掘。是古董，放着不挖也不值钱，你们来帮助我们变废为宝，最终开发起来，老百姓得实惠，是我们吉昌的一大喜事。二是遗憾，我们村条件不好，你们来我们没有服务好、招待好，村里感到遗憾，对不起你们。三是希望，希望课题组一如既往地关注我们吉昌，研究我们吉昌，宣传我们吉昌，为将我们的研究变为现实的开发而努力，吉昌人民不会忘记你们的！”

孙兆霞：“我们一定尽力。我申请立项时，在报告中就强调了三点：第一，‘抬汪公’的完好保存，是对屯堡文化的一个有力证据。特别是吉昌，活动场面那么隆重热闹，又成了贵州非物

① 课题组后来买了一台饮水机送给屯堡研究会。

质文化遗产。第二，去年发现的屯军山，古遗址尚在，有可能成为当年屯军大本营的见证，是屯堡文化的一个硬件支撑。第三，屯堡文化是好，但留下的东西不多。这批契约的发现及进一步的研究，可以填补中国屯田制度研究的一些空白。而且，契约是一个内在的东西，是凸显当地文化的一个强力因素。有了以上三方面的综合立体支撑，吉昌开发就大有希望了。”

杨友维：“我也是吉昌人，感激各位到吉昌来搞调查研究，欢迎你们多来。对屯田制度的研究将是我们吉昌的一大亮点。大家辛苦了，再一次表示感谢。至于下一步的工作，我们再具体协商，希望我们多联系，多沟通。”

曹婕：“我也代表我们几个研究生说几句吧。我们这次跟老师来做这个课题，真是收获很大，感触很深。一是提高了我们研究问题的能力，增长了见识，这样的机会对我们来说是很宝贵的。二是吉昌村也给我们的工作和生活提供了大量的支持和帮助，让我们感受到了吉昌村人的热情。刚才胡支书说感到遗憾，其实我们觉得已经做得非常好了，我们应该好好感谢村里对我们的支持。在村里工作的这几天，我们给大家添了不少的麻烦，工作量又大，但是老伯们都非常积极地配合我们，让我们很是感动。谢谢大家对我们的支持！”

三　关于吉昌田地基本情况的座谈

时　　间：2009 年 10 月 7 日下午

地　　点：老年协会办公室

参加人员：孙兆霞、吴羽、吕燕平、田应刚、田应敏、胡维猛、石汝一、罗家兴

孙兆霞：“请哪位老伯谈一下，到解放时，你们家有多少田地，都分布在哪几个地方？”

田应刚：“到解放时，我家在芦车坝有 4 亩田，水源是距吴家地北远 100 多米的一股水，这块地置的时候离我们大概 150 年了。

“在吴家地有大小五块田，大约有 6 亩。这几块田是原立主，没有买卖过，也有契约的，是由两兄弟分关而来。置地的时间在离我们 120 年前后。其中大约有 3 分秧田。

“在大白坟大约有 3.5 亩田，其中约有 4 分是秧田，这是买的田，在 100 多年前，光绪的时候。

“在小柿园大约有 1.2 亩田，没有秧田，也是买的，和大白坟那里的田是同一个老祖公买的。

“地有 4 块。一块在石洞口，大约 10 亩，这是老祖公遗留下来的。第二块在大偏坡，大约 2 亩，这是买的，100 多年前一个老祖公买进的。第三块在马鞍山，大约有 6 亩，一亩是买的，也是前面这个老祖公买的。第四块在老鹰山，9 ～ 10 亩，是老祖公们留下来的。也是两个老祖公分关而来的，后又并给了我爷爷。”

田应敏：“我们家到解放初期，还有这些田：猪圈坎 1 斗秧田，大约 4 亩，这是好田，大约清朝前期从桂家大田买的；落老田 4 升，大约 2.5 亩，也是好田，通过分关祖上留下来的；猪圈坎 6 升，大约 2.5 亩，是分关，又由大老祖公分给我家的；新的楼瓦衮田，同治年间从祖上买的，是秧田，大约 2.5 亩；小箐头 10 亩，也是好田，大约在清朝乾隆年间置的；岭岗山（燕子地）15 亩左右，过去是地，水源较好，民国初年由地改造为田。地契上的零星地多，但在国民党‘二五减租’时父亲去过苏区，均处理好了。因此，没有被划为大地主。”

石汝一：“当时我们家的田在老豹河有 1.2 亩，是原立主；在大桥上有 4 分田，也是原立主；在大类堆有 8 分田，也是原立主；在猪圈坎有 2.5 亩，也是原立主。后来做生意买了一点，但解

放时候又卖了。地在吴家地有 1 亩，是原立主；在山背后有 4 亩，也是原立主；在箐上有 1.2 亩。解放的时候，我们家被划为中农。（20 世纪）20 年代，我家在半山（刘官）买了 25 亩地、30 亩田。1947 年时，‘二五减租’，我家听到政策，就卖掉了。否则解放时，就被划成地主了。”

孙兆霞：“好的。再请一位老伯谈一下吉昌田地历史上大概有多少亩，现在又有多少亩，有没有什么大的变化。”

石汝一：“大坝上的那一块田，吴姓、汪姓、田姓、胡姓和陈姓都有，其中田家、胡家的多一些，那一片有 30～40 亩，将近 40 亩的样子。汪家有 7 亩多。这些田基本上都是老祖公留下来的。”

孙兆霞：“这些田有没有买卖过呢？”

胡维猛：“很少买卖，即使有买卖也是在同祖、同姓中进行的。古话讲：‘买田不买秧田，卖地不卖坐地。’”

田应刚：“吉昌临解放时有 1400 亩田、800 多亩地，其中 300 多亩是秧田，总共 2200 多亩。直到现在，这些田地都没有大的变化。解放后新增加的地有 300 多亩，这些地都是开荒地。加上这 300 多亩，吉昌总共有 2500 多亩。过去全村平均一个人一升半左右，大概也就是 6 分田地的样子。”

孙兆霞：“从我们现在统计的数据看，吉昌的田地有的地方买卖得比较多，有的地方基本上没有买卖的契约出现过，这在吉昌的历史上有什么说法吗？”

田应敏：“吉昌的田地分为三等。

“一等田不用施肥，水源好，就在寨子之下，河流可以自由灌溉，有 500 亩左右。在老豹河、下坝桥、小坝上、水碾边、柿子树脚、猪圈坎、大桥上这一带范围内。解放时，这是原立主的田，以秧子田为多，一般不买卖的。在契约上应是公家的，后来分关分下来的。

“二等田在吴家地、芦车坝、岩府下、大坝、小坝、白花、小龙渊、下坝桥、小苑、和尚庵脚一带，有 800 多亩。这一类的田买卖得就多一些，占 30% 左右，大多卖了。

“三等田在院后、坟底下、胡象塘、弯（湾）山、大塘一带。这些田一部分是由地改过来的，解放后的（20 世纪）60 年代，大部分是在“文化大革命”期间改的。这一类有买卖的。其中一般是穷一点的人买，他们买不起好的，一是图便宜，二是图近一点。

“一等地是落潮地，土质好，但是没有水源，又是平地，改不成田，有 300 多亩。

“二等地分布在湾山、石洞口、天老凹、大小箐、胡家塘、王屈山一带，这类地肥力差。有 300 多亩。这类地买卖的也有。

“三类地是岩架地，地势高，前面有机井，但不肥沃，主要在大箐、胡家塘、大坡上、陡岩一带，有 200 多亩。这类地买卖得多。

“解放前，一、二类田地地主家的多。流转是人死后无后人，田地就集中在本姓的地主家了。一般不出同族、同宗、同姓的。同姓的谁强一点就给谁了。

“一类田中，基本上家家都有。吉昌 17 个姓，都有好的秧田。打秧田时，雨水不好，只有寨子门前的田有水源，各小家都有，大秧田分成几小块，几家占有，平均各家占有秧田 3 分左右，一亩的没几家。没有田地的是极少数。外来的没有田地，全村只有一两个。还有吃光的，败下来的。吉昌中农比较多，他们既不买，又不卖。卖地一般是因为借高利贷、遇到丧事或生意破产。清朝同治、光绪年间最兴旺。”

（陈斌、张建根据孙兆霞笔记和录音整理）

后　记

经过几个月的紧张工作，《吉昌契约文书汇编》一书终于编辑成册，付梓之际，不免有些心怀忐忑。照理，书中应附上一篇相关的初步研究才是，但因时间匆促，如何尽快抢救性地出版这批珍贵的民间史料成为头等大事，连月来埋头于紧张的编辑、整理、校阅之中，很难有时间沉下心来对之进行更多的学理审视和学术思考。更何况，面对这批包含着丰富历史信息、具有诱人的研究价值的珍贵材料，用一篇匆忙写出的浮泛文章是很难交代过去的。因此，我们以为，与其为了抢占"先机"仓促成文，不如让它们以本来面目及时呈现在学术界的面前，让更多的研究者早一些进入这些原始文书，并从中找到自己感兴趣的东西。而我们的研究宁可缓一步，先让我们从发现的喜悦中冷静下来，以更清醒、更理智，也更从容的姿态对之进行审视。我想，这样的选择或许会更好。

有关本书的编辑、结构、契约分类及其释文处理，已见诸《关于吉昌契约文书整理的一些技术说明》一文。这里需要补充的是，与同类出版物一般只提供契约文书（及其释文）不同，本书有意将几份对持契人的访谈材料作为附录，目的是为研究者多提供一些契约背后的信息。而将有关的座谈纪要作为附录，则是为了让搜集过程以文字的形式得以部分地"情景再现"，以便读者了解个中的真实环节。此外，附录中收入部分民国时期和解放初期的土地所有权状、土地管业执照、土地房屋所有证等，也是为了让读者对契约文书样式的历史变迁有一个直观的比较。总之，本书的此类延伸性处理，都是为了方便读者，以尽可能地为读者和研究者提供更多的信息为目的。至于这样的处理是否合适，那就只有等待读者的评判了。

作为课题主持人的笔者及课题组成员，是一群生活、工作、学习在贵州高原山地环境中的教师和学生。十年前，一个国家课题将我们陆续整合进屯堡研究的领域之中。十年的进村调查，十年的开卷冥思，伴随我们的，是屯堡老伯、姨妈们因对自己文化的酷爱而寄予我们的厚望和给予我们的温暖，以及诸多学术前辈、师友们无私的提携和帮助。因此，十年探索之路虽漫长，但一路走来，收获的喜悦总是让人忘掉行程的艰辛。特别是情感的收获、人性的感悟，常令我们暗自陶醉、珍惜至深。

因此，当本书以"成果"形态即将面世之际，我们要想说和最想说的还是感谢——

他们首先是吉昌村全体村民及村支两委，特别是“吉昌老年协会”、“吉昌十八会组委会”、“吉昌屯堡旅游协会”三块牌子一队人马的老人们。其中的典型人物，笔者在“前言”中已有所交代，在此不再一一提及。

笔者的老朋友杜应国先生此番再次“友情出演”，不但对本书的编辑框架提出了建议，而且对收入本书的笔者的文稿进行了认真的润色，令笔者及课题组成员感慨不已。

安顺学院的两位老师——书法、篆刻家董绍伟先生和年轻有为的杨正宏先生，以其深厚的书法功底和富有专业素养的古文知识慨然应邀，帮助我们释疑解惑，解决了不少因书写和发音而造成的不易识别或含义模糊的文字难题。没有他们的热心帮助，本书的讹误或者硬伤会大幅增加。

本课题得以立项，得益于笔者所在单位贵州民族学院校长吴大华教授过人的判断力，更得益于民院校委会班子的集体智慧。课题展开过程中，本人所在部门马列部的领导和同事、校科研处的几乎全体成员、校财务部的经办人员，均给本课题一路绿灯，使我们高效快捷地走过诸多烦琐却又是应有的行政程序。课题开题后，贵州省屯堡研究会、贵州省屯堡文化研究中心给了本课题极大的支持。

安顺市西秀区大西桥镇的张奇镇长，2000 年以来就对笔者承担的屯堡研究课题有过多方关照。这一次，当听到我们绘制吉昌地图需要大西桥镇航测图作为底图后，张镇长马上派人复制并送达我们的勘察现场。

人们常说“挖掘”之路是冷寂而艰涩的，许多时候确实如此。但如果在此路途中，不时有入微的关心、及时的鼓励，那走起来会容易得多。本书的经历——从搜集到整理再到出版的全过程——再次证实了这一点。安顺市委宣传部副部长李晓先生，贵州民族学院社会发展学院副院长卢云辉副教授，贵州民族学院马列部主任白明政教授、办公室主任李钜芹老师，贵州省屯堡研究会会长、安顺学院院长李建军教授，贵州大学原中国文化书院院长张新民教授，西南民族大学西南民族研究院张原、汤芸博士，中国社会科学院历史研究所明史研究室主任万明教授，中国社会科学院社会学所社会政策研究室主任王春光教授，社会科学文献出版社谢寿光社长、邓泳红主任、秦静花编辑等，从该项目实施到成果出版，均尽其所能地给予了我们巨大的支持。特别是万明先生应允为本书作序，谢寿光先生爽快答应出书，更有中国社会科学院历史研究所研究员栾成显老先生审稿，使我们受到极大的鼓励和鞭策，在此一并表示深深的感谢。

最后，我们想把最高的礼遇和感谢，敬献给我们最为敬重的学术前辈和师友陆学艺教授、钱理群教授。两位先生十年来对我们耳提面命、殷殷教诲的情景至今历历在目，而最使我们感动的是先生们对土地、对人民刻骨铭心的挚爱和忠诚。“为什么我的眼里常含泪水？因为我对这土地爱得深沉。”艾青的诗句是两位先生的心声，更是作为后学的我们应该不离不弃的灵魂。因此，对两位先生的致意，似乎会归结到对屯堡父老乡亲明日更加美好生活的祝愿。

孙兆霞

2009 年 12 月 29 日

图书在版编目（CIP）数据

吉昌契约文书汇编 / 孙兆霞等编．—北京：社会科学文献出版社，2010.7

ISBN 978-7-5097-1496-6

Ⅰ.①吉…　Ⅱ.①孙…　Ⅲ.①合同-汇编-安顺市-1733～1961
Ⅳ.①D927.733.36

中国版本图书馆 CIP 数据核字（2010）第 121308 号

吉昌契约文书汇编

编　　者 / 孙兆霞 等

出 版 人 / 谢寿光
总 编 辑 / 邹东涛
出 版 者 / 社会科学文献出版社
地　　址 / 北京市西城区北三环中路甲 29 号院 3 号楼华龙大厦
邮政编码 / 100029
网　　址 / http://www.ssap.com.cn
网站支持 /（010）59367077
责任部门 / 皮书出版中心（010）59367127
电子信箱 / pishubu@ssap.cn
项目经理 / 邓泳红
责任编辑 / 秦静花　丁　凡
责任校对 / 杨京鲁
责任印制 / 董　然　蔡　静　米　扬

总 经 销 / 社会科学文献出版社发行部
（010）59367080　59367097
经　　销 / 各地书店
读者服务 / 读者服务中心（010）59367028
排　　版 / 北京中文天地文化艺术有限公司
印　　刷 / 北京画中画印刷有限公司

开　　本 / 889mm × 1194mm　1/16
插图印张 / 0.5
印　　张 / 30.75
字　　数 / 389 千字
版　　次 / 2010 年 7 月第 1 版
印　　次 / 2010 年 7 月第 1 次印刷

书　　号 / ISBN 978-7-5097-1496-6
定　　价 / 280.00 元（赠光盘）